La Société canadienne-française au XIXe siècle

Essais sur le milieu

Les textes sont extraits, en grande partie, des *Mémoires* de la Société Royale du Canada, de *The Canadian Historical Review* et de la revue *Assurances*. Nous remercions en particulier la Société Royale du Canada de nous avoir permis de les reproduire ici.

La maquette de la couverture est de *François de Villemure* d'après le portrait de Madame Sophie Raymond Masson, peint en 1855 par *Théophile Hamel.* Collection Henri Masson.

Photo Armour Landry.

GÉRARD PARIZEAU
de la Société Royale du Canada

La Société canadienne-française au XIXe siècle

Essais sur le milieu

FIDES
235 est, boulevard Dorchester, Montréal

Numéro de la fiche de catalogue
de la Centrale des bibliothèques — CB : 75-2021

ISBN 7755-0532-3

PRÉFACE

Voici le fruit de multiples lectures et de recherches dans de vieux documents poussiéreux ou décolorés, mais qui ont gardé leur substance. Il a semblé intéressant de présenter ces propos au lecteur. Ils vont d'une étude du milieu, en forme de triptyque, à certains hommes qui ont joué un rôle dans la grande comédie du XIXe siècle au Canada français. Tous ne sont pas de premier plan ; à dessein, on a négligé LaFontaine, Cartier et Laurier pour s'arrêter à d'autres, moins connus, mais attachants par leur orientation, leur curiosité, leurs travaux ou leur fantaisie assez caractéristique de l'époque. Ce ne sont pas des héros de roman, quoique certains auraient bien mérité de l'être. En les présentant, on s'est contenté de les situer dans le milieu où ils ont vécu avec leurs défauts, leurs qualités et leurs peines.

Peut-être ces essais feront-ils voir des aspects différents d'un siècle dont on s'est longtemps désintéressé au Canada français. Et cependant, c'est durant son cours qu'au sens social du mot la Nation s'est lentement constituée. Puissent-ils apporter un élément utile à ceux qu'intéresse l'histoire et à ceux qui l'écrivent. Puissent-ils également indiquer comme était intéressant le dix-neuvième siècle au Canada français. L'essor y était lent, mais l'effort tenace. Commencé au début du siècle dans une société rurale, il s'est terminé dans un climat social bien différent. De rurale, la population est devenue urbaine en grande partie. Les Canadiens français n'ont pas gagné au change, car ils n'étaient pas assez instruits ou évolués. Ils ont laissé aux autres les grandes entreprises et ils se sont trouvés aux prises avec un capitalisme triomphant, à qui l'État a laissé longtemps toute liberté d'action, puisqu'il ne connaissait ni l'impôt sur le revenu, ni le contrôle des abus, ni les mesures sociales que deux guerres terribles entraîneront au siècle suivant.

En terminant, l'auteur tient à remercier tous ceux qui ont bien voulu lui indiquer des documents ou lui donner leur avis. Il pense à M. Jean-Jacques Lefebvre, M. Gustave Lanctôt, M. Louis-Philippe Audet, M. Jean-Charles Bonenfant, M. Jean-Yves Gendreau, le père Léon Pouliot, Mme Jacques Parizeau, M. Jean Bruchési, M. l'abbé Honorius Provost, M. I. Bilkins, M. J.-R. Chastenet, M. Pierre Savard, M. Jules Bazin et le doyen Powter de l'Université Laval. Et que d'autres, à qui il tient à rendre hommage ici, dont mademoiselle Anne Bourassa et M. Raymond Denault.

Première partie

LE MILIEU

CHAPITRE PREMIER

Le régime colonial: Bas-Canada

(1800-1810)

I — LE MILIEU LUI-MÊME

On ne trouvera pas ici des vues profondes, des aperçus nouveaux, mais simplement des faits qu'on a cherché à ordonner pour les comprendre et des hommes qui ont tenu dans des événements difficiles un rôle simple, énergique ; non à la manière des héros antiques, mais en braves gens prêts à sacrifier, à certains moments, leur bien-être, leur confort, leur avenir même pour conserver un patrimoine spirituel auquel ils attachaient beaucoup de prix. Certains n'ont pas hésité à faire de la prison pour faire valoir leurs idées. Toute cette période de la fin du XVIIIe et du début du XIXe siècle, c'est en effet, au Canada français, l'histoire d'une collaboration, puis d'une résistance passive, tout autant que d'un certain dynamisme politique qui se manifeste sous la poussée des événements ou à l'occasion de faits inattendus. Des événements très pénibles, d'autres très graves se produisent en Europe ou en Amérique qui influent sur l'histoire de notre pays. Au point de vue canadien-français, un certain nombre de faits de portée moins générale ont lieu qui rendent possible la situation actuelle. Cela mérite qu'on en dise quelques mots.

Le Bas-Canada de 1800, c'est à peu près l'actuelle province de Québec, avec en moins les territoires de la Compagnie de la

rue Notre-Dame à Montréal au début du XIXe siècle.

Baie d'Hudson et, en plus, le littoral du Labrador accordé à Terre-Neuve en 1927. Pour essayer de résoudre une situation ethnique et politique complexe, le parlement anglais a donné aux Canadiens, depuis 1791, des droits politiques en reconnaissance de leur fidélité au moment de l'invasion américaine et, peut-être aussi, pour leur enlever le goût d'imiter les révoltés du sud. Les sujets nouveaux et anciens, comme on les appelle, peuvent maintenant élire des représentants à la Chambre d'assemblée et exercer une influence prépondérante dans la direction de leurs affaires ou tout au moins dans la préparation des lois qui les régissent. C'était, semble-t-il, l'intention du ministre Pitt, quand il disait : « Dans le Bas-Canada, comme les résidents sont principalement des Canadiens, leur assemblée, etc., sera adaptée à leurs coutumes et à leurs idées particulières. Ce sera l'expérience qui devra leur enseigner que les lois anglaises sont les meilleures. Mais ce qu'il faut admettre, c'est qu'ils doivent être gouvernés à leur satisfaction. » [1] Ce n'était, toutefois, qu'une intention car, à côté de la Chambre, il y avait un Conseil législatif et un Conseil exécutif qui se chargeaient, à l'occasion, et avec la collaboration d'un gouverneur complaisant, de contrecarrer les vœux et les initiatives de la majorité.

Quelle idée se fait-on du Bas-Canada de 1800 ? Aperçoit-on une société à la manière de Jean-Jacques Rousseau, ou prude, sévère, rigide comme celle des Quakers ? Voit-on Québec et Montréal sous l'aspect de villes florissantes, où, à côté de négociants fastueux comme des Génois, des Florentins ou des Anversois de la Renaissance, vit une société riche, frivole, intellectuelle à l'extrême, au milieu de trésors artistiques importés d'Europe à grands frais ? Dans un cas comme dans l'autre, on se tromperait entièrement. Le Bas-Canada, c'est une colonie de peu d'importance encore, qui a quelque deux cent mille âmes [2] et à peine trois villes : Québec, Montréal et Trois-Rivières. Vers la fin du XVIIIe siècle, Québec a quatorze mille habitants, Montréal dix-huit mille et Trois-Rivières douze cents [3].

Aujourd'hui, on dirait de Québec qu'elle est la métropole. Au début du XIXe siècle, c'était tout au plus la capitale d'une

    1. Thomas Chapais, *Cours d'Histoire du Canada*, vol. II, pp. 21-2.
    2. Elle en compte 161,311 en 1790. *Recensement du Canada*, 1790, p. 77.
    3. Le recensement de 1790 leur accorde respectivement 14,000, 18,000, et 1213 environ. Il n'y en aura pas d'autre avant 1825 et 1831. En 1800, Boston a une population de 24,937 âmes et New-York, de 60,151.

petite colonie, qui coûte cher à l'Angleterre, surtout quand on
construit les fortifications de la ville au coût de 35 millions de
dollars de 1823 à 1832 ; fortifications qui n'ont jamais eu qu'un
intérêt touristique.

Vers 1800, Québec est une petite ville de province, où existent des lignes de démarcation rigides entre les classes et entre
les groupes ethniques. On y trouve le monde officiel : le gouverneur, les membres du Conseil législatif et ceux du Conseil
exécutif. Il y a aussi les députés élus par le peuple, mais dont
le rôle est bien limité. Il y a les hauts fonctionnaires, chargés
de l'administration et qui ont les prébendes officielles. Leurs
abus et les vexations, auxquels certains soumettent les indigènes
entraînent à certains moments une réaction déjà forte et qui sera,
en partie, à la source des troubles de 1837. À quelques exceptions près, les hautes charges sont aux anglophones protestants ;
ce qui est normal étant donné la conception coloniale de l'époque.
À côté de ce milieu officiel, il y a le clergé catholique qui exerce
une influence profonde sur le peuple. À partir d'un certain moment, il contribue fortement à empêcher l'anglicisation, même si
dans les villes il est d'abord favorable à l'enseignement de l'anglais ; ce qui est compréhensible. Il tiendra par la suite à isoler
ses gens et à battre en brèche l'influence des milieux officiels,
bien que dans les moments les plus difficiles, les plus dangereux
pour la colonie, le haut clergé fasse se ranger ses ouailles derrière la Couronne britannique. Son influence est très forte dans
la colonie malgré la guerre ouverte que lui livrent les anglicans
sous la direction du Lord Bishop Mountain, seul évêque reconnu
par l'Angleterre[4]. Dans l'ordre d'influence, il y a aussi quelques
grandes familles canadiennes, vestiges de la société de l'Ancien
Régime. Quelques-unes jouent un certain rôle social ou politique,
comme les Chartier de Lotbinière[5], les de Lorimier, les de Beau-
jeu, les de Rouville, les de Salaberry, les de Gaspé, les de Bonne ;

4. Dès 1765, sur les conseils de Murray, on a permis au Chanoine
Briand de « se faire sacrer évêque en France et de revenir au Canada où il
serait considéré comme supérieur du clergé ». Michel Brunet, *La présence
anglaise et les Canadiens*, p. 10.
5. Seigneurs de Vaudreuil et de Rigaud, dont les seigneuries sont
assez bien développées surtout la première, même si elles fournissent un
fort contingent de « voyageurs » à la Compagnie du Nord-Ouest. La majeure partie des hommes dans cette seigneurie, note Joseph Bouchette, sont
voyageurs « comme leurs voisins ; cependant, l'agriculture ne languit pas
et l'on trouve des ouvriers de tous les métiers utiles ; il y a aussi cinq
manufactures de potasse et de vaidasse. » *Description topographique de la
province du Bas-Canada, 1815*, p. 100.

mais leur fonction est décroissante dans un milieu où le plus grand nombre n'a pas su retenir ou développer ses terres [6]. La plupart n'ont pas pu ou voulu essayer de remplacer par le commerce leurs revenus décroissants. Chose curieuse, ils ont souvent contre eux la population dont à l'origine on les avait chargés de défendre les intérêts. Ainsi, les censitaires du seigneur de Saint-Jean-Port-Joly, le père de Philippe Aubert de Gaspé, votent contre lui aux élections et certains expliquent : « si nous votons pour le seigneur, nous sommes tous des gens ruinés... parce que les seigneurs ne cherchent qu'à manger l'habitant. » [7] De son côté, sir Robert Shore Milnes écrit au duc de Portland : « Très peu de seigneurs, comme je l'ai déjà insinué, ont des intérêts suffisants pour assurer leur propre élection ou l'élection de celui auquel ils donnent leur appui dans la Chambre d'assemblée ; et l'habitant sans instruction a même plus de chance d'être élu (quoiqu'il ne sache peut-être pas signer son nom) que le premier fonctionnaire de la Couronne. » [8] Une chambre ainsi constituée est un instrument très malléable pour les meneurs. Ceux-ci se recrutent surtout dans la bourgeoisie instruite de l'époque, qui prend la tête du mouvement politique et qui devient immédiatement la grande influence [9]. Ces meneurs — tels Joseph Papineau, Pierre Bédard — sont des gens de petits moyens financiers, mais ils sont courageux, intelligents, tenaces. Ils cherchent à faire reconnaître dans le Bas-Canada les grandes règles de la politique anglaise. Leur tâche n'est pas facile parce qu'ils se heurtent à des groupes appuyés sauf, en période de crise, par le gouvernement anglais et parce que les intérêts économiques et politiques des deux groupes ne sont pas les mêmes. Les heurts sont violents, fréquents. Ils contribuent à créer dans la bourgeoisie canadienne-française une génération agissante, courageuse, bientôt prête à s'exposer à des sévices pour faire triompher des idées parfois discutables, mais qui sont à la base même de la survie ethnique du groupe.

Derrière l'élite qui se constitue petit à petit, il y a la classe artisanale, qui vit petitement dans les villes et la masse paysanne

---

6. Les étrangers les ont achetées. Ainsi, à sa mort à Trois-Rivières, Aaron Hart a six seigneuries.

7. Philippe Aubert de Gaspé, *Mémoires*.

8. Cité par Thomas Chapais de son *Cours d'Histoire du Canada*, vol. II, p. 300.

9. Aux élections de 1810, par exemple, les chefs du mouvement canadien sont réélus malgré l'opposition des milieux officiels. Parmi eux, il y a Pierre Bédard, François Blanchet, Joseph Papineau, Joseph-Antoine Panet, Louis Bourdages, Joseph-Louis Borgia.

isolée autour de Québec, de Trois-Rivières, de Montréal et le
long du fleuve, avec des terres qui y débouchent directement
comme l'avaient voulu ceux qui ont créé le régime seigneurial.
Le régime commence de craquer de toutes parts cependant parce
qu'il a perdu son utilité.

À Québec, chez les artisans, presque tous les métiers sont
représentés : selliers, forgerons, menuisiers, voituriers, tanneurs,
peintres, boulangers, matelassiers, barbiers et parfumeurs, marchands de bière d'épinette, petits artisans de tous genres peu
pressés, adroits et accueillants. Il y a aussi des constructeurs sans
diplômes, mais qui bâtissent des bâtiments solides et gracieux,
des constructeurs de navires, des orfèvres et des sculpteurs sans
patente, mais au goût délicat et au métier excellent. Il y a un
maître de danse ce qui est un échelon au-dessus, quelques maîtres
d'école, les professeurs du séminaire et du couvent des Ursulines
et deux maîtres de musique. Mais qu'enseignent-ils, grand Dieu,
puisque Philippe Aubert de Gaspé prétend qu'il n'y avait à
Québec, à ce moment-là, que trois pianos, l'un chez l'évêque
Mountain et les deux autres chez les de Lanaudière et les Baby.
Le violon, sans doute, le chant aussi, le clavecin, la harpe et la
guitare. Un chroniqueur du temps ajoute qu'il y a abondance
« de marchands de tous genres et il ne manque pas d'évêques,
de prêtres, et de pasteurs, de juges, d'avocats, de notaires et de
magistrats, de soldats et de taverniers » [10]. Mais il y a aussi des
médecins, dont certains sont formés à l'étranger, comme Pierre
de Sales Laterrière qui fait ses études à Londres, Thomas Fargues,
beau-fils de l'honorable Thomas Dunn, qui fréquente l'Université
d'Edimbourg, et François-Xavier Tessier qui obtient sa licence
de médecin à Québec en 1823, après avoir fait ses études à
New-York.

Dans le Bas-Canada, il y a ainsi une société qui vit en compartiments étanches dans les basses classes, mais qui a des relations plus ou moins suivies, selon le moment, dans les classes plus
élevées. Ainsi, le père de Berrey, supérieur des Récollets à la
fin du siècle, dînait au mess des officiers de l'armée anglaise, où
selon de Gaspé ses reparties étaient très appréciées ; l'abbé de
Calonne, frère du ministre de Louis XVI, mangeait à la table
de sir James Craig, gouverneur du Bas-Canada, William Grant
et James Dunn étaient les amis de Mgr Plessis. De leur côté, les
Salaberry étaient très liés avec le duc de Kent, qui habite Kent

---

10. John Lambert dans *Travels through Canada,* p. 104, 105.

House [11] avec madame de Saint-Laurent. Chez les de Lanaudière fréquentaient les Smith, les Sewell, les Finlay, le lord Bishop Mountain et les Taylor [12]. Philippe Aubert de Gaspé, tout en faisant sa philosophie au Séminaire de Québec, habite à l'école du pasteur Jackson où il apprend l'anglais et où il a de nombreux camarades. Plus tard, il fait sa cléricature chez le procureur du roi Jonathan Sewell et il joue au cricket avec ses amis anglais et avec des officiers de la garnison [13]. Tout cela entraîne des relations assez suivies. Il y a aussi le milieu des fonctionnaires acquis au Régime. Il y a des familles où les filles épousent des Anglais, comme les Dupéron-Baby, qui, toutes trois, se marient à des officiers anglais au Détroit. Il y a enfin des ménages, comme celui des de Gaspé, dont la femme est mi-anglaise ou celui de Thomas Dunn, qui épouse la veuve de Pierre Fargues, après avoir constaté, comme l'écrit Pierre-Georges Roy, qu'il est toujours dangereux pour un veuf de devenir le conseil et l'appui d'une veuve jeune, jolie et pleine de charme. À Montréal, des commerçants, comme James McGill, Simon MacTavish et Rodrick Mackenzie, épousent des Canadiennes françaises [14].

Comme la société française est gaie, aimable, même si elle est peu argentée, des liens d'amitié se nouent entre quelques familles des deux côtés de la barrière ; mais les relations sont difficiles à certains moments, tellement l'opposition est grande entre des gens qui luttent pour des idéaux opposés. L'amitié résiste assez mal aux coups durs de la politique. Dans les villes, vers 1800, il y a, malgré tout, une bien curieuse tendance à l'anglomanie, dont Joseph Quesnel se moque dans une pièce en un acte qu'il intitule *L'anglomanie ou le dîner à l'anglaise* [15]. Cette tendance s'explique par le fait que toutes les avenues sont ouvertes aux anglophones et aussi, note monseigneur Camille Roy,

11. Quelques années plus tard, en 1802, le Lord Bishop Mountain y logera, remplaçant dans une atmosphère rigide et pieuse, un milieu gai, insouciant et charmant qui aimait la musique et respectait les règles des bonnes manières et du goût, sinon celles de la morale.

12. Dans ses *Mémoires,* Philippe Aubert de Gaspé note : « La société anglaise, peu nombreuse à cette époque, prisait beaucoup celle des Canadiens français, infiniment plus gaie que la leur », p. 292.

13. *Ibid.,* p. 302.

14. Père Le Jeune, *Dictionnaire général du Canada,* vol. I, p. 335.

15. Quesnel fait dire à son personnage qu'il appelle « Primenbourg » : « Eh bien ! soit ; mais enfin puisqu'on a le bonheur / Aujour'hui d'être anglais, on doit s'en faire honneur / Et suivre, autant / qu'on peut, les manières anglaises.

« par le spectacle de la vie large et fastueuse des riches fonctionnaires et commerçants anglais ».

Ville de province, Québec est peuplée surtout de petites gens, de quelques familles en vue, d'ecclésiastiques, de fonctionnaires, de militaires. Elle est une ville bien jolie si on en juge par les gravures du temps. Elle a des églises aux clochers gracieux, des bâtiments sévères mais harmonieux, un Château Saint-Louis sans beaucoup d'élégance, mais qui surplombe un paysage magnifique. C'est la résidence du gouverneur et le siège des bureaux civils et militaires qui sont sous les ordres immédiats du gouverneur. Il y a aussi le Palais de l'Évêque où sont logés le Conseil législatif, le Conseil exécutif, la Chambre d'assemblée, la bibliothèque publique et certains bureaux comme celui de l'arpenteur général de la province [16]. Il y a l'ancien collège des Jésuites transformé en caserne. À partir de 1804, il y a également, à Québec, Christ Church, devenue par la suite Trinity Church et qui, encore maintenant, oppose la rigidité de son cadre aux ors rutilants et aux rouges boiseries de la Basilique. On y trouve le monument élevé à Jacob Mountain, premier évêque anglican de Québec. Reconnu comme le fondateur de l'église anglicane à Québec, celui-ci inspire la lutte que les protestants livrent à l'église catholique dans le Bas-Canada. C'est bien malgré lui, en effet, que le gouvernement anglais reconnaîtra monseigneur Plessis officiellement comme évêque de Québec en 1813 [17], ce qui était un événement politique de très grande importance [18] quand on songe à l'ostracisme officiel que l'on opposait aux catholiques en Angleterre à ce moment-là [19].

---

16. Joseph Bouchette, *Description topographique*.
17. En réponse à une protestation du Lord Bishop Mountain, le Secrétaire colonial, lord Castlereagh ne lui avait-il pas écrit : « L'évêque de Québec n'est pas un étranger ; il est le chef d'une religion qui peut être pratiquée librement sur la foi du parlement impérial ». Cité par Thomas Chapais, *Cours d'Histoire*, vol. II, p. 61.
18. Événement contre lequel le Lord Bishop Mountain s'élève à l'avance dès 1803 : « Si l'évêque romain est reconnu comme étant « l'évêque de Québec », que devient le diocèse que Sa Majesté a solennellement créé et l'évêque qu'il lui a plu de nommer ? Agir ainsi, ce serait mettre « l'évêque du Pape » (car tel il est) au-dessus de celui du roi ; ce serait à mon humble avis faire tout ce qui peut se faire pour perpétuer le règne de l'erreur, et établir l'empire de la superstition » ; ... Cité par Thomas Chapais, vol. II, p. 320.
19. L'émancipation des catholiques en Angleterre ne date-t-elle pas de 1829, moment où sera passé « THE ACT for the relief of His Majesty's Roman Catholic Subjects » ?

À Québec, les rues étroites, mal pavées de la Haute-Ville, mal nettoyées l'hiver [20], dévalent sinueusement vers le fleuve. Le printemps, on y enfonce dans un mélange d'eau, de glace, de boue, de crottin et de détritus, qui rappelle les rues de Montréal il y a soixante ans. Les maisons sont en pierre généralement, d'une hauteur inégale ; elles sont agréables à voir comme presque tout ce qu'a laissé le régime français. Elles sont surmontées de toits hauts et en pente, couverts de bardeaux et quelques fois de fer-blanc et de tôle, suivant la description de Joseph Bouchette. Et comme maintenant, les portes poussées de l'intérieur s'ouvrent à la figure des passants.

La Haute-Ville est la ville militaire et l'endroit où habite la bourgeoisie. Dans la Basse-Ville se trouve le port où affluent les navires de tous tonnages et de toutes formes, qui viennent chercher les bois de la vallée du Richelieu, du Haut Saint-Laurent et de l'Ottawa. Après 1806, l'expédition des bois est la grande source d'exportation de Québec. La guerre contre la France a fermé les ports scandinaves et les marchands anglais ont des représentants à Québec, qui achètent les meilleures essences et les expédient en Angleterre pour la marine et pour la construction. Du côté de la rivière St-Charles, de l'Île d'Orléans et de Lévis, sont les chantiers maritimes d'où sortent des bateaux de bon tonnage pour l'époque [21]. Le long du fleuve, sous le Cap Diamant, sont également les entrepôts et les magasins des négociants.

---

20.   C'est d'ailleurs, le lot de la plupart des villes, à cette époque. Ainsi, à propos de Paris au XVIIIe siècle, Roger-Armond Weigert écrit : « Avec la pluie, la poussière, les détritus, les immondices se transforment en une boue épaisse, noirâtre, tenace, à l'insupportable odeur. Elle s'attache aux vêtements et s'y attache au point qu'on ne saurait la faire disparaître sans enlever la pièce. » Et il s'agit de Paris à l'époque des grands peintres, musiciens et écrivains, à l'époque où Paris est encore le centre de toutes les élégances. Dans *Miroir de l'histoire*, de février 1963, p. 263.

21.   D'après Hind, dans *Eighty Years' Progress*, p. 286, voici des chiffres qui ont trait à la construction des navires à Québec de 1791 à 1811 :

ANNÉE	NOMBRE	TONNEAUX
1791	12	574
1801	24	3404
1811	54	12691

Il s'agit, en somme, d'une industrie dont la production est bien variable, mais dont l'activité augmente après le Blocus Continental.

En 1797, on construit aux chantiers de la rivière Saint-Charles six vaisseaux dont quatre navires et deux bricks. La construction des navires, des bricks, des brigantins, des barques et des goélettes y prit bientôt de l'importance. Marius Barbeau dans *Maîtres et Artisans de chez nous*, p. 69.

Tout cela fait de Québec une ville active à certaines époques et somnolente en hiver, sauf lorsque la politique excite les passions de gens tranquilles. Comme de nos jours, la session donne à la ville une vie nouvelle. À l'occasion de l'ouverture des Chambres on reçoit beaucoup. Quant à la vie intellectuelle, elle se centralise surtout au Séminaire, à l'Évêché, chez le Lord Bishop Mountain et dans quelques maisons aussi bien chez les parlants français qu'anglais. Chez Jonathan Sewell, un quatuor se réunit pour faire de la musique de chambre. On y joue du Mozart et du Haydn. Le quatuor compte entre autres amateurs, Frédéric-Henri Glackemeyer, qui a un certain rôle dans l'enseignement et la pénétration de la musique dans le Bas-Canada. Il y est aidé par le prince Édouard-Auguste qui devient par la suite duc de Kent. Le prince patronne Glackemeyer et aussi un sieur Jouve, au bénéfice duquel un concert est donné. Jouve, musicien de Son Altesse Royale, était venu à Québec vers 1791 en même temps que le prince. Il y était professeur de musique, de harpe, de violoncelle et de guitare et importateur de musique en feuille. Grâce à eux, il semble qu'à la fin du XVIIIe siècle, il y ait eu une véritable curiosité pour la musique, puisqu'en 1791 on put réunir cent quatre souscripteurs pour une série de vingt-quatre concerts par abonnements. Au début du XIXe siècle, on joue en quatuor à cordes Abel, Gossec, Girowetz, Viotti et des symphonies d'Abel, Bach (Jean-Christian), Romberg, Karl Stamitz, Vanhal et Woelft [22]. Il y a également la musique religieuse qui donne lieu à quelques initiatives nouvelles. Ainsi au début du XIXe siècle, on installe un orgue dans la Basilique de Québec. Certains prêtres composent de la musique sacrée. De 1800 à 1802, on imprime à Québec le *Graduel romain,* le *Processionnal romain* et le *Vespéral romain* : premier essai de ce genre qui ait été fait au Canada, semble-t-il [23].

Pour le théâtre, il y a également une certaine curiosité tant à Montréal qu'à Québec : en 1804 on annonce qu'au Théâtre Patagon, on jouera les *Fourberies de Scapin* et le *Médecin malgré lui*. En 1805, on y donne le *Tambour Nocturne* de Destouches et *Colin et Colinette* de Joseph Quesnel. À Montréal, celui-ci écrit « un petit traité sur l'art dramatique pour une société de jeunes amateurs canadiens de Québec. » On parle de construire un théâtre. À Québec, il y a en 1809 une société littéraire dont

22. Helmut Kallmann, dans *A History of Music in Canada from 1534 to 1914,* p. 61.
23. Helmut Kallmann, *ibid.,* p. 42.

les travaux sont assez médiocres, il est vrai, si on en juge par
les traces qu'en a gardées le « Répertoire National ». À Montréal,
il y a un cercle littéraire décoré du nom pompeux d'académie.
On y fait l'éloge de Voltaire, cet « homme unique dont la mort
a plongé toute la république des lettres dans une consternation
que la suite des temps ne modifiera jamais » [24]. Il y a des bibliothèques privées dont certaines sont assez riches, semble-t-il. Il y
a aussi des bibliothèques publiques à Québec et à Montréal,
d'autres dans les collèges et les couvents ; mais si l'on juge par
quelques témoignages, la curiosité des lecteurs est assez limitée.
En parlant de l'époque, Joseph Quesnel écrit : « les étrangers
qui visitent alors notre pays ne peuvent s'empêcher de constater
combien peu nous sommes lettrés et adonnés aux choses de
l'esprit, mais ils reconnaissent aussi que l'on fait de très louables
efforts pour sortir de cette inertie intellectuelle ». Et John Lambert : « On ne peut pas dire que la littérature, les arts et les
sciences sont peu florissants au Canada, parce qu'ils n'y ont
jamais fleuri... » Et il ajoute : seuls les romans intéressent les
« personnes du beau sexe », tout en affirmant que les « dames
du Canada passent la plus grande partie de leur temps à ne rien
faire, ou ce qui revient à peu près à la même chose, à faire des
riens ». Jugement sévère ? Assurément, puisque la lecture des
romans a toujours été une bonne école pour la formation du
goût, de l'imagination et du style. À côté de cela, les travaux de
Gérard Morisset indiquent combien le métier des potiers, des
sculpteurs et des orfèvres était sûr [25], comme aussi celui des
artisans qui ont construit et décoré les maisons [26] et, surtout, les
églises de l'époque sous l'influence des prêtres français venus
d'Europe après la révolution en particulier. Ceux-ci apportent
avec eux des tableaux [27], des meubles, mais surtout, le goût de

---

24. Cité par l'abbé Albert Tessier dans les *Cahiers des Dix,* vol. VIII,
p. 177.
25. Tels François Ranvoyzé, Pierre et Louis Huguet-Latour, Jean-Ni-
colas et Laurent Amyot. Leur « art est essentiellement paysan » ; mais « c'est
un art savoureux par sa sincérité et par la naïveté de ses moyens » ; écrit
Gérard Morisset dans *Évolution d'une pièce d'argenterie,* p. 13. Parmi les
sculpteurs, Gérard Morisset consacre une brochure à Philippe Liébert dont
il étudie l'œuvre dans les églises de la région de Montréal, en particulier.
26. Leur inspiration est jolie, si leur métier est un peu fruste. Leur
production est beaucoup plus étendue qu'on ne le croit. Pour s'en convaincre, il faut lire le remarquable ouvrage que Jean Palardy a consacré au
meuble canadien, paru aux éditions des Métiers et Arts graphiques, à
Paris en 1963. Il y a aussi des études plus récentes, non sans mérite.
27. Parmi eux, il y a l'abbé de Calonne, sulpicien qui, au moment de
la révolution émigre en Angleterre, puis vient au Canada. En 1804, il

cette décoration blanc et or qui est si jolie. Ils aiment aussi les cérémonies fastueuses et « les grâces du style Louis XV » qu'ils chercheront à répandre dans le milieu où ils pénètrent [28].

Des tableaux faits à l'époque par Berczy et par Dulongpré ont gardé le souvenir d'un certain goût individuel. Ils indiquent également combien le milieu canadien était dépendant de l'étranger pour tout ce qui n'était pas la vie de tous les jours [29]. Qu'il s'agisse de musique, de peinture, de littérature, de théâtre, on a l'impression que presque rien ne se faisait dans la Colonie, sauf chez les artisans, en dehors des étrangers. Auteur dramatique et animateur du théâtre et de la musique à Montréal, Quesnel est un ancien capitaine de navire, arraisonné par les Anglais alors qu'il apportait des armes aux Américains pendant la guerre de l'Indépendance. Louis-Chrétien de Heer, portraitiste venu à Québec à la fin du XVIIIe siècle, est originaire d'Alsace. Louis Dulongpré est devenu portraitiste à Montréal, après avoir été régisseur du Théâtre de Société de Montréal et professeur de solfège et de clavecin. Il est Français et il est venu habiter Montréal après avoir fait la guerre de 1775 avec les Américains. Berczy — autre peintre, mais allemand est venu de New-York en 1792. Il fait du portrait et beaucoup de peinture religieuse. De son côté, Friedrich-Henry Glackemeyer est d'origine allemande. Il est musicien, importateur de musique et d'instruments et il est professeur de musique. Jouve, Français, vient à Québec avec le duc de Kent, comme nous l'avons vu. Dans d'autres domaines, la Compagnie du Nord-Ouest est fondée et soutenue par des Écossais, nés en Écosse, comme aussi la Banque de Montréal. Dans l'industrie du bois, Philemon Wright vient du Massachusetts

---

retourne à Londres pour régler la succession de son frère, ancien ministre des finances de Louis XVI. Il revient dans le Bas-Canada en 1807 et il rapporte avec lui des tableaux dont certains se trouvent encore chez les Ursulines, où il a été aumônier jusqu'à sa mort en 1822. Gérard Morisset, dans *Peintres et Tableaux*, p. 106.

28. Gérard Morisset, *ibid.*, p. 114.

29. D'un autre côté, n'est-ce pas le propre des civilisations de s'interpénétrer à une époque ou à une autre ? Est-ce que quelques années plus tôt, Voltaire et les encyclopédistes français n'ont pas exercé en Prusse et en Suède, par exemple, une influence profonde sur les idées ? Et cette exposition du Louvre consacrée récemment à la peinture française du XVIIIe siècle à la Cour de Frédéric II, n'a-t-elle pas démontré l'importance de l'art français dans ce milieu où régnait un roi intelligent, cultivé, aux idées très avancées, qui subissait des influences profondes venues de l'extérieur ? Il accueillait à sa Cour philosophes, écrivains et artistes étrangers avec les plus grands égards.

pour ouvrir toute cette région qui sera Wright Village par la suite. De son côté, Aaron Hart, juif venu des États-Unis, s'installe à Trois-Rivières et s'enrichit très vite. Il est étonnant de voir combien est faible l'influence du noyau autochtone dans le domaine intellectuel en particulier. Tout le monde semble vivre au jour le jour : le clergé qui tient son église à bout de bras [30], les ruraux qui tirent chaque année le maximum de la terre sans guère songer à l'améliorer. Les notaires, les avocats vivent une petite vie tranquille, végétative, jusqu'au moment où ils exprimeront ou orienteront en Chambre les aspirations de leurs électeurs. Aidés par les événements et par une étude assez poussée des règles de la politique constitutionnelle en Angleterre, à peu près seuls, ils innoveront pendant cette période assez statique de notre histoire.

Pour avoir une vie intellectuelle favorable à l'essor des lettres et des arts, il aurait fallu un climat créé par quelque somptueux prince-archevêque, comme il y en avait eu au XVIIIe siècle dans les principautés allemandes. Or, l'évêque catholique n'était pas riche, comme le gouverneur Craig le lui dit brutalement un jour en essayant de le convaincre. Il avait d'autres œuvres, d'autres besoins plus pressants. Somme toute, la Colonie se débattait à cette époque dans une situation politique et économique bien peu propice aux œuvres de l'esprit. Et c'est pourquoi les initiatives sont isolées et bien limitées.

*   *   *

Montréal est paisible à cette époque. C'est la ville du commerce et des fourrures. Elle est le siège des maisons qui importent d'Angleterre principalement et qui distribuent des marchandises dans le Bas-Canada d'abord, puis dans le Haut-Canada [31]. Dans le Haut-Canada, on se plaint amèrement des prix exorbi-

---

30. Le nombre des églises augmente à une remarquable cadence, toutefois. Ainsi, de 1772 à 1800, plus de trente églises sont construites dans la campagne, grâce à une prospérité qui se généralise. On y trouve une extrême variété des solutions et des réalisations pratiques. Gérard Morisset dans *L'Architecture en Nouvelle-France*, p. 53.

31. Le commerce entre le Haut et le Bas-Canada est fait à l'aide de « batteaux des marchands », barques à fond plat de 35 à 40 pieds de longueur et 6 pieds de largeur. En remontant le fleuve, elles sont chargées de marchandises diverses, elles reviennent avec de la farine, du froment, des « provisions salées, de la potasse, de la vaidasse et des pelleteries ». De Montréal à Kingston, il faut compter de 10 à 15 jours vers 1815. Joseph Bouchette, *Description topographique*, pp. 138, 139.

tants auxquels revient toute chose. On a deviné qu'à de rares
exceptions près (Joseph Masson et Austin Cuvillier par exemple)
les maisons d'importation et d'exportation appartiennent aux
anglophones. Ceux-ci mettent ainsi la main sur les gros profits :
opération sans subtilité, mais à laquelle ne veulent pas ou ne
peuvent pas s'astreindre les seigneurs, les avocats et les notaires
qui constituent l'élite du Canada français et qui n'ont pas pu
ou voulu comprendre sur quoi repose l'influence dans un pays
britannique. Ils préfèrent les jeux de la politique, auxquels ils se
livrent en s'appuyant sur une masse inculte, qui se tourne vers
eux pour défendre ce qu'elle considère déjà comme des droits
acquis, même si constitutionnellement ils ne sont pas encore reconnus. Comme maintenant, la politique ne demande aucune
préparation particulière. Elle est un champ ouvert à l'initiative
individuelle. Et même si elle n'est pas encore une carrière rémunérée, elle donne un prestige que la vie du commerçant n'accorde pas dans une société qui ne s'intéresse aucunement aux
affaires.

Montréal est le centre du commerce des fourrures. Elle est
le siège de la Compagnie du Nord-Ouest, qui fait une vigoureuse
concurrence à la Compagnie de la Baie d'Hudson [32], au point
qu'on devra fondre les deux un peu plus tard pour enrayer leurs
difficultés et mettre un frein à leurs luttes très dures. De La
Chine [33] partent les « voyageurs », comme on les appelle, pagayeurs robustes, grands buveurs, aimant l'espace et le changement. Ils vont par le soleil et par la pluie dans des canots « sans
ferrure, ni clou », qui ont rarement plus de trente pieds de longueur sur six de largeur et qui contiennent de huit à dix hommes.
Ces canots sont chargés de marchandises venues d'Angleterre ;
ils reviennent avec les fourrures achetées aux Indiens ou aux
trappeurs et réunies dans les postes que la compagnie a un peu
partout, au confluent des voies d'eau ou sur les rives des Grands
Lacs, à quelque onze cents milles de distance.

---

32. La première a quelque deux mille employés, tandis que l'autre,
mieux servie par les circonstances et le milieu, n'en a que deux à trois
cents, « deux ou trois navires et quelques postes sur la Baie d'Hudson »,
R. Masson, *Les Bourgeois de la Baie d'Hudson*, p. 50.
   La Compagnie de la Baie d'Hudson a un tel avantage au point de vue
du territoire et des expéditions qu'après 1821 elle adoptera définitivement
la voie de la Baie d'Hudson, détournant ainsi de la Grande Rivière, comme
on disait à l'époque, le commerce des fourrures qui, pendant longtemps,
avait été la ressource principale de Montréal. Voir à ce sujet D. G. G. Kerr,
Historical Atlas of Canada, p. 46.
   33. Comme on l'écrivait à l'époque.

Dans sa *Description topographique du Bas-Canada,* Joseph Bouchette écrit : « Montréal, dans son état actuel, mérite certainement le nom de ville superbe. » Une des choses qui l'enchantent, c'est que les rues sont plus larges qu'à Québec, sauf dans les murs des anciennes fortifications. « Les nouvelles en particulier sont d'une largeur commode, note-t-il. Quelques-unes traversent la ville dans toute sa longueur, sur une ligne parallèle à la rivière, et sont coupées par d'autres à angles droits. » Admiration qu'expliquent ses fonctions de topographe, plus que son sens de l'esthétique. Des maisons, il nous dit qu'elles sont « pour la plupart bâties d'une pierre grisâtre, plusieurs sont grandes, belles et dans le style moderne »... Cette expression est savoureuse pour nous qui avons également un style moderne, qui a remplacé rue Dorchester les maisons bourgeoises par des gratte-ciel, robustes, carrés, rendus assez harmonieux, cependant, par l'étude de masse qu'ils représentent. Pour savoir ce qu'est la ville vers 1800, il faut examiner les gravures de l'époque. Dans une des salles consacrées à Montréal, au Château Ramezay, on en trouve qui montre la rue Notre-Dame obstruée en partie par la vieille église Notre-Dame : ligne rompue de maisons en pierre, basses, à toit allongé ou menu. Dans une autre gravure, on voit l'autre partie de la rue, plus harmonieuse avec des constructions agréables, jolies. Alors hôtel du Gouvernement, le Château Ramezay est dans un cadre qui lui convient davantage. En face, il y a l'entrepôt de James McGill, dont les dons ont permis la fondation de l'université McGill. Tout près, la maison de Muiy où habite McGill à partir de 1805, le monument Nelson, le clocher de l'église des Récollets, la tour de la vieille église Notre-Dame, le clocher de Christ Church, la prison. Un peu plus loin, en contrebas, il y a la maison des Papineau à qui un journaliste, ami des vieilles pierres, a redonné son aspect initial. Tout cela a beaucoup plus d'allure que la rue actuelle.

Un peu plus loin, on voit aussi une Place d'Armes, bordée de bien jolies maisons bourgeoises et une église au clocher lourd et élancé tout à la fois. Déjà, elle centralise la vie religieuse de la ville. Il y a aussi la rue St-Paul bordée d'entrepôts, au-dessus desquels habitent les marchands. Plus haut, dans la rue St-Jacques, se trouvent les belles propriétés et le long de l'actuelle rue Craig coule la petite rivière Saint-Martin.

Montréal est la ville du négoce, mais à faible population. Rien ne laisse prévoir l'essor du XXe siècle, même si, déjà, elle éclate derrière ses fortifications qu'on démolira un peu plus tard.

* * *

Comment s'y rendait-on de Québec ? En répondant à cette question, on verra ce qu'étaient les voies de communication par eau et par terre à cette époque. L'été, on a le choix entre la voie de terre plus expéditive et la voie d'eau qui ménage des surprises aux voyageurs.

Entre Québec et Montréal, il y a des maisons de poste placées sous la surveillance du gouvernement, où l'on peut se procurer des calèches et des chevaux, quand il y en a, note un contemporain grincheux. Les frais sont de 1 shilling par lieue l'été, plus les frais de péage et de passage d'eau. Les ressorts des calèches sont durs ; on y est assez mal protégé contre le froid et les intempéries. Aussi les voyageurs n'en font-ils usage que dans les cas d'affaires indispensables. John Lambert note à leur sujet : « These calèches are most abominable machines for a long journey. »

Reste la diligence, plus confortable, qui part chaque jour de Montréal et de Québec. Tirée par quatre chevaux, elle loge six passagers. En hiver, la « caisse de la voiture est placée sur un traîneau ». Quant à la voie d'eau, elle est peu rapide. Comme l'écrit Philippe Aubert de Gaspé [34] : « Si le vent contraire n'était pas trop violent, on pouvait descendre de Montréal à Québec dans l'espace de trois à quatre jours ; mais la grande difficulté était de remonter le fleuve... Le voyage dans une goélette, si le vent était contraire, était de quinze jours en moyenne et très souvent d'un mois et plus. À partir de 1812, il y a les galiotes à vapeur de John Molson. » [35] Voici le récit d'un voyage de Québec à Montréal en 1818, à bord d'un de ces bateaux, le Calédonia :

> Nous arrivâmes au pied du courant à Montréal à l'expiration du troisième jour, tout en nous félicitant de la rapidité des voyages par la vapeur, et nous ne fûmes aucunement humiliés, en l'absence de vent favorable, qui n'avait duré que vingt-quatre heures, d'avoir recours à la force réunie de quarante-deux bœufs pour nous aider à remonter le pied dudit courant. J'avoue que c'est à bon droit que le Calédonia doit avoir été placé au pre-

---

34. *Mémoires*, vol. II, p. 122.
35. Dès 1809, l'*Accomodation* de John Molson, bâti à Montréal, avait fait son premier voyage de Montréal à Québec. Il avait pris 66 heures, avec un arrêt forcé de 30 heures au lac St-Pierre. Victor Morin dans « Les Fastes de Montréal », *Cahiers des Dix*, vol. X, p. 208.

mier rang des cuves ayant nom bateau à vapeur construit à cette époque.

Et la poste [36] ? Elle est une entreprise différente des maisons de poste. Elle est portée par des courriers qui partent tous les jours à quatre heures de Québec et de Montréal avec une certaine irrégularité, semble-t-il [37]. Les nouvelles venaient ainsi dans les campagnes et dans les villes ; mais quelques années plus tôt, là où les courriers étaient rares, on avait une autre source de renseignement : les frères Récollets [38], à l'odeur forte et à l'appétit solide, bavards et joviaux qui, en échange d'un bon repas, racontaient ce qu'ils avaient appris le long des routes.

*   *   *

Voilà pour les villes. Le reste de la population du Bas-Canada est surtout dans les seigneuries établies par l'intendant Talon le long du St-Laurent [39]. C'est le plus grand nombre : paysans vivant chichement sur de petites terres divisées et sub-

36. C'est à Benjamin Franklin que fut confié dès 1763, le soin « d'organiser le service postal canadien, intégré dans le service postal des colonies d'Amérique »... Jean Bruchési dans « Georges Hériot, peintre, historien », *Cahiers des Dix*, vol. X, p. 199.

37. Philippe Aubert de Gaspé raconte l'anecdote suivante à ce sujet, en ajoutant : on prenait alors son temps en toutes choses.

« Je rencontrai vers 4 heures de relevée, dans la rue de la Fabrique, le trente et unième jour de décembre, le sieur Séguin partant pour Montréal avec lettres et dépêches. Le lendemain, premier jour de janvier, je me trouve face à face avec le même homme à la sortie de la grand-messe de la cathédrale. Je fis un écart, croyant que c'était son ombre ; mais je fus bien vite rassuré.

« Je vous la souhaite bonne et heureuse, me dit M. Séguin, et autant d'années qu'il y a de pommes d'apis en Normandie.

« Et moi pareillement, dis-je, accompagnées de prospérités dans ce monde et du paradis dans l'autre. Maintenant, monsieur Séguin, continuai-je, comment se fait-il que, vous ayant vu hier au soir en route avec la malle de Montréal, vous soyez ici ce matin ?

« Par une raison bien simple, répliqua-t-il : arrivé à l'Ancienne-Lorette, le mauvais temps s'est élevé et je me suis dit : Je suis bien fou de voyager par un temps semblable, les nouvelles que je porte dans ma malle n'y moisiront pas pendant une journée ou deux de retard. Et je suis revenu coucher chez moi, afin de souhaiter la bonne année à mes amis ce matin, et je vous la souhaite encore bonne et heureuse. » *Mémoires*, vol. II, p. 120.

38. L'Ordre disparut au Canada avec la mort en 1800 du père Félix de Berrey et en 1813 du père Louis Demers. Père Lejeune, *Dictionnaire général du Canada*, p. 515.

39. Elles se suivent de paroisse en paroisse de Châteauguay à Rimouski. Albert Tessier dans le volume X des *Cahiers des Dix*.

divisées, mais dont le rendement suffit aux besoins frugaux de gens simples [40]. Il y a des Canadiens français surtout et des Anglais, des Irlandais et des Écossais. Les premiers sont presque tous des ruraux et les autres des citadins, sauf les « Loyalists » venus des États-Unis au moment de la révolution américaine et qui se sont installés soit dans les « Eastern Townships », soit du côté de l'Outaouais, soit encore le long du Saint-Laurent dans les environs de Kingston. La population anglophone est faible encore dans le Bas-Canada, parce que l'immigration n'a pas encore commencé, avec son cortège d'Anglo-saxons ou d'Irlandais faméliques, miséreux et porteurs de germes, qui quittent leur pays où ils crèvent de faim, mais auquel ils restent attachés ; surtout quand ils trouvent ici des gens qu'ils ne comprennent pas et dont ils ne partagent pas la religion ou dont ils ne parlent pas la langue. Dès leur arrivée, ils se trouvent opposés aux autochtones dont ils devraient partager les intérêts de classe tout au moins. Comme dans tout pays bilingue et bireligieux, on voit s'élever des cloisons étanches que le temps ne fera pas disparaître. Songe-t-on qu'il est encore de très nombreux foyers où on n'a jamais accueilli un francophone ou un anglophone, selon le cas, parce que toute une partie de la population ne fréquente pas l'autre qu'elle ne comprend pas ou qu'elle ne veut pas comprendre. Grâce à cette curieuse situation, on voit en 1800, comme aujourd'hui, des gens que des intérêts communs auraient dû réunir, mais qui sont séparés par des préjugés que l'ignorance de la langue de l'autre empêche de faire disparaître. On n'assiste pas dans le Bas-Canada au brassage ethnique qu'accomplira le *melting pot* chez nos voisins du sud.

La population rurale est de mœurs simples à la campagne. Elle vit dans le cadre de la seigneurie, créée autrefois pour la défendre, comme à l'époque médiévale où le seigneur protégeait ou pressurait ses serfs selon le moment. Elle y vit pacifiquement sous l'influence agissante de son curé, qui est le pasteur, le

---

40. Quand on ouvre le pays à la culture, les rendements sont élevés. Ils tombent rapidement parce qu'on ne pratique pas les méthodes qui, en Angleterre, sont connues. On ignore la rotation des cultures. On n'utilise même pas la charrue comme on le devrait. On ne brise généralement que « la surface du terrain » note Joseph Bouchette et les mauvaises herbes ne sont que coupées. On ne fait pas un emploi judicieux et assez abondant des engrais. On répète les mêmes cultures d'une année à l'autre. On ne tire pas le maximum de certaines plantes comme le chanvre et le lin parce qu'on ne sait pas les faire rouir. Joseph Bouchette, *Description topographique* (1815), p. 67 et suivantes.

mentor, celui qui règle à peu près tout dans la vie privée, même si ses ouailles réagissent fortement quand il va trop loin. Ses admonestations font que les enfants pullulent, même s'ils meurent comme des mouches.

La seigneurie n'a pas au Bas-Canada le caractère militaire du Moyen-Âge. Elle n'est qu'un cadre un peu vieillot, qui ne gêne pas encore le censitaire. On y trouve tous les éléments de la vie rurale : la ferme, le manoir et le moulin banal du seigneur où se moud le blé, la fabrique de potasse et la scierie qui apprête le bois — principal matériau de la construction avec la pierre. Là où les maisons sont assez nombreuses, il y a également l'église et le presbytère, les boutiques d'artisans, bref tout ce qui constitue la cellule rurale où s'organise une vie simple, sans curiosité, sans heurts, qui serait neutre comme un jour de pluie, mais à peu près acceptable, s'il n'y avait à toute occasion, l'hiver surtout, des fêtes qui réunissent le ban et l'arrière-ban de la famille et des amis. On assiste alors à des boustifailles pantagruéliques, qui rassemblent de cinquante à cent convives et que, plus tard, Krieghoff et George Heriot ont peint avec un plaisir évident.

Les maisons sont en pierre dans certaines régions, en bois ailleurs. Certaines sont spacieuses, bien équilibrées, jolies. La plupart sont petites, percées de peu de fenêtres à cause du froid ; faites de pièces de bois mal équarries, elles sont blanches ou grises, assez gracieuses. On s'y entasse incroyablement. Les mouches et les moustiques y pullulent bien au chaud. L'hiver, les maisons sont surchauffées et très mal aérées, au dire des étrangers. On y pratique une hygiène qui ferait frémir nos hygiénistes patentés. Aussi la mortalité est-elle très élevée, chez les jeunes et les moins jeunes [41]. Philippe Aubert de Gaspé raconte que,

---

41. En 1765, la population catholique de Québec est de 69,816 selon les uns et de 80,000 suivant les autres. Si l'on prend le premier chiffre comme base, le taux des naissances est de 65.6 par 1,000, mais le taux de mortalité est de 45. En 1790, le recensement accorde une population de 134,374 au même groupe dans la province de Québec, avec un taux des naissances de 50.9 et de mortalité de 31. En 1831, la date du premier recensement depuis la création du Bas-Canada, la population catholique est montée à 412,717, mais le taux de mortalité est encore de 28 en regard d'un taux de natalité resté à 50. Or, la mortalité est surtout très grave chez les enfants. Encore un petit ange, disait-on, pour se consoler d'un décès qu'on ne pouvait empêcher dans un milieu où, comme ailleurs à cette époque, les conditions d'hygiène et les soins médicaux étaient médiocres. Chiffres tirés de « The Growth of Population in Canada » par Arthur R. M. Lower, dans *Canadian Population and Northern Colonization*, éditeur V. W. Bladen, p. 48.

vers cette époque, « les planchers ne se lavaient que deux fois par an, à Pâques et à la fête de la paroisse. Les femmes balayaient à la vérité, tous les matins, après avoir humecté le plancher à l'aide d'un instrument de fer-blanc appelé arrosoir, dont l'eau s'écoulait par un tube d'un quart de pouce de diamètre ; ce qui était considéré comme une ablution suffisante pour six mois ». Après avoir raconté à peu près le même fait, un voyageur anglais se hâte d'ajouter : « There are French women in Canada as remarkable for cleanliness as there are others remarkable for the opposite extreme » ; ce qui est un correctif au témoignage d'Aubert de Gaspé.

Que contient la maison à la campagne ? Au centre, la cheminée. D'un côté la cuisine ; de l'autre la salle commune et au-dessus les chambres, avec au moins deux lits par pièces. Les meubles sont simples et de construction domestique : des chaises, des tables, des coffres à linge, un buffet ou un meuble d'angle pour la vaisselle [42]. Au mur de la pièce principale des images de la Vierge et de son Fils, des statues en cire et un crucifix, un poêle en fonte avec un tuyau qui va jusqu'à la cheminée. Dans le foyer, des bûches sur des chenets de formes diverses et, au-dessus, le chaudron à soupe.

Dans cette maison plus ou moins exiguë vit une famille généralement nombreuse qui s'y entasse plutôt mal que bien. Chacun a sa fonction et chacun vit en fonction de la famille. Les hommes voient aux gros travaux. Ils sont menuisiers et, s'ils sont adroits, ils font eux-mêmes les voitures et les traîneaux dont ils ont besoin ; ils font leurs outils et leurs instruments de culture, leurs meubles [42] et à peu près tout ce dont ils se servent pour leur travail. Mais surtout ils construisent leurs maisons et leurs dépendances avec un sens des proportions qui s'est perdu depuis. Les femmes filent, tissent, font les vêtements en étoffe du pays, les bas, le linge de maison, les chandelles de suif et le savon. Bref, la famille fournit à tous ses besoins, à la campagne tout au moins où le revenu est encore mince. À cause de cela, elle oppose au colporteur une résistance qui ira s'affaiblissant au fur et à mesure qu'elle prendra goût aux choses venues de l'extérieur.

---

42. Dans certaines maisons, cependant, il y a des meubles venus d'Europe ; d'autres sont faits au Canada par des artisans qui s'inspirent du mobilier français, anglais ou américain d'époques diverses. Souvent, la ligne est jolie, mais l'exécution est un peu fruste. Ces meubles ont acquis une valeur considérable, à la faveur d'un engouement général pour les vieilles choses. Alors qu'autrefois, on les logeait dans le grenier, on les vend maintenant presque à prix d'or.

Tous ces gens sont gais ; ils aiment le chant, la danse, les grosses boustifailles aux fêtes, aux noces, après les jeûnes du carême. Ils sont grands buveurs de rhum et grands fumeurs. Ils se visitent le plus souvent possible quand les chemins le permettent. Ils sont aimables et polis, même s'ils ont le goût inné de la chicane, du procès à propos de tout. Des voyageurs comme Heriot, Lambert reconnaissent leur urbanité. Philippe Aubert de Gaspé écrit d'un censitaire de son père, par exemple : « il vint nous recevoir au bas de son perron, son bonnet rouge [43] à la main, en nous priant avec cette politesse exquise et gracieuse des anciens Canadiens français de bien vouloir nous donner la peine d'entrer ». De son côté, John Lambert note : « the French Canadians are remarkably civil to each other and bow and scrape as they pass along the streets. When I have seen a couple of carmen or peasants, cap in hand, with bodies bent to each other, I have often pictured to my imagination the curious effects which such a scene would have in the streets of London between two of our coalporters or draymen. » [44] Il ajoute : « les Canadiens sont simples de manières. Leur amabilité envers les étrangers est la même, quels que soient le degré de fortune et le costume. »

Le bonnet rouge dont parle de Gaspé évoque l'idée du vêtement. À la campagne, il est simple comme les gens qui le portent. L'hiver, l'homme du peuple a une longue jaquette d'étoffe sombre, allant jusqu'au bas du genou, garnie de boutons de haut en bas et entourée de la ceinture fléchée. Le pantalon étroit et la veste sont de même étoffe. Sur le dos, un capuchon sur lequel reposent les cheveux tressés, car la couette se porte encore si elle tend à disparaître. Sur la tête, un bonnet de laine. Comme chaussures, des mocassins ou des « souliers de bœuf », comme on disait encore il n'y a pas si longtemps. L'été, un vêtement plus léger et un chapeau de paille remplacent les lourds vêtements d'hiver.

À la campagne, les paysannes sont également vêtues de façon assez fruste. « A petticoat and sport jacket is the most prevalent dress », note Lambert [45]. Les jours de fêtes chacun sort ses plus beaux atours, cependant. Il ajoute : « Every one is dressed in his best suit and the females will occasionally powder their hair and

43. Les bonnets ou les tuques étaient généralement bleus dans la région de Montréal, blancs à Trois-Rivières et rouges à Québec et dans la région. Albert Tessier, dans *Les Cahiers des Dix,* vol. X, p. 184.

44. *Travels through Canada,* vol. I., p. 174.

45. *Ibid.,* vol. II, p. 172.

paint their cheeks. In this respect they differ but little from their superiors, except that they use beet root instead of rouge. » Chacun évidemment pratiquait la coquetterie suivant ses moyens. À la ville on est mieux vêtu. On peut en juger par les portraits de l'époque. Par exemple, celui du peintre Louis Dulongpré, fait par Wilhelm von Moll Berczy vers 1805, est très curieux. Berczy nous présente Dulongpré « portant ses cheveux en arrière, en natte... un long gilet de couleur pâle, culotte noire, et bas de soie noirs, avec souliers très découverts et boucles en diamants ». C'était un homme de l'ancien régime, dit Gérard Morisset à qui on emprunte cette description. Cela n'explique pas entièrement le costume très soigné. C'était sans doute un vêtement d'apparat ; mais les voyageurs de cette époque reconnaissent aux habitants des villes une certaines élégance. De son côté, Dulongpré a peint un grand nombre de gens de l'époque [46] dans des costumes qui indiquent sinon une grande élégance vestimentaire, du moins une correction de bon aloi [47].

À côté de la maison paysanne il y a le manoir : maison souvent modeste, mais gracieuse, qui abrite le seigneur et sa famille. À cette époque, le manoir seigneurial jouit d'un certain prestige. C'est généralement un bâtiment de pierre, à façade très simple, mais dont le charme provient de la proportion des lignes, des cheminées latérales, des fenêtres ou d'une porte dessinées avec le goût très sûr qu'on avait autrefois, avant la construction en série.

À un moment donné, le seigneur joua un rôle important. C'est à lui que Colbert et Talon avaient voulu confier le soin de défendre la colonie. On lui avait donné des terres et le droit de percevoir certaines redevances, en échange du moulin banal qu'il devait ériger pour ses censitaires et des services qu'il leur rendait. C'est lui qui se faisait le protecteur de ses gens et qui rendait la justice dans certaines circonstances. À cause de cela, on lui accordait de l'autorité. Vers 1800, la situation est changée,

---

46. Au Château Ramezay, par exemple, il y a plusieurs peintures et pastels de Louis Dulongpré. D'après Gérard Morisset, celui-ci serait l'auteur de quelque 3,500 portraits de l'époque : nombre énorme, semble-t-il. Retenons seulement qu'il a été le portraitiste le plus fécond de l'époque.

47. En parlant de Joseph-François Perrault, l'auteur de sa biographie, Ph.-B. Casgrain, écrit : il porta longtemps des « habits à basque en velours de couleur, gilet de satin brodé de paillettes d'or, jabot en dentelles, bas de soie et souliers à boucle, perruque blanche ». Ce qui indique que le cas de Dulongpré n'était pas isolé. Cité par Madame Marie-Claire Daveluy dans *Profils littéraires*, vol. 7 des *Cahiers de l'Académie canadienne-française*.

comme nous l'avons noté précédemment. Le peuple n'a plus le même respect qu'autrefois. « Il m'est impossible, écrit un mémorialiste, de me rendre compte de cette méfiance qu'ont les habitants de leurs seigneurs et de leurs curés qui sont pourtant leurs amis les plus sincères, ne serait-ce que pour leur intérêt personnel ». Méfiance du paysan qui est de tous les temps ! Assurément, mais c'est une méfiance qui fait passer l'influence des vieilles familles d'autrefois à la bourgeoisie nouvelle. Celle-ci comprend dans l'ordre de préséance les avocats et les notaires principalement. C'est elle, comme on l'a vu, qui mène la politique suivie par le groupe canadien-français, en collaboration plus ou moins étroite avec le clergé. Dans la région de Montréal, en particulier, c'est cette classe qui, un peu moins d'un demi-siècle plus tard, conduira le peuple à la rébellion.

La bourgeoisie est assez besogneuse, malgré le goût inné de la chicane ; mais elle est intelligente, tenace, frondeuse. Certains de ses membres sont assez bien doués, courageux : Pierre Bédard, par exemple, qui conduit la bataille contre les milieux officiels du haut de sa tribune du *Canadien*. Il n'hésitera pas à faire de la prison, avec les députés Blanchet et Taschereau pour défendre ses idées. Avec ses amis, il fera face au gouverneur Craig qui devra céder devant leur ténacité et l'appui que le peuple leur accorde. C'est ce groupe qui, dès le début du XIXe siècle, s'oppose à la puissante minorité anglaise. Après avoir assimilé les règles de la Constitution britannique, il livre une lutte serrée pour la reconnaissance de droits qu'il juge essentiels à la survivance du Canada francophone.

* * *

Dans cette société du début du XIXe siècle, il y a dans les villages, comme on l'a vu pour la ville de Québec, des petits artisans : tanneurs, cardeurs, fouleurs, forgerons, qui complètent le travail individuel du paysan. Il y a aussi les bûcherons qui abattent les arbres pour le bois de charpente et les hommes-de-cages ou « flotteurs », qui vivent pendant des semaines sur les grands radeaux venus du Richelieu, du haut Saint-Laurent et de l'Outaouais. Il y a aussi « les voyageurs », les interprètes, les guides, les « bouts » [48] de la Compagnie du Nord-Ouest et de la compagnie XY. Il y a surtout le curé qui reste la grande influence. À côté du curé qui confesse et conseille, il y a, à certains endroits,

---

48.   Voir *Les Engagés du grand portage* par Léo-Paul Desrosiers.

le médecin qui soigne les malades et le notaire qui reçoit les actes : personnages qui constituent la société dans les petits endroits peu évolués. Il y a aussi le député qui n'a pas à cette époque l'importance actuelle : le patronage, comme on dit maintenant, étant en d'autres mains.

Pour compléter ce tableau de la société dans le Bas-Canada, nous reviendrons aux milieux officiels en nous demandant, comment ils se comportent. Au faîte de la pyramide, se trouve le gouverneur qui est l'autorité suprême. Entre deux bateaux qui apportent les instructions du Cabinet anglais, il se passe souvent des mois : trois ou davantage. Pendant ce temps, c'est le gouverneur qui dirige la Colonie. C'est ainsi qu'on appellera sir James Craig le petit roi. Le gouverneur a des instructions cependant. Il doit s'y conformer ; mais, à son arrivée, il est happé par ses conseillers qui tentent de l'orienter dans le sens de leurs idées. Ainsi lady Aylmer écrit plus tard, en 1831 : « vous n'imaginez pas dans quelle position difficile un gouverneur se trouve placé ici. Les deux Chambres, le Conseil législatif et la Chambre d'assemblée, sont en opposition constante l'une envers l'autre, et combattent toute mesure provenant du gouvernement, de sorte que le gouverneur ne reçoit aucune assistance de ceux qui sont en théorie ses conseillers. Un roi d'Angleterre choisit ses ministres, mais ici, c'est l'inverse : le gouverneur trouve le Conseil exécutif tout formé, et composé de membres avec qui il peut ne pas sympathiser, et dans le jugement desquels il peut ne pas avoir confiance. » [49]

C'est la situation de ces hauts fonctionnaires qui, à leur arrivée d'Europe doivent prendre des décisions immédiatement. Certains réagissent, tels Murray, Haldimand et Carleton, mais leur influence est momentanée, même si elle est réelle au moment où elle s'exerce. Celle de Carleton semble avoir été prépondérante au moment de l'Acte de Québec. Lord Durham également, en 1838, n'a pas voulu se laisser conduire par les groupes ou les coteries, mais avec le résultat que l'on sait. Certains cherchent à calmer les antagonismes, à trouver un moyen terme. D'autres, de tempérament militaire, veulent mener les choses rondement comme sir James Craig. Alors, c'est la presse muselée et la prison pour l'imprimeur du *Canadien* et ses collaborateurs, avec un soulèvement de l'opinion qui prépare l'obstruction en Chambre et les troubles.

---

49. Cité par Lady Tweedsmuir dans *Carnets Canadiens*, p. 37.

Le gouverneur habite au Château Saint-Louis. Il y reçoit l'hiver, au moment de la session en particulier. L'été, il se transporte à la campagne. Sir James Craig, par exemple, habite Powell Place, l'actuel Bois-de-Coulonge, où il reçoit parfois le tout-Québec de l'époque. Voici, en guise de parenthèse, la description d'une *Garden party* qu'il y donne :

> Dès huit heures et demie du matin, l'élite de la société, écrit un contemporain [50], laissait Québec pour se rendre à l'invitation de sir James. Arrivé à Powell Place, on s'installe autour de tables dressées en face du cottage sur une immense plate-forme de madriers polis qui servira ensuite de salle de danse en plein air. On déjeune de viandes froides, beurre, raves, thé et café et on cède la place à ceux qui attendent. Puis, on se promène dans les jardins et les bosquets environnants. Vers dix heures, sir James fait son apparition, entouré de l'état-major, au son du « God Save the King. »
>
> Puis le bal commence. Vers deux heures et demie, l'orchestre cesse de jouer, comme Mgr Plessis et le lord évêque Mountain viennent présenter leurs hommages au gouverneur.
>
> À trois heures, le son du cor convie les invités à se restaurer. Ils s'enfoncent dans la forêt à la suite du gouverneur, jusqu'à une clairière, où se trouve une « immense table couverte d'un dôme de feuilles. Le repas est plantureux. Rien de plus beau, note l'auteur de ces lignes, de plus splendide que l'ordonnance de ce repas, aux yeux non seulement des enfants du sol, peu accoutumés à ce luxe, mais aussi aux yeux des convives européens. »

Après le dîner, la danse reprend jusqu'à la tombée de la nuit. En somme, une fête champêtre d'un caractère familier, où le gouverneur garde une certaine allure majestueuse, qui convient au représentant du Roi. On constate par là combien les mœurs étaient encore simples, à ce moment-là.

À côté du gouverneur, il y a les hauts dignitaires de l'église. L'évêque anglican est le seul qui soit reconnu par la Constitution. L'évêque catholique n'a aucune existence civile. Officiellement, on lui accorde le titre de supérieur de l'église de Rome. Il est prélat romain mais on ne lui reconnaît pas encore le titre d'évêque catholique de Québec. Il le prend, cependant, et il jouit d'une influence et d'un prestige auprès du peuple et de l'État dont son collègue anglican se plaint fréquemment auprès des

---

50. Philippe Aubert de Gaspé, *Mémoires*, vol. II, p. 112, Beauchemin-Mame.

autorités [51]. Ce n'est qu'après 1813 que le gouvernement anglais le reconnaîtra officiellement, comme on l'a vu. En 1816, Mgr Plessis entrera au Conseil législatif en sa qualité d'évêque catholique de Québec. Ce sera un pas de plus dans la reconnaissance officielle de sa fonction.

Ces prélats, venus à la fête du gouverneur, ce sont les deux grandes influences spirituelles de la colonie. Ils se livrent une lutte sourde qui serait inégale si, derrière l'un, il n'y avait une force que Londres ménage et à laquelle il cède petit à petit, malgré l'opposition de sir James, de l'évêque Mountain, de H.W. Ryland, du juge en chef Sewell [52] et de la minorité protestante. Devant la fidélité du clergé catholique envers le régime et, sûrement, devant les perspectives de guerre avec les États-Unis, le gouvernement comprend qu'il ne faut plus tergiverser et, malgré le mémoire pressant de Craig, malgré les démarches de l'évêque anglican de Québec, il fait disparaître une anomalie qu'expliquait la Constitution anglaise, mais qui était dangereuse dans le Bas-Canada. Ce qui est un autre exemple de la souplesse britannique devant les faits.

Comme on l'a vu précédemment, dans le milieu officiel, il y a également dans l'ordre d'influence les membres du Conseil exécutif, ceux du Conseil législatif, les hauts fonctionnaires et les députés. Ces derniers n'ont d'abord qu'une importance de nombre. On les convoque, mais on ne paie pas leurs frais de voyage et de séjour ; aussi est-on fréquemment obligé de suspendre les séances, faute de quorum. On laisse les députés parler, on les fait voter, on leur permet de protester, de discourir et souvent on les renvoie à leurs électeurs, quand ils ont vraiment fait montre de trop d'indépendance [53]. Plus tard, leur influence augmentera quand ils pourront voter les subsides et affamer le gouvernement. Pour l'instant, ils ont l'importance qu'on leur accorde. Ils sont remuants, cependant, et bien embarrassants quand ils invoquent

---

51. Le lord Bishop Mountain lui reproche en 1803 de se faire appeler « Monseigneur, sa grandeur le révérendissime et illustrissime ». Lettre de l'évêque anglican au lieutenant-gouverneur Milnes daté du 6 juin 1803. Archives canadiennes, série Q, vol. 92, p. 253. Cité par M. Thomas Chapais en appendice du tome 2 de son *Cours d'Histoire du Canada*, p. 319.
52. On lira avec beaucoup d'intérêt, à ce sujet, outre les travaux de M. Chapais, un bien curieux article de M. Jean-Pierre Wallot, dans la *Revue d'Histoire de l'Amérique Française* de mars 1963, intitulé « Sewell et son projet d'asservir le clergé canadien en 1801 ».
53. Ainsi le gouverneur Craig impose trois élections successives en 1808, 1809 et 1810.

le droit constitutionnel anglais pour justifier leurs demandes. Bédard, Panet, Taschereau, Chartier de Lotbinière, Papineau sont d'assez rudes jouteurs ; mais ils se heurtent aux obstacles posés par la Constitution de 1791 et à l'influence du groupe anglais. Celui-ci est minoritaire en Chambre où l'on est élu [54], mais majoritaire au Conseil législatif et au Conseil exécutif dont les membres sont nommés. Là, il entoure le gouverneur et son influence est prédominante. Jusqu'au régime Craig, les relations entre les deux groupes sont relativement faciles, mais les partis s'affrontent durement dès que sir James applique la manière forte. L'impression générale en sera tellement mauvaise que, vingt ans après, Louis-Joseph Papineau s'écriera dans un de ses discours à l'emporte-pièce : « Craig ne faisait qu'emprisonner ses victimes, Aylmer les assassine. »

Chez les hauts fonctionnaires, la bourgeoisie anglophone est également bien représentée. Elle a les postes les plus influents et les mieux rémunérés. Comme l'écrit Thomas Chapais, dans son *Cours d'Histoire du Canada* [55], « parmi les chefs et les dirigeants de ce parti, les uns siégeaient dans la Législature, les autres occupaient des charges considérables dans l'administration. » La plupart cumulent. Herman-Witsius Ryland, par exemple, un des plus agissants, reçoit « 600 louis comme greffier du conseil exécutif, 100 comme greffier de la Couronne en chancellerie, 400 comme pension régulière en récompense de ses services publics, 200 comme secrétaire du gouvernement » et quelques autres petits bénéfices qui lui rapportaient en tout environ 5,000 dollars de notre monnaie. De son côté, Jonathan Sewell reçoit l'équivalent de 12,700 dollars en 1807 pour ses fonctions de procureur général, pour des frais de voyages et pour diverses poursuites criminelles intentées au nom du gouvernement. Pour l'époque ce sont des sommes importantes, versées à des hommes qui sont parmi les plus agissants contre la population francophone.

Qu'est-ce enfin que cette bourgeoisie anglaise, si forte dans la Colonie [56] ? C'est ce petit nombre d'importateurs, de marchands, d'associés de la compagnie du Nord-Ouest, de construc-

---

54. Parfois, sa situation en Chambre se transforme en majorité quand les députés du parti canadien, non indemnisés pour leurs dépenses, ne se rendent pas à une séance particulière. Les députés anglais, qui sont presque tous riches, n'ont pas le même problème.
55. Vol. II, p. 178.
56. Murray et Durham l'ont jugée bien durement à trois quarts de siècle de distance.

teurs de navires, d'exportateurs de bois et de fonctionnaires dont il a été question précédemment. James McGill, William McGillivray, Roderick McKenzie, John Molson et Simon MacTavish en sont quelques-uns. C'est un groupe actif qui a la main haute sur l'administration, partout où la démocratie naissante n'exerce aucune emprise. Pour asseoir son influence solidement, il a fait nommer ses amis aux meilleurs postes. Ils occupent, par exemple, ceux de juge en chef, de procureur général, de receveur général, d'inspecteur général des comptes, de directeur des postes, de greffier du Conseil exécutif, du Conseil législatif et de la Chambre d'Assemblée. Ainsi, le groupe a les principaux leviers de commande. Pour diminuer son emprise, il faudra une évolution politique née de l'excès même.

II.   LES PROBLÈMES DU MILIEU

Voilà dans son ensemble le milieu ethnique et politique du Bas-Canada vers 1800. En l'étudiant, on aperçoit quelques-uns des problèmes qui se posent dans la Colonie au début du XIXe siècle. On peut les ramener à trois principaux : a) l'enseignement et la question religieuse ; b) le choc d'intérêts des groupes ethniques et des classes ; c) le problème politique et la responsabilité ministérielle.

Ce qui frappe au premier abord, quand on étudie la situation au début du siècle, c'est la difficulté de trouver un terrain d'entente entre les deux groupes anglophone et francophone, ou ce qui correspond à une vision plus réaliste des choses, entre les vainqueurs et les vaincus. Après quarante ans, on en était encore là. Des collaborateurs du journal *Mercury* au juge en chef Sewell, on constate la même idée : le Bas-Canada n'a rien d'une colonie anglaise ; il faut l'angliciser. Les uns disent qu'on y parviendra en noyant les Canadiens dans une immigration intense et, les autres, en les forçant d'apprendre l'anglais, en les empêchant de parler leur langue, en imposant toutes les institutions anglaises intégralement, en refusant au clergé la reconnaissance civile et en exerçant le contrôle des nominations aux cures [57].

De leur côté, les Canadiens cherchent à faire reconnaître définitivement leur religion, leur langue et leurs droits civils. Isolés dans un continent immense, ils commencent de prendre conscience

---

57. Chapais, *Cours d'Histoire du Canada*, vol. II, p. 210.

d'un certain esprit collectif et ils tentent de faire accepter ce qu'ils considèrent être les conditions essentielles de leur survivance. On voit que le fond du problème n'a guère changé.

La lutte devient rapidement violente. De part et d'autre on échange des propos très vifs. Dans le *Mercury* par exemple, on écrit ceci quand il est question de faire paraître un nouveau journal, le *Canadien* : « cette province est déjà trop française pour une colonie britannique. La défranciser autant que possible, si je puis me servir de l'expression, devrait être notre but principal... »

Les collaborateurs du *Canadien* [58] attaquent aussi leurs adversaires très rudement, au cours des campagnes électorales qui suivent les multiples prorogations de la Chambre qu'ordonne sir James Craig. Plus tard, le Cabinet anglais intervient comme on l'a vu ; il reconnaît officiellement l'évêque catholique ; il accepte que les projets de loi soient accompagnés d'un texte en français, ce qui est l'établissement d'un bilinguisme pratique qui durera longtemps. C'était deux concessions faites à un moment grave. Il restait une autre question extrêmement sérieuse à régler, celle de l'instruction publique, qui ne le sera malheureusement que beaucoup plus tard. Dans l'intervalle, l'enseignement primaire restera dans un état désolant, avec des écoles en très petit nombre, un personnel médiocre et insuffisant et une opinion publique qui, hors des villes et de certains villages, se convainc rapidement de l'inutilité de l'instruction. Comme conséquence de l'attitude prise par les milieux officiels et le groupe anglais qui cherchent l'anglicisation par l'école d'une part, et, de l'autre, l'apathie des Canadiens qui s'habituent à l'ignorance, on prépare quelques générations d'illettrés ou de quasi illettrés.

Dans les centres les plus importants, il y aura petit à petit des collèges et des couvents [59] qui forment des femmes instruites, des prêtres et des jeunes gens qui s'orientent à peu près unique-

---

58.   Fondé en novembre 1806 à Québec par un groupe qu'inspire Pierre Bédard, et qui comprend Jean-Thomas Taschereau, Joseph-Louis Borgia, et François Blanchet.

59.   Par exemple, à Québec le Séminaire et le couvent des Ursulines, à Montréal le Séminaire de Saint-Sulpice, ainsi que le Petit Séminaire, le couvent de la Congrégation Notre-Dame, etc. De leur côté, les anglophones ont des écoles là où ils sont en nombre suffisant. Ainsi, en 1790, ils en ont deux à Trois-Rivières, une à William-Henry et quatre à Montréal. L'abbé Lionel Groulx dans *L'Enseignement français au Canada*, vol. I, p. 63.

ment vers les professions libérales et la politique. Mais la masse est illettrée. Il semble donc que l'évêque Mountain ait eu raison d'affirmer en 1799 : « ... les classes populaires dans cette province sont en général d'une ignorance déplorable. » Dix ans plus tôt, Mgr Hubert n'avait pu répondre à une semblable accusation que par ces mots : « ... on trouverait facilement dans chaque paroisse entre vingt-quatre et trente personnes capables de lire et d'écrire. » C'était peu.

Dans une certaine mesure, les deux groupes étaient responsables de la situation. Les anglophones et les milieux officiels voulaient angliciser les francophones ; ce à quoi, semble-t-il, ceux-ci ne se seraient pas tellement objectés après la conquête. L'historien Michel Brunet apporte à ce sujet de bien curieux témoignages. Apprendre l'anglais devient un mot d'ordre, un idéal, écrit-il. Ainsi, à Québec, dès le premiers mars 1792, Mgr Hubert fonde une école anglaise pour les enfants canadiens. Il veut empêcher ses ouailles d'aller chez les protestants. L'école compte trente écoliers ; elle en aurait soixante ou plus si « j'avais un second maître d'anglais et de quoi l'entretenir », écrit le prélat. Un peu partout, on sent le désir d'apprendre la langue du vainqueur. On ne la comprend pas très bien soi-même, mais on souhaite que ses enfants la connaissent parce qu'on croit qu'ils seront mieux armés pour arriver. Dans les classes dirigeantes, on la fait enseigner à ses enfants et, quand on le peut, on les envoie à l'étranger ou encore, comme chez les de Gaspé, on les met en pension dans des familles anglaises. Michel Brunet cite aussi le cas d'une bien curieuse requête adressée par les habitants de la paroisse de Saint-Louis dans la seigneurie de Kamouraska, demandant la nomination d'un instituteur capable d'enseigner « les principes de la langue anglaise sans laquelle nous ne pourrons jamais participer qu'à demi au commerce du pays ». La pétition comprend cent vingt noms, dont quatre-vingts sont suivis d'une croix.

De leur côté, Papineau et Neilson déclarent en 1823 qu'il n'y a pas un homme de quelque fortune qui ne fasse apprendre l'anglais à ses enfants [60] et le séminaire de Nicolet annonce un enseignement en anglais à partir de sa fondation.

C'était la vieille querelle qu'on trouve tout le long de l'histoire du Canada français, douloureuse, pénible comme un scru-

---

60. Michel Brunet, dans les *Cahiers de l'Académie française,* vol. **V** (linguistique), p. 62.

pule ou un remords. Doit-on former ses enfants à l'anglaise ou à la française ? Veut-on leur donner une orientation strictement utilitaire pour leur permettre d'arriver ou veut-on leur accorder au contraire, une formation dans leur langue qui leur donnera la plénitude de développement intellectuel ? À quelques exceptions près, la question ne se pose que dans les villes à cette époque. En dehors de Montréal, de Québec, de Trois-Rivières et plus tard de Nicolet et de St-Hyacinthe, l'analphabétisme est en effet, la règle presque générale [61]. Et cela surtout parce que le gouvernement, par le truchement de l'Institution Royale [62] depuis 1801, veut non seulement angliciser, mais indirectement et sans trop le dire « protestantiser » [63]. Peut-être le clergé aurait-il cédé définitivement devant la première manœuvre, s'il n'eut cru qu'elle entraînerait forcément la seconde. Pendant longtemps, l'évêque louvoie ; il est pris entre Londres dont il lui faut ménager l'autorité et Rome qui veut maintenir sa hiérarchie, qui la veut forte, logique à tous les échelons [64].

---

61.   Ainsi, en 1827, quand l'habitude était aux requêtes, l'une d'elles contenait 87,000 noms et, en regard, 78,000 croix. Cité par l'abbé Groulx dans *L'Enseignement français au Canada*.

62.   Royal Institution for the Advancement of Learning, appellation que l'Université McGill a conservée. Voir au sujet de l'Institution Royale la très intéressante étude de M. Louis-Philippe Audet, intitulée *Le système scolaire de la province de Québec*, vol. III, p. 68 et suivantes.

63.   Ryland n'hésite pas, par exemple, à affirmer que l'Institution Royale fournira « un moyen extrêmement puissant d'accroître l'influence du pouvoir exécutif et de modifier graduellement les sentiments politiques et religieux des Canadiens. » *Documents constitutionnels, 1791-1818*, p. 353.

64.   La situation de l'Église catholique n'est pas facile, comme on peut en juger par les textes suivants, que cite M. Thomas Chapais, *Cours d'Histoire*, p. 318.

Dans un mémoire au lieutenant-gouverneur Milnes, en 1803, l'évêque Mountain rappelle ainsi l'attitude de droit de la Couronne envers l'Église catholique dans le Bas-Canada : « Se réservant sa juste suprématie, il a plu « à Sa Majesté de « défendre sous des peines très rigoureuses tous recours « à une correspondance avec un pouvoir ecclésiastique étranger de telle « nature ou sorte que ce soit », de prohiber « l'exercice d'un pouvoir épis- « copal ou vicarial dans la province par une personne professant la religion « de l'église de Rome, en exceptant que ceux qui sont essentiellement et « indispensablement nécessaires au libre exercice de la religion romaine, et « cela non sans une licence ou permission du gouverneur au gré et au bon « plaisir de Sa Majesté », d'ordonner « que nulle personne ne recevra des « ordres sacrés ou n'aura charge d'âmes sans un permis du gouverneur » et « que tout droit ou prétentions d'une personne quelconque, autre que Sa « Majesté, de présenter ou de nommer à un bénéfice vacant (l'exercice des

L'Acte de Québec, il est vrai, a reconnu les droits civils, la dîme et l'exercice de la religion catholique [65]. On a accepté également que Monseigneur Hubert soit sacré en France, mais ce n'est que sous la poussée des événements qu'on reconnaîtra Monseigneur Plessis comme évêque catholique de Québec, ainsi qu'on l'a vu précédemment. Dans l'intervalle, le haut clergé s'efforce de ménager le Pouvoir qui, de son côté, essaie de lui donner des satisfactions pour l'attirer ou le retenir, malgré l'opposition des milieux anglophones et protestants au Canada.

En faisant l'éloge funèbre de Monseigneur Briand, le curé de Québec, Joseph-Octave Plessis, n'avait pas craint de déclarer : « après la conquête, Monseigneur Briand aperçut ce que personne ne soupçonnait, que la religion elle-même pouvait gagner à ce changement de domination. » Plus tard, au cours d'une discussion avec le gouverneur Craig, qui s'écrie : le Canada est soumis à la suprématie du Roi ! Monseigneur Plessis, devenu évêque, précisera avec beaucoup de dignité : « Si par cette suprématie on entend une suprématie temporelle je n'y répugne aucunement... quant à la suprématie spirituelle qu'il a plu au parlement d'Angleterre d'attribuer au Roi, il est très certain qu'aucun membre de l'église catholique ne la peut admettre. » [66]

« droits civils exceptés) sera aboli. » Hâtons-nous de dire que la situation de fait que constate l'évêque Mountain est bien différente.

De son côté, sir James Craig dit brutalement à Mgr Plessis en 1811 : « Souvenez-vous que la religion catholique n'est point établie ici ; elle n'est que tolérée. Aux termes de la capitulation de Montréal et par les termes de cette capitulation, nous ne sommes point obligés d'y admettre un évêque... » Cité par Léon Pouliot, s.j. dans *Monseigneur Bourget et son temps,* vol. I, p. 22.

65. Pour remercier le gouverneur Carleton à son retour à Québec, le clergé lui a présenté une adresse, qui en dit long sur le sentiment général. Elle commence ainsi : « Permettez qu'en félicitant votre Excellence sur son heureux retour, nous nous félicitions nous-mêmes, et la Province de l'avoir comme Conservateur de nos lois et Privilèges Religieux », *Gazette de Québec* du 22 septembre 1774. Cité par Séraphin Marion dans *Les Lettres canadiennes d'autrefois,* p. 67.

Pour comprendre cette attitude, il faut se rappeler que Carleton avait proposé de rétablir « au moins les lois civiles françaises, de maintenir le régime seigneurial, de reconnaître légalement au clergé le droit de percevoir la dîme et de ne plus exclure les Canadiens des charges publiques », Michel Brunet dans *Les Canadiens et les débuts de la domination britannique,* p. 11. Toutes choses que la plupart des Canadiens n'auraient jamais osé espérer.

66. Cité par Thomas Chapais, *Cours d'Histoire,* p. 166.

Au moment de l'invasion du territoire par les Américains, le clergé a invité ses ouailles à appuyer la Couronne anglaise et quand, dans certaines parties du pays, il y a eu des désordres pour protester contre maintes mesures jugées vexatoires ou inacceptables ou pour empêcher certaines arrestations, il intervient pour ramener ses ouailles au calme et à la fidélité au pouvoir établi. À certains moments, cependant, il a pris des attitudes qui étonnent un peu à distance. Ainsi, en octobre 1799, lors d'une souscription publique en faveur de l'Angleterre à l'occasion de la guerre contre Napoléon et la France, la *Gazette de Québec* mentionne parmi les souscripteurs le Séminaire de Québec, Monseigneur le coadjuteur et un assez bon nombre de curés. Cette souscription devait être considérée « comme une marque d'affection pour le meilleur des Souverains et de notre attachement pour notre très libre et très excellente Constitution » [67].

Pour comprendre, il faut se rappeler : *a)* que la Couronne anglaise est le pouvoir établi et que l'Église n'aime pas les aventures politiques ; *b)* que même si la situation du clergé n'est pas très solide, on lui reconnaît officieusement des prérogatives qui le satisfont momentanément [68] ; *c)* que l'Acte de Québec a été remplacé par la Constitution de 1791, laquelle reconnaît l'existence d'une Chambre d'assemblée dont les membres sont élus ; ce qui apporte à la population des garanties nouvelles ; *d)* que les événements de 1793 en France ont soulevé dans l'ancienne colonie française un sentiment qui n'est pas près de disparaître et que les prêtres français venus au Canada par la voie de l'Angleterre, au moment de la révolution, ne pouvaient pas ne pas entretenir. Enfin, le haut clergé se rend compte de la vague de voltairianisme qui a atteint les milieux les plus avancés du

---

67. Cité par Séraphin Marion dans *Les lettres canadiennes d'autrefois,* p. 143.
68. Le père Léon Pouliot, s.j., rapporte un fait curieux dans *Monseigneur Bourget et son temps* (vol. I, pp. 25, 26) à ce propos. En 1819, Rome érige Québec en archevêché sans consulter lord Bathurst, qui est alors ministre des Colonies. Celui-ci réagit très mal à la nouvelle. Pour le calmer, sans consulter Rome, Mgr Plessis prend envers lui l'engagement de ne pas utiliser son nouveau titre. Il accepte de renoncer à la division du diocèse de Québec et de ne pas nommer officiellement des auxiliaires. À Rome, la Propagande refuse d'entériner la décision de Mgr Plessis. Ce qui est un bien bon exemple de la situation difficile dans laquelle se trouvait le haut clergé canadien pris entre les directives de Rome et les réactions extrêmement vives des milieux politiques anglais. Le prélat canadien préférait ménager le ministre anglais, dont il craignait les interventions, quitte à s'expliquer avec Rome.

Bas-Canada [69] ; et que des arrivées irrégulières, mais assez fréquentes d'ouvrages des encyclopédistes, ont entretenue [70]. Le clergé constate également qu'un certain nombre de Français, venus de Londres ou des États-Unis, tentent d'entretenir dans le Bas-Canada un foyer révolutionnaire, qui peut être dommageable aussi bien à la Couronne anglaise qu'à ses propres intérêts.

Peut-être tout cela aurait-il poussé davantage le haut clergé vers l'anglicisation et l'adaptation à des conditions nouvelles, si l'on n'avait pas cherché en même temps, encore une fois, à attirer les ouailles vers la religion protestante. Or cela, il ne pouvait et ne voulait pas l'accepter. Sans les maintenir volontairement dans l'ignorance, il préfère faire tout en son pouvoir pour former ses fidèles à la française. Ainsi, croit-il, il les gardera dans ce qu'il considère être le droit chemin. Comme le gouvernement n'était prêt à payer les frais de l'instruction qu'à la condition qu'elle fût dispensée par l'Institution Royale [71], il fallut attendre que le clergé pût s'organiser. Or, on avait fermé le collège des Jésuites à la fin du siècle, en invoquant le licenciement de la Société. En 1804, cependant, le clergé fonde le séminaire de Nicolet et, en 1811, le collège de St-Hyacinthe. Ceux-ci s'ajoutaient aux collèges et aux couvents qu'il y avait à Montréal, à Québec et à Trois-Rivières. C'était encore bien peu car la masse restait dans l'analphabétisme presque complet. La plupart des parents canadiens voyaient, en effet, « de moins en moins la nécessité de faire instruire leurs enfants puisque les carrières du commerce, de l'industrie, de l'armée, de la marine et de l'administration publique leur étaient presque entièrement fermées ». C'était la situation vers 1789 que décrit Michel Brunet [72].

---

69. Voir à ce sujet l'ouvrage très intéressant de M. Marcel Trudel, intitulé *L'influence de Voltaire au Canada*.

70. « Vers cette époque, exaspéré après une retraite qu'il vient de prêcher, Monseigneur Plessis fait apporter sur la place publique tous les mauvais livres de l'endroit et en fait un grand feu de joie. » Cité par M. Trudel, *ibid.*, p. 94.

71. Fondé en 1801, the Royal Institute for the Advancement of Learning a dix-huit « trustees », dont quatre seulement sont catholiques et quatorze protestants. Voici ce qu'en dit Hind dans *Eighty Years' Progress* : « The teachers too were principally from Britain, unacquainted with the French language and generally ignorant of the habits of the people », p. 493. — La loi de 1801 rendit quelques services, cependant, note M. Louis-Philippe Audet dans *Le Système scolaire de la province de Québec*. L'Institution Royale « dirigea un moment jusqu'à 82 écoles surtout dans les centres à majorité anglaise », tome III, p. 119.

72. Dans *La Présence anglaise et les Canadiens*, p. 105.

En 1800, elle s'est à peine améliorée. C'est un drame parce que, plus tard, quand on voudra taxer les gens pour instruire leurs enfants, ils ne le voudront pas, tellement ils auront perdu la notion de l'instruction. Et comme la terre continue de donner ses fruits même si on la traite sans ménagement, ils garderont la même réaction tant qu'on ne leur imposera pas le progrès presque malgré eux. Or le progrès, c'est avant tout l'instruction qui permet de s'adapter à des conditions nouvelles.

* * *

Dans les villes, l'instruction débouche presque uniquement sur la politique et sur la religion. C'est le second problème du Canada français. Pour en comprendre la gravité, il faut remonter un peu en arrière. Cela permet de voir ce qu'est devenu le milieu économique au Bas-Canada vers 1800 et d'apercevoir un autre domaine où anglophones et francophones sont opposés par des intérêts de classe, cette fois. La situation contribue à augmenter la mésentente et à rendre l'isolement des deux groupes encore plus complet.

Au lendemain de la conquête, les commerçants canadiens sont ruinés. La liquidation des dettes du gouvernement de Louis XV au Canada leur a enlevé le peu d'argent qu'ils avaient ; les prévaricateurs sont partis en France, avec leur connaissance du métier, leurs relations d'affaires et leur fortune qui était grande. Certains historiens parlent d'une vingtaine de millionnaires, ce qui paraît beaucoup. Ceux-ci sont rappelés en France par les procès qu'on fait subir aux concussionnaires. Parmi eux, il y a Bigot, Cadet et Péan, qui s'en tireront assez bien même si on leur fait verser des sommes élevées [73]. Après la conquête, on veut leur faire rendre gorge, comme à tous ceux à qui les rois ont fait rembourser leurs exactions à travers l'histoire de France, quand ils sont allés trop loin dans leurs opérations avec l'État, l'armée ou le peuple. L'histoire n'est pas nouvelle, mais en quittant la colonie les Français, qui connaissaient leur métier de négociants, n'ont laissé derrière eux que des commerçants de peu d'importance dont on a rogné les ressources en réglant chichement leurs créances. Ceux-ci n'ont que de maigres relations avec le milieu commerçant de France et aucune avec l'Angleterre,

---

73. Bigot restituera 1 million et demi de livres, Cadet six millions et Péan 600,000 livres. Voir à ce sujet *François Bigot, administrateur français*, par Guy Frégault, p. 375, 376.

qui devient la grande source d'approvisionnement. Certains ont,
en France, des marchandises que la guerre les a empêchés de
faire venir. Elles sont en entrepôt, mais, comme les relations
continuent d'être tendues entre la France et l'Angleterre, les Anglais ne permettent pas qu'on les transporte au Canada [74]. Et
malgré cela il faut les payer. On ne peut non plus nouer des
relations avec les négociants anglais, dont on ne connaît pas la
langue et qui préfèrent nommer leurs agents sur place ou traiter
avec des marchands venus des colonies du sud ou d'Angleterre.
Et ainsi, l'étau se resserre. Il n'y a plus guère que le commerce
de détail qui soit ouvert aux autochtones [75]. Dans les villes, il
y a un marché, mais restreint par le nombre même des gens qui
y habitent. Reste le commerce de porte en porte que font les
colporteurs — type assez curieux de marchands ambulants —
qui sont plus ou moins bien reçus par des ruraux ingénieux et
qui font tout ou presque tout eux-mêmes. Les colporteurs offrent
de maison en maison des sabots, de la poterie, des paniers, des
images pieuses, de la pacotille [76]. Il y avait aussi le commerce
avec le Haut-Canada, mais il est fait par des commerçants anglophones de Montréal en communication directe avec le marché
anglais : grand fournisseur de produits ouvrés. Dans le Bas-
Canada, on ne fabrique presque rien, en dehors des produits
courants, de l'alimentation, de la forêt et de l'artisanat. Il y a
bien des brasseries, une distillerie. Du côté de Québec, on construit des navires de petit tonnage. À Batiscan, il y a une fonderie,
près de Trois-Rivières, se trouvent les forges du Saint-Maurice.
On fait aussi de la potasse, de la farine et un peu de papier à
Saint-André. On coupe du bois, on carde de la laine ici et là,
mais, en dehors de cela, presque tout doit être importé d'Angleterre, des États du sud ou des Antilles. Cela pose de très graves
problèmes d'approvisionnement et de crédit à l'importation aussi
bien qu'à l'exportation. Ainsi, avant d'être payée pour les fourrures qu'elle expédie en Angleterre, la Compagnie du Nord-Ouest
doit engager des fonds parfois trois ans à l'avance [77].

---

74. Michel Brunet, *La Présence anglaise et les Canadiens*, p. 64.
75. « The retail and domestic trade, however, remained largely with
the French. This diversity of interests coinciding with racial differences and
prejudices undoubtedly had much to do with the discord which subsequently
arose between the two races in Canada. » C'est ce que note à ce sujet Adam
Shortt, dans *Canada and its Provinces*, p. 521.
76. Marius Barbeau dans *Maîtres et artisans de chez nous*, p. 113.
77. Pour l'achat des marchandises qui lui serviront de monnaie d'é-
change, le Canadien qui n'a ni les relations d'affaire, ni l'argent, ni le crédit

À côté du commerce des fourrures qui est la grande source d'affaires de la colonie depuis le début et dont les Canadiens ont été écartés dès la conquête, sauf comme sous-ordre, il ' y a le commerce du bois fait de Londres par les fournisseurs de la marine anglaise, à qui les marchés d'Europe et de la Baltique sont à peu près fermés à partir du Blocus continental en 1806 [78]. Pour qu'on en comprenne l'étendue, voici quelques chiffres qui montrent en même temps l'augmentation rapide de l'exportation du port de Québec vers l'Angleterre, l'importance du commerce du bois pour la colonie au début du XIXe siècle et la gravité du problème posé par les fluctuations de la demande d'une année à l'autre quand l'Angleterre retrouvera ses fournisseurs traditionnels :

Exportations [79]	1807	1810
	(en tonnes)	
de chêne	11,195	33,798
de pin	3,333	69,271
de planches diverses	107,642	312,423
dè douves	1,783,890	3,887,306

Dans ce domaine également, le problème du crédit est l'un des plus graves qui soit pour le commerce canadien. C'est pour tenter de le résoudre partiellement tout au moins et pour trouver une solution à celui des monnaies et du transport des fonds que neuf marchands d'origine écossaise fonderont à Montréal, en

---

nécessaires est rejeté du milieu où les profits sont très grands à certaines époques. Ainsi, parmi les quarante-cinq bourgeois de la Compagnie du Nord-Ouest, en 1804, il n'y a que deux noms français, de Rocheblave et Chaboilley. Ceux-ci sont entrés dans la Compagnie du Nord-Ouest après la fusion de la Compagnie XY dirigée par Alexander MacKenzie, avec la Compagnie du Nord-Ouest, cette année-là. Plus tard, il y aura des franco-phones parmi les importateurs : Austin Cuvillier et Joseph Masson. On les retrouvera tous deux au conseil de la Banque de Montréal, sorte de para-tonnerres qui n'empêcheront pas la foudre de tomber.

78. Pour faciliter davantage l'exportation du bois en Angleterre, celle-ci frappe les importations en provenance des pays étrangers d'un droit qui va de 25 s. « a load » en 1805 à 65 s. en 1814. Comme les bois du Canada ne paient pas ce droit, les importateurs sont dans une situation privilégiée qui explique le succès immédiat de ce commerce. Voir à ce sujet *Canadian Economic History* de Easterbrook et Aitken, p. 193. D'autant plus que les prix pour certaines variétés comme le « memel fir timber » sont passés de 15 s. « a load » en 1806 à £9 en 1808 et £16 en 1809 ; *ibid.*, p. 192.

79. D. G. Creighton dans *The Commercial Empire of the St. Lawrence, 1760-1850* (1937), p. 148.

1817, la Banque de Montréal [80] avec l'aide de capitaux venus des États-Unis en particulier [81]. Une fois encore, le besoin créera l'organe, comme en assurance où, on cherchera à combler l'insuffisance des moyens d'action mis en œuvre par la seule compagnie anglaise installée au pays, en créant la Quebec Fire Insurance Company en 1818 [82].

Qu'on imagine ce que devaient présenter d'aléas la coupe et la vente du bois, avec des variations soudaines de la demande et des prix pour un produit livrable un an ou deux plus tard. À cette époque, la coupe était faite le long de la Grande Rivière comme on l'appelait, du Richelieu et de l'Ottawa, soit par des paysans qui fournissaient les chevaux ou les bœufs pour le traînage des billes jusqu'à la rivière, soit par des entrepreneurs comme Philemon Wright, qui s'était installé près de ce qui sera plus tard Wrightville. C'était un des principaux fournisseurs des maisons anglaises à Québec, dont les établissements étaient à Wolfe's Cove ou l'Anse-au-Foulon. On y faisait charger le bois venu par la voie d'eau sous la direction des « hommes-de-cages » [83], installés seuls ou avec leur famille sur les radeaux qui

---

80.   La nouvelle banque allait remplir des fonctions que les marchands de Montréal avaient déjà envers leurs clients du Haut-Canada. Voir à ce sujet, Adam Shortt, *Canada and its Provinces*, p. 605.

81.   Adam Shortt, *Canada and its Provinces*, vol. IV, p. 609. Par la suite, trois autres banques furent fondées en 1818 : The Quebec Bank, The Bank of Canada et The Bank of Upper Canada (p. 610). Cela montre l'avantage que le commerce trouvait immédiatement dans la fondation de ces banques nouvelles. Elles allaient bientôt mettre leurs ressources à la disposition d'un commerce qui en avait grand besoin.

82.   Une plaquette, publiée à Québec en 1826 contient quelques détails curieux sur l'origine de la Compagnie et l'intention de ses fondateurs. En voici un extrait : « Avant l'année 1818, des personnes résidant en Canada, qui cherchoient une protection contre les conséquences des feux destructeurs et assez fréquents qui ont couvert nos villes de ruines et de désastres, n'avoient d'autres ressources que celle de s'adresser aux agents d'une compagnie établie dans une autre partie du monde, éloignée de plus de mille lieues ; ces agents, qui étaient certainement très respectables se rendoient nullement responsables des engagements qu'ils contractoient au nom et aux risques de leur commettant. Dans le cas d'incendie, il était expressément stipulé qu'il falloit s'adresser au bureau, en Europe, pour être payé, excepté dans les cas où la perte n'excédait pas la somme modique de 300 livres et encore si cette somme étoit contestée par les agents, il falloit la demander sur les lieux où la compagnie était légalement domiciliée ».

83.   Voir *Forestiers et voyageurs* par Joseph-Charles Taché (Fides), pp. 204 et suivantes.

descendaient les rivières et le fleuve, poussés par le courant, le
vent ou les perches [84].

Les petites besognes du commerce revenaient aux bûcherons
et « hommes-de-cages », qui coupaient et menaient le bois vers
Québec, ainsi qu'aux « voyageurs » et autres employés de la
Compagnie du Nord-Ouest. Ceux-ci apportaient à l'intérieur du
pays les marchandises venues d'Europe, des Antilles et des États-
Unis et rapportaient à force d'avirons les fourrures, le blé ou
la farine, la potasse et les viandes salées qui, par la suite, étaient

---

[84]. Après 1800, le bois est un des éléments importants du commerce
d'exportation dans le Bas-Canada. Il en est d'autres, cependant. Pour qu'on
en juge, voici quelques chiffres tirés de Hind's *Eighty Years' Progress*,
p. 292. Ils ont trait au commerce d'exportation et d'importation du Bas-
Canada en 1808.

Exportations de Québec (exprimé en pounds)

Fourrures et autres produits coloniaux	350,000.
Blé, biscuits, farine	171,200.
Bois de charpente, mâts, etc.	157,360.
Potasse	290,000.
Navires	37,500.
Poisson, bois, huile en provenance du Labrador et de Gaspé	120,000.
Exportations vers les États-Unis	30,000.
	1,156,000.

	Importations
En provenance des États-Unis	
Thé, aliments, tabacs	100,000.
Mâts et bois divers	70,000.
Potasse	110,000.
	280,000.
En provenance d'Angleterre	200,000.
En provenance des Antilles	130,000.

Ainsi les fourrures et la potasse sont encore les éléments principaux de
l'exportation. Le bois ne vient qu'en quatrième place. Plus tard, après le
Blocus continental, il fera l'objet principal des exportations. Le commerce
extérieur est encore très variable, cependant. On ne sait jamais si les prix
en Angleterre permettront d'expédier. Souvent, on est obligé d'entreposer
et d'attendre que les conditions du marché permettent l'expédition. Le blé,
en particulier, est bien aléatoire : aux questions de prix s'ajoutent les maladies, comme la rouille, qui jouent parfois de très mauvais tours. Le coût
du transport entre Montréal et l'Europe était également un élément important de succès ou d'insuccès. Voir à ce sujet, H. A. Innis, *Select Documents*, vol. II, p. 261 (D. A. MacGibbon).
Dans toute cette première partie du XIXe siècle, le Bas-Canada exporte
plus ou moins facilement vers l'Angleterre et les Antilles anglaises selon
que l'Angleterre ouvre, entr'ouvre ou ferme ses portes aux vaisseaux étrangers, suivant sa politique de l'heure. Joseph Bouchette, *Description topographique*, p. 86.

mis à bord des bateaux quittant Québec pour les Antilles ou l'Angleterre.

Quand on examine le milieu économique et social de l'époque, on voit en dehors du milieu officiel et du clergé dont il a déjà été question :

a) d'une part, les marchands de Montréal : importateurs ou exportateurs de fourrures surtout, mais aussi de blé, de farine, de potasse. Ils prennent les risques et voyagent beaucoup, surtout s'ils sont de la Compagnie du Nord-Ouest. À certains moments, ils se bagarrent entre eux ; en particulier pendant la lutte que se livrent la Compagnie du Nord-Ouest et celle de la Baie d'Hudson, sans compter la Compagnie XY, installée dans l'ouest du pays. La bataille est dure, sanglante même, pour la possession de fourrures qu'on se disputera ardemment tant que l'on ne se décidera pas à fondre Nord-Ouest et XY d'abord, puis Nord-Ouest et Baie d'Hudson en 1821. Tout ce monde est haut en couleur et gagne assez gros à Montréal parce qu'il touche les profits que lui valent son esprit d'entreprise, ses actions de la Compagnie du Nord-Ouest et ses relations avec les États-Unis, l'Angleterre et le Haut-Canada ;

b) les négociants de Québec qui, eux, remplissent surtout les fonctions d'agents des importateurs anglais et d'arrimeurs [85]. Pour qu'on juge de l'importance du commerce maritime auquel ils se livrent à Québec, voici quelques chiffres ayant trait au nombre de navires entrés dans le port de 1780 à 1811 [86] :

Année	Nombre	Tonneaux	Équipage
1780	69	8,792	724
1791	81	14,760	826
1801	175	20,517	1,564
1811	582	116,687	5,553

On peut imaginer par ces chiffres ce que devait représenter pour une petite ville de 14 à 20,000 âmes, suivant les époques, la venue chaque année de 69 à 582 navires et de 700 à 5,550 matelots et autres hommes d'équipage. Pendant qu'on y débarque les marchandises qui sont ensuite transportées vers Montréal et son hinterland ou qu'on y embarque le bois destiné à l'Angleterre, tout ce monde s'alimente, boit et s'approvisionne sur place.

---

85. « Most of these timber firms were not independent Canadian enterprises but branches of British firms », notent Easterbrook and Aitken, *Canadian Economic History*, p. 194.
86. Hind, *Eighty Years' Progress*, p. 274.

Le chiffre de 1811, en particulier, indique le trafic que le Blocus continental a déclenché après 1806.

Les négociants de Québec, dans l'ensemble, gagnent moins que ceux de Montréal parce qu'à un certain nombre d'exceptions près, ils ne sont que des intermédiaires. Intermédiaires également sont ceux qui s'entremettent pour faire venir le bois du lieu de coupe à Québec ;

c) les Canadiens qui sont bûcherons, « voyageurs », artisans, colporteurs, petits marchands, caboteurs et, surtout, agriculteurs. Ceux-ci vivent isolés sur leurs terres qui produisent de moins en moins, appauvries par l'effort qu'on leur demande sans la moindre prudence.

Entre ces groupes, il y a les seigneurs-propriétaires terriens et les avocats, les notaires sortis des collèges avec une formation qui ne les prépare pas aux affaires. Elle les en éloigne même, mais elle leur ouvre toutes grandes les portes de la politique [87], avec les grands coups de gueule des campagnes électorales, les assemblées contradictoires, les déclarations violentes ou astucieuses suivant les époques, devant des paysans qui longtemps encore ne demanderont qu'à croire ce qu'on leur dit et qui s'arc-boutent dans leur résistance à l'Anglais, comme au progrès matériel, professionnel et culturel.

Des étrangers sont venus d'Angleterre et des États du sud, sans argent, sans relations comme Philemon Wright ou la plupart des Écossais qui sont devenus les Bourgeois de la Compagnie du Nord-Ouest. Ils ont réussi parce qu'ils aimaient les affaires, parce qu'aucun complexe ne les en éloignait, parce que rien dans leur langue ou leur religion ne les faisait écarter du milieu des affaires. Tout, par contre, tend à isoler du milieu économique les Canadiens instruits : leur langue, leurs aspirations, leur formation, leurs goûts et leur milieu ethnique. Et c'est ainsi qu'ils sont tout naturellement portés vers les jeux de la politique que leur permet la Constitution de 1791 et dont plus tard ils feront un métier. Pour l'instant, ils se font les porte-parole des ruraux qu'ils représentent. Et c'est ainsi qu'ils sont amenés à prendre des attitudes qui creusent davantage le fossé qui sépare le milieu social de l'époque. On s'en aperçoit très bien avec les lois qui mettent en jeu les intérêts particuliers de leur groupe. Un des meilleurs exemples est

---

87.   En 1810, Craig fait une sortie violente « contre la bande d'avocats et de notaires sans principes qui dirigent la Chambre indocile ». Cité par Thomas Chapais, *Cours d'Histoire*, vol. II, p. 212.

cette loi que la Chambre d'assemblée passe en 1805 pour donner à l'administration de la justice les fonds dont elle a besoin [88]. Le groupe anglais propose une taxe foncière qui atteindra surtout les Canadiens propriétaires ou usufruitiers de la terre, tandis que le groupe canadien suggère et obtient une taxe sur le thé, les alcools, les vins, la mélasse et certains autres produits importés de l'étranger et revendus par les marchands anglais dans le Haut-Canada particulièrement. Tout le long des sessions qui se succèdent, on voit ainsi les deux groupes apportant des solutions différentes à un même problème, suivant qu'elles servent les intérêts de l'un ou de l'autre. Presque toujours, derrière les oppositions politiques, on retrouve le choc des intérêts de classe ou de groupe ethnique, présentés d'un côté par des gens qui savent ce qu'ils veulent et sont solidement appuyés par une bureaucratie à leur dévotion et, de l'autre, par des gens qui ne peuvent ou ne veulent pas se mêler au milieu économique à cause de leur formation antérieure, de la résistance des institutions ou de leur incompétence. Ainsi, dans le domaine économique, on se laisse guider presque toujours par les besoins, les désirs ou les préjugés de son groupe, plus que par l'intérêt général. D'un autre côté, dans le domaine politique, tandis que le milieu anglophone s'arc-boute dans l'immobilisme, les députés canadiens sont souvent à l'extrême pointe de l'évolution démocratique, quand ils protestent contre les abus du pouvoir exécutif et demandent d'autres solutions. C'est ainsi que, petit à petit, ils acheminent le pays vers la responsabilité ministérielle. Dans les moments de crise, ils sont très bien servis par les événements et par la crainte qu'inspire au Cabinet anglais la prépondérance française dans la Colonie.

Au début du XIXe siècle, l'élite au Canada français est isolée du milieu économique dont tout la sépare. Ainsi, elle laisse les leviers de commande aux mains d'un groupe minoritaire d'abord, puis majoritaire grâce à l'immigration. Relégué au second plan, l'élément canadien-français aura longtemps le rôle de comparse négligeable dans un pays où l'on ne ramasse pas l'or à la main, mais où il s'acquiert par l'effort soutenu, intelligent et par l'initiative individuelle longtemps souveraine. Il faut l'admettre, jusqu'à la fin du siècle, distancé, statique, l'élément canadien-français gardera, à quelques exceptions près, un quasi-immobilisme lamentable dans le domaine économique. Cela lui sera extrême-

88. Acte qui, en 1805, pourvoit « à l'érection d'une prison commune dans chacun des districts de Québec et de Montréal respectivement, et aux moyens d'en défrayer les dépenses ».

ment préjudiciable. On a parlé de la revanche des berceaux. La natalité a été une réaction ethniquement valable ; mais au groupe, elle n'aura donné qu'un résultat de masse. Pour qu'elle atteigne à la qualité agissante, il faudra attendre que l'instruction, si longtemps négligée, apporte le levain dont la pâte inerte avait besoin.

* * *

D'ordre politique, le troisième problème est la responsabilité ministérielle que réclament les Canadiens au nom des grands principes constitutionnels anglais. C'est une poussée démocratique à laquelle il faudra de nombreuses années pour réaliser ce qui nous paraît si simple maintenant. Vers 1810, la chose semble inadmissible aux gens en place. Ils sont bien installés dans des situations lucratives ; ils savent qu'ils y resteront peu longtemps si le régime change et, enfin, ils ne veulent pour rien au monde confier à la majorité française — assez mal préparée d'ailleurs — le soin de mener une colonie britannique qui, selon le mot d'un d'entre eux, doit être dirigée par des anglophones.

CHAPITRE II

Le Bas-Canada en ébullition
(1837-1840)

Vers 1837, règne au Canada une atmosphère de nervosité collective qui fait prévoir des désordres. Dans le Haut comme dans le Bas-Canada, le peuple est travaillé par un désir de réforme, d'affranchissement dont profitent ceux qui veulent une évolution politique rendue nécessaire par de graves abus.

Dans le Bas-Canada, cette crise se complique d'un problème racial qui la rend plus aiguë. Si les classes s'opposent les unes aux autres, les groupes ethniques s'affrontent et, parfois même, les intérêts de classe font place aux intérêts de groupe.

Pour saisir toute la complexité de la situation, il importe d'étudier les facteurs économiques et sociaux en présence. Il y a d'abord le milieu humain, c'est-à-dire les hommes, ce qu'ils font, comment ils vivent, ce qui les oppose. Puis, nous verrons à quoi ils travaillent, c'est-à-dire l'agriculture et le commerce.

I. LE MILIEU

Dans le Bas-Canada, il y a d'abord les francophones, qui s'appellent Canadiens pour bien marquer leur droit de premier occupant. Venus d'un peu de toutes les provinces de France il y a pas mal de temps, ils se sont repliés sur eux-mêmes après le départ des Français ; et, de leur isolement, est né un type à peu près unique, homogène malgré les querelles de clocher et qui s'entend assez bien pour faire front commun contre celui qu'on appelle l'Anglais avec un peu de dédain, mais avec une admiration instinctive qu'on ne s'avoue pas. À cause de cela ceux qui connaissent mal les Canadiens portent sur leur morgue des jugements assez inattendus. Ainsi, un journaliste anglais, Stewart Derbishire, venu en éclaireur de la mission Durham, disait d'eux : « The habitans are a sluggish race, fond of indolent pleasures, light hearted and gay. They resemble the French in many of their qualities and have all the national conceit of that people. They consider themselves superior to all other people, and too good to mix with any other race. » [1] Ce jugement est assez étonnant ; mais il indique l'opinion que pouvaient avoir les anglophones vivant parmi une population qu'ils jugent hostile parce qu'ils n'en comprennent ni la langue, ni les habitudes, ni les traditions. De leur côté, les Canadiens trouvent insupportable un groupe dont ils partagent ni l'idiome, ni la religion et dont ils ne comprennent pas les goûts d'action et d'entreprise. Lord Durham a tracé un tableau assez juste du milieu dans son Rapport, honni des Canadiens pour ses conclusions dirigées contre la survivance de leur groupe ; mais dans lequel on trouve de remarquables aperçus [2]. Il montre les deux groupements très divisés par le langage, vivant en compartiments étanches, s'injuriant un peu à tort et à travers mais en venant rarement aux mains, interprétant de la pire façon les gestes ou les paroles mêmes les plus favorables. En jugeant l'atmosphère de suspicion, d'injustice et de haine dans laquelle il vit depuis son arrivée, lord Durham conclut : il y a là une lutte de races [3] ; ce en quoi il n'avait que partiellement raison, car à l'opposition de groupe s'ajoutaient l'opposition des classes et celle des intérêts.

Les Canadiens sont avant tout des paysans, c'est-à-dire des gens qui tirent encore leur subsistance de la terre et qui, à cause de cela, font corps avec elle depuis plusieurs générations. Ils y sont à ce point attachés que le meilleur argument de ceux qui veulent les entraîner dans la rébellion est que les Anglais désirent s'emparer de leurs terres. C'est d'ailleurs ce que répond à Steward Derbishire le charretier qui le transporte à la campagne : « He did not follow me in the speculations, but said the English wanted to take from them their laws, drive them from their lands, and make them *labourer les terres pour leur profit.* » [4]

1. « Stewart Derbishire's Report to Lord Durham on Lower Canada, 1838, *Canadian Historical Review*, XVIII, March, 1937, 57.
2. *The Report of the Earl of Durham*, London, 1902.
3. Durham, *op. cit.*, 8.
4. Stewart Derbishire, *op. cit.*, 57.

Comment faut-il juger le Canadien français de cette époque ?
Celui des campagnes — le plus grand nombre par conséquent —
est très paysan si on peut dire : hospitalier, poli comme on l'était
encore à cette époque, mais assez têtu et menant la vie étroite
du campagnard — vie d'autant plus restreinte que les communications ne sont pas faciles ; profondément attaché à la tradition
de son milieu où le prêtre, ministre de Dieu, est la grande force
dirigeante dans le domaine temporel et spirituel. Traditionaliste,
le Canadien l'est souvent à son détriment. S'il s'oppose à l'anglicisation — chose facile à la campagne — il oppose également
au progrès matériel dans l'agriculture en particulier une résistance
qui lui coûte assez cher. Il aime les parlotes de la politique, qui
collectivement le sert, mais individuellement le dessert. Il est gai,
et, s'il n'est pas exactement *sluggish,* comme l'écrit l'envoyé de
Durham, c'est-à-dire paresseux, il n'est pas pressé. N'étant pas
sorti de son pays, il a gardé du passé un bagage d'habitudes, de
manières de faire, de préjugés, que la publicité américaine n'a
pas encore mis à la mode et qui le font classer par les Anglo-
Saxons comme arriéré. Fasciné par le passé, il s'arc-boute contre
l'évolution que le paysan anglais ou américain subit sans résistance. C'est à la fois une force qui travaille au maintien du groupe
et une très grande faiblesse pour son progrès matériel et pour le
bien-être de ceux qui le constituent. Enfin, si le paysan canadien
est débrouillard, ingénieux, il est peu instruit ou même illettré
parce que depuis le régime anglais le nombre des écoles rurales
n'a pas augmenté suffisamment faute de ressources d'abord, puis
par résignation ou indifférence des intéressés et surtout parce que
la politique s'est chargée d'embrouiller les choses [5]. Au début du
XIXe siècle, en 1827, quand l'habitude était aux requêtes, l'une
d'elles comptait 87,000 noms et, en regard, 78,000 croix [6] — ce
qui donne une idée précise de l'ignorance à peu près générale.
C'est à la suite de quelques exemples de ce genre que les Anglais
avaient appelé les Canadiens « The Knights of the Cross », mot
assez méchant, mais de bonne guerre. C'est à « partir de 1846
seulement que, par l'initiative et sous l'impulsion gouvernemen-
tale, on a commencé d'établir des écoles dans toutes les paroisses », écrit Léon Gérin dans « L'habitant de Saint-Justin ».
Aussi le père Casaubon, ajoute-t-il, ne sait pas lire non plus

---

5. Abbé L. Groulx, *Quelques causes de nos insuffisances,* Causerie
donnée au Cercle Universitaire de Montréal, 26 avril 1930, 8.

6. Cité par l'abbé Lionel Groulx. *Ibid.,* 11.

que sa sœur plus âgée, la tante Marguerite. Or ce n'est pas au
début du XIXe siècle que Léon Gérin écrit cela mais à la fin [7].

Si le paysan canadien est à peu près illettré, il est adroit et
industrieux. Pour s'en rendre compte, il suffit de se rappeler les
multiples besognes auxquelles il se livre dans le cadre de la
famille.

Dans les centres les plus importants, il y avait vers 1837
des collèges et des couvents d'où sortaient des générations de
prêtres et de professionnels — médecins, avocats, notaires —
dont le nombre malheureusement croissant encombrait les cadres
restreints des professions. Dans les villes, habitait enfin toute
une classe de petites gens : petits bourgeois, petits marchands,
ouvriers, taverniers, artisans qui subissaient l'influence du clergé
d'abord, puis de laïcs sans richesse, mais intelligents, assez cultivés, férus de rhétorique et, dans l'ensemble, très ignorants de
la réalité. Comment expliquer autrement, en effet, qu'ils aient pu
lancer leurs compatriotes dans une aussi désolante et dangereuse
aventure que la rébellion ? L'histoire aura assez peu connu de
coup aussi mal monté, de révolte aussi mal préparée. Comment
expliquer autrement que de gaieté de cœur, on ait pu pousser à
la bataille des rebelles sans fusils, sans munitions, sans vivres,
sans formation militaire, sans chefs compétents ?

En face de ce groupe politiquement et ethniquement assez
cohérent, il y a les Anglo-Saxons ou les Bretons, comme on
disait à une époque où l'anglicisme avait déjà pénétré la langue
écrite beaucoup plus qu'on ne le croit généralement. Ce sont des
Irlandais faméliques et miséreux venus de l'inhospitalière Érin,
des Écossais industrieux, économes, pratiques, ou des Anglais
venus des villes et des campagnes chercher la liberté et la fortune et, enfin, les loyalistes américains, plus britanniques que les
Anglais, installés dans les Cantons de l'Est ou le long de l'Ottawa
à la suite de la révolte américaine : excellents ruraux qui ouvrent
des régions où les Canadiens français les remplaceront plus tard.

La terre a retenu le plus grand nombre des anglophones. Les
autres sont dans les villes. À Montréal, ils ont le commerce d'importation et d'exportation — intermédiaires qui s'enrichissent vite
malgré les risques de la navigation, les fluctuations des prix et
l'instabilité de la monnaie. Ils achètent à prix fort et vendent à prix

---

7.   Léon Gérin, « L'Habitant de Saint-Justin », *Mémoires de la Société
Royale du Canada,* deuxième série, 1898-9, 192.

plus élevé : ce qui a été le secret du profit dans les entreprises de tous les temps.

À Québec, ils ont le commerce du bois de charpente qui, à lui seul, représente la grosse part des exportations vers 1837. Ils tiennent les transports, les banques [8] — dispensatrices de crédit à une époque où l'obligation et l'action sont encore à peu près inconnues. Ils sont également grands propriétaires fonciers ; ils ont mis la main sur les deux tiers des seigneuries et ils ont soit individuellement par la tenure libre [9], soit collectivement par le truchement de grandes compagnies foncières comme la British American Land Company [10] ou la Quebec Megantic Land Company [11] d'immenses propriétés situées entre les seigneuries et les terres de la Couronne. Et comme le tout-puissant Conseil législatif accueille les plus importants d'entre eux, ils dirigent à la fois la vie économique et la vie politique du Bas-Canada, malgré la formidable force d'inertie que présente le groupe français à certaines de leurs initiatives [12].

Bref, ils sont à peu près maîtres de tout et sans ménagement, grâce à la collaboration des fonctionnaires du Colonial Office. Depuis quelques années, cependant, ils subissent un échec dans

---

8. Si l'honorable Joseph Masson est alors vice-président de la Banque de Montréal, seule la Banque du Peuple appartient à des Canadiens français. Newton Bosworth, *Hochelaga Depicta*, 1839. Quant aux transports fluviaux, ils sont aux mains des Anglais, à l'exception d'une ligne de bateaux créée pour briser le monopole dont jouissaient les Anglais, à cette époque, sur le Saint-Laurent. Durham, *op. cit.*, 26.

9. Dans *Appendix to the Report on the Affairs of British North America*, 61 et suivantes, on trouve un témoignage fort intéressant à ce sujet. J. Hastings Kerr donne une « List of Large Proprietors of Township Land » « in free and common soccage », dans laquelle il y a une centaine de noms de propriétaires dont les terres varient de 2,000 à 57,000 acres — gens de la classe aisée (« The most influential class », dit le témoin). Or, parmi eux, il n'y a que les six noms français suivants : Louis Massue (40,000 acres), Famille Baby (10,000), succession Blanchet (15,000), M. St-Ours (3,000), Mme Quiche (7,200) et Jacques Voyer (2,000), c'est-à-dire 77,200 acres sur un total de 1,300,000 acres. Ces chiffres donnent une idée assez précise de la libéralité avec laquelle on avait distribué les terres. Or, sur les 1,300,000 acres, trois cent mille seulement sont exploités.

10. La B.A.L. possède 800,000 acres dans la vallée du Saint-François, Adam Shortt, dans *Canada and its Provinces*, IV, 580.

11. Sous l'administration de Lord Aylmer, on concède 200,000 acres à côté des propriétés de la British American Land, à la Quebec & Megantic Land Company (Compagnie des Terres de Québec et Mégantic). Parmi les fondateurs, il y a quinze noms anglais et un français — celui de P. Pelletier (extrait du prospectus paru dans le *Canadien* du 4 mai 1838).

12. Durham, *op. cit.*, 32.

le domaine des travaux publics où les députés canadiens-français, appuyés par une majorité qui ne comprend pas ou qui comprend trop, empêchent à peu près toute initiative d'envergure. L'opposition des groupes est ici plus manifeste qu'ailleurs peut-être ; aux intérêts opposés des classes s'ajoutent les arguments raciaux qui empêchent de voir clairement le fond du sujet. Ainsi, des canaux, du creusage des fleuves, des travaux dans les ports, on ne veut guère parce qu'on ne veut pas être taxé pour des choses qui serviront d'abord les intérêts des autres, mais aussi parce qu'on ennuie fortement les maîtres de l'heure. Si on comprend l'avantage indirect que tous en recevraient, on préfère souvent y renoncer parce que la politique a des droits que la raison ne connaît pas. Par un dur et assez injuste retour des choses, en 1840, on imposera à ceux qui ont refusé de s'endetter le fardeau des travaux conduits assez imprudemment d'ailleurs dans le Haut-Canada. C'était une solution, mais qui a dû paraître assez mauvaise à ceux qui détestaient d'instinct l'Acte d'Union pour l'objet même auquel on le destinait.

Voilà, en résumé, les groupes qui s'affrontent dans le Bas-Canada vers 1837. Tout les oppose. Aussi, pendant bien longtemps, se combattent-ils durement, brutalement comme des frères ennemis. Et si, à certains moments, il semble y avoir trêve, la paix ne règne qu'en surface. Dès qu'une crise s'affirme, les vieux préjugés, les vieilles haines tenaces troublent profondément les relations malgré l'effort de compréhension tenté dans les classes élevées, mais qui même maintenant, après un siècle, ne semble pas encore avoir pénétré jusqu'au peuple.

II.   L'AGRICULTURE

Le Bas-Canada est avant tout une colonie agricole. Il y a à cela d'excellentes raisons, puisque les immigrants venus des campagnes françaises ou anglaises trouvent sur la terre à peu près le seul mode de subsistance que peut lui offrir un pays où tout est à faire, mais d'où l'industrie est soigneusement écartée par un gouvernement vigilant [13]. De plus, pour cultiver il faut peu

---

13.   C'est un aspect important du régime colonial à cette époque. Aussi l'industrie est-elle très peu développée dans le Bas-Canada. Les Canadiens français se plaignent assez amèrement qu'on empêche l'esprit d'entreprise de se développer. Voici, à ce sujet, un extrait d'un article paru d'abord dans l'*Écho du Pays,* puis reproduit dans le *Canadien* du 1er juillet 1835 : « Voilà donc où nous en sommes. Le gouvernement fait tout ce qu'il peut pour

ou pas d'argent ; il suffit d'avoir du courage, de la force et de
la patience, tandis que le commerce exige des relations, du crédit,
de l'audace et quelques connaissances.

La tradition paysanne et des habitudes casanières aidant, la
population du Bas-Canada est encore rurale, en grande partie, vers
1837. Quelques chiffres tirés du recensement de 1831 l'établissent clairement, car à cette époque les choses changent bien
lentement [14].

	Région de Montréal	Région de Québec	Région de Trois-Rivières	Région de Gaspé	Total
Nombre de familles vivant					
de l'agriculture	28,229	12,467	9,662	466	50,824
du commerce	1,240	764	489	10	2,503
	29,469	13,231	10,151	476	53,327

Il ressort de cette statistique *(a)* que, sur 53,327 familles,
2,503 seulement vivent exclusivement de commerce ; *(b)* que,
comme maintenant, une forte partie de la population se trouve
dans la région de Montréal ; *(c)* que le district de Trois-Rivières
a une importance relative beaucoup plus grande qu'à notre époque — probablement parce que, pour simplifier la statistique, on
lui fait englober les Cantons de l'Est, dont le développement
commence déjà.

Dans son Rapport, Lord Durham écrit à propos de la culture
dans le Bas-Canada que c'est une *rude and unskilled agriculture* [15]. Quelque dur que paraisse un pareil jugement, les faits
semblent le justifier.

---

arrêter l'industrie parmi nous et il nous dit : vous n'êtes pas industrieux.
Il s'empare des biens destinés à l'éducation, il la décourage et dit : vous
êtes ignorans. Il nous refuse les places d'honneur et de profit, et il nous
dit : vous êtes sans richesses, sans considération. La presse sous ses ordres
et tous ceux à qui profitent un tel état de choses répètent en chœur : vous
êtes sans industrie ; vous êtes sans connaissances ; vous êtes pauvres, vous
êtes sans importance. À force d'injustice, on n'a que trop malheureusement
obtenu ce résultat, et l'on se sert à présent de ce résultat même comme
prétexte pour nous humilier : on nous fait un crime de notre manque d'industrie, de notre défaut de connaissances ; comme si le crime et la honte
n'étaient pas sur la tête et le front de ceux-là seuls qui en ont posé la
cause. » Cet article est assez caractéristique de cette époque, où de part et
d'autre, on n'hésitait pas devant les mots.
    14. Chiffres extraits de l'*Appendice du Journal de la Chambre d'as-
semblée*, 1831-1832.
    15. Durham, *op. cit.*, 16.

Peu instruit et traditionaliste comme il l'était, le paysan ne semble pas avoir compris en effet la nécessité d'une évolution. Il laboure des terres trop longues ou trop exiguës, comme avaient labouré ses pères ; il emploie mal et insuffisamment les engrais, il a assez souvent de mauvaises graines de semence, il ne pratique pas la rotation des cultures et, enfin, ses outils sont restés ceux de ses ancêtres [16]. Il y a des exceptions, mais voilà la règle générale que semblent reconnaître ceux qui ont écrit sur l'agriculture à l'époque même que nous étudions ou plus tard [17]. Aussi le rendement est-il fonction de la superficie plutôt que de la fertilité du sol. Dans les endroits où on dispose de l'espace nécessaire, la récolte suffit aux besoins, mais, ailleurs, là où le sol est vraiment trop fatigué ou quand la terre a été trop divisée, le rendement est faible. Dans les régions où l'exploitation du bois est possible, on peut suppléer à l'insuffisance de la terre par les petits profits qu'apportent chaque printemps la coupe et le flottage du bois, mais ailleurs on « en arrache » comme on dit familièrement. Au fur et à mesure que l'on deviendra plus à l'étroit dans le cadre seigneurial, la situation deviendra plus pénible, au point de déclencher ce grand mouvement d'émigration que seule une prodigieuse natalité empêchera d'être fatal au groupe canadien-français.

16. J. Bouchette dans *British Dominions in North America* (1832), I, 362. Aussi bien que Fernand Ouellet, longtemps plus tard, en 1966, dans l'*Histoire économique et sociale du Québec.*

17. Pierre de Sales La Terrière, l'auteur de *A Political and Historical Account of Lower Canada* sous le pseudonyme de « A Canadian » écrit, par exemple : « The agricultural implements are, for the most part, rude and ill-contrived ; a good plough, or a good harrow, is a thing hardly to be found ; the scientific rotation of crops is utterly unknown, and might be introduced, to the great benefit of the Country » (p. 124). Et il ajoute ceci au sujet des colons anglais et irlandais : « It may be well to mention that, of the settlers that come from the mother country, and more particularly of those from Ireland, the greater portion are in for greater ignorance of every thing than the inhabitants of Canada » (renvoi, p. 125).

De son côté, le Dr Meilleur notait dans le *Canadien* du 22 août 1838 : « Nos habitants possèdent encore, il est vrai, un assez grand nombre de terres cultivables, mais dont le fond est épuisé par une mauvaise culture » — cité par l'abbé Groulx, lequel ajoute : « Que dire de la situation vers 1850 ? Ceux qui observent alors l'agriculture du Bas-Canada affirment qu'elle ne sait plus faire rendre à la terre qu'à peine un tiers — d'autres disent un quart de sa production normale. Ignorance dans la rotation des semences, ignorance dans l'usage et le traitement des engrais, ignorance dans l'élevage du bétail, usage de machines démodées, la décadence est aussi complète que possible » (*La Déchéance incessante de notre classe moyenne,* 4 & 5). Et il en sera ainsi tant que les pouvoirs publics ne se donneront pas la peine de former le paysan.

Dans certaines parties des Cantons de l'Est et dans quelques seigneuries des méthodes plus rationnelles et un sol plus neuf donnent de meilleurs résultats. Mais là aussi la difficulté des communications enraye constamment l'essor. Tout cela aurait pu changer si le gouvernement avait fait l'effort nécessaire pour développer l'agriculture, mais comme l'écrivait plus tard à George-Étienne Cartier un de ses électeurs : « l'agriculture n'est pas en honneur en ce pays... »[18] Le gouvernement, en effet, s'est pendant très longtemps beaucoup plus intéressé à l'octroi des terres qu'à leur exploitation.

L'agriculture de cette époque a, je crois, les mêmes caractères que Léon Gérin notait avec une scrupuleuse et remarquable méthode de travail un demi-siècle plus tard dans « L'habitant de St-Justin »[19]. C'est d'abord de la culture familiale, faite presque uniquement par les membres de la famille sous la direction du père ; puis quasi patriarcale, c'est-à-dire destinée à assurer le maintien du domaine et la subsistance de la famille entière par le travail en commun. Culture mixte parce qu'elle englobe un grand nombre de productions, et vivrière parce qu'elle se limite aux besoins de la famille. Culture vivrière complétée par de nombreuses fabrications domestiques. Les hommes voient aux gros travaux ; ils sont menuisiers et, s'ils sont adroits, ils font eux-mêmes les voitures et les traîneaux dont ils ont besoin ; ils font leurs outils et leurs instruments de culture, leurs meubles et à peu près tout ce dont ils se servent pour leur travail ; mais surtout, ils construisent leurs maisons et leurs dépendances. Les femmes filent, tissent, font les vêtements en « étoffe du pays » et les bas, le linge de maison, les chandelles de suif et le savon[20]. Bref, pendant longtemps, chaque maison forme un tout presque complet dans la grande cellule seigneuriale, puisque la famille fournit à peu près à tous ses besoins. Si déjà, vers 1837, le goût des étoffes anglaises et certains produits de luxe avaient pénétré dans les campagnes avoisinant les villes, l'organisation familiale restait à peu près intacte[21].

18. *Ibid.*, 2.
19. Léon Gérin, *op. cit.*
20. *Ibid.*, 149.
21. Dans l'article de l'*Écho du Pays* cité à la note 13, l'auteur affirmait : « Actuellement, on consomme trop de produits importés. Les cultivateurs et surtout les personnes du sexe ne sont plus couverts que de tissus européens ; tandis qu'il n'y a pas trente ans ils s'habillaient d'étoffes qu'ils fabriquaient de leurs mains. » Et il continuait en suggérant qu'on achète avant tout les produits du pays. C'était la même idée que développera, plus

Culture fortement marquée de tradition, ni productive, ni per-
fectionnée, de rendement faible, qui donne des produits de qualité
médiocre parce que la méthode de travail est défectueuse, voilà
ce que note Léon Gérin vers 1897 dans la région qu'il étudie.
C'est le jugement qu'on peut également porter sur l'agriculture
du Bas-Canada vers 1837, car s'il y a d'heureuses exceptions
parmi les agriculteurs canadiens-français ou anglais, c'est la conclusion qui ressort des ouvrages de l'époque. Et qui était à blâmer
d'un pareil état de choses ? Lorque Lord Durham écrivait ceci,
il ne pensait sûrement pas qu'à l'instruction : « The continued
negligence of the British Government left the mass of the people
without any of the institutions which would have elevated them
in freedom and civilization. It has left them without the education
and without the institutions of local self-government, that would
have assimilated their character and habits, in the easiest and
best way, to those of the Empire of which they became a part.
They remain an old and stationary society in a new and progressive world. » Si le gouvernement avait créé et développé, à côté
d'un régime scolaire acceptable pour tous, un enseignement agricole même élémentaire [22], il aurait fait naître une curiosité et
un esprit d'émulation auquel le paysan le plus réfractaire ne serait
pas resté indifférent. Or, ce n'est qu'en 1853 qu'il y eut un ministère de l'agriculture au Canada [23].

Avec ses défauts et ses insuffisances, la culture dans le Bas-
Canada n'est pas moins assez variée. Il y a d'abord et surtout
du blé, dont on produit à certains moments un peu plus que
pour les besoins ; ce qui, avec l'apport du Haut-Canada, permet
l'exportation sur une assez grande échelle. Il y a aussi de l'avoine,
des pommes de terre, de l'orge, des pois, du seigle, du sarrazin,
du maïs, du sucre d'érable, beaucoup de foin, un peu de lin pour
l'usage domestique surtout, du beurre assez mauvais ; mais pas

---

tard, Louis-Joseph Papineau dans son fameux discours prononcé à Saint-
Laurent le 1er mai 1837. Avec sa fougue de tribun, il s'écriait, toupet au
vent : « Dites aux marchands que vous donnerez la préférence aux produits
canadiens et américains. » Et encore : « J'ai écrit à la campagne pour me
procurer des toiles et des lainages fabriqués dans le pays. » C'était déjà le
mouvement de « L'achat chez nous ». Voir L.-O. David, *Les Deux Papineau* (1896), 115 et 118.

22. « D'écoles d'agriculture l'on aperçoit pourtant, avant 1850, que
l'antique école de Saint-Joachim, fermée depuis longtemps, puis une autre
école-fantôme, celle de Charlesbourg, fondée en 1833 par J.-F. Perrault,
laquelle mal aidée, ferma elle-même ses portes deux ans plus tard » (note
l'abbé L. Groulx dans *La Déchéance incessante de notre classe moyenne*, 4).

23. *Ibid.*, 3.

de fromage [24]. Les méthodes d'élevage ne sont pas bonnes dans l'ensemble, mais les sujets sont nombreux : chevaux, bœufs, vaches, moutons, porcs. Confiée aux femmes, la culture maraîchère est à peu près uniquement vivrière. Parmi les sources de revenus, il y a enfin la production de potasse et de *perlasse*. Ainsi, dans les choses qu'il exporte en Angleterre, avec l'aide de son associé Roberton, Joseph Masson envoie chaque année d'assez grandes quantités de ces sous-produits de la forêt, dont l'Angleterre fait une grande consommation.

Pays agricole, le Bas-Canada vit encore sous deux régimes terriens dont l'origine correspond à des traditions bien différentes : tenure seigneuriale d'abord, puis tenure libre ou *free and common soccage*. Les terres et les hommes se répartissent inégalement entre les deux. La population francophone est à peu près entièrement confinée dans le domaine seigneurial, par les soins d'un paternalisme devenu périmé parce que les seigneurs ne comprennent plus l'intention même du régime. Les immigrants anglais se sont aussi logés dans quelques seigneuries, mais le plus grand nombre exploite les terres cédées par la Couronne, par les grandes compagnies foncières ou par les « spéculateurs », à qui on a accordé des domaines immenses avec un arbitraire qui est une des causes lointaines des troubles politiques. En bref, la tenure seigneuriale englobe presque toute la vallée du Saint-Laurent et une partie de celle de l'Ottawa. À l'intérieur, sur la rive sud se trouvent les grandes propriétés dont une faible partie est concédée dans quelques comtés — immenses domaines presque inaccessibles à cause du manque de routes. Au delà il y a des terres de la Couronne. Dans la vallée de l'Ottawa, à peu près seules sont occupées en dehors du domaine seigneurial, la région de Lachute et celle de Hull où se trouvent en particulier les établissements des Wright.

Mais puisque la vie agricole dans le Bas-Canada se poursuit principalement dans le cadre de la seigneurie, voyons en quoi le régime consistait. Ainsi, nous apercevrons l'armature économique et sociale d'une société rurale qui aurait pu se développer normalement si on n'avait pas enrayé son essor.

---

24. A Canadian, *op. cit.*, 128.

III. LA SEIGNEURIE

Longtemps isolées les unes des autres par la difficulté des communications, les seigneuries se sont créé une organisation et une vie propres. Elles se sont développées petit à petit, mais différemment suivant la valeur du sol, l'effort réalisé par le seigneur ou l'initiative des curés, l'ingéniosité des censitaires et l'éloignement des centres de consommation. Sauf dans les plus pauvres, cependant, on trouve à peu près la même structure : l'église, le presbytère, le manoir, le moulin banal, la scierie, la potasserie, le magasin qu'on appellera général dès que l'anglicisme aura pénétré là où l'anglais est encore inconnu. Quand le village a pris de l'importance, à ce noyau se greffent quelques petits ateliers qui fournissent aux besoins immédiats de la seigneurie et parfois du bourg avoisinant : tanneries, poteries, carderies, moulin à foulon. Pour confesser, il y a le curé, pour soigner les malades, le médecin et pour recevoir les actes, le notaire. Quand la population peut se payer ce luxe, il y a une école. Sinon c'est le curé qui fait les frais de l'instruction ; ailleurs, on réunit les enfants du voisinage dans une maison où l'instituteur se rend aux frais des parents, tandis que, pour les petits Anglais, la Royal Institution multiplie les écoles.

La seigneurie forme donc encore une quasi-entité dans la province du Bas-Canada à cette époque. Très développé par Jean Talon à la fin du XVIIe siècle, à l'instigation de Colbert, le régime seigneurial eut à l'origine un objet militaire[25]. Talon crut qu'on dresserait ainsi autour de la colonie une chaîne de défense, qui mettrait les établissements du Saint-Laurent à l'abri des attaques des Iroquois. Il voulut également que de ce noyau naquit des cellules de vie économique ; et c'est bien ce qui a prévalu par la suite. Des seigneuries originaires sont nés de petits centres agricoles, qui ont rapidement constitué l'armature de la colonie sous le régime français, puis plus tard sous la domination anglaise.

Chose curieuse à observer, la seigneurie au Canada a gardé longtemps plusieurs caractéristiques du fief moyenâgeux. Fondée dans le but d'assurer la sécurité comme le fief féodal et d'assurer le peuplement de la colonie, elle s'est développée sous la protection du seigneur ; et si elle a vite perdu ou, même, si elle n'a jamais entièrement pris un caractère militaire, elle a conservé longtemps son entité à peu près complète, avec son organisation et sa vie propres — véritable cellule presque indépendante dans

---

25. Thomas Chapais, *Jean Talon, intendant de la Nouvelle-France*, 445.

le tout sans grande cohésion, au point de vue économique, que forme la colonie du Bas-Canada dans la première moitié du XIXe siècle.

À titre d'exemples, voici trois seigneuries assez éloignées les unes des autres et très différentes déjà à l'époque qui nous occupe : celles de Murray Bay, de la Petite Nation et de Saint-Sulpice. Dans les deux premières, les censitaires sont encore à la portion congrue bien que la concession remonte assez loin en arrière. Celle de Murray Bay date de 1762 ; c'est le gouverneur de Québec, James Murray, qui l'accorda à John Nairn, capitaine du 78e Régiment. Elle va de la seigneurie des Éboulements à la rivière Malbaie sur trois lieues de profondeur ; domaine assez vaste mais où le seigneur accomplira peu de chose. La vie y est dure, les terres sont petites, de trois à neuf arpents, le sol est sec, aride, de maigre rendement et le climat froid. C'est la région qu'un homme énergique et audacieux a essayé en vain d'éveiller cent trente ans plus tard. Mais la vie s'y organise cependant comme ailleurs. Pour une population de 1,875 âmes vers 1830 il y a une église et tous ces petits métiers dont vit maigrement la population. Arides et mal cultivées, les terres donnent surtout des pommes de terre et du blé, puis de l'avoine et un peu d'orge, des pois et du seigle. La grande richesse, c'est le bois. Aussi les scieries sont-elles nombreuses. Il y a de plus deux moulins à farine, une carderie et deux moulins à foulon ; ce qui constitue toute l'industrie de ce petit coin perdu sur la côte, mais où existe dans sa force même toute l'organisation primitive de la cellule seigneuriale.

La seconde seigneurie — celle de la Petite Nation — a de commun avec la précédente la misère de ses habitants, la coupe du bois comme moyen principal de subsistance, l'éloignement du centre de consommation et la difficulté des communications. Le seigneur c'est Louis-Joseph Papineau, homme politique de grande réputation mais vivant à l'étranger à la suite de la rébellion.

Joseph Bouchette, qui a du respect pour les grands, souligne avec une délicatesse bien officielle l'intérêt assez mince que porte le seigneur à ses censitaires. Dans *A Topographical Dictionary of Lower Canada,* à qui sont empruntées quelques-unes des précisions de ce travail, Bouchette écrit ceci qui a une curieuse saveur : « ...the settlers are yet too poor to effect much without the assistance of the seignior, who encouraged by the last act of the legislature in favour of education, intended last year to build a school-house with stone. » Intention excellente, mais qui indique assez bien la dépendance du censitaire et le rôle prépondérant du seigneur.

Dans la seigneurie de la Petite Nation, vers 1830, une faible partie du sol est concédée tant à des colons anglais ou irlandais que français — lesquels, au nombre de huit cents vivent maigrement de leur terre et de la coupe du bois. Comme industrie, il y a un moulin à farine, cinq potasseries et les deux scieries du seigneur, qui fabriquent de la planche et du madrier de pin blanc et rouge, expédiés à Montréal et à Québec pour l'exportation [26].

Avec la seigneurie de Saint-Sulpice, on entre dans un domaine plus avancé, mieux exploité, plus peuplé ; bref, on pénètre dans une des parties les plus développées du Bas-Canada. Saint-Sulpice est une des plus anciennes seigneuries puisque la concession remonte à 1640. Située dans le comté de l'Assomption, elle a deux lieues de largeur et six de profondeur et elle appartient au Séminaire de Saint-Sulpice. Elle englobe trois paroisses prospères : Saint-Jacques, l'Assomption et Saint-Sulpice et trois villages. La terre y est bonne et, presque partout, assez bien cultivée pour l'époque. C'est en somme à peu près le pays prospère que l'on connaît aujourd'hui ; mais où la vie est beaucoup plus restreinte et moins active. Comme ailleurs, on trouve les champs groupés autour du village et une activité économique qui dépasse à peine les bornes de la seigneurie.

L'agriculture est la grande source de profits ; mais, à côté, il y a les petits ateliers dont il a été question précédemment et qui complètent par une toute petite production industrielle la production agricole : quatre scieries, quatre moulins à farine où le cultivateur vient faire moudre son grain moyennant une légère redevance au seigneur, quatre carderies, trois moulins à foulon pour les étoffes faites par les fermières, une tannerie pour les peaux destinées aux souliers de bœuf et aux mocassins, une poterie, quatorze potasseries, une distillerie et une brasserie. Il y a aussi quinze magasins, vingt-deux tavernes ou auberges et soixante-neuf artisans.

Quand on songe que, vers 1830, la population était de 9,670 âmes, on comprend l'importance de ce groupement où se trouvent

26. Joseph Bouchette, *A Topographical Dictionary of Lower Canada*. Voir « Petite Nation ».
    En 1831, il n'y a que deux écoles élémentaires qui réunissent 55 enfants ; mais on trouve dans la seigneurie quatre tavernes et deux débits d'alcool. *Recensement de 1831*.

réunis à peu près tous les aspects de la vie économique dans le Bas-Canada. D'une part, la terre qui fournit le blé, de l'avoine, des pois et un peu d'orge ; et de l'autre les scieries, pour lesquelles on a coupé tant de bois qu'on a vidé certaines régions des meilleures essences, les potasseries et tous ces petits métiers qui complètent la vie économique dans la seigneurie.

* * *

Voilà un aperçu de la seigneurie telle qu'elle existait à l'époque. Une question se pose : à qui le régime seigneurial profitait-il encore ? Dans son Rapport sur le Bas-Canada, Lord Durham expose à ce sujet une opinion assez curieuse pour la présenter ici. Le régime, dit-il en résumé, est vertement critiqué par les colons anglais qui ne peuvent se faire à son esprit et à ses règles. Les Canadiens français eux-mêmes s'en plaignent ; mais, sous l'influence de leurs chefs politiques, ils en réclament le maintien. C'est parmi les grands bourgeois anglais qu'on rencontre les partisans les plus convaincus du régime [27].

Pour comprendre la situation, il faut connaître quelques faits généraux. Venu d'Angleterre ou d'Irlande avec l'espoir de trouver en Amérique la liberté et le droit de posséder qu'il n'avait pas chez lui, le colon anglophone ne veut pas s'accommoder de la tenure seigneuriale dont il comprend ni l'objet, ni l'organisation, ni l'avantage. Et, par surcroît, comme c'est une initiative française, cela seul la lui ferait détester s'il n'y voyait une sujétion dont il a voulu se débarrasser en quittant son pays. Il préfère la tenure libre, dite *free & common soccage* qui lui accorde les droits du propriétaire. Le Canadien, lui, serait traditionnellement porté à conserver le régime si les cadres des anciennes seigneuries n'étaient devenus trop rigides pour ses besoins. Là où il a pu pénétrer, il s'est rendu avec ses vieilles méthodes de défrichement et de culture ; mais les bonnes terres disponibles ne sont plus assez nombreuses pour les besoins nouveaux. Et, en dehors de la seigneurie, on ne lui facilite guère l'accès du sol [28]. Aussi

27. Et pour cause, car ils ont mis la main sur les deux tiers des seigneuries les plus importantes, *Appendix to Report on the Affairs of British America*, 63, Témoignage rendu par J. Hastings Kerr le 14 juillet 1838.
28. En dehors des grandes voies de communication — et elles ne sont pas nombreuses — il n'existe guère de routes vers l'intérieur. Ainsi en 1849, l'abbé J.-B.-A. Ferland déclare devant le comité parlementaire : « Rejeté à 25 lieues du Saint-Laurent, celui-ci (le colon) devra se soumettre pendant longtemps à des privations sans nombre. S'il a besoin d'une pioche,

commence-t-il à se sentir gêné dans l'espace qu'il occupe. Joseph Bouchette cite, par exemple, la paroisse de Saint-Jacques dans la seigneurie de Saint-Sulpice, où cent familles n'ont pas les terres qu'il faudrait et où 600 jeunes gens ne peuvent s'établir faute d'espace. Voilà le grand vice de la colonisation dans le Bas-Canada, qui expliquera un peu plus tard la poussée migratrice vers les États-Unis. Pour l'instant elle inquiète sourdement la population française que travaillent les meneurs politiques dans le sens de ses traditions, sinon de ses intérêts matériels. C'est un fait curieux qui se répétera souvent dans l'histoire du Canada.

Quant à la haute bourgeoisie anglaise, l'explication est plus simple. Comme elle détient la moitié, sinon les deux tiers des seigneuries les plus importantes elle a tout avantage à conserver un régime qui sert ses intérêts immédiats.

IV. LE COMMERCE

Dans le *Canadien* du 20 juin 1838, on trouve le prospectus d'un « Essai sur le commerce du Bas-Canada ». Malheureusement, l'ouvrage resta dans les cartons de l'auteur, celui-ci s'étant laissé décourager, semble-t-il, par l'inertie du public devant une œuvre qui ne correspondait pas aux goûts du moment. C'est dommage, car on y aurait trouvé un document de première main sur la situation économique au moment des troubles et, peut-être même, sur les sources du conflit que Lord Durham se contentait de situer sur le plan racial ; alors que la situation économique y contribuait fortement. Mais si le livre ne parut pas, le *Canadien* en donna l'introduction, dont il est intéressant de citer un extrait pour dégager tout au moins le rôle que jouaient dans le Bas-Canada les deux groupes ethniques d'importance et d'influence inégales. Voici ce qu'écrivait l'auteur dans un style évocateur d'énergie et d'action, qui rappelle celui d'Étienne Parent :

> On a souvent accusé les Canadiens d'incapacité et d'inactivité dans les relations commerciales. Ces accusations qui ont paru spécieuses à plusieurs sont fausses dans notre opinion et c'est ce qui peut être prouvé à la satisfaction de tout le monde. Le manque d'institutions adaptées à l'éducation commerciale, la diffé-

d'un quintal de farine, d'une botte de paille, il aura à parcourir 15 à 20 lieues pour se procurer ces objets », cité par l'abbé L. Groulx dans *La Déchéance incessante de notre classe moyenne*, 9.

rence du langage, la protection partiale des institutions financières sont les seules causes, qui ont retardé jusqu'à ce jour nos concitoyens de se livrer en plus grand nombre et avec autant de succès aux différentes branches du commerce.

On peut diviser le commerce en deux branches principales en le considérant sous le rapport du lieu de sa destination. Le commerce intérieur consiste à vendre les effets venant de l'étranger achetés dans le pays, ou à trafiquer ici sur les produits du pays.

Le commerce extérieur consiste à acheter les effets sur un marché étranger pour les revendre ici ou à acheter les produits du pays pour les revendre sur les marchés étrangers.

La première branche est la seule à laquelle se livrent les Canadiens ; l'autre est exclusivement entre les mains des Bretons à peu d'exceptions près.

De nombreuses difficultés ont retardé et retardent encore aujourd'hui la marche du commerce par l'instabilité du cours monétaire, par le manque d'institutions financières canadiennes, par le système vicieux des banques et par les dispositions législatives injustes et trop restrictives sur les libertés du commerce.

Si on s'était proposé d'exposer le rôle des Canadiens français dans le domaine économique, il ne resterait plus qu'à déposer la plume, tant ce contemporain corrobore les opinions exprimées par Lord Durham et par la plupart de ceux qui ont écrit sur l'époque [29]. Ce n'est là, cependant, qu'un aspect du sujet. Pour le traiter, on adoptera la division classique choisie par l'auteur : commerce extérieur et commerce intérieur.

* * *

Et d'abord, en guise d'introduction, quelques mots sur le régime colonial du Bas-Canada, son orientation et ses défauts. Ainsi, on saisira mieux la situation générale à l'époque qui nous intéresse.

Au paternalisme colonial de la France avait succédé, après la conquête, un régime d'un égoïsme non moins absolu, qui tendait à l'exploitation méthodique des établissements d'Amérique et

---

29. Lord Durham note, cependant, un certain réveil : « A laudable emulation has of late induced the French to enter on the field previously occupied by the English and to attempt to compete with them in commerce ; but it is much to be lamented that this did not commence until the national animosities had arrived almost at the highest pitch, and that the competition has been carried on in such manner as to widen the preexisting differences », *op. cit.,* 25.

d'Asie pour le plus grand avantage de la métropole [30]. C'était encore la situation vers 1837, malgré les réformes apportées dans la politique anglaise sous l'influence du député de Liverpool, William Huskisson, alors président du Board of Trade. C'est à lui que l'on doit plusieurs des lois qui ont élargi le champ d'action des colonies et qui leur ont permis de se développer plus normalement. Jusque-là, celles-ci avaient rempli dans l'empire la fonction de pourvoyeuses de matières premières, à la faveur d'un régime douanier privilégié et, à certaines époques, prohibitif. En retour, la métropole leur fournissait les objets fabriqués par ses industries ou importés de l'étranger ; ses navires de commerce avaient le monopole du transport et, en temps de guerre, sa flotte assurait les communications. Et ainsi, à la faveur d'un confortable monopole, les marchands et les armateurs avaient bâti leur fortune personnelle et la puissance de leur pays, tandis qu'en Angleterre même des industries de toutes sortes grandissaient rapidement grâce à ce magnifique esprit d'entreprise qui, depuis un demi-siècle, avait fait exploiter les produits du sol et du sous-sol de l'Angleterre d'abord, puis du reste du monde. La nation entière se préparait au rôle que lui promettait la révolution industrielle du XIXe siècle. À cause de ce très rapide essor, des problèmes graves se posaient dans tous les domaines : problèmes sociaux, religieux, économiques. C'est à leur solution que s'attaqueront des hommes politiques comme Huskisson, Russell et Peel. Assez souvent sous la poussée des événements, mais aussi avec une large vision des réalités, ces hommes d'État ont permis l'évolution politique vers la liberté commerciale prêchée par Adam Smith d'abord, puis par Richard Cobben et par John Bright. C'est à ce moment que remontent également la réforme des prisons, la limitation de la peine de mort, l'abolition de l'esclavage, l'émancipation des catholiques, les lois qui commencent à régir le travail des enfants et celui des ouvriers dans les usines et, enfin, les réformes électorales [31] qui, d'étapes en étapes,

---

30. La phrase suivante de W. P. Morrell dans *British Colonial Policy in The Age of Peel and Russell* (Oxford, 1930, 1) est assez caractéristique : « To the old colonial theory the value of the Empire was chiefly commercial. »
31. Voici ce qu'écrit à ce propos P. Meadows, dans *England and Europe (1783-1914)* : « ... before 1832 the condition of the franchise and of the distribution of seats was absurd. Although the agricultural and industrial resolutions were completely altering the face of the Country, and although the population was shifting, increasing, and concentrating, there had been hardly any change either in the franchise or in distribution of

feront passer le pouvoir des grands propriétaires au peuple et à ses maîtres guère moins oppressifs. C'est cette époque qu'André Maurois a si heureusement décrite dans le chapitre de son *Histoire d'Angleterre* qu'il a intitulé « De l'Aristocratie à la Démocratie ». Comme il l'écrit, la réforme était devenue essentielle, car l'opinion était très montée par les abus auxquels on s'était livré depuis quelques années. Parce que la Chambre des Lords refusait de voter la nouvelle loi électorale qui, en 1831, accordait un peu plus d'influence aux classes moyennes, le peuple se révoltait. « Dans les églises on sonnait le tocsin ; dans les usines le travail s'arrêtait. À Bristol, l'hôtel de ville était brûlé et le palais de l'évêque mis à sac. » [32]

L'année précédente les ouvriers agricoles avaient brisé « des machines à battre, rançonné de quelques livres certains propriétaires détestés et demandé aux pasteurs de renoncer à une partie de leurs dîmes ». Ils avaient également démoli des *workhouses* — horribles maisons des pauvres. Pour cela, on en avait exécuté quelques-uns et déporté quatre cents [33].

Cela se passait en Angleterre en 1830, c'est-à-dire sept ans avant les troubles du Canada.

Pour éviter la révolution menaçante, la Chambre anglaise évolua, comme elle le fait généralement avant qu'il ne soit trop tard. Certaines lois nouvelles intéressaient directement le Bas-Canada. Examinons celles qui exercèrent une influence sur l'évolution du commerce.

Il y a d'abord les Colonial Trade Acts de 1822 et de 1825, qui bouleversent la conception coloniale fixée depuis le dix-septième siècle, à la suite des Actes de Navigation de Cromwell : cette grande charte du commerce maritime anglais. La première de ces lois autorise l'importation dans quelques-uns des ports de l'Amérique britannique de certains articles venus d'Amérique du Nord ou du Sud par des bateaux appartenant aux pays producteurs. Elle permet également l'exportation en Amérique de tous les produits des colonies britanniques, tout en imposant que le transport entre pays britanniques soit réservé aux navires anglais. Une deuxième loi permet les échanges entre les colonies de l'Amé-

seats since the Middle Ages. The ruling class regarded its control of the House of Commons as a kind of sacred « property » which must not be interfered with, and to which it had a perfect right », p. 82.
32.   André Maurois, *Histoire d'Angleterre*, 629.
33.   *Ibid.*, 625.

rique du Nord et l'Europe à la même condition. En 1825, sous l'influence de William Huskisson, on élargit la portée de ces lois par de nouvelles prescriptions [34].

Si la métropole avait autorisé le Bas-Canada à traiter avec les États-Unis antérieurement à 1822, on avait limité les échanges au commerce intérieur [35]. Aussi, les lois de 1822 et de 1825 apportaient-elles une modification profonde dans les relations de l'empire avec le reste du monde. Elles furent complétées par des amendements qui conduisirent l'Angleterre à la liberté des échanges.

Sous l'influence de Huskisson, on accorde également au Bas-Canada des droits privilégiés, comme ceux qui portent sur les bois de charpente ; on adoucit les Corn Laws en faisant bénéficier le blé canadien d'un droit de *5s. per quarter* — droit qui, en 1827, sera réduit à 6d. quand le prix du blé dépasse 67s. C'est l'échelle mobile qui réglementa l'entrée du blé en Angleterre jusqu'en juin 1846, moment où Peel la supprima au risque de démembrer le parti conservateur.

En résumé, pendant toute cette période, on assiste à l'effritement du vieil édifice mercantiliste, à l'abri duquel avait grandi l'empire. En s'écroulant au milieu du siècle, le système faillit briser le lien impérial. Si celui-ci résista alors dans le Bas-Canada, ce fut par un curieux retour des choses, grâce à l'attachement des Canadiens à un régime qu'ils avaient combattu en 1837, mais qui avait évolué depuis.

*   *   *

Dans un pays où existent des restrictions à l'entrée et à la sortie des marchandises, le commerce s'organise dans le cadre qui lui est fait. Le grand marché ouvert au Bas-Canada étant encore l'Angleterre, c'est de là que vient la plus grande partie des importations. C'est aussi vers Londres que se dirige le gros

---

34. Adam Shortt, *Canada and its Provinces*, IV, 570-4 (3 Geo. IV, caps. 44 and 45 et 6 Geo. IV, cap. 73).
35. « The first Canadian measure for regulating trade between Canada and the United States was passed by the Quebec Council in 1787. This provided for the importation of tobacco and potash by way of Lake Champlain and the Richelieu. » En 1794, la Grande-Bretagne et les États-Unis signent le premier traité de commerce, qui permet les échanges à l'intérieur par le port de St-Jean ; mais empêche les navires américains d'entrer dans les ports de mer du Bas-Canada, Adam Shortt, *Canada and its Provinces*, IV, 545 et 546.

des exportations transportées par des bateaux de toutes dimensions et de toutes formes, chargés de produits à l'état brut dont l'Amérique est la grande pourvoyeuse. Mais à côté de l'Angleterre, il y a les États-Unis et le Haut-Canada avec qui les marchands du XIXe siècle traitent à l'importation et à l'exportation. Voilà en quelques mots à quoi se résument les échanges à cette époque. On y relève quatre courants principaux qui canalisent le mouvement.

1. La voie du bas St-Laurent

Il y a d'abord la grande voie vers l'Europe qu'alimentent Québec et Montréal et, dans une faible mesure, Gaspé, New-Carlisle et les Îles-de-la-Madeleine.

Québec est le grand centre des bois de charpente. Venus de tous les coins du pays en lourds radeaux, ceux-ci sont chargés dans des navires qui les portent vers les chantiers maritimes de Londres ou d'Écosse. C'est la grosse part du trafic. À l'importation, on trouve toute la gamme des produits qui approvisionnent la ville et la région environnante. Grâce aux bois, Québec est alors assez active ; mais elle est avant tout une ville politique qui abrite le parlement et les services.

À Montréal règne une tout autre atmosphère. Pendant longtemps, elle a été la ville des fourrures. Une fois la traite limitée aux régions nordiques par la Compagnie de la Baie d'Hudson, elle est restée le grand centre de distribution commerciale pour la partie supérieure du Bas-Canada et le bassin du haut Saint-Laurent, tant dans le Haut-Canada que dans les États américains qui bordent les grands lacs, malgré la concurrence de New-York facilitée par les canaux d'Oswego et d'Érié. Parce que l'Angleterre est encore un des fournisseurs de ces régions, les marchands de Montréal importent du printemps à l'automne des marchandises qui, stockées dans leurs entrepôts, sont ensuite distribuées par le truchement du petit commerce de détail à travers tout le pays [36].

D'Angleterre viennent à Québec et à Montréal des articles de toutes sortes fabriqués en Angleterre, puis des vins et des alcools, du sucre raffiné et brut, du café, du thé, du sel, du tabac, des cartes à jouer ; d'Irlande, des vins, du cognac et surtout du sel ; de Gibraltar et de Cadix, de France, du Portugal, de

---

36. Dans *Hochelaga Depicta* par Newton Bosworth, on trouve une excellente description du commerce saisonnier de Montréal, p. 220.

Hambourg et de Chine, un peu de vins et du cognac, du sel, du genièvre, du thé et des épices. Les autres colonies de l'Amérique du Nord fournissent du sel, du rhum, de la mélasse, du piment et du sucre brut surtout. Des États-Unis, il vient peu de chose, car le commerce par mer n'est pas encore entièrement libre et les produits anglais venus d'Europe concurrencent avantageusement les autres.

Voici quelques chiffres qui ont trait aux importations par les ports de Québec et de Montréal, en 1836 [37]. Ils indiquent clairement la prépondérance marquée de l'Angleterre :

Ports de Montréal et de Québec

Venues de (du, des) :	Total	Marchandises taxées de 2½ per cent.	Marchandises entrées en franchise
Grande-Bretagne	£1,865,599	£1,760,774	£104,825
Irlande	11,161	10,536	625
Jersey	295	295	
Gibraltar et de Cadiz	152	152	
France	2,381	2,381	
Espagne	5,399	5,399	
Portugal	717	717	
Hambourg	9,416	544	8,871
Russie	5,713	2,629	3,083
Colonies britanniques de l'Amérique du Nord	27,976	3,148	24,828
Antilles anglaises	870	870	
États-Unis	8,225	3,352	4,872
Chine	193	193	
Brésil	25	25	

D'autres chiffres relatifs aux navires venus à Québec et à Montréal en 1836 :

	Nombre	Tonnage
Navires chargés	264	84,426
Navires sur lest	479	166,518
	743	250,944

soulignent l'importance du commerce des bois de charpente, puisqu'il attire à lui seul toute cette flotte de navires venus sans cargaison dans l'espoir d'un fret de retour [38].

---

37. Chiffres tirés de l'Appendice E, vol. 47, *Journal de la Chambre d'assemblée*, 1837.
38. À ce sujet, voici quelques notes de M. A. R. M. Lower, tirées de « The Trade in Square Timber », *Contributions to Canadian Economics*,

À l'exportation, Québec et Montréal fournissent surtout du bois : pin, chêne et orme dans l'ordre d'importance. Ainsi, en 1836, on envoie, en Angleterre seulement, 267,597 tonnes de pin en grume. On exporte aussi des douves, de la planche, des barils et du bois sous diverses formes, ayant subi une première transformation. Dans la statistique officielle, on trouve également de la farine, de la potasse, un peu de blé pour l'Angleterre [39] ; puis du gin, du tabac, du beurre, du fromage, du lard, du jambon, du savon, du cuivre, un peu de fourrure.

Bref, il y a dans l'ensemble des exportations une certaine variété de produits, mais surtout du bois. Quant à la répartition géographique, on constate la même force d'attraction des marchés anglo-saxons que pour les importations : Angleterre, Irlande, Antilles et colonies de l'Amérique du Nord. Avec les États-Unis, le mouvement des marchandises par la voie de mer est à peu près nul.

Voici un autre tableau qui montre le nombre et le tonnage des bâtiments partis de Québec et de Montréal à destination de l'Europe et des autres colonies d'Amérique. Ainsi on pourra mieux juger l'importance relative du trafic :

	Nombre	Tonnage
Vers l'Angleterre (dont 12 bâtis dans le Bas-Canada en 1836)	359	290,005
Vers l'Irlande	233	65,736
Vers les colonies de l'Amérique du Nord ...	199	13,840
Vers les Antilles anglaises	21	3,054
Vers les États-Unis	2	179

VI, 1933. « The Gilmour firm owned their own fleet of timber-ships. Most houses did not, but depended upon the arrival in Quebec of ships looking for a cargo, 'seekers' as they were called. Naturally a rough cargo like timber would attract the poorest class of ships. The result was that the harbour of Quebec was filled with the queerest collection of shipping, old barques and brigantines, ships 'swifted' with chains passed round their hulls to hold them together, full rigged ships that perhaps had once been East Indiamen, even the occasional old man-of-war much degraded and disguised, turned into a sort of cart-horse of the seas. »

39. L'exportation du blé dans le Bas-Canada a toujours été extrêmement variable. En voici un exemple avec la statistique de la farine et du blé réunis (sur la base de cinq boisseaux de blé pour un baril de farine) :

	boisseaux		boisseaux
1801	660,000	1830	948,826
1802	1,151,033	1838	296,020
1811	97,553	1861	13,369,727

H. A. Innis and A. R. M. Lower (eds.), *Select Documents in Canadian Economic History, 1783-1885,* Toronto, 1933, 266.

Ces chiffres indiquent, encore une fois, l'emprise du marché anglais. Celle-ci était si grande qu'en 1846 le libre-échange causera une crise qui menacera d'entraîner le Canada dans l'orbite des États-Unis, en réaction contre une situation presque intenable pour la minorité commerçante de la population.

Enfin, Gaspé, New-Carlisle et les Îles-de-la-Madeleine entretenaient des relations assez suivies avec l'Angleterre vers 1837. Postes de pêche surtout, ils importent des denrées alimentaires et de l'équipement et ils expédient de la morue, du hareng, de l'huile de poisson, du bois et de la potasse. Ainsi, en 1836, partent de Gaspé 47 navires, de New-Carlisle 40 et des Îles-de-la-Madeleine 36.

2. La voie du Richelieu

Pendant longtemps, les ports océaniques ont été fermés aux navires américains. Et même à l'époque que nous étudions les arrivées sont presque nulles à Montréal et à Québec. Par contre, le commerce avec les États-Unis par le Richelieu et par le haut Saint-Laurent a rapidement pris de l'importance, dès que l'Angleterre l'a autorisé, c'est-à-dire depuis 1787 environ, moment où elle permet l'importation de certains produits par la voie du lac Champlain. À partir de cette époque, c'est par là que passeront des échanges croissants. De l'Hudson, les bateaux entrent dans le lac Champlain et, de là, ils atteignent le port fluvial de Saint-Jean, lequel a alors une importance qu'il a perdue depuis. De Saint-Jean, le trafic est dirigé sur Montréal par la route d'abord, puis par chemin de fer dès qu'en 1836 Laprairie et Saint-Jean sont reliés par le Champlain & St. Lawrence Railway. Voici un témoignage assez curieux sur les bienfaits de ce mode de locomotion nouvellement créé : « D'après de nouveaux arrangements, écrit un collaborateur anonyme, on peut aller de Montréal à Saint-Jean et revenir en une journée, par la voie de chemin de fer et du bateau à vapeur qui y est lié. Le prix est de 7s. 6d. à 5s. pour les premières places et pour la seconde, c'est 3s. 9d. » À nous qui en avons vu bien d'autres depuis, cela semble assez simple d'aller à Saint-Jean et d'y revenir en une journée. Mais quel progrès ce devait être à une époque où l'on circulait péniblement encore dans des chemins cahoteux, dont les contemporains déploraient le mauvais état.

Par Saint-Jean venaient des passagers : en 1836 par exemple le port en reçut 4,524 des États-Unis ; mais le gros du trafic était fait de marchandises. Ainsi, cette année-là, les importations atteignent £100, 584 et les espèces £30,150, soit un montant total de £130,734. Parmi les marchandises, il y a un peu de tout ; mais surtout du bétail (£13,605), du lard salé (£10,528), des peaux brutes (£10,746), du café (£2,558), du cuir (£4,847), du sucre (£4,201), du tabac (£11,757), de la potasse, des livres et du papier, des peaux de bison, des remèdes, de la quincaillerie, des soieries, du riz, de la mélasse. etc.

Le port exporte également en 1836 pour une somme de £96,595 ; bois de charpente et madriers (£20,000 environ), farine (£16,789), chevaux (£11,321), blé (£10,844), graine de lin, sel, fer en gueuse et en plaques, potasse, beurre. Bref, il y a là un commerce d'une certaine importance, auquel s'ajoute le transport des espèces, qui s'élève à £17,032 [40].

3. La voie du haut Saint-Laurent

Au début du XIXe siècle, le marchand était assez souvent importateur, grossiste, détaillant, banquier. C'est surtout dans le commerce avec le Haut-Canada et les populations riveraines des Grands Lacs que ces multiples fonctions s'exerçaient encore vers 1837. Si on tente d'importer directement d'Angleterre ou par les États-Unis, les entrepôts de Montréal restent la grande source où s'alimente le petit commerce du Haut-Canada en particulier. Comme autrefois pour la traite des fourrures [41], le Bas-Canada fournit à l'immense hinterland situé à l'ouest de Montréal ce qu'on ne produit pas du tout ou en quantité suffisante, malgré l'augmentation assez rapide de la population. Et parce qu'il y a eu longtemps un quasi monopole, les chalands se plaignent amèrement des prix qu'on leur impose. Voici à titre d'exemple un extrait du *York Observer* reproduit dans le numéro du 17 août 1829 de la *Gazette* de Montréal.

« The importation of Dry Goods from Europe, during the present season are of incalculable advantage. The Lower Canada merchants who have been devouring for years the fruits of the Province, are in a sad plight. The ruin of many of them is inevitable. They have fleeced and driven to beggary by their enormous charges, hundreds of families ; and now that their day of

---

40. Appendice E, vol. 47, *Journal de la Chambre d'Assemblée.*
41. Du commerce d'autrefois, il ne reste à peu près rien depuis que la Compagnie de la Baie d'Hudson a englobé la Compagnie du Nord-Ouest en 1821. Seuls ou à peu près sont exploités les King's Posts ou domaine du Roi dans la région du Saguenay.

calamity has arrived we cannot pity them. Goods are sold at the stores of Messrs. Dougall, Gamble, &c, of York, 35 per cent cheaper than they can be obtained at Montreal. This is owing to Montreal merchants purchasing at a credit of twelve to eighteen months in England, whilst our York merchants pay cash. » [42]

Le trafic des marchandises par la voie du haut Saint-Laurent n'en restait pas moins abondant, puisqu'en 1836 on expédiait quelque 14,000 tonnes vers le Haut-Canada par le canal de Lachine.

À l'exportation, on trouve surtout du bois, de la farine (170,328 barils) et du blé (51,810 boisseaux) [43] ; ce qui permettait d'alimenter le marché anglais en quantité variable suivant la production du Bas et du Haut-Canada, leurs besoins et les restrictions imposées à l'entrée en Angleterre. On expédiait également de l'orge (12,637 boisseaux), des pois, du lard, de la potasse, du beurre, du whiskey, des pommes de terre, des douves et des madriers [44].

À l'époque qui nous occupe, une difficulté très sérieuse s'oppose, cependant, à l'expansion des échanges avec l'ouest du Canada : la faible profondeur des canaux qui relient les grands lacs à Montréal et, en particulier, celui de Lachine. Ce n'est qu'après 1840 sous la menace urgente du moment que les travaux nécessaires seront entrepris. Ainsi, cette année-là, on creuse le canal de Lachine de quatre pieds et demi à neuf pieds ; en 1880 on ira jusqu'à quatorze pieds. On fera de même pour les canaux des Cèdres et de Côteau qui n'avaient alors que deux pieds et demi de profondeur et pour ceux de Cornwall et de Williamsburg. Ainsi, on parviendra à lutter contre la concurrence américaine en évitant le transbordement.

4. La voie de l'Ottawa

Il s'agit cette fois d'un courant tributaire, qui alimente le grand mouvement d'exportation des bois vers l'Angleterre et qui,

---

42. Dix ans plus tard, Lord Durham recommandait l'importation en franchise, par New-York, des marchandises destinées au Haut-Canada, afin de hâter les expéditions et de diminuer le prix (*op. cit.*, 134). Cela semble indiquer que les pronostics du *York Observer* ne s'étaient pas réalisés et que l'emprise exercée par les marchands de Montréal ne s'était guère relachée.

43. 51,810 boisseaux en 1836 et 291,720 en 1834, Newton Bosworth, *op. cit.*, 199.

44. *Ibid.*, 199.

d'autre part, conduit vers les régions lointaines de l'Outaouais l'équipement, la nourriture et les hommes nécessaires à la coupe du bois — laquelle est, à cette époque, la grande source de profits de cette région ouverte à la colonisation.

Voici quelques aspects de ce commerce qui a remplacé la traite des pelleteries dans l'économie de la colonie.

Le commerce du bois sur une grande échelle commence au Canada vers le début du XIXe siècle, au moment où Napoléon lance de Berlin le décret qui crée le blocus continental. Bonaparte qui veut affamer sa vieille ennemie, l'Angleterre, a imaginé de défendre au monde de traiter avec elle. En empêchant qu'on l'approvisionne et qu'on lui achète ses produits, il la voit rapidement réduite à sa merci.

Si le blocus n'eut pas le résultat prévu, il eut cet effet assez inattendu de donner naissance dans le Bas-Canada à un commerce considérable, celui des bois de charpente, qui joua un rôle de premier plan dans l'économie de la colonie.

A. R. M. Lower a écrit dans *The Trade in Square Timber* [45]. « *A century and a half ago, in contrast with the present age, which is built on iron, the world was built on wood.* » Cela était encore vrai au début du XIXe siècle, en Angleterre, malgré la révolution industrielle qui s'annonçait et les progrès réalisés dans la production du fer.

Pour la construction des navires en particulier, le bois de charpente était indispensable. Or, l'Angleterre d'alors, encore plus que celle d'aujourd'hui, dépendait de sa flotte. Armateur du monde, elle devait trouver du bois pour réparer, construire, renouveler ses effectifs. Aussi, en lui fermant le marché de la Baltique, Napoléon l'embarrassa-t-elle pendant quelque temps. Les marchands se tournèrent alors vers les colonies d'Amérique où se trouvaient d'immenses réserves accessibles, quoique très éloignées. Immédiatement des grandes firmes comme Pollock, Gilmour & Co. transportèrent leurs opérations des pays scandinaves dans le Nouveau-Brunswick et dans le Bas-Canada, où étaient déjà installés d'autres Anglais comme Henry Usborne venu à Québec vers 1801 — le premier note M. Lower — ou des Américains comme Philemon Wright, le pionnier de la région d'Ottawa [46]. C'est de cette époque que datent les débuts des Price,

---

45. Dans *Contributions to Canadian Economics*, VI, 1933, 40.
46. Joseph Tassé, *Philemon Wright ou colonisation et commerce du bois*, 1871.

des Sharple, des Gilmour, des Burstall et des Dobell, grands facteurs eux-mêmes ou représentants de firmes anglaises qui, pendant très longtemps, centralisèrent à Québec le commerce d'exportation des bois de charpente. Celui-ci avait pris une telle importance que vers 1835-1838 les expéditions représentaient environ les trois quarts des exportations par la voie du Saint-Laurent [47]. C'était avant le blé, la deuxième grande étape que franchissait le Canada — pays des *staple commodities* — c'est-à-dire des produits exportés à l'état brut.

Vers 1837, le commerce est encore florissant bien qu'il n'ait pas encore atteint le point antérieur. À l'abri des droits élevés par l'Angleterre comme une barrière devant les bois de la Baltique, l'exportateur du Canada tire le maximum d'une situation privilégiée : conséquence logique de la doctrine mercantiliste qui a jusqu'ici dirigé la politique coloniale anglaise, mais que des événements comme le Blocus ont seuls pu déclencher. Les bois de charpente en particulier jouissent d'avantages tels que l'exportateur trouve un profit abondant dans l'écart des prix entre les marchés de Québec et d'Angleterre, écart que ne justifient certainement pas seuls les aléas de la mer. Voici pour qu'on en juge les prix du pin blanc équarri, à Québec et en Grande-Bretagne [48] :

	Prix F.B. Québec	Prix en Grande-Bretagne (droits payés)
1808	14.62	96.37
1820	9.37	27.00
1830	6.37	26.00
1840	7.40	32.25

À cet écart considérable, il y a des explications nombreuses, comme le prix élevé du fret pour une matière aussi lourde et aussi encombrante que le bois en grume, comme les risques de la navigation, comme les fluctuations des cours que l'expéditeur devait prévoir pour ne pas être ruiné par des opérations dont l'échéance était lointaine et aléatoire. Mais, encore une fois, il y avait un autre fait plus précis : les droits de douane qui jouaient à l'avantage des colonies britanniques de l'Amérique du Nord,

47. A. R. M. Lower, *op. cit.*, 41. Il y a dans le mémoire de M. Lower, présenté au Royal Canadian Institute en 1932, plusieurs graphiques qui illustrent avec précision certains aspects du sujet. L'étude entière est très intéressante et elle a servi de base à cette partie de notre étude.
48. A. R. M. Lower, « Esquisse historique sur le Commerce du bois au Canada » dans l'*Annuaire Statistique* de 1925, 323.

mais qui alourdissaient le coût de construction. Lorsque l'opinion libérale aura pris plus de force en Angleterre, les droits sur
le bois seront parmi les premiers à sauter, quand l'opinion publique et la politique attacheront plus d'importance au prix de
revient qu'au maintien du lien colonial. Alors, sous la poussée
d'idées nouvelles, la politique mercantiliste fera place à une
orientation différente, qui menaça immédiatement le lien impérial. Mais cela est une autre histoire.

À cause de son importance, le commerce du bois changea
l'aspect de la colonie. Commencée dans le bas Saint-Laurent, le
long du fleuve, la coupe du bois gagna l'ouest au fur et à mesure
que la forêt devenait moins facilement accessible et que les
difficultés du transport augmentaient. Longtemps, le Richelieu
fournit son apport de billes venues du Vermont par le lac
Champlain. Puis, vers l'époque qui nous occupe, ce fut surtout
le Haut-Canada, la région de la Gatineau et celle de l'Ottawa
supérieur qui approvisionnèrent les marchands de Québec. À
Québec se centralisaient les radeaux venus de centaines de milles
à la ronde, sous la poussée du vent, du courant ou de rameurs
au verbe haut, au teint hâlé par le soleil, la pluie, la brise et
l'alcool ; hommes durs et adroits, forts et résistant à toutes les
intempéries, grands buveurs et blasphémateurs, qui sont au Canada du XIXe siècle ce qu'étaient à la Nouvelle-France, les
coureurs des bois. Venus de régions éloignées, ces radeaux sont
conduits par des équipes bien différentes. Ce sont des paysans
ou des colons groupés par une misère commune et qui suppléent
à la maigre pitance de la terre par le profit variable, mais à peu
près certain, du bois coupé durant l'hiver, réuni en *cribes, drames* et
cages suivant la région et menés à Québec, à petites journées [49].

---

49. Si le transport était lent, il n'était pas de tout repos, comme l'indique la pièce suivante des Archives canadiennes intitulée « De David
Thompson à Sir Charles Bagot, May 23rd, 1842 » (Correspondence of the
governor general's office, no. 1526 » tiré de *Select Documents in Canadian
Economic History*, 275) : « The deepening of Lake St. Peter will be attended
with a great advantage to the Timber Trade of Canada. At present the Timber Trade is as safe a business as most others exposed to the weather as far
down as Lake St. Peter ; but once there, the safety of the Rafts is doubtful,
in fine weather they pass the Lake in about fifteen hours, but more frequently
they are delayed several days, even to three weeks ; they dare not attempt
the Lake in an easterly wind, and when in the Lake and an easterly gale
common, the Rafts are wrecked and sometimes with loss of life, when safe
over the Lake they are still liable to be wrecked above Quebec, and even
when close to Quebec are sometimes carried below it with a strong ebb tide.
In the rocky coves of Quebec the timber receives much damage, if it lies

Ce sont des bûcherons de métier venus des États-Unis lointains et qui attendent l'été pour retourner chez eux. Ce sont encore des équipes, dont le métier est de conduire les « trains de bois » suivant l'expression pittoresque de l'époque. Sous la poussée de ces hommes rudes et tenaces, la flotte des radeaux se mettait en marche dès la débâcle vers Québec, car les hauts-fonds du lac Saint-Pierre empêchaient les navires de Montréal de charger ce fret trop lourd. Une fois arrivé sous le Cap, le bois était examiné, mesuré et expédié en Angleterre dans des vaisseaux de toutes les formes : grosses barques encerclées de chaînes pour mieux résister à la mer, voiliers de toutes les formes et de tous les tonnages [50].

À la prépondérance de Québec il y avait une autre cause : l'organisation très forte que les marchands avaient su y créer. Là étaient établies les succursales de maisons anglaises comme on l'a vu précédemment, qui achetaient pour le compte de leur maison, « finançaient » assez souvent les opérations depuis le début, c'est-à-dire depuis le départ de la forêt jusqu'à la livraison à Québec, et voyaient au transport à bord des navires qui, assez souvent, leur appartenaient. Ainsi, toute l'affaire ne sortait pas des mains de l'entreprise, qui utilisait les bois en Angleterre pour la construction de ses navires et, parfois aussi, possédait en Amérique d'innombrables scieries. À côté de ces firmes qui étaient déjà d'excellents exemples d'intégration, où la famille tenait les leviers de commande, il y avait les filiales moins importantes qui se limitaient à l'achat sur place. Il y avait également quelques maisons fondées par des Anglais venus au Canada depuis quelques années et à qui des ressources abondantes avaient permis l'accès de ce domaine où, avant tout, on devait avoir les reins solides pour réussir et surtout pour durer. Il fallait aussi avoir des relations en Angleterre, à une époque où le grand commerce était chasse gardée. Philemon Wright, qui avait toute sa vie tenté et réussi des choses difficiles et qui disposait de puissants moyens d'action, se contentait de faire conduire son bois à Québec et de le vendre au meilleur prix. Cela explique pourquoi les Canadiens français qui avaient peu de ressources, guère de crédit

---

any time, from the agitation of the water, chafing the timber against the Rocks. An old Lumber Man said to me, Sir, there is Oak enough sunk in Lake St. Peter to build a wall around it. A deep channel through Lake St. Peter will enable the Ships to come up to Sorrel and its vicinity, where they can load in safety ; and to which place the Rafts of Timber can also arrive in safety. »

50. A. R. M. Lower, « The Trade in Square Timber », 50.

et, à quelques exceptions près, peu d'audace, ne jouaient qu'un rôle simple et peu fructueux dans la grande comédie du bois, dont les actes se déroulaient chaque jour sous leurs yeux de paysans casaniers, de bûcherons incultes ou « d'hommes de cage » courageux et indolents.

*   *   *

C'est ce milieu que travaillent sourdement, puis violemment, les idées développées par Louis-Joseph Papineau, Augustin-Norbert Morin et quelques autres dans les « Quatre-vingt-douze Résolutions » d'abord, puis dans des discours enflammés. À un moment donné, sous l'influence des plus agissants, la violence éclate dans la région de Montréal, qui est en pleine crise économique. Sans se demander où l'on ira et comment on y parviendra, des groupes de combat se forment, dirigés par des chefs qui n'ont ni les armes, ni la préparation voulues. Ils opposent aux troupes anglaises des hommes que personne n'a formés, ni équipés. Ils seront rapidement battus. D'autant plus qu'à l'exception de quelques curés, le clergé n'appuie pas le mouvement. Le haut clergé s'y oppose ouvertement, aussi bien à Montréal qu'à Québec. Sous son influence, les troubles se limitent à la région de Montréal et, rapidement, ils sont matés avec rudesse par les soldats du vieux brûlot, comme on appelle le général Colborne. Les choses rentrent dans l'ordre, mais l'année suivante, il y a une seconde échauffourée, rapidement jugulée. Certains *rebelles* sont pendus, d'autres exilés aux Bermudes ou en Australie. Les troubles ne reprendront qu'une douzaine d'années plus tard, mais avec une toute autre dimension quand la Chambre acceptera d'indemniser ceux qui ont subi un préjudice. Et c'est alors qu'à Montréal le Parlement brûlera comme une torche. À la suite de ces troubles la Reine optera pour Ottawa, qui deviendra la capitale de l'État nouveau, en attendant que toutes les colonies d'Amérique soient fusionnées.

CHAPITRE III

Une société nouvelle en gestation
(1870-1900)

Vingt-sept ans ont passé depuis le Canada-Uni : formule politique imaginée par Lord Durham au cours de son voyage au Canada en 1838 et que l'on a mise au point en dehors de lui, après son retour en Angleterre. Par la suite, on a réuni les deux provinces à d'autres colonies britanniques au moment de la Confédération, tout en attribuant au pays nouveau des divisions géographiquement discutables mais politiquement valables quand le réseau ferroviaire eût été établi. *A mari usque ad mare*, lit-on dans les armes qu'on lui a données en 1867, c'est-à-dire d'un océan à l'autre. Et c'est vrai. Terre-Neuve n'en est pas encore, mais de Halifax à Vancouver on passera de l'Atlantique au Pacifique en six jours et six nuits dès que le chemin de fer aura été rodé et qu'on aura fait un effort pour le doter d'un matériel roulant qui dépasse, à la fin du siècle, ce qui se fait ailleurs.

Si la masse géographique se tient tant bien que mal, le cadre politique existe. Il sera britannique d'inspiration et d'aspirations, tant que deux guerres n'auront créé un esprit d'indépendance à l'endroit des deux géants qui tiennent le pays bien en mains. John Bull desserrera son emprise d'une guerre à l'autre puis, épuisé, à contrecœur, il s'orientera vers cette Europe à laquelle il n'avait pas voulu se donner jusque-là. Il y a aussi l'Oncle Sam qui, à la fin du siècle, recommence à s'intéresser à la Colonie britannique à laquelle il s'était lié avant la Confédération. Il l'a lâchée au moment de la guerre civile qui a failli entraîner la scission du territoire, mais il veut s'en rapprocher. Avant 1900, ses exportateurs et ses industriels ont fait des ravages dans l'économie de leurs voisins, tant que sir John A. MacDonald n'a pas imposé sa politique nationale, dirigée contre eux [1], mais aussi destinée à procurer des ressources à un État qui en a un grand besoin [2]. C'est la première étape d'un nationalisme économique, orienté non contre l'Angleterre qui se désintéresse de ses anciennes colonies, tout en y plaçant des fonds, mais contre le pays voisin. Fait assez curieux à observer, un siècle plus tard, une autre étape sera franchie avec ce que l'on appellera le rapport Gray. Cette fois, il ne s'agira pas d'une mesure douanière, comme la politique nationale destinée à protéger l'industrie canadienne, mais d'une barrière à dresser contre les capitaux américains qui s'emparent de tout.

Vers 1879, on a voulu permettre à l'industrie de se développer en toute sécurité ; en 1971, on voudra empêcher que les établissements existants ne passent entièrement aux capitaux américains. Il y a là une situation politique et économique bien différente. En 1879, on veut permettre aux Canadiens de produire. En 1971, un siècle plus tard, on tend à leur conserver la propriété d'entreprises qu'ils ne veulent ou ne peuvent pas garder, attirés par l'appât du gain ou craignant une concurrence

1. En 1877, John A. MacDonald est dans l'Opposition, à la suite du scandale du Pacifique Canadien. Il se rend compte que le temps est venu de protéger l'industrie naissante contre la concurrence américaine qui fait des ravages dans le marché, en procédant par voie de *dumping*. Les exportateurs américains baissent leurs prix et, malgré des droits de 15% en moyenne, ils s'installent solidement dans le marché canadien, en bousculant les fabricants qui ne peuvent résister. Un grand nombre d'entreprises disparaissent, ce qui laisse un goût amer dans l'Ontario et le Québec en particulier. Très fin, MacDonald sent que l'opinion est prête à l'appuyer. Il présente une résolution à la Chambre, qui se lit ainsi : « Le bien-être du Canada exige l'adoption d'une politique nationale, laquelle par un judicieux réajustement du tarif, favorisera et protégera les intérêts agricoles, miniers et autres du Canada. » Le gouvernement MacKenzie ne voit pas l'urgence de la situation. Il s'oppose au projet de résolution, mais il ne peut empêcher MacDonald de faire d'une protection douanière l'objet de la campagne électorale qui suit. Le parti conservateur revient au pouvoir et, en 1879, son chef fait voter une loi augmentant les droits, en moyenne de 17½ à 30%. Le résultat est presque immédiat. Voir à ce sujet *Réciprocité et protectionnisme. Histoire Populaire du Canada* de J. Castel Hopkins. Traduction de Benjamin Sulte, 1901.

2. Le budget de 1867 est de $11,000,000. En 1879, il atteint $18,000,000, $25,000,000 en 1885 et $38,000,000 en 1900. Les ressources du gouvernement fédéral sont encore faibles, mais sur les $38,000,000 dont on dispose, vingt-huit viennent des droits de douane. *Government Finance* dans *Historical Statistics of Canada*. Cambridge University Press, 1965, p. 198.

à laquelle il leur paraît impossible de faire face. Une fois de plus, l'État se trouve devant l'opposition de l'intérêt individuel et du bien collectif. Il hésite, il tergiverse, pris entre l'Ontario qui veut protéger ses gens et le Québec qui ne veut pas tarir une source d'investissements dont il a grand besoin.

En 1879, sir John A. MacDonald a fait accepter qu'on élève des barrières douanières devant les produits de la Grande-Bretagne en promettant de les abaisser pour ses exportateurs, ce qui est à l'origine de la préférence impériale [3]. Le *Colonial Office* a grogné d'abord malgré les explications données par le premier ministre du Canada et par le gouverneur général très au courant de la situation, puis il s'est incliné devant le fait accompli : autre exemple d'une grande sagesse politique [4].

---

3. Ce que John A. MacDonald avait trouvé pour dorer la pilule. Il savait qu'il aurait quelque difficulté à faire accepter son projet. Aussi se rend-il lui-même à Londres en se faisant précéder d'une lettre adressée à Disraeli par le gouverneur général. Celui-ci n'hésite pas à écrire : « Sir John A. MacDonald is perhaps the last Canadian Statesman who entirely looks to England and who may be believed to be devoted to imperial interests — notwithstanding the present tariff which is not in accordance with recent British doctrine ». Cité par Donald Creighton, dans *John A. MacDonald the Old Chieftain*, p. 267.

4. Voici comment le gouverneur général, le marquis de Lorne, explique la situation de l'industrie au Canada dans son livre intitulé *Imperial Federation* : « Moreover, they declared that, so perfect were the associations or « Rings » composed of American manufacturers, it was within the power of the Association to « slaughter » any similar establishment on the north of the International boundary line. This phrase must be explained, for it is or may be incomprehensible to an English ear. It meant that as soon as any factory was built and had begun to supply the Canadian market with its goods, Canada's acute neighbours to the south combined to offer any similar goods made by themselves at a less price than that hitherto asked by any firm. The lowering of the price rendered the Canadian manufacturer's calculations of profit futile, and he had to close his business being unable to supply the public so cheaply. As soon as the result desired by the American « Ring » in the closing of their northern rival's establishment had been effected, the Association raised the price of their articles to the former level. Even Great Britain, it was pointed out, did not commence Free Trade until her manufacturers were established. It is true, it was argued, that the United States form a large portion of the world ; but Canada also is so large, and the natural increase among the people is so great, that she may fairly hope to make proportionately good progress. A larger revenue can easily be procured without inflicting hardship, and without appreciably raising taxation. She will be enabled to push such great works as the railway to the Pacific ; and will possess the means for deepening the great water-ways like the St. Lawrence. »

* * *

Que devient la province de Québec dans cette grande aventure de la fin du XIXe siècle ? C'est le même pays ; à l'est ce sont les mêmes culs-terreux qui s'obstinent à parler français. Ils sont cantonnés dans une immense région où tout est dur : sol, climat, conditions de vie. Presque tout y est à faire par des gens qui se convainquent d'une vocation agricole sans faire l'effort nécessaire, face à d'autres qui ont pour eux soit l'immensité ou la qualité du sol, soit l'effort individuel tourné vers le progrès matériel dans l'immédiat. Ils sont dans une province qui, politiquement, s'est organisée depuis qu'autour de Pierre-J.-O. Chauveau, des équipes se sont formées [5]. La population autochtone a une vie propre, même si son destin se joue de l'autre côté de l'Outaouais, à Ottawa, lieu que Victoria Regina a choisi comme capitale malgré les avis de presque tout le monde, sauf de sir Edmund Head [6]. Elle l'a écouté parce qu'il a vécu au Canada et parce qu'elle veut, elle aussi, isoler ces deux éléments qui s'opposent et dont l'un, il y a quelques années, est allé jusqu'à piller et brûler le Parlement à Montréal, comme dans les pays russes on a brûlé et pillé les maisons juives au cours des progroms. La reine veut que l'on parte à neuf. Le lieu est isolé. Le chemin de fer est loin et les communications sont difficiles. Qu'à cela ne tienne, on les améliorera rapidement. Le vicomte Monck, gouverneur général du Canada ne partage pas cet optimisme. Il écrit en effet, en 1866, au Secrétaire des colonies : « Il semble insensé de situer la capitale de ce grand pays à l'écart des centres de civilisation, de culture et de commerce de cette province, à un endroit qui ne pourra jamais

---

5. Dès 1867, Pierre-J.-O. Chauveau est premier ministre de la province de Québec. Il a une équipe. Dès lors, le parti existera avec ses cadres et ses structures.

6. Sir Edmund Walker Head a été gouverneur général du Canada-Uni de 1854 à 1861. Homme très cultivé, auteur de plusieurs ouvrages dont un essai sur les mots *shall and will*, ces chausse-trapes de la langue anglaise. Gouverneur de ce Canada-Uni si difficile à diriger, il renonça à son poste après sept ans. C'est auprès de lui que la Reine Victoria s'informa avant de trancher le problème épineux de la capitale. *The MacMillan Dictionary of Canadian Biography*, 1963, p. 308.
En conseillant la Reine, sir Edmund Head savait ce qu'il faisait. Il heurterait bien des gens. Malgré cela, il déclarait « sans ambages à Sa Majesté que le choix de la petite ville d'exploitation forestière était celui qui offenserait le moins le Haut et le Bas-Canada ». C'est un compromis auquel on s'est plié d'abord en grognant, puis en s'adaptant. *Le Palais du Parlement Canadien*, 1967.

prendre de l'importance. Ma conviction profonde malgré l'ampleur des dépenses engagées ici au titre des édifices publics, c'est que, dans quatre ans, Ottawa ne sera pas encore la capitale. » Ce en quoi il se trompait.

C'est au parlement que les députés se rencontrent : quatre-vingt-deux pour l'Ontario, plus ceux des autres provinces anglophones : dix-neuf pour la Nouvelle-Écosse, quinze pour le Nouveau-Brunswick, et soixante-cinq pour le Québec. Il y a là un état d'infériorité, dont on pourrait tirer un avantage si l'on savait mieux ce qu'on voulait. En se groupant, on obtiendrait autre chose que des quais poussant comme des champignons ici et là le long du fleuve. Pour cela, il faudrait avoir un programme cohérent et le suivre : chose qui ne se fait guère. Rapidement, toutefois, on constate que, pour jouer un rôle, les francophones devront louvoyer à moins de former un noyau dans le parti au pouvoir. C'est ainsi qu'ils passeront de l'un à l'autre, des conservateurs aux libéraux et des libéraux aux conservateurs suivant les années, les équipes et les événements. Et tant bien que mal, ils tireront leur épingle du jeu. Le premier qui les attire et les mène c'est John A. MacDonald, intelligent, souple, tenace. À travers vents et marées, scandales et reprises électorales, il dirige sa barque habilement. Puis, Wilfrid Laurier, l'un des leurs, lui succède à la fin du siècle. Il oriente son parti carrément vers l'Angleterre. Il supprime les velléités de rapprochement qu'avaient eues avant lui les libéraux opposés à la Confédération et favorables à l'établissement de liens plus serrés avec les États-Unis [7]. Par la suite, toute la politique extérieure et intérieure du Canada sera orientée ou ballottée de l'un à l'autre des deux pôles d'attraction, sans qu'on songe, semble-t-il, à tirer le maximum de l'opposition des deux ; jeu dangereux mais qui, joué par des hommes d'État aussi forts que les Britanniques, aurait pu être fructueux.

---

7. Les libéraux engagèrent une longue bataille avant la Confédération pour empêcher sa réalisation. Ils gardèrent longtemps un penchant pour les voisins du Sud. Ils sont même favorables à l'annexion à cause des Canadiens qui s'y trouvent déjà, jusqu'au moment où Wilfrid Laurier opte carrément pour l'Angleterre dans son programme de 1877. *Le Québec et les États-Unis, 1867-1937*, par Gustave Lanctôt, dans *Les Canadiens français et leurs Voisins du Sud*. Éditions Bernard Valiquette, 1941.
La guerre des Boërs permettra à Wilfrid Laurier de donner une première manifestation officielle de ses sentiments pro-anglais. Aussi, dès 1897 devient-il K.C.M.G., ce qui lui donne droit au titre de *sir*.

En 1896, comme le *Pipe piper,* Laurier entraîne une foule, qui lui apporte les plus solides appuis jusqu'au moment où rien ne va plus. Cela se produira longtemps plus tard quand ses partisans anglophones le lâcheront et quand, de leur côté, les nationalistes du Québec lui auront tourné le dos sous la houlette de Henri Bourassa. Mais cela est une autre époque et une autre histoire.

Pour l'instant, Québec est une grande province qui s'étend jusqu'à l'Atlantique parce que les juges du Conseil privé de Sa Majesté très chrétienne ne l'ont pas encore privée officiellement de cette large bande de terre qui va du détroit de Belle-Isle vers le nord et qui comprend les chutes du Labrador : source de l'amputation à laquelle, à Londres, des juges majestueux et vêtus somptueusement se livreront un jour qu'imprudemment le premier ministre du Québec leur aura fait soumettre le droit de propriété du sol. Dans leur sagesse, ils attribueront à Terre-Neuve tout le territoire correspondant à la ligne de démarcation des eaux. Jugement politique ? Peut-être pas, mais définitif puisque, à cette époque, le comité judiciaire du Conseil privé est l'autorité suprême en matière constitutionnelle ou juridique [8]. C'était un des derniers vestiges de la domination britannique qui disparaîtra petit à petit après deux participations de l'armée canadienne aux querelles de l'Europe. Si celles-ci entraînèrent la chute de maintes têtes couronnées et de plusieurs dictatures, commencées dans l'éclat et terminées dans la misère la plus profonde, elles faillirent jeter à bas le régime canadien, par voie de conséquence. Mais cela également est une autre histoire.

*   *   *

1870-1900 est une période extrêmement intéressante dans l'histoire du Bas-Canada devenu la province de Québec, à la faveur de la Confédération. Que de problèmes se posent alors et comme sont faibles les moyens d'y faire face ! Ottawa reconnaît

---

8. Dans un livre bien documenté sur le *Labrador à l'heure de la contestation,* Madame Luce Patenaude reprend toute la question du Labrador, après avoir posé ainsi la question de la contestation : « Maintes fois, l'on a mis en doute la possibilité actuelle d'une contestation en droit. Pour répondre à ces points d'interrogation, après avoir dressé un relevé chronologique des faits en vue de situer historiquement le problème, nous tenterons d'analyser la position du Québec, en 1927 et en 1971, concernant le recours au Comité Judiciaire du Conseil Privé. » Les Presses de l'Université de Montréal, 1972, p. VIII.

l'autorité de la province dans certains domaines, prévus dans le Pacte de 1867. Mais Québec n'a à peu près aucune ressource pour l'exercer. Ainsi, son budget qui est de $1,386,837 en 1867, n'atteint que $1,651,000 en 1870, $3,457,000 en 1890 et $4,563,000 en 1900. Tout ce que le gouvernement central accorde c'est $900,000 en 1870 et $1,000,000 en 1900 [9]. Or, c'est lui qui détient les sources principales de revenu en vertu de la Constitution dans un milieu où l'on n'a pas encore appris à taxer.

Que peut-on faire avec si peu quand on a des routes à construire, la santé publique à surveiller, l'instruction à donner, la justice à rendre ? Bien peu assurément. Aussi les gouvernements se succèdent-ils sans accomplir grand-chose pendant toute cette période où l'économie est bouillonnante, car on n'a pas encore appris à tirer sinon le maximum d'un capitalisme triomphant, du moins le nécessaire. Seule la ville de Montréal profite vraiment du moment parce qu'à la faveur de la politique nationale, l'industrie y attire une population croissante. La ville est devenue la plaque tournante de l'est du pays ; les chemins de fer y ont leur terminus et, depuis longtemps, le port est le centre du commerce maritime tant que l'hiver n'a pas transformé la voie royale du Saint-Laurent en un pont de glace. Québec est sur son rocher et grimace un peu devant pareil essor et devant ces bateaux qui passent sans s'arrêter comme autrefois [10], quand les grands radeaux amenaient le bois du Richelieu, de l'Ottawa et du haut Saint-Laurent, et quand une industrie de la construction maritime permettait à la ville de faire vivre une population, devenue partiellement inactive depuis. La ville et la région profitent elles-mêmes du régime douanier. Mais pas au même degré que Montréal.

---

9. Il faut dire qu'il n'est pas très argenté lui-même, puisque son budget est, aux mêmes moments, de onze, de trente et de trente-huit millions de dollars. *Historical Statistics of Canada,* p. 198.

10. Pendant longtemps, Québec a été un port très actif, tant que le transport du bois vers l'Europe s'est fait sur une grande échelle. Il y a dans *Forestiers et Voyageurs* de Joseph-Charles Taché, des pages assez colorées sur les chantiers et les hommes-de-cages, qui accompagnaient les cribes, les drames et les cages dans leur descente vers le port de Québec, où le bois était chargé sur des bateaux venus d'un peu partout. À la fin du siècle, les choses ont changé d'aspect: le bois ne vient plus en billes ou en billots. Il est scié par les innombrables scieries qui parsèment le pays et il est dirigé en bonne partie vers les États-Unis. Il y aura encore longtemps à Québec ceux que l'on appelle les *Lumber Barons.* Voir à ce sujet *Histoire économique de la province de Québec,* par Jean Hamelin et Yvon Roby, p. 217.

* * *

Politique de chemins de fer, de canaux, de transports rou-
tiers, d'instruction, de chômage (déjà infructueuse), d'émigration,
de production industrielle et de concurrence contre l'Américain,
voilà les principaux problèmes auxquels l'on doit faire face dans
tout le pays à cette époque. Dans la province de Québec, la
population se détache petit à petit du sol, de son curé, de sa
paroisse où l'on fait peu pour la retenir. Ce sont les fils de ces
gens qui ont traversé les crises depuis trois quarts de siècle, mais
ils n'ont pas la même résignation que leurs pères. Et il y a
les jeunes qui veulent préparer leur avenir. Ils partent en
masse parfois sous la direction de leurs prêtres ; ils vont un
peu partout, à la ville, dans certaines régions nouvelles qui
s'ouvrent, comme celles du Saguenay, des Cantons de l'Est ou
de l'Ouest du pays, mais surtout aux États-Unis, dans les états
de la Nouvelle-Angleterre ou dans ceux du Centre-Ouest.

On trouvera ici un aperçu de cette migration vers les villes
et à l'étranger, de ce qu'on fait ou ne fait pas pour essayer de
retenir les gens. Ce n'est pas une héroïque saga, mais le rappel
d'une terrible saignée qui dure tant que le pays ne sait s'organiser pour retenir ses enfants miséreux et migrateurs. Dans une
enquête menée par le gouvernement fédéral vers 1888 [11], on
pose la question suivante à un entrepreneur menuisier : « Comment se fait-il que vous ne formiez presque plus d'apprentis ? »
« Dès qu'ils savent se servir d'une scie et tenir un marteau, ils
partent aux États-Unis », répond le témoin. La situation est la
même dans presque tous les domaines. À peu près seuls restent
les vieux ou les tout jeunes que retient la famille quand elle
n'émigre pas en masse [12]. Ils reviendront, disent certains, car
nulle part trouve-t-on une population aussi bien adaptée à la
production industrielle, aussi docile et donnant aussi peu de
soucis à ses patrons. C'est ainsi que s'exprime l'auteur d'un essai

---

11. Commission Royale : Enquête sur les rapports qui existent entre
le capital et le travail au Canada. 1888-1889.

12. « Les plus fortunés allaient prendre des terres nouvelles dans les
prairies de l'Illinois, de l'Ohio ou du Minnessota ; la jeunesse vigoureuse
allait travailler dans les forêts et les scieries du Maine, du Michigan et du
Wisconsin ; les pères de famille les moins fortunés venaient demander du
pain aux manufacturiers de New-York et de la Nouvelle-Angleterre », note
Thomas Saint-Pierre, dans les *Origines de l'Immigration. Annales de la
Société Saint-Jean-Baptiste de Québec*, IV, 1903, p. 442. Cité par Jean
Hamelin et Yves Roby.

sur la situation économique en 1856 [13], moment où l'on inaugure le *Grand-Tronc* [14]. Vœu qui s'avère pieux car si certains rentrent au pays, la plupart restent en Nouvelle-Angleterre où ils fournissent à l'industrie textile une main-d'œuvre docile, comme le dit l'auteur du texte, tant qu'elle ne sera pas prise en main par des syndicats ouvriers dynamiques et imbus des droits de l'ouvrier, face à un patron encore tout-puissant.

* * *

L'exode est terrible durant ce XIXe siècle finissant. On ne sait pas exactement combien de gens quittent le sol inhospitalier qui ne peut les nourrir ou dont ses habitants ne veulent plus, attirés par les salaires fixes de la ville ou par les usines d'outre-frontière. Ils y vivent assez misérablement car ils sont mal logés et payés, mais ils sont attirés par les lumières de la ville, son confort relatif et une certaine aisance, si on la compare à ce qu'ils ont laissé derrière eux.

En 1890, on estime que 800,000 Canadiens sont ainsi allés vivre aux États-Unis. Ils ne sont pas tous du Québec. D'Ontario, l'émigration des autochtones est forte également [15]. Il y a aussi les immigrants qu'on a fait venir à grands frais et qui franchissent une frontière grande ouverte. Un certain nombre vont dans l'ouest peupler les espaces immenses qu'on met à leur disposition, mais les autres s'arrêtent à peine dans l'Ontario ou dans les plaines de l'Ouest.

---

13. Sketch prepared for the Celebration of the Opening of the Grand Trunk Railway of Canada. Montréal, John Lovell, 1856.

14. *Chemin de Fer du Grand Tronc* ou *Grand Trunk Railway System*, qui date de 1852, moment où il reçut sa charte. La première étape fut Montréal-Toronto en 1856, puis Toronto-Sarnia en 1859 et Montréal-Rivière-du-Loup en 1860. Successivement à travers les années, il grandit soit par ses propres initiatives, soit par la fusion avec d'autres lignes existantes, dans un effort tendant à en faire un circuit complet qui desservira le Haut et le Bas-Canada et reliera l'océan Atlantique à Montréal par Portland, puis par le truchement de l'Intercolonial, à partir de 1876, via Halifax en Nouvelle-Écosse et Saint-Jean au Nouveau-Brunswick. La ligne fut rendue possible à la suite d'une double collaboration du gouvernement fédéral avec des octrois divers, et de la Cité de Londres, qui apportèrent au chemin de fer les ressources nécessaires. C'est au siècle suivant que fut réalisée la fusion de ses lignes et d'autres pour former les Chemins de Fer Nationaux, entreprise d'état opposée au Pacifique-Canadien laissé à l'initiative privée.

15. Ce que l'on ne sait pas généralement.

Huit cent mille âmes, c'est une terrible saignée pour un petit peuple. À lui seul, le Québec en a perdu quelque cinq cent mille, peut-être six cent [16]. À cause d'une prodigieuse natalité, il continue cependant à croître dans cette réserve qu'on lui a attribuée sans l'y cantonner, comme on l'a fait pour les Indiens, ces éternels mineurs. Un article du projet de pacte en 1864 confiait au gouvernement central les bateaux transbordeurs, les Indiens et l'assurance : les deux premiers lui sont restés, tandis que la juridiction sur le troisième restait indivisée, avec le résultat que l'on sait à la suite de compromis multiples [17].

* * *

Voici des chiffres sur la croissance de la population malgré l'exode vers le sud [18]. Ils serviront de jalons pour fixer quelques idées, comme on accroche un vêtement à une patère :

	1851	1871	1901
Population totale	890,261	1,191,516	1,648,898
Population rurale	80%	77.2%	60.3%

Revanche des berceaux, a écrit plus tard le professeur Édouard Montpetit. C'est en effet l'extraordinaire natalité qui, à ce moment-là, comble les vides. Malgré cela, quelle est terrible cette migration qui enlève aux campagnes et au pays une forte partie de leurs gens !

Le coup de barre vers la ville est aussi très net [19]. Durant la période d'évolution et de migration, Montréal et Québec pren-

16.   De 1881 à 1901, « plus de 600,000 Canadiens de naissance immigrèrent outre-frontière et en 1891, environ 1/5e des Canadiens de naissance demeuraient aux États-Unis ». Rapport de la *Commission Royale sur les Relations entre le Dominion et les provinces,* 1940. Vol. 1, p. 56. Cité par Albert Faucher.
   Il est très difficile, cependant, de préciser l'exacte importance du mouvement d'émigration des Canadiens français vers les États-Unis. Dans *Idéologie au Canada-Français, 1850-1860,* Jean Hamelin et Yves Roby mentionnent le chiffre de 500,000, p. 20. D'autres vont jusqu'à 800,000 ou 1,000,000, chiffres exagérés sans doute.
   17.   Chose assez amusante à noter, celui qui présente la résolution, Oliver Moffatt, fut celui-là même qui, vers 1875, devait utiliser contre le gouvernement fédéral l'amputation de sa motion en faisant reconnaître par la Chambre de l'Ontario son droit de légiférer en matière d'assurance.
   18.   Page 14. *Idéologies au Canada-Français, 1850-1900,* par Jean Hamelin et Yves Roby, et *Historical Statistics of Canada,* p. 14.
   19.   La population y est attirée par ce qui lui semble bien attrayant ou, encore, y est poussée par une misère extrême. Dans les villes où les émigrés se rendent, ils n'évitent pas la misère, mais elle est moins grande que sur des terres difficilement exploitables.

nent de l'importance, en effet. Loin d'être un tonneau des Da-
naïdes, les deux villes ne se vident pas, même s'il y a d'amples
fissures dans leurs parois. À titre d'exemple, voici la population
de 1851 à 1901 :

	1851	1871	1901
Montréal	57,715	107,225	267,730
Québec	42,052	59,699	68,840 [20]

En trente ans, Montréal est devenue sinon une grande ville,
du moins la ville principale du Canada, avec une poussée très
forte hors des murs, vers l'est et l'ouest, même si son port et
ses réseaux ferroviaires sont encore le centre de l'activité économique. Québec traîne derrière : petit centre urbain où habite
une société aimable, cultivée, peu pressée, qui s'éveille chaque
année aux intrigues de la politique et qui vit d'elle et en elle.
Elle a connu Chapleau, tribun conseillé par Alexandre Lacoste,
Louis-Adélard Senécal et Arthur Dansereau ; puis Marchand,
puis de Boucherville, puis Honoré Mercier et que d'autres. Ils
sont parfois le centre d'une grande bagarre ; ils saluent, font
un petit tour sur la scène et tiennent leur rôle dans la comédie
ou le drame qui se joue sur la colline parlementaire ; puis ils
disparaissent sans avoir accompli autant qu'on l'aurait souhaité,
faute de moyens et d'une compréhension véritable du problème
économique. Honoré Mercier est l'exception. Il est intelligent et
pourvoyeur d'idées à une époque où la Chambre en a bien peu.

Les chefs font de la politique comme on la pratique à l'époque. Ils sont grands fournisseurs de places mal rémunérées ou
de minces prébendes ; ils font ce qu'ils peuvent avec les ressources de la province que le gouvernement fédéral augmente
lentement. Ils pourraient faire davantage s'ils le voulaient ou
s'ils avaient l'audace de taxer. Ils ont appris la tactique électorale, mais ils ont peur de la foule paysanne et ouvrière qui constitue l'électorat et qui n'aime pas les *taxeux*. Pour la plupart,
les chefs ne sont pas préparés à remplir des fonctions d'hommes
de gouvernement. Et comme est faible cette cohorte de serviteurs publics qui les entoure. Il faut voir d'ailleurs comment
on les choisit. Dans son *Testament de mon Enfance,* Robert de
Roquebrune raconte comment son père, homme distingué, aimable, devint secrétaire particulier du premier ministre de Boucherville : fonction mondaine qui consistait à aider le patron à bien
recevoir et à éloigner les importuns. les quémandeurs qui étaient

---

20. *Recensement du Canada,* 1901. Vol. III, p. 329.

légion [21]. Comme on est loin des technocrates du siècle suivant, dont on dira qu'ils sont sans entrailles. Ce sont eux qu'il aurait fallu à une époque où tout était à faire.

Lentement, on voit où l'on veut aller, mais on n'y va pas bien vite. On est encore à l'époque où, maladroitement, l'administration provinciale tire peu de choses de la coupe du bois faite par ceux qu'on appelle les *Lumber Barons,* tout-puissants. De son côté, le gouvernement fédéral accorde aux provinces une petite partie de ses revenus, comme autant de cadeaux d'un gouvernement magnanime. Sir John A. MacDonald, a noté un de ses biographes, donne bien peu d'importance à ces gouvernements provinciaux qu'il assimile tout au plus à un conseil municipal relevant de lui [22]. L'esprit, né du pacte de 1867, est tel que le gouvernement central se garde le droit d'annuler toute loi provinciale qu'il juge contraire à la Constitution. Jusqu'en 1943, il exercera ce droit à certains moments ; ce que l'on ignore. Depuis, la prérogative est tombée en désuétude, même si la Constitution la permet encore.

*   *   *

Le gouvernement central fait sa politique par-dessus les gouvernements territoriaux asservis ou traînant de l'aile. Il se préoccupe davantage de ces gens qui, à Montréal ou à Toronto, savent ce qu'ils veulent et font en sorte qu'on les écoute. Le groupe du Board of Trade est à ce propos bien efficace. Le gouvernement s'occupe des ports, des chenaux, des canaux [23],

---

21.   Page 211 et suivantes dans *Testament de mon Enfance.* Chez Plon, Paris. Voici comment Robert de Roquebrune explique la nomination : « Un cousinage était un titre qui comptait dans les relations. Si Monsieur de Boucherville avait appelé près de lui son cousin, c'était pour obéir à ce respectable sentiment de la famille. À cette époque régnait encore au Canada ce népotisme qui avait fait jadis de la monarchie française et de l'église de vastes entreprises de parentés. Comme les rois qui nommaient leurs frères gouverneurs de provinces et les papes qui créaient leurs neveux cardinaux, les ministres canadiens s'entouraient volontiers de fonctionnaires dont le seul titre auprès du haut personnage était d'avoir un arrière-grand-père en commun ».

22.   Donald Creighton dans *John A. MacDonald, The Old Chieftain.* Centenary Edition. MacMillan Company of Canada.

23.   La brochure du *Montreal Board of Trade,* publiée à l'occasion du 150e anniversaire de sa fondation, est à cet égard bien intéressante. Elle contient plusieurs chapitres où l'on montre les interventions régulières et

des voies de transport, des communications, du commerce extérieur et intérieur, de la politique douanière. Et c'est ainsi que,
grâce en partie à un certain nombre de marchands ou d'entrepreneurs audacieux et tenaces dont George-Étienne Cartier se
fait l'interprète, Montréal prend de l'importance dans une province qui se développe lentement. Une exposition d'œuvres d'art
a permis, au siècle suivant, de rappeler le souvenir de quelques-
uns d'entre eux [24]. Il y a, par exemple, William Cornelius Van
Horne, Donald Smith et George Stephen devenus, avant la fin
du siècle, chevalier, baronet, baron ou membre de la Chambre
des Lords, à une époque où l'on permettait encore à la Couronne britannique de reconnaître les mérites de ses fils d'outre-
mer, en les faisant prendre place à la Chambre haute, avec un
titre héréditaire ou parmi la *gentry*. Il y avait là une toile d'araignée que l'on tissait patiemment dans les milieux du *Colonial
Office,* à Londres [25]. Smith, Stephen et Van Horne étaient les

---

persistantes du groupe qui constitue d'abord le *Committee of Trade,* puis le
Montréal Board of Trade.

Il ne faudrait pas oublier la Chambre de Commerce du District de
Montréal dont l'influence se manifeste dès 1887. Elle se préoccupe de la
situation des Canadiens français dans le milieu qui est le leur.

Dans un livre presque introuvable, *Histoire du commerce canadien-
français de 1535 à 1895,* paru en 1896, on trouve l'indication des problèmes
dont la Chambre se préoccupe : du havre, de la navigation, de l'éclairage
de la ville à son essor économique, de l'exposition de Paris de 1889 aux
problèmes économiques de la ville et du pays. Une résolution indique bien
les intentions de ses fondateurs : « Que cette Chambre fait appel au concours de tous les hommes d'affaires du district de Montréal, à quelque spé-
cialité qu'ils appartiennent, sans distinction de parti politique, afin de lui
permettre de traiter avec autorité toutes les questions se rattachant au commerce et à l'industrie et d'exercer auprès des autorités gouvernementales et
autres, l'influence nécessaire à leur solution favorable et immédiate », p. 81.

24. *Le Canada collectionne.* Catalogue du Musée des Beaux-Arts de
Montréal, dont l'auteur est Evan Turner. L'exposition porte sur un siècle,
de 1860 à 1960. Dans la première partie, on trouve de très nombreux exemples de ces collections d'œuvres d'art accumulées à travers une vie par ces
marchands, arrimeurs, constructeurs de chemins de fer, spécialistes de com-
merces divers, à qui la fortune était venue à un moment de leur carrière,
sans que l'État ne songe à en demander une part croissante. Ses besoins
étaient relativement faibles à une époque où l'on ne pensait pas encore
aux mesures sociales. La richesse des uns s'opposait bien cruellement à la
misère des autres sans qu'on s'en préoccupât.

25. Petit à petit, les personnages qui, au Canada, pouvaient être utiles
à la politique britannique, étaient faits *knights, baronets* ou membres de la
Chambre des Lords, suivant leur importance, les services rendus ou l'influence de leurs amis. Les deux premières décorations étaient strictement

grands ouvriers du chemin de fer commencé au milieu des récriminations et des clameurs et terminé après un dur labeur personnel. Il y avait aussi, au rendez-vous du Musée, sir Hugh Allan somptueusement logé à l'époque et collectionneur bien conseillé, spécialiste des transports maritimes, mais moins heureux dans les chemins de fer [26]. C'est lui que Chapleau avait remplacé à la

---

personnelles tandis que la dernière était héréditaire. Ainsi, Wilfrid Laurier est premier ministre en 1896. Dès l'année suivante, il devient K.C.M.G., ce qui lui donne immédiatement le droit de faire précéder son prénom du titre de *sir*.

C'est contre cette coutume que réagiront MacKenzie King et son gouvernement au siècle suivant. Ils s'opposeront en effet à ce qu'une décoration étrangère (sauf d'ordre militaire) soit accordée à un ressortissant canadien.

Dans l'intervalle, la coutume se répandit à ce point, pendant la période 1870 à 1900, qu'il paraît intéressant de résumer ainsi ce qu'étaient ces titres distribués aux Canadiens qui avaient bien mérité de la mère patrie, tout en étant des sujets fidèles et sûrs. Ils vont de John A. MacDonald à George-Étienne Cartier et de J.-Adolphe Chapleau à Louis-Amable Jetté.

Le titre de chevalier ou *knight* est le dernier dans l'échelle de la noblesse britannique, immédiatement après *baronet*. Il n'est pas héréditaire, mais il donne droit au titre de *sir* qui précède le prénom. On dit, par exemple, sir George-Étienne Cartier et de sa femme, lady Cartier. Le *baronet* est à l'échelon suivant. Au-dessus est le baron. Le sont de droit, les membres de la Chambre des Lords, dont le titre est héréditaire (les plus anciens) et personnel (les plus récents). On peut être *knight* et *baronet*. Ainsi, suivant l'exemple donné par le *Random House Dictionary*, on peut s'appeler sir John Smith, Bart. c'est-à-dire *baronet*.

On devient *knight* de diverses manières, par le truchement du souverain, qui distribue ses titres et décorations au début de l'année ou au cours d'une promotion spéciale : fête impériale où est reconnu le mérite des fils de l'Angleterre, indigène ou d'outre-mer.

Et c'est ainsi qu'en attribuant ces précieux hochets, judicieusement et régulièrement, l'Empire se faisait des amis comme on le recommande dans l'Évangile et, par leur truchement, des amis de leurs amis ; formule non sans mérite qu'irrespectueusement on qualifie ici de toile d'araignée tissée par le Colonial Office.

On avait trouvé d'autres méthodes non moins efficaces ; la première étant l'entrée dans le Conseil Privé de l'homme politique de haute classe. Ce fut le cas, par exemple, de John A. MacDonald quand les miasmes de 1873 furent dissipés et que l'homme d'état fut remis en selle.

26. 1810-1892. Né en Écosse, il vient au Canada en 1826. Il s'occupe très tôt de la construction de bateaux, puis de transport maritime. En 1852, il obtient avec ses associés le droit d'établir une ligne de bateaux à vapeur sur le Saint-Laurent, qui prit rapidement de l'importance. Il fonda la ligne Allan qui, longtemps, assura le service entre l'Angleterre et le Canada. Quand la question de la construction du chemin de fer vers l'ouest se posa, Hugh Allan obtint le contrat du gouvernement fédéral, mais le

direction du chemin de fer Québec-Ottawa-Occidental par son
ami Louis-Adélard Senécal. C'est lui aussi qui, voulant contruire
le Pacifique-Canadien, a alimenté un peu trop ouvertement la
caisse électorale de John A. MacDonald et de George-Étienne
Cartier. Ainsi, il a contribué à la chute du gouvernement au
milieu d'un grand tumulte car, si la participation des hommes
d'affaires aux frais de la politique était admise, il fallait éviter
d'en parler ouvertement [27]. Cela n'avait pas empêché Hugh Allan
d'être fait chevalier pour « les services rendus au commerce du
Canada ». Il est vrai que la reine en avait fait un de ses *knights*
avant que le scandale ne fût connu ou tout au moins avant qu'il
ne fût déclenché par celui qui, un peu plus tard, devait obtenir
avec ses amis le contrat de construction de la voie de l'ouest [28].
Par ailleurs, sir Hugh Allan était un armateur valable et un
collectionneur de classe. L'exposition du Musée nous le rappelle.
Pour compléter le tableau, parmi les grands noms de la bourgeoisie à la fin du siècle, il y a aussi les gens de la Banque de
Montréal, argentiers de l'entreprise montréalaise, de l'Ontario et,
plus tard, de l'Ouest dynamique, Richard Bladworth Angus (chemins de fer et matériel roulant), les Learmount, Elwood B. Hos-
mer et Robert Reford, dont le commerce maritime, sur la place
de Montréal, a gardé le nom et le souvenir, Peter Redpath,
marchand et philanthrope. Tous ces grands bourgeois vivent
somptueusement à Montréal [29], à une époque où l'impôt sur le

---

perdit à la suite du scandale que causa sa contribution au fonds électoral
du parti conservateur.

En 1871, il fut fait chevalier par la Reine Victoria pour les « services
rendus au commerce », ce qui ne l'empêcha pas de contribuer indirectement
à la chute du gouvernement MacDonald en 1873. The *MacMillan Dictionary of Canadian Biography,* 1963. Il y a, au Musée National d'Ottawa, une
bien belle toile de lui par le peintre Harris.

27. Une enquête fut instituée en Chambre sur l'accusation portée par
le député Huntington. Comme l'écrit Alfred D. De Celles dans *Cartier et
son Temps,* page 165, Beauchemin, 1925 : « Une foule de témoins furent
entendus et il ressortit de leurs déclarations qu'effectivement, Hugh Allan
avait versé entre les mains de l'organisation conservatrice, une forte somme
destinée à payer les frais d'élection, et que le contrat du Pacifique lui avait
été accordé. »

28. C'est Donald A. Smith (devenu par la suite Lord Strathcona) qui
fut chargé d'excuser le gouvernement au Parlement. Il déclara : « Messieurs, je ne puis excuser la conduite du gouvernement dans l'affaire du
Pacifique. » Cité par De Celles, *Ibid.,* p. 167. Par la suite, c'est à lui et à
ses amis que le contrat fut accordé.

29. De belles maisons sur la rue Sherbrooke et sur le boulevard Dorchester ont gardé leur souvenir tant qu'elles ne furent pas démolies pour
permettre l'élargissement de la voie ou à cause du poids que la taxe muni-

revenu n'existe pas encore. Ce sont les animateurs d'une ville et d'une province qui n'est plus celle que l'on a connue. Ce n'est plus la caste des barons de la fourrure, des grands importateurs ou des marchands du début du siècle, tel Joseph Masson ; ce n'est pas non plus celle des *Lumber Barons*. Ils sont financiers, industriels ou spécialistes du transport ferroviaire ou maritime. L'exposition rappelle que si leurs affaires les avaient enrichis, ils avaient presque tous le goût ou le snobisme de l'œuvre d'art à l'instar de leurs homologues américains. Ils collectionnaient la peinture hollandaise, les portraitistes anglais du XVIIIe siècle ou les peintres de l'école de Barbizon. Seul Van Horne [30], semble-t-il, s'intéressait aux impressionnistes. Dans sa collection, il y avait en effet des Degas et des Monet, à côté des Turner, des Guardi et des Goya : ce qui indique chez ce constructeur de chemins de fer un éclectisme inattendu.

Au rendez-vous du Musée, il y avait parmi les collectionneurs de la fin du siècle, un nom qu'il ne faudrait pas oublier, celui de L.-J. Forget, sénateur et agent de change [31]. Si on le mentionne

cipale représentait. Certaines subsistent comme la maison de George Stephen devenue le *Mount Stephen Club* ou celle du sénateur L.-J. Forget occupée par le *Services Club,* rue Sherbrooke. Celle de Van Horne fut démolie en 1973, victime des taxes municipales. Quelle pitié que sir William Van Horne, ses héritiers ou le Pacifique-Canadien n'aient pas fait le nécessaire pour assurer sa pérennité.

30. Pendant longtemps, sa maison de la rue Sherbrooke abrita ses collections. À la mort de sa fille Adéline en 1941, un grand nombre d'objets d'art revint au Musée de Montréal. Voici ce que le conservateur a écrit à ce sujet dans le *Catalogue Général du Musée* : « Le collectionneur montréalais le plus distingué — l'un des plus extraordinaires de notre siècle — fut sans contredit sir William Van Horne, aussi remarquable pour la sûreté de son goût que pour sa perspicacité dans le choix d'une collection infiniment riche et variée. Lorsqu'il mourut, en 1915, son étonnante collection contenait non seulement les artistes ordinaires chers à ses amis, mais aussi des peintres comme le Gréco, Cima da Conegliano, Tiepolo, Goya, ainsi que des impressionnistes et des post-impressionnistes. »

En léguant sa collection au Musée, sir William Van Horne n'alla pas jusqu'à ce que fit Henry Clay Frick à New-York. Celui-ci légua les toiles, mais tint à ce qu'on les gardât dans son hôtel particulier, en constituant un fonds permettant de laisser les œuvres d'art dans le cadre où il les avait placées. Qu'il est beau ce Musée Frick à New-York ! On a l'impression d'y être reçu comme un hôte de marque, dans un cadre somptueux.

31. Né à Terrebonne en 1853, L.-J. Forget est un homme d'affaires extrêmement intéressant. Il est avec son neveu Rodolphe, un des élèves les plus prestigieux de ce collège fondé à Terrebonne à l'aide d'un don fait par Madame Joseph Masson, à une époque où le Canada français avait un grand besoin de maisons d'enseignement. Venu à Montréal tôt, il partit d'un petit poste de commis de bureau chez Thomas Caverhill pour devenir l'un

ici, c'est à cause de son mérite, mais également parce qu'il était agent de change dans une économie qui se structure à la fin du siècle.

La réputation de L.-J. Forget n'a pas été consacrée par la reine dans une de ces fournées auxquelles elle se livre au moment de la Saint-Sylvestre. C'est sir John A. MacDonald qui l'a fait entrer au Sénat, où on avait besoin d'hommes d'affaires d'envergure, dans un lieu où pénétraient surtout des gens ayant rendu service au parti. Le sénateur Forget nous permet de rappeler qu'à la fin du siècle, il y avait à Montréal une fonction nouvelle, née de l'ouverture de la Bourse des valeurs mobilières en 1863 [32]. L'agent de change ne produit pas, il n'est pas l'homme qui échange des marchandises contre d'autres, qui exporte ou importe, qui fabrique en profitant de la politique nationale. Il est l'intermédiaire de ceux qui achètent ou vendent des titres, lesquels représentent des biens matériels, mais surtout une valeur immatérielle comme l'initiative de l'homme, la qualité de ses produits, la demande qu'il fait naître dans un public de plus en plus en mesure de les apprécier à un moment où l'économie, à un certain niveau, procure d'abondants revenus sans que l'État exige sa part.

À l'époque, la Bourse est un des rares endroits où l'on achète facilement à crédit. Et c'est cela qui donne aux opérations un caractère aléatoire, où le goût du jeu entre pour une part. L'opération boursière emprunte certains éléments au poker, mais on y joue à cartes ouvertes, même si l'audace sert ou dessert selon les jours. On a les données d'un jugement circonstancié, cependant, puisque l'on peut procéder par analyse et que cet élément d'étude ne doit pas être écarté si l'on veut faire un minimum d'erreurs. Souvent, un titre fluctue à la hausse ou à la baisse, selon les interventions des spéculateurs ou à la faveur de certains événements incontrôlables. Dans l'ensemble, la cote suit bien

---

des premiers et des plus influents agents de change de la place de Montréal. Il entra à la Bourse dès 1873, suivi par son neveu Rodolphe vers 1888. L'oncle était connu sous le nom de *King of the Street*. Dans son histoire de Montréal, parue en 1914, Atherton lui consacre une biographie assez élaborée pour montrer l'importance du rôle qu'il a joué. De son côté, Madame Francœur rappelle dans *Trente ans rue Saint-François-Xavier et ailleurs* paru aux Éditions Édouard Garand, Montréal, 1928, ce qu'étaient les bureaux des messieurs Forget rue Saint-François-Xavier.

32. C'est cette année-là qu'est fondée à Montréal la Bourse qui devait pendant longtemps être le centre des affaires au Canada, jusqu'au moment où elle fut distancée par la place de Toronto.

d'autres influences, dont la qualité de la direction et celle de l'entreprise, l'avenir escompté, la conjoncture ou les tendances du marché où l'entreprise gravite. Ce sont les éléments principaux d'une décision valable. Il y a aussi les interventions individuelles qui parfois jouent avec la cote comme le vent avec le roseau. À l'époque, rien n'empêche en effet les opérations qui permettent de coincer les imprudents et de donner aux plus forts un puissant instrument de contrôle. Souvent, ce sont les téméraires à l'autre bout de la ligne qui perdent tout, comme à la roulette, parce qu'ils ont joué *sur marge* et ne sont pas assez forts pour résister. Alors, ils sont *lavés,* comme on dit dans le jargon du métier. Que d'aléas subsistent à la fin du XIXe siècle dans cette Bourse où l'on joue si facilement. Dans les bureaux de certains agents de change à Montréal, que de gens passent qui se nourrissent d'espoir. Parmi les plus connus chez les francophones, il y a Lomer Gouin, L.-O. David, Rodolphe Lemieux, Wilfrid Laurier, F.-X. Saint-Charles, des commerçants, des juges, des avocats qui administrent l'École de droit. Ils supputent, hésitent, puis achètent pour leur École, des actions de la Banque de Montréal, note un témoin de l'époque [33]. Il y a aussi des industriels et des journalistes. Ils confient leurs économies à ces financiers qui les guident. Parfois aussi, ils préfèrent s'en tenir à leur instinct avec ce que cela peut présenter de risque, au lieu de se fier à des boursiers dont les conseils sont valables, comme les Forget, oncle et neveu. Autant l'un est prudent, solide, sérieux, autant l'autre est audacieux, dynamique et intelligent. Réunis, ils sont remarquables. Leur bureau est l'un des plus importants sur la place de Montréal, à la fin du siècle [34]. Ils sont au point de départ de fusions d'entreprises dans les transports urbains d'abord, puis maritimes, dans les textiles aussi, puis bientôt dans le gaz et l'électricité [35]. Il y a là un mouvement relativement récent dans un milieu économique qui prend de l'expansion. Il faut le noter, mais non comme un fait unique en

---

33. Madame Francœur dans *Trente ans rue Saint-François-Xavier et ailleurs,* p. 21.
34. *Ibid.* « La maison L.-J. Forget & Compagnie tenait alors la tête des affaires de bourse dans tout le Dominion et, en dehors des causes extérieures de premier plan, donnait le ton au marché », p. 8.
35. Dans sa relation des faits auxquels elle a assisté, Madame Francœur donne des chiffres intéressants sur la manière dont se fit la fusion des entreprises et la constitution du *Power* et du *Street* sous la triple férule de L.-J. Forget, de James Ross et de Rodolphe Forget. *Ibid., p.* 18 et suivantes.

Amérique car, aux États-Unis, il prend un essor énorme ; il est au point de départ de la fortune et de la puissance des Carnegie, des Rockefeller, des Vanderbilt, des Morgan et de tous ceux qui forgent les structures de l'économie américaine.

De grandes entreprises se développent ainsi au Canada, parce qu'on en réunit les éléments sous une même direction. C'est une caractéristique du siècle finissant [36]. À un moment donné, un groupe ramasse les actions, fusionne, unit des éléments isolés et, bientôt, on passe de l'entreprise moyenne à la grande société [37]. Phénomène relativement nouveau pour le lieu, les titres se vendent à la criée, comme cela s'était fait bien longtemps avant, rue Quincampoix à Paris, sous la régence, avec Law et ses entreprises d'Amérique. Londres procédait ainsi depuis longtemps comme aussi Paris et New-York. À Montréal, c'est un aspect plus récent de l'économie que ces opérations boursières dangereuses, mais alléchantes. Souvent, elles permettent de passer de la médiocrité à la richesse, selon les moments et les mouvements de la Bourse, soudains, inattendus parfois comme les changements d'humeur de certains êtres. À la fin du siècle, c'est en partie dans le bureau des Forget, rue Saint-François-Xavier à Montréal que se font ces jeux dangereux, subtils qui usent ceux qui s'y livrent comme une vie nocturne trop prolongée. Comme on les aime à une époque où rien n'empêche de se ruiner ou de s'enrichir en quelques jours ou en quelques semaines, à Montréal, à New-York ou à Détroit ! On réussit ou on se brûle les ailes, comme le papillon attiré par la flamme chaude de la lampe. Du jour au lendemain, on est millionnaire ou gueux selon que la cote monte ou dégringole. Ses fluctuations n'épargnent personne. Telle communauté religieuse de mérite séculaire n'y échappera pas le jour où, écoutant la voix des sirènes, ses nautoniers iront se jeter sur l'obstacle comme des gosses imprudents et irréfléchis. Alors, la communauté, riche et considérée jusque-là, devra faire pénitence jusqu'au moment où certaines de ses propriétés immobilières dont elle garde une partie, auront une valeur énorme avec l'expansion de la ville. D'autres, moins résistants ou moins bien appuyés, sombreront parce qu'ils n'auront pas écouté les conseils de prudence qu'on ne leur avait pas ménagés.

---

36. Aux États-Unis surtout, mais aussi au Canada.
37. Dans leur *Histoire Économique du Québec (1851-1896)*, Jean Hamelin et Yves Roby en donnent maints exemples aux pages 261 et suivantes.

La concentration des entreprises est à ce point rapide, à partir de 1891, que le gouvernement central prend peur et passe la première loi antitrust en 1897.

Pour comprendre ce qui se passe, il suffit de jeter un coup d'œil sur ces chiffres qui ont trait à l'entreprise à Montréal de 1881 à 1901 :

	1881	1891	1901
Nombre d'établissements	1,467	1,752	932
Montant du capital engagé	$32 millions	$51 millions	$57 millions

Si le nombre d'entreprises a considérablement diminué en vingt ans, le capital immobilisé a augmenté sous l'effet d'un mouvement auquel participent les Forget, James Ross et Herbert Holt, en particulier. Collaborateur et élève du sénateur L.-J. Forget, Holt s'y emploiera aussi bien à la fin du siècle que pendant les années qui suivent le début de l'autre. On le retrouve vers 1930, tenant bien en main un nombre considérable d'entreprises, soit par ses propres moyens, soit par le truchement d'une grande compagnie d'assurance qui a orienté ses placements vers les actions des sociétés industrielles. À cause de cela, au moment de la crise de 1929, elle sera sur le point de couler à pic. Mais, dans l'intervalle, elle aura admirablement servi les intérêts d'un astucieux homme d'affaires qui, avec l'aide d'autres, a failli la ruiner. Elle est aussi une initiative du XIXe siècle. Fondée à Montréal en 1871, elle avait déjà atteint la maturité en 1900.

Ces entreprises nouvelles ne sont pas des tripots non plus que des *bucket shops,* comme il en existe à Montréal ou à Québec, où l'on tripatouille ou cache les renseignements fournis par le télégraphe naissant [38]. Ce sont des barques bien dirigées par des gens qui connaissent le danger d'une navigation désordonnée. Forget l'aîné et Forget le jeune en sont, même si le neveu a des audaces qui font frémir l'oncle au point qu'ils se séparent à un moment donné. Quelles carrières brillantes ils ont dans ce milieu du XIXe siècle finissant ! À un moment donné, l'oncle est président de la Bourse de Montréal, de la Montreal City Passenger Company, de la Richelieu and Ontario Navigation Company et il prépare la fusion de ce qui sera la Montreal Light, Heat and Power. Vice-président de Dominion Iron and Steel Company, il est aussi au conseil de la Canadian Pacific Railway Company.

---

38. Page 1098. *Enquête Royale sur les rapports qui existent entre le capital et le travail (1888-1889).*

Il est un autre type d'hommes d'affaires : le financier qui, dès la fin du XIXe siècle, joue un rôle dans le milieu économique du Canada. À sa mort, le *Montreal Star* lui rend hommage ainsi : « *In finance, Senator Forget was a true leader. He was one of the first men to loom large in high finance in Canada.* » Le financier, ce n'est pas le spécialiste de l'industrie ou du commerce. Il ne crée pas l'entreprise ; il ne la développe pas techniquement. Il lui apporte simplement les moyens d'assurer son essor. Et c'est par là qu'il est un type nouveau d'entrepreneur à la fin du siècle. À tel point qu'on ne peut l'oublier dans un milieu en voie de formation et qui évolue très vite, dès le moment où Londres libère ses colonies d'Amérique. En les groupant, on constitue un immense pays qui se développera quand les communications seront assurées à l'intérieur et avec l'extérieur, et quand on aura dressé aux frontières des barrières assez hautes pour que l'industrie travaille en toute sécurité.

* * *

Pour comprendre ce qui se passe dans le milieu économique de la province et comment cette riche bourgeoisie a pu exister, il faut se rappeler la poussée ferroviaire qui, au XIXe siècle, répondait à des impératifs politiques autant qu'économiques. On a construit d'abord vers Portland un chemin de fer qui va bientôt de Sarnia à l'Océan Atlantique en passant par Montréal [39]. Ainsi, la place n'est plus immobilisée tout l'hiver puisque le trafic pendant la période des glaces peut se diriger vers la mer. New-York en prend une forte partie, mais à Montréal, il reste suffisamment pour justifier les installations portuaires et le creusage du chenal

---

39. Dans *l'Annuaire du Canada* de 1929, on trouve une excellente esquisse historique des chemins de fer au Canada. Il faut lire aussi le plaidoyer vigoureux de George-Étienne Cartier à propos des chemins de fer. Écoutons-le dire : « Eh bien, résolvons-nous aussi d'avoir nos chemins de fer, pour les souder à ceux d'un peuple entreprenant, séparé de nous par une ligne imaginaire, par une ligne qui, hélas ! ne devient que trop visible, lorsque nous faisons contraster notre apathie et notre paresse, avec l'activité incessante, l'énergie fébrile et l'esprit d'entreprise de nos voisins. Les États-Unis peuvent servir d'exemple aux peuples d'Amérique et même à ceux d'Europe. En soixante ans, leur population s'est augmentée de 2,000,000 à 20,000,000 d'âmes, et ce peuple, qui n'avait aucune importance parmi les nations, s'est placé au premier rang par son énergie politique, commerciale et industrielle. Ce n'est pas le moment de signaler toutes les causes de sa grandeur, mais nous devons en noter quelques-unes en passant, et l'une de celles-là est la facilité des communications par les chemins de fer et les canaux. »

vers l'océan. Puis, le *Grand-Tronc* se constitue [40]. Il englobe la plupart des tronçons construits sans beaucoup d'ordre ou de prévision. Ainsi, le Haut et le Bas-Canada sont réunis. Politiquement, ce n'est pas assez. Il y a les anciennes colonies de l'Atlantique à qui on a promis une voie ferrée pour les relier aux provinces du centre. C'est l'Intercolonial qui doit aller d'Halifax à Montréal. Il est terminé en 1876 [41]. Le Grand-Tronc en héritera plus tard. Il y a aussi le chemin de fer entre Québec et Ottawa, que construira la province de Québec et qu'elle vendra au Pacifique-Canadien quand il deviendra trop lourd pour son budget [42].

Le grand projet, cependant, c'est celui que John A. Mac-Donald s'acharne à réaliser : le Pacifique-Canadien, terminé en 1885, et dont le futur Lord Strathcona, barbu et tenace, assurera la jonction le jour où on aura percé la haute barrière que constituent les montagnes Rocheuses. Alors, le réseau ferroviaire sera réalisé. Il servira aussi bien à des fins politiques qu'économiques, car il donnera accès aux plaines de l'ouest et il établira entre les provinces des liens essentiels. L'expansion au-delà de Winnipeg sera surtout l'œuvre du XXe siècle. Mais déjà l'impact sur l'Est du Canada se fait sentir. Il n'est presque plus possible d'y faire pousser du blé. Et c'est ainsi que l'économie des provinces devra s'adapter à des conditions nouvelles. Dans l'Est du pays, elle s'oriente vers la production industrielle même si la population reste en partie à la campagne. Ainsi, de 1871 à 1901, le pourcentage des ruraux au total passe de 77.2 à 60.3 ; ce qui s'explique par une migration irréductible.

---

40. Avec l'aide des capitaux anglais et du gouvernement canadien, qui donne divers octrois et garantit les emprunts à plusieurs reprises. Avec l'achèvement de l'Intercolonial en 1876, la dette publique atteint $100,000,000. C'est beaucoup pour une petite population habitant, il est vrai, un immense pays (*Canada un siècle : 1867-1967*, p. 206).

41. Il joint les deux villes dès 1876. C'est l'exécution de l'engagement pris, au moment de la Confédération, dans l'article 145 du Pacte. Le parlement avait convenu de commencer les travaux dans les six mois suivant l'entrée en vigueur de la Confédération. Il fallut neuf ans pour les terminer. *Ibid.*, p. 206.

42. Vers 1884, le Pacifique-Canadien se portera acquéreur d'abord de la ligne allant de Montréal à Ottawa. Plus tard, elle acquerra l'autre qui va de Saint-Martin à Québec et qui appartient au Chemin de fer du Nord, dirigé par Louis-Adélard Senécal.

Comme conséquence d'une politique nouvelle, l'augmentation de la production industrielle est forte. Pour qu'on en juge, voici une statistique des trois sources principales de l'économie de 1871 à 1901 :

Valeur des produits

	1871	*1901*
Pêcheries	$ 1,093,000	$ 2,174,000
Agriculture	$65,000,000	$ 86,327,158
Industrie	$77,205,182	$158,300,000

Tout cela se fait malgré les crises cycliques qui ébranlent l'édifice ou retardent l'essor de 1873 à 1879 d'abord, puis en 1884-87 et enfin, de 1893 à 1896, moments durs pour l'économie qui ralentit et s'accompagne de faillites. Aussi le chômage dans le secteur secondaire est-il sérieux dans ces moments-là et, particulièrement, dans l'industrie textile, le raffinage du sucre et la chaussure. Ainsi, pendant la crise de 1880-83, trois filatures ferment et « la raffinerie Redpath renvoie 450 de ses 500 employés » à Montréal, notent Jean Hamelin et Yves Roby.

Ces crises de croissance sont suivies de reprises, mais quelle misère elles causent, à une époque où les ouvriers n'ont pas d'assurance-chômage pour les aider à passer à travers les moments difficiles.

En trente ans, l'orientation de l'économie se précise. La production agricole augmente de 32 pour cent tandis que l'industrie fait plus que doubler ses ventes. Sans se vider, les campagnes ont perdu une bonne partie de leurs gens, tandis que l'industrie a tiré un parti immédiat de la protection douanière. Il est intéressant de voir dans quels domaines et dans quel ordre d'importance l'essor a lieu depuis le début de 1881 ; c'est-à-dire dès le moment où les effets de la politique nationale se font sentir avec des droits *ad valorem*. C'est la formule la plus judicieuse puisqu'elle varie avec la valeur des produits, au lieu de faire l'objet d'un droit fixe, quelle que soit la hausse des prix à l'intérieur.

Voici la valeur de la production industrielle au Québec de 1881 à 1901 : [43]

---

43. Chiffres extraits d'un tableau apparaissant en page 267 de l'*Histoire économique du Québec* de J. Hamelin et Yves Roby. Montréal, Fides, 1971.

	1881	1891	1901
Alimentation	$22,440,000	$34,700,000	$33,099,000
Cuir	$21,680,000	$18,900,000	$20,325,000
Vêtement	$10,040,000	$13,600,000	$16,542,000
Bois	$12,790,000	$18,500,000	$16,340,000
Fer et Acier	$ 4,210,000	$ 7,600,000	$12,842,000
Textiles	$ 2,400,000	$ 4,300,000	$12,352,000
Matériel de transport	$ 3,600,000	$ 9,900,000	$ 8,058,000
Tabac	$ 1,750,000	$ 3,600,000	$ 8,231,000
Pâtes et papier	$ 4,220,000	$ 7,600,000	$12,842,000

Derrière des barrières douanières assez élevées, l'industrie s'est développée, tout en profitant de la politique des transports, suivie par le gouvernement central. Les deux mesures ont apporté à la population le travail qu'elle est venue chercher à la ville. Oh ! la condition des ouvriers est pénible, comme le démontre l'enquête royale faite dans tout le Canada en 1888-89 [44]. Qu'on en juge par ces détails qui jettent un jour brutal sur la vie ouvrière à Montréal ou à Québec :

1) Dans certaines industries, on travaille de dix à onze heures par jour et six jours par semaine. Ailleurs, dans les périodes les plus occupées, les heures de travail peuvent être de douze à quatorze heures, avec des salaires allant de $0.75 à $1.35 par jour, moins les amendes pour les retards ou pour une production insuffisante. Les salaires augmentent bien lentement puisque, en 1901, un plombier gagne à Montréal $1.85 pour une journée de dix heures [45].

2) À Montréal, certains magasins ouvrent le matin à cinq heures et demie et le plus grand nombre, entre sept et huit. Rue

---

44. *Enquête royale sur les rapports qui existent entre le capital et le travail au Canada.*

45. Les syndicats ne sont pas encore parvenus à faire accepter des tarifs plus élevés. Le niveau est bas dans tout le Canada. Ainsi, le salaire moyen est de $1.39 par jour. En voici la statistique pour chacune des provinces en 1901 :

PROVINCES	Hommes	Femmes	Enfants
Colombie-Britannique	$2.12	$0.98	$0.67
Manitoba	$1.93	$0.92	$0.50
Nouveau-Brunswick	$1.22	$0.68	$0.43
Nouvelle-Écosse	$1.23	$0.60	$0.42
Ontario	$1.38	$0.72	$0.48
Île-du-Prince-Édouard	$0.99	$0.50	$0.40
Québec	$1.29	$0.66	$0.44
Les Territoires	$1.79	$1.24	$0.69

Page XIX. *Recensement du Canada de 1901.*

Sainte-Catherine et rue Saint-Laurent, ils ferment à sept heures le soir, mais certains restent ouverts jusqu'à onze heures (page 213). Or, il n'est pas permis au personnel de s'asseoir pendant ces longues heures, sauf si l'on est modiste ou tailleur (page 213).

3) Les femmes et les enfants travaillent de longues heures et sont encore plus mal payés [46]. Les enfants sont battus ou sont mis au cachot si on les juge insupportables (page 81). Ils sont également mis à l'amende fréquemment (pages 83 et 90). Un jour, on en oublie un dans la chaufferie pendant deux jours. On l'avait enfermé là parce qu'il avait été insupportable.

Dans le commerce de détail, au début, à l'âge de douze ans, les enfants gagnent de $1.50 à $2.00 par semaine.

Ils font également du travail de nuit. Ainsi, les garçons sont groupés en équipes, dans certains établissements, avec l'entente que « celui qui travaille de nuit une semaine est mis au travail de jour la semaine suivante. Quand arrive le samedi, son travail de nuit est fini pour toute une semaine », note un témoin (page 213).

4) Dans l'ensemble, les salaires sont très faibles. D'après le recensement de 1901, ils sont en moyenne, au Canada, de $1.36 pour les hommes, de $0.69 pour les femmes et de $0.46 pour les enfants, par jour [47].

5) Les femmes se défendent comme elles peuvent : elles sont presque toujours malades, note un autre témoin (page 213).

6) Chez les hommes, les heures de travail sont aussi très longues, abusives. Ainsi, un serre-frein déclare : « Quatre heures sur vingt-quatre était souvent tout le temps qu'on avait pour dormir. Si vous ne faisiez pas cela, vous ne faisiez rien », (page 662).

Par ailleurs, voici la condition du pompier à Montréal vers la fin du siècle : bon nombre d'entre eux sont mariés ; or, on ne les libère qu'environ quatre heures par semaine. Il est très rare qu'on leur accorde une nuit. Les pompiers sont censés être en

---

46. En voici un exemple. En 1901, le salaire moyen des hommes dans la province est de $1.29 par jour, celui des femmes de $0.66 et celui des enfants de $0.44. Comme on le voit, si les hommes sont les moins mal payés, les femmes reçoivent la moitié moins et les enfants un tiers environ. *Ibid.*

47. *Ibid.*, p. XIV.

service toute l'année. Seul le gardien de la caserne est mieux traité puisqu'il a un logement où il peut élever sa famille.

Au poste, le pompier dispose d'un lit, mais il doit fournir la literie et on ne lui paie pas les frais de blanchissage. Quant aux salaires, ils sont de 25 pour cent moindres qu'à Toronto et de 50 pour cent inférieurs à ceux de New-York et de Boston. Celui qui présente ces faits n'est pas un pompier renvoyé ou aigri. C'est John Beckingham, capitaine de la section du sauvetage. À noter qu'il témoigne en anglais car il n'est pas bilingue.

7) Et l'instruction chez les enfants ? Parmi ceux qui sont employés dans la fabrique de tabac de monsieur MacDonald, demande un commissaire, combien savent lire et écrire ? Je l'ignore, répond le témoin assermenté : « À peu près la seule question posée aux plus jeunes est celle de savoir s'ils ont fait leur première communion ; ils ne la font pas, je suppose, sans savoir lire ni écrire » (page 623).

8) Par ailleurs, en 1885, un projet d'acte des fabriques fixait l'âge minimum pour les enfants, à douze ans. À l'usine MacDonald, ils commençaient à sept heures du matin et finissaient à dix-huit heures : onze heures de travail par conséquent. On emploie ainsi deux cents enfants en 1888.

9) Si les salaires sont faibles, les loyers sont bas. Ainsi, en 1882, rue de Salaberry, ils varient de $24 à $120 par an. Par ailleurs, les logements sont insalubres : les fosses d'aisance étant tout près de la maison. L'on attribue à cela la mortalité élevée chez les enfants et les adultes, déclare le médecin-officier de santé de la ville (page 2), et il ajoute : « Je crois que la pauvreté de la classe ouvrière et le grand nombre d'enfants qu'ils ont sont probablement les deux causes qui jouent le plus grand rôle dans cette mortalité. »

Les prix sont bas également, mais ils subissent d'étonnantes fluctuations qui rendent difficiles la vie de ceux dont le revenu reste à peu près fixe. Ainsi, la douzaine d'œufs passe de 14 cents en 1878 à 24⅛ cents en 1881 et le beurre, qui est à 28 cents la livre en 1880 coûte 35 cents en 1885, à Montréal.

10) Un autre témoin ajoute au sujet de ses voisins : « J'ai à me plaindre des maisons voisines de la mienne. L'une d'elles est occupée par trois hommes, trois femmes, trois enfants et elle n'a que trois pièces » (page 94).

Quelle misère évoquent ces témoignages. On se croirait devant un récit de Dickens, de Zola ou de ceux qui, en Angleterre ou en France, ont exposé la condition ouvrière, un demi-siècle plus tôt. C'est le capitalisme triomphant, incontrôlé, qui a dicté à Karl Marx et à d'autres écrivains leurs pages les plus dures. Il faut lire ce texte presque centenaire pour comprendre la réaction des syndicats ouvriers et certaines de leurs attitudes extrêmes par la suite.

* * *

À Montréal, les salaires horaires sont donc très bas, plus bas encore qu'à Halifax et qu'à Toronto, dans des entreprises similaires. À titre d'exemple, voici une statistique de 1901 dans les trois villes [48] :

	Halifax	Montréal	Toronto
Menuisiers	.22	.175	.25
Électriciens	.15	.1667	.23
Plombiers	.2225	.185	.275
Manœuvres	.14	.15	.23

Il y a des syndicats ouvriers, qui ont l'arme et la tactique de la grève, mais dans l'ensemble leurs résultats justifient rarement la perte subie par leurs adhérents. Souvent, ils gagnent un peu ou cèdent s'ils sentent que le risque est trop grand. Il y a à ce sujet un bien curieux document sur les grèves dans la province de Québec au XIXe siècle : le répertoire dressé par trois historiens, Jean Hamelin, Paul Larocque et Jacques Rouillard [49]. Voici quelques exemples. En 1881, les ouvriers des ateliers du Grand-Tronc réclament une augmentation en invoquant qu'ils gagnent en moyenne $40 par mois. La compagnie demande le retour immédiat au travail, l'obtient, mais refuse de « réembaucher les meneurs les plus compromis » (page 65). Autre exemple, celui des ouvriers de Globe Woollen Mills à Montréal. De 1889 à 1890, le salaire est diminué de cinq cents à trois cents et demi le yard de tissu. Les ouvriers se mettent en grève, puis retournent inconditionnellement au travail, après une entrevue avec le gérant (page 104). Le répertoire analyse un très grand nombre d'autres conflits ouvriers qui ont lieu de 1843 à 1900. En voici un autre, les cordonniers-monteurs d'une entre-

---

48. *Historical Statistics of Canada*, 1964, p. 86.
49. *Répertoire des grèves dans la province de Québec au XIXe siècle.* Les Presses de l'École des Hautes Études Commerciales. Montréal.

prise refusent de former un certain nombre d'apprentis. Le patron les met tout simplement à la porte (page 68). Et l'on est en 1900. Et puis, deux autres. Dans trois fabriques de valises, les ouvriers demandent une hausse de 10 cents par jour. Le 23 juillet 1887, ils font la grève. Le 23 septembre, les grévistes retournent au travail dans l'une des fabriques. « Les patrons semblent avoir obtenu gain de cause. Le 28 septembre, le feu éclate chez l'un d'eux. Des rumeurs désignent les grévistes non réembauchés comme étant les auteurs de l'incendie ». Enfin, le dernier cas : en 1888, à Québec, un groupe de typographes demande un salaire minimum de $8.00 par semaine et la journée de neuf heures au lieu de dix. Ils quittent le travail, puis y reviennent quelques jours plus tard sans avoir obtenu rien d'autre que la formation d'une « autre association de typographes, dont les règlements ont été soumis aux autorités religieuses et que les typos s'engagent à ne pas modifier sans le consentement de celles-ci » (page 98).

Tout cela indique la puissance du patron, une force morale qui n'est pas toujours employée à bon escient et la faiblesse des syndicats à une époque où, sauf exception, ceux-ci ne possèdent pas les moyens d'action nécessaires pour obtenir qu'on reconnaisse les droits d'une humanité brimée.

*   *   *

Des castes se créent dans la ville de la fin du XIXe siècle. Il y a ceux qui travaillent et ceux qui font travailler.

À Montréal, la foule des gagne-petit est logée surtout du côté de l'est, dans le faubourg Québec, ainsi nommé sans doute parce qu'il est le quartier le plus à l'est de la ville. Pour les Irlandais et les Anglais miséreux, ils habitent du côté de Griffintown et de la Pointe Saint-Charles.

La classe ouvrière va vers l'est ou vers l'ouest, ou tout au moins ce qui est appelé ainsi dans une ville où on ignore la géographie. Elle est dans des quartiers que traversent les voies ferrées. On y crée un habitat que, longtemps plus tard, on présentera dans des romans durs ou mélancoliques, comme ceux de Gabrielle Roy ou dans les pièces de Gratien Gélinas. Plus tard encore, un autre écrivain populiste, Michel Tremblay, reprendra le même thème dans une langue informe, sorte de jargon qu'un jour quelqu'un appellera le *joual*. Par une curieuse déformation de l'esprit, on voudra en faire la langue des Canadiens français ou tout au moins l'idiome dans lequel le groupe retrouve sa gaieté naturelle, sa gouaille et son imagination. On essayera d'en faire une langue alors qu'on se trouve tout au plus devant un langage populaire, bien pauvre, presque incompréhensible, mais parfois très drôle. Il s'accompagne d'un accent rocailleux qui a oublié ce qui faisait le charme de la langue parlée d'autrefois. À la fin du XIXe siècle, cependant, on n'en est pas encore là.

Les autres, les nantis, ont quitté la rue Saint-Paul et la rue Notre-Dame à Montréal. Ils commencent l'escalade vers l'ouest et la montagne. La bourgeoisie francophone va plutôt vers la rue Saint-Denis, le square Viger et la rue Sherbrooke est. Au siècle suivant, elle déménagera à Outremont, à Westmount ou dans ce quartier qui avoisine l'avenue du Parc et, plus loin, la rue Sherbrooke.

À Québec, on quitte la Basse-Ville pour la ville haute où habitent la bourgeoisie, la magistrature et la politique, à l'intérieur des murs, puis au-delà dans cette Grande-Allée où se cantonnent les *gens bien,* qui cessent d'être presque uniquement anglophones par un rapide processus qui fera de Québec la ville la plus francophone d'Amérique.

*   *   *

Une question très grave se pose, celle de l'instruction et, par voie de conséquence, celle de la culture. La population du Québec est longtemps inculte ou analphabète, comme on dira plus tard. Au début du XIXe siècle, les gens instruits sont si peu nombreux que, dans les requêtes présentées au gouvernement anglais, il y a un nombre incroyable de croix. À tel point que, par ironie, dans les milieux où on ne partage pas l'opinion de ces braves gens tenaces, on appelle *Knights of the Cross* ceux qui demandent l'instruction (sans vouloir en payer le prix, il est vrai), aussi bien que la liberté politique. De troublants témoignages proviennent de certains cas particuliers. Si, par exemple, les parents d'Ignace Bourget à Lévis ne peuvent signer l'acte de baptême de leur fils appelé à être un des grands prélats du XIXe siècle, près de cent ans plus tard, le père du futur historien Lionel Groulx doit également mettre sa croix sur l'acte de naissance de son fils avant la signature du curé [50]. Lui aussi

---

50. Voir à ce sujet les *Mémoires du Chanoine Lionel Groulx.* Volume 1.

est analphabète. Et cependant, il habite à vingt-cinq milles de Montréal, près du village de Vaudreuil.

L'inscription aux écoles publiques augmente puisque, de 1870 à 1900, le nombre des élèves passe dans la province de 209,000 à 301,000, même si au total, le chiffre reste très inférieur à celui de l'Ontario [51]. À un autre niveau, dans le Québec, il y a les collèges classiques qui, sous la direction du clergé, forment l'élite. Mais les maîtres continuent leur œuvre sinon néfaste, du moins dangereuse pour le groupe. Ils orientent leurs élèves vers les carrières les moins productives, même si elles donnent un prestige certain. Seuls vont aux affaires les sujets les moins doués, les moins instruits ou ceux qu'on juge les moins prometteurs ; ce qui est lamentable et ce qui explique bien des faiblesses grégaires.

Un demi-siècle plus tôt, Étienne Parent avait indiqué avec insistance que l'avenir pour le groupe francophone était dans les affaires [52]. Mais on ne l'avait pas écouté, pas plus qu'on écoutera au siècle suivant Errol Bouchette dont l'œuvre aurait mérité plus qu'une attention distraite [53].

Parmi les francophones, certains ont percé ici et là et se sont fait une place au niveau moyen d'un milieu économique en gestation. À Montréal, il y a, entre autres, le groupe de la Banque du Peuple [54] jusqu'en 1894 et celui de la Banque Jacques-

---

51. *Historical Statistics of Canada*, p. 587. Il est vrai, cependant, que l'Ontario a 2,182,000 âmes et Québec 1,648,000, en 1901 (page 14).

52. Voici, par exemple, ce qu'il écrit en 1846 pour son auditoire de l'Institut Canadien, à Montréal : « Je viens vous supplier d'honorer l'industrie ; de l'honorer non plus de bouche mais par des actes et par une conduite tout opposée à celle que nous avons suivie jusqu'à présent, et qui explique l'état arriéré où notre race se trouve dans son propre pays. »

53. Errol Bouchette vit à Ottawa, s'il est né à Québec en 1863. Comme son père, Robert Shore Milnes, et son grand-père, Joseph, il écrit en français. Il est désolé de voir l'isolement des siens dans cet immense pays. Il leur montre la voie : celle des affaires. On ne l'écoute pas, pas plus qu'on ne l'a fait pour Étienne Parent et qu'on le fera pour Léon Gérin. Sa thèse est dans les titres de ses travaux : *Emparons-nous de l'industrie*, 1901, *l'Indépendance Économique du Canada français*, 1910, *Études sociales et Économiques sur le Canada*, 1905.

54. Dans la deuxième partie du siècle, les banques dans le Québec méritent une mention. Fondée en 1817, la Banque de Montréal a réussi. Elle est la grande autorité. Parmi les Canadiens français, certains se sont intéressés au commerce de l'argent et des prêts. Il semble si facile de fonder un établissement qui émet des billets de banque, prête, touche des intérêts, reçoit les dépôts. Le commerce de l'argent n'est pas aussi simple qu'on le croit, cependant. La Canadian Bankers' Association est reconnue

Cartier. Il y a aussi celui de la Banque d'Hochelaga. À leur conseil ou dans leur sillage, on trouve à la fin du siècle des marchands comme les Hudon (Firmin et Albert), les Chaput, Alfred Thibodeau, les Hébert, F.-X. Saint-Charles et Hormisdas Laporte qui gagnent beaucoup d'argent dans l'épicerie et l'alcool. Leur fortune ne durera guère, il est vrai, parce qu'elle est répartie entre des rejetons presque toujours trop nombreux ou inaptes à conserver l'acquis ou à le développer. Il y a des financiers comme L.-J. Forget et son neveu Rodolphe. Il y a des industriels comme J.-O. Gravel. À un moment donné, il est l'âme dirigeante d'un groupe d'entreprises qui compte la Canadian Rubber Co., la Canadian Linseed Oil Mills, la Société d'Administration générale, The Sincennes McNaughton Line, The Dominion Oil Cloth Co. et la Corona Rubber Co. Il y a les Rolland avec leur papeterie à Montréal et leur fabrique de papier à Saint-Jérôme, puis à Mont-Rolland. Louis Tourville est un autre

officiellement en 1900. Dans l'intervalle, les établissements de dépôt et de crédit se sont multipliés. En 1833, il y a eu la Banque du Peuple, fondée par Viger et Dewit, qu'on soupçonne d'avoir été créée en partie pour financer l'état nouveau, qu'on imagine sans y croire trop. Louis-Joseph Papineau demande à grands cris qu'on y dépose, plutôt qu'à la Banque de Montréal, sa bête noire. La Banque durera jusqu'en 1894. Il y a aussi la Banque Jacques-Cartier, qui sera reprise par la Banque Provinciale du Canada, en 1900. En 1853, la Banque Molson est lancée par le groupe, auquel elle cessera d'appartenir quand la Banque de Montréal l'englobera au siècle suivant, en vertu d'un processus de fusion imposé par la pression des affaires et un certain pessimisme d'une famille qui a appris à douter d'elle ou de sa puissance créatrice. En 1866, il y a la Union Bank à Québec. Elle résistera jusqu'au siècle suivant et sautera au milieu d'un scandale rapidement étouffé, mais qui permettra à son directeur d'échanger une existence coûteuse et confortable contre un séjour entre quatre murs aux frais de l'état. Avant la fin du siècle, il y aura d'ailleurs des faillites retentissantes, où le groupe francophone perdra pas mal d'espèces sonnantes et trébuchantes. Une fois de plus, on se rend compte que, s'il est facile de fonder un établissement bancaire, entre le Capitole et la Roche Tarpéienne, le saut est rapidement fait. C'est ce que constatent les actionnaires, directeurs, présidents et surtout les dépositaires des Banques de Saint-Jean, de Ville-Marie, de Saint-Hyacinthe, de Boucherville, de la Metropolitan Bank, de l'Exchange Bank of Canada et de la Stadacona Bank. Elles s'écroulent comme des châteaux de cartes, à un moment ou à un autre, au cours du XIXe siècle.

Si la Banque Nationale (1860) résiste à Québec, et la Banque d'Hochelaga (1873) à Montréal, c'est qu'elles ont des ressources plus grandes et probablement des hommes mieux préparés à un commerce dangereux, si on ne l'aborde pas avec la préparation et la prudence voulues. Devant l'hécatombe, entre 1874 et 1900, il n'y aura plus de nouvelles banques au Canada — les établissements existants ouvrant des succursales ou se renforcissant par une augmentation des dépôts et du capital.

exemple de réussite dans le bois et les scieries, dans le domaine où Louis-Adélard Senécal fera un fiasco d'assez grande envergure. Ce dernier est un autre exemple bien coloré de l'homme d'affaires canadien-français. Il passe des transports par eau aux chemins de fer, tout en faisant de la politique où il excelle par son astuce, son sens de l'intrigue et son extraordinaire dynamisme. À Québec, il y a Charles-William Carrier que la mort fauche à quarante-neuf ans mais qui, à un moment donné, a à Lévis une usine de matériels divers où il emploie 1,500 ouvriers. Tout s'écroule avec lui, toutefois. À Québec, il y a aussi Jean-Baptiste Laliberté, grand marchand de fourrures, Pierre Garneau qui a la maison Têtu, mais qui fonde la Compagnie de Navigation à Vapeur de Québec, la Compagnie des Tramways de Québec, le chemin de fer à lisses de Gosford et Zéphirin Paquet dont les établissements existent encore. À Saint-Hyacinthe, se trouvent les frères Casavant qui, déjà, construisent des orgues pour les églises d'Amérique et sont très en avance sur la technique courante.

Dans le groupe de la Banque d'Épargne[55], d'autres s'affirment à un niveau à peu près semblable et sous l'aile protectrice du haut clergé. À Québec, le groupe de la Banque Nationale[56] et celui de la Union Bank ont un certain prestige face à la Banque de Montréal qui, jusque-là, avait financé les affaires traitées dans la région. Ces banques avaient été créées pour briser le monopole exercé par la vieille dame de Montréal, pour grouper les épargnes des petites gens et leur donner un lieu d'asile à une époque où l'usure guettait le prêt individuel. Il est intéressant de voir comme certains clercs (dont Monseigneur Ignace Bourget)[57] s'en préoccupent. Il y a aussi des groupes

---

55. La Banque d'Épargne du District de Montréal a été lancée par un groupe qu'appuie Monseigneur Bourget.

56. La Banque Nationale remonte à 1860. À divers moments, son conseil groupera des hommes d'affaires très connus de la région. Comme Louis Bilodeau, marchand qui est aussi à la Société de Prêts et de Placements, François Kirouac qui est également de l'Union Saint-Joseph et administrateur du Chemin de Fer du Nord, Isidore Thibaudeau, marchand et premier président de la Banque et Jean-Baptiste Laliberté, marchand de fourrures qui fut président de la Banque Nationale et président de la Commission du Port de Québec. Pierre-Georges Roy dans *Petites Choses de notre Histoire*.

57. Du haut de la chaire, Monseigneur Ignace Bourget fustige ceux qui se livrent à l'usure. S'il intervient dans la fondation de la Banque d'Épargne et du District de Montréal, c'est pour faciliter l'accès de l'argent aux petites gens, qu'il voudrait protéger contre les taux usuraires qu'on leur demande.

nouveaux comme celui du Crédit Foncier franco-canadien, premier exemple d'une collaboration entre la France et le Canada qu'ont imaginée Chapleau, Würtele et Senécal. Il y a aussi les isolés qui montent parfois des affaires très intéressantes, mais dont la plupart tombent avec eux ou sont englobées. Il y a enfin les *Lumber Barons* [58], presque tous des anglophones ; chaque année, ils habitent Québec durant quelques mois, puis ils retournent en Angleterre. Certains ont reçu d'énormes concessions forestières qu'ils exploitent à fond, sans se préoccuper des vides qu'ils laissent derrière eux dans une forêt dévastée. Et on les laisse faire.

* * *

Dans la région de Montréal et dans celle de Québec, l'industrie prolifère à l'abri des droits de douane imposés à la frontière. Ainsi, de 1851 à 1896, la production du secteur secondaire passe de $2,000,000 à $153,000,000, malgré diverses crises cycliques [59]. Parmi les industries secondaires, on trouve à Montréal, à Québec ou dans les environs, des fabriques de portes et fenêtres, de boîtes et de malles, des tonnelleries, des fabriques de papier dont la production sera faible, il est vrai, tant qu'on n'aura pas empêché l'exportation du bois de pulpe. Il y a les usines de matériel de chemin de fer qui, à la Pointe-Saint-Charles, emploient 2,000 ouvriers en 1883, celles du raffinage du sucre et cette industrie textile qui fabrique d'excellentes cotonnades et des tissus de laine et de soie, mais dont on se prépare à faire l'intégration. Il y a également des fonderies, des usines de laminage de l'acier, des fabriques de fil de fer et de produits de l'acier ou du fer. Et puis, quelques cimenteries, des usines de produits alimentaires et une industrie du tabac prospère, mais

---

58. Dans leur *Histoire économique du Québec,* Jean Hamelin et Yves Roby (pages 210 et 211) mentionnent un tableau où sous le titre des *Barons du Bois,* en 1872, ils indiquent les concessions accordées à quelque vingt-trois *Lumber Barons.* Elles se totalisent à 30,843 milles carrés. On y trouve des noms connus comme les frères Price, James McLaren & Co. qui reçoivent respectivement 3,983 et 1,031 milles carrés. Parmi les vingt-trois, il y a trois maisons francophones, celles de Louis Robitaille (634 milles carrés), Édouard Vachon (888 milles carrés) et Girouard & Beaudet (1,235 milles carrés).

59. Jean Hamelin et Yves Roby. *Histoire économique du Québec :* 1851-1896, p. 262.
Les crises cycliques sont fréquentes : 1873-79, 1884-87, 1893-96. *Ibid.,* p. 335.

dure pour son personnel, comme l'enquête royale de 1888-89 le démontre.

Dans la dernière partie du XIXe siècle, l'économie passe de la production artisanale à la manufacture, d'importance plus ou moins grande [60]. C'est une situation assez semblable à celle que l'on connaît en Angleterre, aux États-Unis et en France à la même époque, sauf que l'importance des entreprises y est bien différente. On y constate les mêmes abus incontrôlés et les mêmes avantages pour ceux qui tiennent la barre solidement et gardent pour eux les bénéfices d'une politique destinée à mettre en place des instruments de production, puis à en assurer la propriété à son créateur. Si celui-ci a pris tous les risques, il en tire individuellement tous les profits, bien faiblement taxés par un État qui n'a pas encore pris conscience de sa puissance ou qui, politiquement, reste en grande partie la chose de ceux à qui il permet de vivre et de faire vivre les autres, mais sans appliquer la grande idée du partage. Au Canada, celle-ci prévaudra dès 1917 mais surtout après deux guerres qui donneront lieu à un prodigieux enrichissement du capitalisme triomphant, jusqu'au moment où l'État exigera sa large part pour ses mesures sociales.

* * *

Il faut rappeler ici comme une caractéristique du moment chez les francophones que l'initiative, dans le domaine économique, est venue non pas du milieu bourgeois ou des anciennes familles cantonnées dans leurs préjugés, mais surtout du milieu rural. La plupart des commerçants ou des industriels sont arrivés à la ville presque sans instruction. Ils ont appris les éléments du commerce et ils ont percé à force de courage, d'énergie, d'intelligence et par l'application de règles très simples. Certains ont sombré au moment des crises cycliques. D'autres ont tenu.

À leur arrivée, la plupart ont été commis ici et là ; beaucoup chez des marchands anglophones venus d'Angleterre ou d'Écosse. Ils ont appris *the hard way*. Puis, ils se sont essayés tout seuls ou avec un associé. En payant beaucoup de leur personne et peu leurs employés, en vivant très simplement, en rognant sur tout, ils ont développé leurs affaires. Certains ont fondé d'autres entreprises et, lentement, ils ont accumulé une fortune qu'à de rares exceptions près leurs descendants se sont partagés, sans garder de l'ancêtre l'esprit d'initiative, cause de

---

60. *Ibid.*, p. 261.

son succès. Dans bien des cas — il faut le reconnaître — celui-ci n'avait pas su ou voulu les élever à l'école de l'énergie. Trop souvent, il ne leur avait pas donné le besoin ou le goût de l'effort, source de tout succès, ou il les avait orientés vers les professions libérales en ayant conscience de les élever dans l'échelle sociale.

Tous les sociologues s'entendent pour déplorer le succès relatif des francophones. Si certains en attribuent la faute aux Anglais qui bloquent les avenues, d'autres raisonnent plus justement. Ainsi, Louis-Edmond Morin n'hésite pas à écrire vers la fin du siècle que souvent les Canadiens français de l'époque sont responsables de leur insuccès, en n'osant pas suffisamment et en ne faisant pas le nécessaire pour réussir.

Autre caractéristique du moment dans la province de Québec, dès qu'elle atteint une importance quelconque, l'industrie naissante menace d'être englobée. Elle perd son identité ou elle est vendue parce que, dans la famille, personne ne peut ou ne veut continuer l'œuvre du fondateur. Trop souvent, on reste au niveau de l'entreprise familiale qui ne dure que ce que dure son créateur. Au siècle suivant, à la Société Royale du Canada, le professeur Édouard Montpetit dira avec désolation en parlant du milieu francophone : « On aperçoit, dans notre histoire, au-dessus du cultivateur et de l'ouvrier, un groupe d'élite qui se fait et se refait sans durer ; on distingue à peine des industries que déjà elles sont inféodées ; tous les trente ans, nous recensons nos pertes. Comment avoir une économie qui nous soit propre, si les leviers d'argent sont manœuvrés par d'autres ? » [61] C'est la désolante aventure d'un groupe qui résiste, mais n'avance pas suffisamment dans la voie de l'économie parce qu'il n'a pas voulu écouter Étienne Parent et l'a laissé prêcher dans le désert.

* * *

Voici d'autres aspects du milieu, en ce XIXe siècle finissant. Et d'abord l'enseignement dont il a été question au sujet de l'orientation des esprits hors du milieu des affaires. Il a fait quelques progrès, mais on est encore très loin de l'instruction obligatoire, à laquelle s'objectent le clergé et les ultramontains mal conseillés, qui ne comprennent pas que c'est en formant le peuple qu'on lui donnera les armes nécessaires dans la lutte engagée. Des structures ont été mises en place grâce aux initia-

61. *Mémoires de la Société Royale du Canada*, 1938.

tives du clergé. Ainsi, Monseigneur Jacques Lartigue a fait venir d'Europe des éducateurs comme les Frères des Écoles chrétiennes. De son côté, son successeur, Monseigneur Ignace Bourget, a obtenu la collaboration de plusieurs communautés religieuses européennes comme les Jésuites. Revenus au Canada avec un minimum d'éclat, ceux-ci sont prêts à reprendre leur œuvre dans l'enseignement avec l'aide fidèle des uns et malgré la critique amère des autres [62]. À Montréal, il y a aussi les Sulpiciens et à Québec, à Saint-Hyacinthe et à Nicolet, le Séminaire. À Sainte-Thérèse, un nouveau collège s'est ouvert et, à Terrebonne, madame Joseph Masson a rendu possible l'établissement d'un collège commercial où seront formés, entre autres, le futur premier ministre Adolphe Chapleau, L.-J. Forget et Rodolphe Forget, devenus plus tard, de grands hommes d'affaires audacieux et dynamiques. Mais au niveau primaire, l'enseignement traîne de l'aile. Il y a eu d'excellents surintendants de l'instruction publique, comme Émile Miller et P.-J.-O. Chauveau, mais l'organisation est embryonnaire tandis que les ressources et les maîtres sont trop souvent aussi médiocres que payés dérisoirement. Pour en améliorer la valeur, on a créé des écoles normales. Mais dans l'ensemble, la qualité de l'enseignement est médiocre, même si des esprits originaux percent ici et là. À tel point qu'Edmond de Nevers, dilettante, mais homme de bonne volonté, a pu écrire dans l'*Avenir du Peuple canadien-français* [63], à la fin du siècle : « Nous n'avons au sortir de nos

---

62. Très lié avec le Supérieur de l'Ordre, Monseigneur Ignace Bourget obtient que les Jésuites reviennent s'installer au Canada. Ils sont là en 1842. Peu nombreux d'abord, ils s'occupent immédiatement d'organiser un enseignement au niveau secondaire, comme le demande le prélat. Même si leurs ressources sont faibles parce que le gouvernement ne veut pas encore leur remettre les biens qu'ils avaient au début du siècle, ils se mettent au travail. Et c'est l'origine du Collège Sainte-Marie.

Le gouvernement Mercier les indemnisera à la fin du siècle. Dans l'intervalle, ils retourneront plus tard à Québec, mais ne reprendront pas leur vieux collège, occupé après la cession comme caserne pour l'armée ; puis démoli.

63. Edmond de Nevers. Montréal, Éditions Fides, 1964.

Edmond Boivert de Nevers est l'auteur de trois livres intéressants et réfléchis : *L'Avenir du peuple canadien-français*, *l'Âme américaine* et *l'Union des jeunes et les soutiens de la société*. Né en 1862 à la Baie-du-Fèvre, il vécut huit ans à Paris, revint à Montréal, puis mourut à Central Falls dans l'état du Rhode-Island en 1906.

Polyglotte, il connaissait le russe, le norvégien, l'italien, l'espagnol et le portugais, affirme Claude Galarneau dans la préface de l'*Avenir du peuple canadien-français*, paru chez Fides.

collèges et de notre université aucune des connaissances qui
élèvent l'homme cultivé des autres pays au-dessus du niveau
moyen, qui le mettent en état d'apprécier les travaux intellectuels
de tous les temps et de toutes les nations, de se faire sur toutes
choses une opinion éclairée qui lui permette d'ajouter lui-même,
si ses dispositions l'y entraînent à l'ensemble de ses travaux ».
Mais peut-être demandait-il trop à un milieu en gestation.

À Montréal, l'Université McGill existe depuis 1821. Elle
commence à avoir de la réputation dans les milieux scientifiques.
À Québec, en 1852, Monseigneur Turgeon et ses prêtres du
Séminaire ont fondé l'Université Laval. Elle a de la difficulté à
grouper des professeurs parmi les laïques, mais elle existe même
si longtemps elle est quasi en veilleuse, faute de ressources et
d'hommes [64]. En 1878, elle a ouvert une école de droit à Montréal. Adossée à la Montagne, il y a aussi la faculté de théologie
fondée par Monseigneur Bourget et ses prêtres.

Malgré les efforts et la détermination de Monseigneur Ignace
Bourget et de son successeur, ce ne sont toujours que des succursales peu argentées de l'Université québécoise et qui dispo-
sent d'un personnel enseignant bien peu nombreux. À un moment donné, les gens de Ville-Marie créeront presque un schisme
en voulant séparer la fille de la mère, au milieu d'une grande
bagarre verbale : les tenants de chaque ville mettant en doute
la bonne foi des autres et s'injuriant copieusement. Leurs propos
coléreux embarrasseront fort le milieu de Rome, habitué aux
intrigues et aux venins, mais distillés moins ouvertement ou
bruyamment. Ce n'est qu'au siècle suivant que Monseigneur
Paul Bruchési obtiendra du Pape le droit de rompre le cordon
ombilical.

En 1873, à Montréal, on fonde un établissement nouveau
qui, plus tard, s'appellera l'École Polytechnique. C'est un pas
en avant dans la formation d'ingénieurs, dont on a un besoin
pressant dans un milieu où la technique doit évoluer si l'on
veut suivre, sans trop de retard, la marche en avant du pays.
Il faudra attendre plus longtemps toutefois avant que l'ingénieur
comprenne qu'il doit être plus qu'un rouage de l'entreprise, s'il
veut tenir la barre, dans une société qui a un besoin pressant
de chefs pour autres choses que les récriminations de la politique.

---

64. Il faut lire à ce sujet l'étude de Monsieur Philippe Sylvain sur
Auguste-Eugène Aubry et les difficultés de recrutement du personnel qu'a
l'Université Laval. Voir les *Cahiers des Dix*, 1970, numéro 35, p. 191.

* * *

Si l'instruction n'a pas encore pénétré dans la masse, au niveau de la peinture, de la littérature et de la musique, on assiste à une intéressante mutation pendant la dernière partie du siècle. Assez curieusement, chez les francophones, on ne s'intéresse guère à l'argent. Dans l'ensemble, on n'en fait pas fi, mais on l'ignore. C'est ainsi que si on délaisse trop souvent les affaires, certains s'orientent vers les arts, avec un admirable désintéressement. On trouve le moyen d'aller chercher à l'étranger ce que le milieu ne peut pas encore donner. Ainsi, Théophile Hamel, fils de paysan, après avoir été l'élève d'Antoine Plamondon, se rend en Italie et en Belgique pour étudier les maîtres anciens.

Portraitiste, il vit plus tard de sa peinture à Québec, mais petitement. Mal payé, il fait le portrait d'un grand nombre de bourgeois, comme Denis-Benjamin Viger, sir Allan MacNab, Louis-Joseph Papineau, sir Étienne Taché. Avant lui, il y a eu Antoine Plamondon, (1802-1895), monarchiste coléreux, mais excellent portraitiste dont les toiles feront prime au siècle suivant. Il a exposé à la Tate Gallery de Londres, en attendant que ses toiles se retrouvent dans les musées d'Écosse et du Canada [65]. À une époque où l'habitude de se faire portraiturer se répand dans la bourgeoisie, il a fait d'innombrables toiles à Québec, jusqu'au moment où, découragé, il se réfugie à Neuville pour y cultiver la terre, comme plus tard Osias Leduc (autre peintre paysan) tirera sa subsistance de son verger, tout en peignant des toiles charmantes appréciées des amateurs, trente ans après.

Vers la fin du siècle, il y a une véritable pléiade d'artistes dans le Québec ce qui indique comme la société a évolué, même si les peintres ont quelque difficulté à vivre de leurs œuvres. Comme les architectes, assez curieusement, certains subissent l'influence du néoclassicisme anglais et d'autres, celle de l'école de Barbizon ; Horatio Walker, par exemple, qui perce à partir de 1880, puis Homes Watson et John Hammond qu'Oscar Wilde compare à Constable [66]. À la fin du siècle, l'influence de l'école française est dominante chez les jeunes peintres [67]. À Paris, ils

---

65. R.H. Hubbard dans le *Catalogue de l'Exposition Plamondon-Hamel*, à la Galerie Nationale du Canada, 1970.

66. Constable canadien, écrit Oscar Wilde au cours d'un voyage qu'il fit au Canada.

67. Sauf exception, ils subissent l'influence de l'académisme qui s'arc-boute et tente de ridiculiser les impressionnistes : ces jeunes peintres qui se heurtent violemment aux artistes arrivés.

fréquentent l'Académie Julien, l'École des Beaux-Arts, l'Académie Colorassi. Parmi eux, il y a Suzor-Côté, qui entraîne Osias Leduc avec lui à Paris. Il y a aussi James Wilson Morrice, un des meilleurs de sa génération [68]. Fils d'un marchand d'origine écossaise de Montréal, il vit à l'étranger et bâtit son œuvre qu'on appréciera au siècle suivant dans le milieu bourgeois de Montréal où les impressionnistes trouvent longtemps porte close. À la fin du XIXe siècle, on achète, mais pas encore les œuvres de ces peintres qui bouleversent les notions acceptées.

Il y a Blair Bruce, William Brymner et Robert Harris. Eux aussi vont chercher en Europe la formation qui, à leur retour, les mettra en vue. Il y a eu auparavant Cornelius Krieghoff, peintre hollandais venu au Bas-Canada par la voie de ses voisins du sud. Il s'intéresse aux paysans et aux scènes d'hiver. Au XXe siècle, on fera grand cas de sa peinture pour ses qualités picturales et pour son intérêt historique. Même si elle est d'une valeur relative malgré sa haute cote commerciale, elle occupe une place importante dans l'évolution des arts au Canada, note Raymond Vézina. Fait assez curieux, c'est peut-être celle qui a donné lieu à la bibliographie la plus élaborée chez les peintres.

Malgré toute cette effervescence, note J. Russell Harper dans sa très intéressante étude de la peinture canadienne [69], celle-ci manque de dynamisme et d'audace à la fin du siècle. En effet, la plupart des peintres ont passé à côté de l'impressionnisme ; comme, en sculpture, Philippe Hébert n'a pas subi l'influence de Rodin.

Parmi les peintres canadiens de seconde zone, à cette époque, il y a A.-S. Falardeau, copiste magnifique, qui épouse une nièce du Pape et qui, fils d'un paysan du Cap-Santé, vit somptueuse- ment à Florence [70]. Il y a aussi Henri Beau, Joseph Saint-Charles et Charles Gill. Il faut mentionner aussi Napoléon Bourassa, peintre et architecte que sa situation de gendre de Louis-Joseph Papineau fait tenir à l'écart par les gens en place, bien loin du libéralisme militant de ce dernier. À un autre niveau, (celui de la photographie naissante) il y a Notman, autour duquel gra-

---

68. Un excellent livre de Kathleen Daly Pepper traite de James Wilson Morrice, de sa peinture et de sa carrière, avec de très belles reproductions en couleurs, qui permettent de voir l'influence que le peintre a subie (Harpignies et Whistler, par exemple) et comment il s'en débarrasse comme d'un manteau trop étroit.

69. *La Peinture au Canada.* Imprimeur de la Reine 1967.

70. *Ibid.* Harper, p. 235.

vitent un certain nombre de jeunes peintres, comme Fraser, Horatio Walker, Fowler et L. Smith à qui il permet de gagner quelques sous en attendant que leur peinture puisse les faire vivre, quand ils auront percé à travers les peintres étrangers dont les œuvres inondent le pays.

Si la peinture est à ce point intéressante, quel désappointement n'éprouve-t-on pas quand on se tourne vers les écrivains. Il y a bien Philippe Aubert de Gaspé, dont les *Anciens Canadiens* et les *Mémoires* ont laissé un souvenir charmant, mais fugace. De son côté, Antoine Gérin-Lajoie a écrit un roman de la terre, assez ennuyeux, avec *Jean Rivard*. Il vaut mieux ne pas parler du *Charles Guérin*, de Pierre-J.-O. Chauveau. De Georges de Boucherville, on a : *Une de perdue, deux de trouvées,* mais c'est un effort sans lendemain. De Napoléon Bourassa, on a aussi *Jacques et Marie* et de Laure Conan quelques œuvres agréables. Quant aux écrivains les plus prolifiques, Joseph Marmette et Faucher de Saint-Maurice, ils ne sont pas lus bien longtemps. Si tous ces auteurs ont chanté la fidélité à la terre, à la famille, à la religion et au pays [71], à travers une mince intrigue, ils n'ont pas créé une œuvre durable. Fréchette a subi l'influence de Victor Hugo, mais son inspiration est étriquée, faiblarde même dans sa *Légende des Siècles*. Il y a Crémazie qui exerce une influence plus par sa personnalité et son exemple que par son style de romantique attardé et bien limité.

À côté d'eux, il y a enfin ceux qui apportent un peu maladroitement, là encore, le témoignage d'une société repliée sur elle-même et d'écrivains au souffle court. Alfred Garneau a exprimé leur détresse en écrivant :

> *Amis, je suis cette hirondelle*
> *qui s'est attachée à vos toits ;*
> *Voyez je voltige, j'ai l'aile ;*
> *Mais hélas, je n'ai pas la voix* [72].

Polémiste fougueux, Arthur Buies est très dur pour son époque. Michel Hétu sera plus équitable quand il écrira plus

---

71. Pierre Savard dans l'*Histoire de la littérature française du Québec.* Montréal, Beauchemin, tome I, p. 240.

72. J.-Alfred Garneau, 1836-1914. On aime le jugement de Michel Tétu : « Alfred Garneau est un poète subtil et attachant. Il n'a pas le tempérament de lutteur de Fréchette, ni le réalisme angoissé de Crémazie ; il est empreint d'une souriante tristesse qui fait voir toute chose sans déplaisir et la mort sans crainte. Il flotte dans la vie en attendant la mort, au milieu d'un monde qu'il voit de couleurs pastels et qu'il miniaturise dans ses poèmes. » *Ibid.*

tard : « Mis à part quelques pages d'une réelle valeur, il nous faut encore estimer l'ensemble de cette production bien plus pour son intérêt historique et sociologique que pour sa valeur intrinsèquement poétique » [73]. Dans ce jugement, il englobe la génération qui s'éteint avec le XIXe siècle.

En 1883, le Marquis de Lorne a créé pour les écrivains une académie semblable à celle qu'il a voulue pour les peintres. Pour bien marquer son inspiration, il a demandé qu'on l'appelle la Société Royale du Canada. Et c'est ainsi qu'on a réuni sous son égide les premiers académiciens de langue française. Les voici, choisis parmi les quatre-vingt-huit noms réunis par Faucher de Saint-Maurice et ses amis [74] :

L'abbé Bégin, l'abbé Bois, Napoléon Bourassa, l'abbé Raymond Casgrain, Pierre-J.-O. Chauveau, Paul de Cazes, Oscar Dunn, Hector Fabre, Louis-H. Fréchette, Napoléon Legendre, Pamphile Lemay, J.-L. Lemoyne, Philippe-Gabriel Marchand, Joseph Marmette, Adolphe-Basile Routhier, Benjamin Sulte, l'abbé Tanguay, Joseph-H. Tassé, l'abbé Hospice-Anthelme Verreau.

Peu d'entre eux ont vraiment marqué la littérature au Canada, même si l'on a gardé d'eux le souvenir d'hommes cultivés. Comme l'a écrit Michel Hétu pour la poésie de cette époque, leur œuvre présente un intérêt social pour les thèmes qu'ils ont développés plus que par sa qualité littéraire. Ils représentent malgré tout une culture qui, dans certains cas, n'était pas négligeable.

En musique, bon nombre d'artistes ont dû aller à l'étranger pour se former. Certains y ont fait carrière. Ainsi, Guillaume Couture, qui est maître de chapelle à Sainte-Clotilde à Paris [75]. Il est l'ami de César Franck, de Saint-Saëns, de Messager, de Massenet et de Delibes. Certaines de ses œuvres sont jouées par la Société Nationale de Musique à Paris. Calixa Lavallée est un

73. Michel Tétu, *Ibid.*, p. 237.
74. Ancien officier de l'armée française, Faucher de Saint-Maurice a combattu au Mexique sous Bazaine. Revenu au Canada, il s'est fait une situation dans le milieu littéraire avec des livres touffus, verbeux, mais assez vivants. Le marquis de Lorne l'estime au point de lui demander de préparer pour lui la liste des écrivains francophones qui pourraient entrer à la Société Royale du Canada. Des quatre-vingt-huit noms soumis, vingt furent retenus, dont ceux d'Étienne Parent, de Léon Gérin, de de Nevers, de Joseph Tassé dont les œuvres s'apparentent aux sciences sociales.
75. *A History of Music in Canada : 1535-1914.* Helmut Kallmann. University of Toronto Press, 1960, p. 129.

autre exemple. Formé à Montréal par Paul Letondal et Charles Sabatier, il va aux États-Unis, devient l'accompagnateur du violoniste espagnol Olivera, avec qui il se rend au Brésil, aux Antilles et aux États-Unis. Il s'engage dans l'armée américaine pendant la guerre civile. Puis, il enseigne à la Nouvelle-Orléans. Plus tard, il est directeur artistique et chef du New York Opera House. Il va à Paris compléter ses études avec Bazin, Boieldieu et Marmontel. Il s'installe à Québec, comme maître de chapelle à Saint-Patrick. À trente-huit ans, il est organiste de la cathédrale de Boston et il publie quelques-unes de ses œuvres. Quelle vie agitée, mais féconde, il a eue [76] !

Il y a aussi Emma Lajeunesse. Née à Chambly, elle a été formée par son père d'abord, puis par les Dames du Sacré-Cœur, avant que ses parents n'aillent habiter à Albany. Frappé par la qualité de sa voix, l'évêque lui remet une bourse qui lui permet d'étudier à Paris d'abord, puis en Italie. Elle remporte un grand succès à Messine dans la *Sonnambula*. C'est le début d'une carrière brillante sous le nom de Madame Albani, qui la mènera de Covent Garden en 1872 aux États-Unis, à Paris, à la Scala de Milan et dans les opéras les plus célèbres. À Londres, elle chante fréquemment à la Cour devant la reine Victoria qui l'honore de son amitié.

Pour réussir, elle a dû s'expatrier [77]. C'est cela qu'il faut retenir ici. Quand elle reviendra à Montréal en 1884, vingt ans après son départ, on lui fit une réception extrêmement enthousiaste, comme on le fera plus tard pour Sarah Bernhardt.

Au Canada français, le milieu musical de la fin du XIXe siècle est actif, sinon fécond, grâce à certains hommes. Il y a Paul Letondal, pianiste aveugle, qui forme Calixa Lavallée, Gus-

---

76. *A History of Music in Canada : 1535-1914.* Helmut Kallmann. P. 129 et suivantes.

Léo-Paul Morin considère Couture comme « un éminent musicien, le plus instruit, le plus intelligent de son temps. Il fut même le premier grand pédagogue en notre pays ». *Papiers de musique*, p. 30.

77. Marie-Emma Lajeunesse, dite Madame Albani. Née à Chambly en 1851, elle mourut à Londres en 1930 où elle avait épousé le fils du directeur du Covent Garden. Elle se forma à Paris et à Milan, puis elle eut une carrière féconde de cantatrice. Elle était particulièrement louée comme artiste de concert et d'oratorio. Père Lejeune dans le *Dictionnaire général du Canada*, 1931, tome I. Université d'Ottawa. Voir surtout les *Mémoires d'Emma Albani*, traduits par Gilles Potvin. Éditions du Jour, 1972.

La Place des Arts à Montréal possède d'elle une très belle peinture de Will Hicock Low, faite à Paris en 1877.

tave Gagnon et son fils Henri, musicien délicat et disert. Entre 1841 et 1851, naissent la plupart de ceux qui ont marqué par la suite : Romain Octave Pelletier, Dominique Ducharme, organiste du Gesù qui se forme à Paris, Joseph Vézina, Guillaume Couture et Samuel Trowse Warren. Pendant la dernière partie du siècle, ils ont des initiatives multiples. Certains composent, mais la plupart sont pris par l'enseignement, par leurs fonctions d'organistes ou par certaines initiatives d'envergure qui laissent peu de trace. Grâce à eux, il y a des festivals, des fanfares, des chœurs qui donnent le *Requiem* de Mozart en 1888, des orchestres intermittents qui exécutent la Symphonie numéro Quarante de Mozart, la Sixième de Beethoven et la Symphonie inachevée de Schubert. À Montréal, en 1864, il y a les Orphéonistes de Montréal. Il y a aussi la Société Sainte-Cécile de Montréal et, en 1877-99, la Philharmonic Society of Montreal qui donne quatre-vingt-sept concerts sous la direction du docteur P.R. McLagan d'abord et, à partir de 1880, sous celle de Guillaume Couture qui, à un certain moment, dispose d'un chœur de deux cents voix [78].

Dans toutes ces initiatives, on trouve une curiosité, un désir de créer, mais aussi, hélas ! l'impossibilité de faire autre chose que du temporaire. Si l'initiative individuelle est féconde, elle se heurte à l'indifférence ou à l'impuissance des pouvoirs publics. C'est ce que constate avec amertume Calixa Lavallée quand il veut fonder un conservatoire de musique à Québec [79].

* * *

Et qu'est la pensée religieuse durant la dernière partie du XIXe siècle ? On en trouve l'excès et le rigorisme chez deux hommes, Monseigneur Ignace Bourget et Monseigneur Louis-François Laflèche, et sa source dans une obédience absolue à Rome et au Pape. Elle se heurte ouvertement et, parfois violemment, à un autre courant d'opinion, venu de Québec, puis appuyé par certains clercs et qui tend à une plus large compréhension des choses et des hommes. Il y a là une lutte de générations, sans doute, mais aussi le fruit d'une lente évolution vers d'autres idées, d'autres

---

78. Ces détails proviennent en grande partie de *A History of Music in Canada* de Helmut Kallmann. On les cite ici non pour sembler faire preuve d'érudition, mais pour montrer l'évolution du milieu qui s'éveille à la musique. Il y a des musiciens qui travaillent et font œuvre utile.

79. Eugène Lapierre a rendu hommage au musicien dans son livre intitulé *Calixa Lavallée*. Édition de 1950.

conceptions de la vie, de la religion et des relations entre les hommes. Dans l'Église de Rome, la pensée n'est plus la même. Pie IX est mort et Léon XIII l'a remplacé, avec des préoccupations sociales qui ne peuvent pas ne pas être ressenties, même superficiellement, dans le milieu canadien. De jeunes prêtres sont revenus de Rome avec des idées moins tranchées, plus humaines que celles de la génération précédente. Si, à Montréal, sous l'inspiration de Monseigneur Bourget, la Cathédrale s'est voulue un symbole de la grandeur de Rome et de la Chrétienté en Amérique, on achève d'en payer les frais avec l'avènement d'un sentiment différent de celui qu'avait voulu le prélat. Sans s'éloigner complètement de la Ville Éternelle, on ne voudra plus y voir le début et la fin de tout ; ce qui était aller à l'extrême de ce qu'avait voulu Ignace Bourget, ardent laudateur de Pie IX. Chose curieuse, malgré l'orientation donnée par Léon XIII, on ne s'engagera guère dans les luttes sociales qu'au siècle suivant, sous l'inspiration des Jésuites et des Dominicains. À la fin du siècle, dans la bourgeoisie, et lentement dans le peuple, commencent à pénétrer d'autres idées plus larges, plus libérales, aussi bien dans le sens politique que leur donnait Wilfrid Laurier que dans l'orientation anti-cléricale exprimée à l'Institut Canadien en particulier. Dessaulles, Doutre, David et Lamarche avaient été mis à l'Index pour leurs propos ou leurs œuvres, mais certaines de leurs conceptions avaient pénétré dans une bourgeoisie assez frondeuse qui, tout en gardant un œil sur l'Archevêché, voulait penser par elle-même. Elle s'approchait lentement du but, l'enseignement obligatoire ; mais souvent bien maladroitement : pot de terre qui se heurtait à un pot de fer encore sans faille [80].

---

80. Presque tous ceux qui ont souhaité ou voulu l'instruction obligatoire ont été considérés par l'Église comme de fortes têtes. On leur collait l'étiquette d'anticléricaux, ce qui à l'époque était grave. Et cependant, ils avaient raison ! Mais comme le disait un prélat pourtant intelligent, et bien près de la réalité : « Comment pourrions-nous leur donner raison ? » C'était, hélas, un réflexe de bien pensant qui, croyait-on, en donnant raison aux anticléricaux aurait pensé approuver leurs idées ou leurs attaques contre l'église et la foi, dont ils donnaient eux-mêmes parfois une bien mauvaise idée.

Souvent, les partisans de l'enseignement obligatoire étaient des incroyants ou des athées militants qui se disaient tels ou ne détestaient pas qu'on les considérât ainsi. Faut-il condamner les ultramontains dans leur obstination ? Assurément, car leurs successeurs les suivirent longtemps dans leur erreur, qui retardait tout un peuple dans sa marche en avant. C'est au siècle suivant que les yeux se dessillèrent et qu'un grand souffle balaya l'horizon et assainit l'atmosphère.

S'il y a évolution vers une certaine liberté de pensée, le clergé reste tout-puissant, du moins bien fort. Il cède parfois comme devant le libéralisme politique de Laurier qui n'a rien à voir avec le libéralisme français ; l'un s'exerçant sur le plan des institutions politiques et de l'économie et l'autre prenant en partie la forme d'un anticléricalisme et, trop souvent, d'une antireligiosité que les clercs canadiens ne peuvent ou ne veulent pas accepter. Pendant longtemps, ils s'opposent à ces deux mouvements les mêlant comme à dessein, puis l'habile homme d'état qu'est Laurier convainc un grand nombre de gens, parmi le haut et le bas clergé et parmi les professeurs de l'enseignement secondaire, qu'il faut distinguer ; ce qu'on n'avait pas voulu faire à une époque où l'on tonnait du haut de la chaire contre ce qui semblait être une intolérable liberté d'esprit. Pendant cette dernière partie du XIXe siècle, on évolue aussi bien dans l'église que parmi ses ouailles. Celles-ci trouvent encore dans les consolations du prêtre une raison d'accepter une situation sociale contre laquelle elles n'ont pas encore appris à s'insurger. Bienheureux « les humbles de cœur, car le royaume des cieux est à eux » est une formule qui a toujours ses adeptes, au Canada français ; comme aussi le souhait que l'on échange à la Saint-Sylvestre : « le paradis à la fin de vos jours ». Ce sera longtemps plus qu'un vœu pieux. La double formule soutient moralement ceux-là mêmes qui, à la fin du siècle, contribuent à la puissance du capitalime sans en tirer une part dépassant ce qui est nécessaire pour survivre. Un peu moins d'un siècle plus tard, une opinion contestataire se donnera libre cours en tentant de démystifier religion et religiosité [81]. Pour l'instant, tout est calme et le restera en surface tout au moins, tant qu'une explosion sociale et une formation, puisée aux sources de ce qu'on

---

81. Longtemps, l'Église jouera un rôle dans certains mouvements ouvriers. Elle considérait avec raison que la comédie sociale ne pouvait se jouer en dehors d'elle si elle voulait retenir ses ouailles. Puis, au siècle suivant, prise entre l'arbre et l'écorce, elle se retira des conflits ouvriers même si périodiquement les autorités ecclésiastiques jugèrent bon d'intervenir dans ceux qu'elles croyaient abusifs. Mal en prit à certain prélat qui, coincé entre une situation qu'il jugeait inacceptable et le milieu politique, décida d'intervenir. Sous le coup de pressions et d'intrigues très fortes, Rome intervint et le prélat dut s'exiler à l'autre extrémité du pays, en devenant l'aumônier des bonnes sœurs et de leurs malades. Extrêmement troublante, l'intervention laissa des traces profondes dans le milieu ouvrier de l'époque. On était loin de 1888, moment où des typographes étant en grève, l'Église demandait qu'un nouveau syndicat fût formé et que ses règlements ne pussent être modifiés sans son assentiment. Voir *Répertoire des grèves dans la province de Québec au XIXe siècle*. Page 98.

appellera les sciences humaines, n'auront pas donné au mouvement d'émancipation des hommes, des slogans et une philosophie nouvelle. Elle sera bien différente de celle qui régnait au siècle précédent sous l'influence du *ministre de Dieu* qu'on écoutait encore. Le milieu docile qu'on a décrit à Montréal en 1856 ne sera bientôt plus qu'un souvenir. Il se transformera au point d'être la source de déclarations fracassantes faites par les syndicats ouvriers et à l'Université ; ce qui est un autre exemple d'un excès qui en entraîne un autre, d'autant plus violemment que le pendule est allé à l'extrême.

On ne peut clore ce chapitre sans parler de deux aspects du XIXe siècle, au Canada : l'esprit missionnaire et l'essor des maisons religieuses dans le domaine de l'enseignement, des hôpitaux et des établissements sociaux en général. Il y a là des entreprises qu'on ne peut pas ne pas trouver remarquables en toute honnêteté si on veut bien tenir compte du contexte.

La Nouvelle-France avait été fondée et organisée dans un esprit de conquête, de désir de gain et de prosélytisme religieux. Les documents de l'époque indiquent l'intention de ceux qui, venus de l'Est lointain, pénètrent graduellement dans l'Ouest et le Sud-Ouest, derrière les colonies anglaises, jusqu'en Louisiane. Si, parmi eux, il y a ceux qui sont attirés par la traite des fourrures, par le désir de trouver une route vers la Chine, par le commerce sous toutes ses formes ou par le seul désir d'explorer des régions inconnues, il y a ceux qui viennent évangéliser, soigner et instruire. Certains sont massacrés par les indigènes : ils y gagnent une auréole de sainteté que reconnaît Rome longtemps plus tard. D'autres se contentent de faire œuvre utile et meurent dans leur lit, mais souvent à l'autre extrémité du monde.

Louis XIV a voulu faciliter l'œuvre du clergé militant en lui donnant des terres qui, à travers les ans, ont acquis une certaine valeur mais qui, pendant longtemps, ne suffisent pas aux besoins de la communauté et de ses œuvres. Un jour, par exemple, on a reproché aux Jésuites d'avoir fait la traite des fourrures. Mais comme l'a dit le professeur Jacques Rousseau, comment auraient-ils pu faire autrement à une époque où les aumônes et les dons étaient leur principale et insuffisante source de revenu, alors que leur domaine foncier n'avait presque aucune valeur et que le cens et les droits seigneuriaux, payables en nature ou en espèces, avaient bien peu d'importance.

Au moment de la conquête, le clergé a environ vingt-six pour cent du domaine seigneurial. Puis, vient le régime anglais au cours duquel le clergé (sauf les Jésuites) garde ses terres. Si les prêtres émigrent peu, ils sont bientôt débordés par la population qui augmente rapidement. Ils le seraient davantage si, en Angleterre, les religieux français n'étaient autorisés à leur prêter main-forte [82]. Il vient ainsi un certain nombre de prêtres que l'on dirige vers l'enseignement ou que l'on répartit dans les paroisses nouvelles. Puis, se déclenche l'extraordinaire essor des communautés religieuses que Mgr Ignace Bourget fait venir d'Europe ou dont il facilite la fondation : les Oblats d'abord qui vont vers l'Ouest jusqu'en Alaska ou vers le Nord et le Nord-Est. Ils font concurrence aux missionnaires de l'Église d'Angleterre, qui bénéficiaient déjà de l'appui des *Gentlemen Adventurers of Hudson Bay*. Il y a aussi les Sœurs Grises, les Sœurs de la Charité qui secondent les Oblats dans leurs œuvres de l'Ouest. Il y a les Frères des Écoles chrétiennes et les Jésuites, chers à Mgr Bourget, les Sœurs de Sainte-Anne, les Sœurs de la Charité de la Providence qui vont jusqu'en Alaska, au Chili et dans les États qui s'ouvrent dans le Centre Ouest des États-Unis [83]. Il y a aussi les Sœurs des Saints-Noms-de-Jésus-et-de-Marie qui se rendent jusqu'en Oregon [84]. De leur côté, les Sœurs de l'Assomption de la Sainte-Vierge vont dans l'Ouest Canadien dès 1891, à l'invitation des Oblats, tenaces et dynamiques [85]. Il y a enfin les Sœurs de Sainte-Croix et des Sept-Douleurs qui s'installent en Colombie [86]. Partout, ces communautés religieuses ouvrent des écoles, des hôpitaux ou secondent les missionnaires dans leurs œuvres.

On ne dira jamais assez l'audace et la ténacité de ces femmes et de ces hommes qui poursuivent au loin leur mission sociale. Et c'est ainsi qu'après avoir dû compter si longtemps sur l'aide de l'étranger pour ses prêtres et ses œuvres, le Canada français essaime dès la fin du XIXe siècle, en Amérique jusqu'en Alaska.

82. Une quarantaine de prêtres français sont venus de 1792 à 1799. Puis la porte leur est fermée. Jean-Pierre Wallot dans *Le laïc dans l'Église.* Montréal, Fides, 1972, p. 88.
83. *Le Canada français missionnaire.* Chanoine Lionel Groulx. Montréal, Fides, 1962.
84. *Ibid.,* p. 62.
85. Ils arrivent au Canada dès la fin de 1841 à l'invitation de Mgr Ignace Bourget. *Ibid.,* p. 35.
86. Dans de nombreuses pages de son livre le *Canada français missionnaire,* le Chanoine Groulx passe en revue l'œuvre de ces communautés dont il est question ici.

Au siècle suivant, il se classera au quatrième rang des pays missionnaires du monde entier, avant l'Italie et la France [87].

Ce qui n'empêche pas le clergé de remplir dans l'Est du Canada la mission qu'on lui a confiée ou qu'il s'est arrogée par la force des circonstances, dans le double domaine de l'enseignement et des œuvres sociales : hôpitaux, crèches, maisons de vieillards, même si les vieux *se donnent* encore à leurs enfants.

La communauté religieuse a cet avantage sur l'individu ou la famille qu'elle dure : cellule qui se renouvelle de génération en génération et qui, dans l'ensemble, s'apparente au communisme à l'état pur.

Une fois fondée, grâce à un recrutement abondant au XIXe siècle, la communauté fait valoir ce qu'on lui donne et ce qu'elle achète. Comme ses sujets mettent tout en commun, elle acquiert bientôt une force d'expansion considérable, surtout aux époques où elle est bien dirigée.

C'est le sort de tous ces ordres qui se développent de façon extraordinaire à partir de la seconde moitié du XIXe siècle. Qu'on en soit heureux ou malheureux, il faut admettre qu'à ce moment-là la communauté religieuse au Canada français a une fonction essentielle, aussi bien dans l'enseignement que dans les œuvres sociales. À travers une longue lutte qui commence avec le régime français et qui ne se termine qu'avec le gouvernement responsable, l'État est aux mains d'étrangers. C'est vers 1840 qu'avec la responsabilité ministérielle, on se trouve devant un régime démocratique qui accorde le droit de gouverner la Nation aux seuls élus du peuple. Mais si on leur en confie le soin, on ne leur en donne guère les moyens. Et c'est à ce moment-là qu'au Canada français s'établit forcément la fonction du clergé et des communautés, dont on dira tant de mal quand elles n'auront pas su évoluer. Qu'on en pense ce qu'on voudra, il faut admettre que sans eux l'instruction n'aurait pas ou à peu près pas existé au Canada français. Une pareille affirmation est un truisme ? Assurément, mais on ne saurait trop le répéter à une époque où l'on remet tout en question. Durant la dernière partie du XIXe siècle, l'instruction, les hôpitaux et les œuvres sociales sont encore la chose des communautés religieuses. Mais qui s'en occuperait si elles n'étaient là ? L'État ? Que peut-il faire avec un budget provincial de $1,651,000 en 1870, de $3,457,000 en

---

87. *Ibid.*, p. 481.

1890 et de $4,563,000 en 1900 ? Avec des ressources aussi limitées, il ne peut faire grand-chose. Là où il y a manquement grave de sa part, c'est quand il n'intervient pas pour donner les directives et pour en contrôler l'application. Ce sont les évêques qui mènent le Conseil de l'instruction publique. S'ils sont bons prêtres, ils ne connaissent pas suffisamment les problèmes de l'enseignement, des hôpitaux et des œuvres sociales. Ils s'opposent à l'instruction obligatoire ; faute grave qu'on ne saurait trop leur reprocher, mais on doit en rendre l'État responsable encore plus que le clergé. Autorités religieuses et gouvernement laissent les communautés agir sans aucun contrôle ; ce qui entraîne le plus invraisemblable désordre que l'on puisse imaginer. On ne donne pas non plus le coup de barre qu'il faudrait pour orienter l'enseignement comme l'exige une société qui vit dans un cadre dont le clergé ne veut pas reconnaître l'aspect particulier. À la fin du siècle, les communautés s'arc-boutent dans leurs privilèges, leurs méthodes, leur absence de vues d'ensemble, en matière d'instruction en particulier. Dans le domaine social, elles bloquent les avenues ; ce qui tôt ou tard ne peut qu'entraîner la révolte des laïques à qui on ne fait qu'entrouvrir la porte. C'est au niveau de la direction générale que le mal existe. Or, de cela on doit blâmer l'État qui n'intervient que bien faiblement et les autorités ecclésiastiques qui ne se rendent pas compte de la gravité de la situation ou qui ne veulent pas l'admettre. Ce n'est qu'au siècle suivant que tout l'édifice craquera, puis s'écroulera dans un grand fracas. Dans l'intervalle, il tient. Il prend de l'importance et grandit démesurément mais, dans l'ensemble, il rend des services même s'il est de plus en plus inadapté. À cette époque, la croissance des établissements du clergé est extraordinaire, malgré l'absence de ressources financières véritables et en dehors des laïques. Quoi qu'on pense, encore une fois, on ne peut que s'incliner devant des témoignages comme ceux que l'on apporte à propos de l'enseignement supérieur, au cabinet Hincks et Morin, dès 1843. Le projet comporte l'établissement d'un collège à Montréal, sous la direction de l'évêque catholique. « Il pourrait y avoir, note-t-on, quelques cours publics les plus nécessaires aux besoins d'un pays, e.g. la médecine, la loi, l'architecture, la géométrie. Dans ce collège, les cours de loi et de médecine seraient donnés par des laïques, les autres seraient enseignés par des ecclésiastiques sans aucun frais pour la province, car ces professeurs ecclésiastiques n'exigeraient aucun émolument et se contenteraient du vêtement et de la nourriture. » [88] De ce projet qui n'a pas eu de suite, il faut noter non pas son efficacité possible, mais la collaboration bénévole d'un clergé qui demande peu.

Cela n'est pas suffisant assurément pour donner à l'enseignement sa pleine valeur. Mais qui, parmi les contribuables récalcitrants, auraient accepté l'idée de contribuer aux frais ? Et là-bas sur la colline parlementaire, comme on dira plus tard, on n'ose pas taxer. La plus grande partie des revenus vient de la forêt. Mais là encore, on laisse faire les *lumber barons*, qui la vident. L'État tire peu de choses de l'hécatombe, comme il le fera, au siècle suivant, quand il laissera extraire le minerai de fer du sous-sol en échange d'un plat de lentilles, sans comprendre qu'il commet ainsi une faute grave. Il accepte de tirer les marrons du feu pour l'étranger, sans exiger grand-chose en retour ; ce qui est lamentable. Voici comment deux historiens jugent la politique du gouvernement provincial à cette époque : « L'improvisation, l'imprévoyance, le favoritisme caractérisent la politique forestière du Québec de 1851 à 1896. Doté de faibles revenus, administré par des hommes imbus de libéralisme économique et préoccupés par l'électoralisme, le gouvernement du Québec est beaucoup plus l'instrument des groupes mercantiles que celui de la collectivité. Dans ces conditions, il n'est pas surprenant que la politique forestière reflète davantage les intérêts des commerçants de bois que ceux de la collectivité. Ainsi, en 1871, Québec retire en moyenne $8.27 par mille carré en concessions forestières et l'Ontario $113.96 ». État de choses lamentable contre lequel presque personne, avant Honoré Mercier, ne songe à s'opposer.

Ce qui est lamentable au XXe siècle l'est encore davantage durant ce XIXe siècle finissant où, pour agir, l'État aurait besoin de toutes ses ressources.

---

88. Le document porte le titre de *Projet d'établissement d'une université pour le Bas-Canada...* pour les honorables Hincks et Morin. Archives du Séminaire de Québec (100F). Il est daté de Kingston, le 7 novembre 1843.

Deuxième partie

TYPES SOCIAUX
D'UNE SOCIÉTÉ EN GESTATION
(1800-1900)

AVANT-PROPOS

Une société est faite d'éléments bien différents : des plus humbles aux plus élevés, du manœuvre et du paysan à l'intellectuel. Au Canada français, le dix-neuvième siècle a eu ses intellectuels, son clergé et sa bourgeoisie, armature d'une société en gestation. C'est l'histoire de cette classe moyenne que l'on a voulu évoquer dans cette deuxième partie, avec un certain nombre d'hommes qui ont joué un rôle dans le milieu en évolution. On a cherché à rappeler leurs problèmes, leurs aspirations, leurs joies et leurs deuils. Certains ont écrit, et leurs livres ont été tout pour eux ; d'autres se sont passionnés pour la religion, leurs idées, leur enseignement ou la politique. Certains ont tiré le plus possible de la vie en dépensant allégrement la fortune qu'on leur avait laissée. D'autres ont aidé leurs gens *à faire de la terre* dans leurs domaines immenses, trop souvent incultes et, presque toujours, très éloignés des centres de consommation à une époque où les communications étaient difficiles. D'autres, enfin, se sont orientés vers les affaires. Ils ont voulu s'enrichir à une époque où rien n'était facile, où le risque était grand, mais où, en travaillant âprement, on pouvait réussir de grandes choses sans contrainte. C'est cela qui fut leur motivation, comme on dit maintenant. Beaucoup atteignirent le but ; d'autres se ruinèrent parce qu'ils étaient incapables de suivre l'évolution de l'entreprise. Il nous a semblé que deux hommes d'affaires méritaient qu'on raconte leur vie, en les présentant dans les temps différents où ils ont vécu. Devant eux, on a campé Étienne Parent qui, après avoir mûrement réfléchi, a tenté de montrer la voie à suivre, sans qu'on ne l'écoute.

Pendant ce temps, des milliers de paysans vinrent grossir le nombre des manœuvres dans les villes. Ils le restèrent longtemps parce qu'ils n'avaient pas la formation, le flair, la chance ou l'audace voulus pour tirer le maximum d'une économie en voie d'expansion.

On ne trouvera pas ici tous les types sociaux auxquels le dix-neuvième siècle a donné naissance au Canada français, mais simplement quelques-uns que l'on a étudiés dans les sphères où ils ont vécu, créé, peiné et laissé leur marque.

Sans doute, y a-t-il dans ce livre des erreurs de chiffres, de noms, de dates ! Qui n'en a jamais commises ? Mais on y trouvera surtout un désir de comprendre, d'expliquer des hommes, des événements, des faits qui dépassent la chasse à la petite bête ou aux poux.

Joseph Bouchette

Le bureaucrate et le géographe:

Joseph Bouchette
(1774-1841)

Joseph Bouchette est arpenteur-géomètre, mais aussi géographe, un des premiers parmi les Canadiens français [1]. Il est amené à la géographie par son poste d'arpenteur-général du Roi à Québec : haut fonctionnaire de qui relève le soin de déterminer les bornes et les divisions territoriales d'un pays immense, déjà déchiré par les dissensions.

Comme on dit à l'époque, il est un bureaucrate [2]. Un bureaucrate, c'est un fonctionnaire de l'État, qui est du côté du manche, c'est-à-dire du gouvernement. Il fait partie de ce que l'on appelle *la clique du Château,* qui est trop souvent contre l'habitant. C'est déjà l'*establishment* (même si on ne l'appelle pas encore ainsi), c'est-à-dire la classe qui dirige non pas au nom du peuple ou en vertu d'un mandat populaire, mais du fait du prince. Le bureaucrate, ce n'est pas le technocrate, tout au moins au sens qu'on donne maintenant à ce mot, même si les deux sont des serviteurs de l'État. Le technocrate est un fonctionnaire, qui s'en tient strictement à l'administration publique. Il peut diriger un service, l'orienter, être le conseiller économique, financier ou technique d'un ministre, d'un département, d'un service quelconque du gouvernement. Ce n'est pas nécessairement un exécutant, mais il n'est pas un militant du

---

1. De métier et par l'importance de son œuvre, tout au moins.
2. On donne à ce mot un sens bien particulier. Dans ses *Mémoires* (voir note 58), R.S.M. Bouchette n'hésite pas à écrire : « Mon père, en sa qualité d'arpenteur-général, appartenait à la classe des *bureaucrates* que la majorité de l'assemblée tenait en aversion ».

parti au pouvoir. Parce qu'il n'intervient pas dans l'aspect politique même des affaires, à moins qu'il ne soit le conseiller intime d'un ministre ou d'un parti, il peut rester en place pendant plusieurs régimes successifs. On ne lui demande pas d'assurer la permanence d'un parti au pouvoir, ni de lui donner des directives générales. C'est uniquement l'administrateur qui assure la continuité des affaires et des politiques de l'État. Aussi n'imagine-t-on pas un technocrate pétitionnaire d'un projet d'ordre politique. Il pourra l'imaginer, le rédiger, en plaider les aspects généraux devant le ministère ou le cabinet. Mais pour rester en place, il ne faut pas qu'il prenne parti ouvertement ou en apposant sa signature au bas d'un document demandant à l'État une politique nouvelle, comme une refonte constitutionnelle. Or, Joseph Bouchette, bureaucrate, n'hésite pas, en 1823, à appuyer ouvertement le projet d'union du Bas et du Haut-Canada, présenté à la Chambre des Communes d'Angleterre en juillet 1822, sous l'inspiration d'Edward Ellice [3] et des marchands de Montréal (dont Richardson, Grant, Molson, Hart et Logan). Le projet prévoit l'union des deux Canadas en remplacement de la Constitution de 1791. Dans la Chambre nouvelle, il accorde une représentation du Haut-Canada hors de proportion de sa population et l'usage de la seule langue anglaise pour les documents et les débats officiels. Enfin, si le projet garantit le libre exercice de la religion catholique, il attribue au gouverneur anglais et protestant la nomination des curés. Devant cela, on peut imaginer la levée de boucliers dans le milieu catholique du Bas-Canada [4]. Le clergé s'oppose catégoriquement au projet et, en particulier, Mgr Plessis et Mgr Lartigue, effrayés de voir leurs curés désignés par Londres. Il y a à Montréal un groupe d'hommes d'affaires qui voient assez juste au point de vue économique,

---

3.   Edward Ellice est seigneur de Beauharnois, mais il habite Londres. Il est le centre d'intrigues de tous genres que le groupe de marchands de Montréal entretient en Angleterre pour appuyer ses idées ou contourner les oppositions qu'il constate dans le milieu officiel, à certains moments. Tout se retrouve à Londres, où la décision est prise. Mais là, on n'est pas prêt à tout accepter du milieu anglophone de Montréal, car on sait qu'il ne faut pas aller trop loin si on ne veut pas précipiter les sujets nouveaux dans les bras des gens du Sud, lesquels restent très actifs.

4.   La protestation est à ce point vigoureuse que Londres met le projet de côté, en attendant qu'on le reprenne en 1840 sous une autre forme et dans des circonstances nouvelles. Voir à ce sujet Thomais Chapais, *Cours d'Histoire du Canada* (Québec : Librairie Garneau, 1921), vol. III, p. 110.

mais ils veulent noyer l'élément francophone dans un groupe anglophone inférieur en nombre qui, dans leur esprit, le dépassera avant longtemps. C'est ce projet que John Neilson et Louis-Joseph Papineau vont bloquer en Angleterre, malgré Edward Ellice, seigneur de Beauharnois, qui, à Londres, intrigue auprès des membres du parlement. C'est un autre ami de Joseph Bouchette qui l'a aidé à faire paraître son premier livre, en 1815. Le projet d'union sera repris différemment et mis à exécution en 1840, après le rapport Durham. C'était une formule constitutionnelle nouvelle qui, en 1823, affolait le clergé et que craignaient certains comme Étienne Parent. Ils y voyaient la fin de leur groupe noyé dans un nombre grandissant d'immigrants [5], orientés vers la religion protestante et la langue anglaise qui, pour eux, était le plus efficace véhicule d'anglicisation et de protestantisation dans un avenir plus ou moins lointain.

On n'imagine pas non plus un technocrate demandant à l'État l'octroi de terres déjà occupées, comme le font les prédécesseurs de Joseph Bouchette : Samuel Holland et John Collins, chargés de faire l'arpentage d'une partie de la Gaspésie et en profitant, comme le note Francis J. Audet dans son étude sur « Trois géographes canadiens », pour se faire accorder des terres où il y a déjà des Acadiens ou des Canadiens.

Joseph Bouchette est nommé arpenteur général en 1802, à la suggestion du lieutenant-gouverneur de la province sir Robert Shore Milnes [6], qui est à Québec depuis 1799, après avoir été gouverneur de la Martinique, à une époque où l'Île était possession britannique. À un moment donné, Milnes et Bouchette sont assez près l'un de l'autre. À telle enseigne que le lieutenant-gouverneur acceptera qu'on donne son nom au quatrième fils de

---

5. La réaction d'Étienne Parent au *Canadien* est non moins catégorique et appréhensive. Déjà, de 1827 à 1831, selon les chiffres de Joseph Bouchette, si l'augmentation naturelle de la population s'était élevée à 59,575 âmes, le nombre d'immigrants fixés dans la Colonie du Bas-Canada avait été de 28,000 (*Statistical Tables, Published Pursuant to an Act of the Provincial Legislature*, 9, Geo IV, Chap. 68, p. 9).

6. Dans une dépêche du 22 avril 1802, le lieutenant-gouverneur Milnes, devenu *baronet* en 1801, n'hésite pas à faire l'éloge de son candidat. Être *baronet*, c'est un titre qui donne un prestige nouveau à son titulaire. En le devenant, il entre dans un ordre de chevalerie créé par Jacques 1er, et cela lui permet de faire précéder son nom de *sir*, qu'on accole souvent au seul prénom. C'est ainsi qu'on dira plus loin sir Robert, en employant celui qui est le plus fréquent.

Joseph Bouchette. À l'étonnement du curé sans doute, il sera baptisé sous le vocable de Robert Shore Milnes, même s'il n'est aucun saint qui puisse justifier pareils prénoms. Sir Robert avait dû faire une profonde impression sur son ami et protégé pour qu'il songe à affubler son fils d'un pareil vocable. L'intéressé ne le renia point par la suite, même s'il en fut embarrassé parfois. Ainsi, plus tard, quand il se présenta devant les électeurs du comté de Northumberland.

Le duc de Kent fut un autre protecteur insigne de Joseph Bouchette, durant son séjour au Bas-Canada, en attendant que, revenu en Angleterre, il épouse la princesse Victoria de Leiningen, qui fut la mère de la reine Victoria. Quelques années plus tard, en 1829, Joseph Bouchette ira à Londres pour faire paraître son grand ouvrage sur le Canada [7]. Il ne manqua pas de rappeler la faveur que lui avait montrée le duc, au cours de son séjour à Québec alors que jeune officier, il n'était qu'un adolescent à la recherche d'une situation et d'un avenir.

Son oncle, Samuel Holland [8], lui trouva un petit poste qui fut le point de départ d'une carrière féconde. Major dans l'armée

---

7. Il faut lire à ce sujet les *Mémoires* de son fils qui l'accompagne en Angleterre.
   8. Samuel Holland avait épousé Josephte Rolette ou Rolet, dont la mère s'était d'abord mariée à Marc Bouchet, mort en bas âge. C'est alors qu'elle était devenue la femme de François Rolet ou Rolette. (Voir Édouard Fabre-Surveyer, « The Bouchette Family », *Mémoires de la Société royale du Canada*, sér. III, tome 35 [1941], sec. II, p. 135.) Il faut dire ici un mot de M. Surveyer, dont les études sont valables. Il avait annoncé mes travaux sur Joseph Bouchette il y a trente ans. Je les ai repris ; mais les siens m'ont été très utiles.
   Assez curieusement, après avoir fait entrer son neveu à l'emploi de l'État, dans son service, Samuel Holland lui aurait préféré son fils (John Ferdinand), mais malade, vieux, il s'inclina devant le choix du gouverneur Milnes (N.E. Dionne, dans « L'Annuaire de la Corporation des arpenteurs-géomètres de la province de Québec », 1902, p. 23).
   « Dans son étude sur « Trois géographes canadiens » parue dans le *Bulletin de la Société de géographie de Québec* (Nᵒ 2, mars-avril 1924), Francis J. Audet donne des détails assez intéressants, à propos de Samuel Jan Hollan ou Holland né aux Pays-Bas en 1728. Il entre dans l'armée hollandaise, devient lieutenant. « Permuté dans l'armée anglaise, il est envoyé en Nouvelle-France avec le grade de capitaine en août 1759. Il fait partie de l'expédition sur Louisbourg, puis sur Québec. En 1762, il est appuyé par le général Murray, qui le déclare « officier brave et laborieux et ingénieur intelligent ». Il revient d'Angleterre en 1764 avec le titre d'arpenteur général des colonies situées au nord de la Virginie. Séparé de sa femme qu'il a laissée en Angleterre, il épouse à Québec, après l'avoir

britannique de Wolfe, Holland avait collaboré avec le général sir Jefferey Amherst à titre d'aide-ingénieur. En 1764, il avait occupé un siège d'arpenteur général des colonies sises au Nord de la Virginie : domaine immense comme un monde. Il avait fait entrer son neveu au service de l'État, en lui faisant une petite place à ses côtés. Comme il eut le bon esprit de mourir en 1801, Joseph Bouchette lui succéda officieusement le 8 janvier 1802 et officiellement vers 1804 [9]. Il se mit immédiatement au travail et, malgré la carrière militaire à laquelle il se croit destiné ou que les événements lui imposent, il écrit un premier livre qui lui causa beaucoup de soucis par la suite, mais qui établit sa réputation comme géographe [10]. C'est un gros bouquin fort bien présenté, un peu élémentaire sous certains aspects, mais non sans mérite. C'est l'œuvre d'un homme jeune (il a quarante ans), qui a atteint la maturité, mais qui n'a pas encore absorbé toute la documentation qu'il a réunie ou qu'il a trouvée à son entrée en fonctions. Il reprendra le dossier seize ans plus tard, comme on le verra, et ce sera le grand ouvrage de sa vie. Ce premier livre paraît en 1815. Le titre est long, mais précis : *Description topographique de la province du Bas-Canada, avec des remarques sur le Haut-Canada et sur les relations des deux provinces avec les États-Unis.* Il sort des presses de W. Faden, géographe de Sa Majesté et du Prince Régent, trois ans après la guerre qui a failli entraîner la conquête des deux colonies anglaises par les Américains. Malgré la part qu'il a prise à la défense du pays, Bouchette est parvenu à mettre son livre au point. Il en est heureux, même si l'Assemblée le fait s'engager

---

enlevée, Marie-Josephte Rolette, tante de Joseph Bouchette. Puis, successivement, en outre de son poste officiel, il fait partie de divers conseils législatif et exécutif et commissions d'arpentage. Il a laissé les ouvrages suivants que signale Francis J. Audet dans son travail (p. 93) : « Observations made on the Island of St. John and Cape Breton, to ascertain the longitude and latitude of those places, agreeable to the orders and instructions of the Rt. Hon. the Lords Commissioners for Trade and Plantations », *Phil. Trans.*, 1768 ; « Astronomical Observations », *Phil Trans.*, 1769 ; « Eclipses of Jupiter's Satellites, observed near Quebec », *Phil. Trans.*, 1774 ; « Astronomical Observations », *Phil. Trans.*, 1774.

Le major Holland était propriétaire d'une ferme dont une partie devint Powell Place, puis Spencer Wood, connu plus tard sous le nom de *Bois de Coulonge*, où un lieutenant-gouverneur mourut dans des circonstances tragiques.

9. Date où sa nomination fut reconnue.

10. *Description topographique de la province du Bas-Canada...* dont il est question plus loin.

dans une lourde dépense, tout en ne lui payant qu'un tiers de la somme votée. Il traînera la dette longtemps, comme un boulet, à une époque où l'édition est coûteuse, le prix du livre élevé et, bien faible, le nombre d'amateurs argentés. Ce n'est que longtemps après sa mort qu'une Chambre oublieuse et récalcitrante versera à ses héritiers le solde de la subvention, comme on le verra plus loin. Il était du *mauvais bord* pour la Chambre d'Assemblée [11] ; ce qui a toujours été un défaut grave, presque une tare. On ne comprend pas, cependant, que le gouvernement auquel il avait été si dévoué, n'ait pas fait rembourser les sommes qu'on lui devait. À une époque où l'arbitraire était la règle, on s'explique mal qu'on n'ait pu trouver une solution même si, déjà, la règle s'affirmait dans la colonie que la dépense de l'État devait être votée par les représentants du peuple. Dans l'intervalle, Bouchette *fait de l'immeuble,* comme on dit maintenant, et il réclame à tous les échos une augmentation de traitement, comme aussi des fonds pour retenir les services d'un personnel plus nombreux... et pour chauffer son bureau. À l'encontre de beaucoup d'autres, il est bien mal rémunéré.

Comment des liens d'amitié avaient-ils pu s'établir entre l'administrateur de la colonie et l'arpenteur général du Canada ? Mais, vers la même époque, n'en existait-il pas entre les Salaberry et le duc de Kent ? Et le duc n'avait-il pas été le parrain d'un des fils Salaberry, pour le plus grand embarras du curé qui distribuait eau, sel et saint chrême sur la tête et la poitrine du nouveau-né ? Robert de Roquebrune raconte la scène du baptême. Elle est savoureuse puisque si le duc est de la famille royale, il n'en est pas moins protestant. Madame de Saint-Laurent est sa maîtresse (ou son épouse morganatique, affirment certains), mais elle est catholique. On ne pouvait avouer cela à l'aimable duc, note Roquebrune. Aussi « le coadjuteur de l'évêque de Québec, ami de Son Altesse Royale et des Salaberry, trancha-t-il la difficulté avec discrétion. En effet, Mgr Bailly de Messein procéda lui-même au baptême. Le duc de Kent était présent et se crut le parrain de l'enfant mais, accordant le rite catholique avec les nécessités mondaines, le coadjuteur s'arrangea pour être le parrain du petit Salaberry avec Madame de Saint-Laurent

---

11. Qui le considère comme un bureaucrate, donc un être qui ne mérite aucun égard, quels que soient ses mérites personnels.

comme marraine » [12]. Et c'est ainsi que l'enfant reçut le prénom d'Édouard-Alphonse, réunissant en un seul ceux de son royal parrain et de sa maîtresse, qui s'appelait en réalité Alphonsine de Montgenet, baronne Fortisson [13].

Avant d'apporter une explication à l'amitié qui liait sir Robert Shore Milnes et Joseph Bouchette, peut-être conviendrait-il de se demander qui était sir Robert et quelle orientation il a voulu donner à son administration au Bas-Canada.

Sir Robert était un esprit intéressant. L'on comprend que Joseph Bouchette ait été attiré par lui. Fils d'un *squire* de Wakefield, en Angleterre, il entre aux Royal Horse Guards, puis il occupe un poste élevé à la Martinique, avant d'être nommé lieutenant-gouverneur du Bas-Canada en 1797. Des difficultés multiples l'y attendent, car le milieu est déjà bien divisé. Il se met à la besogne. Il cherche à comprendre, questionne, enquête, met de l'ordre dans ses idées. Puis, le 1er novembre 1800, il écrit au duc de Portland [14] une longue dépêche où il s'efforce de présenter les problèmes de la colonie. Il les voit d'abord sous le double angle de la religion et de la fidélité à la Couronne d'Angleterre, celle-ci étant l'objet ultime de ses efforts. Dans son texte, il montre un peuple recroquevillé sur lui-même, en grande partie inculte, mené par son clergé et dirigé par un petit nombre de gens instruits, mais très attirés par le régime démocratique des États du Sud : ce à quoi ils tendent mais sans aller encore jusqu'à la séparation d'avec l'Angleterre. À ce moment-là, en effet, on veut simplement asseoir solidement des droits politiques, s'installer aux postes de commande et faire voter le budget de

12. *Les Canadiens d'Autrefois*, par Robert de Roquebrune (Montréal : Chez Fides, 1966), vol. II, p. 138.

13. Il faut lire l'excellent ouvrage sur le duc de Kent qu'a fait paraître, à Griffin House à Toronto, Mlle Mollie Gillen, en 1970, sous le titre *The Prince and His Lady*. On y trouve plusieurs chapitres consacrés aux amours du duc de Kent et de Julie de Saint-Laurent, jusqu'au moment où, revenu à Londres, le duc de Kent dut se résoudre à abandonner sa maîtresse (épouse morganatique, croit-on, mais sans pouvoir l'affirmer), qui l'avait accompagné partout. Il épouse une princesse allemande. C'est Victoria – fruit de leurs amours – qui devint reine d'Angleterre d'abord, puis impératrice des Indes par l'intervention de son ami et premier ministre Disraeli.

14. Ministre de l'Intérieur à cette époque, il deviendra premier ministre ultérieurement. La dépêche du lieutenant-gouverneur au duc de Portland porte l'indication suivante des Archives canadiennes : sér. Q, vol. 85, p. 228 et s.

l'État par les représentants du peuple. La notion d'indépendance viendra plus tard quand les circonstances le permettront et quand les hommes auront évolué. Dans l'élite, il y a d'une part la bourgeoisie naissante qui s'oriente vers la politique parce qu'elle ne veut pas s'occuper d'affaires, comme le font les anglophones qu'aucun complexe ne retient. Il y a aussi les seigneurs, en nombre décroissant, qui s'aventurent dans un domaine ouvert par la Constitution de 1791, mais que curieusement le peuple n'appuie pas toujours. Le lieutenant-gouverneur Milnes voudrait qu'ils jouassent un rôle plus efficace, moins effacé. Ainsi, dans sa dépêche au ministre, il écrit : « Quelle qu'excellente que puisse être en elle-même la nouvelle Constitution qu'il a plu à Sa Majesté d'accorder à cette province, je suis d'avis que sa base doit reposer sur le maintien d'une juste proportion entre l'aristocratie et les ordres inférieurs, sans quoi elle deviendra une arme dangereuse entre les mains de ces derniers ». Et il ajoute : « Maintes causes se réunissent présentement pour diminuer tous les jours le pouvoir et l'influence de l'aristocratie dans le Bas-Canada ». Il y a d'abord « la manière dont la province a été primitivement colonisée, c'est-à-dire à raison de la tenure indépendante grâce à laquelle les cultivateurs (qui forment la grande marge de la population et qu'on appelle du nom d'habitants) sont propriétaires de leurs terres » [15]. « Puis, il y a le fait que peu de seigneurs montrent quelques dispositions pour augmenter leur influence ou développer leur fortune au moyen du commerce ». Cette influence décroissante des anciennes classes dirigeantes, Philippe Aubert de Gaspé y fait aussi allusion dans ses *Mémoires* [16]. Il confirme ainsi les vues de l'administrateur de la colonie.

Le mouvement de recul s'accentue avec les années. Il inquiète le lieutenant-gouverneur, comme aussi l'influence exercée par l'Église catholique. Celle-ci paraît toute-puissante sur des ruraux analphabètes, isolés, à peu près entièrement fermés à toute autre directive qu'à celle de leur curé. Or, si l'évêque est assez favorable à la Couronne d'Angleterre, croit le haut fonctionnaire de l'État, le bas clergé ne l'est guère. Il vit à l'écart et cherche à empêcher ses ouailles de subir l'influence protestante, intimement liée à la monarchie.

15. *Cours d'Histoire du Canada* de Thomas Chapais (Québec, Librairie Garneau, 1921), vol. II, p. 298.
16. *Mémoires* de Philippe Aubert de Gaspé (Montréal. Chez Fides, 1971).

Inspiré par des interventions dont on discerne la source dans son entourage [17], sir Robert apporte aux services de Londres des solutions destinées, dans son esprit, à assurer l'influence anglaise dans la colonie. Les voici, en résumé :

a) Il faut pousser à la colonisation du pays par des éléments anglophones, en facilitant l'accès et le défrichement des immenses régions que possède la Couronne. Pour cela, on doit les mettre à la disposition des colons venus d'Angleterre, tout en les concédant en *franc et commun soccage* [18]. Avec le temps, on formerait dans la province « un noyau de population protestante qui, naturellement, se sentirait plus immédiatement lié au gouvernement anglais ».

Par la vente de ces terres, le gouvernement aurait un revenu qui diminuerait les lourdes charges de la Métropole, à une époque où la guerre continentale lui coûte cher [19]. L'Angleterre, cet éternel banquier des guerres napoléoniennes, écrira Paul Morand beaucoup plus tard.

b) Dans l'immédiat, par une double intervention auprès du clergé catholique et des officiers de milice, on pourrait faciliter la colonisation avec l'aide des populations autochtones. Ainsi, se resserreraient les liens entre la Couronne et la population francophone, tout en servant les intérêts immédiats de celle-ci. Pour cela précise le haut fonctionnaire, il faudrait mieux traiter l'évêque catholique qui a de grands besoins et peu de ressources.

---

17. La plupart des gouverneurs se sont plaints qu'en arrivant dans la colonie, ils ne pouvaient choisir leurs conseillers et leur entourage. Certains ont subi des influences très fortes, qu'ils auraient peut-être évitées autrement. D'un autre côté, on ne voit guère un administrateur faisant table rase de ses conseillers tous les cinq ans. C'est ce que Durham a fait, cependant, en 1838. Pour juger la situation dans la colonie, il ne voulut pas être la chose des gens en place ou subir leur influence.
18. Le *free and common soccage*, c'est le droit de propriété pur et simple, non rattaché à une seigneurie ou au bon vouloir d'un seigneur. Il y a un chapitre intéressant sur le sujet et sur le régime seigneurial dans le second ouvrage de Joseph Bouchette, « British Dominions in North America », paru en 1832, vol. I, pp. 374 à 384.
19. C'était l'époque où Napoléon, triomphant partout sur terre, songeait à envahir l'Angleterre pour la réduire à merci. Comme l'Angleterre ripostait avec ses armées, sa marine et ses fonds, le gouvernement était peu disposé à dépenser beaucoup pour cette colonie d'Amérique que les États-Unis ne menaçaient pas encore et qui, malgré quelques meneurs courageux, ne bougeait pas dangereusement. Pour les contenir, il suffisait de céder sur certains points quand l'effervescence menaçait.

On devrait aussi faire des officiers de milice (qui sont quelque 294) des fonctionnaires rémunérés et « liés à l'intérêt du gouvernement » [20]. Une de leurs fonctions serait de « répandre des principes de loyauté parmi les Canadiens, en opposition à cet esprit de démocratie qui, depuis peu, a gagné tant de terrain dans plusieurs parties du monde mais qui, heureusement, n'a pas fait pour le moment de sensibles progrès au Canada ».

c) Par l'action concertée des prêtres et des capitaines de milice, on parviendrait sûrement à obtenir l'élection à la Chambre d'Assemblée, d'hommes qui « par leur éducation et leur connaissance des affaires, seraient plus aptes à envisager les véritables intérêts de la province sous leur vrai jour et que des arguments trompeurs n'empêcheraient pas de donner leur entier appui au gouvernement exécutif ».

d) Il faudrait enfin, précise sir Robert, pourvoir à l'éducation de la masse : « Je me flatte de dire qu'il ne peut y avoir de doute que la libéralité qu'il a plu à Sa Majesté de pourvoir à l'éducation dans la province, contribuera énormément à obtenir l'affection et la loyauté de la génération qui grandit et qui serait autrement exposée à se pénétrer des principes contraires au gouvernement doux et paternel de Sa Majesté par suite de la nécessité où elle s'est trouvée jusqu'ici d'aller dans les états voisins pour s'instruire ». Le lieutenant-gouverneur songe sans doute à ces écoles publiques qu'il veut faire ouvrir dans les paroisses du Bas-Canada. C'est sous son régime que l'on fondera l'Institution royale pour l'Avancement des Sciences ; mesure qui,

---

20. Théoriquement, cela était tout à fait acceptable. En fait, tous ces officiers de milice se faisaient un peu tirer l'oreille pour faire l'éloge d'un monarque lointain et d'un régime dont ils tiraient personnellement tout au plus des satisfactions d'amour propre. C'était de la part du lieutenant-gouverneur Milnes, je le crains, plus du *wishful thinking* qu'autre chose. De son côté, en 1832, Joseph Bouchette consacre un chapitre à la milice. Il en profite pour rappeler les services qu'elle a rendus à la colonie en 1775 et en 1812 par sa résistance aux armées américaines (Voir *British Dominions*).
Dans ses papiers de famille, l'auteur a un brevet de capitaine de milice, accordé à Matthew Lymburner par Sir Robert Shore Milnes, baronet, le 2 mai 1804. C'est sans doute un des derniers qu'il ait paraphés, puisqu'il revint en Angleterre en 1805. Lymburner devint ainsi officier de milice dans le « Battalion of Milicia of the Town and Banlieu of Quebec », dont Francis Le Maitre était le colonel. Dans le brevet, on enjoint à ses officiers et à ses hommes de lui obéir. De son côté, il devra se rendre aux *Orders and directions*, qui lui seront données par le lieutenant-gouverneur ou par des officiers supérieurs *according to law*.

en soi, aurait été excellente si elle n'avait tendu indirectement à *protestantiser* la population. Présidée par l'évêque anglican, elle était formée en presque totalité de membres protestants. Aussi fut-elle un fiasco, devant l'opposition du clergé catholique. Peut-être aurait-elle eu un meilleur sort et eût-elle rendu les plus grands services dans un milieu presque analphabète, s'il y eut eu une direction différente [21] ! Le clergé aurait probablement consenti à angliciser ses ouailles à cette époque, mais il ne pouvait être question de les laisser subir l'influence de la religion protestante. Au fond, la longue résistance à l'anglicisation du Canada français a peut-être son origine dans cette opposition acharnée des deux clergés. On en trouve une indication précise dans une longue lettre que l'évêque anglican adresse au lieutenant-gouverneur Milnes le 5 août 1803 et qu'à son tour, ce dernier envoie à lord Hobart [22] par la voie officielle. Sans ambages, le Bishop Mountain y déclare : « Comparée aux fortes organisations, aux revenus considérables et aux pouvoirs et privilèges étendus de l'Église de Rome, l'Église d'Angleterre tombe tout simplement au rang d'une secte tolérée... » Sa lettre est datée ainsi : « Sans Bruit, le 6 juin 1803 ». Le nom est charmant. Il aurait pu indiquer un programme si le texte du message ne faisait voir l'opposition irréductible de deux influences, de deux haines qui séparèrent si longtemps les deux groupes principaux de la colonie.

*   *   *

Comment expliquer l'amitié de Joseph Bouchette et de sir Robert Shore Milnes, ai-je dit ? Anglais jusqu'au bout des ongles, entièrement dévoué à la Couronne d'Angleterre, ce dernier

21. Au fond ce fut un grand malheur, car ce qui aurait pu être un élément important de formation accomplit bien peu en réalité ; ce dont on doit blâmer le gouvernement qui a orienté le choix de l'équipe directrice. Charger des protestants d'exécuter une mesure destinée surtout à des catholiques, c'était à l'avance la rendre presque inopérante. Obstiné, le clergé préférait voir ses gens rester dans l'ignorance que de les orienter vers le protestantisme. C'était un point de vue étroit, lamentable, mais il ne pouvait pas ne pas prévaloir. Les milieux officiels ne l'ont pas compris. Avec le clergé catholique, ils ont ainsi condamné une grande partie des francophones à l'ignorance pendant deux générations.
22. On peut trouver la lettre de l'évêque anglican dans les Archives canadiennes, sér. Q, vol. 92, p. 253, et la lettre du lieutenant-gouverneur à Lord Hobart en page 310 du *Cours d'Histoire du Canada* de Thomas Chapais, vol. II.

montre bien dans cette dépêche de 1800 qu'il veut faire naître dans la population des sentiments de fidélité au Roi envers et contre tout et par tous les moyens. Avec ces prémisses, son raisonnement se tient. Il est admissible même si, à nos yeux, il paraît un peu cynique ou détestable selon l'angle où on le voit. En tenant compte des fonctions du titulaire du poste, il est logique même si on en constate l'inanité longtemps après. À l'époque, il correspondait à l'état d'esprit officiel. Malheureusement celui qui l'exprimait ne tenait pas compte de l'élément spirituel d'une part et, de l'autre, de l'égoïsme ou de la maladresse d'un groupe qui deviendra rapidement une caste, sur laquelle s'appuieront les bureaucrates qui sont prêts à la servir. Or, durant toute sa vie, Joseph Bouchette sera bureaucrate d'esprit et en toute sincérité [23], même si dans ses livres on le sent encore très près de ses gens.

Pour comprendre son attitude, il faut étudier le milieu dans lequel il a vécu depuis sa jeunesse. Son père [24] a été marin depuis son plus jeune âge. C'est lui qui, en 1775, a conduit le gouverneur Carleton de Montréal à Québec dans une barque et lui a permis d'éviter d'être fait prisonnier par les armées américaines qui avaient envahi le territoire [25]. Il a passé la plus

---

23. Jusqu'à la fin, il servira son Roi, avec une entière conviction et une fidélité à toute épreuve. Ainsi, avant de partir pour les Bermudes, son fils écrit : « Ah ! mon pauvre père ! Absolu dans sa conception du devoir et de la loyauté... il ne comprenait guère ma conduite... » (*Mémoires*, p. 83).

24. Dans un mémoire communiqué à la Société royale du Canada en 1941 (voir note 8), Édouard Fabre Surveyer présente la généalogie de la famille Bouchette avec l'arrivée de l'ancêtre Marc Bouchet, au début du dix-huitième siècle à Québec, où il se marie dès 1724 et meurt presque aussitôt.

25. En se basant sur une lettre du gouverneur Carleton, adressée le 20 novembre 1775 à lord Dartmouth (Archives du Canada, sér. Q, et 11, p. 318), voici comment Thomas Chapais raconte l'exploit : « Le 11 novembre, les soldats de Montgomery commencèrent à traverser à l'Île Saint-Paul, et Carleton, incapable de tenir tête à l'ennemi, s'embarquait pour Québec. Sa descente sur le Saint-Laurent fut périlleuse et mouvementée. On était aux plus orageux et aux plus sombres jours de l'automne canadien. Le Nord-Est soufflait en tempête. Les vents contraires arrêtèrent la flotille à Lavaltrie. Déjà les détachements américains battaient les deux rives du fleuve, et commençaient à monter des canons sur les îles de Berthier et de Sorel pour barrer le passage aux embarcations. Après avoir tenu conseil, Carleton résolut de se rendre à Québec coûte que coûte. Il se jeta dans une barque dirigée par le capitaine Bouchette et franchit le chenail de l'Île du Pads au milieu des ténèbres, durant la nuit du 16 novembre. Le 17, il atteignait les Trois-Rivières. Et le 19, il arrivait à Québec ».

grande partie de sa vie dans le Haut-Canada. Il a commandé la flotte anglaise dans le lac Ontario, avec le rang de commissaire naval ou de commodore. Pendant tout ce temps, il a habité York ou Kingston et il est mort au Fort Frédéric, le 28 avril 1804. Son fils, Joseph, est né à Montréal en 1774, un an avant la prouesse paternelle, dont il a souvent entendu parler dans la famille. Il quitte la maison de son père à l'âge de seize ans, pour aller travailler avec son oncle le major Holland. Celui-ci lui donne les premières notions de son métier et le confie à François Baillargé qui lui enseigne le dessin [26].

Joseph Bouchette a une instruction assez limitée ; mais il est intelligent. Aussi la vie se chargera-t-elle de compléter sa formation. En 1791 — un an après son entrée au service de l'État — il sert sous son père dans la marine. Il devient sous-lieutenant, après avoir renfloué l'*Anandaga,* qui s'était échoué sur un banc de sable en face de York [27]. On avance vite à cette époque quand on est vif, audacieux et bien appuyé. D'autant plus que Joseph Bouchette a déjà quelque mérite. Passant par dessus la tête d'arpenteurs chevronnés du Haut-Canada, le lieutenant-gouverneur du Haut-Canada l'a chargé en 1793 de faire le relevé topographique du fort de York. Servant sous son père, Bouchette est attaché à la flotte des Grands Lacs. Puis, on lui confie une galère armée, avec un détachement de trente soldats de son régiment et quatre artilleurs ; ce qui lui apprend à diriger des hommes, lui qui n'a à ce moment-là que vingt ans. En 1796, il quitte la marine pour devenir lieutenant dans le premier bataillon des *Royal Canadian Volunteers* ; puis, trois ans après, en 1799, le duc de Kent, qui s'intéresse à lui, l'envoie à Halifax « en vue de l'instruire de la tactique et de la discipline militaire » : cours de perfectionnement avant la lettre. Au re-

---

26. Gérard Morisset dans *La Peinture traditionnelle au Canada français* (Montréal : Au Cercle du Livre de France, 1960), p. 78. Dans ses livres, Joseph Bouchette a fait mettre des lithographies, gravées d'après ses dessins.

27. Dans son étude sur Joseph Bouchette, présentée à la Société canadienne de l'Histoire de l'Église catholique, en 1944, le Frère Alfred, F.C.S., raconte comment les choses se sont passées : le navire amiral l'*Anandaga* s'était échoué sur un banc de sable à l'entrée du port de York, qui devait devenir Toronto par la suite. Joseph Bouchette dégagea le navire et le ramena à Niagara. C'est alors qu'il fut promu second lieutenant, en mai 1794. Dans sa *Description topographique...,* Bouchette donne la carte du port de York qu'il a faite au cours du relevé topographique qui lui a été demandé par la suite (p. 604). La carte indique le *schooner* échoué. Cet exploit de Bouchette, fait malgré l'avis des officiels, fut un moment important de sa vie.

tour, il est nommé adjudant. Au moment de la guerre de 1812, il est major-commandant des *Volontaires de Québec* et, plus tard, lieutenant-colonel de milice.

Ainsi, petit à petit, il se forme à l'école de la vie. Dans l'intervalle, il est revenu au service de l'arpenteur général. Puis, comme son oncle meurt en 1801, il lui succède, comme on l'a vu, grâce à l'intervention du lieutenant-gouverneur sir Robert Shore Milnes, qui l'estime et le dit à Londres [28].

Dans l'intervalle aussi, Bouchette s'est marié. Il a épousé la deuxième fille de Charles Chaboillez, Marie-Louise-Adélaïde, l'aînée, Marguerite, étant devenue la femme de Simon McTavish, autre associé de la Compagnie du Nord-Ouest, arrivé gueux d'Écosse et qui s'est enrichi, comme Charles Chaboillez, en faisant la traite des fourrures. La jeune femme est charmante. Voici ce qu'en dit le quatrième de ses fils, dans ses *Mémoires,* que publieront longtemps plus tard son fils Errol et Alfred D. DeCelles : « Ma mère avait lu beaucoup et bien autant en anglais qu'en français. Ses lettres étaient des modèles de style épistolaire familier. Elle chantait avec beaucoup d'expression et d'une riche voix de mezzo-soprano. Petite, plutôt que grande, sa taille était d'une symétrie parfaite. Ses cheveux noirs et abondants étaient toujours très soignés, ses yeux noirs et expressifs, frangés de longs cils sous des sourcils bien arqués, éclairaient un visage intelligent, aux traits très fins et au teint clair et délicat » [29].

Retenons simplement du témoignage de leur fils que Joseph Bouchette et sa femme connaissaient bien le milieu anglais et qu'ils le voyaient fréquemment. Lui était près du gouvernement. Comme il avait beaucoup voyagé, réfléchi, écrit sur le Bas et le Haut-Canada, après les avoir visités, il ne pouvait pas ne pas voir les choses différemment de la plupart de ses compatriotes, d'autant plus que l'influence du clergé est à peu près nulle sur lui, semble-il. Il reste attaché à son milieu cependant — ses livres le prouvent [30] — mais il voit l'avenir bien diffé-

---

28. « M. Bouchette a complètement répondu à l'opinion que nous nous étions formés de lui », écrit le lieutenant-gouverneur Milnes dans une dépêche adressée à Londres, le 22 avril 1802. (*Rapport de l'archiviste du Canada* [1802-3], p. xiv.)

29. *Mémoires,* p. 13.

30. Dans un chapitre sur la milice du Bas-Canada dans *British Dominions,* il rappelle, par exemple, les services rendus en 1774 et en 1812 par ses compatriotes devant les armées américaines.

remment. Il veut se rapprocher des anglophones. Il y a ses goûts personnels et puis les livres qu'il veut écrire. Il y a aussi les prébendes qu'on lui accorde, en outre de sa situation d'arpenteur général. En 1801, par exemple, on le nomme administrateur des biens des Jésuites. L'ordre avait été supprimé en France d'abord en 1764, puis par le Pape Clément XIV ; mais Pie VII l'avait rétabli en 1814. Au Canada, après la cession, on avait défendu le recrutement de nouveaux sujets, tout en manifestant l'intention d'accorder les biens de la communauté au général Amherst. À ce moment-là, ils étaient douze pères dans la colonie, dont quatre au Collège de Québec et huit dans les missions [31]. Quand mourut le dernier des survivants, le Père Casot, l'Ordre disparut.

Le sort des biens de la communauté vaut d'être rappelé ici, je crois [32]. Supprimé par le pape en 1764, l'ordre est en assez mauvaise posture au Canada après la conquête, même si, dans une lettre du 10 septembre 1788 adressée à Hugh Finlay, le supérieur des Jésuites du Canada fait valoir que « tous (les) titres de possessions, qui sont bien et dûment enregistrés aux greffes de la province démontrent que ces biens ou fonds nous ont toujours appartenus en toute propriété : et nous les avons toujours régis et administrés comme nos propres, sans contradiction, ni empêchement » [33]. Il ajoute : « Notre propriété a été bien reconnue dans la capitulation du Canada signée au camp devant Montréal, le 8 de septembre 1760 puisque, par l'article 35ª, le Lord Amherst nous permettait de vendre nos biens fonds et mobiliers en tout ou en partie ; et d'en passer en France le produit » [34]. Le Supérieur essaie ainsi de contrer, mais sans succès, la commission d'enquête que l'on a nommée l'année précédente. L'Opinion est avec lui, mais elle ne peut pas grand-chose. Dans l'intervalle, le collège loge l'armée.

De son côté, sir Jeffrey Amherst cherche à mettre la main sur les biens des Jésuites en invoquant que le Roi George III

---

31. Détails tirés du *Bulletin des Recherches historiques,* cette extraordinaire source de renseignements, dont on ne saurait trop dire l'importance pour le curieux et le chercheur.

32. *Bulletin des Recherches historiques,* vol. xiv, p. 224.

33. Lettre du Père Glapion à Hugh Finlay, *Bulletin des Recherches historiques,* vol. VI, pp. 206-7.

34. *Ibid.,* p. 130. Hugh Finlay est *Post-Master General of British North America.* C'est un personnage important. Voir à son sujet *MacMillan Dictionary of Canadian Biography* (1963), p. 230.

y a consenti et que, par ailleurs, il a rendu de très grands services à la colonie au moment de la conquête. Il ne les aura
jamais, comme le note Pierre-Georges Roy, même si inconsi-
dérément le Roi les lui avait promis et si le Procureur et le
solliciteur général d'Angleterre avaient reçu instruction de préparer les lois nécessaires. L'héritier du Général Amherst (devenu membre de la Chambre des Lords) dut se contenter en
1803 d'une rente, assez substantielle il est vrai [35].

Ce sont ces propriétés que Joseph Bouchette est chargé d'administrer. Il est caractéristique que ce soit à lui qu'en soit revenu
le soin. Bouchette *fait aussi de l'immeuble*, a-t-on noté précédemment ; il faut bien vivre dans cette société où l'État paie
bien mal certains de ses fonctionnaires. Malheureusement, ses
affaires tournent mal ; elles sont pour lui une source de soucis
plus que d'enrichissement. Leurs piètres résultats viennent s'a-
jouter aux engagements que Joseph Bouchette a dû accepter
à la suite de la publication de son livre en 1815 [36]. Et cependant il n'était pas tellement démuni puisqu'en 1817, le seigneur
de Rivière-du-Loup, Alexander Fraser, lui avait donné une part
substantielle de ses terres. Bouchette en vendit une partie à
divers moments pour lui permettre de payer les dettes qu'il avait
faites soit pour son livre de 1815, soit pour l'ouvrage de 1832
ou pour solder ses frais de voyages.

Les grandes affaires de la vie de Joseph Bouchette, ce seront
son travail d'arpenteur général, ses cartes et ses ouvrages sur le
Canada : les uns menant aux autres par la coûteuse voie de

35.   *Bulletin des recherches historiques*, vol. 12, p. 156.
36.   Dans son étude sur Joseph Bouchette parue dans les *Mémoires de
la Société royale du Canada* en 1940 (sec. I, p. 111), Édouard Fabre-Surveyer donne les précisions suivantes : « À cette époque, Bouchette achetait
et revendait, pour son compte ou pour le compte d'autrui, des propriétés
immobilières. Ainsi, le 15 mars 1819, il offrait de vendre ou de louer
la maison qu'il occupait, 13 rue du Palais, hors de la porte Saint-Jean.
Il offrait également en vente deux propriétés, situées, l'une à Québec,
l'autre à Saint-Roch des Aulnaies. Il acheta, le 19 mars 1819, la propriété
de la veuve John Painter, portant le numéro 20 de la rue Sainte-Ursule,
et l'habita, mais, dès le 5 avril 1820, il offrait la propriété en vente ou en
location. En 1821, messieurs Pierre de Sales Laterrière, J.R. Vallières de
Saint-Réal et Francis Romains, prenaient la gestion de ses biens ; mais le
6 juin 1822, un créancier, Horatio Gates, donnait avis de décret de la
maison de la rue Sainte-Ursule, ainsi que d'autres propriétés, situées place
des Bateaux, quartier du Palais, dans la savane de Notre-Dame des Anges
et rue Fleury, faubourg Saint-Roch ».

l'édition à compte de l'auteur. Ses cartes sont légion ; elles sont l'œuvre d'un homme consciencieux et d'une carrière extrêmement féconde. Voici ce qu'on en dit en 1821, dans la *Biographie nouvelle des contemporains, ou Dictionnaire historique et raisonné* [37] : « On estime généralement les cartes qu'il a levées à cause de leur parfaite exactitude. Tous ceux qui se livrent à l'étude de la géographie désireraient, dans l'intérêt de cette science, que les différentes parties de l'Europe fussent décrites et dessinées avec le même soin ». Je recueillis moi-même un autre témoignage bien différent, un jour que je me promenais à Londres dans Berkeley Square, derrière le *Mayfair*. Un libraire, qui y a sa boutique, me dit : « Les livres de Joseph Bouchette sont bien, mais ses cartes sont parmi les plus remarquables de l'époque » [38]. Voilà deux témoignages qu'il faut se rappeler à cent cinquante ans d'intervalle.

Joseph Bouchette aime son métier qui est dur, très dur même. En bateau quand il le peut ou en canot, en diligence, en voiture ou à cheval selon les époques et l'état des routes, il parcourt le pays. Il le fait dans un confort relatif, écrit l'abbé Albert Tessier [39], si on compare ses voyages avec ceux des explorateurs ou des missionnaires du dix-septième siècle. Avec les notes de l'arpenteur général prises sur le terrain en se rendant de Trois-Rivières au Lac Saint-Jean, par le Saint-Maurice, l'abbé Tessier a étudié une expédition que Bouchette fait, crayon en main, en juillet 1828, et qui le mène de Trois-Rivières au Lac Saint-Jean en dix-huit jours. Dans son *journal de course,* Bouchette parle de « l'importunité presqu'intolérable des brulots et des maringouins », de la rapidité des eaux, des longs et dangereux portages, des canots qui se remplissent d'eau à un moment donné dans un rapide. Quand il arrive au Lac avec ses hommes, il ne leur reste plus que des vivres avariés et un peu d'alcool qu'on a rationnés pour en avoir jusqu'à la fin. Le géographe n'avance pas vite, car il doit voir la région sous l'angle

_____

37. Cité dans le procès-verbal de l'Assemblée Générale de la Corporation des arpenteurs-géomètres de la province de Québec, tenue à Québec en 1941, p. 30.
38. Pour avoir la longue liste des cartes de Joseph Bouchette, on peut se référer à l'énumération qu'en fait M. A. Guérin dans sa *Biobibliographie de Joseph Bouchette*, Bobine 2 de SOCAMI, à la Collection Gagnon de la Bibliothèque Municipale de Montréal.
39. *Les Cahiers des Dix* (Montréal : La Parole, Drummondville, 1939), pp. 226 et suivantes, sous le titre de « De Jacques Buteux à l'arpenteur Bouchette », No 4.

qui l'intéresse et préparer ses observations. En arrivant au Lac Saint-Jean, voici ce qu'il écrit au sujet du pays qu'il vient de traverser depuis La Tuque [40] : « Le trait essentiel de la terre c'est son état défavorable à la culture, n'étant presque composée que d'un sol léger et sablonneux, ou rocheux. Il s'y rencontre grand nombre de chaînes de montagnes sans continuité... Les montagnes disparaissent aux hauteurs entre les différentes eaux, où le caractère commun est d'être une savane immense d'épinette ou de tamarack, souvent rocheuse ou d'un terrain tremblant et marécageux. Le bois qui y domine est l'épinette, le tamarack, le sapin, le bouleau blanc, le pin et un peu de cèdre ».

À son arrivée, Bouchette est ravi de retrouver les membres de l'autre groupe venu par le Saguenay. Ses gens peuvent enfin se restaurer. Écoutons-le : « Un repas abondant, composé de légumes cultivés par l'industrie de Mr. Murdoch, commis au poste de commerce pour la compagnie des postes du Roi, et les douceurs apportées par l'autre parti rappela nos appétits affamés à leur ton naturel, n'ayant vécu, depuis les derniers quinze jours, que de farine sure et de la graisse — quelque fois sur de la soupe aux pois ». La phrase est incorrecte, mais elle permet de voir ce qu'étaient ces expéditions dans une nature âpre et qu'il fallait vaincre pour avancer vers le but et même pour subsister. Celle-là avait duré près de trois semaines. On peut juger par le témoignage de Bouchette de ce qu'avaient pu être les autres, comme celle de D'Iberville, parti de Montréal pour aller détruire les établissements des *Gentlemen Adventurers of Hudson Bay,* au siècle précédent.

Puis, Bouchette descend le Saguenay en continuant de prendre des notes. L'année suivante, en 1829, une autre expédition remontait le Saint-Maurice et rentrait à Montréal en suivant la rivière du Lièvre et l'Outaouais [41].

Quelques années plus tôt, en janvier 1824, on avait demandé à Joseph Bouchette de faire une tournée officielle à travers le Bas-Canada. Ce fut le sujet d'une brochure qui parut, sous le titre d'*Official Tour through Lower Canada,* chez Thomas Cary

---

40. *Ibid.,* p. 236.
41. *Ibid.,* 1940 (Nᵒ 5), p. 145. Cette fois, les choses allèrent moins bien. Dès le départ, aux Forges de Saint-Maurice, Joseph Bouchette se heurta à l'Enseigne Nixon qui voulait lui imposer son autorité. Voyant cela, Bouchette revint sur ses pas et rentra à Québec, sans accompagner l'expédition.

and Co. en 1825. Cette fois, le voyage est moins pénible. Il y a, en effet, la voiture et la diligence, qui conduisent le voyageur à travers la vallée de l'Outaouais jusqu'à Grenville où il prend le bateau pour Hull : soixante milles de navigation sans obstacle, écrit-il, dans un bateau à vapeur, *The Union of Ottawa.* Le bateau est bien lent. Il faut compter treize heures pour aller d'un endroit à l'autre, dans cette rivière Outaouais si calme et si belle, malgré ses eaux brunes qui, l'été, charrient des mousses vertes, gluantes ou des billes de bois imprégnées d'eau au point de ne laisser paraître que le fin bout, échappées des *cages* ou des radeaux immenses, qui descendent le courant depuis que Philemon Wright, Américain venu du sud, a commencé d'exploiter la forêt du côté d'Aylmer. Le gouvernement lui a accordé de très grandes terres, comme il le fait pour ses favoris ; mais celui-là le mérite parce qu'il est en train de créer une vaste entreprise. Il en a profité, en effet, pour lancer une exploitation de bois dont une circonscription électorale a consacré le souvenir. Il n'est pas le seul à qui l'État a octroyé des concessions fastueuses. Chose curieuse, Bouchette lui-même recevra un tiers des terres de son ami Alexander Fraser, maître de la seigneurie de Rivière-du-Loup. Il dut en vendre une bonne partie un peu plus tard, comme on l'a vu, pour se libérer de ses dettes et avant de repartir en Angleterre pour l'édition de son deuxième ouvrage. En 1835, il en cédera encore 63,000 arpents à François Languedoc [42].

Joseph Bouchette tire un grand avantage de ses voyages. Il voit le pays qu'il va décrire. Et ce contact avec les gens et la nature complète la documentation accumulée dans son bureau de Québec. Petit à petit, il prépare son second ouvrage sur les deux Canadas dont il sera question plus loin. Peut-être, ici, est-il intéressant de se demander comment il procède pour préparer sa documentation. Son fils Robert Shore Milnes le dit dans ses *Mémoires.* Avant de partir, il écrit aux notables (curés, marchands, médecins ou notaires), en les invitant à le rencontrer pour discuter de la géographie humaine et physique de leur région. Puis, il fait déposer dans les villages des affiches annonçant ses visites et leur objet. Il semble aussi qu'il fasse usage de questionnaires. Enfin, il y a ses carnets ou son *journal de course,* un peu semblable à un journal de bord du capitaine de navire. Il y inscrit

42. Édouard Fabre-Surveyer, *Mémoires de la Société royale du Canada,* 1940, sec. I, p. 110.

ce qui le frappe : observations qui vont de la géologie à la tem-
pérature, et à la peine de ses hommes mordus par les brûlots,
maringouins et autres moustiques qui pullulent dans la forêt.
On y voit vivre son équipe, parfois affamée à cause des provisions insuffisantes, et qui travaille péniblement pour remonter
le courant, pour transporter les lourdes charges que sont les
canots d'écorce, le matériel et les vivres. Ses notes vont de la
nature des sols à la configuration des montagnes et à ce que,
plus tard, on appellera l'écologie. C'est l'un de ses carnets que
présente l'abbé Tessier dans les *Cahiers des Dix*.

Les livres de Joseph Bouchette furent sa joie, mais aussi sa
désolation. Il convient d'en parler maintenant avec un peu plus
de précision. Son œuvre consiste principalement en une multitude de cartes et en deux ouvrages : l'un, en un volume de
quelque sept cents pages s'intitule *Description topographique de
la province du Bas-Canada, avec des remarques sur le Haut-
Canada, et sur les relations des deux provinces avec les États-
Unis de l'Amérique.* Il paraît en français et en anglais à Londres
en 1815, comme nous l'avons vu. L'autre, *British Dominions in
North America ; or a topographical and statistical description of
the provinces of Lower and Upper Canada, New-Brunswick,
Nova-Scotia, the Islands of New-Foundland, Prince-Edward and
Cape Breton* est suivi du *Topographical Dictionary.* Les trois
volumes sont également édités en Angleterre et paraissent à
Londres en 1832. À cela s'ajoute une longue liste de travaux
dont la relation la plus complète se trouve dans la *Biobibliographie de Joseph Bouchette,* dressée par M. A. Guérin [43].

Nous nous en tiendrons à examiner de plus près les deux
premiers ouvrages. Ils sont en effet la somme des travaux et des
peines de l'auteur. En effet, de 1813 à 1831, tout son effort a
tendu à les écrire en utilisant des statistiques, des données topographiques et des rénseignements que Samuel Holland, son
prédécesseur au poste d'arpenteur-général, son personnel, ses
collaborateurs comme Jacques Viger, lui-même et ses fils ont
accumulés pendant plusieurs années d'effort tenace et intelligent.
Conviendrait-il d'ajouter à cela les travaux de Wilhelm Moll Von
Berczy ? Poser la question n'est pas nécessairement y répondre,
car elle est beaucoup plus complexe qu'on ne le croit. À l'épo-

---

43. Thèse de maîtrise présentée à l'École de Bibliothéconomie de
l'Université de Montréal et microfilmée, sous le titre de Bobine 2, par
SOCAMI.

que, certains n'ont pas craint d'écrire que Bouchette, pour son premier livre, avait puisé dans l'œuvre de Berczy, sans citer ses sources. Une note de Jacques Viger est, à ce point de vue, assez curieuse. Il l'a prise sur une lettre qu'il vient de recevoir de Québec. Il précise, au sujet d'une carte de Montréal qu'on lui renvoie : « Je regrette que mon estimable compatriote (il s'agit de Joseph Bouchette) ait oublié, en même temps qu'il publiait mon ouvrage de faire connaître qui en était l'auteur ». Ce qui semble indiquer que Bouchette puisait assez librement dans le fonds commun sans trop de scrupule [44].

Dans le fonds Baby à l'Université de Montréal, il y a des documents à consulter sur les travaux de Berczy. On y trouve, par exemple, un projet de livre, qui n'a jamais paru et dont la table des matières évoque un peu le plan suivi par Joseph Bouchette pour son premier ouvrage : travaux statistiques sur le Bas-Canada, liste des concessions de terres, étude des seigneuries, etc. Il y a également ceci dans les notes de Berczy : « *The materials for the whole work are ready but to arrange them and bring them in a proper and correct state will take sometime...* ». Par ailleurs, il y a deux lettres adressées à William Berczy par Jacques Viger. Dans l'une, datée du 22 septembre 1811, Viger (qui fut arpenteur-géomètre d'abord, puis inspecteur de la Voirie) donne beaucoup de détails sur la seigneurie de Boucherville à son ami Berczy ; ce qui confirme que celui-ci prenait au sérieux son travail de compilation. Il avait d'ailleurs, semble-t-il, un questionnaire préparé pour l'étude méthodique des seigneuries, seule base d'une étude logique du Bas-Canada à cette époque, tant la société était essentiellement rurale avec des villes qui n'étaient que des bourgs. Dans une seconde lettre, Jacques Viger suggère quelques corrections à l'étude que William Berczy a faite de la seigneurie de Terrebonne et il écrit ceci qui est un témoignage assez troublant : « Le Dr (Stubenger) vous écrit aujourd'hui. Il est de plus en plus satisfait de votre ouvrage... ». Un texte existait donc, semble-t-il, mais était-il vraiment au point ? On doute qu'il l'ait été si l'on se reporte à la note prise par Berczy lui-même et qu'on trouve dans ses papiers. De son côté, Philéas Gagnon, longtemps plus tard, écrit dans

---

44. Extrait de la *Saberdache bleue*, vol. I, p. 289, section D, Une autre chose assez troublante, c'est cette lettre de Berczy à Joseph Bouchette, dans laquelle il parle de la publication de ses travaux statistiques sur les deux Canadas. « J'ai envoyé une autre partie de mon manuscrit à Londres », écrit-il, le 20 novembre 1811.

son *Essai de Bibliographie canadienne,* en 1895 : « Bouchette, disent quelques personnes généralement bien renseignées, n'aurait pas été seul l'auteur de cet ouvrage important : on mentionne même le nom de celui qui en aurait préparé une grande partie, M. William Berczy, père, d'origine allemande, peintre de beaucoup de mérites, érudit et linguiste distingué, qui s'était ruiné en voulant établir une colonie de ses gens à Markham, près de Toronto. »

En 1812, semble-t-il, Berczy quitte Montréal définitivement pour New-York, afin, ajoute Gagnon, « de s'occuper de certaines réclamations et aussi pour publier un ouvrage statistique sur les Canadas, qu'il venait de compléter ; mais il meurt l'année suivante, avant d'avoir fait imprimer son œuvre. Malgré toutes les recherches qui furent alors faites par sa famille, l'on ne put jamais retrouver le manuscrit de son ouvrage de statistiques qui, disait-on, serait tombé entre les mains de Bouchette qui en aurait fait le fond du volume dont nous parlons. Personne ne conteste pour cela le mérite de l'ouvrage et des magnifiques cartes qui furent publiées en même temps. Ces cartes sont encore aujourd'hui la plus belle œuvre géographique du Canada. » Cela, remarquons-le, a été écrit quatre-vingts ans après la publication du livre de Joseph Bouchette.

Il est difficile de trancher la question, faute de documents précis. Berczy s'est intéressé à la géographie du Canada. Il y a certains textes de lui qui le démontrent dans le dossier Baby réuni par ce remarquable collectionneur qu'était le Juge Georges Baby [45].

Par ailleurs, si l'on compare l'étude que Jacques Viger communique à son ami Berczy sur la seigneurie de Boucherville et celle de Bouchette parue dans son livre de 1815, il n'y a en commun que les dimensions de la seigneurie. À moins que Berczy n'ait pas utilisé l'étude de Jacques Viger — ce qui est peu probable. On ne peut sûrement pas conclure au plagiat, comme le fait John Andre quand il écrit dans *William Berczy, Co-Founder of Toronto* : « Joseph Bouchette, his friend, wished to be a partner in the enterprise and later on *plagiarized* substantial parts of the monumental effort » [46].

---

45. Voir en particulier *La Collection d'Archives Baby* par Camille Bertrand (texte hors commerce, publié par l'Université de Montréal). Voir aussi le renvoi 47.
46. *William Berczy, Co-Founder of Toronto* by John Andre, « A Canadian Centennial Project of the 1967 Borough of York ».

Quand on examine le dossier Berczy d'un peu près, on a l'impression d'un cerveau un peu brouillon, se préoccupant de vingt choses, n'ayant d'ordre et de méthode que de façon sporadique, étudiant les événements de Pologne, d'Allemagne (il était né en Saxe), l'histoire du Canada du seizième siècle, les seigneuries et aussi comment se faisaient les octrois de terres dans le Bas et dans le Haut-Canada [47]. Avant de venir à Montréal, il avait eu un grand projet, celui d'ouvrir une colonie allemande dans l'Ontario, près de Toronto. Il s'était même porté acquéreur auprès de tribus indiennes d'un vaste domaine à Markham. Comme le note Gérard Morisset, dans la *Peinture traditionnelle au Canada Français,* il « échoue, traverse à Londres pour se justifier et est emprisonné pour dette. Sa production artistique se loge entre les années 1805 et 1813, date de sa mort. Comme Fascio, Berczy est miniaturiste. S'il faut l'en croire, les belles dames de Québec s'arrachent ses moindres productions et il ne rate jamais une ressemblance. » À l'occasion, il fait des tableaux d'église, une *Assomption,* à Notre-Dame de Montréal, une *Mort de Saint-Joseph* à l'église de Champlain et un *Saint-Michel* à l'église de Vaudreuil. Ces toiles datent des années 1808-1811. De son côté, son ami Jacques Viger avait de lui, dans son album, un dessin à la plume assez curieux. Il y a également dans le livre du professeur John Andre de fort jolies reproductions d'œuvres de Berczy. Elles datent presque toutes de l'époque où Berczy habitait à Toronto, dont il serait un des fondateurs si on en croit M. Andre.

Tout à coup, Berczy lâche tout ; il s'en va aux États-Unis et y meurt après avoir à peu près tout raté.

Bouchette avait-il eu vraiment connaissance de son ouvrage, disons plutôt de ses travaux ? Il semble bien qu'il ait connu tout au moins l'existence des essais statistiques de Berczy dont celui-ci lui parle dans une lettre du 20 novembre 1811. Berczy est censé

---

47. Dans une lettre à sa femme écrite de Québec, le 5 janvier 1799 (*Rapport de l'archiviste provincial,* 1940-41), il parle de sa « Description historique des deux Canada, p. 12, (qui) augmente beaucoup et (que) j'ai avancé depuis mon départ de Montréal de plus de cent pages ». Il parle aussi de ses cartes qu'il veut faire graver à Londres. Il dit qu'il a convaincu les éditeurs Vandevelden et Charland de traiter avec lui. Il se propose aussi « d'occuper son craion » en faisant le portrait du Major Samuel Holland, de ses filles et de ses neveu et nièce, les Joseph Bouchette. Déjà des liens d'amitié s'étaient noués entre eux. C'était deux ans avant que Bouchette ne succède à son oncle.

en avoir envoyé une partie à Londres que personne ne semble avoir trouvée, pas plus que le manuscrit apporté à New-York par lui avant sa mort. Bouchette a-t-il utilisé en particulier son « Ouvrage de statistiques » ? On ne le sait pas. Quoi qu'il en soit, la *Description topographique de la province du Bas-Canada, avec des remarques sur le Haut-Canada et sur les relations des deux provinces avec les États-Unis d'Amérique* est un livre substantiel, intéressant, digne de mention et bien à l'auteur. L'ouvrage de Berczy se serait intitulé, d'après ses notes, *Topographical Survey of the Province of Lower Canada* [48], tandis que l'œuvre de Bouchette s'appelle en anglais *Topographical Description of the Province of Lower Canada with Remarks upon Upper Canada, and on the Relative Connection of Both Provinces with the United States of America.* Dans son livre, *William Berczy, Co-Founder of Toronto,* John Andre ne craint pas de conclure au plagiat, mais ses arguments ne paraissent pas très concluants. Il écrit, par exemple :

Jacques Viger, Doctor Blith, Joseph Bouchette, and many others were familiar with the contents of this magnum opus by Berczy, because of the author's thoroughness and his predicament with the English language. The drafts were corrected by Viger and Blith and the completed volumes then sent to various publishers for their appraisal. The total disappearance of the three-volume manuscript is a puzzle, which I have tried to solve without much success to date. There is no proper reason for Berczy's carelessness in not leaving at least one copy behind, despite of the urgency to take along as many copies as possible. On the contrary, the old man's habit was always to make copies of the more important papers which leads us to believe that the obvious although unpleasant secret lies buried with Bouchette.

Et il ajoute : « *Berczy had trusted his fellow-creatures too much again, and apparently had left all his rough notes and drafts with old friend Bouchette, who had wished to become a partner in the enterprise. Jacques Viger knew about that circumstance, and Gagnon's « quelques personnes » obviously means Viger's friends. Viger discussed Bouchette's plagiarism on other occasions and he had contributed statistical material for Berczy's work* » [49].

---

48. Fonds Baby, à l'Université de Montréal.
49. Il y a, par exemple, dans le Fonds Baby une lettre de Jacques Viger à Berczy, dans laquelle il donne des détails précis sur la seigneurie de Boucherville. Mais là également, Bouchette ne semble pas les avoir utilisés.

Il faut prendre tout cela *cum grano salis,* même si, long-temps plus tard, on est tenté d'imaginer l'indélicatesse d'un auteur qui puise abondamment dans l'œuvre d'un étranger qui pousse la condescendance jusqu'à émigrer et à mourir au bon moment. Il ne faut pas oublier, toutefois, qu'aucune preuve n'existe encore à l'appui de ceux qui invoquent le plagiat.

L'ouvrage de Joseph Bouchette parut en 1815 à Londres à compte d'auteur, avec deux mentions particulières. Voici la pre-mière : « Imprimé pour l'auteur et publié par W. Faden, géo-graphe de Sa Majesté et du Prince Régent, Charing Cross ». Le Prince Régent, à l'époque, c'est George Augustus Frederick, Prince of Wales, Duke of Cornwall and Rothsay, Ec. ec. ec. Il dirige le pays, en attendant que l'héritier du trône ait atteint sa majorité et devienne roi d'Angleterre sous le nom de William IV. La seconde, la plus importante à notre avis de lecteur du ving-tième siècle, se lit ainsi : « enrichie de plusieurs vues, plans de ports, de batailles, Ec. » Elle est intéressante parce qu'elle in-dique que le livre n'est pas qu'une sèche énumération de faits et de chiffres. Les cartes sont de J. Walker et les gravures de W. J. Bennett, d'après des dessins de Joseph Bouchette. Il y a par exemple « Harrower's Distillery and Mill on the River Trois-Saumons ». Dans son texte sur la seigneurie de Saint-Jean Port-Joly, Bouchette écrit : « The latter, an establishment of consi-derable magnitude, with every convenience for carrying on an extensive business, at high water decked vessels of twenty tons may come to the premises ».

L'ouvrage est imprimé sur un fort beau papier de cuve, qui a résisté au temps. Il est composé à l'aide d'un non moins beau caractère à une époque où l'on ménageait la vue du lecteur ; et il contient des lithographies intéressantes. Il est précédé, en page de garde, d'un portrait de l'auteur, gravé en Angleterre par I.D. Engleheart. L'artiste a présenté un Bouchette sérieux, le visage en taillant de couteau, les cheveux ramenés en arrière, abon-dants sur la nuque et descendant le long de l'oreille jusqu'au lobe. Ce n'est pas encore la patte de lapin et, encore moins la *rouflaquette,* mais c'est la chevelure bourgeoise de l'époque qui donne du sérieux au bureaucrate bien vu dans les milieux officiels. Bouchette est vêtu d'un vêtement de drap, boutonné jusqu'au foulard blanc tourné deux ou trois fois autour du cou et qui tient en place le faux-col dont on devine les pointes à double corne.

Bouchette est à Londres quand paraît son premier livre. Il en a surveillé l'impression et la gravure des illustrations et des cartes, qui s'inspirent de ses œuvres : dessins, aquarelles ou relevés topographiques dont il a lui-même tracé le plus grand nombre. Plus tard, ses fils viendront à la rescousse ; mais ce sera pour sa seconde œuvre. On y trouvera alors des gravures sur pierre du graveur L. Haghe, qui s'inspirent d'œuvres de Joseph Bouchette jr, de Joseph Bouchette lui-même et de son quatrième fils Robert Shore Milnes. Une vue de Montréal du premier est une œuvre intéressante.

Le voyage et les deux livres coûtent cher à Joseph Bouchette. Un comité de la Chambre d'Assemblée avait recommandé à Québec qu'on lui remette 1,500 livres pour l'aider à défrayer la dépense. En principe, on avait accepté, mais on ne lui a versé que 500 [50]. C'est trente ans après sa mort que le gouvernement fédéral consentira à rembourser le solde à ses héritiers. Il faut lire une bien curieuse requête de ses fils et petits-fils, adressée en janvier 1871, « À son Excellence le Gouverneur Général, au Sénat et à la Chambre des Communes de la Puissance du Canada, en parlement assemblés » [51], pour comprendre la mauvaise volonté ou la mauvaise foi d'un corps politique devant une dette reconnue, mais dont on cherche à éviter le paiement de toutes les manières possibles. On admet qu'on a pris un engagement envers l'auteur, mais on invoque la procédure incomplète, la non-confirmation officielle pour ne pas le tenir. Avec les années, la question a évolué devant la ténacité de l'auteur, puis de ses héritiers ; mais la mauvaise volonté est évidente. Enfin, on se décide, mais comme l'argent est rare au Bas-Canada, on suggère un octroi de terres en paiement de la dette de 1,000 livres qu'on ne discute plus. Malheureusement, l'Exécutif de la Province et le gouverneur Dalhousie recommandent un règlement en espèces. Et les choses restent en suspens. Bouchette meurt en 1841. Ses héritiers réclament d'abord la somme due à « son Excellence le lieutenant-gouverneur et aux deux autres branches

---

50. Rappelons ce qu'écrit Robert Shore Milnes Bouchette dans ses *Mémoires* : « La dette était claire et incontestable. Malheureusement, la demande de paiement fut faite dans un moment de violente agitation politique. Mon père, en sa qualité d'arpenteur-général, appartenait à la classe des bureaucrates, que la majorité de l'Assemblée tenait en aversion » (p. 17). Le témoignage du député Claude Dénéchaud, en particulier, est catégorique. Voir p. 7 de la Pétition des Fils et Petits-fils de Joseph Bouchette, Ottawa, janvier 1871.

51. Collection Gagnon, Bibliothèque Municipale, Montréal.

de la législature de la Province de Québec » [52]. Pour éviter de la payer, la législature provinciale trouve un moyen subtil. Comme, dit-on, le Bas-Canada a dû accepter une part des dettes du Haut-Canada, en 1840 au moment de l'Union, l'engagement doit suivre le même processus de règlement. Les héritiers s'adressent alors au gouvernement fédéral qui a pris la succession des provinces englobées. Devant leur ténacité, il cède et paye les mille livres, mais sans intérêt. Tout cela aurait été une comédie dont le sujet aurait plu à Molière si, pendant toute sa vie, Bouchette n'avait porté le poids de la dette qu'il avait encourue imprudemment pour son premier ouvrage. Il la traînera comme un boulet, car la vente est bien lente, malgré la publicité dans les journaux. Ainsi, en 1816, paraît une annonce dans la *Gazette de Québec* qui invite le chaland à souscrire à ses cartes du Canada et à sa *Description topographique,* au coût de 5 guinées.

Les années passent. Bouchette continue de réclamer le remboursement de sa créance, comme on l'a vu, et, aussi, une augmentation de son traitement. Mais son ami Milnes n'est plus là pour l'aider. Il accumule de la documentation, voyage, écrit, prépare de nouvelles cartes. Il est maintenant mûr pour un grand ouvrage. Sans vouloir déprécier l'autre, il faut bien admettre que Bouchette a mis un peu en vrac, dans le premier volume tout ce que lui et d'autres avaient accumulé jusque-là : des notes touristiques sur Québec, Montréal et autres lieux, jusqu'à des détails plus précis sur l'agriculture, le commerce, les octrois de terres, les concessions territoriales, la cellule seigneuriale, les batailles avec les voisins du Sud, le renflouement de l'Anandaga (son exploit de jeunesse), les souvenirs historiques, des cartes, des tables statistiques, les taux de pilotage, les tables de latitude et de longitude, les forces comparées des marines anglaises et américaines sur le lac Ontario, le lac Érié et le lac Champlain, les droits de douane, les Indiens, les Blancs, les rivières, les lacs, les cantons nouveaux, des détails au sujet du gouvernement du Bas et du Haut-Canada, du climat, du sol. Bref un volumineux fourre-tout, qui présente de l'intérêt parce qu'il apporte des détails qu'on ne trouve pas ailleurs et des précisions qui permettent de voir vivre les gens dans leur habitat ; ce qu'il n'est pas possible de faire quand on se contente de lire les discours officiels, les relations de combat ou les textes d'historiens chevronnés — auteurs de grandes synthèses — pour qui seuls comptent les

---

52. *Ibid.*

combats, les exploits, les traités, les défaites, les victoires, Mont-
calm et Wolfe mourant entourés de drapeaux et de gens désolés,
en grand uniforme, et les héros à qui on prête des mots historiques qu'ils n'ont jamais prononcés.

Dans le livre de 1815, il y avait quelques négligences, mais
qui n'en commet pas ? On parle du baron de *Longeuil* à plusieurs reprises, par exemple. On dit *bason of Chambly, island of
Auticosti,* les *Bleuri falls,* Mr. *Moulson,* etc. [53]. Vétilles évidemment, mais qui choquent un peu, étant donnée la qualité de
l'édition.

L'ouvrage de 1832 est beaucoup mieux composé, plus réfléchi, plus fouillé. C'est l'œuvre d'un homme qui a vu les faiblesses
de son premier livre, qui les corrige et qui veut tenir compte des
critiques qu'on lui a faites. G.-B. Faribault les a résumées assez
bien, je crois, dans les deux pages qu'il consacre à Joseph Bouchette et à son œuvre, dans son *Catalogue d'ouvrages sur l'Amérique,* paru en 1837 aux Presses W. Cowen (chose assez inattendue) et réédité en 1966 aux États-Unis. Faribault écrit : « On
a reproché à cet ouvrage des incorrections. Mais les hommes
instruits savent combien il est peu de travaux statistiques et typo-
graphiques qui en soient exempts ».

Malgré la dette que la Chambre d'Assemblée n'a pas encore
acquittée, Joseph Bouchette a repris espoir parce que la législature du Bas-Canada, en 1829, a autorisé le gouvernement à
faire l'acquisition de cent exemplaires de l'ouvrage nouveau et
de ses cartes, pour une somme de cinq cents guinées. Pour
combler la dépense, il vend, cette année-là et en 1835, ce qui
lui reste du domaine que lui a donné son ami Alexander Fraser,
seigneur de Rivière-du-Loup. On lui paie cinq cents livres qui
viennent s'ajouter à la somme versée par la Chambre. Par la
suite, on distribuera les cent exemplaires entre les bureaux publics, les collèges de la province et les autres principales maisons
d'éducation, note Faribault [54].

---

53.   Ce qui n'empêche pas l'auteur d'avoir la médaille d'or d'Isis et de
devenir membre correspondant de la Société des Arts et des Sciences de
Londres.

54.   Georges-Barthélemy Faribault, avocat, fonctionnaire, historien,
amateur de vieux livres et de manuscrits, dont la collection fut détruite
deux fois lors de l'incendie du parlement en 1849 à Montréal, et en 1854 à
Québec. Collectionneur passionné, il reconstitua sa collection et la légua à
l'Université Laval à sa mort en 1866. Voir *Dictionnaire du Canada,* du Père
LeJeune, vol. 1 (1931), p. 616.

Pour vivre pendant ses deux années sabbatiques. Bouchette compte sur son traitement qui lui sera versé parce qu'il est en congé. Il part avec sa femme et son fils, Robert Shore Milnes, qui lâche tout — clientèle et plaidoiries — pour suivre son père. Comme celui-ci, il est enthousiaste : la perspective de vivre à Londres lui fait oublier les maigres satisfactions de la basoche, dans le cadre d'une petite ville de province, battue par les vents et dont la société est terriblement rigide, prise entre les règles, combinées et opposées tout à la fois, de l'Église anglicane et de l'Église catholique romaine. Ils partent tous ensemble, pleins d'espoir, ravis. Écoutons, Robert Shore Milnes nous dire sa joie, dans les mémoires qu'il écrira plus tard :

> Le 29 septembre 1829, par une radieuse journée, nous nous embarquâmes sur un très beau navire, le *General Wolfe,* commandé par un homme compétent et bien élevé, le capitaine Stamworth. Mon père, ma mère et moi étions les seuls passagers de cabines. Pendant qu'on appareillait, je m'installai sur la poupe du vaisseau et je dessinai la vue de Québec qui est reproduite dans le premier volume de l'ouvrage de mon père. Pendant la traversée, le temps fut presque constamment beau et le vent favorable ; aussi le voyage fut-il charmant. Le 24 octobre nous entrions dans la Mersey et nous débarquions dans l'opulente ville de Liverpool.

Ils arrivent à Londres et sont enchantés de la ville. Mais, note le mémoraliste : « Nous avions traversé l'Océan pour parachever une œuvre géographique et littéraire, longue et laborieuse ; il nous fallait donc un appartement de plusieurs pièces, le calme et le silence de la retraite. Nous occupâmes en conséquence une maison garnie dans Baker Street, Portman Square, où nous commençâmes sur-le-champ à préparer pour le graveur et pour l'imprimeur les trois grandes cartes du Canada et des autres provinces de l'Amérique Britannique [55], ainsi que la description historique et topographique de ces pays », c'est-à-dire l'ouvrage qui a paru en 1832. Les cartes furent gravées par Walker, Bedford Street, Russell Square, et publiées par Wyld, géographe du roi. L'ouvrage fut imprimé par Davidson, et publié par Longman and Rees, Paternoster Row. Il était en trois volumes, dont deux ornés de nombreuses gravures ; outre la description géographique du pays, il comprenait un dictionnaire topographique.

---

55. On les trouve dans un excellent état de conservation à la Bibliothèque de l'Assemblée législative de Québec.

Mon père s'était rendu à Londres, pour la publication de cet ouvrage, sous les auspices du gouvernement du Canada, note le mémorialiste. Il était accrédité auprès de lord Goderich, le secrétaire des colonies. Celui-ci le reçut avec courtoisie, prit connaissance du prospectus de l'ouvrage et fut très encourageant. Après dix-huit mois de travail incessant, consacré à la préparation des cartes manuscrites et à l'examen minutieux que faisait mon père lui-même des épreuves que nous envoyait le graveur, nous pûmes enfin passer de la partie topographique à la partie littéraire. Nous possédions une masse énorme de matériaux. L'étendue et le plan général de l'ouvrage étaient depuis longtemps déterminés, mais il restait encore beaucoup à faire avant de pouvoir remettre le manuscrit entre les mains de l'imprimeur. Nous savions avec quelle rapidité les grands établissements comme celui de Davidson composent, et l'impatience des imprimeurs lorsqu'il leur faut attendre la « copie ». Nous nous consacrâmes donc entièrement à cette tâche et plus de la moitié de l'ouvrage était écrite avant l'envoi des premières feuilles à l'imprimerie. Cependant, malgré ces précautions, dès que l'impression fut en marche, les épreuves et les revises s'accumulaient sur nos tables au point qu'il m'est arrivé souvent, durant les derniers six mois, de travailler jusqu'à deux et trois heures du matin avant de pouvoir expédier ce qui se trouvait devant moi...

On peut s'imaginer avec quelle satisfaction mon excellent et infatigable père put contempler un matin sur sa table de travail dans une reliure provisoire, un exemplaire complet des *British Dominions in North America* et du *Topographical Dictionary of Lower Canada*. Je partageais sa joie. Une série complète des cartes était déjà tirée, de sorte que nous nous trouvions en possession du résultat complet de nos deux années de travail ardu. Nous éprouvions quelque chose des sensations du marin qui après un long et périlleux voyage rentre enfin sain et sauf au port.

Le livre était terminé. Il restait la partie officielle, c'est-à-dire ce que l'on appelle maintenant le lancement. À l'époque, on n'invitait pas un nombre plus ou moins grand de critiques littéraires, plus ou moins barbus et amicaux et mesurant l'éloge à l'abondance des coquetels. On présentait l'ouvrage au roi, dans une toilette spéciale et avec un avant-propos, où l'on faisait l'éloge du Prince et où l'on se déclarait son très dévoué, très fidèle et très obéissant serviteur. Bouchette ne manqua pas de se plier à l'usage séculaire. N'est-ce pas ainsi d'ailleurs que Jean-Baptiste Poquelin procédait quand il dédiait une de ses pièces à Louis XIV ou à quelque grand personnage du royaume pour essayer de mettre l'œuvre et son auteur à l'abri des attaques des dévots.

Bouchette joue le jeu. Voici ce qu'en dit son fils et ce qui en résulta :

Un exemplaire de l'ouvrage, convenablement relié, fut présenté au roi Guillaume IV, dans une audience spéciale à Brighton. Un recueil des gravures de scènes canadiennes, dans une reliure élégante velours et or, fut présenté à la Duchesse de Kent. Mon père eut l'honneur de lui présenter les gravures en personne, au Palais de Kensington. En cette occasion, j'accompagnai mon père. On nous reçut avec beaucoup de grâce et de bienveillance. Après une conversation prolongée, au cours de laquelle mon père parla de nombreuses faveurs et de la protection dont il était redevable à feu le duc de Kent, son Altesse Royale lui demanda si nous avions été présentés à la princesse Victoria. Mon père lui ayant répondu que nous n'avions pas encore eu cet honneur, son Altesse se leva du sofa où elle était assise, sonna la dame de service et lui demanda de prier la Princesse de venir.

La future reine d'Angleterre entra quelques instants plus tard. Nous vîmes une belle jeune fille de quatorze ans dont le maintien indiquait une heureuse combinaison de dignité, de candeur et de grâce. Et c'est ainsi que nous eûmes par la faveur spéciale de son auguste mère, le remarquable honneur d'une audience particulière de celle qui devait être une des plus grandes souveraines du monde.

Pour qu'on n'en ignore rien du côté du Cap Diamant, Bouchette fait circuler la nouvelle à Québec, tandis qu'en 1815 et 1816, il avait fait paraître dans la *Gazette de Québec* quelques précisions sur l'accueil qu'on lui avait fait dans les milieux officiels de Londres [56].

Déjà l'arpenteur général du Roi appliquait les règles d'une publicité sans subtilité, mais efficace.

---

56. Sous le titre de « The Prince Regent's Court », on trouve par exemple, dans la *Gazette de Québec*, la nouvelle suivante, tirée du *Morning Herald* du 27 avril 1816 : « Yesterday at three o'clock, his royal highness the Prince Regent held a court at Carlton House. Lieutenant Colonel Bouchette, Surveyor general of Lower Canada, had the honour of being introduced to the Regent by Lord Viscount Sidmouth and had a private audience, when the Colonel presented to his Royal highness his Topographical works of the Canada's, which were most graciously received ».

Joseph Bouchette présente ainsi son ouvrage sur *The British Dominions in North America* à Sa Majesté William IV, of the United Kingdom of Great Britain and Ireland King, Defender of the Faith, etc. etc. etc. : « In approaching your Majesty, with feelings of the most profound veneration and respect, to depose, for the second time, the result of my humble topographical and statistical colonial labours, at the foot of the throne, I feel deeply penetrated by a sense of gratitude for your Majesty's condescension in graciously permitting that my work should appear under your Majesty's exalted patronage and royal auspices ».

Devant une pareille platitude, on resterait un peu sidéré, si on ne se rappelait qu'à l'époque c'était l'usage. On ne pouvait imaginer un pays sans monarque et un monarque sans le plus profond respect de ses sujets, exprimé sans retenue : l'excès du qualificatif ne faisant que confirmer l'excellence de leurs sentiments.

* * *

Joseph Bouchette et Marie-Louise-Adélaïde Chaboillez eurent cinq enfants [57]. L'un d'eux fut le successeur de son père aux fonctions d'arpenteur général, quand il prit sa retraite d'assez mauvais gré en 1840, au moment où lord Sydenham réalisait le projet d'Union, auquel Bouchette avait adhéré en principe, en 1823, malgré le tollé soulevé dans le milieu catholique. Le quatrième fils (Robert Shore Milnes) mérite qu'on parle de lui un peu plus longuement que par les citations tirées de ses *Mémoires* [58]. Il n'a pas accompli une œuvre comparable à celle de son père, mais il a eu une carrière assez colorée et, au point de

---

57. De ce mariage naquirent cinq enfants, note Édouard Fabre-Surveyer dans les *Mémoires de la Société royale du Canada* de 1940 (sec. I, p. 104). En voici l'énumération : « Marguerite Adélaïde, née à Montréal le 11 juin 1798, morte à Québec le 10 mars 1803 ; Joseph, né à Montréal le 24 juillet 1800, qui devint arpenteur général adjoint et mourut au Pont Rouge le 24 février 1881 ; Samuel-Louis, né à Québec le 29 septembre 1801, qui fut admis au Barreau, devint percepteur des droits du canal Lachine et mourut à Montréal le 13 mai 1873 ; Jean-François, né à Québec le 22 février 1803, qui fut officier d'infanterie et dut mourir en Europe avant 1871 ; et enfin Robert (Robert Shore Milnes), né à Québec le 12 mars 1805, avocat, exilé aux Bermudes en 1838, commissaire à l'exposition de Paris en 1867, mort à Québec le 2 juin 1879.

58. *Mémoires de Robert S.M. Bouchette* (1805-1840), recueillis par son fils Errol et annotés par A.D. DeCelles. Parus d'abord dans la *Revue Canadienne*, ils firent l'objet d'un tiré-à-part.

vue du caractère, il en est l'antithèse presque complète. Joseph Bouchette est pondéré, prudent, quoique parfois assez ardent, comme l'écrit Fennings Taylor en 1856 quelques années après sa mort [59]. Il est attaché au régime monarchique, comme d'autres le sont à leur foi. Il tire de sa situation para-politique et de ses opinions des satisfactions d'amour-propre, quelques prébendes ou de bonnes places, mal rémunérées il est vrai. Il se révèle capable de s'entendre avec les gens en place, à cause, en particulier, de ses capacités, de son honnêteté et d'une certaine souplesse de courtisan. En 1835, cependant, il réagit violemment contre William B. Felton, qui a mis en doute la qualité de son administration. Il demande alors une enquête, qui lui est favorable. Il poursuit Felton et un jury lui donne raison [60]. Son fils Robert est enthousiaste, fougueux, généreux, prêt à tous les sacrifices pour une idée, avec un fond de bon sens et d'équilibre qui reprend éventuellement le dessus. Voyons-le vivre. Ainsi, par antithèse d'abord, puis, par un retour au calme, nous retrouverons celui qui fait l'objet de cette étude.

Né à Québec le douze mars 1805, Robert Shore Milnes Bouchette fraye avec ses camarades francophones. Il habite chez son père, d'abord dans une maison de pierre au coin de la rue Saint-Louis et du Parloir, maison au toit long, fortement incliné et percé de lucarnes comme on les construisait au dix-huitième siècle. C'est là qu'on a mis une plaque commémorative pour rappeler le nom et les travaux du géographe [61]. La maison sera saisie ultérieurement par les créanciers et vendue par le shérif, mais cela est une autre histoire [62].

Plus tard, Robert Bouchette fait ses études chez le Révérend Wilkie [63], où il subit des influences bien différentes de celles que dispensent ceux qui, au Séminaire, dirigent la jeunesse : clercs à rabat et à soutane qui y enseignent. Il fait son droit auprès d'Andrew Stuart et de Henry Black, deux amis de son

59. P. 131 dans *The Portraits of British Americans* by W. Notman, with biographical sketches edited by Fennings Taylor (Montréal : Chez John Lovell, n.d.).

60. Sous la présidence du Juge en chef Sewell.

61. L'inscription se lit ainsi : Joseph Bouchette, Arpenteur général du Bas-Canada, auteur d'ouvrages scientifiques importants, né à Québec, le 14 mai 1774, décédé à Montréal, le 9 avril 1841.

62. La *Gazette de Québec* l'annonce, sous l'autorité du shérif J.A. Sheperd, le 5 mars 1807, à la demande de Dame Jane Bell, veuve du ministre anglican François de Montmollin.

63. C'est lui qui le rappelle dans ses *Mémoires*.

père, qui se spécialisent en droit maritime. Avocat en 1826, à vingt et un ans, il plaidera plus tard, surtout devant la Cour de la vice-amirauté, où siège son ancien patron. Puis il quitte Québec pour Londres avec son père, en 1829, comme on l'a vu. Ce sera une nouvelle orientation de sa vie. C'est en Angleterre, en effet, qu'il se marie. Il épouse Mary Ann Gardner, fille de l'Honorable Herbert Gardner et petite-fille de l'amiral comte Gardner, pair d'Angleterre. Il l'a rencontrée chez madame Plenderheath, belle-sœur de sa tante, Marguerite Chaboillez, semble-t-il, qui, après la mort de Simon McTavish, a épousé en secondes noces le Major Plenderheath de Londres.

Robert Bouchette s'est fiancé en 1833, après avoir fait un voyage en Italie [64]. Revenu à Québec en mai de la même année, il s'est rembarqué pour Liverpool et Douvres, où les noces ont eu lieu au printemps de 1834.

La jeune femme accompagne son mari à Québec, mais elle meurt du choléra en juillet de la même année. Ce dut être affreusement pénible pour lui, car, dans ses *Mémoires,* il écrit (et c'est l'explication qu'il nous apporte de son état d'esprit au moment du soulèvement de 1837) : « Je me résignais difficilement à cette cruelle séparation. Je cherchais vainement à m'en distraire, en me livrant énergiquement à la pratique de ma profession, lorsque les événements politiques prirent une gravité qui rendait l'indifférentisme presqu'impossible ». Il a trente-deux ans à ce moment-là. Il est enthousiaste, très spontané, comme on l'a vu. Il est choqué par les résolutions présentées à la Chambre des Communes, en février 1837 par lord Russell, ministre des colonies. Comme il l'écrit : elles donnent « au gouverneur le droit de se servir de l'argent public en dehors du contrôle de la Chambre d'Assemblée... ». Et cela, il ne peut l'admettre. Pour lui, c'est la dernière goutte qui fait déborder le vase. Il se range parmi les partisans de Louis-Joseph Papineau et de Wolfred Nelson, même s'il lui en coûte de se séparer de sa famille et de beaucoup de ses amis [65]. « La politique vint ainsi me distraire des angoisses dont souffrait mon cœur, ajoute-t-il, et je me lançai dans l'arène avec l'enthousiasme qui m'est naturelle

---

64. *Mémoires,* p. 35. Dans les papiers de Jacques Viger, il y a un charmant dessin de R.S.M. Bouchette, fait sans doute au cours de ce voyage. Il indique comme celui-ci était doué.

65. *Mémoires,* p. 39.

et avec toute l'ardeur que m'inspirait ma conviction profonde de la justice de la cause libérale » [66].

Il fonde un journal *Le Libéral,* dont il rédige la version française, l'autre l'étant par son ami Hunter [67]. Il prend part à de nombreuses assemblées à Québec et il se présente dans le comté de Northumberland, où il est battu par le candidat que, bien curieusement, appuie Louis-Joseph Papineau. Celui-ci craint-il ce rejeton d'un bureaucrate notoire, au vocable claironnant qui rappelle des souvenirs trop près des événements du jour ? Se prénommer Robert Shore Milnes n'est-ce pas un peu gênant pour celui qui veut représenter les électeurs d'un comté qui deviendra celui du Saguenay par la suite, à cause de la langue de ses habitants. À distance, on ne sait pas très bien, mais l'autre candidat passe à sa place.

Bouchette n'est pas ébranlé pour cela. Il est entré dans la mêlée. Il y reste. On l'envoie faire du recrutement de l'autre côté de la frontière. Il revient très inquiet du manque d'armes et de l'impréparation des recrues, lui qui est d'une famille de militaires et qui est lieutenant d'artillerie (ce qui lui a permis d'assister au couronnement de Guillaume IV à Westminster Abbey, alors qu'il se trouvait à Londres avec son père). Il prend part au combat de Moore's corner, où il est fait prisonnier. Il est mis en prison à Montréal, puis exilé aux Bermudes avec six autres compagnons, dont Wolfred Nelson. Il reviendra en 1838, après l'armistice accordée à l'instigation de lord Durham et du Conseil spécial.

Pour comprendre la réaction du père au moment où il est exilé, il faut lire une page des *Mémoires* de son fils. Elle est très caractéristique de l'époque, de l'homme et de ses sentiments envers la Couronne : « Je laisse le Docteur Nelson en conférence avec M. Buller, écrit-il, pour aller rejoindre mon père et mes frères qui viennent d'arriver. Ah ! Mon pauvre père ! Absolu dans sa conception du devoir de la loyauté, entièrement dévoué depuis plus de quarante ans au service de la science, de son pays et de son souverain, il ne comprenait guère ma conduite, et en m'embrassant il pleura sur mes péchés autant

66. *Ibid.,* p. 40.
67. *Le Libéral* — *The Liberal* est fondé à Montréal en juin 1837 pour contrer *Le Canadien,* que dirige Étienne Parent. Il tombera en novembre 1837. Voir *Les Journaux du Québec de 1764 à 1964* (Québec : Les Presses de l'Université Laval, 1965), p. 200.

que sur mon infortune. Je lui présentai mes frères d'exil ; notre fermeté, notre calme et notre dignité l'impressionnèrent plus même que l'idée de notre séparation prochaine ne le chagrinait » [68].

On imagine le sentiment du père, haut fonctionnaire de la Reine, profondément atteint par l'attitude de révolte de son fils, plus peut-être que par l'exil. Lui qui, toute sa vie, a été un fidèle serviteur de la Couronne, il ne comprend pas. Il ne peut que gémir sur la part que son fils a prise à un mouvement qu'il réprouve et dont il ne veut pas admettre le bien-fondé. Et cependant lui-même a eu à souffrir du milieu. Si, très jeune, il a été élevé à de hautes fonctions, grâce à l'appui de son protecteur et ami, sir Robert Shore Milnes, par la suite on lui a fait la vie dure parfois et on l'a mis à la retraite assez lestement, même si on lui a laissé son traitement. Parfois aussi, il a été menacé dans son autorité. Il a dû demander une enquête, suivie d'un procès, pour défendre son administration et la probité de ses actes. De plus, on ne lui a pas donné le titre qu'on lui avait annoncé sous le sceau du secret. Malgré cela, il reste fidèle à son allégeance à la Couronne. C'est en toute sincérité qu'en 1832 il a dédicacé ses livres au Roi et au Régime avec le plus grand respect [69].

Ce respect, il le ressent. Il l'a exprimé déjà. N'a-t-il pas écrit un jour dans sa *Description topographique de la province du Bas-Canada* :

> Canadien de naissance, j'ai dans l'éloignement, contemplé avec admiration, et avec un respect profondément senti, les avantages incomparables de notre Constitution, qui couvre de son égide protectrice les sujets les plus éloignés, aussi puissamment que ceux de la Métropole, et qui a fait éprouver si libéralement sa pureté et sa justice inimitable à mes compatriotes en particulier. Mais mon respect est porté au plus haut degré aujourd'hui, que j'éprouve que cette Constitution donne à un simple individu comme moi, né dans une autre hémisphère, le privilège d'approcher librement de son souverain, et de déposer au pied du trône le résultat d'un travail dirigé par de bonnes intentions.

Le texte est un peu plat, mais plus qu'une longue glose, il indique l'état d'esprit de son auteur et de l'époque. Il faut en tenir compte si l'on veut comprendre certains Canadiens qui,

---

68. *Mémoires*, p. 83.
69. *British Dominions...*, pp. v et vi de l'Avant-Propos.

comme lui, s'opposent souvent au milieu dominant par le nombre, sinon par l'influence. L'attachement de Joseph Bouchette envers la Couronne n'est pas feint pour les besoins du moment. Il aura toujours une grande estime pour l'Angleterre et pour sa civilisation. Il a été à Londres en 1807 ; il y est retourné en 1815. Et en 1829, il y a été reçu avec honneur pendant les deux ans qu'il a passés pour la préparation de son grand ouvrage.

Pour Joseph Bouchette, l'Angleterre est le pays de l'ordre qui, depuis la chute de Napoléon, a pris un éclat nouveau avant qu'il ne devienne la grande puissance du dix-neuvième siècle. Le geste de son fils rebelle l'horrifie. Il pleure sur son indignité, mais il est à son départ pour les Bermudes, avec ses autres fils — ce qui montre chez lui une grande fidélité aux siens. Il réprouve les actes de son fils, mais il ne le renie pas. Et c'est cela que, dans sa vie familiale, il est important de constater.

Le temps arrange bien des choses ou, tout au moins, il les fait voir différemment. Aux Bermudes, Robert Bouchette a emmené sa deuxième femme, qui était la fille des Berthelet. On peut lire ceci, dans une lettre que Julie Papineau écrit à son mari le 4 mars 1839 à Albany : « Tu verras que Mr Bouchette pour passer le temps de l'exil agréablement a épousé une des filles de Berthelet l'aîné ; elle n'a rien et lui non plus ; ils vont vivre chez le père... » [70]. La phrase est à la fois naïve et un peu mélancolique. Julie Papineau s'ennuie déjà de son mari, exilé volontaire qui reviendra longtemps plus tard quand les esprits se seront calmés et lorsqu'il aura le mal du pays.

Robert Bouchette revient à Québec. Il rentre dans le rang. Avocat, il plaide surtout à la cour de l'Amirauté. Plus tard, il est nommé au bureau du procureur général. En 1851, il devient commissaire des douanes du Canada. Il le restera jusqu'en 1875, moment où il prend sa retraite. Comme la plupart des *rebelles,* il n'a pas boudé longtemps le régime quand celui-ci a évolué et quand on lui a donné l'occasion de le servir. Il a fait comme bien d'autres, Cartier, LaFontaine, Morin, les Viger et Étienne Parent ; il a accepté de servir les institutions nouvelles en essayant d'en tirer le maximum pour lui et pour le groupe dont

---

70. Le fait est difficile à vérifier, car ni dans les *Mémoires* de Bouchette, ni dans les textes que nous avons lus dans la bibliothèque de Hamilton, aux Bermudes, il n'est question qu'un des exilés ait été accompagné de sa femme. Serait-ce simple papotage de la part de Julie Papineau ? Il le semble bien.

il ne cesse de faire partie. Il reste très loin du chef de l'insurrection de 1837, cependant. Exilé volontaire, intransigeant, celui-ci se ralliera au régime longtemps plus tard, à son retour de France. De Monte-Bello, il assistera à la désaffection des gens parce qu'il n'a pas su évoluer avec eux et parce qu'il a donné à son libéralisme un sens qu'on n'est pas prêt à accepter. D'autres l'ont remplacé dans la faveur populaire. Ce n'est pas sans amertume qu'il le constate dans son domaine, où il s'isole même s'il vient de temps à autre parler, à ses amis de l'Institut Canadien, de la liberté et de ce clergé qui la brime et qu'il déteste. Ainsi, il se heurte encore à ceux qui l'ont le plus durement combattu au moment du soulèvement de 1837, point culminant de sa vie et de sa carrière.

Mais revenons à Joseph Bouchette. Sa mise à la retraite et la fugue de son fils l'ont ébranlé. Il meurt à Montréal en 1841. On l'enterre dans la crypte de l'église Notre-Dame, où sa femme vient le rejoindre en 1847. Ainsi, ils sont réunis dans un même lieu, eux que la vie avait si souvent séparés. Ils étaient issus de deux familles bien différentes par leur fonction : l'une s'était enrichie dans le commerce des fourrures et l'autre s'était dépensée sans compter au service de la Colonie et de la Couronne, à qui allaient toutes ses complaisances.

Plus tard, les deux corps seront transportés au cimetière de la Côte-des-Neiges [71]. Un monument surmonte la tombe. Le nom de Joseph Bouchette est suivi d'une longue inscription destinée à rappeler son œuvre et son mérite. Malheureusement, elle est presque entièrement effacée sous l'effet du climat : pluie, vents et grésil s'étant chargés d'effacer presque entièrement l'éloge qu'on a voulu faire de l'homme. Heureusement, ses livres et ses cartes rappellent l'œuvre qu'il a accomplie.

---

71. Terrain J³-47, au cimetière de la Côte-des-Neiges à Montréal.

Monseigneur Ignace Bourget

Le clerc:

Monseigneur Ignace Bourget,

(1799-1885)

Les jours s'en vont
et je demeure.

Guillaume Apollinaire

Ignace Bourget naît dans le rang d'Arlaka, à Saint-Joseph de Lévis, le 30 octobre 1799. Il voit le jour dans une petite maison qui est bien plaisante [1]. Elle a la grâce des constructions du dix-huitième siècle en Nouvelle-France. Il en est resté assez dans la région de Québec pour nous montrer combien nos gens avaient de goût, à une époque où l'on ne construisait pas encore des boîtes carrées, des bâtiments au toit plat, miteux et laids. La tradition de grâce avait pour eux toute son importance.

La maison des Bourget est en pierre de la région, avec trois cheminées et une toiture surélevée sur un corps de bâtiment assez bas. Une chaumière, dit L.-O. David ! C'est une maison gracieuse comme on les faisait au dix-huitième siècle, avec des fenêtres à carreaux et des volets de bois. On se demande, cependant, comment on y logeait treize enfants, car ils furent treize, si Ignace était le onzième.

Venue en Nouvelle-France au dix-septième siècle, la famille Bourget était originaire de Chartres. Une tradition familiale veut

---

1. On en trouve une excellente photographie aux Archives du Séminaire de Québec. Le Père Léon Pouliot, s.j., l'a reproduite dans *Monseigneur Ignace Bourget et son temps* (Montréal : Beauchemin, 1955). L'auteur doit beaucoup au Père Pouliot pour cette étude. Il tient à lui rendre ce témoignage ici.

qu'en allant visiter la Cathédrale au cours d'un de ses voyages
à Rome, le prélat ait retrouvé le nom de l'ancêtre gravé dans
la pierre, avant son départ. En Nouvelle-France, la famille Bourget est la cellule-type, qui se succède de génération en génération jusqu'à Pierre, le père, et Thérèse Paradis, la mère. C'est
d'eux qu'est né celui qui, longtemps plus tard, deviendra archevêque de Martianopolis, après une carrière tumultueuse, mais
bien remplie. Très simple, très humble, on l'enterrera plus tard
encore dans un temple qu'il a voulu, parce qu'il rappelait Rome
et la basilique de Saint-Pierre, centre pour lui de la religion, de
ses préceptes et de ses règles.

Vers 1930, on logera ses restes dans une chapelle lambrissée
de marbre et dont, gisant [2], il occupe le centre : masque glabre,
assez dur, qui fait penser par sa rigueur à un Savonarole vieilli.
Le corps est revêtu de somptueux vêtements sacerdotaux, la
main est gantée et, au doigt, il y a la bague garnie d'une pierre
précieuse qui confirme son rang dans l'Église. C'est elle que l'on
baisait autrefois, genou en terre, à une époque où l'on ne plai-
santait pas avec les prérogatives de l'évêque dans son diocèse.
Le prélat était le père de ses ouailles, mais un père devant qui
toute autorité s'inclinait respectueusement, comme le représentant
du Christ sur terre : la génuflexion et le baise-bague étant la
forme extérieure de ce respect.

Autour du gisant, deuxième évêque de Montréal, on a placé
à droite les évêques, à gauche, les évêques coadjuteurs et auxiliaires. Il y a là Monseigneur Fabre, son successeur, évêque
depuis 1876, jusqu'à Monseigneur Charbonneau, mort à Victoria, après des interventions bien pénibles qui l'avaient fait
éloigner de son siège par Rome. Après sa mort, il est revenu
prendre sa place parmi ceux qui ont dirigé l'Église catholique
à Montréal. Tous sont là, comme autant d'étapes du mouvement
religieux, dans une grande église qui a une certaine allure, même
si elle est une maladroite copie d'un temple très beau et somptueux.

Monseigneur Georges Gauthier admirait Monseigneur Bourget.
Comme l'écrit le Père Pouliot, « dans sa pensée, il a été le grand
évêque du diocèse, celui qui lui a donné son élan ».

C'est Monseigneur Gauthier qui, en 1920, a contribué à réaliser ce que son prédécesseur avait pu obtenir de Rome au

---

2.   Oeuvre du sculpteur Giulio Barberi.

siècle dernier, après s'être jeté corps et âme dans la grande bagarre universitaire, qui opposait l'Université Laval et le clergé de Montréal [3]. Il a voulu que l'on transporte le corps de Monseigneur Bourget du sous-sol, où il était logé près d'une colonne du temple, dans une somptueuse chapelle votive. L'évêque y est au centre de l'aréopage, vêtu de bronze et entouré d'un luxe de matériaux rappelant ceux de Saint-Pierre de Rome. Il aurait sans doute réprouvé cet étalage de richesses, lui qui était simple, humble et bon, au témoignage de ses contemporains même si, à certains moments, il a eu des paroles et des initiatives extrêmement dures contre ceux qu'il jugeait les ennemis de l'Église.

Il faut aller voir cette chapelle pour constater combien a été continue et forte l'influence de ceux qui ont mené la société canadienne-française de Montréal, du haut de la chaire.

La Cathédrale est maintenant entourée de grands immeubles qui l'écrasent elle qui, à la fin du siècle dernier, évoquait la puissance de l'Église catholique romaine au Canada. À côté, il y a les Chemins de fer nationaux qui ont installé leurs services au sous-sol et, au-dessus, l'hôtel dont le nom rappelle la Souveraine d'Angleterre, après avoir failli soulever la violence à une époque où elle n'avait pas encore pris ses aspects actuels. Il y a aussi en face la masse de pierre de la Sun Life, dont l'architecture fioriturée est d'une époque révolue. Pendant la guerre, les voûtes de l'immeuble ont accueilli les réserves d'or de la Banque d'Angleterre. Maintenant, elle est le symbole d'assurance et de solidité financière, après avoir été dans les années 30, le centre d'attaques virulentes contre ses maîtres ; ce qui a valu à l'accusateur de passer quelques années en prison, aux frais de l'État, parce qu'il avait précisé imprudemment une accusation difficilement prouvable.

---

3. Monseigneur Bourget était parvenu à s'intégrer à son diocèse de Montréal au point de s'élever contre le milieu de Québec qui l'avait formé dans sa jeunesse. Il réagissait, en somme, comme un prélat visant au bien de ses ouailles sans rester attaché à sa contrée d'origine envers et contre les intérêts de son diocèse. On peut dire, cependant, comme le précise le Père Pouliot, qu'il était « pour Montréal et non *contre* Québec ». Il y a là une nuance à laquelle tient l'historiographe de Mgr Bourget.
Il faut signaler ici que si Monseigneur Gauthier a réalisé le projet de l'université catholique à Montréal, c'est Mgr Paul Bruchési qui, aidé de l'abbé Émile Chartier, se rendit à Rome en 1919 et obtint le consentement du Pape à la fondation de l'Université de Montréal et la scission d'avec l'Université Laval.

De l'autre côté de la place, il y a la sculpture de Henry Moore, femme divisée en trois tronçons, qui s'oppose au monument somptueux et traditionnel de Monseigneur Bourget, élevé par Philippe Hébert, avec l'aide de fidèles reconnaissants. Hébert l'y a représenté vêtu de ses vêtements sacerdotaux et prononçant une de ses harangues dont il était coutumier. À qui s'adresse-t-il ? Au peuple réuni à ses pieds ? Mais aussi, par une amusante coïncidence, à cet homme qu'il estimait, mais dont il craignait les idées libérales à une époque où le clergé de Montréal considérait tout libéralisme comme une manifestation anticléricale [4]. Wilfrid Laurier — c'est lui qui fait face à Monseigneur Bourget — a été fondu dans le bronze par Brunet, sculpteur canadien représentant d'une autre époque. Si Laurier n'avait pu faire accepter les précisions qu'il apportait sur les tendances religieuses de son parti, il était bien différent du prélat. Aussi différent, il est vrai, de l'esprit qu'indique la femme en trois parties qu'a voulue Henry Moore. Il y a dans ce square bien des contrastes, auxquels on songe quand on le parcourt le soir au moment où le quartier devient presque désert, après la hâte de cinq heures qui conduit jeunes femmes en mini-jupe et employés qui ont repris leurs vêtements de ville vers le métro et les gares où ils s'engouffrent.

L'évêque, lui, reste seul sur son socle, entouré de la charité et du peuple qu'il a aimé et dont le sculpteur a tenu à rappeler le souvenir. Devant lui et devant Laurier, passent les piétons indifférents, comme après la défaite de 1911, quand les électeurs de Laurier eurent déserté le navire qui faisait eau de toute part. Formant triangle, il y a aussi le monument élevé au souvenir de John A. Macdonald, dont le parti a si longtemps profité de l'attitude intransigeante du clergé de Montréal envers le libéra-

---

4. Dans une lettre pastorale du 22 septembre 1875, tous les évêques de la province ecclésiastique de Québec s'élèvent contre le libéralisme catholique. Ils affirment avec force : « Défiez-vous surtout de ce libéralisme qui veut se décorer du beau nom de catholique, pour accomplir plus sûrement son œuvre criminelle. Vous le connaîtrez facilement à la peinture qu'en a faite souvent le Souverain Pontife : 1. Efforts pour asservir l'Église à l'État ; 2. tentatives incessantes pour briser les liens qui unissent les enfants de l'Église entre eux et avec le Clergé ; 3. alliance monstrueuse de la vérité avec l'erreur, sous prétexte de concilier toutes choses et d'éviter des conflits ; 4. enfin, illusion et quelquefois hypocrisie, qui, sous des dehors religieux et de belles protestations de soumission à l'Église, cache un orgueil sans mesure. » *Mandements, lettres pastorales et circulaires des évêques de Québec*, 1875.

lisme politique. Ainsi, se retrouvent à un même endroit ceux qui ont agi si profondément sur l'opinion pendant la dernière partie du dix-neuvième siècle. Monseigneur Bourget ne fut pas le moindre. C'est à le présenter aux lecteurs du vingtième qu'on s'attachera maintenant.

* * *

Ignace Bourget est baptisé à l'église de Saint-Joseph de Lévis. Autour du prêtre, il y a le père, la marraine et le parrain. Tous trois ne peuvent signer l'acte de baptême, car ils sont analphabètes [5]. Ce sont de braves gens, durs à la besogne, parce que la terre n'est pas généreuse. Ils craignent Dieu et respectent son ministre. Le dimanche, ils vont à la messe. Vont-ils souvent communier ? Pas comme on le fait maintenant. Un peu plus tard, en effet, ne donne-t-on pas parfois comme pénitence de ne recevoir l'Eucharistie que deux fois l'an [6] ? Ils sont honnêtes et ils suivent ce qu'ils considèrent la loi de Dieu. Ils ont treize enfants. Si on leur avait parlé de la *pilule,* ils auraient été horrifiés. Dans l'Évangile, n'y a-t-il pas une recommandation qu'ils appliquent à la lettre, même si les enfants viennent dru et s'ils ne sont pas riches. Il y a la terre qui les nourrit tous, mais un peu chichement. On en tire assez cependant pour faire vivre tout ce petit monde. La mère a un potager autour de la maison, comme partout à la campagne. Elle va vendre ses légumes au marché, de l'autre côté du fleuve, à Québec ; ce qui lui permet d'ajouter un peu au budget familial. Plus tard, comme elle est sur place,

---

5. Voici l'extrait de baptême que signe l'officiant : « Le trente octobre mil sept cent quatre-vingt-dix-neuf, nous prêtre soussigné, avons baptisé Ignace, né ce jour, fils légitime de Pierre Bourget, cultivateur et de Thérèse Paradis, son épouse, de cette paroisse. Parrain Ignace Paradis, marraine Elizabeth Roy qui, ainsi que le père, ont déclaré ne savoir signer. Lecture faite. M. Masse Ptre. » Cité dans *L'Institut de la Providence* (Hors-Commerce), I, 127. Ils ne sont pas seuls à l'époque : l'analphabétisme étant la règle quasi générale. Ainsi le père, la marraine et le parrain de F.-Xavier Prieur (l'un des exilés de 1839) ne peuvent non plus signer l'acte de naissance.

6. Dans « Fragments d'histoire pastorale » (*Revue d'histoire de l'Amérique française,* septembre 1965, p. 286), l'abbé Honorius Provost mentionne le bien curieux exemple de pénitence suggérée par l'évêque Plessis pour un pénitent de la paroisse de Sainte-Marie de Beauce, coupable d'une affaire de mœurs : « 1. Pendant un an, point de communion ; 2. défense pendant le même temps de monter plus loin que le bénitier pendant la messe, ni d'y assister autrement qu'à genoux, excepté le temps du prône et du sermon ». Et il y en a quatre autres...

elle ira voir ses fils qui, tous deux, sont au Séminaire, en attendant qu'ils deviennent prêtres : Pierre, l'aîné des deux, et Ignace, son cadet. C'est la mère qui dirige tout dans la famille. Elle est tenace, intelligente, active. Elle songe à l'avenir tandis que son mari fait les gros travaux de la ferme. Elle tient à ce que ses deux fils fassent carrière dans la prêtrise, puisqu'ils y sont aptes. Elle a du caractère et ne plaisante pas avec les devoirs de l'écolier. Si on est encore loin des fils protestataires, contestataires, malcusiens ou maoïstes, Ignace Bourget fait une fugue un jour. Il fuit le collège et retourne subrepticement dans son village qu'il devine des fenêtres du Séminaire, d'où l'on voit des choses si tentantes de l'autre côté de l'eau. Sans doute un peu inquiet, il arrive chez lui au moment où on ne l'attend pas du tout. La réception a dû être assez fraîche car il en garde le souvenir toute sa vie. Sa mère le ramène le lendemain en lui disant que, s'il recommence, il ne reviendra pas à la maison pour les grandes vacances. Nous craignions notre mère plus que nos maîtres, dira-t-il plus tard. Elle est valable cette attitude d'une femme énergique pour qui il importe de bien faire ce que l'on fait. Malgré tous les conseils de certains psychologues au cœur tendre, c'est ainsi que les caractères se trempent, pourvu que la sévérité se tempère de ces gentillesses dont les femmes ont le secret.

Ignace Bourget sort du Séminaire à l'âge de dix-neuf ans. Il n'a pas été un élève brillant, d'une intelligence extraordinaire. Il est travailleur, bûcheur, pieux, un peu scrupuleux, note Monseigneur Plessis en le recommandant à Monseigneur Lartigue. Déjà, il recherche les bonnes œuvres, qu'on appellera plus tard des B.A. quand les enfants au grand cœur entreront chez les scouts.

Ignace Bourget était consciencieux également, mais intransigeant, têtu, buté souvent. Il aimait les choses bien faites : un perfectionniste comme on dira longtemps plus tard avec un désir de préciser et, en même temps, avec un blâme léger ; celui qui tend à la perfection étant souvent un empêcheur de danser en rond, un vétilleur, un chercheur de petites bêtes. Ignace Bourget fut beaucoup mieux que cela. Il était essentiellement un homme d'action qui, dans son domaine, fit de la terre, comme on disait quand la hache était encore l'arme pacifique du colon. Lui colonisait, bâtissait, ordonnait la terre de Dieu tout en pourfendant le Malin et ceux qu'il croyait ses créatures. Il était entier dans ses actes. Plus tard, devenu évêque de Montréal, ne voulut-il pas quitter son diocèse pour devenir simple jésuite à une époque où il fit revenir la Société dans son pays ? Le Pape l'en empêcha, car il savait quelles qualités avait cet être dynamique, fait pour commander, diriger, créer et non pour obéir tout simplement. La demi-mesure lui était inconnue, comme il le montrera dans l'affaire Guibord et dans ses relations avec l'Institut Canadien [7], en particulier. Mais cela est une autre histoire sur laquelle on reviendra un peu plus tard.

Sorti du petit Séminaire à dix-neuf ans, comme on l'a vu, Ignace Bourget entre au grand Séminaire en 1818. Puis on le nomme professeur-étudiant en théologie à Nicolet, l'un des quatre grands collèges classiques, avec celui de Saint-Hyacinthe, le Séminaire de Québec et le Séminaire de Montréal. Il est très jeune, mais il a le feu sacré et il est prêt à tout faire à un âge où rien n'est un obstacle. Il faut dire d'ailleurs qu'à ce moment-là, les professeurs, comme les prêtres bien formés, sont assez rares. En 1830, par exemple, il y a dans le Bas-Canada un prêtre par 1,800 fidèles alors qu'en 1759, il y en avait un par 350 [8]. Depuis la cession, le recrutement a été très difficile. Après la révolution, quarante-cinq prêtres français étaient bien venus d'Angleterre entre 1794 et 1802. Ils avaient été dirigés vers les régions de Nicolet et de Trois-Rivières pour combler des vides. Mais dans l'ensemble, les cadres se remplissaient lentement et la formation était médiocre. Ainsi, en 1840, Monseigneur Signay écrivait : « Le clergé canadien n'est pas aussi instruit qu'on pourrait le désirer » ; ce qui était un aveu assez pénible [9]. Mais le prélat ajoutait : « ... il se fait du moins remarquer par l'esprit de régularité et de charité qui l'anime et par la fidélité au devoir de son ministère » [10]. Ce qui faisait dire assez méchamment à Louis-Antoine Dessaulles par la suite : « Quand il y avait moins de curés (au début du siècle), on avait relativement plus d'hommes supérieurs. »

L'abbé Bourget a la chance de se former en enseignant durant les quatre années qu'il passe à Nicolet, aux éléments latins, puis en syntaxe. Il gardera le goût des citations latines dont, plus tard, il émaillera ses mandements et ses lettres pastorales.

7. À l'époque, on écrit généralement Institut-Canadien.
8. Pierre Savard dans « La Vie du clergé québécois au XIXe siècle », *Recherches sociographiques*, VIII/3 (1967), 261.
9. *Ibid.*, 262.
10. Situation assez généralisée d'ailleurs, même en Europe, puisque la formation des prêtres fut une des préoccupations principales de Pie IX.

Il voit cependant ses propres insuffisances, et le manque de formation première de beaucoup de ses collègues le préoccupe. Ce sera un de ses premiers actes auprès de Monseigneur Lartigue que d'appuyer la fondation d'une école de théologie. Il y enseignera lui-même, en 1826, en partant de la règle que le borgne est roi au pays des aveugles. Il est secrétaire de Monseigneur Lartigue dès 1821. C'est Monseigneur Plessis qui l'indique à l'évêque, en signalant ses qualités de travail et d'intelligence. Longtemps plus tard, Monseigneur Taché dira d'Ignace Bourget : « Il devint le secrétaire de Monseigneur Lartigue et, bientôt, son compagnon, son ami et, plus tard, son coadjuteur et son successeur. » Pour le jeune abbé, c'est une précieuse éducation que ce travail de tous les instants avec un homme intelligent, bien formé et à l'esprit ouvert.

Depuis 1821, Monseigneur Lartigue est évêque *à* Montréal, comme aiment à le dire ses collègues sulpiciens, et non *de* Montréal. Il porte le titre d'évêque de Telmesse [11]. Il n'est reconnu ni par Saint-Sulpice, ni par Londres, qui veut bien que Monseigneur Plessis ait des suffragants, des auxiliaires, mais qui ne tient pas à ce que cela se sache trop. Jusqu'à 1813, en Angleterre, on n'admettait qu'un seul évêque au Canada, celui de l'Église anglicane, Monseigneur Mountain. Celui-ci protestait ouvertement auprès de Londres [12] chaque fois qu'officiellement on semblait attribuer au surintendant de l'Église de Rome (comme on l'appelle officiellement) un caractère de prélat. Rome ne tient pas compte de la situation et pousse Monseigneur Plessis à faire reconnaître ses droits d'archevêque qu'elle lui a accordés en 1819. Mais ce dernier louvoie ou s'y refuse même, craignant de perdre les prérogatives que l'Église catholique a pu faire établir petit à petit par la Métropole [13]. Cela rend la situation de Monseigneur Lartigue d'autant plus précaire que les Sulpiciens lui font toutes les difficultés possibles. Bien qu'il soit un des leurs, ils s'arc-boutent dans leurs privilèges de premiers occupants de la Paroisse. En son absence, on va même jusqu'à supprimer dans l'église Notre-Dame, le trône auquel il n'a pas droit, affirme-t-on. Ce qui force l'évêque à se réfugier chez les Sœurs de l'Hôtel-

11. En Lycie.

12. Archives canadiennes, série Q, vol. 92, p. 253.

13. On trouve là une bien curieuse opposition de deux milieux, l'un puissant dans l'immédiat, dans le concret, et l'autre dans le spirituel, qui compte avec le temps.

Dieu, qui mettent aussitôt leur chapelle à sa disposition [14]. C'est là
que son secrétaire, l'abbé Bourget, est reçu prêtre à vingt-quatre
ans. C'est là aussi qu'avec son évêque, il travaille aux plans
de la cathédrale que Monseigneur Lartigue veut construire au
coin des rues Sainte-Catherine et Saint-Denis, sur un terrain
donné par la mère de Denis-Benjamin Viger. L'évêque réussira
à construire son église malgré l'opposition des Sulpiciens et des
marguillers de la Paroisse [15], qui vont jusqu'à intervenir auprès
du gouverneur, lord Dalhousie. À la pose de la première pierre,
personne ne représente le Séminaire, en cette année de grâce
1823. Cela en dit long sur les bonnes relations de l'évêque et
de certains membres de son clergé. Il faut préciser ici qu'en
nommant Monseigneur Lartigue à Montréal, on avait porté une
première atteinte à des prérogatives d'origine lointaine. Un siècle
plus tard, Monseigneur Olivier Maurault écrira avec son tact
ordinaire, dans *La Paroisse* : « La situation sociale de Saint-
Sulpice avait nécessairement subi quelques modifications. Néanmoins, le Supérieur restait encore un gros personnage. » Il cessera cependant d'être curé de Notre-Dame à partir de 1866.

Ignace Bourget est très près de Monseigneur Lartigue, qui
apprécie sa gentillesse et son dévouement en des moments difficiles. Pour l'abbé Bourget, il y a là une excellente école. Né à

---

14. Chapelle gracieuse, comme on les faisait à cette époque, mais peu
prestigieuse pour le maître du diocèse. On en trouve une photographie
excellente dans *Montréal, Recueil iconographique*, par Charles de Volpi et
P.S. Winkworth (Montréal : Devsco Publications Ltd., 1963), I, Planche 62.
15. « Mot légèrement détourné de son sens », note M. Olivier Maurault, p.s.s. Il désigne l'église Notre-Dame que desservent les Sulpiciens,
seigneurs de l'Île de Montréal depuis 1663. C'est un ordre prestigieux, qui
joue un très grand rôle dans la Colonie tant sous le régime français
qu'anglais. Ce n'est que longtemps après la cession cependant, en 1839, que
les Messieurs de Saint-Sulpice obtiendront confirmation de leurs droits
séculaires par un acte du Conseil Spécial intérimaire (L'abbé L.-A. Desrosiers dans *le Rapport de l'Archiviste de la province de Québec* [RAPQ] *de
1945-46*, p. 43). Dans l'intervalle, leur Supérieur, M. Vincent-S. Quiblier,
reçoit à sa table Sir James Kempt (1829), Lord Aylmer (1830) et Lord
Gosford (1835) pendant qu'à Londres, il réclame la reconnaissance des droits
seigneuriaux de l'Ordre. Oh ! souplesse ou inconséquence britannique !
Il faut dire que le Supérieur de Saint-Sulpice, M. Quiblier, était un homme
d'une grande distinction, qui devait plaire aux aristocrates anglais dirigeant
le pays, même s'ils étaient très différents de religion et de formation et s'ils
n'avaient pas les mêmes aspirations.
Les Sulpiciens ont dans les Archives du Séminaire de Montréal un
exemplaire de l'Ordonnance érigeant l'Ordre en « corporation » le 8 juin
1840.

Montréal, Monseigneur Jean-Jacques Lartigue est un homme intelligent, ayant déjà la connaissance du monde quand il entre chez les Sulpiciens. Avant d'en être, il avait été reçu avocat. Par osmose et par l'exemple, l'abbé Bourget apprend beaucoup au contact de ce prélat cultivé. Il subit l'influence que peut exercer l'homme mûr sur un jeune cerveau prêt à tout absorber. C'est la précieuse communication entre le maître et son disciple qui agira pendant dix-neuf ans et dont Monseigneur Bourget gardera le souvenir jusqu'à sa mort [16].

Ensemble, ils traversent les moments très graves de 1837. Monseigneur Lartigue ne peut être indifférent au cours des événements. Il sait qu'il se joue là une partie dangereuse. Il ne peut rester à l'écart, même s'il est malade, en s'en lavant les mains, comme le fit Pilate aux débuts de l'Église. Sa réaction est immédiate. Il condamne sans hésitation l'attitude des *rebelles,* que d'autres appellent les *patriotes.* Écoutons-le dans cette circulaire du 6 février 1838 adressée à « Messieurs les curés et autres prêtres à charge d'âmes dans le diocèse de Montréal » :

> Après nous être efforcés d'apaiser la justice Divine par un office Expiatoire pour tous les crimes commis en ce Diocèse, pendant l'odieuse rébellion de l'an passé contre le Gouvernement établi dans cette Province Britannique, comme nous avons fait en vertu de notre Mandement du 8 janvier dernier, il convient aussi que nous rendions à la Providence du Seigneur de très humbles actions de grâces, pour la prompte répression d'une révolte si menaçante, par les armes puissantes de Sa Majesté ainsi que par l'énergie de ses fidèles sujets, qui heureusement surpassent immensément en nombre les hommes déloyaux ou égarés, et pour la paix interne qui règne maintenant dans tout le Bas-Canada.
>
> C'est pourquoi vous annoncerez, le dimanche de la Quinquagésime, au prône de votre messe paroissiale, que le lendemain, vingt-six du présent mois, sera observé dans ce Diocèse comme jour d'actions de grâces publiques pour la paix intérieure rendue à cette Province ; et qu'il sera chanté pour cet objet, au jour susdit, dans l'Église de votre Paroisse, une Messe Solennelle sub ritu Missae pro re gravi, suivie du Te Deum avec son oraison et celle

---

16. Ainsi, il accepte d'être enterré dans la Cathédrale de Montréal pourvu qu'on y transporte les restes de son prédécesseur et qu'on leur donne la place d'honneur. Léon Pouliot, s.j., dans la *Semaine religieuse* du 19 septembre 1961, p. 762.

Par la suite, on ne tiendra pas compte du désir exprimé par le prélat, quand on le mettra au centre de l'aréopage, dans cette chapelle consacrée aux chefs de l'Église à Montréal.

pour la Reine. Nous vous prescrivons, à cette occasion, d'instruire vos peuples sur leurs devoirs consciencieux envers la Puissance Civile, conformément à la doctrine Apostolique.

Cette lettre avait été précédée d'un premier mandement à l'occasion des troubles où l'évêque avait établi la position de l'Église, puis d'une circulaire datée du 26 décembre 1837, dans laquelle on invitait les curés du diocèse, à faire signer par leurs paroissiens des « Adresses de loyauté à Sa Majesté... » Le texte suggéré se termine ainsi : « Vos pétitionnaires concluent en priant humblement votre Majesté de prêter une oreille favorable à leur intervention respectueuse en faveur de leur troupeau, protestant qu'après une telle grâce, le gouvernement Britannique sera plus que jamais béni dans une Province à laquelle il aura rendu la paix et qu'il aura de plus en plus affectionnée à la mère patrie » [17].

Dans quelle mesure Ignace Bourget est-il l'auteur de ces textes ? Il est difficile de le dire. Cependant, si l'on se rappelle que Monseigneur Lartigue est très malade déjà (il mourra en 1840), on peut imaginer que le coadjuteur les ait écrits lui-même [18]. S'il l'a fait, il a sûrement agi avec l'assentiment de son évêque. Avec bien peu de chance de se tromper, on peut supposer que c'est lui qui fustige ainsi des gens dont il ne partage pas les opinions. Il a un grand besoin d'autorité ; il a le respect des pouvoirs établis. Londres a donné à l'Église catholique une situation imprécise, il est vrai, mais politiquement et religieusesement très avancée pour l'époque, avec cette souplesse dans le compromis que la diplomatie anglaise pratique quand elle sent qu'elle peut difficilement aller à l'encontre d'un courant très fort.

Par ailleurs, Monseigneur Bourget — évêque de Telmesse — pas plus que Monseigneur Lartigue, ne peut aimer les idées libérales de Papineau et de ses amis. Ils ne peuvent approuver non plus l'improvisation d'un mouvement voué à la faillite. Monseigneur Bourget retrouvera le tribun plus tard, prêtant appui

---

17. *Mandements* (Typographie le Nouveau Monde, 1869), I, 24.
18. Dans *RAPQ de 1945-46*, l'abbé L.-A. Desrosiers confirme cette opinion en écrivant : « Dès 1837 Monseigneur Bourget assume, à cause du mauvais état de santé de Monseigneur Lartigue, presque toutes les fonctions actives du ministère épiscopal » (p. 42). De son côté, le Père Pouliot met en doute ce que nous croyons. Il écrit, par exemple, « J'y vois la pensée et la manière de Mgr Lartigue » (Lettre du 9 mai 1970).

à son neveu Dessaulles à l'Institut Canadien. Pour l'instant, Monseigneur Bourget ne peut pas ne pas craindre cette aventure désordonnée, dangereuse, mal préparée qu'est le soulèvement de 1837. Les mandements, lettres pastorales et circulaires sont très précis à ce sujet [19]. On n'y parle de rien d'autre que d'une rébellion. On y fustige « l'impéritie politique de la plupart de ceux qui ont oublié leur devoir... » Plus tard, dans la circulaire au clergé, du 6 février 1838, on va jusqu'à parler de « l'odieuse rébellion ». On précise qu'il faut rendre « à la Providence du Seigneur de très humbles actions de grâces, pour la prompte répression d'une révolte si menaçante ». Toutes choses qui auraient pu être exprimées autrement et qui, sans doute, expliqueront en partie l'opposition au clergé que manifesteront certains laïques par la suite. Ceux qui, généreusement, mais imprudemment, ont pris part au mouvement insurrectionnel ne peuvent pas de gaieté de cœur accepter une pareille attitude du Haut Clergé. D'autant plus que Monseigneur Bourget est très ferme envers les *rebelles*. Dans une lettre [20] au curé de Sainte-Geneviève, il rappelle que l'Église refuse « l'absolution à ceux qui ont concouru aux résolutions passées dans les assemblées révolutionnaires ou qui ont adhéré à cet enseignement de nos Patriotes. » Le 28 novembre 1837, il va plus loin en écrivant au curé de Saint-Marc : « J'ai la douleur de vous annoncer que tous ceux qui sont morts les armes à la main contre leur gouvernement, étant morts *in flagrante delicto,* n'ont pas droit aux honneurs de la sépulture ecclésiastique » [21]. Ce serait odieux si le prélat n'avait un peu à sa décharge cette lettre qu'il envoie à M. Vincent Quiblier, grand vicaire et supérieur du Séminaire. En lui demandant son aide, il dit [22] : « Il me semble que la Religion doit aller au secours de nos malheureux patriotes, détenus dans les fers et que nous devons au moins les aller visiter. » En écrivant cela, il se rapproche de Madame Gamelin [23] qui, à la même époque, voit les insurgés dans les prisons, les soigne, console leurs familles ; bref, agit dans un esprit chrétien que ne montrent guère l'évêque et son coadjuteur dans leurs épîtres.

---

19. Sauf erreur, à toutes fins utiles, un mandement est un texte où l'évêque donne ses instructions, tandis que dans une lettre pastorale, il traite pour ses ouailles d'une question d'ordre général. Enfin, dans une lettre circulaire, l'évêque saisit son clergé d'événements courants.

20. Du 4 novembre 1837, dans *RAPQ de 1945-46*, p. 145.

21. Le 28 novembre 1837, *ibid.*, 147.

22. *Ibid.*, 145.

23. *L'Institut de la Providence* (Edition Hors Commerce), I, 148-9.

Mais que deviennent les autres à qui on refuse l'absolution et la sépulture en terre chrétienne [24] ? Par la suite, en 1858, on accueillera pieusement les restes de certains d'entre eux au cimetière de la Côte-des-Neiges. On leur élèvera un monument assez somptueux [25] sous les auspices, il est vrai, de l'Institut Canadien, déjà à couteaux tirés avec l'évêque.

Monseigneur Bourget s'est prononcé officiellement dans d'autres circonstances de caractère politique. En 1823, il a suivi de près l'attitude du clergé au sujet du projet d'Union ; il a vingt-quatre ans à ce moment-là. Les évêques sont très catégoriques. Ainsi, Monseigneur Lartigue invite son clergé à signer une requête à la Reine, en 1823 d'abord, puis en 1837 et, enfin, le 27 février 1840. À ce moment-là, Monseigneur Bourget y appose sa signature comme coadjuteur de l'évêque de Montréal. Il est le second sur la liste, comme le veut son rang. Dans sa correspondance, on trouve des traces précises de son opinion. Ainsi, dans une lettre à Monseigneur Joseph Signay, il rappelle qu'il a dit au gouverneur au cours de la visite qu'il lui a faite : « Le clergé s'est légitimement uni au peuple pour pétitionner contre l'Union, comme il l'a déjà fait en 1823, en 1837 et 1838, avec l'approbation de Lord Gosford » (*RAPQ de 1945-46*, p. 218). Dans la même lettre, il ajoute : « (qu'il y a lieu de craindre les troubles), qu'il existe beaucoup d'antipathie entre les Bretons et les Canadiens, ce que le gouvernement a reconnu en créant deux provinces séparées, une anglaise et l'autre française ; que le clergé doit rester uni au peuple comme il l'a toujours été pour promouvoir les mesures essentielles au bien de l'un et de l'autre et même du gouvernement, sous peine de paraître un clergé asservi à la puissance civile, mais qui fut capable aussi pendant l'époque malheureuse de 1837 et 1838, de contenir dans le devoir 600,000 à 700,000 âmes contre les 10,000 insurgés, etc. »

L'attitude est sans ambiguïté. Par contre en 1867, l'évêque louvoie. Son clergé souhaiterait qu'il se prononce. On le lui demande. On le presse, mais sans grand résultat. Le projet est

---

24. Malgré l'attitude prise par l'évêque Bourget, dix des combattants de la bataille de Saint-Eustache sont inhumés dans le cimetière du lieu, comme l'écrit M. Jean-Jacques Lefebvre dans le *Bulletin des Recherches historiques*, 60/1 (1954), 11. Vingt-quatre autres ont été enterrés dans le cimetière de Saint-Hyacinthe le 27 novembre 1837 ; J.-J. Lefebvre dans *Bulletin des Recherches historiques*, 62 (1956), 17 et 18.

25. Monument qui porte l'épitaphe suivante : « Monument aux victimes politiques de 1837-38. Religieux souvenir ».

appuyé par ses amis les conservateurs. L'évêque n'a pas pour la survie de la religion les mêmes craintes qu'en 1840. S'il hésite longtemps, il se prononce en 1867, à l'occasion du vote prochain. En mai, il adresse à son clergé une lettre circulaire sur la conduite à tenir pendant les prochaines élections. Le 25 juillet, il demande à ses fidèles d'accepter la Confédération et de voter [26].

* * *

Nommé évêque de Montréal en 1836, Monseigneur Lartigue meurt en 1840. C'est Monseigneur Ignace Bourget (déjà évêque de Telmesse) qui lui succède au milieu d'un concert d'éloges. Il a quarante et un ans. Il est en pleine possession de tous ses moyens. Il connaît bien le diocèse puisqu'il a secondé son prédécesseur jusqu'à la fin. Son œuvre commence. Elle se terminera en 1876, au moment où il prend sa retraite. Comme on le verra, elle est faite de beaucoup d'initiatives magnifiques, mais aussi de choses souvent exaspérantes ou même inadmissibles pour nous qui les jugeons avec le recul des années. L'intransigeance des attitudes et l'incompréhension de certains faits nous paraissent difficilement explicables, à moins qu'on ne se place dans le contexte de l'époque.

En devenant le second évêque de Montréal, Monseigneur Bourget se rend compte qu'il lui faut continuer d'organiser le diocèse. Celui-ci est grand et peu peuplé [27]. Les prêtres sont en nombre insuffisant et, comme on l'a noté déjà, leur formation est médiocre, même s'ils sont de braves gens. Ils suppléent à leurs insuffisances par l'esprit de charité et de dévouement, mais il faut autre chose quand on a la charge d'âmes. Déjà, Monseigneur Lartigue a imaginé un enseignement de la théologie, mais il est insuffisant. En novembre 1840, le nouvel évêque s'entend avec les Sulpiciens pour qu'ils se chargent de la formation du Clergé. Ce sera l'origine du Grand Séminaire que, plus tard, en 1857, on construira à la Montagne. Il établit aussi le Petit Séminaire de Sainte-Thérèse. Il inaugure le chapitre des Chanoines à la Cathédrale, dès janvier 1841 [28]. Il parraine les *Mélanges Reli-*

26. Andrée Désilets, *Hector-Louis Langevin* (Québec : Les Presses de l'Université Laval, 1969), 190-1. Voir aussi à ce sujet un très intéressant article du Père Léon Pouliot, paru dans *RAPQ* (Société Canadienne de l'Histoire de l'Église, 1968).
27. Il s'étend bien loin dans le nord de la province.
28. « Pour bien des raisons, Monseigneur Lartigue ne peut ériger son Chapitre et on peut dire, sans crainte de se tromper, qu'il pouvait invoquer

gieux, qui serviront de porte-parole officieux à son clergé. Ainsi il pourra atteindre ses ouailles directement. Plus tard, il contribuera à fonder également le *Nouveau Monde,* qui s'opposera à l'intelligentsia de l'Institut Canadien. Puis, il veut créer des œuvres autour de lui, car il y en a encore bien peu. Dans le domaine hospitalier, il y a, à Montréal, l'Hôtel-Dieu, où Monseigneur Lartigue s'est réfugié durant ses démêlés avec la Paroisse et ses marguilliers. Il y a également les Sœurs Grises, l'hôpital anglais, l'hôpital militaire ; puis, dans l'enseignement, les Sulpiciens, les Frères des Écoles Chrétiennes, les Sœurs de la Congrégation ; en tout, cinq maisons d'enseignement. De son côté, l'enseignement laïque rend des services mais il n'est pas très répandu faute de ressources et parce qu'on ne lui facilite guère les choses.

Sous le régime anglais, c'est surtout avec les écoles fondées par Jean-François Perrault [29] et par quelques autres que s'était manifesté l'enseignement francophone laïque au début du dix-neuvième siècle. Dans l'une d'elles, il y avait, en 1830, 229 enfants. Non orientées essentiellement vers l'enseignement de la religion, les écoles de Perrault tentent d'intégrer l'enfant dans son milieu, en lui donnant à la fois un enseignement didactique et technique. Elles sont gratuites. Au début, on s'efforce d'apprendre à lire, à écrire et à compter à une population qui en a grand besoin. N'est-ce pas, par exemple, l'abbé Antoine Parent, Supérieur du Séminaire de Québec qui, en 1824, déclarait au comité d'enquête de la Chambre d'assemblée « qu'en plusieurs

---

en sa faveur « le malheur des temps », formule au reste très commode pour expliquer bien des mystères. Ce fut la gloire — elle restera — de Monseigneur Bourget d'avoir créé le Chapitre de Montréal, le 21 janvier 1841. » Mgr Henri Têtu, dans le *Bulletin des Recherches historiques,* XVI (1910), 105.

29. On lira à ce sujet avec beaucoup d'intérêt le livre de M. Jean-Jacques Jolois sur *Jean-François Perrault et les origines de l'enseignement laïque au Canada.* Nous lui avons emprunté un certain nombre de chiffres et de faits que nous rapportons ici. Le livre a été publié aux Presses de l'Université de Montréal en 1969. Perrault était président de la Société d'éducation pour le district de Québec et protonotaire de la Cour Civile du Banc du Roi. Il a écrit, en 1821, un *cours d'éducation élémentaire à l'usage de l'école gratuite établie dans la cité de Québec.* Il affirme qu'avec sa « méthode d'enseignement mutuel, un homme d'une éducation ordinaire peut, avec un peu d'intelligence et d'attention, conduire seul une école de plusieurs centaines d'enfants avec moins de peine que cinquante d'après l'ancienne méthode. » Voir à ce sujet *Les Instituteurs Laïques du Canada français — 1836-1900,* par André Labarrère-Paulé (Québec : Aux Presses de L'Université Laval, 1969), 84.

paroisses, à peine cinq ou six personnes (étaient) capables d'exprimer passablement leurs pensées par écrit et de faire les règles les plus communes de l'arithmétique ».

Par la suite, on chercha aussi à préparer les jeunes à un métier ou à l'agriculture, ce qui était une conception nouvelle de l'enseignement au Canada français. Perrault ne put aller bien loin dans ses initiatives, même si elles donnèrent des résultats. Ainsi, c'est dans l'une de ses écoles que François-Xavier Garneau fit ses études. Malheureusement, avec ses idées très arrêtées, Perrault heurtait trop de gens parmi le clergé et les nationalistes pour venir à bout de l'apathie des uns (le plus grand nombre) et de l'opposition avouée des autres. Le gouvernement l'a aidé à certains moments. Mais si peu. Ainsi, en 1830, on lui donne cent livres pour lui permettre d'imprimer ses œuvres et pour « soutenir » son école. En 1831, on lui en verse deux cent cinquante pour « le soutien de l'école de garçons, pour l'aider à bâtir l'école des filles et pour faire imprimer son *abrégé de l'histoire du Canada* ». Vers le même moment, il y a d'autres écoles de même niveau, à qui le gouvernement accorde des subventions. Ainsi, pour aider Joseph Lancaster à poursuivre son œuvre, on lui remet deux cents livres pour ses cinquante-six enfants ; en 1830 ou 1831, l'École Saint-Jacques de Montréal en reçoit autant. À l'École de la Société britannique et canadienne de Montréal, on verse neuf cents livres et, à l'école du même nom à Québec, trois cents, tandis que la Société d'éducation de Québec en obtient neuf cent douze. Tout cela était bien peu pour poursuivre une œuvre dont les instituteurs devaient être rémunérés pour vivre. C'était lamentable. Et cependant, on avait un si grand besoin d'écoles partout.

Monseigneur Lartigue, en particulier, s'éleva vigoureusement contre les initiatives de Perrault, à cause de l'esprit libéral qui le guidait. C'était déjà la lutte engagée entre l'élément laïque et religieux, qu'on tranchera, à l'avantage du premier bien longtemps plus tard, après la révolution tranquille de 1960.

Monseigneur Ignace Bourget continue la bataille engagée par son prédécesseur. Il ne se contente pas de s'opposer à l'enseignement laïque, il a recours au clergé et aux communautés existant dans le Bas-Canada, à celles qu'il contribue à créer et, enfin, à celles qu'il fait venir de France. C'est à lui qu'on doit indirectement la mise sur pied des structures de l'enseignement à Montréal. Avec leurs insuffisances, celles-ci rendirent de grands services là où rien ou à peu près n'existait et à une époque où l'État était incapable de faire les frais de l'instruction publique. Plus tard, l'évêque se heurta à l'Institut Canadien, qui avait un enseignement laïque à Montréal. La disparition de l'Institut laissa le champ à peu près libre à la grande machine imaginée, voulue et organisée par le prélat et ses amis.

On ne peut trop souligner le rôle de Monseigneur Bourget dans la création et l'orientation de l'enseignement dans le Bas-Canada quels qu'en aient été par la suite les mérites, les faiblesses et les défauts.

Ce que trouve Mgr Bourget est bien peu pour les besoins de la population quand il devient évêque de Montréal. Aussi va-t-il chercher à l'étranger les collaborations religieuses qu'il ne peut trouver sur place. Dès 1841, il se rend à Rome. C'est au cours de ce voyage qu'il convainc un bon nombre de Communautés de lui envoyer leurs sujets. Ainsi, dès la même année, grâce à Mgr Mazenod, évêque de Marseille, il obtient que les Oblats de Marie-Immaculée viennent s'installer dans son diocèse. L'année suivante, ce sont les Jésuites. Six ans après, en 1848, ils fonderont le Collège Sainte-Marie qui a joué un si grand rôle dans la formation de l'élite à Montréal. Le retour des pères ne se fait pas sans remous car, membres d'un ordre combatif, ils soulèvent des réactions partout où ils passent. Ainsi, plus tard, Israël Tarte écrit dans *La Patrie* : « Nous tenons les Jésuites responsables de la plupart des querelles religieuses ou semi-religieuses qui sont venues périodiquement bouleverser nos diocèses d'abord, et le Canada entier en fin de compte. » De son côté, en 1870, Joseph Doutre se laisse aller à une explosion de haine envers eux à l'occasion de l'affaire Guibord[30]. Et malgré son nom, le journal *La Concorde* traite les Jésuites « d'ambitieux et d'étrangers ». Cela n'était pas pour troubler Monseigneur Bourget, qui allait en voir bien d'autres par la suite. Il est très près des Jésuites. À Rome, il s'est lié avec le général de l'Ordre, le T.R.P. Roothaan, au cours d'un séjour qu'il a fait auprès de lui. Ce dernier exerce une telle influence sur le prélat qu'il songe à quitter son diocèse pour entrer dans la Société de Jésus. Il demande qu'on lui nomme un coadjuteur, afin de préparer son

---

30. Joseph Doutre profite du procès Guibord pour exprimer toute sa hargne. Il va très loin dans sa réplique au plaidoyer de Mes Jetté et Trudel. Ainsi, en page 12 des *plaidoiries* des avocats dans la cause Henriette Brown vs la Fabrique de Montréal, Refus de sépulture (Montréal : Louis Perrault & Cie, 1876).

départ. Par un processus courant dans les services de l'État, sa demande s'égare. Comme il insiste, le Pape s'y refuse et un prélat de la Propagande se charge de résumer les raisons pour lesquelles on ne veut pas y consentir. Le document vaut qu'on le cite même partiellement, tant il indique en quelle estime on tient l'évêque à Rome : « Monseigneur Bourget, y lit-on, n'a qu'une quarantaine d'années ... Il jouit d'une assez bonne santé ... et peut administrer son diocèse pendant encore fort longtemps ... C'est un évêque pieux ... et si pieux que, dans son diocèse, il est regardé comme un Saint ; il est plein de zèle et fait beaucoup de bien ... Sa retraite serait un grand malheur pour le diocèse ... et affligerait toute la ville ... Il aime les Sulpiciens ... Il en est chéri et est en bonne intelligence avec eux... » [31] Ce qui était exact à l'époque le fut beaucoup moins par la suite, quand le problème du sectionnement de la Paroisse se posa. Mais cela est également une autre histoire.

Monseigneur Bourget reste donc dans son diocèse. Homme d'action avant tout, il ne tarde pas à accentuer son zèle pour le structurer. Les initiatives se succèdent. Avec les Jésuites, sont venues, à peu près vers le même moment, les Dames du Sacré-Cœur qui s'installent dans la paroisse de Saint-Jacques l'Achigan, sans doute parce qu'elles ne trouvent pas à se loger ailleurs et parce qu'on leur offre une école déjà construite. Comme les Jésuites, elles viendront plus tard dans la ville, elles qui forment surtout les jeunes filles de la bourgeoisie. Ce sera leur rôle, en appliquant une bien curieuse conception, qui est de l'époque d'ailleurs. Pour elles, la femme d'un certain milieu ne doit pas tendre aux études supérieures. Si elle doit se cultiver, ce n'est pas dans un but utilitaire ou de formation élevée, mais simplement pour créer un climat, une atmosphère dans sa famille et son milieu. C'est la conception de la femme du monde à laquelle les Dames du Sacré-Cœur s'étaient consacrées. À son entrée à la Société royale du Canada, une de leurs anciennes élèves confirmait que la formation était encore la même, il y a quelques années. Pendant longtemps, la Communauté et les Pères Jésuites seront unis par des liens très intéressants à étudier. C'est la même union spirituelle qui existe entre les Sœurs de la Congrégation Notre-Dame et les Messieurs de Saint-Sulpice.

En 1843, l'évêque préside à la première prise d'habit chez les Sœurs de la Providence, qui prolongeront l'initiative de Madame

---

31. Cité par Léon Pouliot, s.j., dans *Mgr Bourget et son temps*, II, 120 et 121.

Gamelin et réaliseront un réseau d'œuvres sociales un peu partout en Amérique. En 1844, il facilite la fondation de l'Institut des Sœurs des Saints Noms de Jésus et de Marie. Il inaugure leur noviciat à Longueuil. C'est une autre communauté canadienne qui devait rapidement prendre une extraordinaire importance. En 1844, sous son impulsion, viennent aussi dans son diocèse les Sœurs du Bon Pasteur d'Angers. Plus tard, en 1847, ce sera au tour des Clercs de Saint-Viateur, des Pères et des Religieuses de Sainte-Croix, qui vont compléter l'œuvre des Frères des Écoles Chrétiennes établis dans le Bas-Canada sur l'initiative de Monseigneur Lartigue en 1837. En 1848, a lieu aussi la première profession des Sœurs de Miséricorde et en 1850, la fondation de l'Ordre des Sœurs de Sainte-Anne. C'est en 1851 que Monseigneur Bourget commence à s'intéresser à l'enseignement universitaire au Canada. Il demande à Rome « la constitution d'une université à Montréal » [32]. Il se laisse convaincre, cependant, que le Séminaire de Québec devienne le siège de la première université catholique de l'Amérique britannique. Et il ajoute : « Quelle force nous aurions dans une pareille institution, après avoir obtenu, comme de droit, la sanction pontificale » [33]. Il accepte d'appuyer la demande que l'évêque de Québec, Monseigneur Turgeon, présente à Rome. Il ajoute cependant : « Mais je ne manquai pas, en signant cette supplique, de lui faire observer que je compterais en toute confiance sur son concours, lorsque j'aurais à m'occuper de fonder un pareil établissement à Montréal » [34].

En 1865, Monseigneur Bourget revient sur l'idée d'une université indépendante de celle de Québec. On lui répond, à Rome, que l'heure n'est pas encore venue. En ouvrant une deuxième université dans la province ecclésiastique, on nuirait au recrutement de l'autre. Il s'incline à nouveau. Sous son inspiration, en 1872, les Jésuites demandent le droit de fonder une université à Montréal, à l'occasion des modifications à l'acte d'incorporation du Collège Sainte-Marie. Les amendements qu'ils demandent passent en Chambre mais l'article relatif à l'établissement d'une université à Montréal est supprimé. En 1876, on ouvrira une première succursale de Laval à Montréal. En 1878, on inaugurera la faculté de droit au Château Ramezay.

---

32. *Trois Grands Artisans du diocèse de Montréal* (Éditions du Messager Canadien, 1936), par Léon Pouliot, s.j., p. 40. Dans une lettre du 9 mai 1970, le Père Pouliot corrige la date à 1851.
33. *Ibid.*
34. *Mandements*, XVI, 185.

Fait intéressant, quand Monseigneur Georges Gauthier fera revivre les pourparlers avec Rome après l'intervention de Mgr Bruchési, il dira : « Quarante ans plus tard, quand je plaidais l'autonomie de notre université à Rome, je n'avais qu'à reprendre les arguments invoqués par Monseigneur Bourget. » [35] Une fois de plus, il faut s'incliner devant la claire vision de l'évêque face aux problèmes de son diocèse.

On reste confondu devant une pareille floraison d'initiatives et d'œuvres qui naissent ou sont facilitées par l'animateur qu'est Monseigneur Bourget. Tout cela ne se fait pas sans quelque difficulté, assurément. On n'implante pas autant de communautés ou d'œuvres aussi rapidement dans un pays, sans que les débuts ne soient ardus et parfois désappointants. Heureusement, il y a autour de l'Évêque des gens de bonne volonté, qui se rendent compte qu'il faut mettre sur pied une structure sociale que l'État ne peut organiser à ce moment-là. Tout lui manque en effet : les ressources financières comme les hommes et les femmes prêts non seulement à créer, mais à développer les entreprises essentielles. C'est là qu'on se rend compte combien le clergé et les communautés religieuses, en particulier, ont rendu de services à une époque où rien ou à peu près rien ne se faisait dans les milieux officiels, pris dans des querelles, des problèmes et des difficultés sans nombre dans un immense pays. En somme, les religieux suppléaient à une carence presque complète dans l'instruction, la charité et les soins à donner aux malades. Ce n'est pas avec l'organisation embryonnaire des services gouvernementaux qu'on pouvait espérer remplir la fonction sociale qui s'imposait. Même après 1867, les ressources de la province [36] sont si faibles qu'elles permettent tout juste d'émettre des vœux pieux, et, malgré la résistance des intéressés, d'essayer de mettre un peu d'ordre dans un enseignement où il y en a si peu. Comme par la suite, chaque Ordre a ses programmes, ses méthodes de formation du personnel, ses textes d'enseignement. Les communautés religieuses rendent service jusqu'au moment où, évoluant bien lentement, incapables d'une action concertée, débordées par

---

35. *Mandements*, VIII, 428. Pour une fois, l'évêque ne prit pas suffisamment ses précautions car, engagée dès 1865, la lutte se termina en 1920 quand Rome accordera à Montréal l'université que Monseigneur Georges Gauthier demande au nom de sa ville.
36. En 1867, le budget de l'instruction publique est de $277,000. De son côté, le budget total du gouvernement central est faible. À ce moment-là, il accorde à la province de Québec un revenu de $915,309.

les circonstances et poussées par un état d'esprit nouveau, elles doivent s'incliner devant une évolution inéluctable. Mais cela ne se fit que bien longtemps plus tard.

À l'époque, Monseigneur Bourget voit juste. Il va au plus pressé. Il constitue une structure où malheureusement devait se perpétuer un concept d'indépendance, d'isolement. C'était au début très précieux pour l'œuvre même, qui bénéficiait ainsi d'extraordinaires concours individuels. Rapidement, l'esprit s'avérera gênant à cause des cloisons étanches qu'il élève dans le domaine de l'instruction en particulier.

L'évêque ne pouvait s'en tenir là. Il lui fallait créer des paroisses nouvelles, y installer des prêtres pour les organiser. En lui fournissant des sujets [37], le Grand Séminaire allait être un précieux adjuvant là où on n'empiétait pas sur les privilèges de la *Paroisse* : domaine réservé aux Sulpiciens dans la région de Montréal, depuis le début de la colonie, au moment où ils étaient devenus seigneurs de l'Île par la grâce du Roi Soleil. La création de certaines paroisses ne présentait aucune difficulté, telle l'érection canonique de celle de Sainte-Adèle en septembre 1846, que demande l'honorable A.-N. Morin, appuyé par les fidèles de la région [38]. En attendant que la chapelle soit construite, on installe la mission dans la maison de M. Morin. La chose n'est pas facile à Montréal où les Sulpiciens sont depuis longtemps. Ils ne veulent pas d'un sectionnement. Conseillés par leur avocat, George-Etienne Cartier, ils insistent pour qu'on s'en tienne à l'ordre établi : leurs prêtres assurant le service des églises de la Paroisse. Les desservants de Montréal demeurent tous au Séminaire ; ils vont chaque matin dans leurs dessertes, note Mgr Olivier Maurault, dans *La Paroisse*. Il ajoute : « À Notre-Dame, seulement, se faisaient certaines cérémonies : là se donnait le baptême, là aussi se faisait la communion pascale. C'était donc l'église par excellence dans la paroisse unique » [39]. Mais les Messieurs de Saint-Sulpice ont affaire à forte partie. Monseigneur Bourget s'adresse à Rome. Comme il a raison, il finit par gagner son point, malgré l'opposition soulevée.

---

37. En 1857, on loge les séminaristes dans une vaste maison au pied de la montagne. Olivier Maurault, P.S.S., *La Paroisse* (Montréal : Louis Carrier & Cie, 1929).

38. Monseigneur Bourget : Texte ordonnant l'érection canonique de la paroisse de Sainte-Adèle, abbesse. Cité par le curé de la paroisse en juin 1969.

39. O. Maurault, P.S.S., dans *La Paroisse*.

Chose paradoxale quand on sait l'opposition de l'Ordre au Prélat, M. Colin, Supérieur du Séminaire, décrira son œuvre ainsi longtemps plus tard, en 1885, du haut de la chaire de Notre-Dame où il s'est chargé de faire l'éloge de l'évêque décédé :

Vient l'œuvre des paroisses. Pasteur des âmes, il lui faut répondre au besoin d'expansion de son vaste diocèse, au progrès de ces familles pures et chastes que Dieu ne cesse de bénir. C'est par les paroisses que le peuple se groupe et se développe, que la religion se répand d'une manière plus régulière et plus efficace parmi le troupeau. Il crée donc des paroisses, il les multiplie, les affermit, les organise ; et sous sa juridiction, par son initiative, son inspiration, son autorité, 75 paroisses nouvelles sont érigées dans son seul diocèse, soit dans la ville de Montréal, soit dans les campagnes [40].

Comme quoi les hommes et les institutions évoluent fort heureusement à travers les années.

Aux paroisses nouvelles, il faut des églises. Monseigneur Bourget se préoccupe de l'aspect qu'on leur donnera. Et c'est ainsi qu'il s'intéresse à leur architecture. Il faut d'abord se demander quels furent ses conseillers dans ce domaine et comment, avec sa forte personnalité, il tendit immédiatement à les orienter lui-même. Voyons-les par ordre chronologique, si l'on peut dire.

Parmi les Jésuites qui viennent au Canada en 1842, il y a le père Félix Martin, avec qui Monseigneur Bourget se lie d'amitié dès son arrivée au Canada. L'évêque sent immédiatement le parti qu'il peut en tirer. Il l'écoute, discute avec lui. Il l'utilisera fréquemment au début pour la construction de certaines des églises qu'il a en vue.

Le père Martin est un homme cultivé, qui aime les arts et l'architecture. Il a du goût même si ses connaissances techniques sont relativement limitées. Il construira les églises St-Patrick et Caughnawaga en adaptant le style gothique aux besoins du pays, en lui enlevant aussi son élan, il est vrai.

Très attiré par Rome, Monseigneur Bourget se laisse facilement convaincre par la suite qu'on doit orienter l'architecture religieuse vers le style Jésuite, même si le père Martin est très attiré par le gothique. Un des exemples les plus caractéristiques de l'époque, c'est cette façade de l'église Notre-Dame de Grâce

---

40. Extrait du discours de M. Colin à l'église Notre-Dame, le 12 juin 1885.

qui fut érigée en 1849 par John Ostell. Celui-ci a succédé au père Martin comme conseiller de l'évêque. Ostell est un architecte anglais, à qui l'on doit les tours de Notre-Dame de Montréal. Il exerça une influence assez forte sur l'évêque jusque vers 1858, semble-t-il, quoique, à partir de 1853, un autre conseiller de l'évêché, Victor Bourgeau, prend de plus en plus d'importance auprès de Monseigneur Bourget, comme le signale M. Alan Gowans dans un très intéressant article paru à Montréal dans *Vie des Arts* [41].

Victor Bourgeau est un autodidacte, sorti de l'atelier de Quevillon. Grand travailleur, intelligent, il a un goût inné pour l'architecture. Il lit beaucoup, assimile très vite. Il a un sens assez agréable des proportions. Au début, l'évêque le mène tambour battant vers les conceptions qu'il a. Il veut qu'on s'inspire de Rome pour ses églises, en réaction, dit assez curieusement M. Gowans, contre l'architecture protestante qui, elle, garde le concept gothique. C'est quand il songe à rebâtir sa cathédrale dans l'ouest de la ville, après le désastre de 1852, que l'évêque opte définitivement pour une réplique de la Basilique de Saint-Pierre. Ce projet comble à la fois son goût pour la grandeur de l'Église, son désir de créer un très important centre catholique au Canada et son attirance pour tout ce qui est romain. À la demande de l'évêque, Bourgeau va à Rome. Il y reste huit jours et revient à Montréal, en protestant contre l'idée de vouloir reproduire à une petite échelle l'extraordinaire basilique. L'un raisonne en fonction d'un symbole et l'autre réagit en face d'une œuvre d'art qu'il se refuse à rapetisser, à tronquer. Le retour de Bourgeau à Montréal crée un froid entre l'évêque qui ne veut pas lâcher son idée et l'architecte qui se refuse à la réaliser. Monseigneur Bourget se tournera plus tard vers le frère Joseph Michaud, clerc de Saint-Viateur. Celui-ci a du goût pour l'architecture, mais peu de métier, semble-t-il. Comme il accompagne les zouaves pontificaux à Rome, à titre d'aumônier, Monseigneur Bourget le charge de pousser la préparation de son projet, car il ne renonce pas à son idée. C'est à son retour que le frère Michaud se risquera à la construction, conseillé un peu plus tard par Victor Bourgeau qui se laisse fléchir par l'évêque, devant qui presque tous s'inclinent.

Et c'est ainsi que l'évêque obtiendra de réaliser un autre de ses projets les plus chers. C'est un nouvel exemple de sa ténacité, appuyée trop souvent sur l'à-peu-près, sur la médiocre préparation

---

41. Mai-juin 1956, p. 24 et suivantes.

intellectuelle de ses collaborateurs ou sur l'insuffisance de leur formation : toutes choses qui devaient avoir par la suite une assez déplorable influence sur le milieu. Comme dans bien d'autres circonstances, l'évêque a agi comme il l'a pu, il est vrai, avec les moyens du bord et avec tout ce que cela présentera d'inconvénients ultérieurs. Mais n'aurait-il pu demander l'aide d'architectes de l'extérieur, américains comme John Ostell, français ou italiens ? En collaborant avec les architectes locaux, ceux-ci auraient pu empêcher les grosses maladresses, les fautes grossières. La plupart de ceux à qui il s'est adressé n'étaient pas vraiment formés. Aussi trop souvent, leurs œuvres détonnent-elles, si on les compare avec la période d'inspiration française qui avait montré tant de goût dans les formes extérieures aussi bien que dans la décoration intérieure des églises de campagne. Le mauvais goût a été à peu près général durant la dernière partie du dix-neuvième siècle et, surtout, pendant le premier quart du vingtième. Ne peut-on en retracer l'influence jusqu'à ceux qui, trop attirés par Rome et sa grandiose architecture et mal préparés à la comprendre, n'ont pas hésité à imiter tout et mal : le bois mou cherchant à être du chêne, le chêne rappelant le marbre, la tôle remplaçant la pierre. Il y a des précédents illustres assurément. Ainsi ce théâtre du château de Versailles où, faute de moyens pécuniaires, Louis XV permit qu'on utilisât du bois pour imiter le marbre. Reconstitué dans l'esprit de l'époque, après avoir été défiguré au dix-neuvième siècle, il est un extraordinaire exemple de bon goût. Je sais aussi qu'à Rome, la peinture en trompe-l'œil était très répandue. À l'exception de quelques-uns, nos piètres architectes se sont inspirés de tout cela maladroitement et souvent de piteuse façon. Ils avaient subi une influence venue de bien haut dont ils ne parvinrent à se débarrasser que longtemps plus tard.

On imagine ce que put être l'organisation de soixante-quinze paroisses dans le diocèse de Montréal, en si peu de temps et avec des ressources aussi limitées. D'autant plus, qu'en 1852, un terrible malheur s'abat sur la ville. Commencé dans une maison d'habitation, l'incendie s'étend à tout le quartier qui entoure la cathédrale. L'église et le palais épiscopal y passent, avec onze cents immeubles dont on voit les ruines dans une gravure parue à l'époque dans *The Illustrated London News* [42]. Monseigneur Bourget ne se laisse pas abattre. S'il demande des prières dans un de ses mandements, il fait aussitôt des projets avec ses gens. Il

---

42. *Montréal, Recueil iconographique*, **I**, 110.

songe à reconstruire sa cathédrale, un peu plus haut rue Saint-Denis, du côté de la rue Sherbrooke. Ainsi, il restera dans le quartier. Comme le terrain ne se prête pas à ce qu'il veut, il cherche un autre endroit. Il le trouve à l'ouest, dans le quartier qu'habitent les anglophones riches et qui se développera si rapidement par la suite. Malgré l'opposition de ses gens, il décide que la nouvelle cathédrale sera élevée à l'angle des rues Dorchester et du Cimetière. Il envoie un de ses collaborateurs en Europe visiter quelques cathédrales dont on pourrait s'inspirer. Puis, il décide que le nouveau temple reproduira la Basilique de Saint-Pierre de Rome. Écoutons-le dans une de ses lettres au Clergé expliquant plus tard ce qu'il a voulu :

> La Cathédrale de Montréal se fait, comme tout le monde sait, sur le plan de la Basilique de Saint-Pierre à Rome, mais avec des dimensions réduites de beaucoup, car elle n'a que 330 pieds de longueur, au lieu de 700 pieds que mesure la Basilique vaticane, cette grande merveille du monde.
>
> Le projet de reproduire ainsi en petit, à Montréal, ce magnifique monument de la Ville Éternelle, a pu paraître, dans le principe, fort étrange et tout à fait inexécutable ; mais aujourd'hui ce n'est plus un problème, mais un fait presque accompli [43].

L'entreprise sera très lente à réaliser, cependant [44]. Conçue dans les années qui suivirent l'incendie de 1852, la construction ne se terminera qu'en mars 1894, moment où l'église fut inaugurée sous le nom de Cathédrale Saint-Jacques-le-Mineur par Monseigneur Fabre. La première pierre avait été bénite en 1870, mais il avait fallu procéder lentement, graduellement, à travers les années, tant la situation financière du diocèse était précaire. Dans une lettre aux fidèles, le prélat précise que c'est eux qui doivent faire les frais de l'église et non le diocèse lui-même, dont l'état des finances est obéré par suite de l'énorme effort qu'il a fallu faire pour le développer. C'est le Chanoine Bruchési qui fit le sermon de circonstances à l'inauguration. Pour comprendre ce qu'était la Cathédrale pour la ville, il faut en lire l'extrait que voici : « La Ville, ravagée par les flammes, est devenue — c'est l'étranger lui-même qui le dit — une des plus belles de l'Amérique et nous voici après avoir connu bien des obstacles, des inquiétudes et des

---

43. La lettre circulaire date de 1873. Malgré l'optimisme du prélat, ce n'est que beaucoup plus tard, en 1894, que la basilique sera terminée.
44. Les travaux du Père Léon Pouliot, s.j., parus dans *Trois Grands Artisans du diocèse de Montréal*, puis, dans *La Revue d'histoire d'Amérique française*, sont très intéressants à ce sujet.

angoisses, dans une cathédrale, monument le plus vaste de ce continent et copie fidèle du premier Temple de l'univers. Oui, Saint-Pierre de Rome, ce que les hommes ont jamais fait de plus beau et de plus grand, disait Sylvio Pellico, l'œuvre du génie et de la foi, Saint-Pierre revit parmi nous » [45].

Pendant que son projet de cathédrale s'élaborait, Monseigneur Bourget s'intéressait à bien d'autres choses. Dans ses mandements et ses lettres pastorales, il cherche à orienter ses gens vers une condition meilleure. Il se préoccupe de leur situation économique et sociale. Il fait l'éloge de l'agriculture et donne des conseils aux ruraux, lui qui vient d'une famille de paysans [46]. Il essaye aussi d'orienter ses gens vers les carrières du commerce, recommande qu'on ne nomme que des maîtres compétents pour former la jeunesse dans les écoles : vœu pieux s'il en est, à l'épo-

---

45. Cité par le Père Léon Pouliot, s.j., dans *Trois Grands Artisans du diocèse de Montréal*, 80.

46. Comme il voit juste dans ce domaine, en particulier, quand il écrit en 1873, « La position du cultivateur dans la Province de Québec est en souffrance. Un luxe effréné entraîne presque partout la jeunesse, et par la suite les parents, dans des dépenses aussi ridicules que ruineuses. Ce désir de bien paraître et de festoyer est souvent accompagné d'un dégoût assez prononcé pour le travail assidu, et particulièrement pour les rudes travaux des champs. L'agriculture progressive est fort peu pratiquée, — elle n'est pas même comprise par le plus grand nombre des cultivateurs. De plus, les vieilles paroisses ont chaque année un surcroît de population qui, dans l'état actuel de notre agriculture, croit devoir chercher un débouché ailleurs. Malheureusement, ce surcroît, au lieu de s'emparer du sol et de renforcer notre population, va à l'étranger, et entraîne par son exemple un bon nombre de Canadiens, qui pourraient très bien vivre dans leurs paroisses, s'ils prenaient les moyens de tirer le meilleur parti possible des biens qu'ils ont en main. L'industrie, le commerce, les diverses professions sont organisés, se réunissent en corps pour discuter leurs intérêts communs et les faire valoir jusque dans les plus hautes sphères de la législature. Seul, le cultivateur est abandonné à ses propres ressources : et pourtant l'agriculture est certainement la principale industrie du pays, puisqu'elle occupe la masse de la population, qu'elle possède le sol et dispose de la plus grande somme de capitaux. De fait, nous en sommes rendus à épuiser nos forces au profit du peuple voisin ; nous lui donnons non seulement notre surcroît de population, mais encore, dans bien des endroits, les terres sont complètement abandonnées, pour permettre à leurs propriétaires de travailler comme serviteurs des Américains. Sous ces circonstances, il importe que les meilleurs amis du pays s'organisent pour chercher le remède aux divers maux qui affligent nos campagnes, — qu'ils fassent étudier, sur les lieux, et dans chaque paroisse si c'est possible, les améliorations qui pourraient convenir aux cultivateurs. » *Mandements*, VI, 461.

que. [47] Il intervient dans la création de la Banque d'Épargne du District et de la Cité de Montréal. Dans son esprit, la banque est destinée à fournir des moyens financiers à ceux qui en ont le plus grand besoin. Il réunit les fondateurs en 1846 [48]. Vers le même moment, il fustige ceux qui pratiquent l'usure. Il établit longuement la théorie de l'Église sur le sujet. Toujours très près de la réalité, il va même dans une lettre pastorale jusqu'à indiquer aux prêteurs ce qu'il faut faire pour éviter le péché d'usure et aux emprunteurs ce qu'ils doivent éviter pour ne pas se ruiner en croyant se remettre en selle. « Lorsque vous avez de l'argent à placer à intérêt, dit-il aux prêteurs, défiez-vous de la cupidité qui voudrait vous porter à exiger plus que moins. Contentez-vous toujours de ce profit qui est réputé modéré par ceux qui n'écoutent que les conseils d'une prudence éclairée. » Et il ajoute : « Prêtez même sans intérêt à ceux qui ont besoin de votre argent, mais sans pouvoir en payer le loyer. Expliquez à l'emprunteur ce à quoi il s'engage. Quant à ces infortunés qui font de mauvaises affaires, n'allez pas hâter leur ruine en leur prêtant à un intérêt qu'ils ne pourraient vraiment pas payer. » C'est le pasteur qui s'exprime ainsi, effrayé par les besoins d'argent des petites gens et par les exigences de ceux qu'on appellera plus tard les possédants, les nantis, les exploiteurs du peuple et, dont longtemps plus tard, Octave Mirbeau campera le type dans Les Affaires sont les Affaires.

Du haut de la chaire, Monseigneur Bourget stigmatise aussi l'ivrognerie, cette autodestruction qu'on n'appelle pas encore une maladie. L'ivrognerie est au Canada français, à l'époque, une habitude extrêmement répandue qui pousse aux excès et brise les carrières et les couples. L'évêque ne se contente pas de tonner contre elle du haut de la chaire. Il organise des missions pour rejoindre ceux qui sont loin de l'église ou pour convaincre, dans leur temple, ceux qui écoutent leur curé d'une oreille distraite

---

47. Ainsi, il écrit en conformité du « règlement disciplinaire adopté dans le second concile provincial de Québec » : « Il est du strict devoir de tous ceux qui ont, devant Dieu et devant les hommes, la charge des écoles primaires de ne les confier qu'à des instituteurs d'une capacité reconnue. » L'idée est là mais comme il faudra attendre longtemps avant qu'elle soit véritablement mise à exécution.

48. Sous l'impulsion de M. Alfred LaRocque, semble-t-il. Celui-ci fut un des administrateurs en 1846. Il sera président de 1852 à 1855 et de 1861 à 1865. T. Tagart Smyth dans The First Hundred Years (Édition hors commerce), 14.

pendant le prône [49]. Il contribue à fonder des sociétés de tempérance [50], qui sont avec des méthodes différentes ce que seront plus tard les organismes d'entraide où chacun épaule l'autre [51]. Au confessionnal, dans les réunions de ses prêtres, le prélat suit la marche de l'ivrognerie qui bouleverse péniblement la société. Il y a là un véritable fléau. Monseigneur Olivier Maurault racontera plus tard dans *La Paroisse* comment les Sulpiciens eux-mêmes donnaient symboliquement l'exemple : « Depuis l'institution de la tempérance, écrit M. Quiblier, on ne porte plus la santé des hôtes, sauf du confrère dont on fait la fête. »

Au milieu de toute cette activité, l'évêque écrit de très nombreux mandements, lettres pastorales et circulaires aux fidèles. Il y explique les vues de l'Église sur les problèmes de la religion, de la morale, de la sociologie. Il s'y préoccupe également des besoins de tout ordre qu'ont ses fidèles. Tout cela est fait rapidement, souvent, très en surface, tant les problèmes sont nombreux et tant l'évêque est peu entouré de collaborateurs spécialisés. De lignée paysanne, il juge avec bon sens les besoins de ses gens, mais aussi à la lueur des connaissances qu'il a acquises au cours de ses études, de son contact avec des hommes bien formés comme Monseigneur Lartigue, avec la vie, cette merveilleuse école. Il s'inspire aussi du Pape dont il suit religieusement les enseignements et les directives. Pour comprendre sa conception de l'Église au Canada, il n'est pas de texte plus précis que cet extrait d'une

---

49. La première de ces missions, c'est celle que prêche Monseigneur de Forbin-Janson, évêque de Nancy. Il inaugure magnifiquement la série des grands prédicateurs qu'on fera venir spécialement de l'étranger par la suite. La chaire de Notre-Dame sera, après 1888, la tribune d'où s'écoulera le flot de l'éloquence religieuse pendant le temps du carême, au point qu'elle remplira jusqu'au faîte l'église Notre-Dame. Mgr Olivier Maurault, dans *La Paroisse* (p. 272), donne l'énumération des prédicateurs jusqu'en 1929.

50. Il demande l'aide de l'abbé Chiniquy, entré au noviciat des Pères Oblats en 1846 et qui s'est fait « l'apôtre de la tempérance au Canada », dit Mgr Bourget en 1849, deux ans avant qu'il ne soit interdit.

51. Ainsi, la société de tempérance de Beauport demande à ses membres de prendre l'engagement suivant : « Nous nous engageons pour l'amour de Jésus abreuvé de fiel et de vinaigre, à ne jamais faire usage d'aucune boisson enivrante, ni de vin, ni de grosse bière excepté comme médecine, et pour détruire entièrement l'ivrognerie de notre paroisse et de notre pays, nous ferons notre possible pour que nos parents et amis suivent notre exemple. » (Extrait du registre.) Cité par le R. P. Hugolin, o.f.m., dans le *Bulletin des Recherches historiques*, XVI (1910), 241. C'est en général, ce qu'on demande à ceux qui entrent dans ces sociétés que l'on crée un peu partout, en toute hâte, pour lutter contre un véritable fléau. Malgré cette propagande intense, le résultat fut, hélas, assez maigre.

lettre pastorale qu'il adresse à ses fidèles en 1873. Il y parle de sa nouvelle Cathédrale, mais surtout, de la fidélité qu'ils doivent montrer à Rome et à ses directives :

> Quoi qu'il en soit, la nouvelle Cathédrale attestera à toutes les générations futures que, si les Catholiques de cette ville et de ce diocèse se sont imposé tant de généreux sacrifices pour la bâtir, ç'a été pour se procurer le bonheur d'avoir sous les yeux une petite mais fidèle image de St. Pierre de Rome ; et de parvenir par là à s'exciter sans cesse à être romain de cœur et d'âme ; à faire toutes choses comme à Rome ; à adopter toutes les doctrines que Rome adopte ; à rejeter les erreurs qu'elle rejette ; à suivre les cérémonies et les pratiques que Rome suit et embrasse ; à être l'écho de tous les enseignements qui se donnent à Rome, à toujours aimer la Sainte Église Romaine comme leur bonne et tendre Mère, à s'attacher tendrement et fortement à son Pontife comme au meilleur de tous les Pères, enfin à ne jamais, dans aucune contestation, dévier de cet axiôme posé par St. Augustin : Rome a parlé, la cause est finie.

Il y a là, semble-t-il, l'exemple le plus précis de cet ultramontanisme qu'on lui reproche et qui le conduira à des excès de rigorisme. Dans certaines circonstances, en effet, il se révélera terriblement étroit d'esprit.

Au cours d'un séjour de deux ans qu'il fait à Rome entre octobre 1854 et juillet 1856, Monseigneur Bourget écrit un *Cérémonial des Évêques d'après les usages et traditions de l'Église de Rome*. C'est ce cérémonial qu'il imposera à son clergé par la suite. Il contribuera ainsi à bouleverser la liturgie suivie jusque là dans le Bas-Canada, mais aussi à modifier le costume de ses prêtres. Il introduit par exemple le collet romain au lieu du rabat français. Il supprime le camail et le bonnet carré de tradition française depuis l'origine de la colonie, qui gardent au chaud dans des églises non ou mal chauffées. « Le bonnet était une espèce de pyramide carrée par le haut et recouverte d'une houppe de fil de soie ou même simplement de laine noire », écrit Monseigneur Hétu, qui en parle longuement dans le *Bulletin des Recherches historiques* [52].

Très attachés aux formes et aux coutumes liturgiques de France, ses prêtres protestent, mais s'inclinent, sans doute comme on le fit plus tard lorsque, après le Concile Vatican II, on fera en quelques traits de plume disparaître certains usages d'autrefois.

---

52. *Bulletin des Recherches historiques*, XVIII (1912), 157.

À Rome, le prélat écrit également une *Vie de saint Viateur*. Les Clercs de Saint-Viateur attendront à 1897 pour la faire paraître, à l'occasion du cinquantième anniversaire de leur arrivée au Canada. Sans doute jugent-ils qu'elle a besoin d'être un peu étoffée et peut-être retouchée. Car si l'évêque s'attaque à beaucoup de choses, il ne peut souvent que les effleurer. Il n'est pas un contemplatif, un penseur, un bâtisseur de systèmes. Il voit le besoin immédiat. Il cherche des solutions, les indique, demande qu'on l'aide à les appliquer. Au besoin, il crée des organismes nouveaux, et toujours, autour de lui il suscite les bonnes volontés, les oriente, les pousse à l'action. Il est vraiment un chef comme l'avaient très bien compris ceux qui, à Rome, l'avaient empêché de quitter son diocèse pour entrer chez les Jésuites. Toujours, il agit ou fait agir dans tous les domaines de la religion. C'est dans son diocèse qu'apparaissent successivement l'Archiconfrérie du Très Saint et Immaculé Cœur de Marie, des sociétés de tempérance et de charité, les prières des Quarante Heures, les conférences de Saint-Vincent de Paul, le Tiers-Ordre de Saint-François, l'Apostolat de la prière et la Confrérie des Enfants de Marie. C'est Mlle Eulalie Durocher qui la fonde, en groupant autour d'elle de pieuses filles, en attendant qu'elles se muent en dames de Sainte-Anne, avec l'évolution de leur état. Devenue Sœur Marie-Rose, Mlle Durocher sera la fondatrice de l'Institut des Saints Noms de Jésus et de Marie, comme on l'a vu précédemment.

*   *   *

Voilà, semble-t-il, la partie positive de l'œuvre de l'évêque. Il faut maintenant aborder un autre aspect de ses initiatives ; doit-on dire l'aspect souvent négatif, qui prend surtout la forme d'une lutte sans merci contre les idées nouvelles de liberté, d'indépendance de pensée, d'ouverture sur l'avenir ? Si dynamique, si imaginatif pourtant dans le concret, le prélat juge subversives les idées qui vont à l'encontre de l'ordre établi par l'Église. À cause de cela, elles lui semblent inspirées par le Malin et ses séides : Louis-Antoine Dessaulles, en particulier, et, à travers lui, Papineau, rebelle assagi, mais resté anticlérical et athée. Seigneur de Monte-Bello où il demeure, il est l'inspirateur de quelques esprits modernistes et voltairiens ; il est l'ami de Lamennais (seconde manière), ce qui n'est pas pour arranger les choses. Il y a aussi Joseph Doutre, l'animateur de l'affaire Guibord, Gonzalve Doutre, grand raisonneur qui pose des questions embarrassantes [53], J.-B.-Eric Dorion, directeur de *L'Avenir* et ses collaborateurs : Rodolphe Laflamme, Labrèche-Viger, Charles Daoust, Charles Laberge.

D'autres personnages du Canada français s'opposent aussi aux idées du prélat dans un domaine qui n'a rien à voir avec la Foi. Ainsi, ses collègues de la région de Québec, aux idées plus larges, plus ouvertes et qui, à certains moments, prennent la contrepartie de sa philosophie de la vie religieuse.

On trouve un exemple de l'opposition des deux milieux, dans la réception que chacun d'eux fait au Prince Napoléon durant l'été de 1861. Cousin de l'Empereur, le prince était venu en Amérique avec la princesse Clotilde, sa femme, et quelques amis dont Maurice Dudevant, fils de George Sand. En passant par Montréal, il fut reçu par l'Institut Canadien, où on lui présenta une adresse. On l'y priait de remercier le gouvernement français pour les livres et les objets que celui-ci avait fait parvenir à l'Institut. Il s'y trouvait également la phrase suivante : « L'Institut Canadien, dont les sympathies sont acquises aux grandes causes, est heureux de communiquer avec ses bienfaiteurs par l'entremise d'un Prince qui, dans ses travaux législatifs, a si éloquemment développé les vues libérales du gouvernement de la France sur les plus grandes questions de la politique européenne.» Il y avait là une allusion, en particulier, à un discours prononcé par le Prince au Sénat, le 28 février précédent, au cours duquel il s'était déclaré «contre le pouvoir temporel du Vatican». Connaissant les opinions et les initiatives du Prince, l'évêque de Montréal ne voulait pas le recevoir, tout ce qui touchait à la Papauté lui tenant tellement à cœur. Pour lui, même si le Prince Napoléon était membre de la famille régnante de France, il était un ennemi du Pape, donc de l'Église. L'attitude du prélat est compréhensible, quand on se rappelle son inflexible probité religieuse. Plus souple, plus diplomate, le milieu de Québec réagit différemment. Le Prince fut invité à se rendre à l'Université, où le reçurent Monseigneur Baillargeon et l'abbé Elzéar-Alexandre Taschereau, alors recteur de Laval, et dont les vues étaient plus larges que celles du prélat montréalais [54]. Pour mieux comprendre, il faut se souvenir que trois ans

53. Voir « Le cas de conscience de Gonzalve Doutre », par Léon Pouliot, s.j., dans la *Revue d'histoire d'Amérique française* de septembre 1969.
54. Dans une communication à la Société royale du Canada, M. Philippe Sylvain décrit de façon très intéressante ce voyage du prince à

plus tôt, ce dernier avait mis ses fidèles en garde contre l'Institut : foyer d'incrédulité et d'anticléricalisme, avait-il dit. On doit aussi rappeler qu'à l'Institut le prince avait déclaré : « Je connais l'esprit libéral de votre Institut qui est éminemment utile et je vous prie de me considérer comme l'un des vôtres. » Si les gens de l'Institut étaient ravis, l'évêque l'était moins puisqu'il voyait là une attaque nouvelle dirigée contre lui. À Québec, on n'avait voulu voir que la situation officielle du prince.

Le prélat montréalais est très attaché au passé, même s'il est prêt à toutes les initiatives nouvelles pourvu qu'elles restent dans un esprit traditionnel. Il s'autorise du Souverain Pontife, dont il partage les vues conservatrices et inflexibles. À cette époque, Monseigneur Bourget est au Canada le grand défenseur de l'ultramontanisme, qui règne dans tous les pays catholiques. C'est une école de pensée qui veut que « le Souverain Pontife possède de droit divin une véritable juridiction politique dans le monde entier, juridiction qui le rend arbitre des grandes questions sociales et même politiques », écrit l'abbé Henri Moret, doyen de la faculté de théologie de la Sorbonne [55]. Par la suite, dans la région de Québec, Jules-Paul Tardivel sera l'un des piliers du mouvement, comme Monseigneur Laflèche dans la région des Trois-Rivières. Ils s'inspirent beaucoup de Louis Veuillot, grand pourfendeur d'idées libérales. Au Canada comme en France, celui-ci exerce une profonde influence dans les milieux religieux. Pour justifier son irrédentisme religieux, Tardivel écrit : « Les catholiques ultramontains ne sont autres que les catholiques sans épithète qui professent sans arrière-pensée les doctrines romaines et qui cherchent à appliquer ces doctrines autant que les circonstances de temps et de lieu le permettent » [56]. Pour les ultramontains, Monseigneur Bourget était « le grand homme de l'Église canadienne », note Pierre Savard dans le livre si intéressant qu'il a consacré à Jules-Paul Tardivel.

Montréal et à Québec, en se référant en particulier au journal de Maurice Sand, retouché par sa mère, p. 105 et suivantes des *Mémoires de la S.R.C.*, sér. IV, tome II, 1964, sous le titre « La visite du Prince Napoléon au Canada (1861) ».

55. Cité par Philippe Sylvain dans *Recherches sociologiques*, VIII/3 (1967), 277.

56. Dans *La Vérité*, 31 mai 1881. Cité par Pierre Savard, dans *Jules-Paul Tardivel, la France et les États-Unis, 1851-1905* (Québec : Les Presses de l'Université Laval, 1967), p. 79.

Les milieux politiques ne pouvaient rester indifférents. À son ami Galt, qui proteste contre l'intransigeance et les interventions constantes du prélat de Montréal, John A. Macdonald répond : « *Mind you, ultramontanism depends on the life of two old men, the Pope and Bishop Bourget (in Canada). Now there can be no doubt that there is an agreement between Catholic powers that the next Pope shall not be ultramontane. In fact, it is absolutely necessary for Europe that he should be a liberal Catholic, who will cure the split in the Church and bring back the old Catholics to the fold* » [57]. L'homme politique voyait très juste. Il recommandait la patience à son collègue car, même s'il suggérait à ses prêtres de rester neutres, dans les luttes politiques [58], à moins que les intérêts de la religion fussent en jeu, Monseigneur Bourget servait momentanément les intérêts du conservatisme politique en s'arc-boutant dans son conservatisme religieux et dans son opposition aux idées nouvelles.

Laurier est un autre adversaire du prélat, mais dans un domaine différent [59]. Il insiste sur la différence fondamentale entre le libéralisme politique anglais — dont son parti s'inspire — et les idées libérales qui, en France, comportent une part très forte d'anticléricalisme et d'antireligion [60]. Il y a aussi — comme on

---

57. Cité par Donald Creighton dans *John A. Macdonald* (Toronto : Macmillan, 1965), II, 202.

58. Ainsi, dans ses « Commentaires sur le règlement disciplinaire adopté dans le second concile provincial de Québec », Mgr Bourget note à propos de la politique : « 1. — Le clergé doit, dans sa vie publique et privée, demeurer neutre dans les questions qui ne touchent en rien aux principes religieux. 2. — Il doit néanmoins instruire le peuple de ses obligations dans l'exercice de ses droits civils, politiques et religieux ; car tous doivent savoir que, quand il s'agit du choix de représentants au parlement, de maires, d'officiers municipaux, de commissaires d'écoles, etc., ils doivent se prononcer en faveur de ceux qui, de bonne foi, sont jugés capables de défendre et de soutenir ces mêmes droits ». Même s'il y a une recommandation très nette, la porte est ouverte à toute espèce d'interventions dont les milieux politiques se plaignent et, en particulier, les libéraux dont l'avenir au Canada commence de se préciser.

59. Comme le signale avec raison le Père Pouliot, le grand discours de Wilfrid Laurier est postérieur à la retraite de Mgr Bourget en 1876. C'est l'esprit qu'il représente que nous avons voulu opposer à l'idéologie de l'évêque et de l'ensemble de l'épiscopat.

60. Dans son discours à l'Institut Canadien en 1868, L.-A. Dessaulles se plaint amèrement des interventions politiques du clergé. Il dit, entre autres choses : « Mais quelle assertion plus erronée, plus coupable à tous les points de vue possibles, que c'est un péché grave, digne du refus de sépulture ecclésiastique que de voter pour un député libéral. Cela s'est

l'a vu — le clergé de Québec, avec qui le prélat rompt des
lances dans le champ clos de l'université et ses amis de Montréal,
les Sulpiciens, qui s'opposent longtemps à la conception des paroisses qu'avait l'évêque, face à la Paroisse et à ses privilèges.

Rome mit momentanément un terme aux échanges de propos
aigres-doux et aux querelles. En 1846, par exemple, l'évêque
avait prié M. Vincent Quiblier de regagner Paris, après lui avoir
signifié « qu'il n'avait plus besoin de ses services dans son diocèse » [61]. Or, M. Quiblier était Supérieur du Séminaire depuis
quinze ans, curé de Notre-Dame et grand vicaire. Il était très
aimé de ses ouailles. Cela sera reproché amèrement à l'évêque,
plus tard, quand il ira à Rome pour essayer de régler le conflit.
De leur côté, les Messieurs faisaient certaines nominations sans
consulter ou avertir leur évêque. Celui-ci s'en plaint ainsi : « Ce
n'est toutefois que, par hasard, que j'ai appris la nomination de
M. Lacan, comme j'apprends d'ordinaire les changements que vous
faites chaque année » [62].

Pie IX intervient à un moment donné. Il conseille au prélat de
faire quelques concessions : « Le droit est pour vous, mais
l'usage est pour le Séminaire ... », lui écrit-il. Finalement, le secrétaire de la Propagande, Monseigneur Capalti, tranche la question
à l'aide d'un décret qu'il est chargé de rédiger et que confirme le
Pape le 10 décembre 1865. La décision est importante puisque
la Paroisse, comme l'écrit Monseigneur Bourget en 1864, « comprend la ville et la banlieue (et) forme une immense paroisse de
11 milles dans sa plus grande longueur, sur 5⅓ milles dans sa
plus grande largeur » [63]. Les fidèles y sont au nombre de 75,000
à 80,000 note-t-il aussi. La question étant réglée, l'on procédera
au démembrement de la paroisse. Malgré cela, pendant de nom-

pourtant dit dans cent chaires l'année dernière ! » (p. 18, *L'Annuaire de
l'Institut Canadien* pour 1868.) Wilfrid Laurier n'avait pas encore pu
convaincre le clergé qu'entre libéraux de France et du Canada, il n'y avait
rien de commun. On était pourtant en 1867 — année de la Confédération.
Mais c'était aussi l'époque où les libéraux d'Europe disaient pis que pendre
de l'autorité du Pape en matières temporelles et menaçaient ses États. Pour le
clergé canadien de l'époque les libéraux de France ou du Canada étaient
avant tout des ennemis du Pape et de la religion, donc de l'Église. Il fallait
en combattre toutes les initiatives.

61.   Archives du Collège Sainte-Marie, p. 375. Cité par Léon Pouliot,
s.J., dans « Le démembrement de la Paroisse Notre-Dame », *Revue d'Histoire de l'Amérique française*, XIX/3 (décembre 1965).

62.   *Ibid.*, Lettre de Monseigneur Bourget du 4 septembre 1863.

63.   *Ibid.*, p. 351.

breuses années, il soulèvera des étincelles parce que les Sulpiciens, appuyés par leur avocat, George-Etienne Cartier, ne veulent pas accepter le décret. L'évêque passe outre et procède à la création de ses paroisses nouvelles.

Monseigneur Bourget se battait ainsi d'estoc et de taille contre ses amis ou contre ceux qu'il considérait les ennemis de l'Église. Parmi ces derniers, il y avait des gens intelligents et, dans l'ensemble, voyant l'avenir de façon beaucoup plus juste que lui. Malheureusement, pour faire valoir leurs idées, ils employaient des arguments maladroits, empruntés à Voltaire [64] et à tous ceux qui, depuis celui-ci, avaient voulu démolir l'Église et saper la religion, *cet opium du peuple*. Monseigneur Bourget ne pouvait pas ne pas les craindre, lui qui n'admettait pas que le Souverain Pontife et l'Église pussent avoir tort. À Rome, il assistera plus tard à la proclamation du dogme de l'infaillibilité du Pape ; ce qui le confirmera dans son respect du Saint-Père. Pour lui, tous ceux qui sont contre Rome ne peuvent être que de dangereux ennemis de la religion. D'autant plus que les attaques croissantes contre le régime temporel de la Papauté l'inquiètent chaque jour davantage.

Pour comprendre comment il en est arrivé à raisonner de façon aussi inexorable, bornée même parfois, il faut se rappeler le milieu d'où il vient, sa formation et son évolution religieuse.

Ignace Bourget est d'une famille où l'on craint Dieu, puissance souveraine, et où l'on respecte infiniment le successeur de saint Pierre. Instinctivement, on lui donne raison en tout. Adolescent, il a vécu dans une société où l'on ne pouvait pas ne pas être horrifié par la Révolution française. On n'en voyait pas les résultats bénéfiques parce qu'on ne s'arrêtait guère aux abus du régime précédent, même si Bigot et ses amis avaient permis de les imaginer. On avait gardé du roi de France un souvenir que n'avait pu détruire l'entourage de Louis XV et l'abandon de la colonie par la mère patrie. Après la révolution, des prêtres français étaient venus par la voie de l'Angleterre. Ils avaient apporté avec eux les pénibles souvenirs du Temple et surtout du massacre des prêtres et des évêques dans l'Église des Carmes, de la guillotine et des noyades dans la Loire. Même si au fond d'eux-mêmes ils avaient gardé l'amour intact de leur pays, ils ne pouvaient le faire aimer de ceux qui ne voulaient voir dans la révolution que

64. Les livres de M. Marcel Trudel sur *L'influence de Voltaire au Canada* sont, à ce sujet, bien intéressants (Québec : Les Presses de l'Université Laval, 1945).

ses excès et l'explosion d'un sentiment antireligieux. Pour l'abbé
Ignace Bourget et pour tant d'autres, la France, à laquelle on reste
attaché, n'est plus. Elle ne peut être que l'ennemie de l'Église,
tant que Napoléon ne s'est pas rapproché du Pape au point de
signer un Concordat.

S'il a alors réuni à nouveau la France et Rome, l'Empereur a
traité le Pape, au moment du Sacre, de façon bien cavalière, impossible à admettre pour un esprit catholique. La mère de
Napoléon n'a-t-elle pas refusé d'assister à la cérémonie, même si,
plus tard, David — peintre officiel de l'Empire — l'y a placée
au centre de la grande toile du Sacre ? Depuis la chute de
l'Empire, il est vrai, une réaction s'est produite en France. On a
repris la route des églises. L'on voit encore sur les frontons ou les
façades de beaucoup d'entre elles les mots de « liberté, fraternité
et égalité », alors que, pendant la révolution, on les avait trans-
formées en écurie, en atelier, en entrepôt : les trois mots étant
là pour montrer surtout qu'on était libre de penser comme les gens
au pouvoir. À la faveur d'un climat nouveau, la religion avait
repris une grande place au point de jouer un rôle dans l'État,
malgré l'influence toujours plus forte de la pensée libérale. Ignace
Bourget le savait par les nouvelles venues de France et surtout par
les milieux religieux de Rome. Il était très près de Pie IX qu'il
admirait sans réserve. Il savait aussi la menace que faisaient peser
sur le pouvoir temporel du Saint-Père, Cavour, Garibaldi et leurs
amis de l'intérieur et de l'extérieur, comme Napoléon III, qui
contribuait à accentuer la pression exercée sur le Pape pour qu'il
abandonne ses droits temporels et ses États. Affolé par la conquête
qui se prépare, Monseigneur Bourget ne peut pas ne pas faire
l'impossible, dans la mesure de ses moyens, pour empêcher
l'événement de se produire. Il demande des prières, des fonds,
des hommes pour constituer le corps expéditionnaire des Zouaves
Pontificaux qui sera sous le commandement du Colonel de Cha-
rette [65]. Mais surtout, il est horrifié [66] par les Canadiens qui, sous

---

65. À la fin de 1870, ils sont 505. Huit mourront en Italie. Ils sont
enterrés à Saint-Laurent-hors-les-Murs à côté du Saint-Père qu'ils étaient
venus défendre sous l'impulsion de Mgr Bourget. Beaucoup sont très
jeunes. Ainsi, du Collège de Saint-Hyacinthe, 19 partent en 1868, et autant
dans les années qui suivent (Pierre Savard, *Jules-Paul Tardivel*, p. 65).
C'est une sorte de croisade des adolescents qui vont prêter main-forte non
plus contre les Sarrasins et les Infidèles de Terre Sainte mais contre ceux
qui s'attaquent à la papauté même. Dans son monument à l'évêque
Bourget, Philippe Hébert a tenu à rappeler ce moment de sa carrière.
Il l'a montré entouré de ses Zouaves au moment de leur départ. Lui-même

prétexte de liberté, demandent qu'on laisse les gens s'exprimer librement contre la religion, ses prêtres et le régime temporel de la Papauté. Ils veulent, il est vrai, bien des choses qu'on a obtenues depuis : de l'instruction obligatoire au droit de pensée et d'expression sans contrainte. Ils ont leurs journaux : *L'Avenir* d'abord, puis *Le Pays,* la *Concorde* et d'autres. Ils frappent durement, férocement, eux aussi. Ils traitent les prêtres d'exploiteurs. Ils veulent la suppression de la dîme, « mesure aussi immorale que la tenure seigneuriale » [67]. On les trouve réunis à l'Institut Canadien de Montréal qui, depuis 1844, est un des endroits les plus vivants au point de vue intellectuel, dans la région de Montréal. Bien timide, guindée, un peu maladroite parfois [68], la pensée des conférenciers s'élargit, s'affermit, surtout depuis que l'Institut est présidé par Louis-Antoine Dessaulles, neveu de Louis-Joseph Papineau. Pendant quelques années, on s'en était tenu à des propos neutres ou favorables au point de vue religieux. Ainsi, en 1848, Étienne Parent y prononce une conférence sur le prêtre et la spiritualité. Il y dit : « Aujourd'hui, le prêtre est un homme

se souvenait d'avoir participé avec ses amis à la marche projetée sur Rome, qui devait se terminer sans gloire et sans beaucoup de périls, il faut le dire, sauf pour les huit restés derrière.

66.   Il y est poussé par le Pape lui-même qui, en novembre 1863, écrit ceci aux évêques du Canada : « Comme vous connaissez parfaitement les prodiges monstrueux des opinions, les artifices tout à fait diaboliques, les pièges et les efforts par lesquels les hommes ennemis s'efforcent de corrompre les esprits et les cœurs de tous, et de les éloigner de la Religion catholique. Nous sommes pour cela certain que Vous, Vénérables Frères, ne négligerez rien dans votre ardente religion et votre zèle sacerdotal, pour pouvoir découvrir les pièges des ennemis, corriger leurs erreurs, réprimer leurs tentatives, et éloigner les fidèles confiés à vos soins des pâturages empoisonnés, les pousser vers de salutaires enseignements, et les nourrir de jour en jour davantage par des paroles de foi, les confirmer par les dons des grâces, et faire rentrer dans les sentiers de la vérité et du salut tous les infortunés qui vivent dans l'erreur, et les gagner, à Jésus-Christ. » Or, les erreurs que le Souverain Pontife découvre, du haut de la Chaire Apostolique, et qu'il voit se glisser, comme des serpents monstrueux, dans toutes les parties du monde, sont « le *philosophisme moderne,* qui ne reconnaît aucun Dieu, ou qui n'admet qu'un Dieu impuissant, sans providence et soumis aux lois de la terre ; l'*empiètement* de la Puissance séculière, qui voudrait dominer la Sainte Église de Dieu ; le *rationalisme,* qui rejette les mystères que la raison ne comprend pas ; l'*indifférentisme,* qui gagne tout le monde, ceux mêmes qui vivent dans de fausses religions. » Cette fois, c'est Monseigneur Bourget qui parle (*Mandements,* IV, 430).

67.   Dans *L'Avenir* du 21 juillet 1849.

68.   On peut en juger par certains textes du *Répertoire National* (Montréal : J. M. Valois & Cie, 1893), compilé par J. Huston.

(il serait presque impropre de dire un citoyen) qu'on relègue et claquemure au fond du sanctuaire comme un être dangereux à la société ; et cela sous le prétexte dérisoire que son saint ministère souffrirait au contact des choses mondaines ; ... ». Parent demande qu'au contraire, le prêtre se mêle au monde, qu'il sorte de l'église pour agir au milieu des hommes [69]. C'est l'aspect social et spirituel de la fonction du prêtre qu'aperçoit Parent et qu'il fait valoir. Mais s'il plaide ainsi en faveur du prêtre parmi les hommes, c'est sans doute que d'autres ne pensent pas comme lui et que l'on voudrait restreindre le rôle du pasteur à celui de confesseur, de consolateur, de bénisseur, de distributeur des sacrements ; ce que n'admet pas Parent qui voit très loin dans ce domaine. On peut deviner par là l'état des esprits auquel Dessaulles donnera graduellement une forme concrète, souvent injurieuse.

Soudain, le ton monte à l'Institut. Louis-Antoine Dessaulles, en particulier, devient agressif. Avec ses amis, il attaque, à l'Institut Canadien, dans *L'Avenir,* puis dans *Le Pays* (qu'il dirige), parce qu'il sent les milieux religieux très opposés à ses idées et, aussi, parce que ceux-ci craignent les *mauvais livres* qu'à l'Institut on met à la disposition du public. On entend par là surtout ceux qu'un nombre croissant d'écrivains français font paraître et que l'Index comprend dans sa réprobation. Au Canada français, l'opposition au roman, en particulier, est assez vive à l'époque, aussi bien dans les cercles religieux que laïques. Octave Crémazie et Étienne Parent, par exemple, ont le roman en horreur [70]. Le juge Adolphe-

69. Les évêques de la province ecclésiastique de Québec se réfèrent à cet état d'esprit, plus tard, dans une lettre circulaire, le 22 septembre 1875. Ils s'expriment ainsi : « Des hommes qui veulent vous tromper, Nos très chers Frères, vous répètent que la religion n'a rien à voir dans la politique, qu'il ne faut tenir aucun compte des principes religieux dans la discussion des Affaires Publiques, que le Clergé n'a de fonctions à remplir qu'à l'église et à la sacristie et que le peuple doit en politique pratiquer l'indépendance morale. » (*Mandements,* 209)

70. Note très justement M. Léopold Lamontagne dans une étude sur les « Courants idéologiques dans la littérature canadienne-française du XIXe siècle », paru dans *Recherches sociographiques,* I/2 (1964). Il faut mentionner également qu'à l'époque, l'opposition à certains romanciers est très vive en France. Ainsi, le père Étienne Cornut, S.J., intitule son livre *Les malfaiteurs littéraires.* Or, ces malfaiteurs, ce sont Zola, Richepin, etc. (Pierre Savard, *Jules-Paul Tardivel,* p. 426). Plus tôt dans le siècle, la grand-tante d'Alfred de Musset n'avait pas hésité à déshériter son neveu après un premier livre de vers, où il n'est question que « d'amours, d'amoureux, de maîtresses, de passions et d'amants fous. » André Castelot, dans *Les Battements de cœur de l'histoire* (Paris : Presses Pocket, 1962), p. 7. De son

Basile Routhier parle de « cette semence de mort (jetée) dans les intelligences et les âmes ». On en a contre Honoré de Balzac, Eugène Sue, Alexandre Dumas, George Sand. « Ce genre diabolique qu'il ne faut pas laisser introduire dans notre littérature », affirme le juge Routhier.

De son côté, Thomas Chapais (excellent historien et homme intelligent pourtant) traite *d'empoisonneurs publics* Balzac, les Dumas, George Sand et — ce qui est étonnant à distance — Octave Feuillet, Georges Ohnet, Jules Claretie et les Goncourt « réalistes à outrance qui n'ont reculé devant aucune putridité ». Et Chapais ajoute : « ... il est presque impossible, à moins de circonstances très spéciales, que la fondation d'une bibliothèque publique — civique ou autre — n'ait pas pour résultat d'établir un foyer d'infection intellectuelle ... » Pour montrer à quel point le milieu clérical a des vues étroites à l'époque, on ne peut mieux faire que de citer ici une circulaire de Monseigneur Bourget à son clergé. Il y recommande à ses curés de « donner au prône, aussitôt la présente lettre reçue, des avis sévères contre l'opéra, le théâtre et autres divertissements profanes qui sont aujourd'hui pour nos villes et campagnes un sujet de scandale » [71]. Devant cela, on pense à nouveau à la remarque de Monseigneur Plessis qui, en recommandant l'abbé Bourget à Monseigneur Lartigue, notait qu'il était un peu scrupuleux. La tendance s'était sans doute accentuée avec l'âge.

La réaction des évêques, pasteurs des âmes, est particulièrement vive car Monseigneur Bourget n'est pas seul dans sa con-

---

côté, Léo Larguier écrit dans *La curiosité et les curieux* (Paris : Tournelle, n.d.) : « Sosthène de la Rochefoucault, qui sévissait aux Beaux-Arts, sous le règne de Charles X, était un personnage falot qui n'avait qu'une préoccupation : faire cacher le sexe des statues sous des feuilles de vigne » (p. 121).

71. *Mandements*, 21 juillet 1859, p. 74. Pour comprendre, il faut se rappeler qu'en France même, l'esprit était très étroit dans certains milieux. André Castelot raconte, par exemple, que Lola Montes, avant de se réfugier à la cour de Louis II de Bavière, ne pouvait plus réapparaître sur les planches à Paris parce qu'un jour, elle y avait dansé jambes et cuisses nues. À la même époque, la valse soulevait bien des protestations. Harry Bruce cite, par exemple, le compte rendu d'une fête donnée à Charlottetown, l'Île du Prince-Édouard en 1864. Il écrit : « ... la danse fascinante tourbillonne gaiement et la valse libidineuse aux enlacements lascifs virevolte en un crescendo d'excitation ; le gonflement des corsages et l'œil voluptueux disent bien l'intempérante orgie... » (p. 65 de *Canada 1812-1871* [International Nickel Co., 1967]. Ces exagérations indiquent l'état d'esprit du milieu religieux de l'époque quel qu'il soit.

damnation des *mauvais livres* [72] et du mauvais esprit de l'Institut
Canadien. Il faut dire que les membres les plus en vue de l'Institut [73] tiennent souvent des propos violents et toujours détestables,
contre la religion et les prêtres. Qu'on en juge par ces autres
exemples. À propos de l'annexion aux États-Unis, Louis-Antoine
Dessaulles écrit : « Le clergé et le peuple en sont encore aux
notions politiques du XVIIᵉ siècle. » Il affirme, à un autre moment : « Avec les ignorants ou les fanatiques, on n'a jamais raison
impunément. » Or, ces ignorants ou ces fanatiques, ce sont, par
ricochet, Monseigneur Bourget et les membres de son clergé.
À un autre moment, le même Dessaulles parle du « despotisme
moral et religieux » et également « d'un pays que l'on espérait
exploiter encore pendant quelques générations » à propos de
l'opposition « aux idées libérales du progrès et de la liberté »
qu'il prêche. Or, Dessaulles n'est pas le premier venu. Né à Saint-
Hyacinthe [74], il est le neveu de Louis-Joseph Papineau qui l'a
beaucoup influencé au cours de son séjour en France. Médecin,
greffier de la Couronne et, plus tard, conseiller législatif, il dirige
Le Pays, dont les collaborateurs disent pis que pendre des gens
d'en face, étroits d'esprit, conservateurs à l'extrême qui s'arc-
boutent contre ceux qui ont un très grand désir de liberté et le
besoin d'ouvrir les fenêtres sur le futur ; ce dont on ne peut les
blâmer. On ne peut que les trouver bien maladroits dans l'expression de leur vœu d'une vie nouvelle. Dessaulles condamne « la
puissance des Papes, puisqu'elle nuit à la religion ». Il écrit un

---

72. Le Pape lui-même n'écrit-il pas au Clergé de France dans son Ency-
clique *Inter multiplices* : « C'est pourquoi en vous efforçant d'éloigner des
fidèles confiés à votre sollicitude le poison mortel des mauvais livres et des
mauvais journaux... » (cité par Mgr Bourget). Le prélat rappelle que les
règles de l'Index sont inflexibles. Il énumère les peines prévues par le Concile de Trente dans une de ses lettres pastorales le 30 avril 1858 (*Mandements*, VI, 24).
73. Auquel l'évêque oppose maintenant l'Institut Canadien-français
afin de contrer l'influence de l'Institut Canadien de Montréal.
74. Il mourra à Paris dans des circonstances assez pénibles, après s'y
être réfugié en 1875. Ainsi, à peu d'années d'intervalle, trois écrivains
auront eu des ennuis avec la justice du Canada dans l'exercice de leurs
fonctions. L'un, Philippe Aubert de Gaspé, fera de la prison. Deux autres,
Octave Crémazie et Louis-Antoine Dessaulles, l'éviteront en fuyant à l'étranger : bien triste fin de carrière puisque l'un ira mourir à Sainte-Adresse, près
du Hâvre, et l'autre à Paris même dans le dénuement le plus complet.
Et pourtant, les deux derniers avaient rendu de grands services dans le
milieu intellectuel de l'époque. Source : M. Trudel dans *L'influence de Voltaire au Canada* et Christine Piette-Samson dans *Recherches sociographiques* x/2-3 (1969), 373.

autre jour, visant indirectement l'ultramontanisme de Monseigneur Bourget : « L'inquisition ... s'efforce de blâmer tout changement, de repousser toute amélioration, d'enrayer tout progrès, d'anéantir toute découverte, de comprimer toute intelligence, de tuer toute liberté, de détruire toute indépendance d'esprit, de prohiber toute manifestation de raison et de génie, de proscrire toute expression libre de la pensée humaine. » Dans toutes ces attaques, l'esprit voltairien est clair [75]. De son côté, Arthur Buies, dans *Chroniques, Mœurs et Caprices*, traite le régime « d'abâtardissement, de dégradation morale et intellectuelle. » Or, il est secrétaire correspondant de l'Institut en 1868. Le 17 décembre 1867, Louis-Joseph Papineau vient de Monte-Bello pour assister au 23e anniversaire de l'Institut Canadien. Il n'hésite pas à affirmer, en pointant Monseigneur Bourget et ses amis : « Voilà les ennemis de la raison et de la pensée qui ont souhaité la dispersion de l'Institut et de ses livres. » Enfin, Dessaulles écrit de son côté : « Des hommes d'étude ont pu voir à quel degré de nullité intellectuelle, politique et nationale et d'infériorité morale, les clergés de tous les pays ont réduit les peuples qu'ils ont réussi à contrôler et à dominer » [76]. Il ne s'agit pas d'individus isolés. Un groupe les suit. À distance, tout cela nous paraît stéréotypé, vieilli, tiré de l'arsenal des vieilles armes utilisées contre l'Église depuis si longtemps qu'elles ont perdu beaucoup de leur valeur percutante. Mais à l'époque, l'argumentation a une valeur explosive.

Ceux dont la fonction est de garder le temple intact, ne peuvent aimer ces invectives et ces attaques, dont le moins qu'on puisse dire c'est qu'elles atteignent en vigueur ce qu'elles perdent en efficacité immédiate. Elles convainquent l'adversaire qu'il est de son devoir de lutter contre Satan, ses séides et ses pompes. Il le fait directement, cruellement, sans ménagement.

Se sentant appuyés par leurs gens et par Rome, forts de leur bon droit, les évêques réagissent en effet, car Monseigneur Bourget n'est pas seul dans sa condamnation de l'Institut Canadien. La réaction est précise. Qu'on en juge par ces textes. Le premier est extrait du « Règlement disciplinaire adopté dans le second concile provincial de Québec ». Il se lit ainsi : « Lorsqu'il est notoire qu'il y a dans un institut littéraire des livres contre la foi ou les mœurs ; qu'il s'y donne des lectures contraires à la religion ; qu'il s'y lit

---

75. Comme le note M. Philippe Sylvain dans son étude parue dans *Recherches sociographiques*, VIII/3 (1967).

76. Lettre adressée à Monseigneur Bourget, le 31 juillet 1872.

des journaux immoraux ou irreligieux, on ne peut admettre aux sacrements ceux qui en font partie à moins qu'il n'y ait sujet d'espérer que, vu leur fermeté dans les bons principes, ils pourront contribuer à les réformer. » C'est un premier avertissement officiel [77].

Le 30 avril 1858, Monseigneur Bourget consacre une lettre pastorale entière à l'Institut Canadien et aux *mauvais livres* [78]. On y lit ceci qui est un avertissement encore plus précis au sujet de l'Institut, nommé cette fois :

> Nous faisons un nouvel Appel à tous ceux de l'*Institut Canadien*, qui, Nous en avons la confiance, tiennent encore à l'Église, par le lien sacré de la foi, pour que mieux instruits des principes catholiques, ils reculent enfin devant l'abîme qui s'ouvre sous leurs pieds. Il est encore temps ; et en se soumettant aux lois d'une aussi bonne Mère, ils consoleront son cœur affligé de leur égarement. Que si, hélas ! ils venaient à s'opiniâtrer dans la mauvaise voie qu'ils ont choisie, ils encourraient des peines terribles, et qui auraient les plus déplorables résultats.

> Et, en effet, il s'ensuivrait qu'aucun catholique ne pourrait plus appartenir à cet Institut ; que personne ne pourrait plus lire les livres de sa bibliothèque, et qu'aucun ne pourrait à l'avenir assister à ses séances, ni aller écouter ses lectures. Ces fâcheux résultats seraient la conséquence nécessaire de l'attitude anti-catholique que prendrait cet Institut, en persistant dans sa révolte contre l'Église.

> Car, il est à bien remarquer ici, que ce n'est pas Nous qui prononçons cette terrible excommunication, dont il est question, mais l'Église dont Nous ne faisons que publier les salutaires Décrets. Mais, dans notre tendre sollicitude, Nous crions aussi haut que possible que *là est un abîme affreux*. À chacun de vous maintenant de l'éviter, et malheur à ceux qui y tomberont !

> Ô Marie, préservez, par votre puissante bonté, tous et chacun de vos chers enfants, d'un pareil malheur.

Le 12 juillet 1869, l'*Annuaire de l'Institut-Canadien* [79] *pour 1868* est mis à l'Index par un décret du Saint-Office [80], en même temps que la deuxième édition des *Questions contemporaines* et le

---

77. *Mandements*, 77.
78. Le décret est reproduit dans les *Mandements*, VI, 23.
79. C'est ainsi que le nom est écrit sur la brochure.
80. Ou plus exactement la Sacrée Congrégation de l'Inquisition Universelle.

Saint Paul d'Ernest Renan. Dès le 16 juillet, de Rome, Monseigneur Bourget adresse à son clergé une lettre circulaire où il commente la décision du Saint-Office [81]. Il est difficile de la citer ici en entier. En voici quelques extraits, destinés à établir la position de l'évêque devant ce qu'il qualifie de jugement empreint « d'une haute sagesse, d'une impartiale justice et d'une parfaite équité » [82].

> Le St. Office a découvert, dans ce livre, de tous les caractères d'authenticité, des doctrines pernicieuses. Il a, avec raison, condamné l'Institut avec son livre ; et on peut assurer que c'est ce mauvais livre qui a fait juger et condamner ce mauvais Institut.

> En lisant les Annuaires et autres actes de l'Institut Canadien, il est facile de se convaincre qu'il cherche à s'attacher tous les citoyens et surtout les jeunes gens qui ont de l'éducation, pour leur inspirer ses principes, afin de pouvoir dominer toutes les classes de la société. Il veut à tout prix placer ses membres dans les chambres législatives, dans le ministère fédéral et provincial, sur les bancs des juges, dans les diverses corporations du pays, dans le barreau, etc., etc. ; déjà il s'est affilié une école de droit et il travaille fortement à s'attacher la Faculté de médecine et de chirurgie qui est toute formée. Comme il est lui-même affilié à une Université protestante, il aura pour attirer les jeunes gens dans son sein l'appas des degrés académiques. Que deviendra donc notre pays de foi, si l'Institut Canadien réussit à lui donner des législateurs, des juges, des hommes enfin qui auront en mains toute l'influence ? Il est évident que ces hommes, endoctrinés par l'Institut, seront ses organes et n'exerceront leur influence que pour faire le malheur de la religion et de la société civile.

Le prélat est effrayé de l'influence que peut encore exercer l'Institut. Après en avoir obtenu la condamnation par Rome, en homme d'action, il veut qu'on lutte contre lui de toutes les manières possibles. Après la publication en chaire, il demande que les curés « veillent soigneusement à ce que leurs paroissiens ne fassent pas partie de l'Institut Canadien ». Il fait intervenir les confesseurs, les missionnaires et autres prédicateurs, les supérieurs des maisons d'éducation. Il invite les journalistes à collaborer avec l'Église dans sa lutte. Il recommande l'œuvre accomplie par l'Institut Canadien français, l'Union catholique, le Cercle

---

81. *Mandements*, VI, 41, 16 juillet 1869.
82. Ce que ne peuvent admettre les intéressés évidemment. Dans un dernier effort, ils sont allés plaider leur cause à Rome en 1865. L'Annuaire de 1868 est la dernière goutte qui fait déborder le vase.

littéraire et autres *bonnes institutions* [83]. Et il demande qu'on prenne les moyens voulus *avec prudence et discrétion* « pour détourner les fidèles, les femmes surtout, d'assister aux lectures de l'Institut Canadien et de s'abonner à sa bibliothèque ou à ses journaux. » On sent chez le prélat le désir de briser un groupement qui menace l'autorité de l'Église et, au-delà, la religion elle-même, dans un milieu intellectuel vivant. Ce qui serait assez odieux si on ne le sentait affreusement inquiet et, au fond, très sincère dans sa réprobation. Mais la sincérité suffit-elle toujours à justifier un acte ? Non, assurément !

Il est difficile de se prononcer sur l'à-propos de la mise à l'Index de l'*Annuaire de l'Institut Canadien pour 1868* à moins, encore une fois, de tenir compte du contexte de l'époque. Après l'avoir lu, on se demande si, avec les critères actuels, on jugerait qu'il y a dans le discours de l'honorable L.-A. Dessaulles (car il était devenu membre du Conseil législatif) tant de choses condamnables. Il y donnait évidemment de très durs coups de pattes ou de griffes au clergé de Montréal, à l'Index et au pouvoir temporel de la Papauté. Pour comprendre la portée de l'attaque, il faut sans doute se rappeler les attitudes et les déclarations antérieures des deux côtés. Dessaulles fait un long plaidoyer pour la tolérance, mais il le dirige contre un groupe particulier : « ... j'entends par réaction, note-t-il, non le clergé comme corps religieux, mais ce parti composé de prêtres et de laïques qui veut tout contrôler dans le domaine temporel au nom de la religion. C'est ce parti qui ne se sert de la religion que pour arriver à ses fins temporelles. Ce parti représente à la fois le sacerdotalisme et le toryisme, unis pour opposer une barrière infranchissable au développement rationnel des libertés publiques. » Dessaulles semble ainsi s'attaquer non à la religion elle-même, mais aux hommes à qui on l'a confiée dans son milieu. À l'arrière-plan, il y a les déclarations antérieures, les attitudes prises contre le clergé et l'Église qui constituent le lourd dossier de Dessaulles et de

---

83.   Dans sa Circulaire au Clergé du 16 juillet 1869, Mgr Bourget s'en réjouissait ainsi : « Vous vous souvenez sans doute du beau sacrifice que firent les 130 et quelques membres de l'Institut Canadien qui obéirent à la voix de leur pasteur, en abandonnant une Institution qu'il leur signalait comme mauvaise et dangereuse, et en formant de suite l'Institut Canadien-français, afin d'y trouver des moyens d'instruction sans danger pour leur foi. » Malheureusement, ce nouvel organisme ne joua pas dans le milieu le rôle de celui qu'on allait démolir en le vidant de sa substance et en le frappant de l'anathème.

l'Institut. En 1868, Rome sévit sans doute plus contre les intentions sous-jacentes que contre le texte lui-même [84].

À ce moment-là, Louis-Antoine Dessaulles se montre assez prudent et souple. On hésite à croire qu'il expose toute sa pensée. Il ne présente que les aspects les plus favorables de la cause de l'Institut. Sa plaidoirie est adroite. Elle est gênante pour ceux qui, à Rome, se préparent à condamner avec la plus grande rigueur. Plus près de nous, on aurait laissé faire. Sans doute aurait-on fermé les yeux, malgré l'insistance du prélat. En 1868, on ne pouvait réagir ainsi étant donné l'état des esprits et la conception

---

84. La conclusion de Louis-Antoine Dessaulles est intéressante. Comme elle résume son point de vue et celui de l'Institut, elle a sa place ici. Il n'est pas possible de la citer entièrement parce qu'elle est longue, suivant l'habitude de l'époque. En voici cependant quelques extraits qui paraissent caractéristiques : 1. « D'où viennent nos difficultés ? De ce que nous avons des membres protestants ; de ce que nous recevons des journaux protestants, et de ce que nous avons quelques livres philosophiques à l'index. On nous chicane aussi beaucoup sur ce que quelques membres de l'Institut ont exprimé des idées erronées. Admettons que quelques-uns d'entre nous aient pu parler avec irréflexion, ou sans étude suffisante des questions ; pourquoi donc est-ce un cas beaucoup plus pendable chez nous que les autres ? Les membres de l'Institut sont-ils donc les seuls en Canada qui manquent quelquefois de maturité ? » 2. « Mais quelle assertion plus erronée, plus coupable à tous les points de vue possible, que c'est un péché grave, digne du refus de sépulture ecclésiastique que de voter pour un député libéral ? Cela s'est pourtant dit dans cent chaires, l'année dernière ! » 3. « On nous reproche de pécher par trop de tolérance ; cela se peut ; mais nous croyons honnêtement être beaucoup moins coupables que ceux qui pèchent par trop d'intolérance, et qui, obligés d'être justes au moins, sinon indulgents, nous rebutent avec dureté, après nous avoir condamnés sans nous entendre. » 4. « Quant au fait d'avoir des protestants comme membres de l'Institut, comment cela peut-il être un si grand crime ici, quand c'est partout ailleurs chose indifférente ! Et ici encore, j'ai une autorité orthodoxe pour m'appuyer. Il y a deux ou trois ans, l'Institut d'une petite ville de la Province réorganisant sa constitution, le comité chargé de la préparer avait inséré dans le projet une clause qui excluait de l'Institut les protestants. Le projet fut soumis à l'Évêque ; et celui-ci, homme tolérant et sage, raya de sa main cette clause qui fut laissée, de côté. Ici donc encore — comme sur le sujet du libéralisme en Canada où c'est un péché, et aux États-Unis où c'est une vertu — ici donc encore : Vérité en deça des Pyrénées, erreur au-delà ! » 5. « Mais nous avons quelques livres à l'index. Eh oui ! Nous avons quelques livres à l'index, qui se trouvent dans toutes les bibliothèques, même catholiques de France, d'Angleterre et des États-Unis. On a dit que nous avions des livres obscènes... c'est faux, et on le sait ; mais il faut nous calomnier et cela par esprit de religion ! Maintenant bien des personnes croient qu'un livre à l'index est nécessairement un *mauvais livre*. Et pourtant rien n'est moins exact en fait. » *L'Annuaire de l'Institut-Canadien*, 1868.

de l'autorité. Si l'on veut juger la question équitablement, il faut donc se reporter à l'époque. Sinon, on risque d'être injuste et de faire ce que les membres de l'Institut reprochaient à Monseigneur Bourget et à ses clercs.

On célèbre le 24ᵉ anniversaire de l'Institut en 1868, au moment de la publication de l'Annuaire. L'Institut disparaîtra après l'Affaire Guibord. Il ne pourra résister à la saignée des 130 membres qui le quitteront, à l'opposition croissante du Clergé, à l'excommunication de ses membres et, il faut bien le dire, à l'exaspération de l'opinion catholique après l'Affaire. Assez curieusement, le sénateur L.-O. David, qui n'avait rien d'un hérétique ou d'un révolté [85], écrira plus tard : « ... que la minorité ait bien fait de quitter l'Institut Canadien, c'est douteux. Elle aurait dû rester là pour réformer et non détruire une institution nationale et pleine de souvenirs patriotiques. » Après 1869, il était trop tard. Mais auparavant, le sénateur David avait raison, sans doute. Pour cela, il aurait fallu pouvoir s'opposer à Dessaulles qui n'avait pas hésité à écrire : « Trois hommes luttent au moyen de prescriptions, de cachots, de l'exil, de l'échafaud, des meurtres juridiques, des trahisons achetées, de la séquestration intellectuelle, de l'ignorance imposés aux masses, des excommunications. Ces trois hommes, vous les connaissez comme moi, c'est Sa Majesté l'Empereur d'Autriche, l'infâme bourreau de la Hongrie et de l'Italie, c'est Sa Majesté le Tsar de toutes les Russies, l'infâme bourreau de la Pologne et de la Certatie. C'est enfin leur ami et allié, le roi de Rome, le chef visible du catholicisme » [86]. Devant cela, il était impossible de croire que l'Église ne ferait pas tout en son pouvoir pour écarter un pareil contempteur de la religion et de son chef.

Il y eut enfin l'Affaire Guibord. Elle se rattache à l'esprit anticlérical du milieu de Montréal. Menée par Joseph Doutre, membre très en vue de l'Institut Canadien, l'Affaire fait suite indirectement aux luttes acharnées de l'évêque et de l'Institut. Qu'on en juge par ces quelques détails.

Joseph Guibord meurt le 18 novembre 1869, quatre mois après l'excommunication de l'Institut Canadien dont il est membre. Il ne

---

85. Même si son livre sur *Le clergé canadien, sa mission, son œuvre* est également mis à l'Index en 1896.
86. T. Hudon, S.J., dans *L'Institut Canadien de Montréal et l'Affaire Guibord* (Montréal : Beauchemin, 1938), p. 92.

pratique pas. Il est excommunié [87]. Suivant la logique catholique, il n'a pas le droit d'être enterré en terre sainte comme sa veuve le demande, à la suggestion du meneur de jeu. Après consultation avec l'évêché, en l'absence de Monseigneur Bourget, le curé de Notre-Dame ne refuse pas l'entrée de la dépouille mortelle au cimetière de la Côte des Neiges, mais il n'est prêt à accorder que la sépulture civile, avec accès du corps où sont enterrés les criminels, les enfants non baptisés et ceux qui meurent « sans les secours ou les sacrements de l'Église » [88].

Voyant cela, la veuve de Joseph Guibord, inspirée par l'Institut Canadien, cite la Fabrique de Montréal devant les tribunaux. Par le truchement de son avocat, Me Laflamme, elle demande la sépulture ecclésiastique aussi bien que civile, au cimetière de la Côte des Neiges. Celui-ci fait valoir que « Joseph Guibord était à l'époque de sa mort, arrivée le 18 novembre dernier, en possession de son état catholique romain, que les curés et marguilliers, défendeurs, sont les administrateurs et gardiens du seul cimetière catholique de cette paroisse et chargés du devoir d'y inhumer les catholiques et de tenir les registres ; qu'ils ont été dûment requis et sommés d'accomplir ce devoir pour les restes dudit Guibord et qu'ils ont refusé. » [89]

Le 2 mai 1870, le juge Mondelet rend un jugement qui force la Fabrique à accueillir le corps et à lui donner la sépulture ecclésiastique « considérant qu'à son décès, ledit Joseph Guibord était en possession de son état de catholique romain et de paroissien de ladite paroisse de Notre-Dame de Montréal et de tous les

---

87. Le 3 octobre 1875, Mgr Bourget écrit à ses curés dans une lettre : « Comme on vient de le voir, le cimetière étant un lieu saint ne peut pas et ne doit pas servir à la sépulture de ceux qui ne sont pas saints, c'est-à-dire de ceux qui ne sont pas catholiques, ne sont pas morts dans la paix de Dieu et de l'Église ; et qui, pour cette raison, ne peuvent être inhumés en Terre sainte, ni avoir les honneurs de la sépulture ecclésiastique. »

88. Plus tard, l'évêque, justifiera la décision de l'Église ainsi : « Comme on l'a démontré plus haut, le défunt Joseph Guibord, ayant désobéi en matière grave à l'Église, en refusant de renoncer à l'Institut-Canadien, qui a enseigné et enseigne encore des doctrines pernicieuses et garde dans sa bibliothèque des livres défendus, et étant mort sous le coup de l'excommunication qu'il avait encourue, son corps n'a pu être enterré en terre sainte, ni recevoir les honneurs de la sépulture ecclésiastique. » Ibid., VII, 244, Lettre du 3 octobre 1875.

89. Cour Supérieure, Montréal, Plaidoiries des Avocats in Re. Henriette Brown vs La Fabrique de Montréal : Refus de sépulture (Montréal : Typographie Louis Perrault & Cie, 1870), p. 3.

droits qui s'y attachent » [90]. La Fabrique va en appel et gagne. Puis, la cause est portée jusqu'à Londres, où le Conseil privé, en 1874, condamne la Fabrique à accueillir les restes de Guibord [91]. Avant d'avoir reçu la sépulture ecclésiastique, ils auront attendu six ans au Mount Royal Cemetery. Pour éviter les troubles qui menacent lorsque le corps est mis en terre, il faut l'intervention de la troupe : douze cents soldats sont sur pied pour contenir la foule des manifestants. À la demande de Mgr Bourget, les fidèles restent relativement calmes cependant, et la cérémonie se poursuit sans violence [92].

De son côté, Monseigneur Bourget déclare *profané et maudit* le coin de terre où Guibord est enseveli [93]. On croit assister à une cérémonie de l'Inquisition. Elle évoque l'atmosphère de terrible rigidité, que Jean-Paul Laurens fera revivre plus tard dans une de ses toiles, *l'excommunication de Robert le Pieux.*

Ces deux actes de l'évêque, menacé dans son autorité et son église, sont les derniers auxquels on veut s'arrêter ici. Il a 77 ans à ce moment-là. Sa santé n'est pas bonne. Il faut dire qu'il ne la ménage pas. « Tard, bien tard dans la nuit, écrit L.-O. David [94], on voyait souvent une lumière briller à une fenêtre de l'évêché ; c'était l'évêque de Montréal qui prenait sur son sommeil les heures dont il avait besoin pour compléter ses laborieuses journées. Et cette lumière se rallumait à quatre heures du matin. »

En 1876, Monseigneur Bourget quitte donc ses fonctions d'évêque de Montréal [95]. Il devient archevêque titulaire de Martianopolis. Il est aussi assistant au trône pontifical et comte romain. C'est Monseigneur Fabre qui le remplace dans un diocèse en

---

90. *Ibid.*, Jugement rendu par Son Honneur le juge Mondelet, p. 7.
91. Un arrêt du Conseil Privé dans Dame Henriette Brown appelant and Les Curés et Marguillers de l'Oeuvre et Fabrique de Notre-Dame de Montréal respondents. Cases in the Privy Council, VI (1874), 157, et suivantes.
92. L'évêque s'en réjouit dans sa Lettre pastorale du 16 novembre 1875 ; *Mandements*, VII, 268.
93. Trudel, *L'influence de Voltaire au Canada* (Montréal : Fides, 1945), II, 39.
94. L.-O. David, *Mgr Bourget*, p. 16.
95. Auparavant, il contribue à la fondation de l'Hôpital Saint-Jean de Dieu et il réalise deux projets difficiles d'exécution, dont il rêvait depuis 1840 : introduction dans le diocèse de deux communautés contemplatives, le Précieux Sang et les Carmélites. Père Léon Pouliot, Lettre du 9 mai 1970. C'est la dernière main mise à son œuvre.

plein essor, mais qui a des difficultés financières. Les très nombreuses paroisses établies par son prédécesseur ont fait naître des problèmes sérieux. La construction de la Cathédrale avance bien lentement. Les problèmes religieux subsistent. L'Institut Canadien et l'Affaire Guibord ont été l'abcès de fixation, mais ils n'ont rien réglé dans la bourgeoisie intellectuelle.

Les relations avec Québec continuent d'être tendues en matière d'enseignement. Les œuvres fondées par Monseigneur Bourget ont progressé, mais elles ont des difficultés de croissance. L'instruction continue de poser des problèmes très sérieux. L'Église et l'État ne sont pas prêts à accepter l'enseignement obligatoire. Les communautés enseignantes tirent un peu à hue et à dia. Le Ministère de l'Instruction est bien timide dans ses initiatives. Il faut dire que, malgré la Confédération, les ressources des provinces sont extrêmement limitées. C'est le gouvernement fédéral qui met à la disposition des provinces les ressources qu'il veut bien [96]. Or, si les besoins du gouvernement central sont grands dans cet immense pays, ses recettes sont encore très faibles. De son côté, la Province ne tire pas de la coupe du bois tout ce qu'elle pourrait obtenir des *lumber barons* comme on appelle ces écumeurs de la forêt.

Monseigneur Bourget habite au Sault-au-Récollet dans la maison Saint-Janvier, mise à sa disposition par Monseigneur Vinet, ancien curé au Sault. Il n'apporte à sa maison nouvelle que ses vêtements, parce qu'il n'a rien à lui [97]. Ce sont les bonnes sœurs

---

96. C'est de lui que viennent, en effet, les sommes qu'il leur attribue. En 1867, le budget de la province de Québec est de $1,535,536, dont $915,309 provient du gouvernement fédéral, $377,769 des terres et forêts et $242,458 des diverses sources dont les permis d'hôtels.

97. Ses deux testaments sont à ce sujet bien précis. Dans le premier (1841) il laisse a) tous ses biens immobiliers à Messire Alexis Frédéric Truteau, Chanoine de la Cathédrale de Montréal comme « simple particulier » (c'est-à-dire ceux dont il vient d'hériter de Mgr Lartigue qui les tenait de Mgr Plessis) ; b) et le reste à la Corporation de l'Évêque Catholique Romain dans la province du Bas-Canada. Le testament de 1883 est plus simple. Mgr Bourget est archevêque de Martianopolis. Ses dernières volontés commencent ainsi : « Le soussigné ne possédant rien, il n'a aucun bien à léguer à qui que ce soit... Il veut être enterré dans le cimetière de la paroisse en laquelle il mourra comme c'est maintenant l'usage de Rome où les Cardinaux et même le dernier Pape — l'immortel Pie IX — sont inhumés dans le cimetière de Saint-Laurent ». Dossier 901-045 et RCD 4, Aux archives de l'Archevêché de Montréal. Plus tard, à la demande de ses amis de l'Archevêché, il consent à être enterré à la Cathédrale pourvu que les restes de Mgr Lartigue y soient transportés également.

qui lui donneront ce qu'il faut pour vivre [98]. Plus tard, au besoin, elles demanderont l'aide des fidèles, pour celui qui, si longtemps et si souvent, a tendu la main pour ses œuvres. Inquiet de la situation financière de son ancien diocèse, lui-même partira en campagne à l'âge de 81 ans pour ramasser des fonds afin de terminer la Cathédrale qu'il a voulue, jusqu'au moment où, épuisé, il tombe malade [99].

Au Sault-au-Récollet, le prélat mène une vie d'anachorète. Très simple toujours, il reçoit ceux qui viennent le voir. Il est consulté par des prêtres et des laïques. De partout, on lui demande conseil. On lui amène même des infirmes et des malades, avec cette confiance que l'on a dans les interventions spirituelles, quand on a tout essayé : médecins, remèdes et rebouteux. Lui voit tout ce monde avec une extrême simplicité [100], maintenant qu'il n'a plus à se préoccuper des âmes de ses ouailles et à combattre le Malin. Ainsi, se confirme auprès des petites gens et du clergé cette réputation de sainteté, qui subsistera longtemps après sa mort quand on aura oublié son intransigeance devant le péché, les fauteurs de désordre, les ennemis de la religion, les *mauvais livres* : cette hantise de plusieurs générations [101] que l'Index frappe périodiquement de sa réprobation.

---

98.   L.-O. David, *Mgr Bourget* (Montréal : Beauchemin, 1930), p. 44.
99.   Une photographie d'apparat prise à l'époque, nous le montre terriblement vieilli, vêtu de ses lourds vêtements sacerdotaux, mais tenant la crosse de l'évêque bien en main.
100.   Le Sénateur L.-O. David le décrit ainsi (*Mgr Bourget*, p. 13), à la fin de sa vie : « Les cheveux blancs comme l'aube qu'il revêtait pour l'office divin ; les yeux bleu pâle, le regard doux et placide que donnent la vertu et l'habitude de la méditation ; le front haut et saillant ; tous les signes de l'énergie dans le haut de la figure, et de la douceur dans la bouche, dans le sourire errant presque continuellement sur ses lèvres ; le teint frais et coloré de la jeunesse ; une figure rayonnante d'un sang riche et abondant ; une voix pénétrante, au timbre métallique et monotone avec quelque chose de plaintif. Tempérament sanguin, vif et nerveux, se traduisant par des mouvements saccadés ou par un continuel changement de position. Taille moyenne, mais assez forte ; peu de chair, mais de bons muscles, une organisation physique délicate et vigoureuse en même temps ; une attitude modeste ; une physionomie pleine de douceur, de bienveillance et de recueillement, frappant l'homme le plus indifférent et le forçant à s'incliner avec respect. »
101.   Faut-il rappeler ici que Mgr Plessis, au début du dix-neuvième siècle, avait fait faire un grand feu des *mauvais livres* sur la place publique à Québec ? Et cependant, des livres, il y en avait bien peu alors dans la Colonie !

Monseigneur Bourget meurt en juin 1885. On transporte son corps à l'Hôtel-Dieu d'abord, puis à l'Église Notre-Dame où, par un curieux retour des choses, le Supérieur de Saint-Sulpice prononce l'oraison funèbre au cours de ses obsèques [102]. La foule est énorme ; elle remplit l'église et déborde sur la Place d'Armes et les rues avoisinantes. De là, le corps sera transporté avec celui de Monseigneur Lartigue à la Cathédrale, où Monseigneur Taché prononcera l'homélie le lendemain [103]. Ainsi, les deux évêques se retrouveront dans le même temple, comme Monseigneur Bourget l'avait souhaité. C'était la condition qu'il avait mise à ce que ses restes reposassent dans la Cathédrale. Il aurait voulu être enterré au Sault-au-Récollet, comme Pie IX l'avait été au cimetière commun de Saint-Laurent-hors-les-Murs et non à Saint-Pierre. Il y avait renoncé sur l'insistance de ceux qui voulaient voir son corps dans l'église qu'il avait désirée et dont il avait tant fait pour hâter la construction [104]. Pour nous qui voyons d'un œil un peu froid cette médiocre copie d'un beau temple, cela semble n'avoir qu'un intérêt sentimental. Ses contemporains y voyaient sans doute davantage : le souvenir d'un grand prélat et la consécration d'une étape religieuse.

102. Oraison funèbre de Mgr Bourget, prononcée dans l'Église Notre-Dame le 12 juin 1885 par M. Colin, Supérieur du Séminaire.
103. Discours prononcé par Monseigneur Taché à la Cathédrale de Montréal, le 13 juin 1885.
104. Léon Pouliot, S.J., « Du testament de Monseigneur Bourget », dans la Semaine Religieuse du 19 septembre 1961.

Gisant de Monseigneur Ignace Bourget

Pierre-J.-O. Chauveau

L'homme politique, l'éducateur, l'humaniste :[1]

Pierre-Joseph-Olivier Chauveau
(1820-1890)

> *Ce n'est pas la nature*
> *qui est intéressante,*
> *c'est l'artificiel,*
> *c'est l'humain !*
> Édouard Vuillard

Pierre-J.-O. Chauveau était intelligent, très doué, mais il était avant tout cultivé [2], optimiste et sympathique. C'est ce qui frappe dès le premier contact que l'on a avec lui. Une photographie le représente devant son bureau, l'air débonnaire, avec, à l'arrière-plan, les livres qu'il aimait. Il est assis dans un fauteuil en bois sculpté, garni de peluche rouge, comme il y en avait chez nos grands-parents. Il est dans la cinquantaine avancée, avec la corpulence d'un homme qui pratique plus souvent l'alexandrin et la lecture que l'haltère, le javelot, le yoga ou la course à pied. Il est vêtu d'un vêtement sombre, le ventre abondant, barré d'une chaîne d'or à breloque et logé dans un pantalon de tissu

---

1. D'intéressantes études ont paru sur Chauveau à la Société Royale du Canada. Elles sont l'œuvre de Maurice Lebel, de Louis-Philippe Audet et du sénateur L.-O. David, ainsi que de Mgr Arthur Maheux. Chacun d'eux présente un aspect de ses travaux, alors qu'ici on a cherché à montrer l'homme dans le milieu qu'il a contribué à créer.

2. Ainsi, dans *Cartier et son temps*, Alfred-D. de Celles écrit : « Homme de haute culture intellectuelle... Il fut l'écrivain de son temps le plus châtié et le représentant le plus autorisé de l'esprit classique parmi nous ;... » page 59. De Celles le connaissait puisqu'à l'époque où Chauveau était premier ministre à Québec, il était l'assistant de Joseph Cauchon au « Journal de Québec ».

plus clair. Il porte ces chaussures qu'on appelait autrefois des « congress » et que certains *croulants* emploient comme pantoufles les soirs d'hiver. Il a le cou entouré d'un col à pans inclinés, qui le dégage suffisamment pour ne pas donner l'impression de raideur que l'on a les soirs où l'habit est de rigueur.

Chauveau est ce que, plus tard, on appellera un extrovert quand Freud aura défriché le champ trouble des complexes. Il plaît à tout le monde : aux femmes d'abord, puis à l'électeur. Il plaît par son sourire, par son urbanité [3], par une conception facile des choses, par la difficulté de contredire désagréablement son interlocuteur, par un goût de la vie, de ses agréments et de la compagnie des gens, par un refus de s'inquiéter de l'avenir ; tout finissant par s'arranger, même mal. Cela explique aussi son succès comme homme politique, jusqu'au moment où il se heurte à l'un des innombrables Tremblay du comté de Charlevoix [4].

Une fois sa carrière politique terminée, Chauveau garde assez d'amis pour être nommé à des postes auxquels il n'est pas préparé, suivant une longue habitude du milieu. Une fois de plus, c'est une tradition qui opère en faveur d'un candidat malheureux, assez sympathique pour déclencher les bonnes volontés. Dans son cas particulier, voyez comme il s'adapte ou s'en va, comme il passe facilement de la présidence du port de Québec au poste de shérif à Montréal [5]. C'est encore lors de son professorat à la faculté de droit que le charme joue le mieux. Un peu plus tard ne devient-il pas doyen de la faculté, tant ses goûts, sa culture, sa formation l'y préparent à une époque où les connaissances générales priment tout.

---

3. Ailleurs, dans le même ouvrage, De Celles ajoute ceci : « Tout autre était M. Chauveau. Si la vigueur de Cauchon lui faisait défaut, il rachetait son absence de force par une aménité de manières, un charme personnel qui l'éloignaient de ces corps à corps d'où la dignité des combattants sort compromise ». Page 59.

4. P.-A. Tremblay, qui était arpenteur et député.

5. Il le restera jusqu'à sa mort survenue en 1890. On est un peu étonné qu'après une carrière comme celle qu'il a eue, Chauveau ait accepté de remplir ce poste à Montréal. Il semble qu'à l'époque, il ait eu beaucoup plus de prestige que maintenant. En Angleterre, être *sheriff* ou *shire-reeve* ou encore *high sheriff* était un poste assez envié qui avait un caractère administratif et judiciaire. « Encyclopedia Britannica » définit ainsi quelques-unes des fonctions de la charge : « The sheriff attends on the judges at assizes and election petitions and is responsible for the execution of writs and of the sentence of death, acts as returning officer at parliamentary elections, prepares the panel of jurors for assizes and is liable for the custody of prisoners. » Page 498, Volume 20.

Chauveau était très sympathique. Il faut revenir sur cette idée, tant elle est plaisante et paraît expliquer de choses. Il aimait la fantaisie, les beaux livres, la poésie, la politique, le changement. Il avait aussi le goût de l'aventure jusqu'à n'avoir jamais deux sous à frotter ensemble. Il eut une famille de cinq enfants. Le peu qu'il lui restait, à une époque où l'on était bien mal rémunéré, il le dépensait à acheter des livres, cette passion licite de l'homme cultivé. C'est dans sa bibliothèque qu'on s'est réuni pendant quarante ans, note Maurice Lebel. Sa bibliothèque, c'est un peu comme ces salons du XVIIIᵉ siècle qui réunissaient les beaux esprits de l'époque. Le sénateur David a eu un mot sur le Québec de Chauveau et de ses amis qu'on peut difficilement éviter de citer ici, même s'il est un peu pompeux comme on l'était à ce moment-là : « On sait, écrit-il, que la vieille cité de Champlain a l'aimable prétention de se croire le Parnasse... » et il ajoute : « elle a bien tout ce qu'il faut pour être le séjour des Muses ». Ce mot est-il vrai, méchant ou simplement inexact ? Le lecteur appréciera.

Dans cette bibliothèque, où Chauveau reçoit ses amis il y a quelques incunables — dont un lui a été donné par son ami l'abbé H.-A. Verreau — et de belles reliures. Il y a des livres d'Europe et d'Amérique, d'hier et d'autrefois [6]. Homère, Virgile, Horace y côtoient Corneille, Racine, La Fontaine, Molière, Bossuet, Bourdaloue et Massillon. Les ouvrages canadiens y sont nombreux également. Vers 1895, en étudiant le Fonds Chauveau [7] — qu'on conserve précieusement à la bibliothèque de l'Assemblée Législative — Narcisse-E. Dionne affirme : « Chauveau semblait éprouver un attrait tout spécial pour les ouvrages sur le Canada, et la collection qu'il en a formée est vraiment belle » [8].

---

6. Un grand nombre d'entre eux sont annotés de la main de Chauveau. Il a même rédigé un catalogue détaillé que l'on a conservé à Québec dans le Fonds Chauveau. Relié, il porte le titre d'« Index de brochures canadiennes ». Les écrits sont classés par ordre alphabétique, puis chronologique. Chauveau l'a rédigé à la main, en pattes de mouches, comme il écrivait à l'époque. Il l'a fait vers 1861, à Montréal où il remplissait le poste de surintendant de l'instruction publique.

7. Le Fonds Chauveau à la bibliothèque de la Législature, par N.-E. Dionne. Dans le *Courrier du Livre* de mai 1897. Page 7.

8. La bibliothèque Chauveau renferme plusieurs incunables assez importants, dont l'un entre autres, *Poetae Christiani* en 3 volumes, a la triple caractéristique d'être « une édition princeps pour partie, un Alde et un incunable ». Dionne, Ibid, page 38.

Chauveau était attiré par la France, où il avait voyagé, mais il restait très attaché à son pays : chose possible, quoi qu'on pense.

Comme tant d'autres, mais peut-être à cause de ses livres, Chauveau a eu des dettes [9], à une époque où députés et ministres étaient à la portion congrue, quand ils n'étaient pas fortunés ou quand ils ne tiraient pas de leur poste des avantages indirects. Il n'a pas eu à les expier, en faisant de la prison comme la coutume le voulait encore à l'époque. Pour les payer partiellement, il a œuvré, peiné, écrit sans arrêt comme Balzac, Lamartine et tant d'autres écrivains moins connus, à une époque où, au Canada, la littérature était un métier de gueux. Il a fait également de la politique comme on l'a vu, mais sans s'enrichir ; non en amateur puisqu'il a été député, ministre, puis président du Sénat, et sur le tard, à nouveau candidat à la députation. Fait curieux, pendant tout ce temps, il parlait le français avec un léger accent anglais — paraît-il — comme Wilfrid Laurier, qui s'était à ce point imprégné de l'atmosphère britannique qu'il en était venu à prononcer sa langue maternelle comme l'aurait fait un parlementaire d'outremer.

Chauveau a été un orateur fécond et un professeur de droit romain au Château Ramezay, à une époque où l'on enseignait quand on en avait le goût.

Chauveau avait des amis très chers, comme l'abbé Verreau [10], François-Xavier Garneau, à qui il a consacré un livre, J.-Charles Taché, L.-O. David et George-Étienne Cartier, qui eut sur lui une profonde influence dans le milieu politique ; mais il y avait

9. « Comme il était criblé de dettes, il était condamné à écrire pour les payer... », note L.-O. David. Après sa mort, en 1892, la province de Québec acheta sa bibliothèque pour $8,000. Elle fit une bonne affaire. En effet, le conservateur de la bibliothèque de l'Assemblée Législative, M. Jean-Charles Bonenfant, dit à qui veut l'entendre : « Le Fonds Chauveau, c'est le joyau de nos collections ».

10. Hospice-Anthelme-Jean-Baptiste Verreau était grand ami de Chauveau. Il était prêtre, professeur, archiviste et historien. Quand il fonda l'École Normale Jacques-Cartier, ce dernier le fit nommer directeur. L'abbé Verreau le resta jusqu'à sa mort qui survint en 1901.

M. l'abbé Verreau a exercé une profonde influence sur les enseignants par sa culture, sa connaissance de l'histoire et sa parfaite urbanité. Après sa mort, les Mémoires de la Société Royale du Canada publièrent une notice nécrologique où l'auteur tient à souligner ses qualités d'éducateur et d'homme : « The Abbé Verreau, so eminent for his services to education and his knowledge of early French Canadian History, will always be regretted by those who enjoyed the high privilege of his friendship, and had abundant opportunities of appreciating his graces of demeanour, and his unvarying amiability ». Proceedings for 1901. P. XXXIX.

également des gens qui l'attaquaient assez durement. Au pouvoir, il se heurta par exemple à Mgr Ignace Bourget. Mais à quel contemporain n'est-il pas arrivé de s'opposer à l'évêque de Montréal ? Homme aux positions extrêmes, ce grand bâtisseur et animateur de tant de bienfaisantes communautés religieuses n'avait pas un caractère facile. Il menait son clergé et ses ouailles au pas de course et il supportait difficilement la contradiction. Tardivel — autre esprit violent et assez étroit — reproche à Chauveau « son hostilité envers l'évêque de Montréal, les ultramontains en général et les communautés enseignantes ». Il affirme également qu'on retrouve dans les idées de Chauveau sur l'instruction publique un *plan d'éducation* « calqué servilement sur le plan poursuivi par les loges en Europe ». Il lui reproche enfin de s'être laissé gagner « par les idées libérales et (d'avoir) accepté des décorations du gouvernement français ; ce qui était, à son avis, une chose très grave [11]. Et dire que, pendant ce temps, Chauveau écrivait un livre sur Ozanam qu'il admirait. C'était une époque où journalistes et politiciens s'étrillaient vigoureusement à toutes les occasions. Ainsi, Louis Fréchette — poète lyrique et délicat — n'hésitait pas à écrire des choses très dures sur Tardivel, dont il détestait l'étroitesse d'esprit.

Certains des amis de Chauveau lui ont gardé un souvenir ému. Le sénateur L.-O. David, par exemple, qui fit son éloge à la Société Royale du Canada, où il lui succéda. Comme le juge Routhier, le sénateur David souffrait d'une certaine boursouflure de style, d'une emphase dont on peut se moquer allègrement ou cruellement, selon qu'on le désire [12]. Il ne lui était pas facile de

---

11. Jules-Paul Tardivel, *la France et les États-Unis (1851-1905*, par Pierre Savard. Pages 180 et 181.
12. Ils avaient tous deux un style ampoulé, assez pompeux comme beaucoup d'autres à l'époque. Devant certaines de leurs œuvres, on a le goût de sourire sans aucun respect ou de grincer des dents, comme le fait Hervé Bazin au souvenir de son oncle René : écrivain solennel, conformiste et qui était un peu ennuyeux, même à l'époque où le retour à l'agriculture semblait la panacée économique au Canada français. Je me rappelle avoir rendu visite à l'auteur de *La Terre qui meurt* vers 1923. avec un de mes amis qui l'admirait comme moi, à l'époque. Nous étions amenés par le sénateur Charles Beaubien, président du Train-exposition canadien. J'ai gardé longtemps une photographie de l'auteur et du sénateur se promenant lentement dans les allées du jardin qu'avait l'écrivain dans les environs d'Angers. Nous les suivions à quelques pas derrière, l'air un peu moqueur comme on l'est à vingt ans, tant que la vie ne nous a pas fait refaire les mêmes gestes et ne nous a pas immobilisés dans un même moule de respectabilité.

s'exprimer simplement, mais à travers l'exagération du verbe, apparaît souvent un sentiment délicat comme celui qu'il exprime à propos de Chauveau : « La nature l'avait fait poète, les Muses s'étaient penchées sur son berceau », dit-il à ses collègues. Mais à côté de cela, il note plus simplement : Il aimait la lecture, les livres. Poète, doué de facultés brillantes, grand travailleur... Pendant quarante ans, il fut « notre orateur littéraire et académique le plus parfait ». Et il ajoute : « C'est dans ses discours qu'il faut étudier M. Chauveau pour apprécier son talent, la nature de son esprit ; c'est là qu'il faut aller pour trouver la mesure de ses facultés intellectuelles. »

Chauveau était poète à ses heures, mais assez maladroitement. Les Muses, dont parle L.-O. David, l'avaient sans doute nourri d'un lait un peu aigrelet et faible en vitamines. On a gardé de lui quelques poèmes. Ainsi, « Insurrection » et « Adieux à Colborne » [13]. On y trouve des vers comme ceux-ci à propos des insurgés de 1837 [14] :

Ils sont là nos guerriers, et d'orgueil et d'audace
D'ardeur et de courroux brille leur noble front ».

Ou ceci, au sujet de Colborne :

Un peuple qu'on descend vivant dans son cercueil
Confond les jours de fête avec les jours de deuil.

Si Chauveau avait le goût de la poésie, il aurait mieux fait de s'exprimer tout simplement en prose, comme Joseph Prudhom-

---

13. Et, plus tard, ceux de *Souvenirs et Légendes*.
14. Il y a bien des manières de juger les rebelles. Il y a celle de Merrill Dennison dans *L'Histoire de la Banque de Montréal*. Celui-ci écrit par exemple : « Ironically enough, it was Papineau and his more belligerent followers who rendered an unwitting service to the Lower Canadian economy by engaging in open rebellion, resulting in the reinforcement of the British garrison in Montreal and Quebec, and the calling into the service of volunteer militia units which had remained inactive since 1815 ».
Cela rend rêveur quand on songe au point de vue des gens qui se sont fait tuer à Saint-Denis ou à Saint-Eustache. Eux ne se doutaient pas qu'on raisonnait ainsi du côté de la Place d'Armes à ce moment-là. Ils n'imaginaient pas qu'en se battant pour la liberté, ils contribuaient à faciliter les affaires et à augmenter les profits des banquiers de l'État. C'est un aspect du problème que n'avaient pas prévu les quatre-vingt-douze résolutions. Qu'on put l'imaginer ou non, personne n'aurait pensé qu'un siècle et demi après, en 1967, on eût pu avoir l'outrecuidance de le noter dans l'histoire d'une banque, où tact, tenue discrète et profits substantiels sont la règle séculaire.

me [15]. On trouve quelques-uns de ses poèmes dans le « Répertoire National » de Huston. On ne sait pas très bien qui blâmer davantage, de l'éditeur qui les a reproduits dans son recueil ou de l'auteur qui les a écrits à un âge tendre, il est vrai, et dans des circonstances tragiques : il avait dix-sept ans au moment de l'Insurrection. Pour le juger à ce point de vue, je crois qu'il faut tenir compte de ses « Souvenirs et légendes » et de « Dies Irae » qu'il a traduit beaucoup plus tard. Disons que son métier y est plus sûr, ce qui est normal... et passons.

Le jugement de Maurice Lebel est plus nuancé, plus sobre que celui de L.-O. David. M. Lebel apprécie en Chauveau son œuvre, son humanisme et sa carrière. Voici comment il s'est exprimé le jour où on lui a décerné la médaille Chauveau de la Société Royale du Canada [16] : « Chauveau est l'un des maîtres de notre passé. Il incarne le type de l'humaniste et de l'honnête homme du dix-neuvième siècle au Canada. Ce personnage de grande stature domine notre dix-neuvième siècle, au progrès duquel il fut intimement mêlé à plus d'un titre. Quelle riche et débordante carrière que la sienne ! »

Afin de la fixer, voici quelques dates et quelques faits plus précis [17]. Ainsi, on comprendra mieux le personnage. Comme on l'a noté déjà, Chauveau est avocat à l'âge de 21 ans, après avoir étudié avec MM. Hamel, Roy, et O'Kill Stuart, à Québec. En 1844, à 24 ans, il est député de Québec. Il est aussi président de la société littéraire et historique. En 1848, il se marie, devient correspondant parlementaire du *Canadien,* le journal fondé à Québec par Pierre Bédard et quelques autres au début du siècle et dirigé plus tard par Étienne Parent. En 1851, il est ministre dans le cabinet Hincks-Morin. L'année suivante, il écrit « Charles Guérin, roman de mœurs canadiennes » [18], qui est bien loin de

---

15. Chauveau écrit un long poème, plus tard, vers 1876. On le trouve dans *Souvenirs et Légendes.* Il fit également la traduction en vers du « Dies Irae ». Il avait alors plus de métier, mais son inspiration reste souffreteuse, malingre, un peu ennuyeuse.
16. En 1962, à la réunion annuelle qui eut lieu à Hamilton, à McMaster University.
17. Que j'emprunte à M. André Labarrère-Paulé. Pages 13 et 14 de *P.-J.-O. Chauveau.* Collection des classiques canadiens, chez Fides.
18. Quelque temps plus tard, Lamartine lui écrit, en lui parlant de ses propres soucis d'argent et de son travail de forçat, mais dit peu de chose d'un livre qui pouvait difficilement lui plaire. Cité par Maurice Lebel dans *P.-J.-O. Chauveau.* « L'humaniste du dix-neuvième siècle » dans les Mémoire de la Société Royale du Canada de 1962. Page 5.

L'Avalée des Avalés et d'*Ines Pérée* et *Inat Tendu sur la Terre* de Réjean Ducharme. À un siècle d'intervalle, il y a deux extrêmes d'une littérature qui se cherche. C'est le passage de l'ennui intégral à la fantaisie la plus échevelée. Il faut dire qu'autant l'une des œuvres est restée inaperçue, autant l'autre a soulevé d'intérêt à l'étranger ; ce qui est à la fois un signe des temps et de la valeur farfelue mais réelle du roman.

Chauveau est secrétaire de la province en 1853. Deux ans plus tard, il quitte la politique pour devenir surintendant de l'instruction publique, après le docteur Meilleur. [19] Il le restera jusqu'en 1867. C'est sans doute la période la plus féconde de sa vie. Cette année-là, il est à nouveau député de Québec à l'assemblée législative et à la chambre des Communes ; ce que permettait le *double mandat* qui disparut en 1873 seulement. C'était l'époque où un député touchait à Ottawa la somme de $600. par session de trois mois ou de six dollars par jour lorsqu'elle durait moins de quatre-vingt-dix jours [20].

Chauveau forme le premier Cabinet de la province de Québec, en 1867, après l'échec de Joseph Cauchon dans les circonstances savoureuses qu'a rappelées Louis-Philippe Audet dans un mémoire présenté à la Société Royale du Canada [21]. Il est alors premier ministre, secrétaire de la province et ministre de l'Instruc-

---

19. À cette époque, les bureaux de l'Instruction Publique étaient à Montréal, dans le « Old Government House », rue Notre-Dame, lit-on dans le « Lovell Directory » de 1863-64. Chauveau habite Montréal au numéro 44 de la rue St-Denis. Plus tard, quand il sera premier ministre, après 1867, il déménagera avec sa famille dans un grand bâtiment, aux lignes jolies et au long toit garni de lucarnes, rue Sainte-Anne à Québec. On l'a appelé longtemps la maison Vallée parce que, semble-t-il, le gendre et le petit-fils de Chauveau y ont vécu. Bien longtemps auparavant, au début du siècle, le duc de Kent allait y rejoindre, paraît-il, une aimable personne du nom de Miss Green. À l'époque où il y vécut, on voit très bien Chauveau revenant à pas lents de son bureau du parlement pour y dîner, avant d'aller prendre le frais sur la terrasse, tout près, face à ce paysage merveilleux qui s'étend de la côte de Beaupré à l'Île d'Orléans.

Chauveau revient à Montréal en 1877 quand il est nommé shérif. Où habite-t-il à ce moment-là ? Il semble que pendant deux ou trois ans, ce soit à l'hôtel Richelieu, au numéro 45 rue St-Vincent. Il est assez difficile de dire où il vécut par la suite, car à partir d'un certain moment, l'almanach Lovell ne donne que l'adresse de son bureau, rue Notre-Dame.

20. M. Maurice Ollivier dans une lettre adressée à M. le Sénateur Thomas Vien.

21. Voir à ce sujet « Présentations à la Société Royale du Canada » no 21. Page 52.

tion Publique, à une époque où le département et la chose sont reconnus.

En 1873, il est sénateur et président du Sénat. L'année suivante, il se présente comme candidat conservateur dans la circonscription de Charlevoix. Pourquoi ? Il est difficile de le préciser. Peut-être pour rester dans la discipline du parti, affirme un vieux routier de la politique. Peut-être par bravade pour battre un député qui harcèle le gouvernement sur la question des ressources forestières et des marchands de bois. De son côté, M. Robert Rumilly apporte une explication qui paraît plausible. [22] Il rappelle que le parti conservateur est sans chef depuis qu'Hector Langevin s'est momentanément retiré de la politique provinciale et depuis la mort de George-Étienne Cartier. C'est en pensant à cela et sur l'insistance de ses amis que Chauveau se serait décidé à se présenter. Rumilly raconte ainsi la bataille engagée entre Chauveau et Tremblay :

« Chauveau abandonna la présidence du Sénat pour lutter contre Tremblay dans Charlevoix. Lutte littéraire mais acharnée. Chauveau, rondouillard et digne, les yeux grands ouverts comme pour un étonnement perpétuel et le menton perdu dans la poitrine, semblable à un marabout en veston, attaquait avec brio les couplets patriotiques ; il mettait dans la balance son prestige d'ancien premier ministre et d'ex-président du Sénat. Mais Tremblay, le farouche ennemi des marchands de bois, se piquait aussi de littérature. Aussi long et sec que Chauveau était petit et replet, et brûlé d'ardeur, c'était un démocrate convaincu, récitant par cœur des tirades de Hugo et flétrissant toutes les tyrannies. Les cultivateurs de la Baie-Saint-Paul étaient arbitres : la bataille se termina par la victoire de Tremblay et marqua la retraite de Chauveau de la vie politique. »

Le récit est savoureux. On voit très bien les paysans-électeurs de Charlevoix ébranlés par une éloquence hugolâtre, dont ils subissent le charme sans en saisir très bien le sens ; ce qui était l'atmosphère que s'efforçaient de créer les tribuns de l'époque. Ce

22. Dans *Histoire de la province de Québec*, pages 260 et 261. Par ailleurs, dans *Fils du Québec*, M. Pierre-Georges Roy dit qu'à « l'avènement du gouvernement Mackenzie au pouvoir (Chauveau) fut démis de sa charge d'orateur. » Cela ne semble pas exact, car Chauveau démissionna le 8 janvier 1874, alors que la victoire électorale d'Alexander Mackenzie et de son parti date du 22 janvier 1874. Chauveau quitta donc son poste de président du Sénat avant l'élection. Voir *The Prime Ministers of Canada 1867-1967* par Christopher Ondatie et Robert Catherwood. Page 32.

sont les électeurs du même comté, à qui, cinquante ans plus tard, Madame Pierre Casgrain demandait au cours de la campagne qu'elle faisait en faveur de son mari : « Qu'avez-vous contre mon mari ? » Et comme on lui répondait : « On ne le voit jamais », elle ajoutait : « moi non plus, mais je vais quand même voter pour lui. »

Battu aux élections, Chauveau est successivement président de la Commission du port de Québec (1875), shérif de Montréal (1877), professeur titulaire de droit romain à l'Université Laval à Montréal (1878) [23]. Il a alors 58 ans. Il devient professeur, comme je l'ai dit, à une époque où il suffisait de s'intéresser à une matière et de pouvoir s'exprimer assez facilement pour enseigner ou pérorer sur la place publique.

En 1882, il est un des membres fondateurs de la Société Royale du Canada. Il en sera plus tard le deuxième président général. Puis, les choses se précipitent. En 1884, il est doyen de la Faculté de Droit à Montréal. Il meurt en 1890 à Québec. Il était né soixante-dix ans plus tôt à Charlesbourg d'un père marchand, qui ne se fut pas reconnu dans cet instable, incapable de donner un sens suivi à sa vie, sauf dans le domaine intellectuel, et de faire carrière dans un domaine — un seul. Il était, à sa manière, un grand bonhomme [24], cependant, estimé de tous, assez caractéristique d'une époque où il n'était pas imprudent pour un homme politique d'avoir des goûts personnels, d'aimer la poésie, les livres. De nos jours, la fantaisie, en politique, ne s'accepte guère ; sauf peut-être dans le costume. Pour arriver, il vaut mieux s'intéresser à la chose constitutionnelle ou discourir sur des questions économiques ou sociales, en employant le plus pur jargon sociologique ou hexagonal.

---

23. Il faut dire qu'à cette époque, on n'en était pas à une carrière près. Ainsi F.-X. Garneau a été commis de banque, notaire, secrétaire particulier. Il a fondé un journal scientifique et littéraire qui a duré trois mois. Il a été enfin fonctionnaire municipal ; ce qui ne l'a pas empêché d'être un historien de grand mérite.

24. Son mérite et son prestige ont été reconnus par plusieurs ordres étrangers. Il était chevalier de l'Ordre de St-Grégoire, commandeur de l'Ordre de Pie IX, officier de l'Instruction Publique de France et membre correspondant de plusieurs sociétés savantes. Il était aussi docteur ès lettres et docteur en droit. Il accordait beaucoup d'importance à ses décorations puisque dans son testament, il les attribue nommément à un héritier particulier. Voir à ce sujet : *De quelques testaments,* par Jean-Jacques Lefebvre. Page 21.

Chauveau a préféré la littérature, l'histoire, l'enseignement, auxquels il s'est intéressé à des moments divers. Il s'est créé, ainsi, une personnalité vivante, sympathique qui lui permettait de faire de la haute voltige dans un domaine où le prestige personnel jouait un grand rôle, quand on avait l'appui de son parti d'abord et, ensuite, d'électeurs fidèles, qui étaient bleus ou rouges et le restaient de génération en génération.

Chauveau a prononcé de très nombreux discours [25]. Son ami L.-O. David suggère qu'on le juge par eux plus que par ses autres écrits. Peut-être a-t-il raison. Voici un premier exemple de son éloquence qui nous intéresse particulièrement. Il s'agit d'un discours qu'il a prononcé au Sénat à l'occasion de la fondation de la Société Royale du Canada [26]. Le texte est long, comme on aimait que les allocutions le fussent à l'époque. Chauveau y évoque certains problèmes qui se posent encore dans notre pays, dans une langue un peu lourde, mais agréable et on y trouve les complexes, la sensibilité de l'écorché, qui sent le besoin de rappeler que, pas plus que le Moyen Âge si décrié au XIXe siècle, la Nouvelle-France n'était plongée dans la barbarie. Il évoque le souvenir de gens instruits, polis, légers parfois, même dans les moments les plus graves, mais qui apportaient à l'habitant canadien leur courage, leur formation, leur culture. Il mentionne, par exemple, que Madame de Frontenac était parmi les intimes de Madame de Sévigné et que, plus tard, Madame de Maintenon vint chercher la gouvernante des enfants de France non pas à Saint-Cyr, mais chez les Ursulines de Québec [27]. Il ne connaissait pas les lettres de Madame Bégon à son gendre stationné en Louisiane. Sans quoi, il les aurait citées pour rappeler la vie mondaine à Montréal au moment de la conquête. On ne discutait pas du sexe des anges alors que les troupes anglaises assiégeaient la Colonie mais on dansait très tard dans la nuit, malgré les maris grognons et les confesseurs récalcitrants.

Chauveau rappelle que la vie intellectuelle s'était organisée malgré le climat, les guerres, les difficultés sans nombre, la jeu-

---

25. À une époque où on abusait facilement du conférencier : celui-ci trouvant dans ses écrits la seule récompense qu'il méritât.

26. Proceedings and Transactions of the Royal Society of Canada for the years 1882 and 1883. P. XI.

27. *Ibid.* P. XIII et XIV. Il s'agit de Mademoiselle de Marsan qui, plus tard, devint la marquise de Vaudreuil, note M. Chauveau. Il y a aussi les lettres de Madame Begon, qui évoque la vie brillante qu'on menait à Montréal à la veille de la conquête. Chauveau ne les connaissait pas, mais elles confirment ce qu'il écrit.

nesse attirée par la vie nomade, les oppositions de clan. Il rappelle aussi la grande misère de l'instruction publique (conséquence des luttes politiques), après la conquête, avec des îlots de culture qui subsistent, les débuts d'une littérature qui se cherche [28], le goût de la poésie, de l'histoire, la venue de Garneau qui fait époque, les collèges qui conservent la civilisation du siècle passé, même s'ils ne s'orientent pas toujours comme il le faudrait. Il ne veut pas oublier non plus les initiatives individuelles dans le domaine de l'instruction et il parle de quelques grandes figures de proue qui, après la conquête, contribuent à l'évolution du régime parlementaire anglais. Il mentionne aussi avec un peu d'émotion le rôle modeste, mais utile des Récollets dans l'enseignement primaire. Voici ce qu'il dit de l'Ordre des Frères mineurs de saint François d'Assise, à côté des autres grands éducateurs :

« Ils ont été les premiers à la peine ; mais ils sont loin d'avoir été les premiers à l'honneur.

« Du reste, le doux et humble solitaire d'Assise était bien le type de ces apôtres, de ces hommes qui devaient passer leur vie au milieu de la nature la plus primitive, ou colporter les premiers rudiments des lettres humaines d'habitation en habitation le long de notre grand fleuve. C'était — n'en déplaise aux savants qui sont ici — c'était le plus parfait des naturalistes que ce bon saint François, car suivant la légende non seulement il aimait tous les êtres de la création, mais il s'en faisait aimer ; il charmait les poissons, les oiseaux, même les bêtes féroces ; il ne disait pas seulement comme tout le monde : mon ami le chien ; il disait aussi : mon ami le loup. Chateaubriand nous a laissé, dans son *Génie du Christianisme* une charmante peinture des pérégrinations des pères Franciscains dans les hameaux et dans les châteaux de France ; M. de Gaspé nous a donné une idée de ce qu'ils étaient ici encore de son temps ; mais combien plus intéressant serait le tableau de leurs premières missions ! Tandis que les Jésuites, le Séminaire de Québec, les Sulpiciens, et les religieuses Ursulines travaillaient à la haute éducation, ces pieux mendiants avec les filles de la sœur Bourgeois et quelques insti-

---

28. Dans le XIe chapitre de *L'Instruction Publique au Canada*, il traite du mouvement littéraire et intellectuel vers 1876 (page 311). Il y a là un excellent résumé de l'effort fait pour essayer d'atteindre à une littérature. On en a dit beaucoup de mal, depuis. Je crois qu'avant de la juger il faut se rappeler les circonstances. Mais comme il est tentant pour un critique de s'en moquer sans indulgence ou de l'écarter négligemment...

tuteurs laïques — le premier de Vaudreuil en fit établir un certain nombre — répandaient l'instruction primaire.

« C'était par le contact de tous ces hommes instruits, quelquefois même d'un génie supérieur, de toutes ces femmes distinguées, que l'habitant canadien, assez souvent lui-même, du reste, fils de famille, ancien interprète, ancien officier ou ancien soldat de quelqu'un des meilleurs régiments de France, conservait cette intelligence éclairée, cette foi robuste, cette patience inébranlable, ces principes d'honneur, cette politesse de manières, cet heureux enjouement, en un mot, ces qualités supérieures de l'humanité qui ont fourni le nom et la désignation de la littérature elle-même chez les anciens : *humaniores litterae* ». C'est l'éducateur qui termine ainsi son éloge des Récollets en Nouvelle-France.

* * *

Il y a un autre exemple de sa manière qu'il est intéressant de citer ici. Il est moins officiel, plus près de sa vie intime [29]. On retrouve l'aimable conteur dans l'avant-propos des *Souvenirs et Légendes* parus vers 1877 [30]. Chauveau destinait le texte aux *Soirées Canadiennes* que dirigeait son ami Joseph-Charles Taché. Suivant son habitude, il prit tellement du temps à l'écrire que, dans l'intervalle, la revue avait disparu. Et c'est ainsi que, d'une entrée en matière, les souvenirs devinrent conférence, car Chauveau était convaincu que rien ne doit se perdre. À la fin de ses livres ou au début, on trouve presque toujours un discours prononcé dans des circonstances particulières. On a l'impression que l'auteur se dit : il faut augmenter le nombre de pages de cet essai un peu maigre.

Cette fois, le texte a le charme des choses vécues. L'auteur y parle de sa jeunesse, d'une vieille tante qui lui racontait des légendes et des contes qu'il a mis en vers beaucoup plus tard. Il voit Québec changer avec les années. Il le déplore, en évoquant le souvenir des voyageurs et des *hommes de cage* au vêtement et au verbe colorés, des matelots en bordée qui faisaient tout sauter en l'air et payaient ensuite les pots cassés. Il se souvient égale-

---

29. Dans son testament, il parle de son « journal intime ». Qu'en est-il advenu ? Personne ne semble le savoir. C'est dommage, car on aurait pu suivre le cheminement de sa pensée à travers les ans, les choses et les hommes de sa génération.

30. Livre paru à l'Imprimerie A. Côté & Cie, en 1877.

ment des hommes du guet, qui dans la nuit, chantaient « d'une voix à la fois lugubre et rassurante : *Half Past ten o'clock, Fine weather.* » Il rappelle les garnements qui faisaient des tours pendables, les bourgeois qui accumulaient « pistoles par pistoles », dépensées ensuite par les fils ou les neveux, les bureaucrates « si détestés, et plus arrogants peut-être que de raison (comme il le dit), mais à leurs heures, polis, sociables, hospitaliers... » et jetant gaiement l'argent par les fenêtres. Où sont les *garrison belles* d'alors, si dédaigneuses des jeunes gens de la ville, écrit-il aussi ?

Tout cela est vivant, charmant, même si, sans doute, Chauveau déforme un peu la réalité, comme on est tenté de le faire quand on parle de sa jeunesse.

Est intéressante aussi la préface qu'il écrit pour *François-Xavier Garneau, sa vie et ses œuvres.* Il y décrit, en quelques phrases, l'état d'esprit qui règne au Canada français au moment de l'Union, après 1840. Sa pensée rejoint celle d'Étienne Parent, qui est bien près de désespérer et qui l'écrit dans *Le Canadien.* Est bien également le portrait qu'il nous fait de Garneau, l'homme et de Garneau, l'auteur. On sent qu'il est dans la plénitude de ses moyens quand il juge son ami à l'œuvre, dans l'épaisse brousse de notre histoire [31].

Peut-être devrait-on parler ici du discours que Chauveau a prononcé à l'inauguration du monument aux Braves sur le Chemin Sainte-Foye, en 1855. Il n'en sera rien, cependant, parce qu'il est très connu et parce que c'est un morceau de bravoure. C'est à lui que Chauveau doit d'avoir eu très tôt la réputation d'un orateur-né.

Il vaut mieux dire ici quelques mots de l'éducateur.

On l'a vu précédemment, la période la plus féconde de la vie de Chauveau fut son passage à l'Instruction publique de 1855 à 1867. Pendant douze ans, dans le Rapport du surintendant au parlement, il revient sur son lamentable état. Il a des vues très justes qu'il partage avec son prédécesseur, le docteur Jean-Baptiste Meilleur [32]. Il faut, écrit-il, que les maîtres aient une meilleure

---

31.   Pages ccliii et suivantes dans *François-Xavier Garneau, sa vie et ses œuvres,* qui se termine par un discours — autre exemple de la manière de Chauveau. Le discours a, cette fois, un caractère officiel. Il le prononce sur la tombe de l'historien, le 15 septembre 1867, au cimetière de Belmont, alors qu'il vient d'être élu premier ministre de la province de Québec.
32.   Dans un discours prononcé à un congrès des Canadiens français de toute l'Amérique, à l'occasion de la Saint-Jean-Baptiste, en 1874, il lui rend

préparation à leur entrée dans la carrière. Pour cela, on doit les former. Et il obtient que l'on crée trois écoles normales : l'une à Québec et deux autres à Montréal, dont l'École Normale Jacques-Cartier, qu'il confie à la direction de son ami, l'abbé Verreau [33]. Mais s'il faut préparer les maîtres, il faut aussi les forcer à étudier, à apprendre. Pour cela, il faut les payer convenablement, les mieux traiter, leur donner le prestige qu'ils n'ont pas. Il faut bien loger les écoles, leur donner le matériel didactique voulu, organiser des bibliothèques pour les maîtres, les élèves et les parents. Il faut assurer les vieux jours des professeurs en créant un fonds de retraite suffisant. Tout cela nous paraît élémentaire à distance, mais c'est la tragédie du siècle. Comment réaliser tout cela, en effet ? En convainquant le contribuable de desserrer les cordons de la bourse, lui qui s'est habitué de génération en génération à l'analphabétisme des classes populaires ! Il faut aussi persuader les municipalités de faire — pas davantage, mais quelque chose — et le gouvernement provincial de fournir les fonds

hommage ainsi : « A. M. Morin et à M. LaFontaine, qui firent voter les deux premières lois de l'instruction primaire, au docteur Meilleur, qui fut chargé de leur exécution, le pays doit une éternelle reconnaissance ». Dans *L'Instruction Publique au Canada*. Page 353. Ce livre a une origine assez curieuse. L'auteur la raconte ainsi dans l'avant-propos. En avril 1867, il est à Stuttgart, après avoir voyagé, depuis novembre 1866, en Irlande, en Écosse, en Angleterre, en France et en Italie. Le Conseil de l'Instruction Publique l'y avait envoyé pour étudier les régimes scolaires. En Allemagne, il rend visite au professeur Schmid qui dirige la « grande Encyclopédie de l'Instruction Publique ». Celui-ci lui demande de traiter la rubrique « Canada » dans la deuxième édition. Il avait oublié sa promesse quand, sept ans plus tard, on « me somma de tenir ma parole », écrit-il. Ce fut l'origine de l'étude qui parut en allemand d'abord, dans l'Encyclopédie, puis en français à Québec, à L'Imprimerie A. Côté & Cie, en 1876. A. Côté, à l'époque, était un des rares éditeurs de la province de Québec, avec Beauchemin & Valois à Montréal. C'est ainsi que, tour à tour, l'un et l'autre firent paraître les écrits de P.-J.-O. Chauveau. Pour se rendre compte de l'œuvre de Jean-Baptiste Meilleur, il faut lire l'excellente étude de Louis-Philippe Audet sur le « Mémorial de l'Éducation », dans les *Mémoires de la Société Royale du Canada* de juin 1964, page 49, et les travaux de M. Léon Lortie.

33. Avec lequel pendant des années, il entretient une correspondance régulière, que l'on a conservée dans les archives du Séminaire de Québec. C'est là sans doute qu'il faudrait chercher sa pensée profonde, comme dans son « Journal intime » s'il n'avait disparu. Les familles qui détruisent ou négligent les papiers d'un homme en vue ne savent pas le tort qu'elles font à l'histoire. Qu'elles attendent la mort du personnage pour les donner ou les vendre, très bien, qu'elles les conservent dans leurs archives familiales ou qu'elles les donnent à une bibliothèque ou à un centre d'archives bien organisé, si elles le désirent, mais qu'elles ne les détruisent pas ! C'est un vœu que formulent tous ceux qui s'intéressent à l'histoire.

voulus et de garantir un budget stable, base de toute action soutenue [34]. Chauveau déplore de n'être qu'une « machine à recevoir des rapports ». Et déjà il se plaint des technocrates, qui multiplient « sans fin les étapes administratives permettant de toucher les allocations gouvernementales ». D'année en année, pendant douze ans, il revient sur ces idées avec une régularité qui devait lui être bien pénible parce qu'il est convaincu de la nécessité de l'instruction. Il veut aussi qu'on uniformise les manuels. Il fonde le « Journal de l'Instruction Publique », qui paraît en français et en anglais [35]. Et, enfin, dès 1856, il a obtenu que l'on crée un Conseil de l'Instruction Publique.

C'est dans ce domaine qu'il a le plus utilement œuvré, en montrant la voie, après le docteur Meilleur. [36] Il voyait juste, puisque c'est à la solution de quelques-uns des mêmes problèmes que, cent ans plus tard, a dû s'attaquer la Commission Parent. Parce qu'on était en retard, l'explosion qui a suivi fut spectaculaire. Elle a déclenché un bouleversement des conceptions, des structures et des programmes. Elle a aussi donné lieu à des hausses d'impôt substantielles ; ce que le contribuable de tous les temps n'a jamais aimé. Elle a contribué à faire sauter et à désorganiser une équipe politique assez remarquable. En somme, Chauveau avait indiqué l'essentiel à une époque de moyens misérables. Au moment où il était surintendant, le budget de l'instruction publique était très faible. Il y avait alors, il est vrai, les collèges confessionnels où œuvraient des religieux de tous ordres. Heureusement, car le gouvernement provincial n'aurait pu faire face aux besoins d'une population où l'analphabétisme était très répandu au niveau où on aurait eu le plus besoin de préparer les gens à l'éveil qui s'annonçait dans le pays [37]. Chauveau mentionne,

34. En 1867-68, le budget de l'éducation publique est de $277,000. dans la province de Québec, y compris l'Instruction publique, l'aide aux institutions littéraires et scientifiques et les arts et manufactures. Bibliothèque H.E.C.
35. L.-P. Audet. *Mémoires de la Société Royale*. Page 35. 1966.
36. Tardivel lui reprochait de les avoir rapportées de France et de les avoir empruntées à Victor Duruy. Il l'étrillait avec vigueur aussi parce qu'il s'opposait souvent à Monseigneur Bourget, ce que ne pouvait lui pardonner le violent ultramontain qu'était le journaliste québécois. Voir à ce sujet, Pierre Savard dans *Jules-Paul Tardivel*. Page 180.
37. Dans *L'Instruction Publique au Canada*, Chauveau mentionne, par exemple, a) que, dans le Québec, au-dessus de vingt ans une personne sur deux ne sait pas lire ni écrire, d'après le recensement de 1871 ; b) cependant que les illettrés se retrouvent surtout chez les gens de 41 ans et plus (environ les ¾ chez les hommes et les ⅔ chez les femmes). Page 303.

par exemple, dans son livre sur l'instruction publique au Canada que, parmi les hommes de 41 ans et plus, soixante-quinze pour cent étaient illettrés.

Découragé ou, plutôt, ressaisi par la politique — cette vieille maîtresse qu'il avait négligée pendant douze ans — Chauveau reprend la route du pouvoir sous l'influence dominante de George-Étienne Cartier en 1867. Et quelle route ! Il est premier ministre de la province de Québec, secrétaire provincial et ministre de l'Instruction Publique. Pourra-t-il, enfin, réaliser ce qu'il a voulu, souhaité, prêché ? Hélas ! La politique a des raisons que la raison ne reconnaît pas. S'il apporte quelques réformes importantes, pendant son règne à l'Instruction Publique, le budget ne passe que de $277,000 à $320,000. Doit-on voir là une incapacité foncière de lutter pour mettre ses idées à exécution, l'opposition des communautés religieuses qui veulent conserver une chasse gardée, ou l'impossibilité d'avoir les ressources voulues de l'État central, à une époque où les provinces ont des moyens bien faibles ? Sans doute, y a-t-il un peu de tout cela. Mais alors, dans ce domaine de l'Instruction Publique, Chauveau, — ministre — n'aurait-il été qu'un homme charmant et cultivé, voyant juste, capable d'exposer des idées, mais incapable de les mettre à exécution quand l'opposition était assez forte ? Il est vrai qu'au point de vue financier, les provinces sont déjà en tutelle. L'État central exerce le contrôle des deniers publics. Il accorde aux provinces les revenus qu'il veut bien : le budget total du Québec est à la même époque de $1,952,000 environ. En toute justice pour le gouvernement central, il faut dire qu'il est lui-même en quête de fonds dans un immense pays où tout est à faire. Les travaux du chemin de fer vers l'ouest avancent lentement, faute d'argent. La politique douanière et l'aide extérieure n'ont pas encore donné les ressources qu'elles apporteront un peu plus tard. Mais Chauveau est six ans premier ministre, et ministre de l'instruction publique pendant quatre ans. N'aurait-il pu faire beaucoup plus pour une cause qu'il a plaidée si longtemps, si intelligemment, et qui lui tenait tant à cœur ?

Que faut-il penser de Chauveau ? Beaucoup de bien assurément, car il fut un des hommes intéressants de sa génération. Né au début du XIXe siècle, il est devenu très tôt orphelin. C'est son grand-père et un oncle qui l'ont élevé et fort bien, avec l'aide de ces excellents éducateurs qu'étaient les prêtres du Séminaire de Québec. Ayant terminé ses études très jeune, il aurait pu perdre

son temps, mener une joyeuse vie à une époque où les choses et
la ville s'y prêtaient, comme Philippe Aubert de Gaspé le rappelle
dans ses *Mémoires*. Pris très tôt par la politique, il aurait pu
devenir un simple partisan d'un quelconque parti. Au lieu de cela,
il a étudié, travaillé, réfléchi. Il a écrit abondamment à une époque où on le faisait peu. Il s'est ainsi créé une personnalité atta-
chante, dont l'éclat s'est manifesté durant toute sa vie. Il n'avait
pas le sens politique de George-Étienne Cartier, la détermination
de Joseph Cauchon, la violence vertueuse de Jules-Paul Tardivel,
ou le sens de l'histoire de Garneau, mais il avait des qualités de
cœur et d'esprit qui lui permettaient de faire équipe utilement.
L.-O. David a dit qu'il était « aussi prompt à réparer une faute
qu'à la commettre ». Cela explique sans doute bien des choses
dans sa vie.

Chauveau avait un grand besoin d'apprendre, de connaître,
d'évoluer, qui en a fait un politique instable, assez fantaisiste,
hors-cadre. Un siècle plus tard, il aurait joué un grand rôle dans
le milieu intellectuel. Il aurait été sans doute un humaniste distingué, lui qui avait une culture étendue et qui a pris la peine
d'annoter un grand nombre de ses livres, d'en dresser le catalogue
tout en y faisant quelques fautes d'orthographe, ce qui le rend
peut-être plus humain et le rapproche de l'homme moyen. Tout
cela, il l'a fait surtout derrière les fenêtres du Château Ramezay où se trouvaient les bureaux du ministère de l'Instruction
Publique et, plus tard, les salles de la Faculté de droit.

Voici l'hommage que lui rend le docteur Narcisse-E. Dionne
à la fin du siècle dernier : « L'amour de M. Chauveau pour les
livres, poussé à l'extrême, le préservait d'une contemplation
stérile de sa bibliothèque. Chaque livre tant soit peu remarquable
soit par son antiquité, soit par sa provenance ou encore par les
souvenirs qui s'y rattachent, a été consciencieusement examiné et
catalogué par lui-même et son catalogue — inédit — offre de
riches matériaux bibliographiques par les titres in extenso et les
sommaires, et souvent par des notices originales qui dénotent une
haute érudition »[38].

Peut-être aussi Chauveau serait-il devenu un grand professeur,
mais pas de droit nécessairement, car il avait tous les dons nécessaires pour enseigner. Déjà à la fondation de la Société Royale

---

38. N.-E. Dionne dans le *Courrier du Livre* de mai 1897. Page 8.
Le docteur Narcisse-E. Dionne a été lui aussi de la Société Royale du
Canada.

du Canada, il avait une telle réputation que le marquis de Lorne n'hésita pas à lui demander d'en être le vice-président. Ce sont ces dons et l'usage qu'il en a fait que, beaucoup plus tard, la Société a voulu reconnaître en créant la médaille Chauveau. Ainsi, son nom restera tout autant que s'il avait été gravé dans le bronze.

Faucher de Saint-Maurice

Le journaliste et l'écrivain :

Faucher de Saint-Maurice
(1844-1897)

> *Cette frontière indécise qui,*
> *chez les femmes,*
> *sépare l'histoire du roman.*
>
> Paul Morand

Un après-midi d'avril 1844, on baptisa sous les prénoms de Narcisse — vocable prédestiné — Henri, Édouard, le fils de Narcisse-Constantin Faucher et de Catherine-Henriette Mercier, né quelques jours plus tôt dans la bonne ville de Québec. Avec d'autres témoins, René-Édouard Caron signe le registre de l'église Notre-Dame de Québec, où la cérémonie a lieu. Il est maire de Québec, président du conseil législatif et ami du père.

Mais alors, Faucher n'est pas encore de Saint-Maurice [1] et il n'est pas né dans la seigneurie de Beaumont, comme l'a écrit son ami Louis-H. Taché [2]. En effet, son père fit l'achat de la

---

1. On trouve la première mention du patronyme nouveau dans une dédicace de *L'Ennemi ! L'Ennemi !* (Québec, 1862), livre que Faucher consacre à l'organisation militaire dans les deux Canadas. Il a comme auteur « Un carabinier ». Faucher en envoie un exemplaire au lieutenant-colonel Boucher de la Bruère avec la mention « Hommage de l'auteur N.-H.-E. Faucher de Saint-Maurice ». Le livre paraît en 1862 à la Typographie de Léger Brousseau à Québec. L'auteur a dix-huit ans à ce moment-là. Déjà il sent le besoin d'étoffer son nom. Commencée par un nom de plume, l'évolution sera courte. Il ne sera plus le Faucher que sa famille a connu, mais Henri-Édouard Faucher de Saint-Maurice, le prénom de Narcisse — un peu gênant — restant dans les registres de Québec.
Le livre est à la collection Gagnon de la Bibliothèque municipale, après être passé des mains de Boucher de la Bruère à la Bibliothèque Fauteux.
2. Ainsi dans les *Hommes du jour*, Louis-H. Taché a écrit : « Il y a sur les bords du Saint-Laurent, à quelques lieues en bas de Québec, un

petite seigneurie de Vincennes quelques années plus tard et n'y emmena sa famille qu'en 1852. Il faut mettre de côté la légende que Faucher vint au monde, fils de seigneur issu d'une grande famille de Nouvelle-France. Il se croyait descendant des Croisés, note Pierre-Georges Roy, qui avait la dent dure à l'occasion.

Avocat connu, quoique peu argenté, Narcisse-Constantin Faucher devint donc propriétaire de la petite seigneurie de Vincennes en 1847, mais il n'en prit possession qu'à la mort du seigneur Étienne-Ferréol Roy, qui avait été député du comté de Bellechasse et lieutenant-colonel de milice de Sa Majesté [3]. Faucher père fut grand connétable de la région de Québec, puis préfet du comté de Bellechasse. Vers 1851, il fut saisi par le démon de la politique, comme tant d'autres à un moment où il n'y avait guère que quatre carrières pour la bourgeoisie : berger des âmes, avocat ou notaire, médecin ou seigneur — titre assez prestigieux, mais peu lucratif à une époque où on se préparait à sup-

---

endroit charmant, véritable nid d'arbres et de fleurs, dont le nom est aussi joli que le site en est bien choisi. Le fleuve étant au pied de Beaumont, sa large nappe verdâtre par-delà laquelle les Laurentides ferment l'horizon. Une population saine et vigoureuse y conserve religieusement les vieilles habitudes françaises et nul endroit n'était plus digne d'être le berceau de l'homme distingué que nous étudions dans cette biographie. Faucher de Saint-Maurice naquit donc à Beaumont, le 18 avril 1844. »

Louis-H. Taché était un ami de Faucher de Saint-Maurice. S'il le fait naître à Beaumont, au lieu de Québec, c'est sans doute que son ami en avait parlé ou n'avait pas suffisamment précisé le lieu de sa naissance. Peut-être aussi Taché a-t-il établi un lien entre la seigneurie de Vincennes où son ami a été élevé et l'endroit où il a vu le jour.

Le fait aurait peu d'importance s'il ne jetait un certain jour sur le besoin de gloriole qu'avait Faucher. Par son nom de plume comme par son nom de famille, il donnait à l'avance une allure plus décorative au personnage qu'il voulait être.

3. Le seigneur Étienne-Ferréol Roy fut ainsi député de Bellechasse à la Chambre d'Assemblée de 1805 à 1819 (P.-G. Roy). Voici comment le présente J.-Edmond Roy : il « était un des plus riches propriétaires de la Rive-Sud du fleuve St-Laurent, il vivait dans son manoir de Vincennes comme un seigneur du Moyen-Âge. Le seigneur Roy avait son manoir sur les bords du ruisseau du Cap St-Claude, au fond d'une plaine ombragée par des grands ormes, et d'où la vue s'étend au loin sur le fleuve. Pendant la belle saison d'été, on conçoit que les visiteurs abondaient dans la demeure hospitalière du seigneur Roy. Les anciens parlent encore des réceptions qui s'y donnaient. » C'est ce manoir dont Narcisse-Augustin Faucher prit possession en 1852 au moment où le seigneur Roy mourut. Il y arrivait avec des moyens beaucoup plus restreints. Aussi la vie familiale y fut-elle toujours bien calme ; ce que ne prisait pas trop le jeune Faucher, épris d'aventures et de voyages.

primer le régime seigneurial pour libérer la terre et les censitaires qui, d'ailleurs, payaient peu et assez mal. Il y avait aussi
la carrière des armes, vers laquelle Faucher de Saint-Maurice
se dirigea d'abord [4]. D'autres s'y orientèrent également, vers la
même époque. Ainsi, Arthur Buies qui s'engage dans les armées
de Garibaldi au grand scandale des bien-pensants, tandis que
d'autres optent pour celles du Pape, tel Philippe Hébert, dont
la vocation de sculpteur a sûrement été influencée par son séjour
en Italie. Mais qu'est-ce que représentait l'armée à cette époque
pour un Canadien français ? C'est Faucher de Saint-Maurice qui
nous le dit dans une plaquette au nom claironnant, qu'il écrivit
à dix-huit ans [5]. Si, à cause de son âge, il y fait preuve d'enthousiasme et d'assurance, il est difficile de croire à l'originalité de
ses vues. Dans d'autres de ses œuvres, il ajouta, plus tard, des
détails intéressants sur les Canadiens français qui ont combattu
dans l'armée ou la marine françaises après la Conquête : de
Jacques Bedout, parti mousse de Québec et qui meurt vice-amiral,
et de l'amiral Jean-Amable Lelarge (né à Louisbourg) au baron
Chaussegros de Léry, général de Napoléon [6], et à Pierre Martin
amiral de France, né à Louisbourg, qui, en 1815, offrit à l'empereur déchu de le transporter aux États-Unis ; tous deux ont
leur nom inscrit sur l'Arc de Triomphe de l'Étoile, à Paris.

Faucher de Saint-Maurice n'était pas le descendant d'une
haute, puissante et impécunieuse famille noble. Il était la deuxième
génération de bourgeois. Son père était fils de paysan. Il put

---

4. Il explique ainsi pourquoi il s'engage dans l'armée française plutôt
que dans l'armée anglaise : « dans l'armée anglaise, le grade était alors
vénal... force me fut de choisir entre renoncer à la carrière militaire ou
m'expatrier ». Cité par Guy Frégault, dans l'*Encyclopédie Grolier* (1960),
p. 542.

5. *Organisation militaire des Canadas, L'Ennemi ! L'Ennemi !* Il est
aussi l'auteur d'un *Précis des tactiques*, qui paraît à Québec en 1863. Cela
indique à la fois son audace et sa fécondité naissante.

6. Dans *Loin du pays* (Québec, 1889), par exemple, il en nomme
quelques-uns : « De Jacques Bedout né à Québec, parti comme mousse et
mort vice-amiral de France (à) Pierre Martin né à Louisbourg, mort lui
aussi vice-amiral ... et de Denys de Bonaventure et l'Echelle, morts capitaines de vaisseau, jusqu'au général Baron Chaussegros de Léry, chargé du
commandement du génie par Napoléon ». Il mentionne aussi Juchereau
de Saint-Denis qui combat en Afrique et dont il évoque le souvenir quand
il y va en 1888. Il lui consacre plusieurs pages assez vivantes. Robert de
Roquebrune a apporté plus tard des détails encore plus précis sur le sujet
dans *Les Canadiens d'autrefois* (Fides, 1966), tome II. On en trouve
d'intéressants également dans *Canadiens dans la grande armée de Napoléon* (Le Musée militaire de Montréal), par Robert Hollier.

faire ses études de droit grâce à la générosité de son frère, le curé de Lotbinière. Mais alors pourquoi Faucher s'annexe-t-il la particule et le nom de ce grand saint qui fut un militaire connu à l'époque de la légion thébaine ? C'est que, sans doute, il trouve le sien un peu trop simple pour ses ambitions, comme l'avait pensé Samuel Champlain deux siècles plus tôt. Le premier Faucher, venu en Nouvelle-France, était né dans un petit village de France, dans la paroisse de Saint-Maurice située en l'évêché de Limoges. Il s'appelait Léonard Faucher, dit Saint-Maurice. C'est sous ce nom qu'il se maria à Québec le 15 octobre 1669, note aussi Pierre-Georges Roy, grand pourfendeur de mythes.

Faut-il blâmer Faucher pour cette transformation patronymique, assez courante en France au dix-huitième siècle ? Sauf qu'à un nom plébéien, on ajoutait alors celui d'une terre, d'un bien-fonds acheté avec le fruit d'un mariage riche, d'un commerce ou d'un négoce moins avouable. Cela faisant bien à un moment où, sauf dans l'entourage du Roi, il fallait avoir un nom à particule et, si possible, un titre, pour être considéré dans un milieu qui n'était pas celui du duc de Saint-Simon. Henri-Édouard Faucher n'alla pas jusque-là ; il se contenta de donner plus d'éclat à son nom en y ajoutant une rallonge. Cela fit se gausser certains de ses amis par la suite [7] : ceux qui, en particulier, lui reprochaient de prendre de plus en plus de place dans la société québécoise de l'époque. Des gens comme le sénateur L.-O. David [8],

---

7. Sir François Lemieux dans une conférence prononcée à l'Université Laval, en 1912, disait : « Je sais bien que ce nom d'emprunt valut à son auteur quelques quolibets et a un peu annexé la malignité des cercles et aussi des salons... » Il faut dire qu'il y a des précédents illustres. Ainsi, le fondateur de Québec s'appelait vraiment Samuel Champlain. Il ajouta la particule entre son nom et son prénom pour donner plus de prestige à une famille de pêcheurs qui ne détenait pour tous biens qu'une barque de pêche en rade de Brouage.

8. C'est ainsi que L.-O. David le décrit dans une étude qu'il fait paraître sur lui en 1903 : « On ne peut prononcer le nom de Faucher de Saint-Maurice sans éveiller parmi ceux qui l'ont connu et aimé, tout un monde de souvenirs joyeux, d'aventures réjouissantes. C'était un type que mettaient à part le brio de son esprit, l'originalité de son caractère et les péripéties de son existence. Il appartenait à cette catégorie d'hommes étranges qui semblent s'organiser pour ne voir de la vie que le côté agréable et joyeux, pour se réjouir et amuser leurs contemporains. Venus comme par hasard, par accident, dans un monde absorbé par le souci des choses pratiques, ils semblent déplacés, dépaysés et se vengent des tristes réalités de la vie, en les narguant, en leur préférant des chimères et les illusions. » *Adolphe Chapleau et quelques autres contemporains* (Librairie Beauchemin, 1926), p. 111.

Benjamin Sulte et sir François Lemieux n'ont pas hésité, après sa mort, à rappeler ses travers dans leur éloge. Sulte, en particulier, a été très dur en 1898, dans un texte où il parle d'un de ses travaux présenté à la Société royale au sujet d'un prétendu complot auquel Napoléon Ier se serait intéressé. C'est une chose qu'on se permettait rarement, je crois, dans les milieux que fréquentait Faucher de Saint-Maurice. En politique, on s'injuriait facilement, mais sauf Arthur Buies et, plus tard, Jules Fournier et Olivar Asselin, on allait rarement jusqu'à se moquer publiquement des travers d'un homme en vue.

Si on s'étonne un peu d'une pareille faiblesse chez Faucher de Saint-Maurice, il faut reconnaître qu'il a donné à son nom nouveau un éclat que, propriétaire d'une petite seigneurie de la côte sud, esprit curieux, renseigné, préfet du comté, candidat politique battu vers 1851 et honnête homme, son père ne lui a jamais valu.

Faucher passe son adolescence dans le manoir de son père. C'est un milieu où la vie s'écoule lentement et où rien d'autre n'a lieu que le train-train de l'existence [9]. Lui rêve de grandes et belles choses. Il aspire à l'aventure. C'est cela, je pense, que traduisent ses deux premiers livres, dont l'un a un titre qui éclate comme une fanfare [10]. Faucher n'a devant lui, dans l'immédiat, que ses études et les vacances qui se succèdent dans une atmosphère trop calme pour lui. Il veut partir. Poulain fougueux, il affolera sa mère un peu plus tard quand il lâchera tout — famille, études [11], carrière d'écrivain en puissance. Il va s'engager dans l'armée française, qui combat sous les ordres de Bazaine au Mexique, à côté de l'empereur Maximilien. C'est l'époque où Napo-

---

9. Pour le comprendre, il faut lire les *Mémoires* que Philippe Aubert de Gaspé rédigea vers ce moment-là. Faucher de Saint-Maurice a aimé Beaumont, cependant. Ainsi, dans son testament, il laisse à son ami Joseph-Edmond Roy « mon petit tableau de Beaumont par Garton ». Et il ajoute « Beaumont a toujours été pour moi le cœur de la patrie ».
Il a chez lui à Québec la table dont s'est servi P. Aubert de Gaspé pour écrire *Les Anciens Canadiens*. Son fauteuil vient du couvent des Récollets. Il les lègue tous deux à Paul de Cazes, en signalant que le fauteuil lui vient de son grand-père Abraham Lagueux.
10. *Organisation militaire des Canadas. L'Ennemi! L'Ennemi!*
11. « Le jour où je me vois obligé de reprendre Pothier, mes malles se firent », écrit-il de St-Lambert, où est le terminus du chemin de fer, à ce moment-là. Il part « morne et silencieux », mais il est bientôt repris par le goût du voyage. *De Québec à Mexico : souvenirs de voyage* (Montréal, 1874), tome I, p. 13.

léon III se présente encore comme un grand redresseur de torts, en Italie aussi bien qu'en Amérique. Au Mexique, on ne sait pas encore qu'il est le protecteur de quelques financiers puissants, à qui le pays doit de l'argent prêté à grands risques, et de quelques familles mexicaines qui voudraient rentrer dans leurs biens et dans leur pays pour y remplir des fonctions en vue. Maximilien s'est laissé convaincre par des Mexicains, exilés en Europe, qu'il avait un grand rôle à jouer outre-mer, alors qu'en Autriche, son frère François-Joseph cherchait à l'éloigner du pouvoir. Aveuglé par le titre, par l'avenir qui s'offrait à lui, désireux de quitter un milieu qui l'oppresse et d'appliquer des idées politiques généreuses, il vient appuyer une bien mauvaise cause, avec l'aide des Anglais, des Espagnols et des Français. Ceux-ci le lâcheront dans le même ordre, dès qu'ils se rendront compte que les Mexicains ne veulent pas de Maximilien et de son entourage et que, de leur côté, les États-Unis s'opposent à toute intervention européenne en Amérique, en invoquant déjà la doctrine Monroe [12]. Alors, malgré son titre, son mérite et la pourpre dont on l'a revêtu, Maximilien verra sombrer son empire et sa fortune. Après avoir occupé le palais de Chapultepec, qui est bien laid, mais qu'entoure un bien beau parc, il sera fusillé, poursuivi par les haines qu'il a soulevées bien imprudemment dans un pays où on ne pratique pas les demi-mesures. Encore sous le charme de l'Empereur, plus tard en 1874, Faucher de Saint-Maurice fera son éloge dans un petit livre intitulé *Notes pour servir à l'histoire de l'empereur Maximilien* [13]. Il le présentera courageux, ce qu'il était, et paré de toutes les grâces, celles du corps comme celles de l'esprit.

Quand il quitte son pays, Faucher de Saint-Maurice ne peut prévoir la lamentable odyssée de l'Empereur. C'est normal, car nous en jugeons après coup. Il s'embarque à New-York, après s'être arraché des bras de sa mère, bien inquiète de ce fils qui a écrit deux œuvrettes sur l'armée et les militaires du Canada,

---

12. Au même moment, dans l'île de Guernesey, où il s'était exilé, Victor Hugo s'écriait : « Mexicains, ce n'est pas la France qui vous fait la guerre, c'est l'Empire ; nous sommes debout contre l'Empire ; vous dans votre patrie, moi en exil. Combattez, luttez, soyez terribles, résistez ». Cité par Paul Morand dans *La Dame Blanche des Habsbourg*, p. 199. Morand est très dur pour Maximilien et son équipe.

13. Le livre sera réédité à l'Imprimerie A. Côté à Québec en 1889. Faucher de Saint-Maurice le fera accepter comme prix, par le département de l'Instruction publique.

mais qu'elle ne savait pas assez bouillant ou brouillon, pour prendre part à l'étranger à des événements bien mal engagés. Il est vrai que l'impératrice Charlotte, fille de Léopold de Belgique, donnait un aspect chevaleresque à une cause à laquelle croit le jeune et enthousiaste Canadien. Partir, aller se battre pour la France — déjà, il est très attiré par l'ancienne mère patrie — tout cela lui paraît infiniment plus intéressant que l'étude des pandectes et des lois desséchantes qui l'attend à Québec : lieu bien sombre pour son enthousiasme et ses aspirations romantiques. Il a le goût des voyages, des aventures dangereuses, mais pleines d'éclat et de prestige.

Au Mexique, il devient rapidement capitaine stagiaire au deuxième bataillon d'infanterie légère d'Afrique. Au cours des engagements auxquels il prend part, il est blessé deux fois, fait prisonnier, menacé d'être fusillé [14], puis relâché avec ses hommes en échange d'officiers mexicains. Il revient au Canada en 1866, deux ans après son départ, heureux de ses aventures qu'il expose à ses amis avec cet enthousiasme et cette aptitude à se faire valoir, qui augmenta avec l'âge. Il semble s'être bien conduit au Mexique. C'est huit ans plus tard qu'il racontera ses aventures avec beaucoup de prolixité dans deux ouvrages, l'un en deux volumes intitulé *De Québec à Mexico* et l'autre, *Deux ans au Mexique*. Ces écrits ne manquent pas d'intérêt, si on les débarrasse d'un certain fatras et de trop nombreuses citations. Ceux qui connaissent le Mexique y retrouvent le climat qu'on entretient autour des révolutions qui se sont succédé dans le pays. Les grands fresquistes mexicains, comme Diego Rivera, contribuent à créer des images d'Épinal pour stigmatiser les bons et les méchants de leur histoire. Pour Faucher de Saint-Maurice, il y

14. Voici comment il raconte la scène dans *Deux ans au Mexique* (Montréal, 1878), pp. 168 et 169 : « il me quitta brusquement en me donnant pour fiche de consolation la nouvelle que des négociations avaient été entamées pour m'échanger avec mes dix hommes contre le colonel Beceril et onze officiers juaristes, condamnés à mort pour brigandage par un conseil de guerre de notre colonne, et que si l'échange n'avait pas lieu, le lendemain matin même, nous serions fusillés, comme des chiens que nous étions.

« En face de cette brillante perspective, je passai tristement la journée, grelottant de fièvre et n'ayant pour toute nourriture qu'un plat de fèves et deux gâteaux de maïs.

« Le lendemain, dès la pointe du jour, un caporal avec une escouade vint me chercher sur un brancard, le sous-lieutenant Glacier était à un demi-kilomètre de là avec les prisonniers juaristes, où l'échange devait avoir lieu. »

a les mauvais Mexicains, sanguinaires et féroces qui fusillent ses amis français et trahissent l'Empereur. Dans ses livres, on retrouve les haines, les horreurs commises au nom de la Justice dans les guerres civiles ou contre l'étranger, dans tous les pays du monde et à toutes les époques. Autant Rivera met des traits porcins, adipeux, luxurieux ou dégoûtants aux personnages qu'il n'aime pas (Espagnols, prêtres ou nonnes dépoitraillées), autant Faucher de Saint-Maurice pare de vertus militaires et humaines les *héros* qu'il a connus, et taxe d'instincts sanguinaires les autres qui, somme toute, défendaient leur pays contre l'envahisseur. Ils le faisaient, il est vrai, avec un sens de l'horreur qui est bien espagnol.

S'il revient au Canada, Faucher de Saint-Maurice repartira chaque fois qu'il le pourra. Il gardera toujours ce goût des départs, auxquels son impécuniosité seule l'empêchera de donner libre cours. Voici un texte de lui qui montre comme il était charmant, même s'il avait les défauts de ses qualités : ce qui est le cas des natures riches. Dans *Choses et autres* (1874), il a écrit plus tard : « Je ne sais pas si vous êtes comme moi, mais dès que mes finances sont à la hausse, le démon de la pérembulation s'empare de moi et me pousse tout droit devant lui, par monts et par vaux. Se mettent-elles à la baisse ? Vite, je chausse mes pantoufles, je me roule dans ma robe de chambre et blotti au coin du feu, je chevauche en imagination à la suite du premier livre de voyage venu. »

Toute sa vie, il sera ainsi. Nous le suivrons à travers ses pérégrinations, dans ses notes de voyage et ses souvenirs littéraires. Il lit beaucoup et il prend beaucoup de notes. Si ce n'est pas un défaut, cela l'expose un peu, car il a la mémoire fidèle. Comme beaucoup d'autres au Canada à cette époque, Faucher de Saint-Maurice avait une manière assez particulière de bâtir un livre. S'il y avait beaucoup de pages de lui, il n'hésitait pas à utiliser les travaux des autres abondamment. Ainsi, dans un chapitre consacré aux « Ruines du passé à Mexico », en vingt et une pages, il cite Lord Kingsborough, Volney, le général d'Ontrelaine, le baron Gros, le docteur Douglass (qui, à la Canardière près de Québec, a un musée d'antiquités égyptiennes), Juste Girard, dom Giacomo, Paul Féval, Perrault, Lamennais, James Loather, de Massey Evans et Beneditti. Avant de souffler la bougie à minuit, ajoute-t-il, « je m'enveloppai soigneusement dans ma moustiquaire, me répétant tout bas un fragment de

Xavier de Maistre pendant que le beffroi du Sagrario de la Cathédrale râlait lentement, comme des soupirs d'agonisant, ses
douze sanglots funèbres » [15]. On s'étonne qu'après cela, il ait
pu dormir.

Faucher de Saint-Maurice indiquait la source de ses emprunts,
mais bâtir un livre dont la moitié ou le tiers est fait de citations
paraît un peu facile à distance. Il n'était pas le seul à agir ainsi.
Pour s'en convaincre, il faut lire l'étude de Pierre-J.-O. Chauveau
sur François-Xavier Garneau. On y trouve bien peu de choses
de lui dans ce livre de quelque deux cent cinquante pages. C'était
l'habitude à cette époque quand on avait le souffle court. Ainsi,
à son retour à Londres, le marquis de Lorne écrit un livre qu'il
intitule *Imperial Federation*. On est à la fois frappé de l'honnêteté de celui qui mentionne ses sources et de l'abondance des
citations qui rendent l'œuvre un peu impersonnelle. Par contre,
vers la même époque, Garneau taille dans du neuf. Il part des
documents très incomplets qu'il a sous la main. Si on souligna,
par la suite, la faiblesse de sa documentation et de son métier,
il faut admettre qu'il fut défricheur dans un domaine presque
inexploré. On ne peut lui reprocher de ne pas rouler des pelouses
coupées ras comme celles d'Oxford ou de Cambridge, alors que
son rôle était d'abattre des arbres à la cognée.

Faucher de Saint-Maurice revient du Mexique avec une décoration de l'ordre militaire de la Guadeloupe qu'il a reçue de
l'empereur Maximilien, un grade de capitaine stagiaire et des
notes, qui lui serviront plus tard à rédiger ses écrits sur le pays
où il a failli laisser sa peau. Pendant deux ans, il a pris part à
la campagne militaire qui devait si mal finir. Il a connu beaucoup de gens qu'il retrouvera dans ses voyages vingt ans après :
marins ou officiers français, rebelles ou patriotes mexicains selon
l'angle où l'on se place. Chacun a fait carrière. Certains sont
devenus généraux, amiraux, académiciens, diplomates, car, avec
Faucher de Saint-Maurice, on ne fraye pas avec le commun des
mortels. Je ne crois pas, cependant, que dans la vie de tous les
jours, il ait méprisé les petites gens. Bien au contraire, il les
fréquentait et il les aimait parce qu'il avait une grande simplicité.
Il écrit ceci, un jour, dans une conférence sur l'homme de lettres

---

15. Dans *De Montréal à Mexico* (Montréal : Duvernay frères et
Dansereau, 1874), tome I. Voici ce fragment : « À minuit ... heure terrible ... je ne suis pas superstitieux, mais cette heure m'inspire toujours
une espèce de crainte, et j'ai le pressentiment que si je venais à mourir,
ce serait à minuit. »

dans la société canadienne : « Soulager, consoler, fortifier toute
âme qui pleure, qui souffre, qui vit isolée, malheureuse ou aban-
donnée, voilà la belle, la grande, la sublime mission de l'homme
de lettres de la société moderne. En dévier serait pour lui plus
qu'un crime, ce serait un sacrilège. » Malgré l'exagération du
propos que rapporte M. Léopold Lamontagne, je crois que Faucher de Saint-Maurice était sincère en s'exprimant ainsi.

Envers les gens de son comté, plus tard, il fut porté à des
égards non seulement quinquennaux, mais de tous les jours :
l'électeur se rappelant à son député quotidiennement par de petites demandes lancinantes comme un souci. Cela lui était facile,
avec son caractère aimable, enjoué et sa générosité ordinaire.
Dans *Souvenirs et biographies*, L.-O. David dit de Faucher de
Saint-Maurice : « Il n'avait rien à lui, il eut volontiers donné sa
chemise si on la lui avait demandée ; mais, par compensation,
le bien de ses amis était son propre bien » [16]. De son côté, Paul
de Cazes écrit : « La dominante du caractère de Faucher de
Saint-Maurice était une extrême bienveillance. Jamais il ne disait
rien de désobligeant sur le compte de qui que ce soit ». Or de
Cazes le connaissait intimement. Enfin, Sulte, Taché et d'autres
racontent sur lui des anecdotes qui indiquent un certain sans-
gêne, le goût du canular poussé très loin ; ce qui correspond assez
bien à ce que nous savons de son caractère. Ainsi, un jour qu'il
veut aller au bal, il vient chez son ami Alfred De Celles, endosse
son habit et part. Quand celui-ci se prépare à y aller lui-même,
habit et ami l'y ont précédé. Né sous le signe du Bélier, Faucher
me semble correspondre assez bien au type de l'intuitif extro-
verti, qu'on a décrit ainsi : « Il a un flair aigu pour ce qui est
en germe et promet pour l'avenir. Jamais il ne s'arrête à des
rapports stables, à des valeurs établies. Il est toujours à la recherche de nouvelles possibilités, de voies nouvelles, attiré par
l'inconnu des objets et des situations extérieures. Il vit au-devant
de lui-même, orienté vers l'avenir, peu préoccupé de la réalité du
moment ; il est l'avocat de toutes les minorités prometteuses » [17].

Cette définition me paraît convenir assez bien à Faucher de
Saint-Maurice. Au fur et à mesure que l'on avancera dans l'étude
de sa carrière, on verra comme il va, vient, trépigne, entreprend,
se lance dans des voyages multiples, revient, s'adapte en atten-

---

16. Montréal, 1911, p. 113.
17. *Le Bélier*, par André Barbault dans la collection « Le Zodiaque »
(Paris : aux Éditions du Seuil, 1957), p. 37.

dant de repartir. Il écrit agréablement, mais avec beaucoup de négligences, à peu près sur tous les sujets. Il ne creuse rien, effleure tout. Son inspiration est tumultueuse comme la vie qu'il mène.

Que fait-il à son retour du Mexique en 1866 ? Il a vingt-deux ans. Depuis son départ, il a rêvé de plaies et de bosses, de chevauchées, de grands espaces, de batailles et de bagarres, il ne peut revenir à l'étude de Pothier et des textes de la chicane. Il ne veut pas poursuivre ses études [18]. L'État-providence intervient pour lui comme pour tant d'autres. En 1867, il devient greffier des bills privés au Conseil législatif nouvellement créé. Comme on sait, pendant le siècle qui suivit la Confédération, celui-ci fit parler de lui, non comme d'un conservatoire de l'esprit ou d'un foyer d'initiatives politiques, mais comme d'un refuge pour gens ayant bien agi. Bien agir, cela voulait dire avoir rendu service au Parti ou être d'une famille ayant des amis parmi les puissants du jour ; ce qui était le cas de Faucher et de son ami Joseph Marmette. Tous deux entrèrent au service du gouvernement, pour s'assurer un revenu et des loisirs afin de pouvoir faire autre chose [19]. Comme maintenant, le parti au pouvoir changeait

---

18. Il en parle d'ailleurs avec un certain détachement ou, peut-être, comme celui qui n'est pas sûr de ne pas avoir fait une erreur. Il ne veut pas l'admettre et prend le parti de s'en gausser ainsi : « je fis tant bien que mal mes études dans un collège quelconque... J'y appris un soupçon de latin, quelque peu de français et de la paresse, comme seul sait en faire un lézard... » Cela ne l'empêchera pas d'accueillir avec plaisir le doctorat ès-lettres, honoris causa, que lui accorde l'Université Laval en 1888. Le collège quelconque dont il parlait, c'était le Séminaire de Québec, dont la discipline a dû lui paraître bien dure, puisqu'il écrit cela longtemps plus tard dans De Québec à Mexico, tome I, p. 9.

19. Le salaire est mince. Faucher reçoit 800 dollars, mais il a des loisirs, et c'est cela qu'il cherche avant tout. Voici comment son ami Joseph Marmette demande la faveur d'entrer au service de Sa Majesté, dans une lettre qu'il adresse à l'Honorable Hector Langevin : « Il faut dire ici que mon ambition légale ne monte pas très haut et je me sens peu disposé à pratiquer comme avocat. Vous taxerez peut-être ce que je vais ajouter de rêverie de jeune homme. Hélas ! je l'avoue humblement, mes goûts sont depuis longtemps portés vers la littérature et je serais heureux de me livrer à ce penchant si j'avais une situation assurée. Peut-être est-ce là de la présomption ? » Joseph Marmette, sa vie, son œuvre, par Roger Le Moine (Laval, 1968), p. 30.

L'esprit est bien de l'époque. Marmette veut écrire et se marier. Il compte sur le fonctionnarisme pour lui permettre de le faire et de continuer son œuvre d'écrivain. Il n'hésite pas à l'indiquer, à insister même. Il est amusant de voir comment il explique la manière de procéder quand

périodiquement. Aussi, un certain équilibre des influences se produisait-il au Conseil législatif, comme dans les autres services de l'État. Il apportait à chaque groupe les satisfactions nécessaires pour assurer longue vie à un organisme destiné théoriquement à éviter les excès — sorte de balancier législatif, tenu par des gens à qui on donnait un titre, mais à qui on demandait surtout de ne pas faire parler d'eux. Le greffier, lui, restait en place à travers les aléas du pouvoir. Il avait cette stabilité du fonctionnaire qui sait éviter les histoires. Malgré son exubérance, Faucher de Saint-Maurice réussit à ne pas être déplacé, à une époque où les services de l'État obéissaient encore à des mouvements de flux et de reflux. Il est encore à son poste en 1880. Il a trente-six ans et il sent le besoin de faire autre chose. Comme beaucoup d'intellectuels de l'époque [20], il est saisi du désir de faire de la politique. Dans l'intervalle, il s'est installé confortablement dans une carrière qui ignore encore la bureaucratie et ses tracasseries. Il a un poste qui lui permet de jouir de la vie parce qu'il demande une présence aux seuls moments où le Conseil siège, c'est-à-dire durant une saison assez courte. Au lieu de fumer sa pipe placidement, comme s'il accomplissait un rite religieux, ou de lire le journal avec la conscience libre d'un fonctionnaire fidèle à son poste, sinon à sa charge, il profite de ses moments de liberté pour écrire [21], à une époque où seuls quelques « originaux et détraqués » le faisaient. C'est ainsi qu'on lui doit un recueil de procédures parlementaires qui n'a pas eu le prestige de celui de Bourinot, mais qui note les règles du Conseil législatif et leur évolution de 1868 à 1885. De lui, on a également une longue liste de travaux sur lesquels on reviendra. Faucher de Saint-Maurice s'y révèle plus journaliste que véritable écrivain. Son style est agréable, sa pensée peu profonde, même quand il traite de certains thèmes qu'il affectionne comme la langue française et son attachement à la France. C'était un

---

on demande quelque chose à un homme en place dans *À travers la vie* : « Surtout ne pas se laisser décourager. Insister jusqu'à ce qu'on lui accorde ce qu'il demande quand ce ne serait que pour se débarrasser de lui. » *Ibid.*, p. 208.

20. Louis Fréchette, Pierre-J.-O. Chauveau, Hector Fabre, Félix-Gabriel Marchand, Oscar Dunn, par exemple.

21. Dans *À travers la vie*, Joseph Marmette explique la conception du fonctionnarisme que certains ont déjà à cette époque : « Personne ne saurait blâmer le fonctionnaire de talent qui dérobe quelques heures à une besogne bien souvent oiseuse, pour donner à ses compatriotes quelque œuvre qui laisse des traces durables dans l'histoire de la nation. »

« conteur charmant, et intarissable, note encore son ami Paul de Cazes dans la *Revue des Deux Frances* du Ier octobre 1897. Ses discours d'après-dîner étaient de petits chefs-d'œuvre d'humour assaisonné de sel gaulois du meilleur aloi. »

Faucher a le goût du détail, de l'anecdote, du *scoop*. C'est ainsi qu'au retour d'Europe en 1888, son navire faisant escale à Saint-Jean de Terre-Neuve pour des réparations urgentes, il trouve dans quelque coin perdu une proclamation du gouverneur anglais de Terre-Neuve, en 1762, à propos des papistes. Il la traduit ainsi et la loge dans ses souvenirs de voyage en Europe, en Afrique et en Amérique :

Terre-Neuve a aussi souffert des guerres de religion. Les catholiques y ont été singulièrement maltraités. N'est-ce pas un gouverneur anglais, Hugh Palliser, qui, en 1762, promulguait la proclamation suivante ?

1° — Les domestiques papistes n'ont pas la permission de servir, à moins que ce ne soit dans la maison où ils étaient l'été précédent.

2° — Il est défendu à plus de deux papistes d'habiter ensemble la même maison, à moins que ce ne soit celle d'un protestant.

3° — Aucun papiste ne pourra tenir un magasin, une maison publique ou de commerce, ou vendre des liqueurs au détail.

4° — Tous les enfants nés dans la colonie seront baptisés suivant la loi protestante.

5° — On devra brûler les maisons où se dit la messe, et les papistes n'auront pas le droit d'ériger de nouvelles constructions, ceci étant contraire aux Actes 10 et 11 de Guillaume III [22].

Ce texte nous éclaire sur l'agrément de vivre en papiste, dans la colonie de Sa Majesté britannique, à cette époque.

Ses livres sont ainsi remplis d'une multitude de détails intéressants, mais qui n'en font pas des œuvres vraiment substantielles, même si le nombre de pages est impressionnant. Faucher de Saint-Maurice est dans ses livres ce qu'il était dans la vie, c'est-à-dire un être charmant, enthousiaste, un peu brouillon, assez vantard et fier comme Artaban ; ce qui lui fait prendre la mouche parfois et lui met quelques duels sur les bras. Il est aussi généreux comme le dit également son ami Taché qui rappelle quelques anecdotes assez caractéristiques. Elles montrent que si Faucher de Saint-Maurice avait un certain sans-gêne, il

---

22. Dans *Loin du pays,* tome II, p. 598.

le faisait oublier par une très grande générosité personnelle [23]. S'il attendait beaucoup des autres, il était aussi prêt à aider tout le monde.

De 1881 à 1890, Faucher de Saint-Maurice est député de Bellechasse. Il sera aussi président de la Chambre, tant qu'il n'aura pas été battu à la suite du mouvement visant à remplacer les conservateurs au pouvoir par les libéraux. Il sera rédacteur en chef du *Journal de Québec,* avant de passer au *Canadien.* Défait en 1890, dans sa circonscription de Bellechasse parce qu'il est incapable de résister à la vague libérale que Mercier a déclenchée et aussi parce qu'il n'était guère fait pour la politique, note son ami Paul de Cazes, il revient à son poste d'attache au Conseil législatif dont il est à nouveau greffier [24]. Cela lui permet de vivre dans une paix relative durant ses dernières années. Cette époque est un moment crucial pour le Canada, puisque c'est celui qui correspond à l'essor des chemins de fer, à l'ouverture de l'ouest à la colonisation, à la politique nationale et aussi à l'affaire Riel. Faucher de Saint-Maurice s'y est jeté violemment, fougueusement, comme il a toujours fait. Ainsi, en Chambre, il s'exprime ainsi :

> M. l'Orateur, j'ai été le premier qui ait envoyé à Ottawa un télégramme en faveur de Louis Riel. J'ai été de ceux qui ont le plus protesté. J'ai écrit sous ma signature et sous ma responsabilité des articles dénonçant cette exécution.
>
> Pour moi, Louis Riel ne saurait être entouré du nimbe d'un martyr. Je l'ai vu fou dans un asile d'aliénés. Cet homme pour moi n'a jamais été qu'un malheureux, dont l'intelligence a été touchée par la main de Dieu.

En 1881, Faucher a trente-sept ans quand il se présente dans le comté de Bellechasse. « Je fus élu par une petite majorité là où, trente ans plus tôt, mon père avait été battu par une petite minorité », écrit-il.

Il plaît à l'électeur. Il est assez bel homme, suivant les normes établies dans les salons de toutes les époques. Il est grand. Il a l'air martial. Il porte l'impériale comme Napoléon III, habitude qu'il a gardée de son passage dans l'armée de Maximilien.

---

23. « Il n'avait rien à lui, écrit L.-O. David (dans *Souvenirs et biographies* [Montréal : Librairie Beauchemin, 1926], p. 113) ; il eut volontiers donné sa chemise à qui la lui aurait demandée ; mais par compensation le bien de ses amis était son propre bien. »

24. Guy Frégault dans l'*Encyclopédie Grolier* (1960), p. 642.

Sur un de ses portraits, il a une cravate noire abondamment étalée, le menton relevé, la chevelure encore épaisse, mais dégageant le front. Dans la nuque, les cheveux sont abondants et frisent légèrement. Le nez est proéminent, mais harmonieux, les sourcils froncés. Il a tout à fait l'allure romantique [25], que souligne également le beau buste que fait de lui son ami Philippe Hébert. Bref, il a le type qui plaît, au dix-neuvième siècle, quand on y met un minimum de bonne volonté et de charme. Il a d'ailleurs la réputation, avec son ami Arthur Buies, d'aimer le vin et les femmes. On a raconté à ce sujet d'ébouriffantes histoires qui nourrissent la chronique scandaleuse. Ce qui rapproche Faucher et Buies, c'est sans doute certains goûts communs et un même respect pour la culture française et les choses de l'esprit.

Faucher de Saint-Maurice est fonctionnaire jusqu'en 1881, comme je l'ai noté. C'est ainsi qu'il gagne sa vie. Il a bien épousé, en 1867, Joséphine Berthelot d'Artigny — nièce de Louis-Hippolyte LaFontaine — mais les deux ne sont guère argentés. Elle est jolie, charmante, spirituelle, grande épistolière, dit Joseph-H. Taché. Ils n'ont d'argent ni l'un ni l'autre. Ce qui n'empêche pas Faucher de voyager. Ainsi, il va en Europe vers 1869, c'est-à-dire trois ans après être revenu du Mexique. Il se rend en Irlande, en Angleterre et en France. « Malade, brisé par le travail, légèrement mordu par l'ennui, j'étais allé demander à l'Europe un peu de changement et de repos. Pendant deux mois, j'eus le vertige de Paris », écrit-il. Plus tard, en 1881, il est délégué du Canada et de la province de Québec (déjà cette opposition existait) au troisième congrès international de géographie à Venise. En 1888, il retourne en Europe et se rend jusqu'en Tunisie et en Algérie ; ce qui lui donne l'occasion d'écrire *Loin du pays,* ouvrage en deux volumes qui paraît en 1889 à Québec, à l'Imprimerie Côté. Dans l'intervalle, il avait fait de nombreux voyages dans le golfe Saint-Laurent en 1877, aux Îles de la Madeleine en 1879, en Gaspésie (1880), puis à nouveau dans le golfe en 1887. Faucher de Saint-Maurice voyageait donc beaucoup, même s'il était peu argenté. On connaissait déjà à cette époque, semble-t-il, les voyages offi-

---

25. Dans *À travers la vie*, son ami Joseph Marmette le décrit ainsi sous le nom d'Étienne Franquart : « Franquart était un beau garçon de vingt-quatre ans, grand, mince, le front élevé, l'œil noir pétillant d'intelligence, la moustache en crocs, portant haut sa belle tête et faisant résonner le pavé de son talon nerveux, tout comme s'il avait encore porté ses éperons d'officier d'ordonnance. » Le Moine, *Joseph Marmette, sa vie, son œuvre,* p. 210.

ciels, qui permettent de servir l'État tout en ménageant d'agréables périples à celui qui le représente ou qui agit pour son compte officiellement ou officieusement.

Ce n'est pas être riche, en effet, que de compter sur la seigneurie de Vincennes, après la mort de son père en 1880. Ce n'est pas l'être non plus que d'être greffier au Conseil législatif, même au niveau du coût de la vie de 1869 ou de 1880 : 800 dollars par an est une pitance assez maigre. À cette époque, les fonctionnaires sont mal rémunérés, presque au même degré que les députés. Faucher a des charges de famille, mais il y a aussi sa mère qui vit avec lui, après 1880, date de la mort de son père, « Ma sainte mère », comme il écrit à un moment où les mamans sont des « saintes mères et les servantes, fidèles » [26].

---

26. Au retour d'un voyage en Europe et en Afrique, vers la fin de novembre 1888, il écrit : « Enfin, voilà ma mère, ma bonne et sainte mère, ma femme, mon enfant, ma fidèle ménagère Adèle, mes livres, mon chien, mes oiseaux, mes fleurs, mes pantoufles ».

Mais peut-être est-il intéressant de noter ici la description qu'il donne de sa bibliothèque. Cela nous permettra de le voir vivre dans un cadre où il a passé une partie de sa vie. L'influence romantique est évidente dans ce capharnaüm qui lui permet d'évoquer son passé.

« J'étais heureux, parmi tous ces bibelots : partout où mon œil se reposait, un souvenir surgissait, écrit-il.

« Ce fragment de chapiteau taillé dans le plus pur marbre de Paros, avec ces veines bleues qui font croire à du sang humain courant dans la pierre, n'était-ce pas mon pied qui l'avait heurté en parcourant à Rome les fouilles faites dans le palais des Césars ? Ces mosaïques ravissantes, mais mutilées, ne les avais-je pas trouvées, par un jour de pluie, dans les thermes de Caracalla ? Cette anse d'amphore étrusque m'avait été donnée à Civita Vecchia par ce bon Vaudrimez-Davoust, tué depuis sous Metz, et moi qui aime les contrastes, je l'avais mise, dès mon retour, sur ce tesson d'argile rouge, fragment de potiche zapothèque déterré je ne sais plus comment du fond du téocali mexicain d'Acatlan. Et cette clef si curieusement ouvragée qui, avec ses trois trous cannelés semble prendre, de là-bas, les faux airs d'un pistolet de salon, cette clef ne me rappelait-elle pas un couvent et un lieu désormais célèbres ? La pauvrette avait souventes fois entendu psalmodier les hymnes sacrés : les parfums de l'encens et la poésie mystique des saintes litanies s'étaient souventes fois glissés par le trou de la serrure massive pour aller se perdre dans les corridors du cloître, jusqu'au jour où des coups de crosse et de sabre-bayonnette, des râles de mourants et des cris de victoire avaient fait retentir les murs du monastère, et où l'un des échappés du combat de San-Antonio avait glissé dans sa poche la clef du couvent abandonné. Et ce vieux bronze d'un bourdon de cathédrale mexicaine, arrivé dans nos tranchées sous la forme d'un éclat d'obus, devenu aujourd'hui un inoffensif presse-papier ? Et ces coquillages de la mer des Antilles ? et ces améthystes de la Carbonera ? et ces stalactites des Lucayes ? et ce drapeau tricolore grossière-

Il n'y échappe pas, lui qui écrit vite. Comme on l'a noté précédemment, dans l'ensemble, ses écrits tiennent plus du reportage que de l'œuvre solide, réfléchie. Il est d'ailleurs journaliste à certains moments puisqu'il est rédacteur en chef du *Journal de Québec*. Cela lui permettra d'ajouter le titre de président du syndicat de la presse de la province de Québec à celui de député, quand il ira en France en 1888. Il est aussi chevalier de la Légion d'Honneur, décoration que lui a valu sa conduite au Mexique, au service de la France et, par la suite, les interventions discrètes d'amis influents. Il en a de très nombreux au Canada, comme Pierre-J.-O. Chauveau, Hector Fabre, Félix-Gabriel Marchand, Joseph Marmette, Alfred De Celles, Joseph-Edmond Roy, Arthur Buies, Joseph-Édouard Chapleau (à qui il léguera sa collection de lettres et d'autographes), Louis Fréchette, Oscar Dunn, Hubert Larue et Calixa Lavallée. Il dîne avec eux au « Club des 21 » fondé à Québec en 1879 et que préside le consul d'Espagne [27]. Il fait aussi partie du Club de la Garnison et du « Pen and Pencil Club », qui compte Louis Fréchette et Guillaume Couture parmi ses membres [28].

Faucher de Saint-Maurice a aussi plusieurs amis en France. Il échange une correspondance suivie avec beaucoup d'entre eux. Il y a dans *Loin du pays* une lettre d'Onésime Reclus sur l'avenir du Canada français qui est bien intéressante. Toujours un peu fat, Faucher montre à ses amis les missives de ses correspondants qu'il tire, dit Paul de Cazes, des poches d'une invraisemblable redingote.

À Québec, Faucher a connu Xavier Marmier, académicien dont Jean Ménard a décrit la personnalité de façon si agréable

---

ment façonné par Durieux — mon ordonnance — pour être suspendu à la fenêtre d'un pauvre officier en signe de joie, le jour anniversaire de la naissance de l'Empereur Maximilien ? Tous ces débris, tous ces riens, bric-à-brac informe pour tant d'autres, reliques précieuses et pleines de chuchotements pour moi, me faisaient songer au passé et remonter vers les neiges d'antan. »

Je ne cite pas tout. On trouve là l'influence de Victor Hugo dont l'appartement de la Place des Vosges était rempli des choses achetées chez les brocanteurs, antiquaires et autres marchands qui sont les fournisseurs ordinaires du maître, tonitruant et amateur de jeunes personnes. On pense aussi à Balzac et, peut-être, aux frères Goncourt, entourés eux aussi des souvenirs d'antan.

27. Léon Trépanier dans *On veut savoir*, tome III (Montréal : Imprimerie Saint-Joseph, 1961), p. 140.

28. *Mémoires d'un artiste canadien*, par Edmond Dyonnet (Éditions de l'Université d'Ottawa, 1968), p. 51.

dans l'excellent livre qu'il lui a consacré. Faucher rend visite à Marmier, un jour qu'il est à Paris. Ce dernier le reçoit gentiment et le présente à des gens agréables ou utiles comme Jules Simon, politique en vue et académicien, le comte de Lévis-Mirepoix, qui le scandalise un peu par ses idées radicales (lui qui l'est si peu), et Jules Claretie [29].

Si Jules Claretie est de l'Académie française, il est également directeur de la Comédie-Française. Un jour, il y invite Faucher de Saint-Maurice dans l'ancienne loge de Rachel. Il le reçoit également à sa maison de campagne à Viroflay. Le charme a opéré une fois de plus. Faucher en profite pour recommander certains de ses amis à Xavier Marmier, qui leur ouvre des portes. Dieu sait qu'à cette époque, il était rare qu'un Français invitât un étranger chez lui. Ainsi, à la fin du siècle dernier, un étudiant de Montréal fait ses études de médecine à Paris. Il y vit avec certains de ses camarades pendant deux ans, avant que les parents ne le reçoivent dans leur maison. C'est un trait caractéristique du bourgeois français que Daninos a souligné plus tard, avec tant d'esprit dans ses *Carnets du Major Thompson*.

Faucher envoie Joseph Marmette chez son ami Xavier Marmier [30]. Il est agréable de lire dans un livre de Marmette comme la réception fut agréable, aussi bien chez Xavier Marmier que chez Jules Claretie. Il est fort probable que les prix décernés par l'Académie française vers la même époque à l'abbé Raymond Casgrain pour ses études d'histoire et à Louis Fréchette, pour son œuvre poétique, leur ont été accordés à la suite de l'intervention de ce groupe agissant et de quelques visites bien dirigées.

De son côté, après la fondation de la Société royale du Canada, Faucher de Saint-Maurice fait inviter un représentant de l'Académie française à Ottawa, à l'occasion d'une réunion de la Société en 1883. L'invitation avait été acceptée. Xavier Marmier devait s'embarquer quand il tomba malade et dut s'aliter.

---

29. C'est le vicomte Mayol de Luppé qui l'a présenté à Xavier Marmier. Jean Ménard, *Xavier Marmier* (Laval, 1967), p. 138.

30. Voici ce que Joseph Marmette écrit à ce sujet dans ses *Récits et Souvenirs* (Québec, 1891), pp. 165-166 : « Muni d'une lettre d'introduction que je devais à l'obligeance de mon ami Faucher de Saint-Maurice, je me présentais dès les premiers jours de mon arrivée à Paris chez l'éminent académicien. » Et un peu plus loin (pp. 181-182) : « Le 27 octobre 1882, M. Jules Claretie qui rivalise d'amabilité avec M. Marmier pour faire les honneurs de la capitale aux Canadiens de passage à Paris, nous invitait à Viroflay, M. Chapleau, M. Fabre et moi. »

Faucher de Saint-Maurice était un des mieux placés pour décider la Société royale du Canada à faire un geste amical envers la grande Aînée. C'est à lui et à MM. Lawson, Grant, Selwyn et Bourinot que le marquis de Lorne s'était adressé pour discuter son projet. Une première rencontre avait eu lieu à Rideau Hall en octobre 1881, à laquelle assistaient ceux qui devaient jouer un rôle dans la Société projetée. Une seconde réunion se tint à l'Université McGill en décembre pour le choix des candidats. Faucher soumit quatre-vingt-huit noms, dont vingt seulement furent retenus : le gouverneur général voulant que les cadres fussent restreints pour assurer le prestige de la Société. C'est une chose que l'on a oubliée par la suite.

Plus tard, Faucher de Saint-Maurice fut chargé par le gouverneur général du discours d'inauguration de la section française des humanités. On y trouve l'énumération et l'éloge de la première fournée. Cela indique, je crois, le prestige dont il jouissait auprès des milieux officiels et du groupe francophone de l'époque. Si plusieurs noms sont tombés dans l'oubli, beaucoup sont restés comme un témoignage de ce temps [31].

Le texte inaugural est désappointant. Il tient du discours de comices agricoles ou de la distribution de prix. Faucher de Saint-Maurice doit faire l'éloge de beaucoup de gens et il s'acquitte de sa tâche un peu comme d'un pensum.

C'est de là que la section française de la Société est partie [32]. Il y avait dans ses rangs ce que le monde intellectuel francophone comptait de plus en vue dans le domaine de la littérature et de l'histoire au Canada.

---

31. En voici l'énumération : « L'abbé Bégin, l'abbé Bois, Napoléon Bourassa, l'abbé Raymond Casgrain, Pierre-J.-O. Chauveau, Paul de Cazes, Oscar Dunn, Hector Fabre, Faucher de Saint-Maurice, Louis-H. Fréchette, Napoléon Legendre, Pamphile Lemay, J.-L. Lemoine, Félix-Gabriel Marchand, Joseph Marmette, le juge Routhier, Benjamin Sulte, l'abbé Tanguay, Joseph-H. Tassé, l'abbé Verreau. »
Plus tard, le plus en vue sera le cardinal Bégin condisciple de Faucher de Saint-Maurice. Ils ont sans doute eu d'excellentes relations d'amitié puisque, dans son testament, il lui laisse « les portraits de M. Abraham Lagueux, de M. Louis Lagueux, de Madame Bégin, ainsi que le crucifix en bois qui vient de Venise. »
32. Arthur Buies est très dur pour la Société royale du Canada et pour ses membres. Tous ne sont pas à l'abri de la critique. Même si l'époque est au genre pompeux, certains comme Routhier, s'y adonnent vraiment trop facilement. Jules Fournier aura beau jeu plus tard pour s'en moquer cruellement.

* * *

Mais qu'était le milieu à cette époque ? En essayant de répondre à cette question, il sera possible de mieux situer l'œuvre de Faucher de Saint-Maurice dans le contexte historique. Pour le décrire, Octave Crémazie avait été très dur quelques années auparavant. Reprenant un mot célèbre, il l'avait présenté comme une société d'épiciers. Un demi-siècle plus tôt, Napoléon avait dit des Anglais qu'ils étaient un peuple de boutiquiers. Vers 1866, Crémazie accorde au terme d'épicier un sens différent. Il fustige par là tous ceux qui n'essaient pas de s'élever au-dessus de leurs préoccupations journalières : du magistrat à l'homme d'affaires, qui ne veulent rien voir que leurs petits problèmes de tous les jours [33]. Crémazie connaît bien le milieu du Bas-Canada parce qu'il y a vécu et parce qu'il en a souffert. Une lettre qu'il adresse à l'abbé Raymond Casgrain le 29 janvier 1867 indique, assez bien, les goûts et les tendances de l'époque.

> Les dieux littéraires de M. Thibault ne sont pas les miens. Cramponné à la littérature classique, il rejette loin de lui cette malheureuse école romantique, et c'est à peine s'il daigne reconnaître qu'elle a produit quelques œuvres remarquables. Pour moi, tout en admirant les immortels chefs-d'œuvre du XVIIe siècle, j'aime de toutes mes forces cette école romantique qui a fait éprouver à mon âme les jouissances les plus douces et les plus pures qu'elle ait jamais senties. Et encore aujourd'hui, lorsque la mélancolie enveloppe mon âme comme un manteau de plomb, la lecture d'une méditation de Lamartine ou d'une nuit d'Alfred de Musset me donne plus de calme et de sérénité que je ne saurais en trouver dans toutes les tragédies de Corneille et de Racine. Lamartine et Musset sont des hommes de mon temps. Leurs illusions, leurs

---

33. Il faut lire à ce sujet la lettre que Crémazie a écrite à l'abbé Raymond Casgrain le 20 août 1866. On en trouve le texte dans *Crémazie*, par Michel Dassonville (paru chez Fides, Montréal, 1956), p. 53. De son côté, l'abbé Raymond Casgrain lui avait écrit ainsi, le 29 juin de la même année : « Je gage, ma parole d'honneur, que si l'on établissait une revue canadienne qui se distribuerait gratis, vous ne trouveriez pas d'abonnés lisants. Quel trésor d'ignorance renferme notre pays ! C'est un secret que Dieu seul connaît ; chaque jour m'en convainc davantage. » *Ibid.*, p. 54.

De son côté, l'abbé Léon Provencher a fondé le *Naturaliste Canadien* vers 1869. Il a toutes les difficultés du monde à le faire paraître. Comme l'écrivait récemment Roland Prévost : « Le climat lui-même n'était pas favorable à une telle aventure. » En 1892, Honoré Mercier va même jusqu'à refuser de renouveler la subvention de 400 dollars que le gouvernement avait accordée jusque-là.

rêves, leurs aspirations, leurs regrets trouvent un écho sonore dans mon âme, parce que moi, chétif, à une distance énorme de ces grands génies, j'ai caressé les mêmes illusions, je me suis bercé dans les mêmes rêves et j'ai ouvert mon cœur aux mêmes aspirations pour adoucir l'amertume des mêmes regrets. Quel lien peut-il y avoir entre moi et les héros des tragédies ? En quoi la destinée de ces rois, de ces reines peut-elle m'intéresser ? Le style du poète est splendide, il flatte mon oreille et enchante mon esprit ; mais les idées de ces hommes d'un autre temps ne disent rien à mon âme, ni à mon cœur [34].

Si, à l'époque, un certain nombre de gens se préoccupent de la chose littéraire, dans l'ensemble, le milieu intellectuel est encore bien limité. Octave Crémazie y a été malheureux, mais il y a été aussi très maladroit pour ne pas dire davantage. Libraire, il a commandé des quantités invraisemblables de livres pour un marché bien restreint. Il a fait faillite, après des opérations souvent peu régulières, qui l'ont forcé à s'exiler à Paris d'abord, puis à Sainte-Adresse, près du Havre, où il mourut. Il y fut enterré sous le nom de Jules Fontaine qu'il portait. C'est à sa tombe que Faucher de Saint-Maurice fit sa première visite en arrivant en France en 1888 [35]. Il l'avait peu connu sans doute, puisqu'il avait dix-huit ans quand Crémazie quitta Québec brusquement en 1862, pour éviter la prison [36]. Malgré ses avatars, celui-ci avait laissé dans sa ville natale un souvenir tenace parmi les gens de la génération précédente — son père, par exemple. On se rappelait les vers du poète. On évoquait aussi l'atmosphère qu'il avait su créer dans sa librairie. On estimait en lui l'auteur d'abord, puis l'animateur. Chose curieuse, c'est à Montréal que, grâce à Louis Fréchette, on éleva le premier monument à la mémoire de Crémazie, au square Saint-Louis resté un des rares coins rappelant la ville française que Montréal était encore à la fin du dix-neuvième siècle.

Société d'épiciers ou non, le Canada français s'éveille à la vie intellectuelle, dans la deuxième partie du dix-neuvième siècle. Il y a des peintres, comme Plamondon, comme Hamel, comme Napoléon Bourassa. Plus tard, il y aura Franchère, Georges Del-

---

34. *Ibid.*, p. 59.
35. *Loin du pays*, tome I. Voici ce que Faucher de Saint-Maurice écrit au sujet de sa visite au cimetière de Hâvre-Inganville : « J'y ai trouvé une « croix penchée » [qui] porte l'inscription suivante : **Jules Fontaine, âgé de 48 ans, décédé le 11 janvier 1879. Priez pour lui.** »
36. Voir Dassonville, *Crémazie*, p. 22, et également Pierre-Georges Roy.

fosse, Charles Gill, Suzor-Côté et Osias Leduc qui tous subissent l'influence déclinante de l'académisme, face à l'impressionnisme qui se prépare à triompher. Il y a aussi des sculpteurs, comme Philippe Hébert et Suzor-Côté, qui commencent à percer. Mais, pour vivre, Bourassa doit s'occuper de l'administration des biens de ses enfants. Hébert sera probablement le premier à vivre de ses œuvres. Si l'État-providence commence à accorder des commandes aux artistes, il le fait bien parcimonieusement. Napoléon Bourassa s'en plaint un peu amèrement. Gendre de Louis-Joseph Papineau, il sait qu'il n'a rien à attendre des « bleus » de Québec. Il ne lui reste que les curés et les fabriques comme clients possibles. Or, trop souvent, ceux-ci s'adressent à des barbouilleurs italiens. Il y a aussi des musiciens comme Calixa Lavallée et Guillaume Couture ou des cantatrices comme Madame Albani, mais ils doivent faire carrière à l'étranger. Ainsi, Couture est, longtemps, maître de chapelle à Sainte-Clotilde à Paris, avant de revenir à Montréal ; Calixa Lavallée écrit plusieurs de ses œuvres aux États-Unis et Madame Abani passe presque toute sa vie à Londres, comme on l'a vu précédemment.

Dans ses *Chroniques de 1877,* Arthur Buies n'hésite pas à écrire : « Ce qu'il y a de particulièrement douloureux pour l'écrivain digne de ce nom, c'est qu'il ne jouit au Canada d'aucune considération. » De plus, l'écrivain ne peut vivre de ses écrits au Canada français. On lit encore bien peu. Ainsi, pour faire paraître quatre de ses livres, Faucher de Saint-Maurice doit avoir recours aux souscripteurs, dont les noms apparaissent à la fin de l'un d'eux. Il lui faut deux ans pour les réunir. Malgré tout, il est plus heureux que bien d'autres. Certains de ses ouvrages ont eu cinq et même neuf éditions. Ils sont dans la liste du département de l'Instruction publique, mais pour être sûr qu'on les achètera, Faucher de Saint-Maurice doit faire moult visites aux inspecteurs d'écoles et aux gens chargés des commandes. Certains de ses livres étaient aussi dans la bibliothèque des vaisseaux de la marine de guerre française [37], chose qui nous étonne à distance, mais qu'il faut noter. Tout cela était bien aléatoire pour lui, comme pour tous les autres écrivains de l'époque. François-Xavier Garneau n'a jamais pu compter sur ses écrits pour vivre, pas plus que l'abbé Ferland, l'abbé Tanguay, l'abbé Raymond

---

37. Dans la biographie de Faucher de Saint-Maurice qu'il fait paraître dans le *Courrier du Livre,* d'avril 1897, Raoul Renault en compte sept qui ont été choisis par l'amiral Peyron pour faire partie de la bibliothèque de certains navires de guerre français.

Casgrain, l'abbé Verreau ou Thomas Chapais. Ceux qui sont clercs, séculiers ou moines, ont couvert et gîte assurés. Les autres sont professeurs dans les collèges ou à l'université. D'autres, comme Chauveau, Marmette et Faucher de Saint-Maurice, sont fonctionnaires, journalistes ou députés. Quand l'électeur les écarte pour faire place à d'autres candidats, on les case quelque part, s'ils ont su se faire des amis. Tous font des dettes plus ou moins importantes suivant leurs besoins ou leur vie plus ou moins ordonnée. Pour tirer de leurs livres quelques ressources, il n'y a guère, je crois, que Faucher de Saint-Maurice et Philippe Aubert de Gaspé : lui aussi peut rééditer ses *Anciens Canadiens* et ses *Mémoires*. Bien longtemps auparavant, il avait fait de la prison pour dettes, pris dans un réseau inextricable d'endossements imprudents et d'indélicatesses dont il ne s'était pas rendu compte. Il n'avait pu résister à l'intervention réunie de ses créanciers et de ses ennemis politiques, à une époque où, comme maintenant, les situations politiques se corsent ou s'atténuent sous l'influence d'ennemis ou d'amis politiques.

Dans l'ensemble, les intellectuels francophones n'entendent rien aux affaires, à l'époque. Ils ne s'en préoccupent pas d'ailleurs. Presque toujours, ils les considèrent comme une chose indigne d'eux. Ceux qui se mêlent d'en faire, comme Crémazie, réussissent très mal. À sa mort, Chauveau est cousu de dettes. C'est par la vente de sa bibliothèque qu'on peut payer ses créanciers. Une fois réglée la succession de Joseph Marmette, il reste $32.82 à sa veuve [38]. La situation financière de Faucher de Saint-Maurice n'est pas brillante non plus, d'autant plus qu'il est un véritable panier percé. « Pauvre, je n'ai pas grand-chose à laisser », note-t-il dans son testament en 1894 [39]. Et dire que, pendant ce temps, se bâtissent les grandes fortunes de ceux qui ouvrent l'ouest à la colonisation ou qui, à l'est, commencent à prendre avantage de la politique nationale.

---

38. Le Moine, *Joseph Marmette, sa vie, son œuvre*, p. 90.
39. Daté de 1894, son testament est très caractéristique. S'il laisse ses meubles et son argenterie à sa femme, Faucher n'a qu'une petite ferme à Saint-Michel de Bellechasse qu'il lègue à son fils adoptif — Amable Berthelot Caron. Un buste, fait par Philippe Hébert, va à l'Université Laval avec ses livres autographiés. Il lègue aussi un masque mortuaire de Napoléon Ier, échoué on ne sait trop comment chez Faucher de Saint-Maurice. Ses lettres, ses autographes et un buste de Napoléon Ier par David d'Angers vont à Joseph-Adolphe Chapleau, son fauteuil et sa table de travail reviennent à son ami Paul de Cazes. Et c'est tout.

À Faucher de Saint-Maurice, tout est égal, sauf les voyages et ses écrits. La liste en est substantielle. Le temps n'est-il pas venu d'en parler avec un peu plus de précision. C'est dans son œuvre, en effet, qu'on trouve ses préoccupations principales : la langue française et sa survie au Canada, la France et sa culture, le milieu littéraire au Canada français, la petite histoire, la relation de ses voyages et ses amitiés.

Les œuvres de Faucher de Saint-Maurice sont abondantes. Quelques semaines après la mort de celui-ci, Raoul Renault en fait paraître l'énumération presque complète dans le *Courrier du Livre* d'avril 1897. Elle commence avec une plaquette de 38 pages intitulée *L'Ennemi ! L'Ennemi ! Étude sur l'organisation militaire des Canadas,* par un Carabinier. Elle est écrite en 1862 par un adolescent de dix-huit ans qui a toutes les audaces. Le Carabinier, c'est Faucher de Saint-Maurice. Il envoie un exemplaire de son livre au lieutenant-colonel de la Bruère, avec les hommages de l'auteur et le signe pour ne laisser aucune ambiguïté. Un jour que, voulant savoir ce qu'il fallait penser de cette œuvrette, je m'adressai à l'auteur d'un ouvrage sur la vie militaire au Canada, celui-ci me dit avec un peu de hauteur : « Moi, je ne puise qu'aux sources. » Je comprends très bien sa réaction, car il s'agit d'une œuvre de jeunesse, correspondant à l'état d'esprit d'un jeune auteur qui tranche les questions avec une extrême facilité. Mais, pensera-t-on, à son retour de Corse, avant Toulon et bien avant Arcole, Napoléon écrit un roman. C'est vrai, mais Bonaparte n'est pas connu pour son œuvre de romancier. Faucher n'avait pas de génie, mais un grand désir d'écrire. Il n'hésite pas un instant. Dès l'année suivante, en 1863, il publie un *Cours de tactique* qui s'épuise rapidement et n'est pas réédité, pour les mêmes raisons sans doute que pour l'autre. Par la suite, il faudra attendre onze ans pour que le flot littéraire commence de s'écouler. Mais alors quelle production ! Paraissent successivement en 1874 : *À la Brunante, Contes et récits* (347 pages) ; *De Québec à Mexico — souvenirs de voyage, de garnison, de combat et de bivouac,* en deux volumes (507 pages), et *Choses et autres,* recueil de conférences, d'études et de fragments (294 pages). À partir de 1875, *Deux ans au Mexique* aura cinq éditions. Par la suite, paraissent successivement : *À la Veillée : contes et récits* et puis, en 1877, *De Tribord à babord — trois croisières dans le golfe Saint-Laurent* (458 pages). En 1878, l'auteur réédite à Québec : *À la veillée* et fait paraître une nouvelle édition de

Deux ans au Mexique, avec une notice de M. Coquille, rédacteur du journal *Le Monde* de Paris. En 1879, paraissent successivement *Relation de ce qui s'est passé lors des fouilles faites par ordre du gouvernement dans une partie des fondations du collège des Jésuites de Québec, précédée de certaines observations* (48 pages), *Le Canada et les Basques* (28 pages), *Promenades dans le golfe du Saint-Laurent : les îles* (207 pages). En 1880, il y a de nouvelles *Promenades dans le golfe Saint-Laurent — la Gaspésie* (238 pages), puis une courte étude de 9 pages consacrée à l'abbé Laverdière : professeur qui, au Séminaire et à l'université Laval, a exercé une influence profonde sur l'enseignement et les esprits. Les années suivantes sont peu prolifiques. Faucher de Saint-Maurice, alors député, se rend à Venise en 1881. Il en rapporte *La province de Québec et le Canada au troisième congrès international de géographie à Venise, 1881,* plaquette de 43 pages. En 1885, paraît *Procédures parlementaires* où l'auteur réunit en 783 pages les décisions de l'Assemblée législative de Québec de 1868 à 1885. En 1887, nouveaux récits de voyage à Saint-Pierre et Miquelon avec *Excursion annuelle de La Presse de la province de Québec* (8 pages), puis en 1888, *Séjours dans les provinces maritimes* (279 pages). C'est l'année la plus active de Faucher de Saint-Maurice. Qu'on en juge par ces titres : *Joies et tristesses de la mer* (198 pages), *Le Canada et les Canadiens-français pendant la guerre franco-prussienne* (56 pages), *Loin du pays : souvenirs d'Europe, d'Afrique et d'Amérique,* en deux volumes (1016 pages). En 1889, il réédite *Notes pour servir à l'histoire de Maximilien* (228 pages) ; puis en 1890 *La question du jour : resterons-nous français ?* (63 pages). C'est dans ce livre que se trouve une lettre intéressante adressée à l'auteur par le géographe Onésime Reclus, au sujet de l'avenir du Canada français. De 1892 à 1896, voient le jour successivement toute une série de travaux dont il n'est pas nécessaire de donner l'énumération ici, puisque, avec ce qui précède, on aura constaté l'activité intellectuelle de Faucher de Saint-Maurice.

Tout cela ne tient pas compte des communications à la Société royale du Canada, des communiqués, articulets, études, articles de tous genres et sur tous les sujets qu'on trouve dans l'*Opinion publique,* la *Revue Nationale,* la *Revue Canadienne,* le *Monde Illustré,* la *Minerve,* le *Courrier du Canada,* l'*Événement,* le *Bulletin des Recherches historiques* et dans d'autres journaux ou revues. Ainsi, Faucher de Saint-Maurice fait paraître à Paris, dans *Le Gaulois,* une étude sur le marquis de Lorne, gouverneur général du Canada [40].

À la mort de son collaborateur, Pierre-Georges Roy n'hésite pas à écrire : « Les recherches historiques perdent en M. Faucher de Saint-Maurice un collaborateur précieux, un ami dévoué. » Ce qui ne l'empêchera pas d'accueillir, un peu plus tard dans le *Bulletin des Recherches historiques,* un article de Benjamin Sulte sur une prétendue conspiration de Napoléon Iᵉʳ avec des officiers canadiens pour reconquérir la Nouvelle-France, vers 1806. Sulte y étrille vigoureusement Faucher de Saint-Maurice. Il semble que peu de temps avant sa mort, ce dernier ait apporté des documents dans ce sens à la Société royale du Canada, qui les a écartés. Sulte fait une sainte colère contre cette « œuvre de loustics ». Il ajoute : « Des lecteurs sérieux ont gobé tout cela, comme cet espiègle de Faucher, ce faiseur de tours, l'avait désiré avant sa mort. »

Que Benjamin Sulte soit dur pour Faucher de Saint-Maurice, cela se comprend. Au département de la milice où il se trouve, des gens apportent constamment des choses sensationnelles. On s'est habitué à scruter les pièces, à examiner tout à la loupe, à faire le travail de bénédictin qu'exige l'histoire. Mais, à côté de cela, on voit très bien Faucher qui s'emballe à l'idée que Napoléon ait songé à envahir le Canada et que les Canadiens aient accepté d'y monter un complot. Sulte lui-même n'est pas à l'abri de la critique. Mais il faut convenir que Faucher de Saint-Maurice n'a rien d'un chartiste. Chez lui, tout est instinct, spontanéité, enthousiasme. Il a les qualités et les défauts du journaliste qui, pour son texte, cherche le petit détail, l'anecdote, le fait sensationnel, bref tout ce qui va faire lire le journal, l'article. Il ne songe pas à aller aux sources [41], à faire comme Benjamin Sulte

---

40. À son retour de l'exposition de Venise, Faucher de Saint-Maurice est reçu chez le Marquis de Lorne. Plus tard, il en fit un éloge qui parut dans *Le Gaulois* à Paris. Il le décrit ainsi : « Taille au-dessus de l'ordinaire, mince, bien fait, fort, rompu aux exercices du corps, type blond, yeux bleus, manières agréables, voix de basse un peu nazillarde, le Marquis de Lorne parle le français agréablement. Il est affable, indulgent pour autrui, aime à rire volontiers, raconte bien et se plaît surtout aux récits de voyage. » *Loin du pays,* tome II, p. 376.

41. Faucher de Saint-Maurice n'est pas un historien. Il est féru d'histoire anecdotique, de documents nouveaux, de faits sensationnels. Souvent il met sur la piste de détails et de pièces inconnus. Sa méthode de travail l'expose à des erreurs qu'on s'empresse de lui signaler avec plus ou moins d'amabilité, comme le fait Benjamin Sulte quand celui-ci

qui prend la peine de consulter le prince Napoléon sur ce présumé complot. Or, ce dernier a lu toute la correspondance de l'Empereur et n'a rien vu de tout cela. Faucher trouve une nouvelle sensationnelle à annoncer. Et c'est cela qui compte pour lui. Toute son œuvre est ainsi bâtie. Il écrit de façon agréable, mais sans trop se corriger. Il décrit bien ce qu'il voit ; il rappelle avec assez d'à-propos ce qu'il a lu. Bref, s'il est un conteur prolixe son œuvre est pittoresque et agréable. Il est un excellent témoin de son temps.

* * *

Dans les pages qui précèdent, a-t-on plus critiqué que loué Faucher de Saint-Maurice ? Si on l'a fait, c'est sans le vouloir car, s'il agace souvent, il plaît aussi. On garde de lui le souvenir d'un homme aimable, hospitalier, curieux, un peu brouillon, mais généreux. De son vivant, il lui fut beaucoup pardonné parce qu'il a beaucoup aimé la terre des hommes. Il ne pouvait rester en place. Une fois en voyage, il s'intéressait à tout avec une grande curiosité. Il notait beaucoup de choses. Plus tard, il écrivait des rames de papier, après s'être un peu trop demandé ce que les autres avaient pensé du sujet. Mais, encore une fois, cela n'a-t-il pas été un défaut de son milieu !

Il était aussi très attiré par les aventures : les siennes comme celles des autres. Cela aussi nous rapproche de lui, comme son goût des départs, des notes prises en cours de route, des livres, des idées, des palabres. Il a aimé ses gens, son pays « cédé à l'Angleterre, mais non conquis », expliquait-il ; ce qui était une nuance importante dans son esprit. Il a eu un véritable culte également pour la civilisation française, la France et les Français.

---

se rend compte qu'il s'obstine. Elle l'expose d'autant plus à la critique que découvrir l'intéressait plus que vérifier.

Il ramasse les documents les plus disparates. Ainsi, à un moment donné, il a en sa possession des registres tenus au Fort Saint-Frédéric, à la tête du lac Champlain, de 1732 à 1759. C'est chez lui qu'il faut aller pour en faire une copie, note-t-on dans le *Bulletin des recherches historiques,* XXVII, n° 9, p. 261.

Toujours dans la même veine, Faucher de Saint-Maurice rapporte un jour qu'à Chibouctou s'est trouvé le corps du duc d'Anville, de la famille des Montmorency. Il confond Damville et d'Anville, note Régis Roy dans le *Bulletin des recherches historiques* (XXVI, p. 255). Il n'y avait plus de duc de Damville en 1746. Dans l'œuvre de tout historien, on trouve des erreurs, des oublis, des interprétations fausses. D'un autre côté, il semble que Faucher de Saint-Maurice les ait multipliés.

Dans son testament, il dit deux choses qu'il faut noter ici, comme le témoignage d'un homme, mais aussi d'une époque. La première a trait à la langue française. « Je crois, j'espère, j'aime : voilà les premiers mots que ma mère a bien voulu m'enseigner dans cette belle langue française qui est la maîtresse de toutes les langues. » La seconde a trait à la France elle-même. À propos de ses livres qu'il laisse à l'université Laval, il note : « Ce legs n'est pas dicté par un sentiment d'orgueil : j'ai fait mon devoir vis-à-vis de la France, ma mère patrie et vis-à-vis de mon cher Québec. Je tiens à ce que cela soit constaté. »

Son respect pour la langue française plaît beaucoup également. Car, comme lui, d'autres lutteront contre les effets pernicieux de l'anglicisme, qui sont, hélas ! bien difficilement réparables. Si l'on n'y veille, la pénétration est sourde, constante et dangereuse comme la leucémie : histoire terrifiante d'une lente destruction que seul révèle le microscope.

Partir était un besoin pour Faucher de Saint-Maurice, mais il aimait revenir. Ainsi, en novembre 1888, après cinq mois d'absence il écrit : « Mon vieux Québec, je reviens à toi avec plaisir. Nous t'aimons toujours. Tu es la ville de l'hospitalité, des douces et solides amitiés. Tu es la ville des souvenirs ». C'est un cri du cœur qui fait penser à la chanson que Trenet chantera beaucoup plus tard : « Paris, tu n'as pas changé, mon vieux. »

Et Faucher de Saint-Maurice ajoute : « À Québec, nous retrouvâmes le vent du nord-est, les bonnets de fourrures, les pelisses, les cache-nez, les galoches, les bâtons ferrés pour mieux se raccrocher à la glace. » Et une autre fois, au cours de son voyage en Afrique : « Je tâte de toutes ces belles choses en ce moment et puisqu'il faut vous dire la vérité, j'aime encore mieux mon nordais de Québec, mes giboulées de Bellechasse, mes bonnes fourrures de chez Laliberté et mon *hot scotch* du Club de la Garnison. » C'est la nostalgie du pays qu'il a à ce moment-là et qu'il exprime à sa manière.

Faucher de Saint-Maurice meurt en 1897, à l'âge de cinquante-trois ans [42]. L.-O. David termine ainsi la biographie qu'il lui a consacrée : « Pauvre Faucher ! Il est disparu comme bien d'autres, mais ses nombreux amis ne l'ont pas oublié. Ils parlent

---

42.   On n'a pu savoir de quoi il était mort. Louis-H. Taché parle d'une maladie qui ne pardonne pas. De son côté, Faucher disait, en plaisantant : « Je résiste avec énergie à cinq ou six maladies mortelles. » Paul de Cazes, dans la *Revue des deux Frances* du 1ᵉʳ octobre 1897, pp. 22-24.

souvent de son grand cœur, de son esprit gaulois, de son amusante et inoffensive manie. On ne pouvait pas ne pas l'aimer. »

Ceux qui l'ont connu ont surtout prisé ses qualités humaines. N'est-ce pas là ce qui compte davantage, même si, pour un auteur, il est un peu pénible de laisser le souvenir d'un charmant homme plus que d'un écrivain dont l'œuvre résistera au temps ? Mais n'est-ce pas la rançon d'avoir été, par tempérament et par goût, un amuseur plus qu'un maître à penser ?

Joseph Masson

L'homme d'affaires :

I

Joseph Masson
ou le sens de la durée
(1791-1847)

Solide, prudent, stable, assez astucieux, Joseph Masson est
marchand et seigneur de Terrebonne et autres lieux. Il a accumulé
une fortune à une époque où les Canadiens n'en ont guère. Il
s'oriente surtout vers la propriété foncière. Longtemps, ses héritiers garderont la même optique, qui leur permettra de bâtir sur
l'expansion de la ville.

Joseph Masson naît à Saint-Eustache, le 5 janvier 1791. Son
père est menuisier [1]. Il est analphabète, ce qui est courant à l'époque [2]. Joseph Masson quitte son village vers l'âge de 19 ans pour
aller à la ville. Il vient à pied, chaussé de souliers de *beu* qu'il ne

---

1. Dans *History of the Bank of Montreal*, Merrill Denison écrit :
Joseph Masson was of a well to do family ; ce qui fait bien pour un
vice-président de banque. Cela est inexact, cependant, puisque Masson était
d'une honorable famille d'artisan, mais sans plus. Avant de venir à
Montréal, il signe Joseph Maçon. Plus tard, il transformera l'orthographe
de son nom et deviendra Joseph Masson. Sans doute parce qu'il juge
qu'écrit ainsi le nom fait moins plébéien.
2. Dans l'acte de baptême de l'enfant, le 5 janvier 1791, le curé
de Saint-Eustache, l'abbé B.-N. Maillou, note : « le parrain et le père
ayant déclaré ne savoir signer ». Archives de la paroisse de Saint-
Eustache. Père Maurice Brouard, dans la *Revue de Terrebonne* du 18 juin
1965. Il faut noter ici comme la documentation réunie par le Père
Brouard est utile, comme aussi le livre d'Henri Masson sur son ancêtre.
Au début du XIXe siècle, le père, le parrain et la marraine d'Ignace
Bourget sont également analphabètes. De son côté, dans ses *Mémoires*,
le chanoine Lionel Groulx signale la même chose dans son extrait de
baptême. Or, on est en 1878 et la famille Groulx habite à 25 milles de
Montréal dans la paroisse de Vaudreuil.

quitte qu'une fois rendu à la Côte des Neiges pour mettre « ses belles bottes françaises qu'il portait dans son mouchoir », écrit E.-Z. Massicotte. Le fait est-il exact ? Nul ne le sait, mais il est joli et il situe assez bien ce fils de ses œuvres qui, parti de bien bas, deviendra un riche marchand, amateur de somptueuses argenteries et de belles porcelaines, seigneur de Terrebonne et vice-président de la Banque de Montréal, à un moment où il ne devait pas être facile d'être reçu chez la vieille dame de la rue Saint-Jacques et d'occuper un poste à son conseil. Doit-on ajouter qu'il fut échevin, à une époque où la ville était menée par les commerçants de Montréal, puis l'un des juges de paix nommés pour administrer la ville au moment des troubles de 1837 ? Cette année-là, il fut aussi commissaire chargé de faire prêter le serment de fidélité, ce qui indique ses opinions et sa loyauté envers la Reine. Plus tard, après le soulèvement de 1837, quand la ville retrouva son administration municipale, Masson redevint échevin. Il fut aussi membre du Conseil législatif jusqu'au moment où, la Constitution étant suspendue, Lord Durham fit table rase du Conseil, en écartant l'équipe antérieure pour gouverner plus facilement [3]. On est tenté de croire que, dans tous ces corps para-politiques, Masson représentait officieusement la Banque de Montréal, comme Peter McGill ; ce qui se fait déjà sans qu'on en parle beaucoup, tant la Banque est liée à la fortune politique du milieu et tant elle n'aime guère qu'on le dise. À cette époque, elle est une des influences dominantes puisque c'est elle qui accorde les crédits aux gouvernements et aux individus [4]. Elle domine la Place d'Armes, même si ses colonnes

---

3. On comprend qu'il ait agi ainsi quand on lit cet extrait d'une lettre écrite par lady Aylmer (femme du gouverneur) en 1831 : « Vous n'imaginez pas dans quelle position difficile un gouverneur se trouve placé ici. Les deux Chambres, le Conseil législatif et la Chambre d'assemblée, sont en opposition constante l'une envers l'autre, et combattent toute mesure provenant du gouvernement, de sorte que le gouverneur ne reçoit aucune assistance de ceux qui sont en théorie ses conseillers. Un roi d'Angleterre choisit ses ministres, mais ici c'est l'inverse : le gouverneur trouve le Conseil exécutif tout formé, et composé de membres avec qui il peut ne pas sympathiser, et dans le jugement desquels il peut ne pas avoir confiance. » Cité par lady Tweedsmuir dans *Carnets Canadiens*, p. 37. Aux Éditions du Zodiaque.

4. C'est elle en effet qui officiellement traite avec les gouvernements pour toutes les questions de finance. Voici d'ailleurs ce qu'en dit l'historiographe de la Banque de Montréal dans l'ouvrage qu'il a publié il y a quelques années : « In its first year of operation, the Bank was given the right of supplying the Government in this country with such moneys as may be wanted by the different departments in Upper and Lower Canada. » Merrill Denison dans « A History of the Bank of Montreal ».

doriques et son dôme [5] n'ont pas encore été élevés en face de
l'église Notre-Dame, cet autre pôle d'influence, puissant même s'il
n'est que moral. Depuis longtemps, l'Angleterre se fait tirer l'oreille
pour admettre les droits des Sulpiciens à leur seigneurie. Assez
subtil pour comprendre l'importance des Messieurs, Lord Durham
fera reconnaître leurs droits de seigneurs de Montréal par le
Conseil spécial, lors de son séjour au Bas-Canada. On sait ce
qu'avait été le Conseil législatif auparavant. Prévu par la Constitution de 1791, il avait pour objet non de tenir en échec la Chambre d'Assemblée, mais de lui servir de contrepoids et d'empêcher
que le Gouverneur n'ait à exercer son veto trop souvent. Ses
membres étaient choisis parmi ceux que le Gouverneur jugeait être
des hommes de bonne volonté qu'il pouvait opposer à une Chambre turbulente, contestataire et incontrôlable. À cause des heurts
entre les deux corps législatifs, on en était venu, cependant, à
choisir un certain nombre de conseillers acceptables à l'Assemblée [6]. C'est ainsi qu'en 1817 on avait fait entrer Mgr Plessis au
Conseil malgré les protestations de l'évêque Mountain qui voulait
être le seul évêque reconnu par le gouvernement anglais [7]. Pas
plus que Mgr Plessis, Joseph Masson, nommé beaucoup plus tard,
n'aime les aventures politiques.

Souvent, en pays britanniques, l'autorité ne s'exerce pas en
droit autant qu'en fait. Si, avant Lord Durham, les Sulpiciens
demandent encore qu'on les reconnaisse comme les seigneurs de
l'Île pour suivre l'exemple du Roi Soleil, ils le sont véritablement
tant au point de vue spirituel que temporel. Ils administrent leurs
biens, touchent la dîme, confessent, baptisent, marient, bénissent
les restes de leurs ouailles et les enterrent. Ils sont vraiment les
maîtres spirituels du lieu. Et c'est pourquoi les gouverneurs britanniques ne dédaignent pas d'être reçus à la table de Monsieur
Quiblier, le supérieur des Messieurs qui est un parfait amphytrion,

---

5. C'est en 1847 que la Banque de Montréal construisit son bel
hôtel de la Place d'Armes. Elle y emménagea l'année suivante. Une
peinture de Krieghoff le présente dans toute sa splendeur nouvelle, en
face de l'autre splendeur religieuse qu'est l'église Notre-Dame, fief de
l'autre influence dominante : la Compagnie de Saint-Sulpice, dont l'évêque
de Montréal n'a pas encore détruit partiellement l'autorité.

6. Henri Brun dans « La Formation des Institutions Parlementaires
Québécoises de 1791 à 1838 ». Page 195.

7. Il faut lire à ce sujet la lettre qu'il adresse à Sir Robert S. Milnes,
lieutenant-gouverneur du Bas-Canada, le 6 juin 1803 et qu'à son tour
celui-ci fait parvenir à lord Hobart le 15 août, Archives Canadiennes,
Série Q, vol. 92, p. 253.

si l'on en croit les chroniqueurs de l'époque. Cela n'empêchera pas Mgr Ignace Bourget de le secouer d'importance et de le renvoyer en France quand le prélat voudra organiser son diocèse malgré l'opposition du Sulpicien et de son Ordre. Mais cela est une querelle de clercs racontée ailleurs.

Au moment des fêtes, on voit très bien Joseph Masson traverser la Place d'Armes, en venant de la rue Saint-Paul [8] où il habite, pour présenter aux Messieurs les hommages et les vœux de leurs argentiers, dont la belle maison aux colonnes de pierre s'élèvera bientôt de l'autre côté de la Place [9]. Ainsi se nouent ou se resserrent des relations qui ont leur raison d'être, à un moment où ces diables d'hommes, que sont Papineau, Morin, Chénier et Nelson, menacent d'ébranler un temple bien lentement établi. Il y a aussi la charte de la Banque qui doit se renouveler bientôt. Comme les députés francophones se refusent de voter ce qu'on leur demande, on est assez inquiet à la Banque. On verra plus loin comment on a résolu le problème. Pour l'instant, on peut imaginer ces relations de bon voisinage qui n'engagent à rien, mais qui peuvent être utiles. Et cela, je pense, est une des fonctions qu'on a assignées à Joseph Masson, à partir du moment où il entre au Conseil de la Banque, et, plus particulièrement, à partir de 1834 quand il en devient le vice-président. Il est bien vu du Clergé, car tous deux ont le respect des choses établies, de l'autorité, de la stabilité ; les affaires comme la religion prospérant dans un climat de paix. Et cependant, la Rébellion de 1837 a rapporté gros à la Banque, écrit Merrill Denison dans son *History of the Bank of Montreal* [10]. Mais cela on le constate après coup. C'est plus d'un siècle plus tard, en effet, qu'on osera l'avouer ouvertement avec un cynisme que n'auraient pas apprécié sans doute ceux qui s'étaient fait casser la figure, qu'on avait balancés au bout d'une corde ou qu'on avait exilés aux Bermudes ou en Australie. Chose curieuse, c'est l'amnistie, accordée par Lord Durham aux insurgés, qui lui vaudra d'être blâmé par la Reine et d'être lâché par ses amis et par le gouvernement en Angleterre. De son côté, le haut clergé s'est opposé aux rebelles au moment du soulèvement. Il en pâtira plus tard, car Papineau et ses amis de l'Institut Canadien se rappelleront l'opposition à leur mouvement et à leurs idées

---

8. Au moment de son mariage, il habita au 35, rue Saint-Dominique (1819), puis l'aisance venant, rue Notre-Dame (1842) et rue Saint-Paul, où demeuraient les *gens bien* de l'époque.
9. En 1848.
10. Chez McClelland & Stewart Ltd., Montréal et Toronto.

exprimées surtout dans les quatre-vingt-douze résolutions. Ils n'en voudront pas à la Banque en particulier, leur ressentiment se reportant sur le groupe anglophone en général et sur un clergé qui a durement condamné le mouvement. Ils se rappelleront longtemps le mandement de Mgr Lartigue au moment de l'Insurrection et les lettres que Mgr Bourget a adressées à son clergé pour empêcher que les rebelles, tués les armes à la main, ne soient enterrés en terre sainte. Mais cela est aussi une autre histoire.

* * *

Si Joseph Masson quitte Saint-Eustache pour venir travailler à Montréal, sa famille sera originaire de Terrebonne, par la suite [11]. Il y viendra longtemps plus tard quand il aura acheté la Seigneurie. Pour l'instant, il a dix-neuf ans et l'espoir au cœur. Il sait peu de choses, mais il est prêt à tout apprendre. Il a été à l'école primaire de Saint-Eustache pendant quelque cinq ou six ans [12]. Il y est allé d'abord vers l'âge de dix ans, puisque c'est en 1801 que l'on a ouvert la première école. Il a appris à lire et à compter, ce qui était un bagage assez mince pour un futur homme d'affaires. Puis, il est entré chez Duncan McGillis, Écossais qui a un *magasin général* et quelques *brasseries de potasse* dans la paroisse de Saint-Eustache et dans celle de Saint-Benoit [13]. Pour

---

11. Raymond Masson dans « La Généalogie des Familles de Terrebonne et de Saint-François », chez Thérien Frères Ltée à Montréal.

12. Louis-Philippe Audet dans le *Système scolaire de la province de Québec — II — P.* 331.

13. Il y a dans le greffe du notaire Pierre-Rémy Gagnier, au Palais de Justice de Saint-Jérôme, trois contrats d'emplois bien intéressants, dont l'un est fait avec Antoine Maçon et son fils Joseph (Minute N° 5504). Duncan McGillis y retient les services de ce dernier pour deux ans, à partir du 21 octobre 1807. Il a à ce moment-là dix-sept ans révolus, déclare-t-on dans l'acte. À moins que l'engagement n'ait pas été tenu, Maçon aurait été dans sa 19e année quand il quitta Duncan McGillis pour venir à Montréal. À noter aussi qu'il signe Joseph Maçon à ce moment-là. Plus tard, quand il aura monté dans l'échelle sociale, lui aussi sentira le besoin de modifier l'orthographe de son nom, comme nous l'avons vu.

Deux autres contrats passés devant le notaire Gagnier indiquent que Duncan McGillis avait aussi des « brasseries de potasse », en outre de son magasin (Minutes N°s 5702 et 5692). Il y retient les services de deux potassiers, qui s'engagent à faire « tout ce qu'un bon potassier doit et est obligé de faire ; et, en outre, obéir aux dits Sieur McGillis ou ses représentants en tout ce qu'ils lui commanderont de licite et d'honet (sic) concernant les travaux des dittes Brasseries ».

Dans ces contrats, on décrit de façon précise les engagements de chacun. Le patron retient les services de Joseph Maçon comme commis

Joseph Masson, il y a un avantage à être là, mais bientôt il sent la nécessité d'en sortir. Il a acquis les rudiments du négoce et de la langue anglaise. Cela lui sera fort utile quand il entrera chez les frères Robertson, qui ont un magasin à Montréal, le siège de la maison étant à Glasgow. Le nom des associés nous dit peu de choses : W. et H. Robertson ne sont pas des bourgeois de la Compagnie du Nord-Ouest, ni des barons de la fourrure comme on disait à l'époque. Ils sont de simples importateurs [14] de drap, d'étoffes et de tous ces objets qu'on trouve à l'époque dans un *general store,* sorte de bazar qui approvisionne les gens du Bas-Canada et surtout du Haut-Canada, en dehors de la Compagnie du Nord-Ouest qui a ses propres fournisseurs. Les deux frères s'occupent personnellement de leur affaire ; l'un, William, est à Glasgow et l'autre, Hugh, à Montréal. Ni l'un ni l'autre ne sont prestigieux, mais ils font venir des marchandises de tous genres d'Angleterre surtout et ils accumulent des fonds patiemment à une époque où il n'y a pas encore d'impôt sur le revenu. Malheureusement, leur affaire n'est pas tellement bien gérée, semble-t-il, au moment où, jeune homme, Joseph Masson y entre comme commis. À leur emploi, il travaille, apprend, se rend compte à peu près de ce qui ne va pas et, surtout, ne compte pas sa peine. Aussi les frères Robertson le font-ils entrer en société avec eux en 1814. Ils sentent que la maison est anémique et ils cherchent à mettre du sang neuf dans un organisme usé prématurément. Masson a 23 ans. Quelle joie ce dut être pour le nouvel associé, hier encore employé à tout faire !

1814, c'est l'époque où, après la guerre avec les Américains, les affaires reprennent. Dans l'entreprise, il faut un apport nouveau parce que Hugh Robertson songe à rentrer en Écosse et parce que le commerce n'est pas facile. Il faut faire venir les marchandises d'Angleterre ou d'Écosse, les entreposer longtemps à Montréal, puis les expédier un peu partout aux environs de Montréal, mais surtout dans le Haut-Canada, avec les transports dont on dispose. Il faut financer certains marchands pendant longtemps, aussi le crédit pèse-t-il lourdement sur l'entreprise. Il faut aussi voyager beaucoup. Or, à cette époque, ce n'est pas facile.

« chez lui ou à un magasin qu'il a dans la grande Frenière en la paroisse de Saint-Benoît ». Il convient de le loger, le chauffer, l'éclairer, le blanchir et le nourrir.

14. C'est ainsi qu'on les décrit en 1819 et en 1843 dans *The Alphabetical List of the Merchants, Traders and Housekeepers* et dans le *Montreal Directory.*

Pour assurer les approvisionnements, on doit commander long-temps à l'avance. Ce n'est que d'avril à novembre, en effet, que viennent les marchandises. À l'automne, il faut les garder sur place, car il est trop tard pour les expédier vers les pays d'en haut, c'est-à-dire le Haut-Canada. Vers 1815, les communications inté-rieures sont encore bien lentes. Il y a le canot d'écorce — le canot de maître surtout — qui part de La Chine de bonne heure au printemps [15], remonte l'Ottawa, passe par la rivière des Français et la baie Georgienne, pour ensuite atteindre les Grands Lacs. Ce fut le mode de transport de ceux qui, individuellement, ont fait la traite des pelleteries avant la Compagnie du Nord-Ouest. On les appelait les « Pedlars from Quebec » [16]. Ils se rendaient jusqu'à la rivière Saskatchewan. Parmi eux, il y a eu James Finlay, Joseph and Thomas Frobisher, Simon McTavish, John Gregory, MacGillivray, Simon Fraser, les Mackenzie et que d'autres en-richis de la veille, mais dont la fortune subira le contrecoup de la fusion de leurs entreprises avec celle des Gentlemen Adventurers of Hudson Bay ou plus exactement comme on les appelait : The governor and Company of Adventurers of England Trading into Hudson's Bay. Depuis 1821, c'est surtout la Compagnie de la baie d'Hudson, en effet, qui dirige la traite, après avoir englobé la Compagnie du Nord-Ouest, qui avait elle-même attiré à elle la Compagnie XY pour éviter les bagarres et pour régler une situa-tion devenue difficile. De La Chine, c'est Georges Simpson qui, depuis lors a la haute main sur le commerce des fourrures : sa-trape d'Occident qui a le goût de la mise en scène et qui, chose assez inattendue, a un véritable culte pour Napoléon. Edgar Andrew Collard raconte une scène amusante qui a lieu près du poste de Winnipeg. Avant d'arriver, dans son canot de maître, Simpson se fait annoncer par un Highland Piper. Auparavant, il a fait endosser l'uniforme du dimanche à ses hommes et il leur fait entonner d'une voix forte des chants canadiens, en pagayant haut et ferme. On peut imaginer l'effet que devait produire cette mise en scène sur des gens isolés et frustes, qui prennent ainsi contact avec l'Est prestigieux que sont les petites villes de Mont-réal et de Québec.

15. « La Chine is a place of greater importance than any other on the island, being the centre of the commerce between the Upper and Lower provinces, and the Northwest country also ». P. 155. « Topographical Description of Lower Canada » (1815). Joseph Bouchette. À Londres, chez Henry Colburn and Richard Bentley.

16. Il faut lire à ce sujet l'excellente étude de W. Stewart Wallace, parue dans The Canadian Historical Review de décembre 1932.

S'il y a le canot, véhicule ordinaire de la traite, il y a aussi le radeau [17] qui amène le bois en grume vers Québec à travers rapides et rochers à fleur d'eau et sur lequel habitent parfois des familles entières. Il y a le « batteau », embarcation à fond plat qui mesure 40 pieds de longueur par 6 de largeur et qui est effilé aux deux extrémités comme un skiff de la Tamise. Il vient avec l'amélioration des conditions de la navigation. Il y a aussi la péniche ou *Durham Boat,* imaginée par les Américains, bateau des grands lacs, à faible tirant d'eau. Il a une quille, mesure jusqu'à 80 à 90 pieds de longueur par 9 ou 10 de largeur et il contient une cargaison beaucoup plus lourde [18]. On l'utilise beaucoup pour transporter les produits du Haut-Canada. À l'aller vers Montréal, les *Durham Boats* sont lourdement chargés. Au retour, ils le sont moins parce qu'ils vont contre le courant.

C'est à tous ces modes de transport qu'on a recours pour approvisionner la population d'en Haut en attendant que la navigation à vapeur, malgré sa lenteur, ait accéléré les communications.

---

17. Les radeaux qui constituent la cage sont de deux espèces, note Joseph-Charles Taché dans *Forestiers et Voyageurs* (P. 175). Il y a les *cribes* et les *drames.* Voici comment Taché s'exprime dans son livre : « Qui n'a pas passé des heures à voir ces trains de bois la nuit alors que le brasier de leur vaste cambuse les illumine d'une étrange lumière qui se reflète dans l'eau ; alors que les hommes de cages, qui marchent, rament ou dansent au son de la voix ou du violon, apparaissent dans le clair obscur comme autant d'êtres fantastiques faisant sorcellerie sur l'eau ? »

18. Voir à ce sujet « Eighty years Progress » à qui j'emprunte ces intéressantes données sur la navigation dans le Bas et le Haut-Canada. De son côté, Joseph Bouchette écrit ceci : « During the months between May and November bateaux to and from Kingston and various parts of Upper Canada are continually arriving and departing, which always occasions a great deal of activity and bustle of business. The nature of these craft may be very shortly described : they are flat-bottomed ; from 35 to 40 feet in length, terminating in a point at each extremity, with about six feet of beam in the centre ; the usual freight is four or four and a half tons ; they are worked by oars, a mast and sail, drag-ropes for towing, and long poles for setting them through the strong currents or rapids ; four men manage them in summer, but in the fall of the year another is always added, one of whom acts as a guide. In the bateaux of the merchants the cargoes upwards are a general assortment of merchandise, for which they bring down flour, wheat, salt provisions, pot and pearl-ashes, and peltries. The time employed in the voyage to Kingston is from 10 to 12 days ; but the return does not take more than three or four, they usually depart in brigades of from four to fifteen boats, in order that their crews may be able to afford mutual assistance in ascending the rapids : each brigade is under the direction of one man, who is called the conductor. »

Pendant un temps, les gens du Haut-Canada produisent peu, puis, comme ils ont des terres excellentes, ils ont des céréales à offrir, de la farine, de la potasse, de la *perlasse,* en échange des produits anglais qu'on fabrique peu dans le Haut ou dans le Bas-Canada parce que l'Angleterre s'y oppose. Il y a un mot amusant d'Adam Shortt à propos de l'horreur des milieux officiels anglais apprenant par le gouverneur Carleton en 1768 qu'on tisse des étoffes au Bas-Canada pour habiller les gens du cru. Comme Adam Shortt l'écrit, « *the privilege of clothing the people of the empire was regarded as an essential perquisite of the textile industries of the mother country. Hissborough trusted that the energies of the people of Quebec might be attracted to some more innocent and more imperially useful employment* » [19]. La politique de l'Angleterre est encore très tranchée à ce sujet. Elle le restera pendant la première partie du XIXe siècle [20]. Elle s'oppose à ce qu'une industrie coloniale d'une importance quelconque vienne concurrencer les produits de la Métropole : ce qui est la conception coloniale de l'époque. Elle accepte quelques exceptions, il est vrai. Ainsi les Forges du Saint-Maurice, les chantiers maritimes [21], qui construisent pour le cabotage ou même, à certaines époques, pour l'Angleterre, et les petits ateliers artisanaux. Dans la seigneurie de Terrebonne, dont Joseph Masson se portera acquéreur en 1832, il y a, par exemple, deux moulins à farine et un moulin à carde. On y fait aussi de la potasse, de la *perlasse,* des chandelles, des étoffes rugueuses, mais de longue durée. On trouve un marché sur place à Terrebonne, où il y a une foire chaque année au début de septembre [22] et à Montréal. Il s'agit cependant d'une fabrication bien limitée, à laquelle la Métropole ne s'oppose pas parce qu'elle

---

19. Page 528, « Canada and its Provinces », volume 4, Adam Shortt.
20. Même à la fin du siècle, le Marquis de Lorne croira bon d'envoyer de nombreuses notes pour expliquer aux milieux officiels la nécessité de créer une politique nationale. Il la justifiera aussi bien par les besoins financiers du pays nouveau que par ceux de l'industrie naissante. Pour la faire accepter, on créera bientôt des droits préférentiels pour les marchandises en provenance de la Métropole. Ce sera le point de départ d'une politique commerciale que fera seule disparaître l'entrée de l'Angleterre dans le Marché Commun, au siècle suivant.
21. Dans « Maîtres artisans de chez nous », Marius Barbeau en donne une longue énumération aux pages 80 à 94. Éditions du Zodiaque. Il faut aussi lire les pages que consacre Camille Bertrand à la construction navale à Montréal dans son « Histoire de Montréal », Vol. II, P. 117 et suivantes.
22. Joseph Bouchette, dans « Topographical Dictionary of the province of Lower Canada », Londres, 1831.

l'ignore ou parce qu'elle ne fait guère concurrence à ses produits plus soignés. Longtemps auparavant, vers 1811, Jacques Viger mentionne ainsi, dans une lettre à son ami Wilhelm von Berczy, les étoffes qu'on fait dans le village de Boucherville : « Il y a ici grand nombre de tisserands, écrit-il, dont cinq dans le village seulement. Ils manufacturent du cotet, de la flanelle, du droguet et de la toile de diverses sortes, de l'étoffe croisée, du berg-op-zoom et du bazin. »

Parmi les modes de transport à l'époque où la maison Robertson, Masson & Co. est créée, il y a aussi le *horse boat,* péniche que tire un cheval dans les canaux, dès qu'ils commencent à être ouverts et dans les rivières à débit lent. Dans les Grands Lacs, il y a les bateaux à voile. Timidement est apparu le bateau à vapeur, en 1809, avec l'*Accomodation* de John Molson, qui se rend de Montréal à Québec en soixante-six heures : bateau à aubes qui peut transporter vingt personnes. Plus tard, on emploiera l'hélice.

Les communications sont encore bien lentes, à l'intérieur du pays ; aussi Joseph Masson doit-il beaucoup voyager pour développer l'entreprise. Par la voie de terre, le grand Voyer s'est efforcé d'améliorer les routes dans le Bas-Canada mais avec un succès relatif. Il y a des diligences. Ainsi, vers 1819, on a un service entre Montréal et Kingston, un autre entre Montréal et les États-Unis, pour établir le lien entre Montréal, New-York et Boston, et un dernier entre Montréal et Québec[23]. Mais les diligences ne sont ni rapides, ni confortables, surtout le printemps après la fonte des neiges. Dans le fleuve, les bateaux à vapeur circulent de mai à décembre[24] mais ils sont encore bien lents. S'il y a des moyens de communications assez nombreux à l'époque, il ne faut pas être pressé. Ainsi, en 1824, Joseph Bouchette se rend de Grenville à Hull en bateau à vapeur. Pour parcourir les soixante milles, il faut compter treize heures. Pour l'Europe, il y a des bateaux à voile, mais aussi à vapeur si on passe par New-York et, à partir de 1851, par Portland. New-York, c'est la voie qu'emprunte Masson quand il se rend en Angleterre. Il y va en 1823, par exemple, quand Madame Julie Papineau lui demande d'apporter une lettre à son mari qui est à Londres pour s'opposer au projet d'Union préconisé par les marchands de Montréal, en particulier, avec l'aide d'Ed-

---

23. Ce sont les « Mail Stages », qui partent de divers endroits à Montréal, p. 44, « The Alphabetical List of the Merchants, Traders and Housekeepers living in Montreal » — 1819.

24. Dans « The Alphabetical List of Merchants, Traders and Housekeepers », on en mentionne sept. P. 44.

ward Ellice, seigneur de Beauharnois qui vit à Londres. Détail à noter, en remettant la lettre à son destinataire, Joseph Masson inscrit au verso : « Rec. and forwarded by your most obd'serv't J. Masson ». Il écrivait en anglais, parce que c'était la seule langue qu'il connaissait assez bien.

Cette amitié des Masson et des Papineau est assez curieuse. En effet, tout sépare Louis-Joseph Papineau et Joseph Masson. Autant l'un est violent, enthousiaste, porté à la critique virulente, autant l'autre est stable, peu verbeux, calme. Les femmes se fréquentent [25]. Ce sont elles sans doute qui les rapprochent. Et peut-être aussi une certaine admiration de l'un pour l'autre, devant une pareille propension à attaquer et à condamner. Et cependant, ce que l'un critique violemment et réprouve [26], l'autre l'admet et l'approuve. Il vit de l'ordre établi que l'autre veut tout bouleverser. Les femmes se voient même après l'Insurrection. Et Masson qui a été contre elle, qui a convaincu les gens de Terrebonne de ne pas bouger, qui a fait prêter le serment d'allégeance en 1837, apporte à Louis-Joseph Papineau ou à son fils Amédée les lettres que Julie Papineau n'ose confier à la poste [27].

* * *

N'est-ce pas anticiper une autre fois ? Ne vaudrait-il pas mieux suivre l'ordre chronologique, en montrant comme la carrière de Masson se poursuit suivant un rythme accéléré ? En 1814, donc, il devient associé de Hugh Robertson. Il se marie en 1818. Il épouse Marie-Geneviève-Sophie Raymond, la fille d'un marchand de l'autre côté de l'eau, qui a son commerce à La Prairie de la Magdeleine, en face de Montréal. La Prairie est un village au centre d'une région prospère. C'est là que s'établira bientôt le terminus d'un chemin de fer venant de Saint-Jean et qui fait la jonction entre le commerce fluvial, venu de New-York par le lac

---

25. Dans plusieurs lettres que Madame Papineau envoie soit à son mari soit à son fils Amédée, on lit à plusieurs reprises qu'elle est allée rendre visite à Madame Masson, à Terrebonne.

26. Les commerçants et les banques, par exemple, que Papineau a attaqués violemment dans son discours prononcé en 1834 et dans les *92 résolutions* que Papineau a inspirées et qu'Augustin-Norbert Morin a rédigées. Même si, en février 1838, à la proclamation de l'Indépendance, Papineau s'est séparé de Robert Nelson, c'est lui qui a préparé les voies à la violence que réprouve Joseph Masson.

27. Correspondance de Julie Bruneau-Papineau, dans le « Rapport de l'Archiviste de Québec » pour 1957-58 et 1958-59. Québec. Vol. 38 et 39.

Champlain et le Richelieu, et Montréal. Même si la voie est au début modestement sur rails de bois, elle sera rapidement active.

Avant d'aller plus loin, il faut dire un mot de ce commerce dont Joseph Masson est un des artisans, avec d'autres, Canadiens, Écossais et Anglais, mais Américains aussi [28]. C'est la caractéristique principale du milieu économique de l'époque et la raison d'être de Montréal, port et entrepôt.

Après la conquête, le commerce du Bas-Canada n'a guère changé d'aspect sauf que la source d'approvisionnement n'est plus la même. Les hommes sont différents aussi. La plupart sont venus avec les armées et ils se sont installés dans la Colonie. D'autres les ont suivis, qui ont noué des relations avec l'Angleterre et, suivant le moment, avec les colonies de la Nouvelle-Angleterre, New-York et les Antilles. Le négoce n'est pas facile à l'époque. Les communications sont lentes, même si elles sont plus sûres que pendant les guerres avec les Français. Un bateau à voile prend encore de longues semaines pour venir à Québec [29]. De là à Montréal, le voyage par eau se fait au ralenti à cause du courant très rapide à certains endroits. Par terre, il serait plus agréable et demanderait moins de temps, si les voitures étaient moins inconfortables. Plus tard, les communications seront plus rapides quand les bateaux à aubes remplaceront les bateaux à voile ou les canots mus à la force des bras et quand le chemin de fer aura pris la place des cahoteuses diligences.

Au début du siècle, le Bas-Canada exporte des pelleteries venues de l'Ouest, comme on le faisait sous le Régime français. Là également les nouveaux maîtres ont remplacé les anciens. La Compagnie du Nord-Ouest s'est formée. Dans une convention de 1802, qui s'appelle *The North West Agreement* [30], il y a deux Canadiens, Charles Chaboillez et Jean-Baptiste Cadotte, mais aussi Simon McTavish, Roderick McKenzie, (que nous retrouverons à Terrebonne) [31], Donald McTavish, W. McGillivray et quelques au-

---

28. Dans un manifeste de 1835, dont il sera question plus loin, il y a le nom de quarante-huit importateurs. Deux seulement sont des maisons francophones dont Robertson, Masson & Co.

29. Si les communications s'améliorent durant le premier quart de siècle, les voyages au long cours sont encore bien lents et aléatoires. Ainsi, en 1838, il faudra trente jours à Lord Durham pour se rendre d'Angleterre à Québec.

30. Tirée des « Bourgeois de la Compagnie du Nord-Ouest ». L. R. Masson, Imprimerie Générale, 1890, vol. 2.

31. Tous deux mariés à des Chaboillez.

tres qui centralisent le commerce à Montréal et, en particulier, celui des fourrures venues par la voie du Saint-Laurent et par un extrême effort de ces pagayeurs que les Bourgeois emploient, grands buveurs et jureurs mais qui ont une extraordinaire endurance physique. C'est avec les fourrures que les marchands établirent d'abord leurs entreprises. Plus tard, ils vendirent du bois, venu à Québec par le Richelieu, par l'Ottawa et surtout par le Saint-Laurent : planches coupées dans les innombrables petites scieries qui se trouvent dans les seigneuries ou billes, réunies en radeaux immenses et qui, à travers courants et rapides, arrivent à Québec pour être chargés dans une extraordinaire variété de navires, attirés là par la demande de bois d'œuvre que les pays scandinaves ne peuvent plus fournir à l'Angleterre, au moment du Blocus Continental et, à un moindre degré, par la suite.

Il y a aussi le blé, la farine, la potasse, venus du Bas-Canada d'abord, puis avec le début du XIXe siècle, en quantité croissante, du Haut-Canada. Avec le peuplement de l'arrière-pays par les Loyalistes, les Anglais, les Irlandais et les Américains, qui trouvent de l'autre côté de l'eau de bonnes terres à peu de frais, le Haut-Canada n'est pas qu'une colonie d'exploitation. Il devient un centre agricole qui sème et récolte. Tout cela vient à Montréal par le truchement de marchands qui, comme Richard Cartwright, agissent comme intermédiaires. Ils reçoivent les produits du colon d'abord, puis du fermier, donnent en échange ce que celui-ci ne peut produire lui-même, font crédit et expédient vers Montréal, qui est devenu le centre d'exportation et le port de l'arrière-pays. On l'aménage petit à petit pour lui permettre de remplir sa fonction, au bas des rapides de Lachine quand on aura construit le canal.

La maison Robertson, Masson & Co. est une de celles qui bénéficient le plus du commerce d'importation. Elle traite abondamment avec l'Angleterre. Un rapide examen de quelques connaissements de l'époque montre quelle variété de produits elle fait venir. Il y a des toiles de Leeds et de Dublin, des livres, de la quincaillerie, des produits textiles de Londres et, fait curieux, de la papeterie de la maison James Papineau de Londres. D'autres envois proviennent de Glasgow, d'autres de Manchester, d'autres de Liverpool. Dans un manifeste d'août 1835, à bord du *Sophia,* en provenance de Liverpool, il y a cent trente-cinq balles et trente-neuf caisses à l'adresse de Robertson, Masson & Co. ; ce qui est plus que pour tous les autres marchands réunis. Or, ils sont quarante-huit sur la liste et tous de Montréal. Il faut noter aussi que le *Sophia* appartient aux Robertson et à Joseph Masson.

La maison Robertson, Masson & Co. est donc un très gros importateur sur la place. Elle est aussi un bon client de la Banque de Montréal. Comment ferait-elle pour régler ses comptes en Angleterre, toucher les sommes qui lui sont dues au Canada même, s'il n'y avait la Banque à Montréal, à Québec, à Kingston, à York dans le Haut-Canada et à Londres, les frères Baring [32], qui sont les correspondants de la Banque de Montréal ? Si la Banque a eu un succès aussi rapide dès 1817, c'est qu'elle répondait à un besoin qu'il fallait satisfaire.

* * *

Joseph Masson a un esprit froid, calculateur, beaucoup de bon sens, un grand équilibre, des connaissances pratiques apprises au cours de ses affaires. Il est, je pense, ce qu'il est convenu d'appeler un *capricorne saturnien,* en jargon d'astrologie. Il a aussi le sens des valeurs. C'est son caractère sans doute, et tout cela qui le font apprécier des anglophones de la Banque de Montréal. Il n'a pas été le seul Canadien français à son Conseil. Il y a eu avant lui, Augustin Cuvilier, mieux connu sous le prénom d'Austin. Marchand — ceux qui jouent un rôle le sont presque tous à cette époque — Cuvilier a aussi une carrière politique. Il est à la Chambre d'assemblée dont il deviendra plus tard le président. Ainsi, en l'ayant dans son giron, la Banque réalisera ce tour de force, en des temps troublés, d'avoir eu parmi ses amis francophones un député très bien vu et, plus tard, avec Masson, un conseiller législatif, moins brillant, mais influent. C'est Cuvilier que l'on a chargé de présenter la loi destinée à piloter la charte de la Banque dans la turbulente assemblée. Elle n'a pas dépassé le stade du projet, en 1815 et 1816, puisqu'elle ne s'est même pas rendue jusqu'à la troisième lecture. Voyant cela, on a pensé à autre chose,

---

32. Les Baring sont dans la banque depuis des siècles. Le cardinal Richelieu a écrit, à propos d'eux, à peu près ceci, note Joseph Wechsberg dans *The Merchant Bankers : « There are six great powers in Europe : England, France, Russia, Austria, Prussia and the Baring Brothers ».* Ce sont eux qui, au XIXe siècle, sont les correspondants de la Banque de Montréal à Londres. Comme le note aussi M. Wechsberg : « Baring Brothers & Co. Limited (are) the oldest merchant Bank in the City of London ». (Page 98. Chez Little, Brown.) Notons également que, durant les années qui précédèrent la Confédération, c'est la maison Baring qui a fourni presque tous les fonds anglais placés au pays.

à une époque où il suffisait d'une convention entre associés, selon l'usage d'Angleterre, pour créer une banque. C'est en 1822 qu'une loi sanctionnée par sa gracieuse Majesté vint confirmer officiellement l'existence d'une société bancaire qui, depuis 1817, recevait, rue Saint-Jacques, les dépôts des bonnes gens, argentés et confiants. Elle émettait des billets de banque, faisait le commerce des effets de change à l'intérieur du pays et des monnaies étrangères. Par ses agents de New-York, de York et de Londres, elle faisait l'encaissement des effets de commerce à l'extérieur. Faisant d'une pierre trois coups le législateur avait, il est vrai, donné la vie à deux autres établissements bancaires : la Banque de Québec, qui devait s'installer à Québec et la Banque du Canada, qui allait concurrencer la Banque de Montréal dans son fief de Ville-Marie, jusqu'au moment où, en 1831, elle disparut, englobée par celle-ci, en vertu d'un processus de fusion qui devait par la suite jouer périodiquement. Masson était actionnaire de la Banque du Canada. Il passa à la Banque de Montréal et, en 1834, il en devint le vice-président. Peut-être ici faut-il se poser quelques questions pour expliquer un fait sans précédent dans l'histoire du Bas-Canada. Masson est un marchand important. Il est le chef d'une maison puissante, solide ; il a tout pour plaire à des anglophones à l'esprit pratique. Il est stable, il a un certain sens de l'humour, sinon dans les mots, du moins dans les faits. Par exemple, un jour qu'il se rendait en Angleterre pour donner ses commandes annuelles, avec ses collègues de la place, n'a-t-il pas laissé ceux-ci cuver leur vin à Liverpool, pendant quelques jours, tandis que lui allait rafler tous les produits disponibles dans les marchés habituels. La saison suivante, cela lui permit de les revendre un bon prix à ses concurrents et amis revenus bredouilles et jurant, mais un peu tard, qu'on ne les y prendrait plus. Ces choses se paient généralement, mais elles posent aussi un homme dans un milieu resté rude. Masson entre donc à la Banque. Ceux qui l'invitent au Conseil ont d'autres raisons en tête que sa réputation de bon commerçant. Ils savent que le moment va bientôt venir de renouveler la charte de la Banque si péniblement obtenue en 1822. Ils veulent mettre tous les atouts dans leur jeu. Ils ont déjà Austin Cuvillier à la Chambre, mais ce n'est pas suffisant. Ils appliquent la règle qu'ils observeront par la suite en ayant au moins un ou deux Canadiens français parmi eux. L'un sera à l'Assemblée législative et l'autre au Conseil législatif autant que possible. Au siècle suivant, ce seront soit des hommes politiques, très en vue, soit des avocats mêlés à la politique. Pour le moment, ce sont des marchands à

une époque où Montréal est à eux. Faut-il blâmer la Banque de
ce jeu d'influences qui ne se pratique pas que chez elle ? Non
assurément, car un conseil dans un milieu capitaliste a toujours
servi à des fins précises. On y trouve des gens sans intérêt particulier, mais en vue et qui *votent bien,* d'autres qui représentent
des groupes financiers, d'autres qui peuvent être utiles dans des
circonstances particulières et, enfin, ceux qui dirigent l'entreprise.
Masson est là pour agir sur le milieu francophone autant que faire
se peut. Il est bien vu du clergé, avec qui il s'entend à merveille.
Ainsi à Terrebonne, en 1837, avec l'aide de son curé, il calmera
ses gens et leur fera passer en toute tranquillité une période trou-
blée. Mais même si les Masson sont des amis des Papineau, l'influence de Joseph Masson est nulle sur le milieu bouillonnant, tonitruant, révolutionnaire, qu'inspirent Louis-Joseph Papineau et
ses partisans. Ce serait une erreur de jugement de la Banque
d'avoir compté sur Masson, si celui-ci ne s'était révélé un homme
de bon conseil dans les affaires, même s'il ne pouvait être le contrepoids espéré dans le milieu politique. Il resta à son poste de
vice-président jusqu'à sa mort survenue en 1847 ; ce qui indique
l'estime que l'on avait pour lui, bien qu'il n'opinât pas toujours du
bonnet, comme l'indiquent certains procès-verbaux.

La manière dont la Banque procéda pour renouveler ses pouvoirs en pleine effervescence politique vaut la peine d'être contée.

La Banque de Montréal avait eu la sanction royale à sa charte
en 1822, comme la Banque de Québec. La charte venait au renouvellement le 1ᵉʳ juin 1837. Or, malgré tous les efforts tentés par
leurs amis auprès du gouvernement [33], depuis 1835 il était impossible de faire passer la moindre législation bancaire par une chambre déchaînée, où Louis-Joseph Papineau régnait en maître. Après
son discours de décembre 1834, dans lequel il avait attaqué
violemment les banques [34], Papineau avait fait afficher sur les murs
des églises et des édifices publics une invitation au peuple à se faire
rembourser leurs billets « pendant qu'il est encore temps » ! Les
quatre-vingt-douze résolutions n'étaient pas tendres pour les établissements bancaires : ce qui n'était pas pour arranger les choses
dans une enceinte où la majorité était justement faite de ces gens

---

33. Voir à ce sujet « The History of the Bank of Montreal » de
Merrill Denison, chez McClelland & Stewart, Toronto. Nous lui avons
emprunté beaucoup de ces détails, en leur donnant notre interprétation,
il va sans dire.
34. P. 66. « Papineau, textes choisis ». Les Presses Universitaires de
Laval.

à qui on demandait de voter la prolongation des privilèges. Sous l'influence de Joseph Masson — dont il était le député — Louis-Hippolyte LaFontaine s'était engagé à présenter un texte en français demandant le renouvellement de la charte. Il n'eut pas à le faire puisque le Gouverneur décida de ne pas réunir les Chambres. Voyant cela, la Banque s'adressa à Londres, où l'on accepta, le 31 mai 1837, de renouveler la charte pour un an, avec un capital de 250,000 livres au lieu des 500,000 livres qu'on avait fait souscrire à Montréal. Quand le texte arriva, on décida de le mettre de côté — à tel point que l'historiographe de la Banque ne put le retracer dans les archives. Dans l'intervalle, la Banque était redevenue de son propre chef une société privée [35], agissant en vertu d'un acte d'association, comme elle l'avait été au moment de sa création, en 1817, en attendant une sanction royale qui ne venait pas. Le cas fut provisoirement tranché en 1838 quand le Conseil Spécial accepta d'accorder une charte valable jusqu'en 1842 [36]. Par la même occasion, il valida le moratoire que les banques du Bas-Canada s'étaient accordé pour leurs billets en circulation, à un moment de troubles politiques et économiques. Car, à la mauvaise récolte de 1836 au Bas-Canada, était venue s'ajouter une crise assez sérieuse de l'autre côté de la frontière. Ainsi, se trouvait tranchée une situation tendue et difficile puisque, dans notre optique actuelle, les banques avaient agi — fort heureusement d'ailleurs — dans l'illégalité la plus complète. Se constituer soi-même en société et suspendre le paiement de ses billets sans sanction officielle n'ont jamais été des actes bien recommandables. Ce fut, dans des moments troublés, la solution à laquelle jugèrent bon de s'arrêter des hommes intelligents et courageux qui n'avaient peut-être pas d'autres moyens de sauver la banque. Joseph Masson en était puisqu'il faisait partie du comité des finances, chargé de piloter l'établissement durant ces années difficiles.

La conclusion de l'historiographe de la Banque de Montréal, à propos des événements de 1837 et de l'économie est à la fois triomphante et cynique. La voici : « *Ironically enough, it was Papineau and his more belligerent followers who rendered an unwitting service to the Lower Canadian economy by engaging in open rebellion, resulting in the reinforcement of the British gar-*

---

35. Comme le permettait la loi anglaise dite « The Joint-Stock Bank Act of 1826 and the Act of 1833 », Merrill Denison. Ibid. Page 343.
36. Merrill Denison. Ibid. Page 352. Ce Conseil comptait trois administrateurs de la Banque de Montréal, ce qui facilitait les choses.

rison in Montreal and Quebec and the calling into service of volunteer militia units which had remained inactive since 1815 ».

Cette phrase prend toute sa valeur quand on lui ajoute le commentaire de l'auteur, à propos de l'armée anglaise au Canada et de la Banque de Montreal : « *From the earliest days, the Bank of Montreal was intimately associated with the military life which was so important to the colonies. In its first year of operation, the Bank was « given the right of supplying the Government in this country with such moneys as may be wanted by the different departments in Upper and Lower Canada* » [37]. On comprend, dans ces conditions, la valeur du service rendu, bien involontairement, au milieu commerçant et à la Banque par Papineau et ses turbulents amis, dont un certain nombre furent pendus haut et court et d'autres exilés aux Bermudes et en Australie. Ils ignoraient les avantages pécuniaires que la Vieille Dame de la rue Saint-Jacques avaient tirés de leur sanglante aventure.

Pendant ce temps, les affaires de Joseph Masson continuent de bien aller. En 1829, il a fondé une deuxième société [38] avec François-Antoine Laroque (*écuier,* comme on dit à l'époque pour traduire *esquire*) et Struther Strang de Montréal, Hugh Robertson et John Strang de Glasgow. Le groupe a trois établissements : l'un en Écosse, à Glasgow (Robertson & Co.) qui voit aux achats, l'autre à Montréal (Robertson, Masson, Laroque & Co.) et le troisième à Québec (Masson, Laroque, Strang & Co.). Ainsi est rendu plus facile l'approvisionnement des diverses régions où se trouve la clientèle à une époque où les communications et le crédit posent encore un problème sérieux, comme nous l'avons vu. En 1831, Charles Langevin se joint au groupe. L'année suivante, Laroque se retire de la société. En 1835, c'est au tour de Struther Strang. En 1846, il y eut un nouveau changement de raisons sociales : la maison de Montréal devenant Joseph Masson Sons & Co., celle de Glasgow, Masson, Sons & Co. et celle de Québec, Masson, Langevin & Co. [39].

---

37. Page 347. Ibid. Merrill Denison. Vol. I.
38. Fonds Honorable Joseph Masson. Registre nº 18. Nouvelle série. Inventaire des biens de la communauté (P. 223), à la Bibliothèque Nationale, succursale Fauteux à Montréal. Il faut lire à ce sujet, en particulier, le livre très intéressant que Henri Masson a consacré à son aïeul sous le titre de *Joseph Masson, dernier Seigneur de Terrebonne.*
39. Assez curieusement, si l'addition du mot *Sons* à la raison sociale semblerait indiquer que les fils soient entrés en société avec le père, ils ne le sont pas encore ; Isidore-Candide-Édouard Masson n'y étant plus tard qu'à titre de subrogé tuteur de ses frères et sœurs. Ibid. P. 225.

De Montréal, on vend dans la région, mais aussi dans le Haut-Canada. Un rapide sondage, dans certains connaissements de la maison montre qu'en effet, elle expédie à Bytown et, tout à côté, à Aylmer, à Kingston, à York, puis à Toronto, dans une colonie qui progresse et, en général, dans une province dont la population va croissant avec l'immigration des Américains et, plus tard, des Irlandais, des Écossais et des Anglais qu'on fait venir ou qui viennent eux-mêmes d'Europe. Le mouvement d'immigration s'accélère à tel point, à partir de 1825-26, qu'en quinze ans la population du Haut-Canada double ; ce qui vaut un marché considérablement accru aux marchands de Montréal, plaque tournante du commerce intérieur.

* * *

Pour Joseph Masson, 1830 et les années qui suivent sont les plus fécondes de sa carrière. Il a semé et il récolte. Ses affaires donnent bien, même si elles subissent des hauts et des bas avec la situation économique générale. La crise agricole d'avant la rébellion n'a pas diminué les besoins, mais elle a empêché qu'on les satisfasse pleinement. Durant les années qui la suivent, la situation économique est mauvaise. Une remarque de Julie Papineau en 1839 est à ce propos bien intéressante. D'Albany, elle écrit à son mari le 4 mars : « M. Masson veut être payé de Benjamin [40], me dit sa sœur. Elle dit que l'état des affaires est affreux, que les gens veulent être payés et que personne ne paye, que les propriétés n'ont aucune valeur, que personne ne veut s'embarrasser de biens-fonds plus qu'ils n'en ont, que si cet état de choses dure encore un ou deux ans, les familles les plus aisées seront réduites à la misère » [41].

40. Il semble bien qu'il s'agisse de Denis-Benjamin Papineau, le plus jeune frère de Louis-Joseph Papineau. Il ne l'a pas suivi dans son aventure politique. Il s'est contenté d'administrer la seigneurie de la Petite Nation jusqu'au retour de son frère en 1846. Dans l'intervalle, il a été élu député du comté d'Ottawa, puis il est devenu Commissaire des terres. « The MacMillan Dictionary of Canadian Biography ». Chez Mac Millan Company of Canada, 1963. P. 576.

41. Rapport de l'archiviste de la province de Québec, 1957-58 et 1958-59. Vol. 38-39. P. 103. Il faut tenir compte du contexte historique et du caractère particulier de Madame Papineau. Malgré cela, le témoignage est à retenir. Fernand Ouellet a été dur pour son état. Cela lui a valu une poursuite et un jugement rendu contre lui par la Cour supérieure. Si on lit les *Mémoires* du Chanoine Groulx on se rend compte combien l'héritage nerveux a été lourd pour les descendants. Cela n'empêche pas les historiens de regretter que, dans son jugement, le magistrat ait reconnu la diffamation. Il leur a posé ainsi un grave problème. Jusqu'où peuvent-ils aller dans l'affirmation de certains faits ?

Cependant, la population continue d'augmenter, et la demande est croissante, particulièrement dans le Haut-Canada que domine partiellement Richard Cartwright [42], commerçant qui, avant de jouer un rôle politique, centralise en grande partie les commandes des petites gens, des marchands de campagne qu'il satisfait avec les marchandises entrées au pays par l'entremise des importateurs de Montréal. Joseph Masson est l'un des plus importants, car il suit ses affaires de très près. Il continue d'aller lui-même placer ses commandes en Europe. Et de là, il talonne ses gens. Ainsi, un jour, il leur recommande d'aller chercher les marchandises dès leur arrivée au port pour les expédier à la clientèle le plus tôt possible. Voilà un réflexe de boutiquier, pensera-t-on. Il est évident que toute son attention est centrée sur ses affaires. Comme tous ceux qui ont bâti une entreprise, il a tendance à voir aux détails malgré des occupations multiples et des absences prolongées, car les voyages sont encore longs et difficiles. C'est une époque où l'on n'a pas encore appris à déléguer ses pouvoirs dans une économie fermée qui ne s'approvisionne guère qu'à deux grandes sources, avant qu'elle ne devienne la principale pourvoyeuse de l'une d'elles après l'application de la politique nationale.

Joseph Masson ne s'en tient pas à ses entreprises. Comme on l'a vu, il entre à la Banque de Montréal, dès 1826. Il en devient le vice-président en 1834. Il le restera jusqu'à sa mort. Il est aussi au Conseil législatif, à partir de ce moment-là. Il est à la Ville de Montréal dont il surveille l'administration avec d'autres commerçants, comme Peter McGill!. Ainsi, de 1836 à 1840, il est membre de la Cour spéciale des Sessions de la Paix qui voit aux affaires de la ville [43]. Il a de multiples propriétés à Montréal [44]. Puis, il

_____

42. Il envoie son fils étudier le droit à Québec, semble-t-il, chez le Procureur Jonathan Sewell. Philippe Aubert de Gaspé se lie d'amitié avec lui. Le fils meurt très jeune. Un jour, Richard Cartwright se rend à Québec et il demande à voir de Gaspé pour lui dire comme son fils lui était attaché. « Mémoires », p. 183.

43. Père Maurice Brouard dans la « Revue de Terrebonne ». Page 9.

44. Joseph Masson a surtout une fortune foncière. Ainsi à sa mort, l'inventaire du notaire J. C. Belle et « L'acte de liquidation et partage de la communauté de biens » du notaire Girouard révèlent qu'il a la seigneurie de Terrebonne, celle Desplaines et celle de Lacorne. Il a plusieurs propriétés à Montréal, rue Saint-Paul, rue Notre-Dame, sur Beaver Hall Hill, ainsi que Place d'Armes. Il a aussi des actions de la Banque de Montréal, de la City Bank, de la Pork Bank à Hamilton, de la Bank of United States et chose curieuse, de la Banque du Peuple, qui est la chose de Viger, Dewitt & Co. concurrents de la Banque de Montréal chez les Canadiens français. Il en avait aussi de la Commercial Bank of the Midland District (Haut-

devient seigneur de Terrebonne : lui, fils de menuisier analphabète. Il a aussi des armes : un lion ailé et une devise « Attendre pour atteindre » ; ce qui fait sourire à distance même si on nous dit qu'à l'origine c'était l'*ex-libris* préparé par Louis-Joseph Papineau pour la bibliothèque qu'on l'a chargé de constituer. Signe de bourgeoise aisance, il a fait faire deux assez beaux portraits, l'un de lui et l'autre de sa femme par Théophile Hamel, le peintre de la bourgeoisie. Sur son portrait, celle-ci fait très grand bourgeois ; elle est réservée, un peu altière. Lui est sobrement vêtu ; il a l'air d'un hobereau de l'ancien régime, un peu condescendant, alors qu'il était simple. Il a le crâne surmonté d'un toupet à la Papineau. On sent qu'il tente d'atteindre graduellement aux couches supérieures d'une société en voie de formation. Celle-ci remplace les hommes de l'ancien régime qui, n'ayant pu ou voulu travailler ou ayant cessé de se battre, ont perdu leur utilité. Leurs familles sont en voie de disparition ou tout au moins, en perte de vitesse. Pour Masson, aux luttes du début, a succédé une situation d'homme arrivé, riche, écouté, suivant une évolution que l'on avait constatée auparavant chez les *bourgeois* de la fourrure, dont certains ont vécu à Terrebonne comme Simon McTavish et Roderick McKenzie. Ils ont précédé Joseph Masson dans cette seigneurie de Terrebonne, dont il a réglé le prix séance tenante en billets de mille livres, à l'étonnement des autres enchérisseurs, mais aussi avec

---

Canada) et des broutilles : actions du Saratoga & Washington Railroad et de la Compagnie du Canal Welland. Dans le Bas-Canada, il possédait des actions de la City Gas, compagnie qui fournissait le gaz pour l'éclairage de la ville de Montréal et celles du Pont de Terrebonne. Il avait enfin ses trois affaires qui ont été liquidées après sa mort, ses fils s'en étant rapidement désintéressés. Tout cela indique, je pense, que si Joseph Masson était nettement orienté vers le placement immobilier, il s'intéressait aussi à d'autres formes d'investissement. Son portefeuille était en somme assez bien équilibré. (Voir le Fonds Joseph Masson, à la Bibliothèque Nationale, succursale Fauteux. Registre n° 18).

Dans « l'Acte de liquidation et partage de la communauté de biens », le notaire mentionne que l'immeuble connu sous le nom de Beaver Hall a été évalué à 2,550 livres et qu'il rapporte 1,038 dollars par an. Y habitent Joseph-Amédée Papineau, l'un des fils de Louis-Joseph Papineau, J. W. A. R. Masson (fils de Joseph Masson) et Madame Veuve Roderick McKenzie, qui a également une maison à Terrebonne. Les loyers sont faibles puisque chacun des corps de logis, comme il est dit dans l'Acte, est loué $70 par an. Si on mentionne ces chiffres ici, c'est comme un détail curieux qui permet de juger combien le coût de la vie était bien faible à l'époque.

C'est le *Beaver Club* qui donnera son nom au *Beaver Hall*, lequel à son tour prêtera son nom à Beaver Hall Hill, qui remplacera la rue de Sainte-Radegonde.

un bien curieux moment de distraction dont il sera question un peu plus loin. Il convient, je pense, de raconter ici les circonstances qui ont précédé l'achat de la seigneurie, tant il y a là une étape dans la vie de Joseph Masson.

La seigneurie de Terrebonne n'était pas de création récente. Elle avait été attribuée au secrétaire général de la Compagnie des Indes Occidentales, dès décembre 1673. La Compagnie lui fait don « de l'étendue de terre de deux-tiers de face sur la rivière de Jésus autrement dite des Prairies, à prendre du côté du nord, depuis la borne du fief et terre de la Chesnaye en remontant la dite rivière vis-à-vis l'Île Jésus, et deux de profondeur, que l'on nommera dorénavant Terrebonne... ». À une époque où la terre n'avait aucune importance en Nouvelle-France, la concession était d'assez mince valeur. Son propriétaire, André Daulier des Landes, ne viendra jamais constater l'agrément de son fief. Il se contentera de le céder huit ans plus tard à un marchand de Montréal, lequel le vendra à son tour et, ainsi de suite, pendant tout le régime français jusqu'à Jacob Jordan en 1783. En 1802, la seigneurie est mise aux enchères par le shérif pour payer les dettes des Jordan. C'est Simon McTavish qui l'achète. Il est riche, haut en couleur, membre du *Beaver Club* où, pour avoir droit de cité, il faut avoir fait la traite des fourrures pendant au moins sept ans. McTavish meurt en 1804. Ses héritiers vendent le domaine à Roderick McKenzie treize ans plus tard. Celui-ci est un autre ancien *Fur Baron*. En 1832, nouvelle vente par le shérif. Marguerite Chaboillez, veuve de Simon McTavish, a convolé avec le major Plenderleath de Londres. Comme la succession ne lui paie rien ou peu de choses, elle fait vendre la seigneurie en invoquant que les héritiers n'avaient pas le droit de la céder à Roderick McKenzie. Même si celui-ci est son beau-frère, elle obtient qu'on offre la propriété à la criée, avec l'intention non-avouée de la racheter elle-même [45]. Comme on le voit, à l'époque, la contestation avait ses droits, même entre parents [46], à tel point qu'à Terrebonne il y a eu longtemps une rue de la Chicane, ce qui en dit long sur les habitudes.

_____

45. Son mari est en effet un des trois enchérisseurs dont il est question plus loin.

46. Ainsi, Joseph Masson devra poursuivre sa belle-mère au nom de sa femme, afin de lui faire payer la somme que lui avait laissée son père par testament. Autre cas assez caractéristique, les enfants de Madame Joseph Masson refuseront, par le truchement de leur tuteur, de reconnaître le contrat passé entre leur père et leur mère au moment de leur mariage à La Prairie de la Magdeleine.

Cette fois, il y a trois enchérisseurs et pas des plus dépourvus. L'un est le propre mari de Marguerite Chaboillez, le Major William Smith Plenderleath de Londres, l'autre est le Colonel Douglass et le troisième, le capitaine Joseph Masson. Car celui-ci est aussi capitaine de milice, note son arrière-petit-fils [47].

Par le truchement d'un de ses associés, John Strang, Joseph Masson offre 25,150 livres et obtient le domaine. C'est un peu plus que ce que Simon McTavish avait payé en 1802. Il faut dire que si les autres renoncent à surenchérir, c'est que la seigneurie ne rapporte guère parce qu'elle n'est pas suivie d'assez près et qu'il y a des réparations assez coûteuses en perspective. Masson le sait, mais il la veut quand même. Il est attiré par une spéculation à long terme — la seigneurie n'étant pas loin de Montréal — mais surtout, je crois, par le titre de seigneur qu'ont beaucoup de gens dans son milieu. Sa famille n'était pas originaire de la région [48]. Toutefois, il veut y venir dans un fief qui rapporte peu, mais qui donnerait du prestige à celui qui le posséderait. Il y amènera sa famille dès que le manoir sera réparé. C'est un bâtiment en pierre au toit mansardé, dont il se contentera de son vivant, mais que sa femme remplacera quelques années après sa mort par une grande maison, dont les esquisses seront dessinées par l'architecte Pierre-Louis Morin [49], à qui les gens de la Banque de Montréal avaient songé un moment pour les plans de leur nouvel immeuble, à la suggestion, sans doute, de Joseph Masson.

Au moment où celui-ci se porte acquéreur de la seigneurie, elle est un centre rural assez actif, avec une population de 2,094 âmes, une église, un couvent, une école, deux moulins à farine, deux scieries, deux moulins à foulon, trois tanneries, une potasserie et une *perlasserie* [50]. Parmi les notables, il y a le curé, le médecin, le notaire et, en outre du seigneur, des bourgeois riches,

47. Henri Masson. « Le dernier achat de la Seigneurie de Terrebonne », *Revue de Terrebonne* du 20 juin 1968.

48. Raymond Masson dans « Généalogie des Familles de Terrebonne, depuis le 19 août 1727 jusqu'au 31 décembre 1872 ».

49. Pierre-Louis Morin, arpenteur et architecte, né à Nonancourt en 1813, mort au Canada en 1886. Auteur entre autres des plans du Séminaire de Saint-Hyacinthe. J.-J. Lefebvre dans le « Dictionnaire Beauchemin de 1968 » ; section consacrée à l'Amérique, p. 207.

50. « Topographical Dictionary of the Province of Lower Canada », par Joseph Bouchette, 1831, Londres, chez Henry Colburn et Richard Bentley.

dont Roderick McKenzie et d'autres qui y ont une maison de campagne dans un endroit charmant [51].

La région est surtout agricole. Comme le note Joseph Bouchette dans son livre sur le Bas-Canada, les moulins attirent beaucoup de gens qui viennent y faire moudre leur grain. Masson donne un regain d'activité à l'endroit, en les faisant réparer et en achetant une partie de la farine pour son magasin de Montréal.

Il n'habite pas Terrebonne à l'année longue, car le trajet exige au moins trois heures de voiture ou de bateau, et ses affaires demandent sa présence à Montréal. Il demeure rue Notre-Dame, près de son magasin ou rue Saint-Paul, au numéro 20, avec sa famille, selon le moment. En étant sur place, il peut surveiller son entreprise de près et assister aux réunions du Conseil législatif ou de la ville de Montréal (dont il est échevin), de la Banque de Montréal dont il est le vice-président et de certaines sociétés comme *City Gas* qu'il préside. Cette dernière société alimente les lampadaires de la ville en gaz d'éclairage.

Il ne néglige pas sa seigneurie pour cela. Au bureau qui se trouve dans l'Île-du-Moulin, il reçoit ses censitaires quand ceux-ci viennent le consulter ou payer leurs redevances à l'automne : quelques sols ou un peu de blé ou de céréales, par exemple. Il fait ouvrir une route de péage que l'on connaît maintenant sous le nom de Montée Masson. Il a aussi des actions dans la compagnie à qui appartient le pont qui enjambe la rivière des Mille-Isles et fait la jonction avec la route menant à Saint-François. Les mauvaises langues lui prêtent quelques aventures. Bref, il prend très au sérieux son rôle de seigneur dans une société qui, vingt ans plus tard, fera disparaître le régime seigneurial avec le rachat des rentes par le gouvernement, pour briser des cadres qui ont perdu leur utilité depuis longtemps, et qui sont un carcan beaucoup trop rigide pour une natalité qui explose.

* * *

Il y a aussi dans la vie de Joseph Masson un aspect généreux. Il donne à son église. Ainsi, dans une lettre au curé Porlier, de Terrebonne, Mgr Bourget rappelle la générosité de l'homme d'affaires. Il n'hésite pas à recommander à un autre curé de le voir pour obtenir un nouveau terrain pour son église. Comme il ne

---

51. Voir Roy, « Vieilles maisons, vieux manoirs ». Chez Ls-A. Proulx, Imprimeur du Roi, 1927.

laisse rien au hasard, il écrit lui-même. Autre fait à noter, avant
sa mort, semble-t-il, Joseph Masson demande à sa femme de faciliter la création d'un collège pour jeunes gens à Terrebonne [52].

À côté de cela, il y a chez lui, des étroitesses, des mesquine-
ries, une certaine ladrerie même, qui en font, sous certains aspects,
un personnage balzacien. Ainsi, à un moment donné, sa sœur
Catherine et lui vendirent la propriété de Saint-Eustache, héritée
de leur père. Sa part, c'est tout ce que Catherine possède. Non
seulement Joseph Masson, très riche pourtant, ne renonce pas à la
sienne en faveur de sa sœur — ce qui aurait été normal — mais
à la mort de son frère en 1847, Catherine n'a pas encore touché
tout ce que celui-ci s'était engagé à lui payer. C'est son neveu et
la succession qui le feront par la suite.

En homme de loi, les notaires qui rédigent l'acte de liquidation
de la succession en 1848, écrivent ceci à ce propos : « Il restait
donc à décider si la crédit-rentière (Catherine), qui avait tenu la
maison du défunt à Montréal, où elle avait demeuré avec une
partie de la famille et y avait été nourrie et entretenue, pouvait
prétendre (à) la totalité des arrérages de cette rente jusqu'au décès
du défunt et dont la balance s'élevait à plus de deux mille louis ».
À travers l'argutie juridique, on devine le drame de la célibataire,
qui élève la famille jusqu'au moment où l'on n'en veut plus et à
qui on croit ne rien devoir parce qu'on l'a logée et nourrie. Ce
serait très dur, si le geste du neveu ne corrigeait l'injustice. Après
avoir noté le remboursement par le subrogé-tuteur, deux des exécuteurs tiennent à exprimer « leurs réserves et protestations » [53].
Ce qui, juridiquement, était prudent, mais humainement odieux.
La pauvre fille avait, en effet, un grand besoin d'argent. [54]

Il y a aussi ce mot assez troublant de Madame Louis-Joseph
Papineau, dans une lettre qu'elle envoie à son mari à Paris en
1839 : « Joseph Masson insiste pour être payé par Benjamin... Or,
écrit-elle, la misère est grande partout » [55].

52. Il y a aussi un autre geste à signaler ici. En 1845, lui qui n'a
rien à y gagner, il accepte de devenir président de la Société Saint-Jean-
Baptiste. Pour le seconder, il y a Antoine Gérin-Lajoie, qui agit comme
secrétaire de la Société. Il succède à Ludger Duvernay. C'est très caractéristique, je crois, d'un état d'esprit nouveau.
53. P. 13. Acte de liquidation et partage de la Communauté.
54. Puisque, à sa mort en 1857, elle était en service chez les Sœurs
de la Providence, comme l'écrit le père Brouard, qui emploie un euphé-
misme pour ne pas dire qu'elle était domestique.
55. En l'absence de son frère, Denis-Benjamin, il est vrai, administre
la succession de la Petite Nation qui appartient à Louis-Joseph Papi-

Il y a également ce détail bien curieux que rapporte un arrière-petit-fils dans son article sur l'achat de la seigneurie de Terrebonne. En remettant le prix en espèces, Masson ne donne que 23,150 livres en échange d'un reçu de 25,150 que lui remet le shérif sans méfiance et qui ne vérifie pas la somme payée. Erreur, distraction ? Peut-être, mais l'acheteur ne fait aucune difficulté pour rembourser la différence [56], quand, plus tard, on la lui demande.

Voici deux autres faits qui nous font nous poser des questions. La minute du contrat de mariage que l'on conserve au greffe du notaire « n'est point contresignée ». Le contrat crée une communauté de biens entre les époux, avec les acquets. Pour qu'il fût valide, il aurait fallu qu'il eût été « passé devant deux notaires, ou un notaire et deux témoins ». Il ne l'a pas été, semble-t-il. Et c'est justement ce qu'au lendemain de la mort de Joseph Masson, ses exécuteurs et les fils majeurs invoqueront pour refuser d'en admettre la valeur [57], malgré la protestation de leur mère. Cela leur coûtera le manoir et ses dépendances, à la mort de celle-ci. Pour rentrer dans ce qu'ils considèrent leur bien, les héritiers devront prouver que les conditions du legs n'ont pas été exécutées.

Autre détail également assez curieux : le père et la mère font don de la propriété de la Place d'Armes à leurs enfants mineurs en décembre 1832. Ceux-ci n'acceptent pas le don suivant les formes ordinaires, non plus que ne le fait John Strang, associé du père, qui est censé agir comme leur tuteur. Au moment du règlement de la succession, il fallut bien admettre que la donation n'avait aucune valeur [58].

---

neau depuis 1817. Une de ses lettres confirme l'insistance que Joseph Masson met à se faire payer. Le 22 avril 1839, il écrit : « Croyez que ce n'est pas l'action intentée contre moi qui m'a fait vous envoyer le léger acompte... ».

56.   Henri Masson dans la « Revue de Terrebonne » du 20 juin 1968. M. Masson prend la chose en plaisantant. Je crois qu'il faut aller plus loin que cela et essayer de rattacher le fait à une bien curieuse tendance d'esprit.

57.   Cela entraîna moult consultations auprès des savants maîtres de l'époque, dont George-Étienne Cartier et Louis-Hippolyte La Fontaine. P. 8 et 10 de « l'Acte de liquidation et partage de la communauté de biens, qui existait entre feu l'honorable Joseph Masson et Dame Marie-Geneviève-Sophie Raymond ».

58.   Fonds Honorable Joseph Masson. Registre n° 18. P. 62. Bibliothèque Nationale.

Ces deux derniers faits sont d'une nature bien différente des trois premiers. Je crois qu'il faut les noter, cependant, car ils présentent un autre aspect de l'homme chez qui tout paraissait précision et prévision. Ils semblent peut-être indiquer soit des insuffisances qu'explique une absence de formation première, soit un trait de caractère. Joseph Masson n'était pas un homme de loi. Mais comment se fait-il qu'il ne soit pas informé et qu'il n'ait pas fait régulariser tout cela avant son décès, lui qui, à titre d'homme d'affaires, aurait dû mieux savoir ou mieux faire ? Mais peut-être des relations assez tendues avec sa femme, durant les dernières années de sa vie, expliquent-elles bien des choses ! Certaine histoire d'un chapeau de plume jeté rageusement dans l'âtre jette un peu de lumière sur leurs relations conjugales dans les dernières années !

Tout cela a une importance relative et ne permet pas de juger l'homme, même si les trois premiers faits sont un peu troublants. Ne doit-on pas conclure tout simplement que Masson était un homme comme les autres, ayant les qualités et les défauts d'êtres humains. Il nous a paru qu'il ne fallait pas passer sous silence une certaine âpreté, qui guette souvent les hommes d'affaires qui ont réussi. Il semble parfois aussi que l'amour immodéré de l'argent fasse faire à certains d'entre eux des choses qui, à distance, sont bien difficilement explicables.

Chez l'homme, le succès se manifeste de façon bien différente. Certains ont des liaisons plus ou moins avouées ou affichées ; d'autres font des dons généreux, créent des fondations bien nanties, quoique, à l'époque de Joseph Masson, la chose ne se fasse pas encore, semble-t-il [59]. (Et cependant, il y a le Collège de Terrebonne, mais son testament n'en fait pas mention !) D'autres veulent faire valoir leur personnalité nouvelle en portant des vêtements bien coupés et coûteux. D'autres recherchent un cadre nouveau à leur réussite, en construisant ou en achetant des demeures somptueuses. D'autres s'entourent de collections d'œuvres d'art et de livres qu'ils font réunir par un antiquaire ou par un tiers qui a la réputation de s'y connaître. D'autres s'intéressent ouvertement à des œuvres afin qu'on parle de leur générosité. D'autres enfin, ne peuvent s'empêcher d'aimer à ce point l'argent qu'ils font certains actes frisant la dureté. Dans la vie de Masson, il y a un peu de tout

---

59. Il y a le don qu'a fait James McGill pour le fondation de McGill College. Il y a aussi tous ceux qui lèguent des sommes importantes aux congrégations religieuses ou à leur église. Mais ce ne sont pas des fondations au sens actuel.

cela. Il a beaucoup travaillé, il a mis de côté pas mal d'argent et il a été à la fois généreux et assez *serré*. Enfin, par son testament de 1845, il s'est efforcé de garder à ses enfants la fortune qu'il avait accumulée à travers une vie de labeur. Il y réussira en constituant une fiducie : source de critiques de la part des intéressés, mais aussi de continuité, ce qu'a voulu le *de cujus*. Précisément à cause de tout cela, il a été un type humain intéressant, et c'est comme tel qu'on a pensé le présenter ici comme un personnage valable dans la société canadienne-française du XIXe siècle.

Joseph Masson meurt du typhus en 1847. Il a 56 ans. On l'enterre à Terrebonne. Plus tard, ses restes seront mis dans la crypte de l'église Saint-Louis. Ils y reposent avec ceux de sa femme, au-dessous du banc du seigneur, sous une dalle de pierre [60]. Une inscription très sobre rappelle ce que tous deux ont été. À côté, il y a la terre battue et, au-dessus, les poutres qui soutiennent le plancher de l'église. Tout autour, des monuments de taille réduite à cause de l'espace disponible, qui rappellent le souvenir des autres membres de la famille. Ce serait triste, si le nom ne se perpétuait ainsi dans cette plaque funéraire et, surtout, dans le testament qui, en créant une fiducie, a assuré la pérennité de la famille et de la fortune. C'est ce qu'avait voulu son fondateur, qui aimait les choses stables. C'est aussi ce que, plus tard, ont accepté les héritiers qui, en ne demandant pas la séparation des biens le moment venu, ont évité que le fonds ne soit jeté aux quatre vents et, peut-être, gaspillé à jamais.

C'est ainsi que l'œuvre principale de Joseph Masson, celle qui a résisté, c'est la substitution qu'il a créée en 1845, date où il a signé son testament [61]. Ce qui, dans bien d'autres cas, s'est révélé une médiocre solution a été dans le sien une mesure excellente qui lui a permis de réaliser son goût de la durée, marque de son caractère et raison de son succès matériel.

---

60. L'église qu'a connue Joseph Masson était moins grande que l'actuel temple de la rue Saint-Louis ; mais comme elle était plus jolie ! Dotée d'une curieuse façade, elle avait la grâce d'un paravent déployé. Elle était au tournant de la rivière à Terrebonne.

61. Chose assez curieuse, un peu plus tôt, Louis-Philippe d'Orléans créa une substitution avant de monter sur le trône de France. Il a vécu en Angleterre. Il ne sait pas ce que réserve l'avenir à ses enfants. Aussi imagine-t-il que les sommes accumulées seront réparties entre les héritiers de la cinquième génération. Elles résistèrent au temps mais mal à une assez mauvaise administration, dit une des héritières avec qui l'auteur causait du sujet à la sortie du *Théâtre de Dix Heures*, à Paris.

* * *

Il n'a guère été question jusqu'ici de Marie-Geneviève-Sophie Raymond [62], que Joseph Masson épousa à La Prairie de la Magdeleine, le 6 avril 1818 ; avril et non juin, mois de l'hyménée au Canada français. C'est que le commerce auquel Joseph Masson est associé fonctionne à plein rendement dès que la navigation reprend dans le fleuve.

Comme dans les contes de fée, ils eurent beaucoup d'enfants, qui vinrent avec régularité de 1819 à 1840, à un moment où la loi de l'Église est souveraine dans l'alcôve [63]. Il en mourut quatre en bas âge, avec cette dureté de l'époque. La mortalité chez les enfants était terrible à ce moment-là, même dans les familles où on pouvait se permettre les soins les plus avancés. Or, hélas ! ils le sont encore bien peu au Bas-Canada comme ailleurs.

---

62. Une étude comme celle-ci serait incomplète si on ne se rendait compte du rôle joué par une personnalité aussi forte dans la famille Masson.

63. Les Masson ont eu douze enfants. À la mort du père, en 1847, huit sont vivants, dont cinq sont mineurs. Les enfants majeurs sont Joseph-Wilfred-Raymond, négociant, (né le 20 mars 1819), Marie-Adélaïde-Élodie (née le 15 juillet 1824) qui a épousé Martin-Édouard Bossange, négociant à New-York, Isidore-Candide-Édouard, marchand, né le 4 mai 1826. Les mineurs sont Jean-Paul-Romuald, né le 6 février 1832, Louis-François-Roderick, né le 6 novembre 1833, Charles-Germain-Henry, né le 31 janvier 1836, Louis-Hugh-Robertson, né le 6 février 1838, Marie-Catherine-Sophie-Angélina, née le 27 mars 1840.

Wilfred s'associera à J.-B. Bruyère. Quant à Édouard, qui fit ses études en partie à Paris, « (Il) fut l'un des hommes les plus spirituels, les plus aimables et les plus prodigues de son temps » écrit L.-O. David dans ses « Souvenirs et Biographies » (Page 71. Chez Beauchemin Ltée, 1911.). À Roderick, il rend ce témoignage :

« On ne peut faire ce reproche à Rodrigue Masson ; il a su profiter de l'éducation et de la fortune que son père lui a données et des talents dont la Providence l'a doué, pour être utile à son pays.

« Il a été député, ministre à Ottawa, lieutenant-gouverneur de la province de Québec ; il est maintenant sénateur et membre du Conseil de l'instruction publique. Il a rempli toutes ces charges avec honneur pour lui et ses compatriotes. Quoique sincèrement conservateur, il n'a pas craint, en différentes circonstances, de manifester une parfaite indépendance de caractère à l'endroit de son parti.

« Ses adversaires cependant prétendent que, vu sa fortune et son influence, il n'a pas été aussi indépendant qu'il aurait dû l'être dans l'intérêt de ses compatriotes. Il s'est tu quelquefois, mais il n'a pas protesté, il a laissé faire, il s'est lavé les mains. » Ce qui est, en passant, le coup de griffe de celui qui est de l'autre côté de la barrière.

Élodie vécut à New-York avec son mari, Martin-Édouard Bossange, qui y avait un commerce de livres, jusqu'au moment où ils revinrent en

Sophie Raymond est fille d'un marchand de La Prairie, appelé Jean-Baptiste Raymond. Comme beaucoup d'autres commerçants, celui-ci fait une fugue du côté de la politique. De 1800 à 1808, il est député de Huntingdon. Il a quelques biens et, entre autres, une grande maison qui sera connue longtemps sous le nom de Manoir Pinsoneault [64]. C'est de là, sans doute, que viendra le goût de la seigneuresse Masson pour les grandes et nobles maisons. Elle en fera construire une à Terrebonne après la mort de son mari. Pour les gens du cru, sa demeure deviendra bientôt le Château Masson dans les conversations comme dans les actes notariés [65]. Son père avait eu aussi une seigneurie lointaine, qui comprenait le lac Matapédia et une lieue de tour. Après la mort de l'aïeul, Jean-Baptiste Raymond l'avait vendue pour une bouchée de pain, à une époque où la terre de ce côté ne valait pas grand-chose [66]. À sa mort, il laissa quelque argent puisque chacun de ses enfants devait recevoir la somme de 500 livres [67]. Remariée, sa veuve ne la paiera pas à Madame Masson, tant que le mari de celle-ci ne l'eût poursuivie au nom de sa femme [68].

Geneviève-Sophie a été élevée dans un milieu que Joseph Masson n'a pas connu dans sa jeunesse. Elle en a gardé d'excellentes manières et un goût du faste, qui se traduit du vivant de son mari par un certain nombre de choses auxquelles lui n'aurait sans doute pas songé. Avoir des armes et une devise, puis une bibliothèque, réunie par les soins de Louis-Joseph Papineau au cours de son séjour en Europe, l'idée ne lui en serait sûrement pas venue, car il avait plus l'habitude des livres de comptabilité que des œuvres des grands écrivains. On n'était pas encore à l'époque où les hommes d'affaires comme Van Horne, Strathcona, Allan et L.-J.

France. Sa sœur Sophie y fit ses études et elle épousa plus tard un Français d'excellente famille. Plus tard aussi, c'est Hector Bossange qui accueillit Crémazie en fuite dans son château d'abord, puis dans son établissement de Paris jusqu'au jour où la librairie Hector Bossange fit faillite. En 1875, on retrouve Crémazie chez le fils d'Hector Bossange (Gustave) qui a une agence maritime au Havre. Le 17 janvier, il y meurt. (*Crémazie*, par Michel Dassonville aux Éditions Fides. P. 22 et 23.)

64. Pinsonneau ou Pinsonnaut, suivant la fantaisie de chacun et les époques.

65. Père Brouard dans la *Revue de Terrebonne* du 18 juin 1965 et le Père Léo Boismenu dans « Les Étapes d'un Manoir canadien ».

66. Voir J.-J. Lefebvre. Étude sur Jean-Baptiste Raymond, parue dans le B.R.H. Vol. 58. P. 59 et suivantes.

67. J.-J. Lefebvre. *Ibid.* P. 69.

68. Ce qui est un autre exemple de ce goût du procès qu'ont nos ancêtres. *Qui a terre a guerre*, dit un vieux dicton. Le Canadien saisit toutes les occasions que la chicane lui présente.

Forget, à l'instar des grands *business men* d'outre-frontière, accumulaient des collections de peintures, s'arrêtant brusquement, il est vrai, avec les impressionnistes.

Dans la maison, Madame Masson crée une atmosphère qui, sans elle, n'aurait sans doute pas existé. Dans la famille, on semble en avoir gardé le tenace souvenir d'une aïeule envahissante, assez dure, accordant au protocole familial une importance de tous les jours. Mais cette amosphère, n'était-ce pas celle que Galsworthy a décrite dans certains de ses livres ; n'est-ce pas aussi celle que la reine Victoria avait imposée à son entourage après la mort du Prince Albert ? N'est-ce pas la Reine qui, durant ses dernières années, recommandait à ses ministres de ne pas tenir le prince héritier au courant de toutes les affaires du pays ? Il parle trop, disait-elle. Et, cependant, comme il semble sage et prudent quand, sa mère disparue, il prend en main les rênes de la monarchie et du royaume.

Madame Masson fait donner la meilleure instruction à ses enfants [69] et, surtout, à l'un des fils, Louis-François-Roderick, qui, né en 1833, jouera un certain rôle plus tard dans la politique canadienne. Sous l'influence de sa femme, sans doute, Joseph Masson l'avait envoyé à un moment donné, chez les Jésuites des États-Unis. Il y a une lettre de Mgr Ignace Bourget, adressée au Provincial des Jésuites à Georgetown, qui est à la fois amusante, assez naïve et bien caractéristique. L'Évêque lui présente « l'un de nos plus notables citoyens, l'honorable J. Masson qui désire lui confier l'un de ses fils pour qu'il reçoive une éducation qui conviendra au rang élevé que cet enfant doit occuper dans le monde » [70]. L'enfant a alors dix ans. Par la suite, Roderick Masson terminera ses études à Saint-Hyacinthe, après la mort de son père, sans doute sous l'influence de Madame Louis-Joseph Papineau, qui est l'amie de sa mère. Il fera sa cléricature chez George-Étienne Cartier, sera ministre, sénateur, puis lieutenant-gouverneur de la province de Québec. Mgr Bourget ne s'était donc pas trompé, même s'il s'était exprimé d'une façon qui fait sourire.

* * *

Si l'on croit les mauvaises langues, à certains moments, le torchon menaçait de brûler dans le ménage Masson ; lui étant

---

69. Deux étudieront en France, Édouard et Sophie, quand l'une des filles de Joseph Masson aura épousé Martin-Édouard Bossange.
70. *Rapport de l'Archiviste de la province de Québec pour 1948-49.* Vol. 29, v. 3. P. 59. Lettre du 2 mai 1843.

attiré par les jupons, semble-t-il, et elle s'entourant de soutanes violacées ou rouges bon-teint ; les deux allant difficilement ensemble. Autour de la seigneuresse gravitent, entre autres prélats, Mgr Taché qui a bien des problèmes avec ses ouailles. Avec beaucoup de délicatesse, elle aide l'Évêque dans ses missions et ses œuvres. Il y a aussi son neveu, Mgr Pinsoneault, ancien évêque de Sandwich, qui, lui aussi, a des problèmes mais d'un autre genre, dont il entretient la noble dame de Terrebonne. Pour l'assister dans ses derniers moments, il y aura auprès d'elle, Mgr Bourget, vieillard que n'impressionne guère le cadre dans lequel elle vit. Il lui dit avec toute la simplicité du paysan que l'onction sacerdotale n'a pas atténuée : « Oui, votre maison est splendide, Madame, mais celle que vous habiterez bientôt là-haut, est encore bien plus belle. » L'anecdote est connue ; mais elle est assez caractéristique de l'homme et du milieu.

Aux funérailles de la châtelaine, en 1882, c'est Mgr Fabre, évêque de Montréal, qui officiera. Ainsi le cercle sera complet. À côté de lui, il y aura J.-Adolphe Chapleau, premier ministre de la province et Charles de Boucherville, ancien premier ministre.

Madame Masson avait le sens du faste ; elle était aussi généreuse. Elle a aidé Louis Riel et J.-A. Chapleau à faire leurs études. Elle a donné sans compter à Mgr Taché, à Mgr Pinsonneault. Après la mort de son mari, elle a doté le collège commercial de Terrebonne, dont la naissance est sans doute due à une idée de son mari. Bien des jeunes gens par la suite, tel Rodolphe Forget, y passeront avant qu'il ne brûle. C'est cela sans doute qu'avait voulu Joseph Masson, lui dont la formation première avait été bien élémentaire.

En 1854, délaissant la maison d'en face, où elle avait habité avec son mari, elle a fait construire le *manoir* qui, par un rapide acheminement des esprits, est devenu le château Masson, pour les gens de l'endroit, même après que le rachat des rentes eût supprimé les privilèges seigneuriaux en droit, sinon en fait.

Quand la seigneuresse se déplace, c'est dans une voiture tirée par deux chevaux et menés par un cocher plantureux et très digne. Dans un mémoire présenté à la Société Royale du Canada en 1944, l'abbé Élie Auclair en rappelle ainsi le souvenir : [71] « À Saint-Vincent de Paul de l'Île Jésus, les gamins de mon âge, il y a

---

71. Mémoires de la Société Royale du Canada. Mai 1944. Vol. XXXVIII. Page 1.

quelque soixante-dix ans, regardaient souvent passer, avec une curiosité respectueuse, un large carrosse à l'antique allure que, traînaient deux vigoureux chevaux noirs et qui montaient à leur trot rapide, la grande côte, alors assez à pic, aujourd'hui bien adoucie, qui mène à la belle église du village de mon enfance. Un cocher en livrée, qui ne semblait voir personne, conduisait l'attelage. À l'intérieur, sur le siège de l'arrière, richement pomponnée, une vieille dame à cheveux blancs, de mine aristocratique, se trouvait assise avec une compagne à ses côtés. Nous savions que c'était là, en son luxueux équipage, Madame la Seigneuresse Masson, de Terrebonne, la paroisse quasi voisine de Saint-Vincent, et le bedeau — un personnage, pour nous les enfants de chœur — nous avait appris en secret, que Madame la Seigneuresse « venait à confesse » à notre curé, le Révérend Messire Norbert Lavallée ». Le souvenir est joli. Il confirme ce qu'évoque l'assez beau portrait de Théophile Hamel dont il a déjà été question. Geneviève-Sophie Masson y fait très grand bourgeois, confite en dévotions et bonnes œuvres, mais, à l'esprit ouvert, qui sait ce qu'elle veut et le veut bien. Elle a traité parfois son seigneur et maître un peu à la fourche, a-t-on dit assez irrévérencieusement. C'était sans grand risque, car un contrat de mariage sous le régime de la communauté de biens, soumis aux acquêts il est vrai [72], réglait à l'avance le partage des biens, même si certains des survivants par la suite en mirent la valeur en doute [73]. Ce qui entraîna une brouille et ce qui explique certains dons à des communautés religieuses plutôt qu'à la famille, à la mort de la seigneuresse.

La maîtresse de céans a apporté, dans la vie familiale, une dignité et une correction qu'elle n'aurait peut-être pas connues si Joseph Masson eût épousé une fille de son milieu. C'est ainsi que, souvent, la femme exerce sur son mari une influence heureuse par l'atmosphère qu'elle crée et par certaines de ses exigences. Qu'on sourie en songeant que la seigneuresse avait fait accepter une devise et des armes à son mari ou que son goût du faste ait pu amuser ou étonner à l'époque, tout cela est bien indifférent. Ce qui compte, c'est qu'elle ait contribué à élever son mari et ses

---

72. Contrat reçu par son beau-frère, Paul-Théophile Pinsonaut, notaire, le 6 avril 1818.

73. Ainsi, dans l'« acte de liquidation et partage de la communauté » (daté du 11 avril 1848, minute n° 190), Me Girouard note l'intention des héritiers de contester le contrat de mariage qui établit la communauté de biens. Pages 7 et 10. Ce qui entraîne maints avis et consultations donnés par les avocats les plus en vue de Montréal et de Québec, comme nous l'avons vu précédemment.

enfants dans l'échelle sociale. Que son mari ait réussi est une chose, qu'elle ait réussi elle-même à classer et à former sa famille en est une autre, qui est son œuvre.

Et c'est ainsi que se termine l'histoire d'un jeune homme pauvre, qui n'a rien à voir avec celle que racontera plus tard Octave Feuillet. Joseph Masson s'enrichit non en épousant une fille riche, mais par son propre effort et son intelligence. Il assura une fortune à sa famille, en créant une substitution qui a duré comme ne durent guère les choses dans cette terre d'Amérique où tout ou presque tout est éphémère. C'est peut-être cela qu'il faut noter en terminant cette étude d'un homme de grand mérite. Il sera intéressant de le rapprocher d'un autre autodidacte, Louis-Adélard Senécal, chez qui primaient l'optimisme, le goût du risque, l'imagination et une instabilité viscérale.

L.-A. Senécal

II

Louis-Adélard Senécal
ou les jeux sur la corde raide

(1829-1887)

Les chiens aboient,
la caravane passe.
Proverbe arabe.

Avec Louis-Adélard Senécal, on quitte à nouveau le domaine des idées pour entrer dans l'exécution, avec des projets qui se succèdent rapidement [1]. Ses entreprises chevauchent et, à l'occasion, s'entremêlent ; elles réussissent ou sombrent selon le cas. Ce qui le caractérise, c'est l'initiative, le mouvement et une certaine instabilité. Qu'on en juge par ces notes qui résument sa vie, sa philosophie comme on dit maintenant.

Senécal n'a pas de système particulier. Il est essentiellement un homme d'action, dont le cerveau en effervescence voit les problèmes et cherche constamment les moyens de les résoudre à son avantage. Il est très attiré par les transports : bateaux, chemins de fer, câbles sous-marins, à une époque où les communications se développent à une cadence rapide au Canada. Ce qui ne l'empêche pas de s'intéresser à bien d'autres choses, comme on le verra au cours de cette étude qui porte sur l'un des hommes les plus dynamiques au Canada, à la fin du dix-neuvième siècle. On dira de lui à peu près ceci : il fut le plus grand homme d'affaires de sa génération chez les francophones, mais aussi : il fut le chef d'une caverne des quarante voleurs. C'est Wilfrid Laurier qui s'exprime

---

1. Ils vont d'usines nouvelles, de lignes de navigation et de chemins de fer à un barrage hydro-électrique à Caughnawaga, d'un tunnel sous le fleuve Saint-Laurent à un chemin de fer sur la glace, d'une entreprise d'exportation à une société de colonisation et à une grande entreprise pour la coupe de bois. Pour être tout à fait équitable, il faudrait noter ici que si Senécal aimait le risque, il avait un extraordinaire sens de l'entreprise. Il était le type même de l'entrepreneur du dix-neuvième siècle.

ainsi à une époque où il garde une dent contre l'exécuteur des hautes œuvres d'un parti qui ne lui rend pas la vie facile. C'est entre ces deux extrêmes que se situe Louis-Adélard Senécal. Il fut un homme d'affaires très imaginatif, marchant constamment sur la corde raide, « an American Tycoon » écrit Joseph Schull [2], mais aussi un politicien très mêlé à la vie électorale. Trésorier du parti conservateur, ami et collaborateur de J.-Adolphe Chapleau, il finit sénateur comme tant d'autres, malgré les protestations de beaucoup de gens ; ce qui ne fit que retarder le moment où il accéda à l'Olympe, refuge, trop souvent, des bien-votants et pensants qui ont rendu service au parti.

* * *

Louis-Adélard Senécal naît à Varennes le 10 juillet 1829. Il est *cancer,* par conséquent, mais, il n'a aucune des qualités qu'on accorde à ceux qui voient le jour entre le 22 juin et le 22 juillet : sensibilité, émotivité, gestation, tendances maternelles. S'il était venu au monde quinze jours plus tard, il aurait eu tout ce qui caractérise le *lion :* individualisme, volonté, affirmation, force, autorité, plénitude. Renonçons à l'astrologie pour expliquer l'homme. Voyons-le vivre tout simplement.

Il est d'une famille rurale. Son père est un cultivateur qui a quelques biens. Il descend d'Adrien Senécal, originaire de Rouen et décédé en 1688 [3] ; artisan et non paysan, comme tous ceux qui l'ont suivi. La terre des Senécal est étroite et longue, ainsi que le sont toutes les autres dans la région. Elle est fertile cependant, comme presque toutes celles de la paroisse de Varennes [4] où le sol est bon. La terre donne sur le fleuve que sillonnent les voiliers et, bientôt, les vapeurs venant d'en bas ou qui y retournent. Jeune, Louis-Adélard Senécal est beaucoup plus attiré par la pêche, la navigation et le canotage que par l'engrangement des récoltes,

---

2.   « He was a rarity in French Canada, a self-made baron of business who had fought his way to prominence with all the single-minded ruthlessness of an American Tycoon », écrit Joseph Schull, dans *Laurier.* Chez MacMillan. 1965. P. 60.

3.   Jean-Jacques Lefebvre. Mémoires de la Société Royale du Canada, 1964. P. 91.

4.   Benoît Brouillette dit des choses charmantes sur Varennes. « C'est un heureux hasard, écrit-il, qui fait donner au Canada le nom de Varennes, celui d'un gentilhomme de France, à une des parties les plus fertiles de la plaine laurentienne. Le Varennes canadien s'apparente donc, même géographiquement à La Varenne française des environs de Tours... » Dans « Varennes », l'*Actualité Économique* de mars 1944.

note M.-A. Achintre, dans ses *Portraits et dossiers parlementaires du premier parlement de Québec*. Est-ce le va-et-vient de la batellerie qui lui donne le goût de partir ou ce désir de s'expatrier qu'ont tant de gens du Bas-Canada déjà à cette époque ? Avec une formation bien élémentaire, il va aux États-Unis, à Burlington, chez des parents peut-être, car les traceurs de frontières à Londres ou autres lieux lointains, d'un trait de plume ont transformé en Américain un Senécal habitant près de là. Louis-Adélard a le temps d'ajouter un peu d'anglais et de calcul au peu qu'il sait déjà, au cours d'un séjour de deux ans qu'il fait au Vermont. C'est pendant ce temps qu'il fréquente la *common school*, comme les garçons du bourg. Puis, il revient dans son pays et ouvre un « magasin général » à Verchères, dans ce petit village où, certains soirs, l'on parle peut-être de Madeleine, maîtresse femme qui a tenu tête aux Iroquois il y a bien longtemps. Par la suite, il est vrai, elle est devenue une virago qui exaspère le gouverneur par ses exigences ; elle plaide souvent et rudoie les hommes, ces êtres exaspérants qui se mettent dans sa voie. Mais on passe sous silence ce second aspect de sa vie, moins glorieux que l'autre [5]. Senécal ne s'intéresse pas à l'histoire. Il lui préfère le négoce. Quelques années plus tard, trois ou quatre peut-être, il imagine ce que seront les transports dans ce pays où tout est à faire. Il est audacieux, énergique, insatisfait par le commerce d'épicerie et de quincaillerie qu'il fait dans un petit patelin où rien ne bouge que la masse liquide qui le fascine. On est en 1853 ; il a vingt-quatre ans. Sur le fleuve, il y a une circulation de bateaux, assez abondante parce que les routes ne sont pas bonnes et que le transport par eau est moins cher que sur terre. Il sera bientôt déclassé par le chemin de fer qui pousse ses tronçons un peu partout, sans ordre, un peu à la va-comme-je-te-pousse. Ce n'est que dix ans plus tard que commenceront de se constituer les grandes lignes est-ouest. Certaines seront groupées ou construites pour des fins politiques (Montréal-Toronto d'abord, puis Lévis-Halifax par exemple et Winnipeg-Vancouver), ou strictement économiques, comme cette voie ferrée qui relie Montréal et Portland [6] et qui ira aussi de Montréal à Stratford, Toronto, Hamilton et Sarnia, première étape

---

5. Jean Bruchési en parle avec un plaisir évident dans son étude parue dans les *Cahiers des Dix* (P. 25), volume 11, 1946, sous le titre *Madeleine de Verchères et Chicaneau*.

6. St. Lawrence & Atlantic Railway, dont les travaux sont à peu près terminés en 1851.

du Grand-Tronc [7]. Dans le Bas-Canada, le réseau ferroviaire se constitue, jusqu'en 1875, par petits bouts dans un désordre et avec une absence presque complète de prévision. On construit des voies ferrées ou sur rails de bois [8] avec de faibles subsides, qui, au début, prennent surtout la forme de terres invendables. On n'a guère d'argent que le sien (toujours insuffisant) ou les fonds de capitalistes anglais ou américains, qui fondent comme beurre dans la poêle. Une fois terminés, les tronçons perdent de l'argent ou font faillite car ils débouchent sur rien ou presque rien, jusqu'au moment où on les groupe avec d'autres pour faire une grande voie destinée à faciliter le commerce extérieur, et à ouvrir des régions nouvelles. Cela créera bien des problèmes au Grand-Tronc, par exemple, quand il englobera tout cela [9].

7. Voici comment l'*Annuaire Statistique du Canada* de 1929 décrit la constitution du Grand-Tronc : « On peut dire que l'ère des chemins de fer commença au Canada en *1851*, date à laquelle fut passée une loi pourvoyant à la construction d'une ligne de chemin de fer entre le Haut et le Bas Canada ; elle eut pour résultat l'achèvement du chemin de fer du *Grand Tronc entre Montréal et Toronto en 1856, son prolongement vers l'ouest jusqu'à Sarnia en 1859, et vers l'est jusqu'à la Rivière-du-Loup en 1860.* La section du chemin de fer *Atlantic & St. Lawrence* allant de Portland, Maine, à la frontière canadienne *fut louée pour 999 ans, si bien qu'en 1859,* lors de l'achèvement du pont Victoria, par lequel les trains traversaient le St-Laurent en arrivant à Montréal, le *Grand Tronc possédait une route continue de 800 milles de longueur, entre Portland et Sarnia.* Une voie reliant Détroit à Port Huron *fut louée en 1889,* les routes de Champlain en 1868, le Buffalo & Lake Huron en 1867 ; le Chicago & Grand Trunk fut complété depuis Port Huron jusqu'à Chicago en 1880. En 1881, le réseau Georgian Bay & Lake Erie, de 171 milles, fut incorporé et l'année suivante vit la fusion du réseau Great Western (904 milles) et celle du réseau Midland (473 milles) avec le Grand Tronc. En 1888, le Grand Tronc s'annexa également le chemin de fer Northern allant de Toronto à Barrie, ouvert en 1853, ainsi que le chemin de fer Hamilton & Northwestern. Le creusement du tunnel St-Clair, achevé en 1891, établit une communication directe avec les chemins de fer des États-Unis. Entre 1870 et 1880, l'écartement des voies avait été changé et ramené de 5' 6" à la largeur normale de 4' 8½". »
8. De Saint-Jean à Laprairie dès 1835, puis de Québec au Lac Saint-Jean ou entre Drummondville, Saint-Hyacinthe, Arthabaska, Acton et Wickham. Théoriquement, il était logique d'utiliser des rails ou lisses de bois dans un pays où il abonde, mais on se rend vite compte qu'avec le climat, il faut tout reprendre le printemps suivant. Dans tous les cas, on en vient au rail d'acier sur un ballast assez solide pour supporter la charge et construit pour évacuer l'eau rapidement et pour empêcher les effets du gel.
9. On termine la voie entre Montréal et Toronto en 1856. C'est la première étape. On la prolonge ensuite jusqu'à Sarnia puis en 1860, jusqu'à Rivière-du-Loup. Dans l'intervalle, on avait loué le réseau de l'Atlantic and

Senécal viendra plus tard au transport ferroviaire [10]. Pour l'instant ce qui l'intéresse, c'est la navigation [11]. À Verchères, de la rive, il voit le parti à en tirer, dans l'immédiat. C'est à des solutions de ce genre que, durant toute sa vie, il s'arrêtera. À Ogdensburg, assez loin de son village en haut du fleuve, il y a un vieux rafiot dont personne ne sait que faire. Il l'achète, en devient le capitaine à une époque où on ne demande rien à personne que d'oser et de réussir. Le bateau fait le service des passagers et des marchandises entre Montréal et Sorel : petit bourg logé au confluent du Richelieu et du Saint-Laurent. Comme c'est de Montréal que viennent les approvisionnements de la région, l'idée est bonne parce qu'ainsi le transport est peu coûteux, régulier au point qu'on peut compter sur des horaires bien suivis par un capitaine à qui la vie a enseigné que si l'exactitude est la politesse des rois, elle est aussi la règle du navire.

Son bateau s'appelle le « *George-Frederic* ». Il deviendra le *Verchères* l'année suivante au moment du renouveau. Ce patronyme dit davantage à son propriétaire que le nom d'un quelconque prince, fut-il devenu roi d'Angleterre par la suite et fut-il le neveu du protecteur en titre, à Québec et en d'autres lieux, de la charmante Julie de Fortisson de Saint-Laurent.

Mais Senécal ne s'en tient pas au *Verchères*. En 1857, il construit le *Yamaska* pour le service entre Saint-Aimé et Montréal. En 1858, c'est le *Cygne,* qui établit la permanence entre Sorel et Saint-François. Plus tard, Senécal fonde une compagnie pour le

Saint Lawrence pour 999 ans. C'est ainsi qu'en 1859, le Grand-Tronc a un réseau de 800 milles allant de Portland à Sarnia. Par divers achats et locations, il se rend à Chicago en 1880. *L'Annuaire Statistique du Canada* (1929). P. 653.

10. Voici les tronçons que contribue à construire Louis-Adélard Senécal en quelques années : Sorel à Acton, en passant par divers petits centres des Cantons de l'Est ; de Sainte-Thérèse à Saint-Lin (chemin de fer des Laurentides) ; de Sainte-Thérèse à Saint-Eustache (chemin de fer de Saint-Eustache) ; le chemin de fer de Berthier ; celui de Lanoraie, Joliette et Saint-Félix de Valois ; celui de l'Assomption et le chemin de fer de Lévis à Kennébec (qui lui vaudra de nombreuses poursuites), avant de compléter le Québec Montréal Ottawa & Occidental (Q.M.O. & O.). Voir the *Canadian Parliamentary Companion,* 1887, paru chez J. Durie & Son, Ottawa.

11. En 1888, chez Rose Publishing Company à Toronto, dans *A Cyclopaedia of Canadian Biography, Being Chiefly Men of the Time.* P. 452 à 455. La source est contemporaine, par conséquent les détails proviennent soit de L.-A. Senécal lui-même, soit de son entourage. On ne retient ici que les faits eux-mêmes, l'interprétation ne pouvant relever que d'une publicité dont la forme est bien connue depuis longtemps.

creusage des rivières Saint-François et Yamaska. L'année suivante, il ajoute une autre unité à sa petite flotte, *l'Ottawa*, qui, bientôt, fait concurrence au *Richelieu* de la Compagnie du Peuple [12], toute-puissante jusque-là, mais à qui, lui, Louis-Adélard Senécal tient tête. Plus tard, il sera président de la Richelieu and Ontario Navigation Company, qui aura englobé la Compagnie du Peuple. Pour l'instant, il se pose en concurrent.

Il a trente ans. A-t-il trouvé sa voie ? Pas encore, mais, sans résister, il écoute ce démon qui le pousse. Il organise un commerce de bois et de céréales avec les États-Unis, à la faveur du traité de réciprocité qui ouvre les portes du pays voisin. Après quelques années, il a onze bateaux à vapeur et quatre-vingt-neuf péniches qui font la navette entre Montréal, Sorel et Whitehall dans l'État de New-York. Il vend même jusque dans les Antilles. Pour mener tout cela, il s'est installé à Pierreville, petit village situé en bordure du lac Saint-Pierre. De là, il dirige également les scieries qu'il a à Saint-David, à Saint-Guillaume, à Wickham, à Yamaska, à Kingsey, à Pierreville et à Acton. Il se targue d'un chiffre d'affaires de trois millions ; ce qui est beaucoup pour l'époque [13].

Puis, tout s'écroule à la faveur de la crise, quand les États-Unis renoncent au traité de réciprocité, à la veille de la Confédération, et ferment leurs portes. Senécal fait faillite. Les gens qu'il entraîne dans sa débâcle lui en voudront longtemps, même si, par la suite, il rembourse les créanciers. Wilfrid Laurier se fera le porte-parole de quelques-uns d'entre eux, plus tard, quand il écrira un article contre Louis-Adélard Senécal, dans l'*Électeur*, sous le titre de *La Caverne des Quarante Voleurs* [14]. On verra plus loin dans quelles circonstances. Pour l'instant, notons ce jugement de

12. Voir *Portraits et dossiers parlementaires du premier parlement de Québec*, par M.-A. Achintre. Deuxième édition, Montréal (1871). P. 123.
13. C'est beaucoup, en effet, si l'on songe que le commerce du port de Montréal avec l'étranger est, en 1867, de trente-huit millions de dollars et que les exportations se limitent à dix. Voir dans la *Revue de Géographie* : *Le port de Montréal, hier et aujourd'hui,* par Benoît Brouillette. P. 201.
14. Dans l'*Électeur* du 20 avril 1881. Publié par Ernest Pacaud à Québec, qui en devint le propriétaire en 1885. Il en était déjà le rédacteur en décembre 1880. Le journal compta parmi ses collaborateurs Ulric Barthe, Wilfrid Laurier, François Langelier, J.-C. Langelier et Charles Langelier. Organe du parti libéral, il disparut en 1896 pour être remplacé par *Le Soleil*. En 1905, Lomer Gouin et Wilfrid Laurier en ont la direction politique. P. 220. *Les Journaux du Québec 1764-1964* par André Beaulieu et Jean Hamelin. Aux Presses de l'Université Laval.

Laurier, à la fois amusant et cruel : « Senécal, écrit-il, a une conception très personnelle de l'arithmétique... Au cours de sa carrière, il l'a simplifiée. (Pour lui) toute la science financière se réduit à cette formule : je pose zéro et je retiens tout. »

Voilà Senécal devenu Gros-Jean comme devant, ainsi que la plupart de ceux qui l'entourent. Il a à sa décharge, il est vrai, d'avoir remboursé les dettes de l'entreprise. Mais il y a les autres, ses ex-associés qui lui en veulent. Il a sinon ce que les Américains appelleront plus tard le *know-how,* c'est-à-dire la connaissance du métier, du moins le flair, l'esprit d'entreprise est une assez étonnante faculté de rebondissement. Il ne sait rien, en particulier, sauf ce qui fait réussir l'un et ce qui fait que l'autre reste dans son coin à lire paisiblement son journal. Il n'a rien du fonctionnaire béat et heureux de son sort. Il sait que, dans la société où il vit, tout n'est que besoins. Il suffit d'y pourvoir. Pour cela, il faut acheter bon marché pour revendre plus cher : raisonnement simple, mais dont la mise à exécution n'est pas toujours aussi facile qu'il semblerait au premier abord. Obtenir du bois, du blé, des céréales et les transporter, cela semble une opération aussi peu compliquée que rémunératrice. Il suffit d'acheter moins cher qu'on revend. Il ne faut pas, cependant, que soudainement les marchés se ferment parce que la politique commerciale change. Il ne faut pas se trouver en pleine crise économique comme c'est le cas tout à coup et s'être chargé de dettes ou d'engagements aussi divers que précis. Il ne faut pas que le coût du transport devienne trop élevé, que les prix dégringolent — ce qui est souvent le cas à cette époque — que les frais d'administration soient trop élevés ou que les dépenses soient trop fortes. Fonder et administrer sont deux choses. Ce dont souffrent les entreprises de Senécal, semble-t-il, c'est une absence de direction. Il y a aussi le fait que le patron n'hésite pas à jeter l'argent par les fenêtres. C'est un double écueil que Senécal n'évitera jamais ; l'argent pour lui est fait pour circuler, mais la vitesse de circulation ne doit pas être telle que les coffres se vident périodiquement. Sinon, c'est la culbute. Senécal ne la craint pas suffisamment tant il a confiance dans ses talents d'équilibriste. Il a de la vision, de l'imagination ; il est intelligent, impulsif, mais plein de ressources. Il est très attiré par l'aventure et, comme ses entreprises, il est passablement instable. Peut-être est-il trop à la recherche du résultat immédiat, sans une étude suffisante de ce que l'on appelle maintenant la rentabilité. Il est trop spontané pour cela. Et puis, mal secondé, peut-être tente-t-il trop de choses à la fois. On le verra au cours de ce récit mêlé à tant de choses, dont quelques-unes auraient suffi à un homme ordinaire. Il y a aussi la politique, dans laquelle il se jette avec ardeur, comme il fait tout. Mais cela est une autre histoire sur laquelle on reviendra car elle mérite d'être contée.

« Un des traits de son caractère, a écrit un de ses contemporains, c'est qu'il ne se laissait jamais *coincer* légalement ou financièrement. Il a toujours atteint son but même s'il était démuni d'argent et s'il avait à faire face à des gens qui avaient fortune, talents et influence. » [15]

* * *

Avant d'aller plus loin, il convient de préciser ce qu'était Senécal, physiquement. Grand, mince, osseux, long en col, haut sur jambes, le front découvert, les os des joues proéminents, l'œil vif, la parole brève... C'est ainsi que M.-A. Achintre le présente dans ses *Portraits et dossiers parlementaires* [16] *en 1871*. Sur l'un de ses portraits, il est barbu, comme on l'était à l'époque où un collier épais ne suffisait pas à faire passer son propriétaire pour un farfelu, un contestataire acrimonieux ou un mauvais esprit. Être imberbe, c'était au contraire vouloir se distinguer dangereusement. Senécal avait aussi le nez long. Il avait l'air sympathique des gens à fort appendice nasal, mais qui peuvent aussi être astucieux : ce qui était le cas de Louis-Adélard Senécal.

Tout jeune, à vingt et un ans, il a épousé Delphire Dansereau, tambour battant, entre deux départs [17], un jour de janvier 1850. Elle était la fille du lieutenant-colonel Dansereau, marchand à Verchères : un collègue de Louis-Adélard Senécal, par conséquent, à l'époque où lui aussi vivait de la vente du kérosène, de la mélasse, du sucre, de l'épicerie et de la quincaillerie.

De leurs trois enfants, deux seulement survivront. L'aînée, Octavie, épouse William-Edmond Blumhart. Longtemps plus tard, celui-ci fondera *La Presse* [18] pour le compte de son beau-père, qui voulait donner au parti conservateur un autre journal con-

---

15. Ce qui me paraît être un jugement valable dans l'ensemble, même s'il n'a pas toujours été exact, comme en font foi les nombreux échecs.
16. P. 122.
17. Voir à ce sujet le *Registre de Verchères* de 1850.
18. L.-A. Senécal avait le *Nouveau Monde*. Il le vendit à Hector Langevin en 1884, puis il chargea son gendre de fonder une autre feuille pour le parti conservateur. Blumhart l'appela *Le Monde*, mais devant les protestations du propriétaire du *Nouveau Monde*, il appela la nouvelle feuille *La Presse* qui, avant d'appartenir à Trefflé Berthiaume, passera en de nombreuses mains. Cf. André Beaulieu et Jean Hamelin. P. 130. *Ibid.*

sacré à la défense de ses intérêts, *La Minerve* étant passée, depuis le 30 août 1880, d'Arthur Dansereau à une compagnie présidée par Joseph Taché. À cette époque, Senécal est intimement lié aux conservateurs que Chapleau dirige à Québec et John A. Macdonald, à Ottawa.

D'origine allemande, la famille Blumhart s'installa à Cap-Rouge près de Québec, quand son chef — officier d'un régiment de Brunswick — fut licencié après s'être battu contre les insurgés américains. Né en 1844, William-Edmond Blumhart est très mêlé aux journaux et au milieu intellectuel de l'époque à Québec. À trente ans, il a acheté *Le Canadien*, et c'est dans les bureaux du journal qu'il a, semble-t-il, fait la connaissance de Louis-Adélard Senécal déjà engagé dans la politique. La seconde fille épouse le juge Charles-Ignace Gill qui, avant d'être magistrat, avait été député du comté de Yamaska, où il avait succédé à son beau-père [19].

* * *

Dans la carrière de Louis-Adélard Senécal, il y a des périodes bien tranchées. Il y a celle que nous avons vue et qui se termine lamentablement. À côté de ses entreprises de transport, de bois et d'exportation, Senécal a placé, il est vrai, quelques capitaux dans des sociétés diverses : textiles, pâtes de cellulose, etc. Il s'est porté acquéreur de grandes terres dans le canton d'Upton pour y faire de la colonisation et de l'agriculture, avec son ami Jean-Baptiste Éric Dorion [20]. À la direction du *Défricheur* [21], celui-ci pousse

19. Charles-Ignace Gill est le fils d'Ignace Gill et d'Elizabeth Mac-Dougall. Il est un excellent exemple de ce que furent certaines familles écossaises, émigrées au Canada. Elles se sont mêlées aux Canadiens français, puis elles ont été absorbées petit à petit en un lent processus d'assimilation, au point qu'à la dernière génération on ne parlait plus l'anglais. Le même phénomène s'est produit en sens contraire dans le milieu anglophone.

Gill a vécu avec son beau-père à Pierreville jusqu'en 1878. Puis, il a habité Sorel quand on l'y a nommé juge pour remplacer T.-J.-J. Loranger à la Cour Supérieure, en 1879. Voir à ce sujet ses *Mémoires* (P. 105), qui sont dans les archives du notaire Fernand Léger à Montréal.

20. Éric Dorion fait partie du groupe de l'Institut Canadien, qui s'oppose durement à Monseigneur Bourget, comme Joseph Doutre et L.-A. Dessaulles. Il a la dent dure dans *Le Défricheur* qu'il a fondé avec George Batchelor. Il est, dit-on, « le plus désintéressé, le plus persévérant ami de la liberté au Canada ». *Les Journaux du Québec de 1764 à 1964.* Aux Presses Universitaires de l'Université Laval, 1965.

21. *Le Défricheur.* Fondé par Éric Dorion, il fut « l'organe du parti libéral et combattit le projet de la Confédération ». Après le décès d'Éric Dorion, le journal appartient à Wilfrid Laurier et à P.-J. Guitté. Publié à l'Avenir, dans les Cantons de l'Est. *Ibid.* P. 5.

fougueusement à la pénétration des Cantons de l'Est. Senécal le suit, mais il est aussi le bailleur de fonds de son journal à vocation libérale. Senécal est également un des fondateurs de la Cumberland Mining & Railway Co. dans les provinces maritimes. Mais que n'a-t-il pas fait, ce diable d'homme ! Plus tard, il sera président de Montreal City Passenger Railway, l'ancêtre de la Compagnie des Tramways de Montréal et de la Commission des Transports [22]. Il sera aussi président de la Richelieu and Ontario Navigation Company, dont la situation, à son entrée au conseil, est un peu embarrassée. Mais c'est anticiper que d'en parler ici.

Louis-Adélard Senécal consacre la deuxième partie de sa vie aux chemins de fer et à la politique. Pour comprendre pourquoi, il faut se demander quelle était la situation dans ce double domaine au moment où il s'y dirige.

Voyons d'abord les chemins de fer. Sous l'influence de George-Étienne Cartier, en particulier, on se laisse gagner (oh ! bien lentement dans le milieu francophone) par l'idée que le développement de Montréal et de la province est fonction des voies de communication. Dans un discours prononcé en août 1846 [23], Cartier affirme que, pour assurer l'expansion du commerce vers l'Europe, rendu difficile par la nouvelle politique commerciale de l'Angleterre, il faut réunir Montréal (port intérieur, inutilisable pendant six mois) à Portland, port de mer, ouvert toute l'année. En s'exprimant ainsi, Cartier se fait un peu le porte-parole de A. T. Galt, le commissaire de la North American Land Corporation qui a des intérêts en commun avec la Canada Land Company : toutes deux ayant d'immenses terres à vendre. Puis, il y a le commerce de la fourrure, du bois et du blé qu'il faut centraliser quelque part pour l'expédier vers l'étranger à l'année longue. En orientant le trafic des marchandises vers Portland, on obtiendra que tout ne s'entasse pas à Montréal, en attendant l'ouverture de la navigation ou ne soit dirigé vers les États-Unis. Avec George-Étienne Cartier, Galt et ses associés poussent donc à la construction d'une voie ferrée allant de Montréal à Portland. Ce sera la St. Lawrence and Atlantic Line, terminée vers 1851 et qu'Augustin-Norbert Morin présidera à une époque où il n'est pas mal vu qu'un homme poli-

22. *Le transport urbain à Montréal 1861/1961.* Dans cette plaquette, parue en 1961, la Commission du Transport de Montréal rappelle les débuts du transport en commun.

23. Discours prononcé à Montréal le 10 août 1846. Dans *Discours de Sir George-Étienne Cartier*, réunis par Alfred de Celles. P. 7. Cartier revient à la charge en février et en juillet 1849 en particulier.

tique soit mêlé à de grandes affaires. John A. MacDonald n'a-t-il pas été au Conseil de la Canada Life ? Puis, pour compléter le réseau nouveau, on fondera le Grand-Tronc. Paternel, le gouvernement du Canada-Uni accordera un premier subside de 3,000 livres par mille de voie ferrée. Et comme ce n'est pas assez, Galt et Cartier (l'avocat de la compagnie) obtiennent une somme supplémentaire de 900,000 livres. Enfin, en 1857, le gouvernement paie les intérêts sur une dette obligataire de quelque 20 millions de livres [24].

À partir de ce moment-là, la Compagnie du Grand-Tronc a un bon départ. Il ne lui reste qu'à réunir d'autres lignes et à ramasser quelques tronçons épars pour jouer le rôle qu'on lui a assigné : faire de Montréal une plaque tournante du commerce canadien et, de son réseau, le mode de transport vers le Haut-Canada et les terres qui accueillent les immigrants d'Angleterre, d'Irlande et d'Écosse. Ils arrivent à fond de cale, émaciés et bien fatigués, mais prêts à revivre dans un pays accueillant, au climat très dur, mais au sol excellent. Grâce au chemin de fer nouveau, ils s'installeront dans l'est du Haut-Canada et, plus tard, dans ce qui deviendra la péninsule ontarienne.

George-Étienne Cartier avait eu raison puisque, en appuyant des intérêts particuliers, il avait servi l'intérêt de sa ville.

Chez les francophones du Bas-Canada, au début on est réticent devant les idées de Cartier et du groupe anglophone de Montréal. Les gens ne comprennent pas tellement bien l'intérêt de ces projets qui dépassent les problèmes immédiats d'une société en majorité rurale [25]. Ils ont aussi l'impression de sortir les marrons du feu pour les autres : les gens du *Board of Trade* qui voient juste, cependant. Malgré tout, on admet qu'il faut améliorer les conditions de la navigation si l'on veut que le port de Montréal se développe et on se laisse convaincre que, pour permettre à la province d'atteindre son plein essor, il faut que les routes se doublent de ces chemins de fer qui pousseront bientôt comme des champignons chez nos voisins du sud, malgré la guerre de Sécession.

Dès 1846 donc, Cartier préconise la construction de voies ferrées et le creusement de canaux avec une ardeur qui ne se

24. A. Faucher dans *Histoire économique et unité canadienne*. Chez Fides, 1970.
25. Ainsi, sur une population totale de 1,110,664 âmes en 1861, Montréal cn a 90,323, Québec 51,109 et Trois-Rivières 6,058. *Recensement de 1860-61*. P. 4. Vol. 1.

ralentira jamais durant le reste de sa vie, note son biographe, Alfred De Celles [26]. Et il ajoute : « son nom reste attaché à la construction du chemin de fer de Montréal à Portland [27] — le premier chaînon de notre voie de communication transatlantique, du Grand Tronc, de l'Intercolonial et, enfin du Pacifique Canadien pour ne parler que des principales lignes de notre réseau ».

Cartier comprend très bien la situation, en effet. Il sait que pour l'essor du pays et de Montréal en particulier, il faut que des voies ferrées y apportent les marchandises destinées à l'exportation ou à l'importation. Pour cela, il faut avoir accès à un centre actif toute l'année. Et c'est pourquoi, en attendant la construction de l'Intercolonial qui va relier le Bas-Canada aux provinces maritimes, il pousse à la construction du St. Lawrence and Atlantic Rail Road vers l'état du Maine. En 1854, Cartier se targue également d'avoir préparé la charte du Grand-Tronc qui, bientôt, ira de l'Atlantique jusqu'à Chicago, en passant par Montréal et Toronto. Cartier est vraiment le propagandiste le plus vigoureux qu'ait eu le parti conservateur dans le domaine des communications. Il appuie la construction de l'Intercolonial qui va éventuellement relier Lévis à Halifax. Il obtient aussi le creusement du chenal entre Québec et Montréal. Il fait accorder des subventions aux transatlantiques qui viennent jusqu'à Montréal [28]. C'est ainsi (note l'excellent géographe Benoit Brouillette) que Montréal devint le principal terminus de la navigation maritime. Vers 1860, la ville était aussi le terminus ferroviaire du pays.

Par ailleurs, la construction des chemins de fer dans le Bas-Canada même se fait lentement et par tronçons. En 1862, c'est le Grand-Tronc qui construit la ligne entre Lévis et Rivière-du-Loup. On la prolonge par étapes, mais ce n'est qu'en 1876 que l'engagement pris envers les provinces maritimes sera tenu, les travaux de jonction étant terminés [29]. On a dans cet exemple la fai-

26. *Cartier et son temps*, chez Beauchemin, Montréal (1924). P. 100.

27. Par une astuce de George-Étienne Cartier, sans doute, c'est Augustin-Norbert Morin qui est président du Chemin de fer en 1849. C'est à lui que l'ingénieur A. C. Morton adresse son « Report on the St. Lawrence & Atlantic Rail-Road », dans lequel il l'invite à user de toute son influence pour procurer à l'entreprise les ressources dont elle a besoin. Or, Morin est aussi président de la Chambre. Il en tire peu de chose personnellement, comme il le note en toute franchise dans ses notes à sa femme en 1857. La charte date de 1845 note Morton. Dossiers Raymond Denault.

28. Alfred De Celles. Ibid. P. 101.

29. *Annuaire Statistique* (1929). Ottawa. P. 654.

blesse de ces constructions ferroviaires qui se font sans mener bien loin. Aussi se trouve-t-on souvent devant des entrepreneurs qui font faillite et des bouts de lignes coûteux ou presque inutiles tant qu'ils ne sont pas incorporés dans un grand réseau et ne deviennent rentables. On construit des voies ferrées à cette époque, soit pour des fins politiques, soit pour des fins uniquement économiques (ainsi, Atlantic & St. Lawrence Railway). Si, sur presque tout son parcours, ce dernier passe à travers un pays étranger qu'il contribue à développer, il dessert Montréal, ce qui est très important pour le port de la ville, comme on l'a vu [30]. Il y aussi les voies qui ont pour objet de réunir des villes isolées comme Québec, Montréal et Ottawa, ou de tous petits centres comme Sorel et Drummond, Acton et Wickham. D'autres relient des régions de colonisation sous l'influence du curé Labelle, comme la ligne Montréal-Saint-Jérôme, ou celle qui donne accès à la région du Lac Saint-Jean [31]. Parfois, aussi, on veut réunir une usine à un simple bourg. Au début, c'est le cas du chemin de fer Lévis-Ken-

---

30. Dans un très intéressant rapport que cite M. Benoît Brouillette dans son article sur le *Port de Montréal hier et aujourd'hui*, M. William J. Patterson, secrétaire du Board of Trade, donne des chiffres précis sur l'activité de Montréal en 1867, de son port et des chemins de fer qui en font la grande voie d'importation et d'exportation du Canada. Ainsi, la ville importe pour 28 millions de dollars et exporte pour 10 millions. À l'importation, ce sont des aliments, des boissons, du tabac, des matières premières (houille, peaux brutes, sel, houblon, laine), des produits semi-finis (lainages, cotonnades, fonte, fer, acier, toiles, soieries, cuir) et des produits fabriqués. À l'exportation, des animaux vivants, des céréales (du blé surtout), des produits du lait, des fourrures (mais peu), de la potasse, de la *perlasse,* des cuirs, du bois et des produits fabriqués en petite quantité. Montréal qui devait rapidement devenir un grand centre industriel n'avait en 1861 que 86 entreprises industrielles, avec des produits d'une valeur de $4,609,000 seulement.

Cela indique comme la ville avait fait un assez intéressant rétablissement malgré la modification de la politique commerciale en Angleterre et aux États-Unis.

Or, tout ce trafic se fait surtout par eau. Ainsi, d'avril à décembre 1867 le port a reçu « la visite de 464 navires de haute mer (en provenance d'Angleterre surtout) et 5,428 autres embarcations employées à la navigation fluviale ». Au total, 5,892 navires.

Le trafic terrestre passe surtout par le Grand-Tronc, via Portland. Il est important puisque la voie draine le commerce extérieur de Chicago, en passant par le Haut-Canada.

31. Ainsi, la voie de la Gosford Railway Co. inaugurée en 1869 pour relier Québec et la région du Lac Saint-Jean, était d'abord sur lisses de bois, mais dès le printemps suivant, il faut recommencer la voie, la neige et le gel l'ayant rendue inutilisable. Voir *Canada and its Provinces.* Volume 15. P. 177.

nébec dont il sera question un peu plus loin. Il y a dans *La Minerve* du 16 novembre 1875, la liste des lignes existantes à ce moment-là. Elles ont environ mille milles de longueur [32], mais presque toutes sont des tronçons, des bouts de ligne, sans liens, avec guère de rentabilité. Tout cela a été fait de façon assez désordonnée, sans plan arrêté. Souvent, les voies, construites avec bien peu d'argent, n'ont pu être terminées, même si les constructeurs reçoivent des terres invendables ou de maigres subsides. La compagnie ou les entrepreneurs font alors faillite au grand dam des capitalistes anglais ou américains qui, bientôt, ne voudront plus prêter.

À cause de cela, le Canada a assez mauvaise presse dans les milieux financiers de Londres. Le gouverneur général, le marquis de Lorne, le sait. Aussi invite-t-il des journalistes anglais à faire avec lui le voyage de l'Ouest qui le conduit jusqu'aux Montagnes Rocheuses. Cela suffit à faire changer l'opinion de la *City,* tant l'avenir semble prometteur dans l'Ouest du pays, tout au moins.

Louis-Adélard Senécal ne tarde pas à s'intéresser à certaines de ces lignes qui tombent en panne. Très attiré par les communications — terrestres, cette fois — il accepte, par exemple, de reprendre les travaux de Lévis à Kennébec. À la frontière, la voie nouvelle doit atteindre une ligne de jonction que les Américains sont censés amener jusque-là. Vu sous l'angle actuel, le projet est

---

32. Voici le tableau des lignes existantes que donne *La Minerve* du 16 novembre 1875 :

Montréal à Québec (Grand-Tronc)	172 milles
Montréal à Rivière-Beaudette	43 "
Richmond à Island Pond	59 "
Québec à Rivière-du-Loup	126 "
Rivière-du-Loup à Restigouche	190 "
Montréal à Province Line	40 "
Montréal à Saint-Jean et Rouse's Point	50 "
Saint-Jean à Waterloo	43 "
Saint-Jean à Sutton	40 "
Masawippi	34 "
Joliette	13 "
Québec Central	43 "
Saint-François et Mégantic	27 "
Lévis et Kennébec	45 "
Arthabaska et Trois-Rivières	35 "
Montréal et Chambly	12 "
South Eastern (Sorel à Acton)	52 "

Il y a aussi cette voie du lac Saint-Jean où l'on a fait des expériences avec des lisses de bois, dès 1869, mais sans succès, comme on l'a vu précédemment.

farfelu. Comment voulait-on qu'il fût rentable ? Lévis et Québec formaient à cette époque un centre de quelque 60,000 âmes qui constituait un marché bien restreint [33]. Le trafic vers les États-Unis passait en effet par Montréal. De Lévis à Kennébec et, de la frontière à l'Atlantique, il n'y avait pas grand-chose. L'effort était louable, mais il était voué à l'échec. Son origine vaut la peine d'être contée, tant elle illustre l'absence de sens pratique, l'ignorance ou le cynisme de beaucoup de gens à l'époque [34].

La ligne devait d'abord relier Lévis et Saint-Anselme, village situé à quelques milles de là, pour desservir les Forges de Saint-Anselme qui appartenaient au député du comté. Plus tard, quand les travaux tombèrent en panne, le projet fut repris par les entrepreneurs, Louis-Napoléon Larochelle et Charles Armstrong Scott, qui, par l'entremise de John Longham Reed et du baron Grant [35], parvinrent à intéresser des bailleurs de fonds anglais et, plus tard des capitalistes américains, ceux-ci acceptant de continuer la ligne à travers le Maine jusqu'à Wiscassett. Bien mal leur en prit, car la compagnie du chemin de fer de Lévis à Kennébec ne livra que quarante-cinq milles de voie ferrée.

Louis-Adélard Senécal s'occupa de faire avancer la construction. Il fit d'excellent travail avec les ressources dont il disposait ; mais il ne put empêcher la compagnie de faire faillite. Il fut immédiatement la cible des bailleurs de fonds, qui n'aimaient pas se voir privés de leurs placements faits en d'authentiques livres sterling d'Angleterre. Ils chargèrent Me George Irvine du soin de défendre leurs intérêts. Ce dernier — avocat très connu de Québec et député — prit la chose au sérieux. Il fit signifier à Senécal, à la compagnie (la Cie de Lévis et Kennébec) et à ses administrateurs une série de poursuites, dont quarante-trois au civil et dix au criminel. Les motifs variaient d'une demande d'incarcération à des charges de diffamation, d'organisation d'émeute, de malhon-

---

33. Voici en effet les chiffres que nous révèle le recensement de 1861 :
   Population de Québec ....51,109 âmes
   Du comté de Lévis 21,021   ″
Établissements industriels : Québec (32), Comté de Lévis (12). Nombre d'ouvriers : à Québec 350 environ, Comté de Lévis 30 environ.
Recensement de 1860-61. PP. 312-317 et 280-283.
34. Dans *Sainte-Marie de la Nouvelle-Beauce*, l'Abbé Honorius Provost donne de nombreux détails sur les origines de la « Compagnie du chemin à lisses de Lévis à Kennébec », PP. 395-412. Nous ne voulons retenir ici que ce qui a trait à L.-A. Senécal.
35. Bien qu'agent subalterne du baron Grant, Reed, en particulier, s'efforça de procurer à la compagnie les ressources nécessaires.

nêtetés diverses. Dans une des poursuites, on accusait Senécal
et ses amis d'avoir fait des « discours menaçants et des gestes turbulents dans la paroisse de Saint-David de l'Auberivière et, de
plus, (d'avoir) illégalement, séditieusement, et tumultueusement
assemblé ensemble pour troubler la paix de notre Souveraine
Dame la Reine, et étant assemblé illégalement, séditieusement et
tumultueusement comme sus-dit ont fait grand bruit, émeute et
tumulte, et qu'ils ont continué à faire grand bruit, émeute et
tumulte pendant l'espace d'une demi-heure à la grande terreur non
seulement des loyaux sujets de notre Souveraine Dame la Reine
demeurant à cet endroit, mais aussi de ceux qui passaient et re-
passaient sur le chemin ordinaire de la Reine et cela, contraire-
ment aux lois de Sa Majesté la Reine, donnant mauvais exemple
aux délinquants dans un cas semblable et contre la paix de notre
Souveraine Dame la Reine, sa couronne et sa dignité ». C'était pur
galimatias, mais le juge P.-A. Doucet, à qui le cas fut soumis,
trouva qu'il y avait matière à poursuite et il condamna Senécal
et ses compagnons à subir leur procès [36]. Pendant longtemps, les
mauvaises langues allèrent bon train. C'est pour essayer de les
neutraliser que Senécal chargea un quelconque scribe de présenter
les faits en sa faveur, un peu plus tard. Ce fut l'origine de cette
brochure qu'on nous a conservée, sous le nom de « Mésaventures
d'un avocat » par Petit-Jean, publiée à Québec en 1882. Sans
accorder trop d'importance à ce pamphlet, on peut en tirer quelques détails intéressants, tout en tenant compte qu'il a été écrit
à une époque où Senécal — très attaqué — dirigeait la Compagnie du chemin de fer Québec-Montréal-Ottawa et Occidental
pour le compte du gouvernement de Québec. Comme on faisait
valoir son échec de Lévis-Kennébec et comme Irvine et les adversaires de Chapleau ne se gênaient pas pour y faire allusion fréquemment, Senécal crut qu'il serait bon d'apporter quelques précisions sur le sort des cinquante-trois poursuites dont il avait été
l'objet et qui avaient été suivies de soixante-dix jugements rendus
en sa faveur. On reconnaît bien à ce chiffre le goût de la chicane
que l'on avait à cette époque. Comme certains des textes sont officiels [37], ils peuvent nous aider à éclairer notre lanterne. Et c'est
pourquoi il a semblé intéressant de mentionner ici l'avalanche des
procédures et leur sort.

---

36.   Régina vs L.-A. Senécal et/al, accusé d'émeute.
37.   Voici comment l'auteur en affirme l'authenticité : « Les divers
procès dont il est fait mention dans cette brochure sont des extraits de
copies authentiques certifiées par le député protonotaire. » *Mésaventures
d'un avocat.* P. 4. Paru à Québec en 1882.

On s'étonne de l'acharnement qu'Irvine mettait à trouver Senécal en faute. Tout cela était dans les mœurs politiques de l'époque. Aussi, avant de juger, faut-il prendre les multiples accusations avec un grain de sel, car en politique, comme en amour, on s'injurie et l'on dépasse facilement la mesure.

La Compagnie du chemin de fer de Lévis-Kennébec est une autre entreprise de Senécal qui s'écroule. Si ce n'est pas son projet, il s'y est intéressé au point d'en assurer la réalisation matérielle, fort bien d'ailleurs, au dire de ceux qui se contentent de juger la réalisation technique. Il en termine l'exécution du côté canadien mais, comme la ligne ne va pas plus loin, elle n'est pas rentable.

Dans l'intervalle, il avait laissé en panne une autre voie dans les Cantons de l'Est : la South Eastern Railway Company, qui reliait Sorel, Drummondville, Arthabaska, Wickham et Acton. Député, Senécal avait appuyé le projet à la Chambre. Il en·était devenu l'adjudicataire, mais c'était un autre tronçon isolé qui menait nulle part [38]. Sur lisses de bois d'abord, la ligne acquit bientôt des rails d'acier. Senécal la quitta pour s'intéresser au projet Lévis-Kennébec, lorsqu'il se rendit compte que le problème de l'administration était presque insoluble. Il fallait faire déboucher la voie quelque part au lieu d'essayer de lui faire relier simplement quelques petits bourgs et villages entre eux, et, à ce moment-là, la chose s'avérait impossible. En effet, si, en 1875, la ligne avait 52 milles de longueur, elle n'allait que de Sorel à Acton par des voies détournées. Ses propriétaires menèrent une belle bataille pour qu'on les aide à Québec quand le trésorier Richardson mit à son budget un million pour la construction de chemins de fer dans la province. C'était à la fois peu et énorme pour une province qui, en 1876, avait des dépenses totales de $2,683,000 [39]. Le South Eastern Railway ne touche rien cependant, malgré les hauts cris que l'on pousse dans la région. Il y a, sur la rive nord une ligne en construction, formée elle-même de tronçons, mais qu'on veut réunir en un seul réseau allant de Québec à Montréal, avec des embranchements menant à Grandes-Piles et, plus tard, à Saint-Jérôme (ce que réclame le tonitruant et bedonnant curé Labelle). De là, la voie doit rejoindre Ottawa, en passant par Aylmer. C'est à la session de 1875 qu'on présente à la légis-

---

38. C'était une autre voie où les trains circulent en vase clos et ne peuvent être rentables.

39. La plus forte part des recettes vient du gouvernement fédéral, assez parcimonieux parce qu'il est gêné lui-même.

lature le projet de loi qui précise le parcours [40] et l'avenir de la ligne. Cela apporte une solution aux problèmes de sir Hugh Allan, président de la compagnie, qui passe la main à d'autres. Sir Hugh sera toujours plus heureux avec ses lignes maritimes [41] que dans ses projets de voies ferrées. Cette fois, on le débarrasse de l'une d'elles. Appuyé par son ami Chapleau, Louis-Adélard Senécal le remplace à la direction de la ligne nouvelle, devenue propriété de l'État. Son rôle n'est pas facile. Il faut de l'argent. Or, les ressources de la province sont minces et les bailleurs de fonds, à Londres, se font tirer l'oreille ; la garantie des obligations offertes par la province leur semblant assez aléatoire. Chat échaudé craint l'eau froide, veut la sagesse populaire. Or, les prêteurs ont eu à se plaindre de beaucoup de leurs débiteurs dans cette lointaine Amérique. La présence de Louis-Adélard Senécal à la barre n'est pas

---

40. Voici un extrait de la proposition principale présentée à l'Assemblée en 1875 :

« *Attendu que la Compagnie du chemin de fer de la Rive Nord et la compagnie du chemin de fer de Montréal, Ottawa et Occidental, jusqu'ici connue sous le nom de Compagnie du chemin de Colonisation du Nord, ont respectivement signifié au lieutenant-gouverneur leur impuissance à poursuivre la construction desdites lignes, et attendu qu'elles se sont respectivement déclarées prêtes à faire la cession au gouvernement de la province de Québec de la propriété et des droits desdites corporations, si le gouvernement consentait à entreprendre la construction des chemins de fer, avec les embranchements d'iceux aux Grandes-Piles et à Saint-Jérôme ; et attendu qu'il est de l'intérêt public que lesdits chemins soient construits, et de là prolongés comme ci-après exposé ; en conséquence il est résolu :*

« *1° — Qu'un chemin de fer sera construit partant du port de Québec... via Montréal, au point, dans le comté de Pontiac, qui paraîtra le plus avantageux pour faire aboutir ledit chemin de fer à la portion subventionnée du Canada Central et à tout chemin de fer quelconque, y compris un embranchement des Trois-Rivières aux Grandes-Piles et un autre de Sainte-Thérèse à Saint-Jérôme ; et ledit chemin sera désigné et connu sous le nom de « Chemin de fer de Québec, Montréal, Ottawa et Occidental. »*

« *2° — Que ledit chemin de fer sera un ouvrage public appartenant à la province de Québec...*

« *3° — Que la construction dudit chemin de fer et son administration seront sous le contrôle de trois commissaires nommés par le lieutenant-gouverneur en conseil ; lesquels resteront en fonctions durant bon plaisir...*

Cité par Robert Rumilly dans l'*Histoire de la Province de Québec*. Volume 2. Édition Bernard Valiquette. Robert Rumilly est un bien étonnant ramasseur de documents et de petits faits qui en font un excellent chroniqueur même s'il cite assez rarement ses sources.

41. Ainsi en 1867, la ligne Allan transporte de Liverpool à Montréal 13,925 passagers dont 11,567 immigrants. Au total, 41,500 personnes sont arrivées à Montréal par eau cette année-là. Benoît Brouillette. Op. cit., p. 199.

pour les rassurer, avec le dossier Lévis-Kennébec. Voici ce que le *Times* écrivait à cette époque en se faisant l'interprète de la toute-puissante *City* : « que la province garantisse ou non l'emprunt, cela ne fait aucune différence. On n'est aucunement disposé en ce moment à prêter de l'argent pour d'autres chemins de fer du Dominion ».

À la Chambre, les députés grognent même si Senécal est bien en selle. Il s'est fait de solides ennemis, dont George Irvine qui n'a pas digéré l'insuccès de ses poursuites contre lui pour le compte de ses clients. Il y a aussi Louis-François-Roderick Masson, avec lequel Senécal est en plus ou moins bons termes, car Masson veut que la ligne Québec-Montréal passe par Terrebonne et Saint-Lin, alors qu'on cherche à éviter les détours qui l'allongeront coûteusement. Il y a aussi ceux qui disent pis que pendre du nouveau surintendant. Ainsi Laurier n'a-t-il pas écrit : « Cette caverne de voleurs, c'est l'administration du chemin de fer du Nord et le chef de la bande s'appelle de son vrai nom, Louis-Adélard Senécal. » De son côté Joly de Lotbinière s'est écrié à la Chambre en un morceau d'éloquence électorale : « J'attaque moins un homme qu'un système organisé et personnifié par cet homme ».

Chapleau tient bon, car Senécal est son ami et il a confiance en lui, comme en Arthur Dansereau et Alexandre Lacoste. On les appelle tous trois le *triumvirat*, ou la *Sainte-Trinité* quand on veut être aimable. Ils font partie d'un gouvernement occulte, qui siège à l'Hôtel Windsor, dans les bureaux de la *Minerve* ou au Crédit Foncier Franco-Canadien, dans la pièce qu'on a mise à la disposition de Chapleau après la fondation de la Société à laquelle il a collaboré. Inutile de dire que l'Opposition pousse les hauts cris devant ce gouvernement parallèle.

Suivant Robert Rumilly, « Dans l'entourage de Chapleau, Senécal incarne la hardiesse, Dansereau l'habileté et Lacoste, la sagesse. » La formule est heureuse. Elle paraît assez bien décrire le groupe qui entoure le premier ministre et qui, pendant longtemps, lui permet de rester au pouvoir tant qu'il le veut bien.

Mais que sont ces deux hommes qui, avec Senécal, forment l'équipe sur laquelle Chapleau s'appuie pour se maintenir en poste ? Chapleau a l'éloquence qui plaît à l'époque. Il a aussi l'adresse de l'excellent plaideur qu'il a été avant d'entrer en politique. Cela lui permet de réunir les électeurs autour de lui, avec l'appui d'un clergé qui craint les *rouges* comme la peste.

Mais derrière, il y a ses trois conseillers intimes. L'un lui donne des avis marqués au coin de la sagesse, l'autre présente les faits au public. Quant au troisième (Senécal), il organise les élections, fait entrer les candidats, en ignorant souvent ce que fait sa main gauche. « Beaucoup de députés ont été élus grâce à l'or de Senécal », écrit Israël Tarte qui a la dent dure [42].

Les deux premiers membres de l'équipe ont un peu plus de trente ans, le troisième est aux environs de la cinquantaine. Malgré cela, il les distance ou les tient en haleine tant il a d'ardeur. Le premier, Alexandre Lacoste, est le chef d'une importante étude d'avocats, dès 1873. Il a 31 ans. Il est l'avocat du Chemin de fer du Nord et de la Banque Jacques-Cartier, qui devint la Banque Provinciale du Canada par la suite. Professeur à l'École de droit puis, de 1879 à 1881, bâtonnier du Barreau de Montréal, il devient sénateur en 1883, quand il est impossible de faire passer Senécal. Plus tard, il est président du Sénat et, enfin, juge en chef de Québec. Il a la situation brillante du juriste dont les avis sont sages et à qui des amis fidèles et puissants font franchir rapidement les étapes du succès. Alexandre Lacoste a eu une magnifique carrière, qu'une reine bienveillante couronna en le faisant Compagnon de Saint-Michel et Saint-George [43]. Par le fait même, on lui accorde le droit de porter le titre de *sir* : vestige d'une époque ancienne que seule parvient à maintenir une Angleterre fidèle à un passé qui lui est encore bien utile.

Quant à Clément-Arthur Dansereau, sa carrière est fort différente. À peu près du même âge qu'Alexandre Lacoste, il est né en 1844, à Contrecœur, pas très loin par conséquent de son coéquipier Louis-Adélard Senécal. Dansereau est journaliste. Aussi est-il le porte-parole du groupe. Il a une formation assez exceptionnelle, à l'époque : il est bachelier du Collège de L'Assomption et diplômé de l'Université McGill. De 1863 à 1876 [44], il est rédacteur à *La*

---

42. Dans une lettre qu'Israël Tarte a écrite à sir Hector Langevin, le 7 mars 1882. Tarte affirme également, dans une lettre à Laurier en 1885, que Senécal a versé $100,000 à la caisse du parti conservateur. L'argent est venu de lui et de ses associés du chemin de fer du Nord, affirme cette mauvaise langue de Tarte, à la condition que le gouvernement rachète ou fasse racheter le chemin de fer. Source citée par Mademoiselle Désilets : s.p.c. Fonds Laurier. M.G. 26661. Volume 737.

43. *Centenaire du Barreau.* Notice sur sir Alexandre Lacoste, par Pierre Beulac et Édouard Fabre Surveyer. Librairie Ducharme : 1959.

44. *The MacMillan Dictionary of Canadian Biography.* 1963 chez MacMillan (Toronto).

Minerve, devenue l'organe de Chapleau [45] après la mort de Cartier et après avoir défendu les intérêts de l'équipe Cartier-Macdonald. Bien que peu argenté, il s'est porté acquéreur de *La Minerve.* Il en reste fiduciaire et rédacteur principal jusqu'en 1880. Puis, on le retrouve à *La Presse* qu'a achetée, puis vendue son frère Clément qui s'était associé à Archibald Würtele pour cela. Il y reste jusqu'en 1891, moment où on le nomme maître de postes à Montréal. En 1899, il revient à *La Presse,* mais cette fois comme partisan de Laurier, après un bien curieux cheminement, à l'opposé de celui qu'avait suivi son coéquipier Louis-Adélard Senécal. Celui-ci s'était éloigné de Laurier, jeune avocat et militant libéral, menacé de tuberculose à Arthabaska, pour s'appuyer sur des valeurs plus sûres. Dansereau se range derrière Laurier, chef de parti né à Saint-Lin et devenu le plus victorien des hommes d'État britanniques et un grand bonhomme.

Ne doit-on pas également parler de sir Adolphe Chapleau, autour duquel se presse l'équipe ? Et doit-on pour cela consulter L.-O. David ? C'est avec un peu de méfiance qu'on aborde ses écrits, car il est souvent victime d'un romantisme un peu boursouflé, assez inhumain. Mais David a un avantage : il a connu l'homme qu'il présente dans ses *Souvenirs et Biographies.* Aussi, lorsqu'il parle de Chapleau, le décrit-il très bien :

> Moins grand, moins maigre et aussi pâle que Laurier ; d'épais cheveux noirs flottent sur ses épaules ; il a le front droit et haut des penseurs, le nez vigoureux des hommes passionnés ou ambitieux, des yeux de couleur indécise et au regard chatoyant, une bouche éloquente, mais dont les lèvres molles indiquent la mobilité de caractère, une physionomie toute imprégnée d'intelligence, des manières élégantes et agréables ; un extérieur qui pique la curiosité, assez calme et froid en apparence ; une organisation cependant toute de nerfs et de muscles, où le sang brûle...

> Il est facile de se convaincre, en voyant M. Chapleau, que ce n'est pas un homme ordinaire. C'est un de ces visages pâles dont César conseillait de se méfier, parce qu'ils sont capables de tout, en bien et en mal.

> M. Chapleau a en effet une intelligence hors ligne, les facultés les plus variées et les plus précieuses, un esprit capable de résoudre les problèmes les plus difficiles de l'algèbre aussi bien que d'apprécier la délicatesse d'un sonnet ou d'une mélodie.

---

45. *Les journaux du Québec, 1764-1964.* Presses Universitaires de Laval (1965).

Personne ne possède plus que lui le don de l'éloquence, ce talent précieux qui consiste à agir sur ses semblables au moyen de la parole.

D'après ses contemporains, Chapleau a ce genre d'éloquence que le peuple aime. Souvent, celui-ci porte un candidat au pouvoir sans se fier à autre chose qu'à son charme personnel et, plus tard, il le rejette avec la même spontanéité quand il a cessé de plaire. Que de fois l'électeur canadien met en selle, puis désarçonne, ce qui est un avantage sur certains peuples latins qui règlent le problème politique par la révolution. Ici, fréquemment, on porte au Capitole, celui qu'on précipite ensuite de la Roche Tarpéienne. La faveur populaire ne va pas à ceux qui sont stables, autant qu'à ceux qui plaisent. Quand la foule raisonne-t-elle, en effet ? Rarement, car elle agit d'instinct. Elle se contente d'amener au pouvoir ceux qui ont trouvé les arguments pour la convaincre. Chapleau lui plaisait par son éloquence, ses mots, son sens de l'immédiat, sa psychologie des hommes. Il ne disait pas : voilà qui est logique, mais voilà qui va me faire des amis. Aussi son parti reste-t-il au pouvoir malgré les ultramontains qui grondent et les libéraux dont l'étoile monte à l'horizon. Chapleau comprend bien certaines choses. Mais surtout, il présente tout au peuple avec des accents qui enflamment. Quand il sent que le moment est venu de changer de scène, il n'hésite pas. Il va à Ottawa, où son rôle ne sera plus de premier plan, mais où il lui semble que les chances de durée seront plus grandes à côté de l'intelligent et astucieux premier ministre qu'est John A. Macdonald. Il va à Ottawa comme ministre et ses amis le suivent. Dans l'équipe, comme on l'a vu, il y a Louis-Adélard Senécal auquel on revient par le biais de la politique à laquelle il n'a jamais renoncé, s'il a cessé d'être député en 1872.

Chapleau ira donc à Ottawa avec son équipe. Dans l'intervalle, grâce à lui, Senécal a bien en main le chemin de fer construit sur la rive nord du Saint-Laurent. Il termine la voie, mais les résultats favorables se font attendre. La ligne est déficitaire et, chaque année, elle creuse un trou dans des finances provinciales bien peu pourvues. Comment pourrait-il en être autrement d'ailleurs puisque Québec en 1871, a une population de 59,699 âmes et Montréal de 107,225 ? Entre les deux, le trafic n'est pas tellement abondant. Or, un chemin de fer vit surtout du transport des marchandises. Il y a bien l'arrêt à Trois-Rivières (7,570 âmes en 1871) et l'embranchement des Piles ; plus tard il y aura la ligne du Nord, mais, dans toutes ces régions, la population est faible. De Montréal, la voie va à Aylmer (1,650 âmes), en attendant que le pont soit construit entre Hull et Ottawa.

Quoi qu'on dise de Senécal, que de folies il a empêché pour que les trains n'aillent se promener dans la campagne, avec un simple embranchement vers Montréal ! Certains auraient voulu que la voie passe par Terrebonne, puis par Saint-Lin (lieu de naissance de Wilfrid Laurier). L'administration de la ligne n'était pas facile non plus car, s'il y avait la faiblesse du trafic, il y avait aussi ceux qui, parmi les amis du parti, voulaient l'utiliser à leur avantage. Il y avait enfin le clergé et les gens respectueux du repos dominical qui auraient volontiers empêché les trains de circuler le dimanche.

Sous la direction assez ferme de Senécal, le chemin de fer s'est terminé et, malgré toutes les critiques, à bon compte. Il ne fera pas ses frais, cependant, tant qu'il ne sera pas incorporé dans une des grandes lignes existantes, telles le Grand-Tronc ou le Pacifique-Canadien. Ce dernier se développait à ce moment-là vers l'Ouest. Il devait atteindre Vancouver vers 1885, après avoir traversé la plaine immense et la montagne qu'il avait fallu contourner en passant dans les vallées, ou trouer par des tunnels longs et coûteux. Il y avait aussi l'Intercolonial qui, à Lévis, venait se raccorder au Grand-Tronc depuis 1876, mais il n'était pas en contact direct avec le Q.M.O. & O. de l'autre côté de l'eau. En somme, la voie ne pouvait être rentable que si, à Québec, elle était en communication avec un long réseau, soit par un pont au-dessus du Saint-Laurent — ce qui était impensable à cette époque, à cause du coût — soit par des traversiers, comme le demandait Senécal [46].

Après quelques années, Chapleau se laisse convaincre de vendre le réseau Montréal-Ottawa. Pour aider la province à régler son problème financier, sir John A. Macdonald intervient, malgré A. T. Galt [47]. Et le Pacifique-Canadien, à contrecœur, achète la ligne Ottawa-Montréal, avec l'embranchement de Saint-Jérôme. Senécal garde, pour lui et ses amis du syndicat qu'il a formé, la voie qui mène de Saint-Martin à Québec [48]. Malgré le tollé, Sené-

---

46. L.-A. Senécal le demande à nouveau en 1884, en se référant à un arrêté ministériel de janvier 1882, chaque gouvernement se divisant les frais. C.U.G. 26 A1 (a). Volume 141. Sir John A. Macdonald Papers.

47. Sir Alexander Tilloch Galt, dont la carrière au Canada va de commissaire de la British American Land Company à celle de ministre dans le cabinet de John A. Macdonald.

48. Il l'offre en vente au Pacifique-Canadien par le truchement de sir John A. Macdonald. *Ibid.*

cal a mis la main sur la partie de la ligne dont il a amélioré graduellement le rendement. Il y a à ce sujet un bien curieux document dans les *Macdonald Papers* que l'on garde aux archives d'Ottawa. Sous le titre de *Memorandum strictly confidential,* il donne divers renseignements sur le coût et la longueur (209 milles) du Chemin de fer du Nord, comme on l'appelle à partir de ce moment-là, et sur sa rentabilité : ses dépenses d'administration étant allées en décroissant de 1880 à 1883. Le chemin de fer devient rentable parce qu'il a été mis en contact avec le Pacifique-Canadien à l'ouest et l'Intercontinental à l'est. Cela ne semble-t-il pas justifier ceux qui disent que Senécal a gardé la meilleure part pour lui et pour ses amis ? D'un autre côté, le Pacifique-Canadien a relié Ottawa à Montréal, ce que désirait le gouvernement fédéral.

Senécal aurait-il joué ses partenaires. en l'espèce le gouvernement provincial ? Ou, par leurs clameurs, les députés auraient-ils entraîné eux-mêmes la cession de la ligne : source insuffisamment étudiée d'un déficit chronique que Senécal, au centre de l'affaire, pouvait mieux analyser ?

Le syndicat vend donc la dernière partie du chemin de fer du Nord au Grand-Tronc, qui le remettra ensuite au Pacifique-Canadien. Dans l'opération, Senécal fait un bénéfice de $100,000 disent les uns et de $400,000 disent les autres. C'est, semble-t-il, cette somme qu'il engouffra dans l'affaire de scieries et de réserves forestières qu'il lance du côté de Hull. Venue trop tôt dans un marché incapable d'absorber un aussi gros morceau, l'entreprise s'effondrera avec la plus grande partie de la fortune de Louis-Adélard Senécal : esprit fertile, imaginatif, voyant grand, trop grand, capable de lancer une, deux, trois, cinq entreprises à la fois ou successivement, mais incapable de les mener à bonne fin. Manque de formation première, trop grand optimisme, incapacité de se concentrer sur un but ou un objet particulier, impossibilité de prévoir le pire et, dans l'intervalle, de s'y préparer ? Il y a de tout cela chez Senécal qui, tout en ayant une vie d'homme d'affaires fécond et habile, mène celle du politicien mêlé à tout, intervenant dans tout et, d'abord, dans les élections et leur organisation, ce en quoi il excellait, note un de ses contemporains. À l'époque, cela voulait dire, assez souvent des méthodes, plus ou moins avouables, qui sont restées monnaie courante : supposition de personnes, cadeaux aux gens en place, tripatouillages et versements divers dans tous les azimuts.

Wilfrid Laurier est l'un des premiers auxquels Senécal se heurte dans le comté de Drummond-Yamaska. Il lui rendra la monnaie de sa pièce plus tard dans un article percutant, dont il a déjà été question. Paru dans l'*Électeur,* fondé pour servir les intérêts du parti libéral dans la province de Québec, l'article fut suivi de poursuites intentées contre Ernest Pacaud, le propriétaire-directeur du journal, puis contre Laurier quand celui-ci eut admis la paternité du pamphlet, intitulé « La Caverne des quarante voleurs ». Senécal fut débouté de sa poursuite par le jury qui le connaissait trop bien sans doute. Dans toutes ces injures qu'on lui avait lancées à la figure, peut-être y avait-il trop de choses dont on l'accusait ouvertement dans la région ! Peut-être, enfin, parmi les membres du jury un certain nombre apportaient-ils un élément personnel préjudiciable à un jugement impartial ! La réputation de Senécal, qui avait survécu aux cinquante-trois poursuites intentées par George Irvine, sortit un peu salie du procès qu'il crut bon d'intenter à Ernest Pacaud et, à travers lui, à Wilfrid Laurier [49]. Douze ans plus tard, Pacaud devait, lui-même, être l'objet d'un scandale, en rapport avec le Chemin de fer de la Gaspésie, à qui le gouvernement avait accordé une indemnité de $175,000. Or, son propriétaire se plaignait amèrement d'avoir eu à payer une somme de $100,000 à Ernest Pacaud, agissant pour le compte de tiers dont la trace se perdait dans la brousse de la politicaillerie provinciale [50]. Cette gabegie administrative était dans les mœurs du moment, semble-t-il. Or c'était justement ce que Laurier avait reproché à Senécal dans son article paru dans la feuille que dirigeait Ernest Pacaud, une décennie plus tôt. Doit-on se voiler la face devant ces mœurs électorales ? Elles étaient de l'époque au Canada ; mais étaient-elles tellement différentes des méthodes suivies par les « bourgs pourris » d'Angleterre. Elles incitent, cependant, à prendre les renseignements venus par la voie de la politique, *cum grano salis* et à leur donner une importance relative. Quelques années plus tôt, le cabinet Macdonald n'était-il pas tombé sur une question de pots de vin, reprochés à Macdonald et à George-Étienne Cartier qui, malheureusement pour eux, avaient laissé des traces : ce que ne pardonne pas la morale politique, assez souple par ailleurs. Dans son livre sur *Cartier et son temps,* Alfred DeCelles mentionne quelques-uns des documents accusateurs [51]. Le premier est la lettre que Cartier adresse à sir Hugh Allan, lequel s'attend bien à obtenir la construction du chemin de fer de l'ouest pour le syndicat qu'il a formé. La demande de fonds est précise. Voici la note de Cartier :

49. *Laurier.* Joseph Schull (1965).
50. P. 200-204. *Canada and its provinces.* Vol. 15.
51. *Cartier et son temps.* Chez Beauchemin (1924). P. 109.

Cher Sir Hugh,

Les amis du gouvernement s'attendent à ce que des fonds seront versés dans les élections prochaines, et toute somme que vous ou votre compagnie avancera dans ce but vous sera remboursée. Ci-inclus vous trouverez un mémoire.

Votre tout dévoué,
GEORGE-ÉTIENNE CARTIER.

Et dans une note annexée :

Il faudrait immédiatement pour
Sir John A. Macdonald, $25,000.
Hon. H. Langevin, $15,000.
Sir George-Étienne Cartier, $20,000.
Sir John A. Macdonald, somme additionnelle, $10,000.
Sir George-Étienne Cartier, somme additionnelle $30,000.

La seconde pièce est une dépêche envoyée par John A. Macdonald lui-même à l'avocat de sir Hugh Allan à Kingston et qui se lit ainsi : « Envoyez encore $10.000 ; c'est le dernier appel.

J. A. MACDONALD. »

Le tollé fut tel que le gouvernement Macdonald tomba en 1873, un peu après le discours en Chambre de George Stephen, qui ne fit aucune difficulté à obtenir avec d'autres le contrat pour la construction de la voie ferrée. C'est, en résumé, le scandale du Pacifique-Canadien.

Ces demandes de fonds étaient gênantes pour les hommes politiques intéressés et pour leur parti. Les libéraux les remplacèrent pendant une session. Avec son inconséquence ordinaire, l'électeur ramena au pouvoir sir John A. Macdonald et son équipe dès les élections suivantes. Celui-ci reprit son œuvre, avec ses faiblesses et ses magnifiques qualités de gouvernement, dans un milieu où tout était à faire : consolidation de l'appareil administratif, politique de transports, politique de protection douanière et industrielle. C'est ce que l'on appelle la Politique Nationale qui devait avoir des conséquences si importantes pour le pays.

Est-ce du cynisme que de vouloir juger un homme ou un gouvernement par leurs œuvres, même si elles s'accompagnent de certains abus bien difficilement évitables dans n'importe quel régime ? N'est-ce pas l'éternel problème du milieu politique ? Doit-on préférer l'homme d'État maladroit et stérile au politique assez vénal, mais voyant grand et capable de doter son pays de l'appareil administratif et des structures qu'il lui faut ? Colbert, qui avait fait chasser Fouquet par Louis XIV, à cause de ses prévarications trop voyantes et de son étalage de luxe qui humiliait son souverain, n'a-t-il pas fait sa fortune et celles des siens par la suite, tout en dotant son pays d'une forte armature économique ? Que dire de Talleyrand, également ? Dans un livre sur le prince de Bénévent, le comte de Saint-Aulaire rappelle l'existence du *donatif* au XVIIᵉ siècle [52]. Mazarin n'hésite pas à le rappeler à Colbert, qu'il a recommandé à Louis XIV. L'auteur en invoque le souvenir non pas pour justifier Talleyrand d'avoir été vénal, mais pour expliquer comment il a pu l'être à une époque où la vénalité était encore pratique courante parmi les plus grands serviteurs de l'État. Aujourd'hui, on condamne le pot-de-vin avec raison ; cependant, il semble qu'en politique, il ne soit une faute que si l'on est découvert. Plus près de nous, Chapleau n'a-t-il pas laissé dans son testament [53] des traces d'une certaine fortune, alors qu'il était entré bien gueux dans l'arène ! Après avoir fait ses études au collège grâce à une bourse, n'a-t-il pas bien curieusement gravi l'échelle du succès matériel au cours d'une carrière politique pourtant bien mal rémunérée ! Quant à cet autre politique — grand parmi les plus grands — quelqu'un n'a-t-il pas écrit à propos de lui : « (X) lui-même sans s'être jamais commis jusqu'à pénétrer dans la galère, ne nous confiait pas moins ses achats de placement ; du « *Street* », comme tout le monde à cette époque. *Toutes ses économies* ne manquaient pas d'assurer ses amis, comme pour excuser le grand homme d'en posséder autant ».

Entre le borné et le vénal, ne peut-on imaginer quelque type intermédiaire ? Assurément, et c'est ce qui réconcilie avec la vie politique et l'État. Mais alors ne s'expose-t-on pas à un terrible goût du pouvoir ? Préférable à l'autre, il est vrai.

Dans le cas de Louis-Adélard Senécal, pour ne pas être tenté d'être trop dur, il faut tenir compte du climat de l'époque et le juger avec beaucoup de circonspection. La politique soulève des haines qui souvent ne présentent pas les faits sous leur vrai jour, ou, tout au moins, ne leur donnent pas toujours leur aspect véritable. Ne doit-on pas retenir également le jugement de *La Minerve*, au lendemain de la mort de Senécal : « Pour certains, il était un épouvantail. Pour d'autres et, en grand nombre, un guide, un chef, à qui ils obéissaient aveuglément, qu'ils auraient suivi partout.

---

52. *Talleyrand,* par le Comte de Saint-Aulaire. Chez Dunod, à Paris.
53. Publié dans le Rapport de l'archiviste de la province de Québec en 1963, par Jean-Jacques Lefebvre.

« Cet homme était l'activité, l'audace, l'énergie même. Il ne connaissait pas d'obstacle. Il avait appris à le supprimer coûte que coûte. » [54]

* * *

Après avoir cessé d'être *surintendant général* [55] du Chemin de fer Québec-Montréal-Ottawa et Occidental, à la suite de la vente au Pacifique-Canadien, Louis-Adélard Senécal reste président du Chemin de fer du Nord, qui va de Saint-Martin à Québec. Il est aussi président de Richelieu and Ontario Navigation Company, aussi bien que de Montreal City Passenger Railroad Company [56]. Cela indique que, malgré les critiques, les accusations et les invectives que lui valaient ses nombreuses initiatives, il avait encore plusieurs cordes à son arc. Quelques années plus tard, les deux entreprises donneront lieu à des opérations boursières auxquelles seront mêlés les Forget (oncle et neveu) qui, à cette époque, jouent un rôle considérable dans le milieu financier de Montréal.

Il reste à rappeler la carrière publique de Louis-Adélard Senécal, avec un peu de précision. À l'époque, on se mêle facilement de politique provinciale ou fédérale. Des journalistes, des poètes, des historiens, des hommes d'affaires, des médecins, des hommes de loi se laissent entraîner à briguer les suffrages d'électeurs capricieux, mais peu exigeants, sauf pour les petits services ordinaires ; assez fidèles pourvu qu'on s'occupe de leurs affaires personnelles, qu'on vive parmi eux, qu'on ait un prestige suffisant, qu'on soit *du bon bord* ou que la machine électorale soit assez

54. Dans le numéro du 12 octobre 1887, par conséquent.
55. Dans le numéro du 18 janvier 1882 du journal *Le Nord*, il y a une annonce du chemin de fer Q.M.O. & O. On y donne les changements d'horaire des trains de Québec et d'Ottawa, sous la signature de L.-A. Senécal « surintendant-général ». C'était donc son titre.
Les trains partent de la gare d'Hochelaga le soir. Il faut compter environ douze heures pour se rendre à Ottawa (8.20 p.m. à 7.55 a.m.) et un peu plus de treize heures pour atteindre Québec, de Montréal (6.40 p.m. à 8 heures a.m.).
56. *Lovell's Directory* de 1885-86 indique qu'il est encore président de la North Shore Railway. Celui de 1886-87 ne lui conserve que le titre de président de Richelieu & Ontario Navigation Company (« *Daily Royal Mail line of Steamers, note-t-on, between Montreal, Quebec, the Saguenay River and intermediary Ports* ». Page 530). Louis-Adélard Senécal a son bureau à 230 rue St-Paul et son domicile à 71 rue Dubord. À ce moment-là, la rue Dubord est au nord de l'actuel Square Viger. C'est un quartier où l'on voit encore de belles et grandes maisons qu'habitaient les gens en vue de Montréal, avant que ne fussent construits la gare et l'hôtel Viger.

forte pour contrebalancer tout cela. De Pierreville où il mène ses affaires dans la première partie de sa vie, Louis-Adélard Senécal s'intéresse d'abord au parti libéral en fournissant les fonds nécessaires à Jean-Baptiste-Éric Dorion pour son journal *Le Défricheur* [57] qui paraît à l'Avenir, petit bourg des Cantons de l'Est. Éric Dorion est le frère d'Antoine-Aimé Dorion, un de ceux qui, comme libéral, mènent la bataille contre le projet de Confédération. Tout jeune encore, Éric Dorion, en est à sa troisième feuille, les deux autres ayant sombré rapidement, entraînées par des dépenses trop élevées et par un trop petit nombre d'abonnés dans un milieu qui ne compte pas encore tellement de *bons rouges.* Wilfrid Laurier ne s'est pas encore affirmé, et le clergé — avec, en tête, Mgr Laflèche de Trois-Rivières — favorise les *bleus.* On les oppose facilement aux libéraux, craints pour leurs opinions anticléricales, même si Wilfrid Laurier se réclame du libéralisme anglais.

Sans trop savoir où il va de ce côté, Senécal paie les factures du *Défricheur.* Wilfrid Laurier s'intéresse aussi au journal mais à un autre point de vue [58]. Il tombe malade vers le moment où s'annoncent les élections au lendemain de la Confédération. Senécal voit l'occasion qui lui est offerte, avec le prestige du parti conservateur de George-Étienne Cartier, dont l'influence est prépondérante pendant toute la période qui précède l'acceptation du nouveau régime politique par les provinces englobées. Senécal change de camp, ce qu'on ne pardonne guère à l'époque. Aux élections de juillet 1867, il se présente dans Arthabaska au fédéral et dans Yamaska au provincial. Avec toutes ses autres occupations, le voilà député à Ottawa et à Québec : chose possible à cause des deux gouvernements qui ouvrent un double champ d'action aux candidats. Pendant tout le temps que dure son double mandat, Senécal parle peu mais prête l'oreille. Il se fait accorder quelques adjudications par Québec, comme la construction de la voie ferrée de Drummondville-Acton. À Ottawa, on n'a pas encore le *Hansard,* mais nulle part on ne trouve trace d'intervention particulière. Ce n'est pas un orateur, rappelons-le. C'est essentiellement un homme d'action : un *back-bencher,* qui négocie dans la coulisse, qu'on voit chuchoter ou discuter dans les coins ou dans les bureaux et qui dirige les hommes comme les pions d'un

---

57. Journal libéral, anticlérical et annexioniste, *Le Défricheur* a un présent difficultueux. Il a bien peu d'abonnés. Parut de 1847 à 1857. Cf. *Les Journaux du Québec* P.U.L.. 1965. **Page 60.**
58. Joseph Schull. *Ibid.* **Page 60.**

jeu d'échecs. Dans le vocabulaire parlementaire un *back-bencher*
c'est un député de deuxième zone, un non-ministrable momentanément ou non, que l'on ramène au bercail au moment du vote ;
c'est lui qui fait nombre et qui établit le vote majoritaire sur
lequel compte le gouvernement.

Si Senécal s'oriente ainsi vers la politique, ce n'est pas pour
ce qu'elle lui rapportera dans l'immédiat. Il sait trop ce qu'elle lui
coûtera à une époque où le député, comme le fonctionnaire, reçoit
des émoluments bien faibles. Il sait aussi ce que son double
mandat peut lui fournir d'occasions, de relations, d'aperçus nouveaux dans des domaines qu'il voyait de loin jusque-là. Au parlement de Québec, il ne reste que jusqu'en 1871, c'est-à-dire jusqu'à l'expiration de son mandat. Il voit ce qui se prépare dans les
communications et surtout, dans les chemins de fer ; il veut en
profiter pleinement. À Ottawa, il tiendra un an de plus jusqu'en
1872. Il ne se représentera pas. Il se contentera de jouer le rôle
de coulissier politique que lui permettent ses relations avec son
ami J.-Adolphe Chapleau. Il est trésorier du parti — autre occasion intéressante de connaître bien des gens, bien des choses, bien
des projets. Oh ! il ne faut pas être trop scrupuleux parce qu'il
faut souvent mettre la main au gousset et faire distribuer la manne
aux électeurs affamés ou exigeants. Le jour où il se heurte à
Laurier dans le comté d'Arthabaska, en venant la veille du scrutin,
« *with two prosperous friends* », note l'historiographe de Wilfrid
Laurier, Joseph Schull [59], il se fait un ennemi juré. Laurier n'était
pas lui-même aussi blanc que neige [60], note aussi Schull, puisqu'il
avait pris part à des élections dans L'Assomption et dans d'autres
comtés. Il sait, comme l'affirme un jour Israël Tarte, que « les
élections ne se font pas avec des prières ».

Wilfrid Laurier avait vu Senécal se faire élire avant lui dans
Drummond-Arthabaska et il avait, lui-même, été serré de près par
l'action concertée des *senécaleux* et de la machine électorale. Il
en était ulcéré. Il se vengea cruellement quand il fit paraître plus
tard dans son journal l'article intitulé la *Caverne des quarante
voleurs* [61], dont il a déjà été question précédemment. Peut-être
faut-il en donner un extrait, afin de montrer à quel point on pouvait s'injurier à une époque où le mot *voler* voulait dire si peu de

---

59. Joseph Schull, dans *Laurier*.
60. Joseph Schull. *Ibid.* Page 64 : « Laurier was not a political lily ;
he had seen his share of elections in Montreal, and in St-Lin and in L'Assomption. »
61. Article de « *L'Électeur* », du 20 avril 1881.

chose qu'on disait *senécaliser* pour en rendre l'idée ; les amis et créchards du parti devenant des *senécaleux*. Voici donc un nouvel extrait de l'article assez vindicatif du futur chef du parti libéral : « L'administration du Chemin de fer du Nord aujourd'hui, c'est le vol érigé en système. Que personne ne se récrie ; le mot que nous employons n'implique ni violence de langage, ni irritation d'humeur. Nous ne faisons qu'appeler les choses par leurs noms. Quand les contrats publics sur les chemins de fer se donnent sans compétition, par faveur, et moyennant considération payée en argent ; quand sur tous les ouvrages qui s'y font un pourcentage est prélevé par l'administration ; quand les marchandises consommées sur le chemin sont payées à des prix exorbitants, et que le surplus des bénéfices ordinaires du commerce est partagé en parts plus ou moins égales par l'acheteur et le marchand ; quand tous les amis du gouvernement voyagent gratuitement sur le chemin, si ce n'est pas là le vol érigé en système, qu'est-ce donc ? Nous parlons en connaissance de cause. Nous savons, qu'à même l'argent tiré du Chemin de fer du Nord, monsieur Senécal a largement soudoyé certains journaux. »

L'administrateur du Chemin de fer du Nord, dont on parlait avec tant de violence de langage, c'était Louis-Adélard Senécal.

Le coup était dur. Un autre eût sauté sans doute. Lui était à tel point lié au premier ministre qu'il resta en place, même si les poursuites en diffamation, qu'il avait prises contre Ernest Pacaud et son journal d'abord, puis contre Laurier, avaient donné lieu à un jugement assez embarrassant pour lui [62]. Malgré cela, rien ne fut changé, Chapleau revint au pouvoir [63] plus fort que jamais avec une machine électorale bien dirigée par Senécal et ses coéquipiers Dansereau et Lacoste. Dans la politique, ce n'est pas toujours les abus qui viennent immédiatement à bout d'un parti. Parfois, quand l'électeur en a vraiment assez, il réagit violemment, mais souvent il faut plus que des excès — même très visibles — pour qu'un groupe perde le pouvoir. Il faut soit une vague de fond irrésistible, soit une équipe d'opposition assez adroite pour bien utiliser un certain nombre de faits aussi simples que possible, mais présentés de telle manière que l'électeur en soit frappé au point de juger la situation intolérable. C'est ce qui est arrivé plus près de nous, en 1936 d'abord, et, plus tard, en 1960. Dans le premier

---

62. Laurier étant acquitté par le jury.
63. Avec 53 sièges, contre 12 à l'opposition. Robert Rumilly. Ibid. page 119, tome III.

cas, on utilisa des arguments très simples, triviaux au fond, mais revenant comme un leitmotiv. Dans le second, c'est la nécessité de tout reprendre à neuf qui a prévalu.

Avec les années, Senécal continue d'agir aux côtés de Chapleau, malgré les critiques extrêmement vives non seulement des libéraux, mais des ultramontains qui détestent l'exécuteur des hautes œuvres du premier ministre. Les attaques sont particulièrement violentes durant la campagne de 1882. Les deux groupes tapent à tour de bras sur Senécal, mais sans succès, puisque en décembre, Chapleau revient au pouvoir encore plus fort. À *L'Électeur,* on écrit en guise de conclusion à une campagne électorale particulièrement violente : « La clique Senécal a triomphé ». Si le premier ministre était heureux de son succès, Senécal ne l'était pas moins parce qu'il pouvait y voir une revanche personnelle.

Senécal continue d'être très près de Chapleau dans les années suivantes. Il l'accompagne au cours d'un voyage en France, qui précède la fondation du Crédit Foncier franco-canadien et l'emprunt de quatre millions de dollars négocié par la province de Québec auprès de certaines grandes banques françaises. À son passage à Londres, Senécal forme une société pour l'exploitation d'un câble sous-marin. À Paris, il s'emploie à constituer une grande société destinée à exploiter les ressources du Canada, en commun par des Canadiens et des Français. Dans l'intervalle, il avait obtenu le droit d'établir un barrage pour la production d'électricité à Caughnawaga.

Tout cela l'avait mis en relation avec les milieux officiels de France. Aussi un jour, le décore-t-on. Il devient commandeur de la Légion d'honneur, comme le seront plus tard certains hommes politiques de grande classe, tels sir Lomer Gouin et le sénateur Raoul Dandurand.

Puis, Chapleau quitte Québec pour entrer dans le cabinet Macdonald, comme on l'a vu. Il n'oublie pas son ami Senécal. Il voudrait qu'on le nomme au Sénat. Ce n'est pas lui qui le demande, cependant. C'est l'honorable J.-A. Mousseau, qui lui a succédé à Québec. À plusieurs reprises, celui-ci revient à la charge auprès de sir John A. Macdonald. Dans deux de ses lettres, par exemple, il insiste pour que l'on procède à la nomination [64]. Il se désole de voir que sir John ne l'ait pas encore faite et qu'il réponde de manière évasive.

---

64. 7 février 1883, 15 février 1883 et 2 octobre 1883. Macdonald Papers M.G. 26, A1(a) Vol. 17.

Sir John fait la sourde oreille. Il a reçu de nombreuses lettres de protestations, de Roderick Masson, par exemple, puis de M. H. Gault, qui affirme [65] de Montréal : « *If this was the case, it would alienate every right thinking man from our party in this Province...* » De son côté, Thomas Chapais écrit le 21 mars 1883 : « *As a late colleague and a Senator, I feel it my duty to let you know, as my opinion, that if according to rumour, L.-A. Senécal be assigned a seat in our Chamber, the consequence will greatly tend to shake confidence in the administration besides giving serious offense to the senators of the Province of Quebec* ». [66]

Par ailleurs, d'autres sont favorables à la nomination, en dehors du premier ministre Mousseau. Ainsi, Arthur Dansereau, puis le curé Labelle, qui, le 25 mars 1883, appuie fortement son vieil ami, à qui il doit la voie ferrée de Saint-Jérôme [67].

Voici ce qu'il écrit à sir John : « J'apprends avec regret que le sénat en général, s'oppose à la nomination de M. Senécal comme sénateur. Ce doit être une manœuvre qui vient de l'*Étendard* (journal ultramontain du sénateur F.-X. Trudel et de Montigny). S'il est un homme — continue le curé Labelle — qui ait donné au parti conservateur une grande force dans ces dernières années, c'est bien Senécal ». Devant l'opposition qu'il sent trop forte, Louis-Adélard Senécal écrit à son tour à sir John. Il n'a pas songé — dit-il — à un pareil honneur et, d'ailleurs, « mes occupations m'empêcheraient d'assister régulièrement aux séances » [68]. On est en 1883, sir John classe l'affaire, mais nomme Alexandre Lacoste, devant qui tout le monde s'incline. Il rouvrira le dossier en décembre 1886 et fera la nomination en janvier 1887. C'est à ce moment-là qu'entre au Sénat le vieux compagnon de combat de Chapleau. Chose bien paradoxale, Senécal aura le siège de L.-Roderick Masson (celui de Mille-Isles), alors que ce dernier s'était tellement opposé à sa nomination, avant d'être nommé lieutenant-gouverneur de la province de Québec. Senécal ne l'occupera pas longtemps puisqu'il mourra en octobre de la même année. Il aura tout juste le temps de siéger parmi les sages de la nation et d'éprouver la satisfaction d'arriver là où tant de gens avaient voulu lui barrer la route. L'intronisation se fit très simplement. *The Debates of the Senate of Canada,* du 13 avril

65. Lettre du 28 juin 1883. *Macdonald Papers.* Ibid. Vol. 17.
66. Macdonald Papers. Ibid. Vol. 17.
67. Lettre du 25 mars 1883. Ibid. Vol. 17.
68. Lettre du 17 février 1883, datée de Montréal, qui n'est pas de sa main, mais qu'il signe. *Macdonald Papers.* Ibid. Vol. 17.

1887, la mentionne ainsi : « *The Speaker presented to the House a return from the Clerk of the Crown in Chancery, setting forth that His Excellency the Governor-General had summoned to the Senate, Louis-Adélard Senécal, of Montreal, for the electoral division of Mille-Isles, in the Province of Quebec, in the room of the Hon. Louis R. Masson, resigned. The Honorable Mr. Senécal was then introduced, and having taken and subscribed the declaration of qualification required by the British North America Act, 1867, took his seat.* » Pour le Président du Sénat ce n'était qu'un sénateur de plus. Pour le nouvel arrivé, c'était une victoire remportée sur ses adversaires les plus acharnés.

Louis-Adélard Senécal mourut six mois plus tard à la suite d'une attaque de paralysie, le 11 octobre 1887. Il avait cinquante-huit ans. Il partait au moment où les arbres se dépouillent de leurs feuilles avant la neige qui tombera bientôt. Son service fut chanté à l'église Notre-Dame de Montréal par son vieil ami, le curé Labelle, venu tout exprès de Saint-Jérôme [69]. Pour se rendre à Montréal, il avait emprunté la voie ferrée qui avait fait couler tant d'encre et proférer tant d'injures contre l'homme qui l'avait terminée et l'avait administrée à ses débuts.

En parlant de son ami, J.-Adolphe Chapleau a eu une pensée qui a sa place ici puisqu'elle peut servir d'éloge funèbre : « Celui qui réussit et s'élève par son initiative et son travail, en quelque domaine que ce soit, est attaqué avec rage, et si possible, abattu par les siens ».

*   *   *

Senécal a eu une vie extrêmement active, fébrile même. Il a imaginé beaucoup de choses, lancé beaucoup d'entreprises. Il a marché dangereusement sur la corde raide. Pour que sa fortune s'établît et résistât au temps, comme celle de Joseph Masson, il aurait fallu sans doute une certaine prudence et le sens de la solidité. Quelle différence avec ce dernier ! Tous deux ont le même départ : une instruction bien élémentaire, un même désir d'arriver, de créer, d'imaginer des solutions, de bâtir. L'un a œuvré pour

---

69. Senécal meurt à la suite d'une attaque de paralysie. On trouve son acte de sépulture au registre de l'Église Notre-Dame de Montréal, page 392, en date du 14 octobre 1887. Il porte la signature de J.-A. Chapleau, de J. Wurtële (l'ancien trésorier de la province sous Chapleau), de L.-O. Taillon, d'Arthur Dansereau, de J.-B. Rolland, de C.-S. Rodier et des deux gendres de Senécal, le juge Charles-Ignace Gill et William E. Blumhart. Communication de Jean-Jacques Lefebvre.

l'avenir et l'autre dans l'immédiat. L'un comptait avec le temps, l'autre voyait des problèmes et des solutions, mais sans leur donner l'assiette financière ou technique voulue. Les deux ont été mêlés à des événements bien différents. Si le nom de Joseph Masson a résisté au temps, celui de Senécal s'est estompé au point de n'être qu'un vague souvenir, après avoir soulevé tant d'espoirs et de haines de son vivant. Tous deux ont tiré le maximum de la vie, l'un en un certain nombre d'années et l'autre, dans le moment présent. C'est peut-être une conception de durée dans un cas et une notion de l'immédiat dans l'autre qui expliquent leur fortune différente.

Les deux ont été remarquables. Faut-il condamner l'un pour avoir sacrifié la solidité à l'essor ? Je ne le pense pas. Il faut simplement regretter qu'il n'ait pas suffisamment compté avec la malchance qui peut causer des accidents. Louis-Adélard Senécal meurt ruiné. Dans ses *Mémoires,* son gendre le juge Charles-Ignace Gill note, en effet, que sa succession est insolvable. Il ne laisse à sa femme que deux polices d'assurance, l'une de $10,000 et l'autre de $9,000 ; ce qui était assez substantiel pour l'époque, tant l'assurance vie était peu répandue. Ce n'est pas beaucoup, cependant, quand on pense à toutes les entreprises que Senécal avait fondées et à toutes celles qu'il avait menées à bien, à toutes les initiatives qu'il avait prises mais sans s'assurer de leur rentabilité ou sans avoir su leur apporter la solidité la plus élémentaire, sans laquelle rien ne dure, rien ne reste que le souvenir d'un effort sans lendemain.

Avec ces restrictions, il faut reconnaître que Senécal avait toutes les qualités de l'entrepreneur, c'est-à-dire celui qui voit le besoin, qui imagine les solutions, qui crée, qui n'hésite pas devant le risque. Dans une société nouvelle, il est aussi utile, sinon plus, que celui qui sait gérer mais pas davantage.

*   *   *

Voilà ce chapitre terminé. A-t-on cherché à démontrer quelque chose en l'apportant au lecteur ? On a voulu simplement présenter deux hommes du dix-neuvième siècle qui se sont colletés avec les faits. Tout ce qu'on peut dire, en conclusion, c'est que si les deux ont mis en pratique ce qu'Étienne Parent avait indiqué avec une remarquable lucidité d'esprit, ils l'ont fait chacun à sa manière, suivant les moyens de leur époque et leur tempérament. Pour que se fût réalisé le programme tracé au Canada français par le sociologue, c'est-à-dire appuyer des droits sur autre chose que des textes, il aurait fallu qu'ils eussent été nombreux à mettre cette idée à exécution. S'il y en avait eu cent, mille, à imaginer, à œuvrer, à créer des entreprises, on aurait utilisé davantage et, pour le plus grand bien de tous, cette force positive qu'Édouard Montpetit a appelée plus tard la revanche des berceaux. Ils l'auraient employée à créer une entreprise collective forte, durable. On a préféré s'orienter vers les carrières libérales ou rester dans l'agriculture, mais malheureusement sans aller assez souvent jusqu'à une compétence et à une spécialisation suffisantes. Ce n'est que depuis un demi-siècle qu'on fait un réel effort dans le domaine économique. Et encore le fait-on incomplètement ou en cédant devant la concurrence, les impôts successoraux, le syndicalisme triomphant ou les difficultés de toutes sortes qui jalonnent dangereusement la voie des affaires. Trop souvent aussi on vend son entreprise comme si on était pris de panique, en échange du biblique plat de lentilles ou suivant le vieux réflexe du paysan qui se réfugie au village quand il se sent devenir vieux.

Tout était en germe dans les admonestations d'Étienne Parent à ses auditeurs de l'Institut Canadien ou d'ailleurs. Le problème a changé d'aspect, mais il garde malheureusement son acuité aussi bien dans le milieu francophone qu'anglophone. En devenant urbain, celui-ci a rendu la solution encore plus pressante devant l'envahissement graduel des capitaux étrangers.

PHILIPPE JOSEPH AUBERT DE GASPE

Essay de Susana Alleyn, né en 1786, décédé en 1871

Le Seigneur:

I

Philippe Aubert de Gaspé
ou les vieilles familles sur le déclin

(1786-1871)

« *Gaspé is a very foolish boy* »
Lieutenant Butler

Au début du XIXe siècle, le seigneur a encore une certaine importance dans la société du Bas-Canada. Pour l'étudier, il a semblé intéressant de choisir deux hommes différents, mais assez caractéristiques de l'époque : Philippe Aubert de Gaspé et Joseph Papineau. L'un vit dans son domaine parce que les circonstances l'y retiennent ; c'est tout ce qui lui reste d'une fortune gaspillée follement [1]. Prudent, fils de ses œuvres, intelligent mais un peu fruste, travailleur, l'autre habite à Montréal, rue Bonsecours [2]

---

1. J'étais riche par moi-même, mon père m'avait laissé une brillante fortune..., fait-il dire à d'Egmont, dans *Les Anciens Canadiens.* Or, d'Egmont, c'est lui, affirme l'abbé H.-Raymond Casgrain, familier de la maison, qui a facilité la publication du roman.
2. Joseph Papineau « est né dans une maison en bois, située sur l'emplacement de l'actuelle *maison Papineau,* rue Bonsecours ». C'est là que son père (Joseph Papineau, dit Montigny) avait son atelier de tonnelier.
Joseph Papineau habita également dans la petite rue Saint-Jacques et, plus tard, rue Saint-Paul dans une propriété dont l'arrière touchait au terrain de la maison qu'habitait Louis-Joseph Papineau et sa famille, depuis que son père lui avait vendu la propriété. Mademoiselle Anne Bourassa note, à ce sujet, que, dans ses souvenirs, Amédée Papineau indique qu'il est né en 1819, dans cette maison de pierre brute recouverte d'un gâchis en plâtre, qui se trouve rue Bonsecours. C'est celle que son grand-père avait fait construire sur le site de la maison de bois de l'arrière-grand-père. Joseph Papineau y avait gardé son étude de notaire. Plus tard, il loua

dans une maison qu'un critique musical achètera beaucoup plus tard et dont la réfection lui coûtera une fortune, tant les béotiens l'avaient abîmée. Il est aussi seigneur de la Petite Nation : domaine en friche où la forêt est la source d'un énorme effort, à une époque où il faut abattre les arbres à la cognée pour *faire* de la terre. Joseph Papineau connaît les problèmes de ses censitaires. Il y voit, mais il essaie aussi de tirer un avantage personnel de son fonds au prix d'un grand effort. Il a une seigneurie, comme Joseph Masson a celle de Terrebonne, mais pas pour les mêmes motifs de prestige. Je pense, en effet, que Joseph Masson a voulu être seigneur surtout parce que beaucoup de ses amis anglophones le sont, au Conseil de la Banque de Montréal. Pour lui, il y a là un prestige accru. Papineau n'a pas les mêmes raisons ; il obtient la seigneurie à bon compte parce qu'il est le notaire du Séminaire de Québec, qui n'a à peu près rien fait pour la développer. Il n'y a pas chez lui le même complexe que chez Joseph Masson, bien que leurs origines soient aussi humbles : l'un est fils d'un menuisier et l'autre, d'un tonnelier.

Ce complexe, on ne le retrouve pas non plus chez Philippe Aubert de Gaspé qui doit vivre à Saint-Jean-Port-Joly parce que ses terres, c'est tout ce qu'il reste de la fortune de son père. Il a dû offrir à l'État et à ses créanciers tous ses autres biens pour se libérer de ses dettes, mais cela n'a pas suffi. Le comportement de Gaspé, shérif, n'a pas été, en effet, celui que la loi avait prévu. Il a agi, semble-t-il, par étourderie, optimisme, incapacité de dire non et même de se rendre compte qu'un gouffre s'ouvrait devant lui. Heureusement, son père lui a laissé la seigneurie de

---

« une petite maison dans la rue Saint-Gabriel où je vais tenir mon office et me loger, en attendant que je quitte la ville tout à fait », note-t-il. Selon la même source, en 1827-1831, Louis-Joseph Papineau loue une maison en face du Fort des Messieurs et quitte la propriété de la rue Bonsecours, qu'il fait agrandir et à laquelle il donne les dimensions actuelles.

Comme sa femme meurt du choléra en 1832, Joseph Papineau décide de quitter Montréal. De 1837 à 1841, il habite dans la seigneurie de *La Petite Nation* jusqu'à sa mort « tout en venant à Montréal occasionnellement pour ses affaires ». Même incomplets, ces détails nous font voir quelle vie errante eut l'ancêtre, au milieu de ses occupations d'arpenteur, de notaire et de député, à une époque où le voyage était une aventure.

De son côté, dans son *Histoire du Notariat* (page 108), J.-Edmond Roy note ceci : « Papineau habite à Montréal jusqu'en 1834 ou 1835. Il demeurait rue Saint-Paul, à quelques pas de la rue Bonsecours, dans une maison que les progrès du temps ont transformée en auberge. » Cette propriété jouxtait celle de la maison paternelle, située comme nous l'avons vu, sur la rue Bonsecours et alors habitée par Louis-Joseph Papineau.

Saint-Jean-Port-Joly en usufruit. C'est là qu'il refait ses forces ébranlées par quatre ans de prison. C'est là également qu'il se ressaisit, qu'il réfléchit et qu'il écrit entre l'âge de soixante-quinze ans et sa mort. Quelle revanche ce dut être pour lui quand, au Collège de L'Assomption, on le reçoit au milieu des salves de mousqueterie et des applaudissements, au moment où l'on se prépare à jouer la pièce que deux abbés, écrivains d'occasion, mais de bonne volonté, viennent de tirer de son livre *Les Anciens Canadiens*[3] ! Comme on l'accueille bien, lui qui a été emprisonné pour dettes et pour une défalcation qu'il admet dans ses écrits[4] !

Voyons ce que furent l'un et l'autre de ces seigneurs, non dans l'ordre chronologique (ils furent de deux générations différentes) mais géographique, en commençant par celui de Saint-Jean-Port-Joly. Auparavant, ne faut-il pas se demander ce qu'est ce régime qui, au début, donnait droit de haute et basse justice au seigneur ? Il lui imposait, il est vrai, certains devoirs et certaines charges comme de rendre foi et hommage au roi, mais aussi de prendre sa part des corvées de route. Théoriquement, le seigneur devait mettre la main à la pelle, comme ses censitaires, qui n'étaient pas ses serfs comme au Moyen Âge, c'est-à-dire presque des esclaves. Le régime est bien différent en Nouvelle-France et, plus tard, dans la colonie britannique. La plupart des servitudes établies en France, à une époque où le seigneur était maître dans son domaine, n'existent pas, en effet, en Nouvelle-France. Le Roi a voulu que le pays fût ouvert à la colonisation. Il a cru qu'un régime inspiré de la féodalité permettrait d'y accéder plus facilement. Bien conseillé par Colbert et, indirectement, par Jean Talon, il a tenu à ce que le sol appartienne d'abord au seigneur, soit en propre, soit en fiducie. Il a voulu que celui-ci soit forcé d'accorder des terres à ses censitaires, moyennant de faibles redevances. Ce que l'Administration avait dans l'esprit, ce n'était pas de reconnaître l'effort militaire de ceux qui avaient aidé un pouvoir faible. Au contraire, un pouvoir central fort a voulu confier à un certain nombre de personnes et d'organismes : officiers de régiments licenciés, hauts-fonctionnaires, particuliers,

---

3. L'abbé Raymond Casgrain raconte la scène avec beaucoup de plaisir car il sait combien son ami avait besoin de réconfort moral. *De Gaspé et Garneau*, abbé R. Casgrain. Librairie Beauchemin 1912. Page 53.
4. Dans *Les Anciens Canadiens*, il fait dire à d'Egmont : « J'étais aussi sous le poids d'une défalcation considérable. »

communautés, membres du clergé [5], le soin de peupler la Colonie et de la protéger à une époque où elle est encore bien exposée aux attaques des Iroquois. Ce n'est pas une récompense pour des services rendus, autant que le désir de remplir les cadres, de développer un pays que les grandes compagnies ont négligé jusque-là. L'État prend la chose en main. Il dit : vous, seigneurs, à qui je confie la terre, vous allez l'ouvrir à la colonisation. Vous allez vous y installer, construire une maison. Vous y vivrez, vous bâtirez un moulin banal pour permettre à vos censitaires d'y faire moudre leur blé et aussi une scierie pour couper le bois qui abonde dans la forêt. Vous y réserverez cependant les futaies de chêne que nous viendrons choisir pour la construction maritime. Mais surtout vous attirerez dans votre seigneurie des gens qui y habiteront et à qui vous aurez donné des terres. Vous la défendrez contre les Iroquois, à l'occasion. Ce dernier vœu se révélera inutile quand on aura détruit certains de leurs établissements, en brûlant, tuant, égorgeant avec une grande cruauté, seul sentiment que l'Iroquois reconnaît car il en use lui-même terriblement. Ainsi, de La Chine, Philippe Hébert a rappelé en une fort belle statue l'époque et le massacre ; événement qui a failli entraîner la ruine de l'avant-poste qu'était Montréal. Le sculpteur a évoqué l'épisode en représentant une femme qui fuit en chemise, avec sur le dos ou dans ses bras ses deux enfants, seul bien auquel elle tient.

Le Roi répartit d'abord le sol autour des centres d'habitation à Montréal, Québec et Trois-Rivières. Il s'agit d'épauler ce qui existe et d'offrir contre l'Indien une certaine force de résistance. Aussi, parmi les premiers seigneurs, y a-t-il dans la région de Montréal les officiers de ces régiments, autour desquels se groupent les soldats qu'ils ont commandés : colons qui, chez eux, n'auraient rien eu, mais à qui on donne des bois, un sol à cultiver et au besoin à défendre. Certains paieront très chers leur option canadienne. Ainsi, ceux qui s'installent au Bout-de-l'Île sur une terre qu'on vient de leur accorder sont tués par les Iroquois, au cours d'une de leurs sanglantes expéditions.

Encore une fois, la seigneurie n'est pas un pur don. Comme l'écrit Marcel Trudel, le seigneur est un « entrepreneur en colo-

---

5. Ceux-ci ne s'acquittent pas toujours de leur engagement. Ainsi le Séminaire de Québec n'a à peu près rien fait dans la Seigneurie de la Petite Nation quand, au début du XIXᵉ siècle, il la cède à Joseph Papineau à qui il doit des honoraires élevés. Les Archives du Séminaire contiennent de nombreux et copieux relevés de dépenses et d'honoraires de Joseph Papineau.

nisation [6] ». Elle garde longtemps cet aspect initial. Ainsi, beaucoup plus tard en 1810 quand Joseph Papineau décide de s'installer dans la seigneurie de la Petite Nation, il est accompagné de dix-neuf colons qui jettent les bases de ce qui sera Monte-Bello [7]. Papineau fait ainsi un geste qui est dans l'esprit de ce que Colbert et Talon ont voulu.

Le seigneur reçoit la terre, en échange de la foy et de l'hommage lige qu'il rend à son souverain. La coutume subsistera même sous le régime anglais [8]. N'est-ce pas dans les *Anciens Canadiens* que Philippe Aubert de Gaspé rappelle la visite que certains seigneurs font chaque année au Château Saint-Louis :

> Ni la distance des lieux, ni la rigueur de la saison, n'empêchaient les anciens Canadiens qui avaient leurs entrées au château Saint-Louis, à Québec, de s'acquitter de ce devoir ; les plus pauvres gentilhommes s'imposaient même des privations pour paraître décemment à cette solennité. Il est vrai de dire que plusieurs de ces hommes, ruinés par la conquête, et vivant à la campagne sur des terres qu'ils cultivaient souvent de leurs mains, avaient une mine assez hétéroclite en se présentant au château, ceints de leur épée qu'exigeait l'étiquette d'alors. Les mauvais plaisants leur donnaient le sobriquet « d'épétiers » ce qui n'empêchait pas Lord Dorchester, pendant tout le temps qu'il fut gouverneur de cette colonie, d'avoir les mêmes égards pour ces pauvres « épétiers », dont il avait éprouvé la valeur sur les champs de bataille, que pour d'autres plus favorisés de la fortune. Cet excellent homme était souvent attendri jusqu'aux larmes à la vue de tant d'infortune.

Si le seigneur s'engage à peupler son domaine, il doit s'astreindre à un contrôle exercé par l'État. À tel point que si l'on constate qu'il ne se conforme pas à son engagement, on lui reprend ses terres. Ainsi, durant la dernière partie du régime français, entre 1739 et 1759, l'État distribue une vingtaine de seigneuries, mais il en reprend autant [9], sans toucher cependant à celles du clergé. Le Séminaire de Québec, à qui appartient la seigneurie de la Petite Nation, par exemple, ne fait rien pour la développer. Si elle est à quinze jours de voyage de Québec, on ne s'en préoc-

---

6. Voir à ce sujet *Le Régime Seigneurial* de Marcel Trudel. Société d'Histoire du Canada. Brochure no 6.
7. *L'Histoire de Montebello,* de M. l'abbé Michel Chamberland, apporte des détails intéressants sur l'achat de la seigneurie par Joseph Papineau et sur l'effort de colonisation qu'il y fait. Imprimerie des Sourds-Muets, Montréal 1929.
8. *Les Anciens Canadiens.* Chez Fides, 1971.
9. Marcel Trudel. *Ibid.*

cupe que pour la vendre au XIXᵉ siècle à Joseph Papineau, notaire de la communauté.

En somme, les devoirs du seigneur sont :

a) d'assurer le peuplement de son domaine comme on l'a vu précédemment. Et pour cela, il y tient feu et lieu ; il concède des terres à ses censitaires qui doivent y habiter également ;

b) de construire un moulin à farine pour l'usage de ses gens. Comme Joseph Papineau amène ses censitaires en pleine forêt, au lieu d'un moulin à farine il construira d'abord une scierie ; ce qui est une exception à la règle, mais justifiable ;

c) d'établir une cour seigneuriale et d'en payer les frais. Sont exclues de la juridiction de ce tribunal les causes pénales. Il faut dire que, même avant le régime anglais, cette prérogative était tombée en désuétude ;

d) de contribuer aux frais de l'Église et du presbytère, mais, chose inattendue, de travailler aux chemins sous la direction du capitaine de milice qui surveille la corvée ;

e) de payer le droit de *quint* en cas de vente.

On est assez loin du régime féodal, puisqu'il n'y a pas en Nouvelle-France l'asservissement ou la sujétion dont on s'est débarrassé dans la Métropole en 1789.

Si le régime impose des devoirs, il accorde aussi des privilèges. Au seigneur reviennent certains honneurs ecclésiastiques, comme un banc gratuit à l'église. À sa mort, on l'enterre au-dessous. Les censitaires plantent le mai en son honneur. Ils paient aussi le cens chaque année : rente qui varie de 10 à 20 sols, par exemple, suivant les endroits, plus chaque année un demi-chapon par arpent de front. Ils acquittent aussi un droit de mouture pour le blé et, théoriquement, ils s'engagent à donner trois ou quatre jours de corvée, dont ils peuvent se dispenser en payant à certains moments 40 sols par jour (environ $2.00) [10].

Le seigneur, qui met une *commune* à la disposition de ses censitaires, a droit à une redevance pour les animaux qu'on y fait paître. Ainsi, à Boucherville, le censitaire paie sept livres ou

---

10.   Plus tard, Henry Judah donnera la liste des censitaires dont les terres sont dans la seigneurie de la Petite Nation. Si la liste est longue, elle indique que chacun verse bien peu de choses. Judah est l'un des Commissaires chargés de déterminer la valeur des seigneuries après 1854.

l'équivalent de quelque $7.00, plus un quart de minot de blé par an [11].

Le seigneur peut aussi couper son bois de chauffage sur la terre du censitaire. Parfois, il se garde le droit de pêche devant les concessions qui donnent sur le fleuve. C'est le plus grand nombre car, dès le début, on a voulu que tous les censitaires du premier rang aient accès au fleuve, seul mode de communication. C'est pourquoi les terres, le long du Saint-Laurent, sont étroites et longues ; elles mesurent, par exemple, trois arpents sur quarante : origine de *Trente Arpents* [12], cet excellent dossier que Ringuet a consacré à la condition du cultivateur sous la forme d'un roman. Par ailleurs, s'il vend, le seigneur doit acquitter le droit de quint, c'est-à-dire la cinquième partie.

De son côté, le censitaire s'engage à tenir feu et lieu sur sa terre, à la défricher, à verser ses redevances à la Saint-Martin, à payer les lods et ventes quand il achète, ainsi qu'à s'acquitter des corvées prévues.

Il est intéressant de se demander comment les terres constituant le domaine seigneurial avaient été réparties sous le régime français. Dans son étude, M. Marcel Trudel résume ainsi leur distribution :

Au clergé	
Les Sulpiciens	3.1%
L'Évêque et le Séminaire de Québec	8.7%
Les Jésuites et le Collège des Jésuites	11.2%
Communautés diverses	3.3%
	26.3%
Aux laïques	73.7%

Dans sa portée générale, la répartition correspondait à l'intention de peuplement et de défense qu'on avait eue. Si les laïques avaient la plus grande partie, l'Église recevait une assez large part des terres pour le culte, mais aussi pour la fondation et l'entretien d'hospices, d'hôpitaux et de maisons d'enseignement [13]. Ce dont elle s'est acquittée, tant qu'une conception différente, mieux adaptée à des besoins nouveaux, n'a prévalu.

---

11.   Marcel Trudel. *Ibid*. P. 14
12.   Ringuet. 1939.
13.   *Ibid*. Page 6. Il est intéressant de lire dans le bulletin no 41 de Saint-Sulpice du Canada, la mise au point que l'Ordre a tenu à faire en 1972, après avoir été l'objet d'attaques assez dures par un groupe qui lui

Avec le régime anglais, les choses changent un peu d'aspect. Le droit de propriété n'est pas mis en cause, mais le gouvernement concède très peu de seigneuries nouvelles. Il accorde plutôt à des particuliers, amis du régime, et à des compagnies, les terres qui sont en dehors du domaine seigneurial. Dans celui-ci, les obligations du seigneur se relâchent ; on n'exerce plus le même contrôle sur les engagements pris par lui et, petit à petit, les seigneuries changent de main [14]. Elles passent souvent des francophones aux anglophones, avec parfois un renversement assez curieux. Quand le Canadien français s'enrichit, il veut être seigneur avec les privilèges attachés au domaine. Ainsi, celui de Terrebonne passe à Jacob Jordan en 1784, mais comme ce dernier est très endetté, le shérif vend la seigneurie aux enchères et elle revient à Simon McTavish. À sa mort, le domaine passe à ses enfants qui le vendent à Roderick McKenzie. Le shérif intervient à nouveau. Et c'est Joseph Masson qui s'en porte acquéreur en 1832 [15].

Puis en 1854, le régime seigneurial disparaît quand est passé, après quelques tribulations, *l'Acte pour l'abolition des droits et devoirs féodaux dans le Bas-Canada*. La loi prévoit une compensation raisonnable qui sera versée au seigneur « pour tout droit lucratif qu'il possède ». Elle aide également le censitaire à racheter ses charges. Car il ne s'agit pas d'une spoliation. On veut qu'à l'avenir le censitaire possède son fonds « en franc-aleu roturier, libre de tous cens, lods et ventes, droit de banalité, droit de retrait et autres droits et charges féodales seigneuriales ». De son côté,

---

reprochait de vendre ce qui lui restait de ses terres rue Sherbrooke, du côté des Tours des Messieurs. Pour bien saisir les services que l'Ordre a rendus, il faut lire ce bulletin, ainsi que les textes que l'historien Gustave Lanctot a consacrés à l'Ordre des Sulpiciens dans *Montréal sous Maisonneuve*. (Librairie Beauchemin Limitée — 1966.) De leur côté, les Jésuites emploieront les fruits de leurs domaines à l'enseignement et aux missions. Jusqu'à ce que le dernier de leurs sujets ne soient décédés, ils en garderont la propriété. Puis, le gouvernement britannique s'en emparera, malgré les pressions exercées de toutes parts pour qu'on les utilise uniquement aux fins de l'instruction des catholiques.

14. Pour le comprendre il faut étudier de près le Cadastre abrégé des Seigneuries de Québec, qui indique les seigneuries et leurs propriétaires au moment où l'on procède à la liquidation du régime seigneurial.

15. Pour la somme de 25,150 livres. Plus modestement, Joseph Papineau paiera la première partie de la seigneurie avec les honoraires que lui devait le Séminaire. En 1860, on évaluera la seigneurie à $88,000, plus $9,883 pour le fief de Plaisance attribué par Louis-Joseph Papineau à son frère Denis-Benjamin en souvenir des services que celui-ci lui avait rendus en développant le domaine sous la direction de son père.

comme le signale Me Victor Morin, dans une excellente étude parue dans *Les Cahiers des Dix* en 1941 [16], le seigneur « sera libéré de tous droits de quint, relief ou autres droits... et ne pourra prétendre à aucuns droits honorifiques ». La loi ajoute : « Et nulle terre ne pourra, à l'avenir, être concédée autrement qu'en franc-aleu roturier », c'est-à-dire en toute propriété [17]. Ainsi, une fois les rentes acquittées (et elles sont bien faibles), le propriétaire foncier sera sur le même pied que celui auquel on accordait des terres en dehors du domaine seigneurial, en « franc et commun socage ».

Pour assurer la liquidation des charges féodales, la loi prévoyait deux étapes. Dans la première, une commission devait déterminer la valeur des droits rachetés. Elle livra le fruit de ses cogitations en 1864 sous la forme de six gros volumes qui déterminaient le nom des seigneuries, des seigneurs et des censitaires. En vertu de la loi de 1854, toutes les terres mentionnées aux cadastres deviennent alors automatiquement en franc-aleu roturier, sauf l'obligation pour l'ex-censitaire de payer une *rente constituée*, avec faculté de rachat en versant le capital calculé au taux de six pour cent sur le chiffre établi par les commissaires [18]. Présidée par le juge Louis-Hippolyte LaFontaine, une nouvelle commission, dite *Cour seigneuriale*, fut chargée de déterminer l'indemnité revenant à chaque seigneur.

Dans l'intervalle, la valeur des droits féodaux avait été fixée à dix millions. Le gouvernement vota la somme nécessaire pour l'exécution de la loi [19].

Restaient les rentes constituées qui grevaient la propriété. Une autre loi assura leur rachat en 1935. Ainsi se terminait un régime qui avait rendu des services, mais qu'il était devenu nécessaire de faire disparaître.

La réaction de certains seigneurs fut assez violente. Parmi eux, il y avait Philippe Aubert de Gaspé qui a plusieurs seigneuries, dont celles de Saint-Jean-Port-Joly, que lui a léguée son père, et de Sainte-Anne de la Pocatière qui lui vient de sa tante. On en

---

16. No 6. Page 276.
17. Fait bien caractéristique de l'époque, les seigneuries du Clergé ne sont pas comprises dans la loi. D'eux-mêmes, les intéressés accepteront le régime nouveau par la suite. C'est le cas des Sulpiciens qui sera le plus difficile à régler tant certains de leurs terrains auront pris de la valeur à cause de la proximité de la ville en plein essor.
18. Victor Morin. Ibid. P. 278.
19. Victor Morin. Ibid. P. 280.

fixa la valeur à $88,000 dans le premier cas, mais son revenu est à peu près entièrement coupé et c'est tout ce qu'il a. Les terres de sa seigneurie de Saint-Jean-Port-Joly sont toutes concédées, en effet, et certaines le sont depuis 1759 comme l'a noté Joseph Bouchette en 1832.

Dans l'ensemble cependant, la mesure fut bien reçue, car le seigneur gardait la partie de son domaine qui lui appartenait par opposition à ce qu'on lui avait racheté.

Voilà le cadre dans lequel le seigneur exerçait ses fonctions avant que le régime ne fût supprimé. Pour essayer de le rendre plus vivant, il a paru intéressant de présenter ici deux seigneurs qui ont vécu à peu près vers la même époque. Ils sont très différents l'un de l'autre, comme on l'a vu. Par l'origine d'abord, puis par le caractère et la conception même de la vie. L'un (Philippe Aubert de Gaspé) est gai, spontané, exubérant, rêveur. L'autre (Joseph Papineau) est pondéré, travailleur, réfléchi. Fils de famille, l'un obtient du régime un poste qui sera au point de départ de ses malheurs. Fils de tonnelier, l'autre travaille, peine, se découvre un talent d'orateur populaire. Il entre dans la politique et se fait la réputation d'un meneur d'hommes. Puis, il en sort très respecté. Il prend sa seigneurie en friche avec tous les problèmes que cela pose, alors que l'autre trouve la sienne déjà développée, humanisée.

Par ces contrastes, il sera possible de faire revivre certains aspects de la société seigneuriale si décriée au début du dix-neuvième siècle, mais qui gardera son charme et une certaine utilité pendant plusieurs années encore.

* * *

Voici d'abord Philippe Aubert de Gaspé dans le milieu de Saint-Jean-Port-Joly. Il est d'une ancienne famille canadienne. L'ancêtre, Charles Aubert, Sieur de la Chesnaye, s'intéresse très tôt à la Nouvelle-France. Dès 1659, il a des magasins à Québec, à Montréal et à Port-Royal et des barques qui font le cabotage entre Québec, Tadoussac et Gaspé. En 1663, il a acquis la ferme des droits de traite à Tadoussac. Il fait également partie de la Compagnie des Indes Occidentales et, en 1684, il organise avec quelques Canadiens la Compagnie du Nord qui traite du côté de la Baie d'Hudson [20]. Bref, c'est un personnage qui, à un moment

---

20. Archives de Québec, R.A.Q. 1951-52 et 1952-53. P. 518.

donné, a dix seigneuries, dont celle de Saint-Jean-Port-Joly qu'il a achetée en 1686. Sept ans plus tard en 1693, le Roi lui accorde des lettres de noblesse et des armes ; « D'argent à trois pins de sinople, accompagnées en pointe d'un croissant de gueules, et un chef d'azur chargé de trois étoiles d'or ». Il a alors soixante ans [21].

21. Il est intéressant de lire l'éloge qu'en fait Louis XIV en l'anoblissant :

« Louis, par la grâce de Dieu, roi de France et de Navarre, à tous présents et à venir salut. L'attention particulière que nous avons toujours donnée, dans les occasions, à récompenser la vertu, dans quelque état qu'elle se soit rencontrée, nous a porté à donner des marques de notre estime et de notre satisfaction, non seulement à ceux de nos sujets qui se sont distingués dans l'épée et dans la robe, mais encore à ceux qui se sont attachés à soutenir et à augmenter le commerce : c'est ce qui nous a convié à accorder des lettres de noblesse aux uns et aux autres, et à faire passer à leur postérité les marques de la considération que nous avons pour eux, afin de reconnaître leurs services, de renouveler leur émulation, et d'engager leurs descendants à suivre leurs traces. Et comme on nous a fait des relations très avantageuses du mérite du Sieur Aubert de La Chesnaye, fils du Sieur Aubert, vivant Intendant des fortifications de la ville et citadelle d'Amiens, et des avantages considérables qu'il a procurés au commerce du Canada, depuis l'année 1655 qu'il y est établi, nous avons cru que nous devions le traiter aussi favorablement, d'autant plus qu'ayant formé, par notre édit de l'année 1664, une nouvelle Compagnie au dit pays, pour la propagation de la Foi, l'augmentation du commerce et l'établissement des Français du dit pays et des Indes, il a fait avec succès des établissements pour ladite Compagnie, sous notre autorité, jusqu'à la réunion du dit pays à notre domaine, dans laquelle Compagnie il a travaillé avec beaucoup de succès ; il a même employé des sommes très considérables pour le bien et l'augmentation de la Colonie et particulièrement pour le défrichement et la culture d'une grande étendue de terre, en divers établissements séparés, et à la construction de plusieurs belles maisons et autres édifices ; il a suivi les Sieurs de La Barre et Denonville, ci-avant Gouverneurs et nos Lieutenants-Généraux du pays, dans toutes les courses de guerre qu'ils ont faites, et dans toutes les occasions, il s'est exposé à tous les dangers et a donné des marques de son courage et de sa valeur, et notamment dans les entreprises que ces deux Lieutenants-Généraux ont formées contre les Iroquois et les Sonnontouans, nos ennemis, dans le pays desquels il prit possession, en notre nom, des principaux postes et du fort des Iroquois, ainsi que de toutes les terres conquises par nos armes ; il a eu un de ses fils tué à notre service, et les aînés de cinq qui lui restent y servent actuellement et se sont distingués au dit pays. À ces causes, voulant user envers le dit Sieur de La Chesnaye des mêmes faveurs que nous accordons à ceux de son mérite, de notre grâce spéciale, pleine puissance et autorité royale, nous l'avons anobli et anoblissons par ces présentes, signées de notre main, ensemble ses enfants nés et à naître en légitime mariage, que nous avons décorés et décorons du titre de noblesse, de sorte qu'ils puissent acquérir et posséder tous fiefs et terres nobles, et jouir de tous les honneurs, prérogatives et privilèges,

Parmi les ancêtres de Philippe Aubert de Gaspé, il y a un capitaine de corsaires, une supérieure de l'Hôtel-Dieu de Québec, quelques magistrats ou membres du Conseil Souverain et des marchands. Il y a aussi des seigneurs de lignée canadienne, amis du régime et qui, au besoin, défendent l'Anglais, même si la famille en a souffert terriblement. En effet, pendant la guerre, en 1759, les Fraser's Highlanders ont brûlé le manoir familial, qui a subi le sort des maisons de la Côte sud où, à certains endroits, on a fait le désert. Pour vivre dans son domaine, en esprit pratique, le seigneur a reconstruit d'abord le moulin. Il y restera avec sa famille tant qu'une maison nouvelle n'aura pas remplacé l'autre. Si elle est en bois, elle a encore le charme des constructions du XVIIIe siècle, avec un toit à double pignon, mansardé et d'agréables proportions. C'est là qu'habitera plus tard Pierre-Ignace, père de Philippe.

La fortune de la famille est bientôt reconstituée, dans un milieu où il faut peu pour vivre. Oh ! on est loin de celle de l'ancêtre, mais on a une certaine aisance.

Pour comprendre le fils, il faut dire quelques mots du père. Jeune encore, celui-ci s'engage dans l'armée anglaise, qui cherche à repousser les Américains devant Québec en 1775. C'est un autre exemple assez curieux de sa génération. Il n'est pas majeur et il est encore étudiant au Séminaire. Le manoir de sa famille a été détruit par un régiment écossais en 1759, et cependant il contribue à garder à l'Angleterre la colonie que les Américains menacent. Il y a là un indice de l'esprit nouveau qui règne dans les hautes couches de la société. Certains ont renoncé à la France, mais non à leur ascendance française, il est vrai. Philippe Aubert de Gaspé raconte dans ses *Mémoires* comme son père était opposé à Napoléon Bonaparte au début du siècle et comme il se faisait houspiller par lui quand, timidement, il exprimait son admiration pour le grand homme. Il ajoute, cependant : « un jour que mon père avait été invité au château Saint-Louis par le Gouverneur, il avait émis l'opinion que Napoléon serait à nouveau vainqueur à Austerlitz. Les officiers anglais, qui étaient là, avaient laissé entendre qu'il était un *bad subject* pour dire des choses pareilles ; ce qui l'avait profondément blessé. »

franchises, exemptions et immunités dont jouissent les autres nobles de notre Royaume. Donné à Versailles, au mois de mars de l'an de grâce 1693, et de notre règne le cinquantième. »

(Signé) Louis.

Cité par l'abbé Raymond-H. Casgrain dans *De Gaspé et Garneau*, p. 22.

Pierre-Ignace de Gaspé était reçu dans le milieu officiel, comme aussi son beau-frère, Charles de Lanaudière et ses cousins, les Baby. Après avoir passé plusieurs années en Angleterre, Charles de Lanaudière avait été attaché à la personne du gouverneur, comme aide-de-camp. Quand on y songe davantage, il n'est pas surprenant que, dans un pareil milieu, Pierre-Ignace de Gaspé se soit engagé aussi tôt pour défendre la Colonie au bénéfice de la métropole. Il était d'une génération nouvelle et, dans le milieu bourgeois catholique, on désirait se rapprocher des nouveaux maîtres. On savait que le pays ne reviendrait plus à la France. On y avait renoncé, sauf peut-être instinctivement dans le peuple. Le clergé lui-même était prêt à un rapprochement. Ainsi, malgré ses faibles ressources, l'évêque avait ouvert des écoles où l'on enseignait l'anglais, avec beaucoup de réalisme politique, jusqu'au moment où des anglophones protestants firent valoir la nécessité de la protestantisation du peuple. Oh ! alors les choses changèrent d'aspect.

Il est curieux de lire à ce sujet une lettre de l'évêque anglican, Jacob Mountain, adressée à sir Robert Shores Milnes, lieutenant-gouverneur du Bas-Canada. En voici un extrait qui permet de comprendre la réaction de milieux opposés à l'extrême, à un moment où la religion est un facteur de division au moins aussi fort que la langue l'est actuellement. L'évêque anglican veut être le seul à être accepté officiellement par l'État [22] : « Si l'évêque romain est reconnu comme étant « l'évêque de Québec », affirme-t-il, que devient le diocèse que Sa Majesté a solennellement créé et de l'évêque qu'il lui a plu de nommer ? Autoriser l'établissement de deux évêques du même diocèse de professions religieuses différentes, serait un solécisme en forme de gouvernement ecclésiastique qui, je crois, n'a jamais existé dans le monde chrétien ; toute union d'églises différentes avec l'État serait, je le crains fort, une expérience dans la science du gouvernement pas moins dangereuse que nouvelle. »

À ce moment-là, les services de Londres pratiquent un jeu d'équilibre. Ils cherchent à se concilier le clergé catholique et, même s'ils sont d'accord avec le prélat anglican de Québec, ils donnent à l'évêque catholique des prérogatives assez extraordinaires et des gages qui le retiennent sur la pente glissante de l'opposition politique.

---

22. *Histoire du Canada*. Thomas Chapais. Vol. II. P. 134.

* * *

En 1746, Pierre-Ignace Aubert de Gaspé avait épousé Catherine de Lanaudière, fille de Charles Tarieu de Lanaudière et de Catherine Le Moyne de Longueuil. Dans cette famille où naît Philippe Aubert de Gaspé, on rejoint les plus vieilles couches de la société de l'époque. L'enfant vient au monde à Québec chez sa grand'mère Tarieu de Lanaudière, qui habite rue des Remparts ; trois mois plus tard, on le transporte à Saint-Jean-Port-Joly.

C'est son premier contact avec le pays et la seigneurie, où s'écoulera une jeunesse exubérante, assez heureuse, cependant, dans cette nature splendide qui a les Laurentides comme toile de fond, avec l'Île-aux-Coudres au premier plan. Il vit dans le manoir de sa famille, une grande maison dont une photographie du musée de la province nous a gardé le souvenir. Elle nous paraît spacieuse et jolie. Dans ses *Mémoires*, de Gaspé en parle sans enthousiasme et même, avec un peu de dédain, car, dans ses souvenirs, elle n'a pas le charme de l'autre que l'armée anglaise a détruite. Il l'aime cependant. Et comme il aime aussi cette nature dure et somptueuse qui l'entoure !

Un jour, le problème de l'instruction de l'enfant se pose. Il n'est pas possible de lui apprendre grand-chose au village. Aussi l'envoie-t-on à Québec, en pension chez de vieilles demoiselles qui le gâteront affreusement et le laisseront courir les rues avec les garnements que mène *Coq Bezeau* : un petit chenapan, chef de bande, que Gaspé admire et suit jusqu'au moment où ses parents apprennent avec stupéfaction la vie que mène leur rejeton. Et alors, c'est le Séminaire où on ne lui passe plus toutes ses fantaisies. On le corrige même assez vigoureusement. « Je venais de recevoir autant de coups de férule, écrit-il, que j'avais commis de fautes en conjuguant un texte français de la première conjugaison sur un de la seconde ». Malgré cela, il garde un bon souvenir de ses années de collège. Dans ses *Mémoires*, par exemple, il raconte certaines excursions faites sous la direction d'un abbé indulgent, dans le décor extraordinaire qui entoure le domaine du Séminaire à Saint-Joachim.

Les années passent. De Gaspé monte de classe sans trop d'effort ; il est intelligent, il a une bonne mémoire et un caractère facile qui ne le mène pas heureusement à faire certaines frasques que la règle du collège n'aurait pu admettre. Pensionnaire (car ses parents se méfient encore), il suit la filière d'année en année. Une fois ses études secondaires terminées, comme tout le monde dans son milieu, il fait son droit, sous la direction du procureur du roi, Jonathan Sewell, dont il garde le meilleur souvenir. Un jour, celui-ci lui remet la *Coutume de Paris*. Un peu ému de ce premier contact avec un des textes de base de son futur métier, il rencontre un de ses camarades qui lui raconte la conversation qu'il a eue avec son patron, l'avocat Borgia [23]. Celui-ci a tenu ces propos qui le bouleversent un peu :

> Mon cher enfant, fit mon patron, c'est justement parce que j'ai beaucoup étudié, que j'ai pâli pendant vingt ans sur les livres, que je suis aujourd'hui d'opinion que c'est du temps donné en pure perte. Il y a tant d'anomalies, de contradictions dans les lois qui nous régissent qu'il est difficile de trouver sa route dans ce dédale inextricable des Codes romain, français, des Coutumes, Statuts Anglais, Statuts Provinciaux ; que sais-je ? Un avocat, voyez-vous a quelquefois de la conscience, et il lui arrive aussi d'être doué d'une âme sensible comme les autres humains ; tantôt c'est le respectable père d'une nombreuse famille qui nous charge d'une cause dont la perte peut entraîner sa ruine ; il est très inquiet, il ne dort ni jour ni nuit. Tantôt ce sont les veuves et les orphelins dont nous n'avons pu empêcher la ruine avec le meilleur droit du monde à ce qu'il nous paraissait après une étude sérieuse et approfondie des points en litige, et penser après cela que le meilleur avocat de toute la Province ne puisse dire à son client, après avoir étudié sa cause avec le plus grand soin : dormez paisiblement, je suis certain de gagner votre procès, c'est, vous l'avouerez, très contrariant pour ne pas dire humiliant.

> Alors, Monsieur Borgia, si, vous, avec toute votre science, vous ne pouvez vous soustraire à ces misères, que ferais-je moi sans étudier ?

> Vous avez un jugement sain, fit mon patron, et vous ne courrez aucun risque de vous tromper plus souvent que moi. Il y a aussi un moyen bien simple de vous tirer d'affaires, ayez toujours un cornet et des dés sur votre bureau et lorsque vous serez embarrassé ayez recours au sort.

Sans prendre cette boutade trop à la lettre, même si elle le laisse un peu pantois, de Gaspé lui prête une oreille assez favorable. Il a un caractère aimable, insouciant ; un jour, un officier

---

23. *Mémoires*. P. 243. Chez Fides.

anglais dira de lui : « *Gaspé is a very foolish boy* », à la suite
d'un mouvement d'humeur qui aurait pu avoir des conséquences
graves. Fils de famille, aimant la vie, ne voyant guère plus loin
que le bout de son nez à certains moments, optimiste, ayant des
amis nombreux, il n'est pas un bourreau de travail et il est capable
de toutes les folies. Par ses *Mémoires*, on peut imaginer ce qu'il
était dans cette petite ville où il connaît tout le monde et où il
fréquente avec un plaisir exubérant des camarades qui n'ont pas
à le prier longtemps pour qu'il les suive ou les précède dans
leurs ébats. Ainsi, il raconte qu'un soir :

> Il était nuit close lorsque nous retournâmes à Québec, les uns
> à pied, les autres en voiture. Arrivés à la porte Saint-Louis, un
> cheval rétif refusa de passer outre et il fallut le dételer. Il me
> passa une idée lumineuse par la tête : celle de faire une entrée
> triomphale dans la cité, en traînant nous-mêmes la calèche dans
> laquelle prendraient place les meilleurs joueurs de cricket. Le
> dedans de la voiture fut encombré dans l'instant, et trois même
> se tinrent debout comme des laquais derrière la calèche. À moi,
> comme de droit, appartenait l'honneur de servir de cheval de
> trait, tandis que d'autres me seconderaient en tirant les timons
> en dehors, et que trois pousseraient la voiture par derrière. Nous
> parcourûmes la rue Saint-Louis comme une avalanche, en pous-
> sant des hurrah : ce qui attira tout le monde aux fenêtres ; mais
> la nuit était si sombre qu'il était impossible de nous reconnaître.
>
> Tout allait bien jusque-là ; le terrain était planche et je ne
> courais aucun danger. Il n'en fut pas de même lorsque nous dé-
> bouchâmes sur la Place d'Armes, notre boulevard actuel. J'avais
> beau crier, arrêtez ! arrêtez! mes amis n'en poussaient et n'en
> tiraient que plus fort et nous descendions cette côte comme la
> foudre ! Je calculais à part moi, mes chances de salut. J'avais en
> effet trois genres de mort en perspective : me briser la tête sur
> les maisons que nous avions en face, ce qui aurait pourtant décidé
> une question bien importante, celle de s'assurer si ma tête conte-
> nait une cervelle ; ou en lâchant les deux timons, de me faire
> casser les reins par le sommier de la calèche ; ou enfin en me pré-
> cipitant à terre au risque de me faire broyer par une des roues
> de la voiture.

Il s'en tire, mais avec beaucoup d'égratignures, quelques
ecchymoses et des courbatures qui le forcent à garder la chambre.

Cette course folle le décrit assez bien. Même s'il ne faut pas
attacher trop d'importance à des exubérances ou à des frasques de
jeunesse, elles paraissent assez caractéristiques d'un homme qui
ne vieillira qu'après de multiples malheurs.

Une fois avocat, Gaspé pratique le droit durant quelques années à Québec. Puis, il choisit d'être shérif [24]. Pour un homme de trente ans c'est un peu tôt et dangereux. Un certain prestige s'attache à ce poste, assez bien rémunéré pour l'époque, semble-t-il. Le danger, c'est que beaucoup d'argent passe entre les mains du fonctionnaire, sans que personne n'en vérifie l'usage. Or, si Gaspé est un peu tête folle, il est aussi panier percé ; il dépense sans se rendre compte qu'il puise à même la caisse de l'État pour ses besoins et ceux des autres pour lesquels il paie ou endosse sans réfléchir, comme il l'écrira plus tard. Ce fut la cause et le point de départ d'un drame qui bouleversera toute sa vie. De Gaspé fut shérif de Québec de 1816 à 1822. C'est à ce moment là, semble-t-il, que l'on soupçonne que ses comptes sont déficitaires. On le remplace par William Smith Sewell, le 13 novembre 1822. Et, alors, commence pour lui une existence bien malheureuse. Au cours des années qui suivent, pour payer ses dettes, il fait cession de tous ses biens mais cela n'est pas suffisant pour rembourser l'État et certains de ses créanciers. Il serait dans la rue malgré la fortune qu'avait laissée son père si, par mesure de précaution, celui-ci ne lui avait légué la seigneurie en usufruit, après la mort de sa mère. Il vient vivre au manoir entre 1823 et 1825. Il habite chez sa mère qui restera la seigneuresse de Saint-Jean-Port-Joly jusqu'à son décès en 1842.

À partir du moment où Gaspé se réfugie à Saint-Jean commence un chassé-croisé avec ses créanciers qui le relancent périodiquement. Il se débat au milieu des jugements qui l'assaillent jusqu'au moment où la Cour du Banc de la Reine prononce un arrêt définitif qui l'accable. Pendant longtemps, il utilise tous les moyens que la procédure mettait à sa disposition. Il essaye également de faire intervenir ses amis et il demande une interprétation plus large de la loi ; mais la Cour d'Appel décide que la cession de ses biens ne suffit pas à le libérer de sa dette envers l'État, à qui il doit encore 1,169 livres. Comme il échoue, après avoir épuisé tous les moyens, il entre en prison. De sa fenêtre garnie

---

24. C'est plutôt un poste d'âge mûr, de candidat défait. Dans *Les Anciens Canadiens*, d'Egmont s'exprime ainsi : « Lorsque j'eus terminé mes études, toutes les carrières me furent ouvertes. Je n'avais qu'à choisir... J'obtins une place de haute confiance dans les bureaux ». Il faut dire qu'à l'époque le shérif de Québec jouissait d'un prestige qu'il n'a plus à l'heure actuelle. Comme le signale Luc Lacourcière, Gaspé a déjà une situation. Il est vice-président de la Société Littéraire de Québec et membre fondateur du Jockey Club et de la Banque de Québec. Il est aussi à l'état-major du Bas-Canada. Bref, son avenir s'annonce brillant.

de barreaux, il voit le logement où habite sa famille en face. Il dit toute sa peine et son humiliation dans ses *Mémoires*. Lui qui aime la liberté, la vie au grand air, qui a besoin de l'amitié des gens, on le laisse entre quatre murs de 1838 à 1841. Que s'est-il passé ? Il faut le préciser à l'aide de documents officiels pour se retrouver dans cette affaire un peu ténébreuse [25]. Par ailleurs, dans la biographie de son ami, l'abbé Casgrain reproduit un extrait des *Anciens Canadiens*, où d'Egmont déclare :

> ... il est une chose certaine, c'est que j'aurais pu suffire à mes propres dépenses, mais non à celles de mes amis et à celles des amis de mes amis... incapable de refuser un service, ma main ne se ferme plus. Je devins non seulement leur banquier, mais si quelqu'un avait besoin d'une caution, d'un endossement de billet, ma signature était à la disposition de tout le monde.

Ce fut un moment très dur, dont Gaspé gardera le souvenir toute sa vie. Malgré son optimisme, il est atteint dans son orgueil et dans sa foi en l'avenir. Autre épreuve non moins douloureuse, en sortant de prison il apprend la mort de son fils à Halifax [26]. C'est un autre coup qu'il ressent profondément.

Il se réfugie à nouveau dans la seigneurie de Saint-Jean-Port-Joly. Et là commence sa véritable vie de seigneur et d'écrivain. Il a cinquante-cinq ans. Son père est mort depuis une vingtaine d'années. En mourant à leur tour en 1842, sa mère et sa tante lui laissent l'usufruit ou la jouissance des fiefs et seigneuries de Port-Joly et de la Pocatière. Comme le note cet excellent historien qu'est Luc Lacoursière, c'est lui qui les remplacera dans leurs prérogatives et leurs devoirs.

Malgré sa pénible mésaventure, de Gaspé a gardé l'estime de certains de ses amis et de beaucoup de ses censitaires. S'il a dû jouer longtemps la comédie du débiteur traqué, il est resté pour les gens de la région l'aimable homme que ses voisins ont connu. Il est assez lié avec le curé de Saint-Jean-Port-Joly. Souvent,

---

25. Il y a aux Archives judiciaires du Bureau du Protonotaire à Québec les jugements successifs rendus contre l'ex-shérif qui reconnaissent à la fois sa dette envers l'État et son ingéniosité procédurière. Une loi lui rendra sa liberté.

26. L'abbé H.-R. Casgrain, *De Gaspé et Garneau*. Chez Beauchemin Ltée. 1912. Né le 8 avril 1814 et décédé à Halifax en 1841, journaliste et auteur de *L'influence d'un livre*. Il se nommait Philippe-Ignace-François. Il était l'aîné de treize enfants. Père LeJeune. Vol. 7. P. 691. *Ibid*. Il fit aussi de la prison, un jour qu'il se heurta au docteur O'Callaghan, député et rédacteur du *Vindicator*. Peu patient, celui-ci le fit condamner à un mois d'internement.

celui-ci vient dîner chez le seigneur avec son collègue de l'Islet, autre paroisse des environs au nom charmant. Il y a aussi le notaire avec qui il sympathise et à qui il parle de ses lectures. À Québec, où il passe l'hiver, il fréquente la librairie d'Octave Crémazie, qui est tout à côté de chez lui. Il va aussi au magasin de Charles Hamel, rue Saint-Jean, où il retrouve dans l'arrière boutique, François-Xavier Garneau, Georges-Barthélemi Faribault, Lemoine père, George Alford, le Major LaFleur et quelques autres. Ils échangent des souvenirs, parlent de tout, discutent. Il a des relations suivies également avec les collaborateurs des *Soirées Canadiennes*, qui ont publié ses premiers écrits et avec Joseph-Charles Taché, en particulier.

À Saint-Jean-Port-Joly ce qui compte le plus pour Philippe Aubert de Gaspé ce sont ses livres, ses enfants dont il surveille l'instruction, ses censitaires qui viennent le consulter et qui lui paient plus ou moins régulièrement le cens et les autres droits que le régime lui reconnaît encore. Le dimanche, il occupe le banc du seigneur dans l'église. Tout cela crée une atmosphère qui le rassérène petit à petit, même s'il a des jours de dépression. Heureusement, il reprend confiance en lui et il écrit.

Il fait aussi un stage à la pige dans le journalisme. C'est peut-être cela qui lui donne une certaine facilité d'expression. Peut-être est-ce aussi à l'origine de son métier de mémorialiste. Un jour, il se met à sa table de travail et, devant les souvenirs qui lui viennent à l'esprit, il écrit rapidement. Il y prend goût et, quelques mois plus tard, il se présente chez son ami l'abbé Raymond Casgrain à Québec. Il lui demande de lire son manuscrit, dont une partie a déjà paru aux *Soirées Canadiennes*. L'abbé est ravi. Il lui offre de préparer son texte pour l'impression et de lui trouver un éditeur. De Gaspé accepte. Le volume paraît chez Desbarats & Derbishire à Québec en 1863 ; l'auteur a soixante-dix-sept ans. Le succès est immédiat. On rééditera le livre neuf fois de 1864 à 1971. Il est traduit en anglais, sous le titre *The Canadians of Old* en 1864. Plus tard, il paraîtra, à nouveau en anglais sous le nom *The Canadians of Old* à New-York en 1890 ; puis à Boston, en 1905, sous le titre de *Cameron of Locheill* et, en 1929, sous le vocable de *Seigneur d'Haberville* [27].

À Saint-Jean-Port-Joly, Philippe Aubert de Gaspé a trouvé sa voie malgré son grand âge. Après avoir fait paraître ses *Anciens*

---

27. Luc Lacourcière compte une vingtaine d'éditions dont trois en anglais et une en espagnol. Dans *Dictionnaire Biographique du Canada*, Vol. 10. P. 23.

Canadiens, il écrit ses *Mémoires* que publient Desbarats en 1866, à Ottawa, puis Hardy à Québec, en 1885. Après sa mort, on en fera de nombreuses rééditions, à Montréal en 1930, chez Mame, à Tours, en 1930, et, enfin, chez Fides à Montréal, en 1971.

Si les livres de Philippe Aubert de Gaspé ont un pareil succès, c'est qu'ils sont vivants, remplis de faits amusants, de précisions sur la vie d'autrefois. Ils ne sont pas composés avec rigueur, mais ils sont pleins d'intérêt et ils apportent des détails sur une époque lointaine. Toute proportion gardée, ils jouent un peu le rôle des pièces d'Edmond Rostand en France, plus tard, dans un théâtre qui menace de se scléroser. Les œuvres de Philippe Aubert de Gaspé n'ont ni le même panache, ni la même qualité mais, comme Rostand, l'auteur arrive à un moment où la production littéraire est médiocre. Il y a bien eu l'École de Québec, avec Octave Crémazie, Louis Fréchette et un certain nombre d'autres. Mais leurs œuvres sont d'un romantisme un peu guindé, un peu solennel et elles ont le souffle court. De Gaspé, lui, est fraîcheur et simplicité. Il plaît comme un divertissement où l'histoire se fait plaisante, au gré des souvenirs d'un vieil homme dont le métier d'écrivain n'est pas très sûr, mais dont l'inspiration est agréable et la langue familière, primesautière.

* * *

Voilà l'écrivain, mais qu'est la vie du seigneur ? Il nous le dit avec beaucoup de détails, mais sans beaucoup de précision, à travers ses *Mémoires* ou ses *Anciens Canadiens*. La difficulté, c'est que souvent il annonce le sujet, puis il parle d'autre chose comme si sa mémoire lui faisait défaut tout à coup ou si elle le mettait sur une autre piste.

À Saint-Jean-Port-Joly, il est entouré de sa femme, née Suzanne Allison, et de ses enfants, [28] de sa belle-mère, Madame Thomas Allison, née Thérèse Baby, de sa mère Catherine de Lanaudière, de sa tante Marie-Louise-Olivette de Lanaudière. Chacun apporte un élément personnel qui crée l'atmosphère des maisonnées d'autrefois. Familier de la maison, l'abbé Raymond Casgrain la décrit ainsi, en soulignant le rôle du chef de la famille : « Durant de longues soirées, si la conversation commençait à languir, (le maître de maison) ouvrait sa belle bibliothèque, en tirait un livre, prenait quelque passage choisi de Racine,

---

28. Ils sont treize.

de Molière, de Shakespeare ou d'autres et en divertissait ses auditeurs avec un talent de lecture incomparable.

« Ce genre d'amusement était si attrayant pour lui et pour sa famille qu'il avait traduit en français et copié de sa main presque toutes les œuvres de Walter Scott, qu'il lisait tout haut le soir. »

Il y avait aussi ses enfants, avec qui il monte des pièces de théâtre dans le grand salon. Et puis les sports qui de tous temps, ont attiré les Canadiens proches de la nature : la chasse, la pêche. Il y a enfin les longues promenades au bord du fleuve et les fêtes champêtres auxquelles l'été il convie ses voisins.

Et maintenant, voici le cadre dans lequel vit le seigneur de Saint-Jean-Port-Joly.

Trois bougies, déposées en triangle sur une table en acajou, éclairaient d'un demi-jour la tapisserie à figures qui recouvraient les murailles, note l'abbé Casgrain. Devant les fenêtres, les rideaux retombés interceptaient la lumière intérieure aux regards des passants.

L'ameublement était fort simple. Deux ou trois canapés étaient placés aux angles de la chambre. Autour de la table il y avait plusieurs fauteuils à large dossier, dont les couvertures en broderie un peu fanée rappelaient la splendeur du passé. Ils avaient été jadis offerts en souvenir par M. de Noyan, ancien ami de la famille.

Les vieilles dames, assises sur ces fauteuils, portaient la coiffure à fontanges en batiste de fil, avec mantelet blanc et jupon de couleur ; tandis que les jeunes femmes se tenaient ordinairement la tête découverte, relevaient en torsade leur chevelure sur le chignon, et laissaient retomber sur le front quelques anneaux de cheveux qu'elles rattachaient en avant, sur le sommet de la tête par un peigne à la Joséphine, orné de brillants.

Elles étaient vêtues de robes ouvertes, à jabot, garni de valenciennes, ainsi que leurs manchettes bouffantes.

Leurs pieds étaient chaussés de souliers de calmande, qu'elles remplaçaient, aux jours de réunions, par le soulier à pointe et haut talon.

Sur les dix heures, une des domestiques entrait, portant sur un plateau le réveillon composé ordinairement de viandes froides et des fruits de la saison, qu'on arrosait de Xérès ou de Béné-Carlos.

La citation est longue, mais elle est évocatrice du milieu et de l'atmosphère qui y règne [29].

* * *

Philippe Aubert de Gaspé vit de ses seigneuries. Il est respecté de ses censitaires qui lui versent le cens, la rente et les autres droits qui lui permettent de vivre. Mais les choses et les gens changent. La jeune génération veut s'émanciper d'une tutelle qui n'est pourtant pas bien lourde. « Des gens envieux, jaloux, écrit de Gaspé, ont soufflé la zizanie afin de rompre les liens d'affection, fondés le plus souvent sur la gratitude qui attachaient les censitaires à leurs seigneurs. » Quand on examine la chose froidement, il faut convenir que sir Robert Shore Milnes avait eu raison d'écrire au début du XIXe siècle que le seigneur n'ayant pas suivi l'évolution du milieu, son prestige diminuait rapidement. N'ayant pu soutenir son rôle, il était normal que graduellement sa fonction perdît de l'importance. Beaucoup avaient vendu leurs terres à d'autres qui, ayant la richesse, avaient la puissance matérielle. Il ne suffisait plus d'invoquer les liens ancestraux, il fallait autre chose. Or, cette autre chose, on était incapable de l'offrir. On faisait grise mine au commerce. Il n'était pas question d'être quoi que ce soit d'autre que député, avocat, notaire, médecin, peut-être fonctionnaire ou shérif comme le fut Philippe Aubert de Gaspé. Mais c'était vivre plus en parasite qu'en élément positif dans une société qui aurait eu grand besoin d'une élite agissante, riche et non pas seulement revendicatrice. Les femmes étaient admirables de dévouement, affirme le mémorialiste. Il rappelle, par exemple, le souvenir de Madame Taché, femme du seigneur de Kamouraska, dont il vante la piété et le dévouement aux malades et aux pauvres gens. C'est également à sa femme qu'à Saint-Jean-Port-Joly, on s'adressait pour les soins mineurs en l'absence du médecin. Malgré tout, ces femmes aimables et dévouées gardaient une certaine conscience des privilèges de leur caste. Ainsi, raconte Gaspé, un dimanche matin que Madame Taché revenait chez elle en voiture, accompagnée de la longue file de ses censitaires après la messe, un jeune homme la dépassa, en forçant l'allure de son cheval. Elle s'écria alors d'une voix forte : « Qui est l'insolent qui a passé devant moi ? » [30].

---

29.   Raymond. *Ibid.* P. 18.
30.   *Mémoires.* P. A. De Gaspé. P. 412. Éditions Fides 1971.

C'étaient des mœurs d'un autre temps qui ne pouvaient se maintenir indéfiniment. Le seigneur de Saint-Jean-Port-Joly ne le comprend pas. Il ne voit pas que la société évolue, qu'un vent de liberté souffle et que, bientôt, sa classe ne sera plus rien dans un milieu où elle a perdu son utilité. L'avenir et la fortune sont à ceux qui importent ou exportent, à ceux qui bâtissent chemins de fer ou bateaux, à ceux, enfin, qui, avec la *politique nationale*, fabriquent tout ce qui peut se vendre au Canada ou à l'étranger.

La loi qui abolit le régime seigneurial ouvre brusquement les yeux au mémorialiste. On est en 1854. Il a 68 ans. Il est trop tard pour réagir ; il ne peut que se plaindre de la dureté des temps et écrire. C'est là qu'il prend sa revanche. Son œuvre lui vaut un prestige qui lui ramène des amitiés et lui fait reprendre goût à la vie. Mais il est bien tard.

Malgré ses protestations, il n'est pas dans la misère, loin de là. Ainsi, en 1859, on estime la valeur de ses seigneuries de Saint-Jean-Port-Joly, de Saint-Aubert et de Réaume ou Isle de la Peau et de Ste-Anne de la Pocatière, la première à $30,145 et la troisième à $9,600. Il est curieux de voir comment procède le Commissaire S. Lelièvre chargé du travail, suivant une méthode que l'on a généralisée à la suite de la loi de 1854. Voici comment il établit les divers éléments du domaine [31] :

	Seigneuries de	
	Saint-Jean-Port-Joly	Réaume
1. Valeur des cens et rentes	$ 4,625.66	$1,266.16
2. Valeur des lods et ventes	14,186.16	5,134.16
3. Valeur de la banalité	3,333.33	—
4. Valeur du moulin banal	4,000.00	3,200.00
5. Valeur du domaine	4,000.00	—
	$30,145.15	$9,600.32

31. Cadastre abrégé no 76. Seigneurie de Saint-Jean-Port-Joly. Seigneurie Réaume ou Isle à la Peau (77). Il a aussi la Seigneurie de Saint-Aubert et il hérite de sa tante celle de Sainte-Anne de la Pocatière. Il la vend, cependant, entre 1842 (date du décès de Louise de Lanaudière) et 1860, moment où le Commissaire Lelièvre en détermine la valeur en 1854, pour se conformer à l'*Acte seigneurial refondu*.

Le seigneur jouira du capital versé et des rentes constituées jusqu'à sa mort, survenue le 29 janvier 1871 chez son gendre le juge Stuart [32] à Québec. Quelques jours plus tard, on l'enterre sous le banc du seigneur à l'Église de Saint-Jean-Port-Joly. L'acte de sépulture se lit ainsi : « Le premier février mille huit cent soixante et onze, nous, prêtres soussignés, avons inhumé dans l'église de cette paroisse, sous le banc seigneurial, le corps de Philippe Aubert de Gaspé, Écuyer, avocat, seigneur de Saint-Jean-Port-Joly, Saint-Aubert et autres lieux... »

Philippe Aubert de Gaspé avait alors quatre-vingt-cinq ans et trois mois.

Le lendemain, l'abbé Raymond Casgrain fait son éloge dans le *Courrier du Canada*. Son texte est un exemple du romantisme mal assimilé qui hante certains écrivains de la fin du siècle. Philippe Aubert de Gaspé aurait mérité mieux que cela. Il fut un exemple excellent d'une génération policée, gaie, sympathique, mais vivant loin de la réalité. Il a été un des représentants les plus agréables d'un moment où vivre, dans la société du Bas-Canada, ne devait pas prendre la forme d'une simple opération commerciale : additionner des chiffres, compter des pièces d'étoffe, remplir des bidons de kérosène ou vendre au meilleur prix. C'était une époque encore bien plaisante pour les vieilles familles qui avaient une utilité rapidement décroissante dans un milieu en pleine évolution. La puissance passait en d'autres mains que celles qui jusque-là avaient lentement développé le pays, tout en menant une existence agréable, mais limitée et souvent assez étriquée. La société avait beaucoup de charme ; elle était instruite, elle recevait bien et elle aimait les livres et les vieux auteurs. Ce sont eux qui ont empêché Philippe Aubert de Gaspé de sombrer dans le désespoir à un moment critique.

De jour en jour l'existence devenait plus dure pour sa caste, car le seigneur ne pouvait trouver dans l'oisiveté ou dans la vie de l'esprit, la seule raison de son existence. La culture intellectuelle et le prestige du nom ne suffisaient plus. Comme bien d'autres, Philippe Aubert de Gaspé le comprit trop tard. Fort heureusement pour nous car, dès le moment où il a écrit, il a recréé le milieu et son nom a pris une place à part dans une vie littéraire encore assez médiocre.

---

32. Chronologie. P. 8. *Mémoires*. Ibid. Chez Fides.

Joseph Papineau

II

Joseph Papineau
ou la bourgeoisie montante

(1752-1841)

Avec Joseph Papineau, on aborde un milieu qui au Bas-Canada, au début du XIXe siècle, exige un travail et une peine de tous les jours. Papineau est, en effet, à l'opposé de Philippe Aubert de Gaspé. Par son origine d'abord : il est fils d'un tonnelier qui a son établissement rue Bonsecours à Montréal. Intelligent, vif, à l'âge de 12 ans il est remarqué à l'école par un abbé, professeur au Séminaire de Québec. Celui-ci l'y fait venir malgré l'opposition de son père qui ne voit pas pourquoi son fils ne serait pas tonnelier comme lui. Heureusement, il a affaire à forte partie. L'abbé ne cède pas et le père consent au départ de son fils, qui s'instruira et se préparera à une carrière où l'arpentage et le notariat voisineront avec la politique. À l'époque, le Séminaire donne une excellente formation mathématique. Aussi, après l'avoir quitté, Joseph Papineau cherche-t-il à être arpenteur-géomètre. Il se forme chez Me Jean De Lisle, chez qui il s'inscrit à l'âge de 19 ans [1]. À cette époque, notariat et arpentage étaient fréquemment pratiqués par les mêmes gens [2]. C'était le cas de Me De Lisle [3]. Pour le jeune clerc, voilà une occasion excellente de se préparer à un métier nouveau.

---

1. Il est nommé arpenteur en juillet 1773. Il a vingt et un ans puisqu'il est né en 1752 à Montréal.
2. Tant une fonction relève de l'autre, pour les détails techniques que le notaire utilise tout au moins.
3. Jean-Guillaume De Lisle, né en France et venu au Canada par la voie de New-York. Devient notaire à Montréal en 1768. *Canadian Biography* (MacMillan). P. 181. Il était aussi rédacteur de procès-verbaux d'arpentage. Ses contemporains l'ont présenté comme un homme honorable « tenant un rang distingué parmi les lettrés, ayant surtout cultivé la philosophie ». Père Lejeune. *Ibid.* P. 483.

Arpenteur-géomètre, Joseph Papineau fait, à travers les années, le tracé de la plupart des concessions dans les seigneuries de l'Île-Jésus, de Beauharnois, de Longueuil et de Rigaud [4]. À l'époque, on devenait arpenteur ou notaire, après en avoir fait la demande au Gouverneur qui, arbitrairement, nommait le titulaire pour une région particulière ou pour l'ensemble de la province. Ainsi, dans son *Histoire du Notariat au Canada*, J. Edmond Roy cite la pétition présentée par Charles Stewart qui, venu au Canada pour régler les affaires d'un parent, s'y est plu et a décidé d'y rester. Voici comment Stewart formule sa demande au Gouverneur : « Votre pétitionnaire informe humblement Votre Excellence qu'il a reçu l'éducation complète dans la cité d'Édimbourg. Après avoir suivi les écoles publiques et quelques cours de l'Université, il embrassa l'étude de la loi et il a servi comme clerc sous un des procureurs de Sa Majesté. Pendant cinq ans, il a suivi assidûment les cours du royaume et les conférences de deux professeurs distingués de droit. Désirant maintenant, avec la permission de Votre Excellence, pratiquer au Barreau comme notaire public, il demande respectueusement que vous soumettiez sa supplique au juge [5] ».

Joseph Papineau est nommé arpenteur en juillet 1773, comme le sera plus tard son filleul, Jacques Viger, collectionneur invétéré qui a laissé, entre autres choses, les *Saberdache,* ce précieux témoignage du temps passé. Comme Viger, Papineau sortira de l'arpentage. Il est notaire en juillet 1780, après un assez long stage qui lui permet d'obtenir une *commission*, comme on disait à l'époque. Viger sera inspecteur de voirie, journaliste et magistrat.

Papineau exercera sa profession dans toute la province. Et c'est ainsi qu'il comptera bientôt dans sa clientèle ses vieux maîtres de Québec [6], aussi bien que des communautés religieuses et les Messieurs de Saint-Sulpice qui fréquentent son étude, là, où tout le jour, son père montait à grands coups de maillet les tonneaux destinés à sa clientèle. Le cadre a changé, mais le lieu reste à peu près le même jusqu'au jour où une grande maison de pierre rem-

---

4. Travail considérable pour les moyens et les données de l'époque.
5. *Histoire du Notariat au Canada.* Vol. 11. P. 89.
6. Ceux-ci le chargèrent longtemps de surveiller et d'administrer leur seigneurie de l'Île-Jésus et celle de la Petite Nation. Par les comptes que le Séminaire de Québec a gardés, on constate qu'il ne s'agissait pas d'une sinécure. Le Séminaire lui sait gré de son dévouement. À un moment donné, on lui offre même d'accueillir ses fils gratuitement au Séminaire. Parmi eux, il y a Louis-Joseph que l'on formera à Québec comme on a formé son père.

place la maison de bois. Papineau y aura son étude et il y habitera tant qu'il ne l'aura pas vendue à son fils, Louis-Joseph, promis à une carrière politique tumultueuse.

Joseph Papineau était aussi notaire du clergé. Ainsi, un jour d'avril 1793, il se désole de voir que son ami le curé de Repentigny, M. St-Germain, soit mort sans testament. De Québec où il siège comme député, il écrit à sa femme : « Je crains bien qu'il n'ait fait aucun arrangement pour ses affaires, j'en serais d'autant plus fâché que je pense que si j'eus été à Montréal, cela n'aurait pas arrivé parce qu'il m'en avait souvent parlé et que si je l'eus vu plus malade, il aurait fini ses affaires, enfin Dieu dispose et l'homme propose » [7].

C'est un souci professionnel qui le fera quitter la politique à deux reprises, comme on le verra.

En règle générale, on n'était pas bien difficile à l'époque dans le choix des notaires. Devant les abus et, surtout, devant l'ignorance de certains, il y eut une réaction dans les milieux officiels. Ainsi, en 1831, le député Dominique Mondelet présente un projet de loi pour réglementer la formation et les affaires des notaires, à la suite d'une série d'accusations portées par *La Minerve* [8] : *supposition* de personnes qui passent des obligations ou autres actes sous le nom des autres ; signature de l'acte par un seul notaire qui ne connaît pas toujours son client ; formation insuffisante du titulaire du greffe, faux, ivrognerie chez certains membres de la profession, etc.

En 1831, le député Mondelet présente donc son projet de loi qui corrige l'ordonnance de 1785. Il n'hésite pas à admettre selon *Le Canadien* et *La Minerve*, « l'état honteux dans lequel croupissait le notariat par l'ignorance de ceux qui en sont chargés ». Et il ajoute, d'après la même source : « il y a tant d'exemples de l'iniquité des notaires... » Cela en dit long sur l'état de la profession à ce moment-là. C'est dans cette loi que le député Mondelet demande la création d'une Chambre des notaires, où la conduite des notaires sera soumise à un examen et à une discipline rigoureuse et qui exercera un contrôle régulier des greffes [9].

---

7. Lettre à sa femme, datée du 1er avril 1793. Il faut noter ici comme il écrit de façon fautive, même s'il a fait des études assez poussées. Il semble qu'il n'attache aucune importance à la forme. Et cependant il est chargé de donner de la précision à la pensée des autres, en tant que notaire.

8. J.-Edmond Roy. *Ibid*. Vol. 11. P. 426 et 427.

9. *Ibid*.

Cependant, dès que Joseph Papineau commence de pratiquer sa profession, il est bien considéré. Aussi, réussit-il rapidement. Au début, sa carrière est arrêtée au moment de la guerre de 1775 quand, avec beaucoup d'autres Canadiens, il est mêlé aux opérations militaires. Il a vingt-trois ans et il se jette dans la bataille, comme Jean-Baptiste Bouchette qui aide le gouverneur Carleton à passer à travers les lignes américaines ou Pierre-Ignace Aubert de Gaspé qui s'engage à dix-sept ans dans l'armée anglaise pour garder le Canada à l'Angleterre, lui, dont le manoir familial a été détruit quelques années plus tôt par un régiment écossais, comme on l'a vu. Papineau a pleuré de rage, à l'âge de huit ans quand Montréal s'est rendu et qu'il a vu défiler les troupes dans la rue, affirme L.-O. David. Mais faut-il croire ce romantique impénitent ?

Le rôle de Papineau est modeste dans la guerre contre les Américains. Un jour, avec un compagnon, il porte des dépêches au gouverneur Carleton à Québec. De nuit ou de jour, il évite les patrouilles ennemies et se rend à pied, en allant de presbytère en presbytère, où des curés de bonne volonté acceptent de le cacher en attendant qu'avec son compagnon, il puisse repartir sans danger.

Une fois de plus, semble-t-il, cette bonne volonté de la jeunesse et du clergé indique qu'on avait accepté le fait de la conquête dans la génération nouvelle. Il ne s'agissait pas pour elle de secouer les chaînes, de se révolter, de collaborer avec l'envahisseur du sud, mais plutôt d'aider l'Angleterre à conserver la Colonie, tout en obtenant d'indispensables concessions. Il y a là un sentiment ou une attitude que l'on peut attribuer en partie à l'influence du clergé, à qui les autorités anglaises ont donné suffisamment de gages ou d'espoirs pour éviter qu'il ne passe de l'autre côté.

Oh ! tout n'est pas parfait dans ces relations d'administrateurs et d'administrés, à l'époque où Papineau passe de l'adolescence à la maturité. Si, dans les années qui suivent son accession au notariat, il s'occupe uniquement de sa clientèle, il se rend compte de la situation et veut aider ses compatriotes dans leur lutte obscure. Il est très attiré par la politique. Même si l'acte de 1774 a donné des cadres à la colonie, il constate combien la liberté individuelle est malmenée dans ce pays conquis. La majorité de la population est brimée parce qu'elle se trouve devant une minorité qui dirige tout. On a installé celle-ci aux postes de commande et on l'y maintient en accordant au Roi le privilège des nominations aux situations les plus influentes et les mieux rémunérées [10]. Pour accéder à certains postes, le francophone doit trop souvent faire montre de fidélité au régime et avoir des amis bien en place, comme en a Joseph Bouchette, par exemple.

Joseph Papineau voit cela et, petit à petit, il se mêle à ceux qui envoient pétition après pétition au gouvernement de Londres. En Angleterre, on sait ce qui s'est passé en Amérique quelques années plus tôt. Par un pur entêtement, on a perdu les colonies du sud pour une question de taxe sur le thé : fait bien insignifiant, mais qui a mis le feu aux poudres. De Québec viennent des dépêches qui, assez souvent, sont favorables à une évolution, mais on ne les écoute guère. Les culs-terreux qui habitent les deux rives du Saint-Laurent sont tenaces. Sous la direction de quelques chefs, qui commencent à comprendre le régime politique anglais, ils invoquent qu'étant des Britanniques, il n'y a aucune raison pour qu'on ne leur accorde pas les mêmes droits qu'à ceux qui habitent les rives de la Tamise, de la Mersey ou de la Clyde. Leur effort est tel et la crainte des anciens sujets de l'autre côté de la frontière est si grande, que William Pitt accepte en 1791 d'accorder une nouvelle constitution politique à la Colonie. On la divise en deux. C'est de ce moment-là que datent les deux Canada : le Haut et le Bas, qui remplacent Québec, ce pays devenu assez difficile à gouverner par son immensité d'abord, puis par les querelles qui, déjà, en font un champ clos. En donnant des gouvernements différents aux gens d'en haut et d'en bas, on espère calmer l'effervescence des esprits. Aux deux nouvelles divisions territoriales, on accorde deux Chambres, l'une élective et l'autre dont les membres sont nommés par la Couronne représentée en Amérique par le Gouverneur général. On donne à celui-ci le droit de choisir ses collaborateurs et on le charge d'établir l'équilibre passager ou permanent, s'il est possible, entre les deux éléments de la population du Bas-Canada. Si, dans le peuple, on ne saisit pas bien la portée des nouvelles dispositions constitutionnelles, on les accepte ou on s'y résigne. Au niveau de l'élite, on comprend qu'il faut étudier le régime et essayer d'en tirer le maximum. Il ne faut pas oublier qu'à la Chambre d'Assemblée, l'élément francophone est majoritaire et que, de là, peuvent venir bien des dispositions nouvelles. Pour obtenir quelque chose de positif, il faut apprendre le fonctionnement de l'organisme. La première étape, c'est l'élection des députés. Or, chose curieuse, la première fournée comprend seize anglophones qui, bien que

---

10. Voir à ce sujet « Patronage et Pouvoir dans le Bas-Canada », de Gilles Paquet et Jean-Pierre Wallot, aux Presses de l'Université du Québec.

ne parlant pas la langue de leurs électeurs, ont été élus par eux. On s'explique mal le fait. Pour le comprendre il faut imaginer une certaine méfiance à l'endroit d'un organisme nouveau et, puis, la difficulté d'accepter l'absence prolongée que vont exiger les sessions [11], le coût du déplacement et, peut-être aussi, une certaine admiration pour ces gens qui dirigent.

Dès que le gouverneur a réuni les membres de la Chambre d'Assemblée, à la fin de 1792 après l'élection qui a eu lieu en juillet, les groupes s'affrontent. Il faut choisir un président. Les anglophones — James McGill [12] en tête — suggèrent William Grant et les francophones, Jean-Antoine Panet. Celui-ci est un avocat assez en vue quoique, semble-t-il, un peu limité dans ses moyens. Pour présider une assemblée, il ne faut pas d'abord être un chef, car présider ce n'est pas nécessairement diriger la discussion et les hommes, même si, par sa fonction, le président peut orienter le choix des sujets et, s'il est habile, la décision. Cette influence s'exerce normalement dans un milieu calme, où les passions ne jouent pas. Or, dès le début, il apparaît que la Chambre ne sera pas un lieu d'entente entre gens n'ayant que certains intérêts en commun. Jean-Antoine Panet est choisi par une forte majorité : 28 voix contre 18, dont celles des seize députés anglophones, élus avec une charmante naïveté ou avec indifférence par des gens qui ne comprennent encore rien au jeu de la politique. Comme on le sait, ils s'y mettront bien vite. Rapidement les luttes électorales seront pour eux un des plaisirs de l'existence. Pour l'instant, tous ne peuvent voter, même si les exigences sont assez faibles. Le député est élu, en effet, par les propriétaires d'immeubles ayant un revenu de deux livres sterling dans les collèges ruraux. Dans les villes, on exige un minimum de cinq livres. Quant au locataire, pour avoir le droit de vote, il lui faut justifier un loyer annuel de dix livres. Dans l'ensemble, le cens électoral est facilement accessible. [13] Il l'est beaucoup plus qu'en Angleterre à la même époque, semble-t-il.

À la Chambre d'Assemblée, les heurts se succèdent dès la première session. Quand le moment vient de préparer les comptes

---

11. Les sessions durent longtemps. Ainsi, la première — celle de 1792 — commence en décembre et se termine le 9 mai 1793 ; la seconde débute en novembre 1793 et va jusqu'au 31 mai 1794. Celle de 1795 s'étend sur quatre mois. *Histoire du Canada*, Garneau. P. 441. Or, les communications sont bien lentes et l'on se refuse à toute rémunération.

12. *Histoire du Canada*. F.-X. Garneau. Vol. II. Page 433.

13. Pour le moment.

rendus des séances, la question de la langue se pose. Les procès-verbaux seront rédigés en anglais, propose le député William Grant, qui, né en Écosse en 1741, est venu au Canada en 1763 comme représentant de la firme londonienne Robert Grant & Co. Par la suite, il est nommé *Assistant Receiver General,* mais, bientôt, on le relève de ses fonctions, après des tractations assez troubles ; ce qui ne l'empêche pas d'être élu par les électeurs de la haute ville à Québec jusqu'à sa mort, c'est-à-dire de 1792 à 1805.

La réaction des francophones est assez vive, et c'est à la faveur du débat que Joseph Papineau s'écrie, dans une envolée qui établira sa réputation de tribun à la Chambre : « Est-ce parce que le Canada fait partie d'un empire anglais, est-ce parce que les Canadiens ne savent pas la langue des habitants des bords de la Tamise qu'ils doivent être privés de leurs droits ? » Un autre député, Chartier de Lotbinière précise : « Le plus grand nombre de nos électeurs étant dans une situation particulière, nous sommes obligés de nous écarter des règles ordinaires et de réclamer l'usage d'une langue qui n'est pas celle de l'Empire ; mais aussi équitables envers les autres que nous espérons qu'on le sera envers nous, nous ne voulons pas que notre langue exclue celle des autres sujets de Sa Majesté. Nous demandons que nos procès-verbaux soient rédigés dans les deux langues ». À son tour, Philippe de Rocheblave s'écrie : « Pourquoi donc nos collègues anglais se récrient-ils en nous voyant décidés à conserver nos usages, nos lois et notre langue maternelle, seuls moyens qui nous restent pour défendre nos propriétés ? Le stérile honneur de voir dominer leur langue les portera-t-il à ôter leur force et leur énergie à ces mêmes lois, à ces usages, à ces coutumes qui font la sécurité de leur propre fortune ? » Le problème se posait déjà dans toute son acuité.

Comme résultat de leur attitude, les députés francophones obtinrent, comme le note François-Xavier Garneau, que les « procès-verbaux de la Chambre d'Assemblée seraient dressés dans les deux langues, et les lois rédigées, soit en français, soit en anglais, selon qu'elles se rapporteraient aux lois françaises ou aux lois anglaises en vigueur » [14]. Ce qui était un compromis compréhensible à l'époque, même s'il était boiteux.

---

14. *Histoire du Canada.* F.-X. Garneau. Vol. II. P. 436. Chez Félix Alcan (1920).

Avant d'être prorogée en mai 1793, la Chambre se préoccupe de l'instruction ; elle demande que les biens des Jésuites soient employés à la formation de la jeunesse et, en particulier, le collège qui est utilisé comme caserne pour les troupes de Sa Majesté. On cherche aussi à faire reconnaître que les lois, entraînant une dépense, émanent de la Chambre d'Assemblée et ne puissent être amendées par le Conseil Législatif. Dès ce moment, on trouve, dans les discours prononcés, une des grandes règles de la vie politique anglo-saxonne : la dépense et les impôts relèvent des seuls élus du peuple, les autres législateurs ne devant servir que de frein, dans certains cas particuliers, ou de modérateurs dans des circonstances exceptionnelles à cause du caractère même de leur nomination, par opposition à la nature élective du mandat des députés.

François-Xavier Garneau porte un jugement assez curieux sur le régime nouveau. Il vaut la peine de le citer pour montrer ce qu'en pensent les gens qui, de loin, assistent aux débats sans trop en saisir la portée. « Telle fut la Charte de 1791. Malgré ses nombreuses imperfections, elle donnait un gouvernement où le peuple avait au moins une voix pour exposer les abus, s'il ne pouvait absolument pas obliger l'exécutif à les réformer. »

Pour la Colonie, c'était une étape nouvelle. Depuis la conquête, elle avait connu trois formes de gouvernement : la loi martiale de 1760 à 1763, le gouvernement militaire de 1763 à 1774 et le gouvernement civil absolu de 1774 à 1791. [15] Elle allait enfin pouvoir s'occuper de ses affaires et décider, dans une certaine mesure, de l'orientation de la politique du pays, même si le dernier mot restait au Gouverneur, représentant du Roi. D'office, celui-ci désignait les fonctionnaires publics et la fonction de chacun, avec la collaboration du Conseil exécutif. Dans l'exécution et l'orientation des politiques, il était l'autorité quasi suprême soit par ses décisions, soit par l'intervention de ses collaborateurs, jusqu'au moment où la Chambre refusa d'accepter son autorité incontestée.

* * *

Deux ou trois hommes vont jouer un rôle de premier plan parmi les députés qui sont venus à Québec, un jour de décembre 1792. Parmi eux, il y a Pierre Bédard, un peu nonchalant, négligé dans sa tenue, à la parole hésitante, mais qui, tout à coup, se

---

15. F.-X. Garneau. *Ibid.* Vol. II. P. 423.

révèle un orateur vigoureux, audacieux quand il est pris par son sujet. Il se heurte rapidement au pouvoir établi. Et comme on reconnaît au Conseil exécutif le droit de faire emprisonner quiconque est jugé trop violent ou trop opposé à l'État, il fait de la prison quand sir James Craig devient gouverneur. À côté de Pierre Bédard, il y a Philippe de Rocheblave qui est également assez audacieux ; puis Joseph Papineau. Grand, fort, celui-ci impressionne physiquement, dès le premier abord. Il est convaincant, intelligent, astucieux, dira de lui le gouverneur Craig quand Papineau interviendra auprès de lui pour faire libérer son ami et collègue Pierre Bédard. Celui-ci et Papineau furent les deux patriarches de nos libertés politiques, écrira plus tard L.-O. David, avec cette impossibilité de s'exprimer simplement qui le caractérise si souvent. Même si l'on sourit devant l'emphase de la phrase, il faut reconnaître que les deux jouent un rôle important dans cette société, où s'affirme une classe nouvelle, la bourgeoisie, qui remplace rapidement celle des seigneurs dont l'autorité décline rapidement. Jeune, Philippe Aubert de Gaspé va parfois à la Chambre d'Assemblée entendre les députés. Or, celui qui retient le plus son attention, écrit-il plus tard dans ses *Mémoires* [16], c'est Joseph Papineau : « La première impression que fit sur moi l'éloquence de M. Joseph Papineau ne s'est jamais effacée de ma mémoire. J'assistais bien jeune, à une séance de notre parlement, lorsque je vis un membre, aux manières simples, se lever avec lenteur, en tenant dans la main droite un papier dont il venait probablement d'achever la lecture. Ses habits, une grande queue qui lui descendait plus bas que l'épaule, quoique la mode en fut passée dans les villes, tout me fit croire qu'il était un de ces notables que certains comtés de la campagne envoyaient alors pour les représenter à l'Assemblée provinciale. Il parla pendant une demi-heure, sa parole coula toujours aussi facile, aussi abondante que les eaux paisibles d'un grand fleuve, tandis que lui-même était aussi immobile que les deux rives qui l'encaissent. Il était sous l'effet d'un charme inexprimable. » D'autres qui ont connu Papineau l'ont décrit ainsi vers la fin de sa vie : il était grand, massif, il avait « les cheveux blancs, poudrés, relevés sur la tête et se terminant en arrière par la queue traditionnelle ; avec le jabot, les manchettes et la canne à jonc, à pomme d'or. » Tout à fait l'homme de l'ancien régime [17].

---

16. P. 111. Éditions Fides (1971).
17. C'est ainsi que le décrit J.-Edmond Roy dans son *Histoire du Notariat*, en rappelant le témoignage de ceux qui l'ont connu.

Orateur populaire, Joseph Papineau se révèle au cours de ses campagnes politiques. Il plaît à ces jeunes qui, comme tous ceux de leur génération, aiment que l'on critique le régime et les gens en place, ceux que, plus tard, on appellera les sclérosés. Or, si Joseph Papineau n'a pas dans ses propos la violence de son fils, Louis-Joseph (qui, à partir de 1808 siégera avec lui dans la Chambre d'Assemblée), il parle bien et expose avec vigueur la cause qu'il défend. Cela ne peut que plaire à une jeunesse frondeuse, éprise de liberté et contestataire avant la lettre.

Joseph Papineau était de la fournée de 1792. Il sera député jusqu'en 1804 d'abord. Puis, comme il a acheté la seigneurie de la Petite Nation, il ne se présente pas dans le comté de Montréal où il a déjà été élu. Il veut exploiter le domaine en friche dont le Séminaire de Québec lui a cédé une première partie pour ses honoraires [18], la seconde ayant fait l'objet d'une vente deux ans plus tard. Papineau se rend très bien compte qu'il ne peut exercer sa profession, être député et tirer un parti quelconque de son nouveau et immense domaine où la forêt n'a pas encore été attaquée par la hache du colon.

Être député, au début du dix-neuvième siècle, n'est pas une tâche facile pour des gens ayant peu de moyens pécuniaires. Les sessions sont longues — celle de 1792 dure de décembre jusqu'au 9 mai suivant, c'est-à-dire près de cinq mois [19]. Et pendant ce temps, il faut être sur place si l'on veut remplir son mandat. Or, très consciencieux, Joseph Papineau n'a pas accepté d'être député pour le simple titre. Il vient régulièrement dans cette Chambre où se jouent des jeux importants. Une absence de cinq mois, c'est bien long quand on a une famille et une clientèle à servir.

* * *

En 1779, Joseph Papineau a épousé Marie-Rosalie Cherrier, fille du notaire Jean-François Cherrier de Saint-Denis-sur-Riche-

---

18. Ce qui n'est pas officiellement démontré, semble-t-il, même si dans son *Histoire de Montebello,* l'abbé Michel Chamberland l'affirme. Quand on examine les notes que le notaire Papineau présente au Séminaire de Québec, on se convainc facilement qu'il devait en être ainsi, cependant. Celle de 1803, par exemple, s'élève à 10,167 livres, après avoir déduit la pension de trois enfants, absences déduites, note le scrupuleux tabellion du Séminaire de Québec (82).

19. Qu'on imagine la situation de celui qui non rémunéré doit rester pendant tout ce temps loin de ses affaires et de sa famille.

lieu [20]. Elle lui a donné cinq enfants : Louis-Joseph, Denis-Benjamin, Augustin, Toussaint-Victor et Rosalie, qui viennent assez dru.

Louis-Joseph (1786-1871) fut le plus célèbre. Deuxième génération de parlementaires, il siège à la Chambre d'Assemblée à Québec de 1808 à 1837. Il fut à nouveau député sous l'Union à son retour d'Europe, de 1848 à 1851 et de 1852 à 1854. Exilé volontaire, après le soulèvement de 1837, il se réfugie aux États-Unis d'abord, puis en France où vinrent le rejoindre sa femme (née Julie Bruneau) et ses fils Gustave et Lactance qui y firent une partie de leurs études. Le second fils de Joseph Papineau se nomme Denis-Benjamin (1789-1854). Dès l'âge de 19 ans, il prend la direction de la seigneurie de la Petite Nation qu'il administre pour le compte de son père jusqu'en 1817, et, sous la direction de celui-ci, pour le compte de son frère Louis-Joseph jusqu'en 1842. À un moment donné, il n'en peut plus. Son père lui procure une situation à Montréal où il dirige le commerce de livres des Bossange, libraires de Paris et, aussi, un commerce d'épicerie. Puis, comme le feu a détruit l'immeuble voisin et endommagé fortement les marchandises, il charge son père de régler le sinistre dont le règlement traîne en longueur et il revient dans son fief de Plaisance que Louis-Joseph lui a cédé. Dans la correspondance de Joseph Papineau, il y a une lettre où celui-ci expose les faits, se plaint de la mauvaise volonté des assureurs (les discussions durent depuis deux ans) et réclame le paiement.

En 1842, Denis-Benjamin quitte définitivement la seigneurie tout en gardant l'arrière-fief de Plaisance. Il sera député d'Ottawa de 1842 à 1847, membre du Conseil exécutif, commissaire des terres de la Couronne de 1844 à 1847 et membre du Bureau des Travaux Publics de 1844 à 1846.

Le troisième fils, Augustin, (1790-1876) sera notaire et marchand à Saint-Hyacinthe où habite sa sœur qui est devenue la femme de Jean Dessaulles en 1816 et dont le fils Louis-Antoine présidera l'Institut Canadien au plus fort de la querelle entre l'Institut et Monseigneur Ignace Bourget. Le dernier fils, Toussaint-Victor (1798-1869) est ordonné prêtre en 1823. Il fut le plus effacé et le moins intéressant des fils de Joseph Papineau. Comme

---

20. Née en 1756, et décédée en 1832. J.-J. Lefebvre : La Famille Cherrier. *Mémoire de la Société Généalogique Canadienne-française* — janvier 1947, p. 149.

les autres, il vivra vieux, mais sa vie ne sera pas toujours exemplaire. Cette longévité de la famille Papineau est une des choses qui frappent dans cette seconde génération. Par contre, les enfants de Louis-Joseph mourront jeunes, sauf l'aîné Amédée et Azilda, qui a élevé la famille Bourassa, après le décès de sa mère.

Les Papineau sont une famille de notaires. Il y a d'abord le père de Madame Joseph Papineau, François-Pierre Cherrier, puis Joseph lui-même, Augustin son fils et, par la suite, les cinq autres que mentionne J. Edmond Roy dans son *Histoire du Notariat* : A.-A. Papineau (1833), A.-Benjamin Papineau (1834), Émery Papineau (1845) et J. Godefroi Papineau (1869). Le plus connu est assurément Joseph, le chef de la lignée.

Si ses devoirs familiaux et sa seigneurie de la Petite Nation exigent sa présence à Montréal, il y a aussi la clientèle qui le réclame. Les communications sont lentes et difficiles : l'Accomodation [21] (le premier bateau à vapeur entre Québec et Montréal) ne prenait-il pas d'abord soixante-six heures pour venir à Montréal. De plus, à cette époque, on n'accorde aucune indemnité aux députés. Très pratique, Papineau suggère, avec Louis Bourdages, qu'on leur verse une somme tout au moins pour les frais de séjour et de transport. Dans un geste de protestation et avec une naïveté qui désole Papineau, la Chambre s'oppose à toute rémunération sous le prétexte inattendu qu'on leur enlèverait la liberté de pensée. Lui sait que ses gens ne sont pas riches et que, pour eux, c'est une lourde et coûteuse charge que le séjour à Québec, même s'ils se logent dans des auberges où gîte et repas ne coûtent pas grand-chose. Assez curieusement, ce n'est

---

21. Pour transporter des passagers, le bateau a besoin d'une autorisation de la Chambre d'Assemblée. Dans une lettre adressée à son fils, Joseph Papineau appuie la demande de son propriétaire John Molson.
Les communications seront difficiles encore longtemps pour ceux qui ont à transporter des choses à l'extérieur des villes où ils demeurent. Dans une lettre adressée à son fils Louis-Joseph, le 16 mai 1837, Joseph Papineau raconte les péripéties de son voyage en bateau de Montréal jusqu'à la seigneurie de La Petite Nation. Partis jeudi matin, ils n'arrivent que le mardi suivant à cinq heures du matin. *Correspondance de Joseph Papineau.* R.A.Q. P. 288 — 1951-52 et 1952-57. Joseph Papineau a 85 ans à ce moment-là. Quel courage et quelle résistance physique il a !
John Molson a été un précurseur. En venant au Canada en 1782 il fonde une brasserie. En 1809, il lance le premier bateau à vapeur sur le Saint-Laurent. Député à Québec de 1816 à 1832, il entre au Conseil législatif. De 1826 à 1834, il est président de la Banque de Montréal (*MacMillan's Dictionary of Canadian Biography.* P. 518).

qu'à partir de 1833 [22], semble-t-il, que l'on acceptera de verser une indemnité aux élus du peuple. Dans l'intervalle, tous ne sont pas toujours là. Aussi, à cause des absences, faut-il souvent remettre à plus tard des réunions où il n'y a pas quorum.

Joseph Papineau tient le coup jusqu'en 1804, moment où vraiment il ne le peut plus, comme on l'a vu. Alors, il rentre dans la vie privée après avoir joué un rôle en des moments critiques. Périodiquement, il a apporté des idées nouvelles, puisées en partie, semble-t-il, dans l'Encyclopédie où il a trouvé l'article de Jean-Jacques Rousseau consacré à l'Économie politique. Selon Fernand Ouellet, il a lu également les œuvres de John Locke et de Blackstone, *Political Law* de Barlamak et les livres de Bernardin de Saint-Pierre et de Montesquieu. Tous ces auteurs l'orientent vers la démocratie et les idées libérales. C'est ainsi qu'il a présenté à la Chambre une requête des électeurs de Montréal pour supprimer l'esclavage. Oh ! celui-ci n'est pas très répandu ; mais il existe. Papineau juge odieux qu'un homme puisse être vendu ou acheté comme une bête de somme. Ce qui indique comme était humain ce fils de tonnelier, élève du Séminaire, catholique convaincu, qui ne peut admettre l'idée de la servitude humaine. Il est horrifié que des hauts fonctionnaires de la justice, des membres de la Chambre d'Assemblée ou des religieux soient propriétaires d'esclaves [23].

* * *

Joseph Papineau s'est porté acquéreur de la seigneurie de la Petite Nation, comme on l'a vu, pour une partie en 1801 et pour l'autre en 1803. Il n'a pas pu s'en occuper jusqu'au moment où

---

22. Il y a à ce sujet une intéressante étude parue dans le *Bulletin des Recherches Historiques*, sous la signature de Pierre-Georges Roy : « En 1833, écrit-il, le Conseil et la Chambre parvinrent à s'entendre. Le projet de loi de Monsieur Neilson fut enfin adopté avec quelques amendements ». Guillaume IV, chapitre 15. « Pendant chaque session du présent Parlement Provincial, y lit-on, il sera alloué à chaque membre de l'Assemblée qui assistera aux dites sessions, dix chelins courants par chaque jour qu'il ira assister et quatre chelins courants pour chaque lieue de distance entre son domicile et le siège du Parlement Provincial ». C'était peu, mais c'était l'application d'une mesure préconisée longtemps auparavant par Joseph Papineau. À celui-ci, on avait objecté « que les élections porteraient à la législature des démagogues et des agitateurs qui ne se feraient élire que pour l'appât du gain ».

23. Voir *l'Esclavage au Canada français,* par Marcel Trudel. Aux Presses Universitaires Laval, Québec (1960).

il quitte la politique. C'est le Séminaire de Québec qui lui a cédé ce domaine, dont Monseigneur François de Laval a été le premier concessionnaire en mai 1674 [24]. Il l'a transmis au Séminaire, qui l'a cédé au Chapitre de Québec, lequel à son tour, l'a rétrocédé au Séminaire. Et puis, les choses en sont restées là.

La seigneurie de la Petite Nation est ainsi appelée en souvenir d'une tribu d'Algonquins qui y a vécu autrefois et que les Iroquois ont dispersée. Elle est assez loin de Québec, à une époque où les communications sont bien lentes. Elle se trouve encore à quelques jours de Montréal si on y vient en canoë ou « en petit bateau tiré à la cordelle ». De Québec, il faut compter près de deux semaines, pendant longtemps. Entre les deux, il y a quelques deux cent vingt de nos milles actuels. Aussi, au Séminaire a-t-on

---

24. Voici un extrait de la concession : « Concession faite par la Compagnie des Indes-Occidents, le 16 mai 1674, laquelle, pour les raisons y contenues, donne et concède à Messire François de Laval, évêque de Pétrée, nommé par le Roi, premier évêque de Québec, cinq lieues de front sur cinq lieues de profondeur, sur le fleuve St-Laurent, dans la Nouvelle-France, environ quarante-deux lieues au-dessus de Montréal, à prendre depuis le Sault de la Chaudière, vulgairement appelé la Petite-Nation, en descendant le fleuve sur le chemin des Outaouais, pour jouir par le dit seigneur, évêque ou ses ayant cause, en toute propriété, seigneurie et justice de la dite terre, des lacs et rivières, mines et minières qui se trouvent dans la dite concession, comme aussi de toute la largeur du dit fleuve et des battures, isles et islets vis-à-vis d'icelle concession, avec le droit de pêche et de chasse dans toute son étendue pour, par le dit évêque ou ses ayant cause jouir à perpétuité, à l'effet de laquelle dite concession nous avons révoqué et révoquons par ces présentes toutes autres concessions qui pourraient avoir été faites par nous ou autres de la dite étendue de terre ou partie d'icelle, supposé qu'elle ne soit point actuellement défrichée, à la charge par le dit seigneur évêque à la foi et hommage qu'il sera tenu et ses ayant cause de rendre à la dite Compagnie, de vingt ans en vingt ans, au Fort Louis de Québec ou en cette ville de Paris, au bureau de la direction générale d'icelle, avec une maille d'or valant onze livres, que les appellations de la justice ressortiront directement et immédiatement au Conseil Souverain de Québec moyennant les dites clauses et conditions, la dite Concession demeurera quitte pour toujours de tous droits et redevances généralement quelconques, sera obligé le dit seigneur évêque de faire commencer de défricher sur la dite Concession dans quatre ans, à moins qu'il n'en soit empêché par quelque guerre ou autre cause raisonnable, et que les bornes seront plantées aux deux bouts de la dite Concession, sur le fleuve St-Laurent, seulement par un arpenteur à faute de quoi, la dite Compagnie pourra disposer, comme bon lui semblera, des dites terres, et les réunira à son domaine sans que pour ce sujet le dit seigneur évêque ni autres puissent prétendre à aucun dédommagement, lesquelles conditions ont été acceptées par le dit seigneur évêque. »

négligé ce domaine situé en bordure de l'Outaouais. Il ne rapporte rien mais ne coûte rien non plus : chose acceptable dans une société dont les besoins sont limités parce que la vitesse de croisière de la communauté est lente et sans sursauts. Oh ! il y a bien le régime seigneurial qui veut qu'on colonise le pays, mais, à Québec comme à Montréal, on ferme les yeux. Et rien ne se fait pendant plus d'un siècle dans cette partie du pays où il n'y a guère que Philemon Wright. Celui-ci fait couper ses arbres par des bûcherons et les dirige vers Montréal et Québec en radeaux immenses qui se rendent lentement à destination sans beaucoup de frais, poussés par le courant et dépannés par les *cageux*, armés de grandes perches avec lesquelles ils les dirigent.

Joseph Papineau veut remplir consciencieusement sa fonction de seigneur. Et c'est alors qu'apparaît la différence essentielle entre son rôle et celui de Philippe Aubert de Gaspé dans un régime qui s'étiole. La seigneurie de Saint-Jean-Port-Joly est entièrement concédée depuis 1759. Le moulin banal a été reconstruit après la guerre. Depuis, la vie s'écoule paisiblement ; les récoltes succédant aux récoltes. Il y a bien les prix qui varient suivant les ans. Il y a aussi le rendement qui est bon ou mauvais suivant la clémence des éléments, mais la vie suit son cours. Et le seigneur touche ses redevances bon an mal an, en octobre ou en novembre à la veille de l'hiver. Pour Joseph Papineau la situation est bien différente. Il part à zéro, mais cela ne l'effraie pas. Il envoie d'abord son fils Denis-Benjamin qui, dès 1808, s'installe tant bien que mal sur la rive nord de la rivière, puis à l'extrémité ouest de l'Île Roussin ou Aroussen ce qui, en Algonquin, veut dire « Île aux Écureuils » [25]. En 1810, Papineau s'y rend lui-même. S'il a choisi l'île pour élever sa maison, c'est, semble-t-il, que la forêt est très dense sur le littoral, que l'île est assez élevée au-dessus de la rivière pour éviter la plupart des crues de l'Ottawa au printemps, que la terre est bonne et, enfin, que l'on y a accès assez facilement par bateau.

Le seigneur fait construire une maison de bois « à la toiture aiguë, à la manière du temps passé », note l'Abbé Chamberland

25. Roussin ou, comme le signale l'archiviste de la province de Québec dans les notes liminaires qui accompagnent les lettres de Joseph Papineau : « Roussen, Roussi, Aronssen, Aroussen, Aroussi, Arowsen, Roussaint, Roussain. » Autant d'orthographes ou de modifications du mot algonquin original. Elles sont un excellent exemple de la corruption linguistique quand rien ne vient fixer l'appellation géographique d'un lieu. (Rapport de 1951-1952 et 1952-1953. Page 173).

dans son *Histoire de Montebello*. C'est une demeure modeste. Ce sera le manoir pour les gens de l'endroit, tant que Louis-Joseph Papineau n'aura pas fait construire sa maison à multiples tours, à son retour de France [26].

Joseph Papineau vient demeurer dans sa maison en 1810, après avoir amené avec lui dix-neuf colons, à qui il attribue des terres comme le régime le veut. Il les installe sur la rive nord de l'Outaouais où se trouve déjà Joseph Couillard, dit Dupuis, qui est venu là en 1805.

Comme le domaine est très boisé et qu'il va falloir couper les arbres, arracher les souches et niveler le sol avant de semer des céréales, le seigneur bâtit d'abord une scierie, qui servira à ses censitaires, comme à lui-même pour le commerce de bois qu'il a en vue. Pour ses scies, il lui faut une chute. Aussi doit-il élever la scierie près de la Chaudière, sur la rivière de la Petite Nation à plusieurs milles à l'intérieur. Cela le forcera d'avoir un canal d'amenée, au bas de la chute et des rapides, pour le transport du bois à la rivière. C'est de là qu'un jour son bois partira pour Québec, comme celui de Philemon Wright ; ce qui lui fera écrire à son fils Denis-Benjamin périodiquement pour lui demander de presser ses gens, afin de le mettre en mesure d'exécuter ses *marchers*, comme il dit. Dans son ouvrage sur le Bas-Canada, Joseph Bouchette notera vingt ans plus tard que la seigneurie exporte quelque cinquante mille madriers par an. Il indiquera aussi qu'il y a dans la seigneurie une population de huit cents âmes. On est bien loin de là en 1810, au moment où le seigneur commence l'exploitation du domaine. Il y fait un court séjour, comme on l'a vu, et repart bientôt pour Québec, où il a été élu à nouveau député. Il va prêter main-forte à ses amis de la Chambre qui se heurtent au Gouverneur. Sir James Craig emploie la manière forte [27]. Il a mis Pierre Bédard et Louis Bourdages en prison. Papineau intervient, il va voir le Gouverneur et plaide

---

26. Après 1847. Sur l'une des façades, il y a la date de 1850.
27. Militaire intransigeant, le Gouverneur n'admet pas qu'on lui tienne tête et qu'on n'accepte pas son autorité. Il se heurte violemment à ces francophones, dont il ne veut pas admettre les prétentions. Il en met quelques-uns en prison et ne se gêne pas pour traiter l'évêque Plessis assez lestement, en lui rappelant que ses ressources et ses pouvoirs dépendent en partie de lui. L'opinion de certains historiens est très catégorique. Ainsi Garneau et Chapais le jugent sévèrement. Joseph Papineau est de ceux qui ne veulent pas s'incliner devant lui dans toutes les circonstances.

au nom de la Chambre la cause de son collègue et ami ; mais Craig ne se laisse pas convaincre, même si l'intelligence et l'astuce de son interlocuteur le frappent.

Inquiet de ce qui se prépare chez les voisins du Sud, Papineau insiste en Chambre pour que l'on prépare le pays à la résistance, en renforçant la milice. Entre-temps, il demande qu'on accorde au gouvernement les ressources nécessaires pour la guerre qui s'annonce. Il a vu juste car, une fois de plus, en 1812, les armées américaines menacent les deux Canada jusqu'au moment où on les repousse.

En 1814, à l'expiration de son mandat, Joseph Papineau renonce définitivement à la politique. Il a soixante-deux ans. Sa santé n'est pas bonne et son étude lui donne beaucoup de travail. Et là-bas, vers le haut de l'Ottawa, il y a la seigneurie [28] que continue de diriger son fils Denis-Benjamin, tant bien que mal, mais plutôt mal que bien, semble-t-il. Pour 7,220 livres, Papineau a cédé une partie du domaine à un marchand de bois américain, Robert Fletcher, qui amène avec lui cent soixante bûcherons. Après un an, Fletcher n'a rien payé ; ruiné il s'est suicidé. Joseph Papineau reprend donc les terres. Plus tard, en 1817, il vend la seigneurie à son fils aîné, Louis-Joseph, pour 5,000 livres. Mais comme ce dernier est trop pris par la politique, à partir du moment où il devient président de la Chambre, il continue de l'administrer même s'il cesse d'y habiter en 1819. Et alors commence une longue correspondance avec son fils Denis-Benjamin [29] à qui il fait diverses recommandations qui, souvent, semblent tomber comme de l'eau sur le dos d'un canard. Fort heureusement, les archives provinciales ont gardé la trace de ses lettres qui s'échelonnent de 1808 à 1840. Elles sont bien curieuses à lire. Le père multiplie les conseils, dont le fils n'a pas l'air de trop se préoccuper. Dans toute cette correspondance, on sent combien le père est inquiet de la bonne marche de ses affaires et de celles de ses fils, car si la seigneurie est administrée par Denis-Benjamin, elle appartient à Louis-Joseph comme on l'a vu ; celui-ci n'en prendra vraiment la direction qu'en 1847, à son retour de Fran-

---

28. Dans une lettre adressée à son fils Louis-Joseph, le 29 août 1813, il écrit par exemple : « Je ne sais quand je pourrai retourner à la Petite Nation où mes intérêts souffrent de mon absence, surtout pour les réparations à mon moulin. Quel beau temps perdu. »

29. Que le Rapport de l'archiviste de la province de Québec (1951-1952 et 1952-1953) a reproduite.

ce [30]. C'est vers ce moment-là, en 1850, qu'il construira une autre maison, sur la terre ferme cette fois, avec le produit accumulé de ses honoraires parlementaires, qui lui sont accordés malgré les clameurs de l'opposition. Dans l'intervalle, le père verra aux moindres détails jusqu'à sa mort : le bois à couper, le prix payé aux hommes, la qualité de leur travail, les scies du « moulin » à remplacer, la farine à mettre en biscuits pour la conserver, les foins que l'on va commencer à faire. « Prends bien garde de ne pas laisser faucher à l'ardeur du soleil entre huit heures du matin et quatre heures de l'après-midi, écrit-il à Denis-Benjamin, si tu ne veux pas faire brûler tes prairies par l'ardeur du soleil et détruire la récolte de l'année prochaine ».

Il fait faire des canots ; il applaudit au fait que quelqu'un se prépare à faire de la brique ; il en commande pour la cheminée du « moulin » et pour trois fours. Il demande qu'on tire les joints entre les écuries et les étables, ce qui empêchera le froid d'y pénétrer. Pour comprendre que le fils ne se cabre pas, il faut se rappeler qu'il a dix-neuf ans. Son père lui envoie des vêtements, des *souliers de bœuf*, « dont une partie à *hause* que tu vendras trois livres, dix sols et ceux qui n'ont pas de *hause*, un écu la paire ou une journée de fauchage », conseille-t-il. « Commence à dire que tu ne cèderas de la laine et des souliers (qu'à ceux) qui en voudront gagner à faucher. Ce sera le moyen d'avoir du monde pour te faire aider ». Ce qui, semble-t-il, indique que personne n'est tellement tenté de travailler, même si le Seigneur le recommande dans l'Évangile et si le prêtre le rappelle, en invoquant l'Épître de saint Paul, quand il vient dire la messe dans une des pièces du *manoir,* en attendant qu'on construise une chapelle de l'autre côté de l'eau.

Dans ses lettres, Joseph Papineau fait toutes sortes de remarques, de recommandations ou de reproches que le père ne peut retenir les jours de mauvaise humeur. Ainsi, le 30 juillet 1808, il écrit à son fils : « tâche d'engraisser la grande truie pour la tuer quand je serai rendu », et « ne te rends pas malade à force de travail » ; un autre jour : « il faut donner plus d'attention aux

---

30.   Avant 1837 il n'y va guère que deux fois par an pour essayer de toucher les cens et rentes et pour faire faire quelques travaux. Dans une lettre à sa femme, le 9 avril 1828, il écrit : « D'ailleurs je vois que je ne retirerai rien (des censitaires), il est trop tard, leurs grains sont mangés ». Ce qui indique combien était aléatoire le revenu de certains de ces domaines où l'agriculture était instable et le marché constamment livré à des hausses et à des baisses de prix incontrôlables.

affaires que tu ne le fais », ou encore : « tu te remues comme un pou dans du goudron ». Ou encore : « tu achètes du blé à prix fort et tu le revends à des gens qui ne te paieront pas ». Un autre jour, en février 1825, Joseph Papineau semble excédé : « ... me voilà à court d'argent. Je t'ai avancé beaucoup et je ne pourrais faire grand-chose de plus ; je ne gagne rien et personne ne me paye ».

Mais quand il a fini de parler de détails techniques, il donne des nouvelles des amis et de la famille. Comme il y a de gens malades et de morts autour de lui ! C'est encore l'époque où, si la natalité est très forte, la mortalité est grande chez les jeunes aussi bien que chez les vieux. Les gens meurent comme des mouches, au moment d'une épidémie de choléra, en particulier [31]. Aussi Papineau donne-t-il quelques conseils à son fils pour éviter la terrible maladie. En août 1832, il écrit : « si vous aviez des malades chez vous, ceux qui les soigneront feroient bien de se bander le Nes et la Bouche d'un simple double de mouchoir pour respirer à travers et arrêter les miasmes qui pourroient communiquer la maladie et sitôt les soins finis se laver les mains et le visage, mettre à l'air des habits qu'ils avoient sur lui en prendre d'autres et les aérer ainsi alternativement à chaque fois que l'on auroit rester auprès du malade, n'y rester que le temps absolument nécessaire pour soulager le malade, étendre de la Chaux vive dans la maison, laisser répandre dans les appartements la fumée qui s'en exale » [32]. Il fallait avoir une bien grande résistance pour résister à une pareille médication. Quand on connaît la gravité de l'épidémie, on comprend, cependant, que Joseph Papineau soit bien inquiet pour les siens. Cette année-là, il perd trois membres de sa famille, sa femme inhumée dans l'église de Saint-Denis-sur-Richelieu, sa sœur et son frère.

Parfois aussi, Joseph Papineau s'impatiente de ne pas recevoir de nouvelles de son fils. Ainsi, un jour de novembre 1825, il le tance vertement : « Tu crois peut-estre en ne nous écrivant point, nous faire croire que tes occupations sont si grandes que tu n'en a pas le tems ; à d'autres, mon ami, tout ce que tu gagnes par ce stratagème est de nous confirmer de plus en plus dans l'opinion que tu es un paresseux, je te le dis franc et net afin que tu prennes des moyens plus efficaces de nous désabuser. » D'autres jours, il

---

31. Typhus et choléra se succèdent en des épidémies qui fauchent les jeunes comme les vieux. Et on ne peut grand-chose pour les enrayer.
32. R.A.Q. (1851-1852 et 1852-1853). Page 280.

est moins grognon. Le 10 janvier 1826, par exemple : « Tu recevras par St Antoine la caisse que tu as envoyé pour mettre les annalles des arts xc. que je ne veux pas envoyer à cause du doux tems dans La crainte qu'ils ne mouillent ; à la place tu y trouveras, six poulets, deux dindes et deux oyes. Le degele ne permet pas d'envoyer de morues fraiches qui se Rendroient en marmelade ; mais comme les oyes vont à L'eau comme les morues tu les substitueras et puisqu'ils on nagé dans l'eau comme les plongeons ils ne doivent pas estre plus gras Les uns que les autres. Réserves les donc pour traiter en maigre tes amis et les miens a qui tu feras part de ma decision qui est que gibier aquatique et amphibies sont poissons ou doivent L'estre, surtout les oyes qui fournissent de si bon boeure pour le carême » [33].

Quelle orthographe pour un homme qui, pourtant, est instruit. Cela dépasse tout ce qu'on peut imaginer. Mais aussi quel goût charmant de la plaisanterie, à la fois peuple et très fin.

* * *

On a de Joseph Papineau une peinture de Louis Dulongpré [34], faite vers 1828, qui est restée dans la famille. L'artiste le représente, lourd, la chevelure abondante, le nez long, le visage ravagé par l'âge — il a soixante-seize ans — mais ferme encore. On a l'impression d'être devant un homme volontaire, mais sympathique qui, physiquement, évoque un peu le père Goriot qu'a imaginé Balzac, cet extraordinaire peintre de la société bourgeoise.

---

33. R.A.Q. *Ibid.* P. 227.
34. Venu à la suite de la guerre de l'indépendance chez nos voisins, il resta et fit un nombre considérable de portraits ; on lui en attribue 3,500. Il a vécu longtemps à Montréal, puis il alla mourir à Saint-Hyacinthe chez la seigneuresse Dessaulles, fille de son ami Joseph Papineau. Il avait l'apparence « d'un gentilhomme de l'ancien régime », écrit un de ses contemporains. « Il avait conservé jusqu'à son dernier jour, l'usage de la poudre ; il portait ses cheveux en raie en arrière et nattés avec une boucle en ruban noir tombant sur le col de l'habit taillé à la française, tel qu'il se portait en France avant la Révolution ; un gilet long de couleur pâle, culottes noires et bas en soie noire avec souliers très découverts et boucles en brillants. Je l'ai connu depuis mon enfance jusqu'à sa mort et ne lui ai jamais vu porter d'autre costume. Il était bien accueilli partout à cause de sa grâce bienveillante et de son exquise affabilité ; on l'avait surnommé le bon monsieur Louis Dulongpré. » *Bulletin des Recherches Historiques.* Volume 8, page 150.

Français, installé dans la Colonie depuis longtemps, après une vie aventureuse [35], Dulongpré est l'ami de Joseph Papineau. Il a eu une existence, sinon aussi agitée que celle de Wilhelm Von Berczy (autre portraitiste de l'époque, mais Allemand celui-là) du moins aussi laborieuse. On lui attribue quelque trois mille portraits entre son arrivée au Canada, après la guerre de l'indépendance américaine, jusqu'à sa mort à St-Hyacinthe, le 26 avril 1843 [36].

Joseph Papineau et lui jouent aux échecs durant les longues soirées d'hiver, à Montréal, où ils habitent tous les deux, à peu près dans le même quartier [37]. Ils s'entendent à merveille, bien que venus de milieux bien différents. Pour le comprendre, il faut regarder d'un peu près ce portrait de Papineau fait par Dulongpré et celui de Dulongpré par Berczy. La correspondance de ce dernier, recueillie par les Archives de Québec, permet aussi d'expliquer comment deux Européens ont pu s'adapter aussi rapidement au Bas-Canada. Ils ont en commun un goût semblable du travail et de la peinture qui fait merveille dans cette société peu argentée, mais qui a un certain goût pour les arts et les lettres.

C'est à peu près vers ce moment-là également que des amis veulent rendre hommage à l'homme politique que Joseph Papineau a été, à un moment critique de l'évolution constitutionnelle du pays. En 1827, à Québec, on donne un banquet en son honneur, au cours duquel le juge Réal de Saint-Vallières [38] se charge de faire l'éloge de leur hôte. Avec l'exagération de l'époque, il n'hésite pas à affirmer qu'au cours de sa carrière politique Papineau a déployé « la fermeté de Caton, la probité d'Aristide, l'éloquence de Démosthène. Oui, Messieurs, affirme l'orateur, on le citera dans l'avenir comme on le désigne aujourd'hui pour le modèle d'un bon

---

35. De son côté, Gérard Morisset a écrit de lui : « Dulongpré a obtenu pendant nombre d'années beaucoup de succès. Il l'a dû, semble-t-il, à son physique aimable, à ses manières engageantes, à sa conversation et aussi à son air d'ancien régime. » Ses contemporains nous le décrivent : « Grand, bien fait, d'une belle figure et d'excellentes manières ». Et il ajoute : « Dans sa notice nécrologique parue dans La Minerve en 1843, un chroniqueur affirme que Dulongpré a peint plus de 3,500 portraits. Il ne parle pas de ses tableaux d'églises ni de ses scènes de gens dont le nombre dépasse 200. » Dans la Peinture Traditionnelle au Canada-français. Au Cercle du Livre de France. P. 67.

36. Dulongpré a aussi fait le portrait de Madame Joseph Papineau, que l'on a conservé.

37. Louis Dulongpré habite rue Saint-André (autrefois rue Campeau) entre l'avenue Viger et la rue Lagauchetière. L.-Z. Massicotte dans le Bulletin des Recherches Historiques. Volume 26. P. 149.

38. Histoire du Notariat. Chapitre treizième, p. 111.

serviteur public. » La renommée est injuste, car celui dont elle a gardé le souvenir, c'est le fils, plus que le père. Et, cependant, c'est à Caton, à Aristide et à Démosthène qu'on avait comparé le chef de la dynastie. Il est vrai que Joseph Papineau avait atteint l'âge où aucun compliment ne paraît excessif à celui dont on célèbre le mérite.

Puis, Joseph Papineau meurt. Auparavant, à l'âge de soixante-seize ans, il était allé voir son fils une dernière fois à Schenectady, dans l'État de New-York, où celui-ci s'était réfugié après la pénible fin du soulèvement. S'il était resté à Montréal, Louis-Joseph Papineau aurait sans doute subi le même sort que Louis Riel un demi-siècle plus tard. Pour sa mémoire, il aurait été mieux pour lui de finir ainsi. En somme, il a laissé les autres payer pour ses imprudences, ses excès de langage, ainsi que ses incitations à la révolte [39]. Il devait savoir au fond que rien n'était prêt et qu'on n'oppose pas des pétoires aux canons. Son père ne semble pas lui en avoir voulu. Dans l'opposition, il avait lui-même condamné le régime abusif de l'époque. Il avait lutté contre le gouverneur Craig sans crainte, au risque de passer quelque temps dans les cachots de sa Gracieuse Majesté, car le gouverneur avait l'ordre d'incarcération assez facile ; mais il n'aurait jamais pensé à pousser ses gens à la révolte. Il oublie tout cela en 1838, il va vers le fils qu'il aime et qu'il continue d'admirer. Quelques mois après son retour, il lui écrit de la seigneurie, le 18 mars 1839. Il est lui-même assez dur pour le régime et pour ceux qui en vivent : Mon cher Papineau, écrit-il, « J'ai Reçus ta lettre du 5e fevrier dernier ta decision subite de passer en Europe est très a propos nos avanturiers British Loyaux qui aujourd'hui vexent Les canadiens et voudroient les anéantir en masse, n'étoient pas si Loyaux quand

---

39. Il faut noter ici l'attitude de la famille Papineau à ce sujet. Mlle Anne Bourassa écrit ceci, par exemple : « D'accord avec vous sur des « imprudences et excès de langage » qui ont sûrement contribué à soulever le peuple, je ne puis l'être sur les « incitations à la révolte », car tout ce que j'ai lu à ce sujet a confirmé la tradition familiale : ce que voulait, ce que préconisait Louis-Joseph Papineau c'était d'abord la résistance par les moyens constitutionnels ; puis le boycottage des produits britanniques et finalement la libre expression des sentiments populaires, malgré la coercition. Mais il était opposé à la lutte par les armes et la violence, pour le moment, du moins. C'est ce qui ressort clairement de ses discours de 1837 dont j'ai lu le compte rendu ou des extraits. Et je n'ai aucune difficulté à admettre le témoignage de ceux qui ont dit qu'à l'assemblée de St-Charles, Papineau et Nelson ont nettement différé d'opinion : le premier étant opposé au recours à la violence préconisé par le second. » Plus tard, après le Rapport Durham, Papineau fera valoir la même idée, il est vrai.

nos voisins ont tenté d'envahir Le Canada, et sans La Loyauté des canadiens d'origine françoise L'Angleterre eut perdus Le Canada. Aujourd'hui ils sont encore aussi disposés a Recevoir favorablement les Américains si L'occasion s'en presentes et pour y mieux Reussir ils pousent les authorités a des vexations qui ne peuvent manquer d'aliéner les canadiens qui en sont Les victimes. Que L'occasion s'en presentes et L'on verra si je me trompes »[40].

Il lui envoie cette lettre à Paris, aux soins du libraire Bossange, dont l'un des fils a épousé la fille de Joseph Masson. Et c'est ainsi que l'on retrouve ces bien curieuses relations de deux hommes aussi différents que le rebelle Papineau et le bourgeois Joseph Masson, à travers leurs deux familles.

Souvent, Joseph Masson servira d'intermédiaire entre Louis-Joseph Papineau et sa famille au cours de ses voyages. À Paris, il verra fréquemment le rebelle impénitent, qui lui constituera une bibliothèque destinée à sa maison de Terrebonne. Cette fois, Joseph Papineau profite du départ d'un ami commun pour l'Europe. Il lui confie son pli qu'il ne veut pas mettre à la poste. Dans d'autres cas, c'est Joseph Masson qui se chargera de lettres qu'on n'ose pas encore confier à l'État.

Dans une autre lettre, Joseph Papineau dit à son fils que si le gouvernement a confisqué « les propriétés des condamnés politiques », on ne l'a pas fait pour ses biens. Mais, ajoute-t-il, « quoique tu ne sois pas dans cette catégorie, on ne scait pas à quelles extrémités peuvent se porter des gens en pouvoir... »

Il lui conseille donc de vendre la seigneurie de la Petite Nation en Angleterre, « peut-être à la compagnie qui a acheté de Mr Ellice la Seigneurie de Beauharnois, en cela, ajoute-t-il, Mr Roebuck [41] pourra t'aider, mais Réserves toi les arrérages. » Et

---

40. Il écrit de mal en pis. Peut-être son âge explique-t-il cette langue presque inculte, même si la pensée reste précise. Il faut noter aussi que lorsqu'il écrit à ses autres enfants il mentionne leur prénom : quand il s'adresse à Louis-Joseph, il écrit toujours : Mon cher Papineau, comme à l'aîné et à celui qui illustre le nom.

41. Roebuck est un député anglais, qui a fait ses études en partie au Canada, avant que sa mère n'ait épousé un haut fonctionnaire anglais. Il est avocat à Londres et, rapidement, il joue un rôle politique. Voici ce que F.-X. Garneau en dit dans ses notes écrites au cours du voyage qu'il a fait en Angleterre et en France de 1831 à 1833 :

« Monsieur Roebuck était un petit homme fort actif, plein de talents, qui faisait son chemin en dépit presque de la fortune. Il va s'en dire qu'il était l'ami des libéraux du Canada et de la Chambre d'Assemblée. Il fut prié de plaider leur cause au parlement chaque fois que l'occasion

ils sont nombreux [42]. C'est un conseil excellent, venant d'un vieil homme qui sait qu'en exil on ne peut vivre de souvenir et d'eau froide... Jusqu'à sa mort, il défend les intérêts de son fils. Puis, il disparaît.

s'en présenterait et il s'acquittait de sa mission avec autant de zèle que d'habileté. » Cf. *La Littérature Canadienne de 1850 à 1860.* Chez Desbarats et Derbishire. 1863. (P. 239).

Comme il avait servi d'intermédiaire entre Edward Ellice (seigneur de Beauharnois) et ceux qui avaient acheté le domaine, il est normal que Joseph Papineau ait songé à lui pour la vente de la seigneurie de la Petite Nation et qu'il ait conseillé à son fils de le voir.

Son dévouement à la cause canadienne était-il intéressé ? Il est difficile de le savoir, car, au plus fort d'une bataille très âpre autour de la défense du Canada, Roebuck (un ancien ami du Canada, note également Thomas Chapais) n'hésite pas à affirmer : « Je veux que (les Canadiens) comprennent clairement que l'Angleterre n'éprouverait aucun regret, si demain, ils se séparaient d'elle ». Cela résume, je crois, un état d'esprit qui se répand rapidement en Angleterre avant la Confédération, en attendant qu'une volte-face complète rapproche Métropole et Colonies quand, le pacte de 1867 étant conclu, l'Angleterre se rendit compte qu'elle ferait erreur en continuant de prendre une attitude de profond détachement envers un pays appelé à un assez extraordinaire essor. Ce magnifique fantaisiste qu'était le Marquis de Lorne aura contribué à faire prendre le Canada au sérieux, une fois son mandat de gouverneur terminé. Il voit très clair sur ce point et il contribue à ramener l'opinion anglaise à une meilleure compréhension de la situation. La *City* avait perdu lourdement avec ses placements au Canada et elle ne pardonnait pas à ceux qui l'avaient induite en erreur. C'est probablement ce qui explique l'attitude de Roebuck.

De son côté, le gouvernement anglais trouvait que ses colonies d'Amérique lui coûtaient très cher. Petit à petit, il s'était éloigné d'elles en supprimant certains droits (tels les *Corn Laws)* pour s'orienter vers le libre-échange. Le budget de la défense lui semblait bien lourd à porter également. Ce n'est qu'à la fin du siècle qu'il voulut resserrer les liens qui menaçaient de se rompre.

42.   Louis-Joseph Papineau se rendit compte à son retour combien la rentrée des comptes était difficile. Ses censitaires sont assez miséreux, tant que les communications avec l'extérieur restent lentes. Quand il s'occupera lui-même de sa seigneurie, le revenu se stabilisera. Et encore devra-t-il insister beaucoup, comme l'indique sa correspondance. Les arrérages étant abondants, son père lui donne un excellent conseil au cas où il vendrait le domaine.

Pour comprendre les difficultés qu'avait le seigneur à se faire payer ses cens et rentes, voici un texte de M. Cole Harris tiré de « *The Poverty and Helplessness in Petite-Nation* ».

« In the twelve years from 1825 to 1836, Denis-Benjamin Papineau collected just over 19,000 livres ($3,480.00) from the censitaires in Petite-Nation. As the cens et rentes accumulating during this period amounted to 55,000 livres ($10,080.00) and the lods et ventes to some 20,000 livres ($3,670.00), he collected each year about a quarter of the

Peu de temps avant sa mort, survenue le 8 juillet 1841, il s'est rapproché de l'église à la suite d'une lettre que lui a adressée Monseigneur Bourget. « Je vous prie de croire qu'en écrivant la présente à un homme dont j'ai toujours admiré les talents, je ne consulte que les grands intérêts de son âme, écrit celui-ci. Je vous conjure, au nom de Jésus-Christ, qui est venu pour nous sauver tous, de ne pas craindre de venir vous jeter dans les bras d'un homme plus pêcheur que vous » [43]. Joseph Papineau écoute le prélat au grand cœur. Il vient et se réconcilie avec la religion.

Son corps est d'abord inhumé dans le cimetière de Montréal, sous une pierre tombale où l'on a inscrit l'épitaphe composée par Augustin-Norbert Morin :

> Joseph Papineau
> Publicarum Legum Pater
> Privatarum Expositor
> Laboribus an sobole clarior
> Obiit 8 julii 1841 et 90
> Amici P.P.

Plus tard, ses restes seront transportés dans la crypte de l'église de Monte-Bello, pas très loin du manoir de son fils, puis dans la très jolie chapelle où les membres de la famille sont réunis. Dans une lettre au notaire J.-J. Girouard, le 30 mai 1855, Louis-Joseph Papineau annonce qu'il fait transporter le corps de son père dans l'église paroissiale de Monte-Bello. En voici un extrait qui indique à la fois ce qu'il veut faire et les difficultés que son projet présente, à une époque où les communications sont encore difficiles :

> J'attendais donc Amédée pour savoir ce qui avait été fait du monument que vous aviez fait déposer sur les restes de mon cher Père, lorsqu'il les avait dernièrement fait relever. Mon intention avait été de me trouver à Montréal à cette occasion mais les

---

annual dues. At least 20,000 livres were also owing for the years before 1825. Louis-Joseph had made several short visits to the seigneurie partly with hope of collecting more of his debts but found his censitaires no more able to pay him than his brother. He could sue his debtors but, although he blastered and threatened, in these years, he rarely did so. Restraining him was the high cost and inconvenience of court action, the advice of his brother Denis-Benjamin and undoubtedly, also, Papineau's recognition of the plight of his censitaires. » *The Canadian Historical Review*, March 1971. P. 37.

43. Lettre du 5 juin 1840 que l'on cite dans une étude sur « L'Impulsion donnée à la pratique religieuse, au XIXe siècle ». *Revue d'histoire d'Amérique française* du 5-6-40 (Vol. XVI).

médecins consultés sur les précautions à prendre, conseillèrent de le faire de suite avant que les chaleurs ne rendissent cette opération beaucoup plus difficile, si comme il y avait lieu de le craindre du laps de temps écoulé depuis 1841, la corruption du corps et des cercueils, avait été très grande. Sur cet avis Amédée obtint de suite du Juge & de Monseigneur le Coadjuteur de Montréal, l'autorisation de faire faire cette exhumation & de la bonté de Monsieur le Supérieur la permission de déposer le Corps, renfermé avec ses premiers cercueils dans un troisième en zinc soudé, pour qu'il n'émanât point de mauvaise odeur, dans les voutes de l'église paroissiale, jusqu'à ce qu'il puisse être apporté ici. Si le chemin de fer avait glissé sur ses rails, il aurait pu être apporté ici par les bateaux à vapeurs et les locomotives. Il a fallu renoncer à l'idée de l'apporter par les secousses du routage. Alors Amédée a projeté l'apporter par un des petits bateaux à vapeurs de tonnage, mais leurs propriétaires lui ont dit que les travaux du Grand Tronc avaient excessivement gâté la navigation du St-Laurent à Ste-Anne ; que deux de ces bateaux y avaient échoué et n'avaient été dégagés qu'après de longs délais et que deux de leurs barges y avaient été brisées ; qu'en conséquence ils lui conseillaient d'attendre aux eaux moyennes, où ces dangers cesseront, pour venir avec ces restes vénérés, ce qu'il fera sous un mois à peu près [44].

C'est dans la grande maison, un peu inspirée du château de Montaigne, que Louis-Joseph Papineau apprendra un à un les drames familiaux qui assombriront sa vieillesse. Son fils Gustave meurt à vingt et un ans en 1851, et Lactance en 1862, à l'âge de quarante ans. Quant à sa fille Azélie, elle disparaît aussi en bas âge [45], au moment où son fils Henri (celui que l'histoire connaîtra sous le nom de Henri Bourassa), n'a même pas un an. Tout cela met Louis-Joseph Papineau hors de lui. Ainsi, un jour que les nouvelles de sa fille Azélie sont mauvaises, il s'écrie dans une lettre adressée au père Bourassa, le futur desservant de Monte-Bello :

Combien grand est le besoin que Dieu nous donne la consolation de voir cette chère enfant se rétablir ! Si son incrustable volonté était de nous refuser ce bienfait, priez que nous ne blasphémions pas son saint nom et que nous ne pleurions le reste de nos jours sans murmures impies et offensants [46].

Derrière l'inquiétude du père, on sent le romantique impénitent qui ne peut exprimer ses sentiments en toute simplicité [47].

44. Page 565. Vol. XII.
45. À trente-cinq ans.
46. On le sent affreusement inquiet et prêt à un éclat.
47. C'est ce que, d'après Henri Béraud, Robert de Jouvenel appelait de l'exhibitionnisme à trois tours de cravate.

Sa maison, il l'a voulue belle pour essayer d'y retenir sa femme et, aussi, pour satisfaire un certain goût du faste à un moment où tout s'écroule autour de lui [48].

Voici comment Louis-Joseph Papineau explique, dans une de ses lettres, pourquoi il a construit cette grande maison et ce qu'il a fait de la seigneurie :

> Ma femme avait toujours abhorré l'idée de vivre à la campagne et pour tâcher de surmonter ses répugnances, je songeai à un établissement plus beau qu'il n'était strictement nécessaire de le faire ; et pour accélérer sa complétion, je m'exposai à trop de fatigue. J'ai été l'architecte, le dessinateur des vergers et jardins, le défricheur du terrain. J'ai eu pendant trois étés entiers au-delà de cinquante travailleurs de tous métiers à diriger et j'ai à répondre aujourd'hui à plus de quatre cents colons, chefs de familles et propriétaires de lots de terre depuis vingt arpents à douze ou quinze cents selon leur faculté [49].

Il vient l'été à Monte-Bello. L'hiver, il habite pendant un temps dans la maison de la rue Bonsecours, que son père lui a cédée en 1814 [50]. Ainsi, le père et le fils auront peiné et agi dans un même cadre — ô, bien modifié — car la maison du père est bien différente du manoir du fils, comme la seigneurie est loin d'être le cadre imaginé par Joseph Papineau. Il a ouvert la voie dans laquelle le fils s'est engagé quand revenu au pays après une longue absence, il a voulu donner à son domaine un essor nouveau.

Et c'est ainsi que le fils a rejoint le père, dans un effort qui correspond à un désir d'entraide, à un certain paternalisme et à un souci d'intérêt personnel.

* * *

Petit à petit, la seigneurie de la Petite Nation a pris de l'importance. Vers 1831, la population atteint huit cents personnes, comme l'a noté Joseph Bouchette ; en 1841 elle compte trois mille âmes et, en 1861, environ quatre mille. Graduellement, Papineau l'a organisée et développée. Une route relie les terres aux comtés avoisinants, par l'intérieur. On continue à *faire* du bois, mais, à certains endroits, les terres sont bonnes et elles donnent des céréales abondamment. Pendant longtemps, elles suffisent

---

48. Carrière politique et famille.
49. *Papineau, textes choisis*, présentés par Fernand Ouellet dans les *Cahiers de l'Institut d'Histoire*. Aux Presses Universitaires Laval, P. 100.
50. Voir le renvoi 2 (Philippe Aubert de Gaspé).

à faire vivre les familles qui habitent la seigneurie, mais bien petitement dans l'ensemble, avant le retour de Louis-Joseph Papineau [51].
Par la suite, les choses changeront d'aspect.

En 1851, si la population a augmenté, elle reste surtout rurale.
Il y a bien deux hôteliers, quinze marchands, un médecin, un notaire, un maçon, un peintre, un sellier, un arpenteur ; mais il y a
aussi quatre cent cinquante et un cultivateurs, trois cent dix-sept
manœuvres, quarante-sept *draveurs,* un prêtre belge et un pasteur [52]. La seigneurie est restée axée sur les besoins d'une population essentiellement agricole et, faut-il le répéter, encore très pauvre parce qu'elle est loin des centres de consommation, que les
communications sont difficiles, que la terre est dure à conquérir
sur la forêt, que les gens sont incultes pour la plupart. En l'absence du seigneur, ils ont pris l'habitude de mal payer leurs
redevances. Or, cette habitude, ils l'ont gardée et ils n'hésitent
pas à s'endetter d'année en année et à faire bien peu de choses
pour rembourser les arrérages [53]. Le peuvent-ils d'ailleurs ? Louis-
Joseph Papineau se plaint que, pour se faire payer, certains marchands n'hésitent pas à mettre la main sur les terres de leurs débiteurs sans vouloir verser les droits seigneuriaux par la suite.

Bientôt, il y aura dans les bornes du domaine, Monte-Bello
et quelques autres villages. Puis, la seigneurie se développera
lentement avec l'expansion du chemin de fer et des routes qui
relient Montréal à Hull et à Ottawa. C'est à travers la seigneurie
que passera la voie ferrée construite par la province de Québec,
que Louis-Adélard Senécal administrera, puis vendra au Pacifique
Canadien pour le compte du gouvernement provincial.

_____

51. Dans un article paru dans *Canadian Historical Review,* Cole
Harris parle de la grande misère des censitaires de la Petite-Nation. Il est
dur pour Louis-Joseph Papineau, mais on ne peut nier l'essor que prend
la seigneurie quand celui-ci s'y installe à son retour d'Europe. (*Ibid.,* March
1971).
    « Mon long exil, note Louis-Joseph Papineau de son côté, y jeta tout
en langueur et confusion et, à mon retour, je crus qu'il était de mon
devoir de vivre au milieu de mes colons ». C'est ainsi qu'il explique vers
1855 l'état dans lequel il a trouvé la seigneurie à son retour d'Europe.
F. Ouellet. Ibid. P. 99.
    52. D'après Cole Harris. *Ibid.* P. 32.
    53. Cole Harris (*Ibid.* P. 37) apporte des précisions intéressantes sur
l'accumulation de la dette des censitaires, comme on l'a vu dans le renvoi 42.

Là comme ailleurs, 1854 marque la fin d'un régime et d'un monde. Le gouvernement ordonne la liquidation du domaine seigneurial. Pour libérer ses censitaires, Louis-Joseph Papineau recevra une assez forte somme. À la faveur de l'évaluation qui est faite de la Petite Nation, il est possible de voir à quel degré d'essor elle est arrivée. La Cour Spéciale, chargée de liquider le régime, se penche sur son cas et, le 20 février 1860, le commissaire Henry Judah en estime la valeur à $88,833 [54]. Voici comment il arrive à ce chiffre :

1. Valeur des cens et rentes — $53,301.66
2. Valeur des lods et ventes — $17,528.88
3. Valeur de l'indemnité pour banalité — $ 2,000.00
4. Valeur du moulin banal — $ 4,000.00
5. Valeur des manoirs et domaine seigneuriaux — $12,000.00
6. Valeur de l'indemnité que les seigneurs de l'arrière-fief Plaisance devront payer à leur seigneur dominant, le seigneur de la Petite Nation, pour se racheter envers lui de ses droits lucratifs, sur le dit arrière-fief Plaisance, viz. : vingt centins annuellement formant un capital de trois piastres et trente-trois centins. — $ 3.33

TOTAL : $88,833.87

« Aux termes de la concession de cette seigneurie, elle est quitte et franche de tout droit de quint envers la couronne », note le commissaire. Et il ajoute : « Le gouvernement de la province de Québec paiera pour les droits de lods et ventes, une somme annuelle de « 1,051 piastres et 76 centins » égale en capital à celle de 17,528 piastres et 88 centins. Pour le droit de banalité, il versera une somme annuelle de 120 piastres, égale en capital à 2,000 piastres ». C'est le texte du Commissaire Henry Judah. Dans les deux cas, il s'agit des droits casuels réglés par le gouvernement. Restent les rentes constituées (c'est-à-dire le cens, les rentes et redevances annuelles) que les censitaires doivent acquitter eux-mêmes jusqu'à ce que la dette soit remboursée par l'État près d'un siècle plus tard.

---

54. *Cadastre abrégé de la seigneurie de la Petite Nation.* P. 28. Vol. III.

* * *

Il est curieux de constater a) que le montant de la rente constituée représente peu de chose et qu'à cause de cela le rendement de la seigneurie est faible dans l'ensemble ; b) que le manoir et les domaines seigneuriaux ont une valeur bien limitée à une époque où la propriété foncière a peu d'importance dans ce pays éloigné ; c) que le chemin de fer apportera bientôt un élément de prospérité dans un milieu qui peut difficilement se développer tant que les communications ne sont pas assurées.

Pour mieux juger la valeur de la seigneurie de la Petite Nation en comparaison de ce qu'elle a été lorsque Joseph Papineau l'a achetée au début du siècle, il faut aussi tenir compte du fief de Plaisance. Louis-Joseph Papineau l'a donné à son frère Denis-Benjamin, en se rappelant les services que celui-ci lui a rendus, pendant toutes les années où il a vécu dans la seigneurie, avant que, libéré de ses luttes politiques, il ne l'administre lui-même. Le Cadastre abrégé de la seigneurie de la Petite Nation nous apporte à ce sujet une indication, sous la signature du commissaire Judah. Celui-ci fixe la valeur du fief à $9,893 [55]. Ce que Louis-Joseph Papineau a payé 5,000 livres en 1817 a donc vers 1860, une valeur de près de $100,000 dollars : ce qui est à la fois son œuvre et celle du temps.

* * *

Si Louis-Joseph Papineau avait vu s'écrouler sa carrière d'homme politique, il avait réussi la dernière étape de sa vie : celle qui rejoignait l'initiative prise par son père. L'un avait ouvert la voie et l'autre avait employé toute son imagination, sa puissance de travail, son désir d'être utile dans un cadre qui allait bientôt disparaître avec le régime. Dans cette lettre qu'il envoie au notaire Girouard, le fils rappelle tout ce qu'il doit à son père :

> Mon cher père a vaincu tant d'obstacles, surmonté tant de fatigues, fait tant de dépenses pour commencer l'établissement de sa seigneurie, qu'il est bien que nous y reposions les uns après les

---

55. Somme qui se répartit ainsi, d'après le Commissaire Judah :
Valeur des cens et rentes 1,143.25
Valeur des lods et ventes 750.00
Valeur du manoir et domaines seigneuriaux 6,000.00
Valeur des terres concédées 2,000.00
Total ; $9,893.25   octobre 1858

autres, au pied d'un homme qui a tant fait pour son pays et pour sa famille [56].

C'est cela qu'il faut rappeler en terminant cette étude.

Et pendant ce temps, l'autre seigneur, dont la vie est évoquée ici — celui de Saint-Jean-Port-Joly — se prépare à écrire un roman sur les *Anciens Canadiens* et ses *Mémoires* : deux œuvres qui apportent un élément un peu suranné, mais nouveau et agréable dans une littérature étriquée.

Venus au régime par des chemins bien différents, les deux seigneurs sont caractéristiques d'une époque. Et c'est pourquoi on les a présentés ici comme des témoins de deux milieux qui se situent à l'extrême l'un de l'autre, dans une société qui évolue rapidement.

---

56. Dans la chapelle de Monte-Bello, l'épitaphe que Louis-Joseph a tenu à faire inscrire se lit ainsi sur la plaque commémorative :

Joseph Papineau
Publicarum Legum Pater
Privatarum Expositor
Laboribus an sobole clarior
Obiit 8 Julii 1841 et 90
Amici P.P.

C'est celle dont il a été question précédemment et qu'on attribue à Augustin-Norbert Morin.

La chapelle des Papineau à Monte-Bello

Étienne Parent

Le sociologue :

Étienne Parent
ou le sens des réalités [1]
(1802-1874)

À vingt ans, Étienne Parent troque la charrue contre la plume, en devenant journaliste. À trente-six ans, il est incarcéré, mais non sans tourment car sa femme est enceinte et le régime du prisonnier politique n'est pas celui que connaissent les actuels commensaux de la rue Parthenais. Le *Canadien* raconte la scène ; elle serait plaisante dans sa bonhomie, si elle ne devait avoir des conséquences graves pour la santé du pensionnaire de l'État. Le lendemain de Noël, le chef de police rencontre Parent dans les rues de Québec et il lui annonce qu'il a l'ordre de l'écrouer pour haute trahison. Les deux hommes s'acheminent tranquillement vers la prison.

Le journalisme ouvre à Parent une carrière, de gueux il est vrai, mais une carrière qui l'amène à la politique. En le rendant sourd, la prison la lui ferme. Comme Parent a des amis, on l'aiguille vers le fonctionnarisme et, à partir de ce moment, commence une vie de nomade, à la suite d'un parlement qui se déplace fréquemment, jusqu'au moment où la reine Victoria en fixe le site.

Voilà en quelques mots les événements qui ont marqué dans la vie d'Étienne Parent. Le reste ne serait que détails si ce ne devait être le sujet même de cette étude.

* * *

Étienne Parent est né à Beauport [2], près de Québec, dans une maison de pierre de la rue du Moulin [3]. Fils de terrien, il est ter-

---

1. Dans son œuvre et dans sa pensée.
2. Né et baptisé le 2 mai 1802 par le curé Pierre-Simon Renaud, note Benjamin Sulte. Né en 1801, écrit de son côté Antoine Gérin-Lajoie. Pour vérifier, il faudrait avoir l'extrait du Registre, mais il faudrait pour cela qu'il existât encore.
3. Voici ce qu'en dit son petit-fils Léon Gérin, longtemps après, en septembre 1936, dans *La Vie Nicolétaine* (N° 7. Vol. IV. p. 57) : « Vieux

rien lui-même [4]. Des bœufs qu'il a menés dans sa jeunesse, il garde la lenteur. L'habitude du sillon lui a donné le goût de la ligne droite. Il a l'allure lente du campagnard, mais il conserve de sa campagne la force et le langage vert et direct. Quelle différence il y a entre lui et Louis-Joseph Papineau ! Physiquement, l'un est petit, solide ; il a des yeux vifs qui fixent hardiment l'interlocuteur. L'autre est élancé, élégant, assez racé. L'un et l'autre sont intelligents. Le premier est renseigné, documenté comme on dit aujourd'hui, tenace, stable dans ses idées, mais assez lourd dans la forme qu'il leur donne. Assez curieusement, autant sa pensée écrite est élevée, précise, autant sa parole est parfois fruste. Ainsi un de ses amis, Denis-Benjamin Viger, parle de lui *comme un sauvage de la civilisation*. Papineau a plus d'éclat. Il aime pérorer, comme on le faisait facilement à une époque où le romantisme naissant au Canada opère ses ravages dans un milieu qui l'assimile maladroitement.

Mais autant Louis-Joseph Papineau est violent, extrême et souvent superficiel dans ses propos, autant Étienne Parent est

---

registres paroissiaux, premières cartes de Catalogne, ces témoins des commencements de la colonie, attestent la présence ici, il y a près de trois siècles, de Pierre Parent, originaire de Mortagne-en-Perche, de Jeanne Badeau, sa femme, et de leurs nombreux enfants détenteurs de terres à proximité du manoir et de l'église de Beauport. Mais, lors de notre randonnée de 1929, nous ne trouvons pas de famille du nom de Parent au cœur de l'agglomération villageoise. Pour retrouver le domaine où Étienne Parent a vu le jour, aujourd'hui passé aux mains de collatéraux, nous avons dû remonter de l'imposante église où affluaient les fidèles pour les Quarante heures, dépasser la grande route courant à l'arrière-plan et atteindre la rue du Moulin un peu plus haut.

« Là, formant l'encoignure, s'élève une massive maison de pierre, masquée au sud et à l'ouest par quelques plantations, sur le fond gris du plateau laurentien estompant l'horizon. Demeure sans prétention à l'élégance, mais faite solide afin de pouvoir résister à la violence du nord-est, lorsque, dégorgeant de l'entonnoir du golfe, il balaie la longue avenue érodée par les eaux du fleuve dans l'assise rocheuse. Sous son toit s'est abritée l'enfance d'Étienne Parent ; dans ces champs, sur les alluvions qui se déroulent en bande étroite entre la ville, le fleuve et la montagne, s'est implantée et transmise la tradition de l'immigrant du Perche, paysan dans l'âme, mais, par surcroît, à ses heures, artisan, et même commerçant. »

4.   Sa famille vient du Perche. Elle s'installa au Canada en 1634 avec Pierre Parant qui, venu de Mortagne, émigra à Québec où il épousa Jeanne Badeau. C'est la souche « des Parents du Canada, aussi bien que des États-Unis », note le Père Le Jeune dans son *Dictionnaire général du Canada.*

Parent écrit Léon Gérin et *Parant* note le Père Le Jeune. On a là un exemple des contradictions qu'on trouve dans les ouvrages qui traitent de l'origine des familles.

intelligent, pondéré, solide dans son argumentation. S'il se donne à une cause, il n'hésite pas devant l'effort, mais il modère ses passions. Comme résultat de sa violence, Papineau plongea son pays dans une crise très grave et fit d'agréables voyages aux États-Unis et en Europe, tandis que Parent fut mis en prison. Ainsi, dans la vie, les uns paieraient pour les autres si un curieux équilibre ne s'établissait avec le temps. Parent finit sa carrière à soixante-douze ans simplement, sans heurts, entouré du respect général ; tandis qu'à Papineau l'isolement, à son retour d'Europe, dut paraître bien dur, malgré le charme de son manoir de Monte-Bello dont son indemnité parlementaire accumulée servit à payer le prix [5]. Par une ironie du sort, sa maison devint plus tard le *Seigniory Club,* après avoir abrité la mélancolie romantique du patriote-voyageur, revenu au pays une fois tout danger disparu.

Parent fit ses études au Séminaire de Nicolet [6], puis au Séminaire de Québec. Son gendre, Benjamin Sulte, note avec un filial orgueil que, jeune homme, il fit partie d'un jury chargé de décerner des prix de littérature. Retenons de ce moment de sa vie qu'il avait le goût des lettres à une époque où « l'art d'écrire était si peu cultivé que les carrières professionnelles et politiques s'en passaient presque entièrement » [7].

Avant de devenir gratte-papier, Étienne Parent tâte du commerce quelque part du côté de la rue de Buade, chez son oncle Michel Clouët. La quincaillerie ne lui plaisant pas, le verre, le goudron, l'aune d'étoffe, le poisson sec et les pois chiches le retiennent tout juste quelque temps. Et c'est derrière la charrue que le trouve M. Flavien Vallerand quand il vient lui offrir de diriger le *Canadien,* auquel avait aussi collaboré Augustin-Norbert Morin, condisciple et ami de Parent, avant de venir étudier le droit à Montréal. Ils avaient travaillé ensemble au Collège de Nicolet, fait des vers, discuté de tout, remis tout en question. Ainsi, entre les deux, était née une amitié d'adolescent que la vie agitée de l'époque ne pourra rompre complètement, même si elle les divise par la suite.

5. Elle lui fut versée au milieu des clameurs de l'opposition qui ne pouvait admettre qu'on remît une indemnité parlementaire au chef des insurgés et après une si longue absence.

6. Logé dans une longue masure (qui surplombait le cours de la Nicolet, note Léon Gérin. (Ibid. p. 57). Il y aborde l'étude des humanités (1814-19) qu'il complète par la suite au Séminaire de Québec (1819-21). P. 58 *Ibid.*

7. Benjamin Sulte, dans « Mélanges Historiques », Vol. 14 aux Éditions Édouard Garand, Montréal, 1928.

Rédacteur d'un journal à vingt ans, voilà une situation qui peut
sembler magnifique à distance. C'était à vrai dire une maigre
pitance. Le *Canadien* de 1822, en effet, est une feuille sans ressources, vouée dès le début à toutes les difficultés par l'origine de
ses fondateurs, par les opinions qu'on veut y exprimer et par les
intérêts qu'on va heurter. Que d'avatars il y a dans l'histoire du
journal ! Mais aussi que de gens y passent qui ont marqué l'histoire des idées au Canada français : de Pierre Bédard et de F. Blanchet à Étienne Parent, à Jacques Viger et à Napoléon Aubin, de
J.-G. Barthe à François Évanturel, Hector Langevin, Joseph Cauchon et Israël Tarte [8] ! Troisième du nom, au moment où Parent
s'y installe, le *Canadien* avait succédé au journal saisi en 1810
par les hommes du gouverneur Craig, dont les rédacteurs avaient
été emprisonnés, mais qu'on avait repêchés en 1819 pour quelques
mois. C'est du haut de cette tribune peu solide qu'Étienne Parent
conduira la lutte pour la liberté politique dans le respect de la
Constitution. Car il est ainsi ; s'il recherche la liberté, il veut
l'obtenir sans l'aide de la violence, par la simple logique des mots
et des faits. Ce qui est assez aléatoire à une époque où l'Angleterre n'a pas encore le vote universel et où les élections se font
suivant les vieilles méthodes des *bourgs pourris*.

Parent fait son apprentissage de journaliste au *Canadien,* avec
des difficultés nombreuses. C'est là qu'il apprend à coordonner ses
idées et à les exprimer. C'est là qu'il réclame, dans la paix, avec
ses amis d'abord, puis à peu près seul, une évolution politique très
avancée pour l'époque. Il ne faut pas oublier, en effet, qu'avant
les réformes de 1832, en Angleterre, cent soixante mille personnes
seulement sur vingt millions ont le droit de vote, alors que la
répartition des sièges n'a guère été modifiée depuis le Moyen-
Âge !

Parent s'installe au *Canadien*. Il a bientôt l'occasion d'écrire
un vibrant article en réponse à la supplique adressée, en 1823, par
un groupe de Montréal à la Chambre des Communes anglaises
pour demander l'union des deux provinces. Il y expose son point
de vue d'une façon tout à fait remarquable, qui indique une maturité d'esprit déjà grande et une compréhension très nette du problème politique de l'époque.

---

8. P. 179-180 : « Les Journaux du Québec de 1764 à 1964 », par
Jean Hamelin et André Beaulieu. Aux Presses de l'Université Laval.
Il faut consulter aussi la *Liste des Journaux Canadiens et Américains* de
la Société Canadienne du Microfilm (1764-1971) et les travaux de Mlle
Revai en marge de la collection Louis Melzack, à l'Université de Montréal.

Il poursuit la lutte jusqu'en 1825, moment où le journal disparaît à nouveau parce que le parti canadien cesse de l'appuyer, à la suite de certains articles qui n'ont pas l'heur de plaire à quelques-uns de ses membres. Parent étudie alors le droit auprès de M. Vallières de Saint-Réal [9] et, pour vivre, il donne des leçons de français. À l'automne, il devient rédacteur français de la *Gazette de Québec*. En 1827, il est assistant-traducteur à la Chambre, tout en cumulant les fonctions de bibliothécaire et de greffier. Le tout pour deux cents livres. C'est un labeur de forçat, dont Parent fut longtemps coutumier, nous dit son gendre, Benjamin Sulte.

Reçu avocat en mai 1829, il épouse, en juin, Mathilde-Henriette Grenier, fille d'un tonnelier de Beauport. Elle lui donnera d'assez nombreux enfants, dont quatre seulement survivront [10].

En 1831, il renfloue le *Canadien,* avec l'aide de gens qui lui apportent des fonds et une collaboration irrégulière, mais avantageuse. Le moment est bien choisi pour relancer le journal, car des événements graves se préparent. Les relations des Canadiens anglais et français, qui avaient été difficiles, deviennent de plus en plus tendues. La lutte entre la Chambre — où l'influence française domine — et le Conseil prend un caractère de plus en plus âpre. Les anglophones veulent accentuer leur emprise politique sur l'autre élément, numériquement fort, mais dont l'influence est neutralisée trop souvent par l'intervention du Conseil. Leur groupe s'est emparé de presque toutes les voies du pouvoir. Il a l'oreille du Gouverneur, mais quand celui-ci paraît pusillanime, il s'efforce de faire intervenir les bureaux de Londres. Il dirige les affaires du

---

9. Léon Gérin, dans la *Vie Nicolétaine.* Vol. IV, No 7. Joseph-Rémi Vallières de Saint-Réal est un assez grand bonhomme. Fils de forgeron, orphelin, il fut un protégé de Mgr Plessis qui le fit instruire. Il est avocat en 1812, puis député de la ville de Québec jusqu'en 1829, moment où il est nommé juge, après avoir présidé la Chambre d'Assemblée en 1823, en l'absence de Louis-Joseph Papineau. En 1842, il devint juge en chef à Montréal. Suspendu par Sir John Colborne en 1838 pour avoir accordé un bref d'*habeas corpus* à certains prisonniers, il fut réintégré dans ses fonctions en 1840 par le nouveau gouverneur Charles Poulett Thomson. *The MacMillan Dictionary of Canadian Biography* (1963). P. 766.

Philippe Aubert de Gaspé dit de lui dans ses *Mémoires* : « Je ne crois pas me tromper en avançant que le sujet de cette biographie (Vallières de Saint-Réal) était l'homme doué de plus de talents naturels qu'ait produit le Canada, » P. 202. Chez Fides, 1971.

10. Étienne-Henri, ingénieur, né à Québec le 25 août 1835 ; Joséphine qui épousa Antoine Gérin-Lajoie, née à Québec le 14 juillet 1837 ; Mathilde, née à Québec, épouse d'Évariste Gélinas ; Augustine, épouse de Benjamin Sulte, née à Québec également, le 28 août 1841.

pays parce qu'on lui permet d'occuper presque toutes les places au Conseil. Il a les meilleurs postes dans l'administration civile, judiciaire et militaire. Bref, il est le maître dans presque tous les domaines.

Parent voit cela et il s'emploie de toute la vigueur de son talent à obtenir les réformes que demandent les siens avec ténacité depuis trois quarts de siècle. Tant qu'on s'en tient à réclamer des changements à la Constitution par la voie légale, il appuie ouvertement la lutte ; il est même de ceux qui les précisent.

Au début, Étienne Parent travaille avec Papineau, Morin et les autres partisans de l'évolution politique, puis il s'en sépare quand il juge que ses amis font fausse route. Il s'oppose aux troubles qui s'annoncent et qu'il craint. Et alors, on l'injurie avec véhémence comme on le fait à une époque où l'outrance est la règle des deux côtés de la barrière. On le traite de renégat. Ainsi, en juin 1837, le Comité central et permanent de Montréal le cloue au pilori et invite « tous les réformistes de la province de retirer leur appui (au *Canadien*) et à son éditeur, qui a trahi et continue de trahir les intérêts du pays... » [11].

En 1838, Étienne Parent s'oppose également à la dure répression qui suit la deuxième insurrection [12]. Et alors on le jette en prison comme rebelle — lui qui avait voulu empêcher les troubles [13]. Si le geôlier est un brave homme, la prison manque de confort. On y gèle pendant l'hiver. Aussi la santé du prisonnier s'altère-t-elle malgré sa résistance physique.

Sujet fidèle, mais récalcitrant de Victoria Regina, Parent constate à ses dépens l'inconfort de la prison de Québec, tandis que Papineau rebelle impénitent, ne connaît la prison qu'en France lorsqu'il vient rendre visite à son ami Lamennais, écroué à celle de Sainte-Pélagie. Papineau est en intéressante compagnie, puisque auprès du bouillant Lamennais, se rencontrent quelques-uns des grands romantiques de l'époque : George Sand, Chateaubriand et Béranger.

---

11. Un article de M. Bernard Dufebvre est à ce sujet bien intéressant : « Étienne Parent, le renégat », dans la Revue de l'Université Laval de janvier 1953.

12. Ses articles de novembre et de décembre 1838 sont aussi caractéristiques de la logique de sa pensée.

13. Il faut dire qu'à l'époque les esprits sont survoltés. Ce qu'on aurait accepté en temps ordinaire, on l'interprète bien mal sous l'influence du régime militaire qui a succédé à une période de relative indulgence.

Parent quitte la prison après avoir été libéré par *habeas corpus,* en avril 1839 [14]. Commencée en 1841 comme député du Saguenay, sa carrière politique se termine à la deuxième session en 1842, tant sa demi-surdité le gêne. Il renonce à son mandat et revient au service de l'État. Il est alors greffier du Conseil exécutif. Plus tard en 1847, il sera assistant-secrétaire provincial, puis sous-secrétaire d'État en 1868 [15].

Journaliste, député, fonctionnaire, Étienne Parent eut des idées intéressantes qu'il exprima avec une grande conviction. On va essayer ici d'en présenter quelques-unes. Certaines ont une valeur de document historique, d'autres ont encore une grande actualité. Si, dans son style, on constate souvent les défauts de l'époque — goût de l'incidente, de la mythologie, ton un peu déclamatoire, emphase et longueur de la phrase, on trouve dans ses écrits un sens des réalités, une fermeté de la pensée débarrassée de sa gangue et un bon sens qui paraissent être la caractéristique de son œuvre.

* * *

Parent écrivit presque toute sa vie : au journal d'abord, puis pour ses conférences dont la longueur ne semble pas avoir rebuté un public amateur de *beau parlement,* comme on disait encore dans les campagnes il n'y a pas si longtemps. Plus tard, il a un long échange de correspondance avec Edme Rameau de Saint-Père qui, après avoir écrit *La France aux Colonies,* s'intéresse au Canada. Il correspond avec Garneau, Chauveau, Parent et plusieurs autres intellectuels de l'époque.

Au *Canadien,* Étienne Parent se bat avec calme presque toujours, mais souvent à grands coups donnés à gauche et à droite, contre la *Gazette de Québec* et celle de Montréal, contre *La Minerve* [16] et le *Montreal Herald* [17]. Dieu sait qu'à cette époque, on s'injuriait sans retenue. Si, à cent ans d'intervalle, on s'en tient

14. Procédure suspendue par le Conseil Spécial en avril 1838, puis remise en vigueur quand les esprits se furent calmés.
15. Son ami, Pierre-J.-O. Chauveau, devenu premier ministre de la nouvelle province, lui offre un poste semblable à Québec. Parent le refuse parce qu'à Ottawa il a sa famille, ses habitudes, un milieu qui l'intéresse.
16. Fondée par A.-N. Morin, le 9 novembre 1826, avec 210 abonnés, la feuille a une carrière agitée. Elle disparaît bientôt, puis elle est reprise par Ludger Duvernay, en février 1827. Elle est interdite et disparaît le 20 novembre 1827. Duvernay est en prison pour diffamation en 1838. Exilé, Duvernay revient en novembre 1842 et reprend le journal. L'homme et

parfois aux épithètes de voleur ou de pilleur du trésor public, ren-
dues à peu près anodines par leur usage répété, en 1837, on ne se
gêne pas pour invectiver avec un choix d'injures et une férocité qui
surprennent à distance celui qui oublie la tension des esprits à ce
moment-là. Ainsi, après le second soulèvement en 1838, dans le
« Herald » de Montréal, on ne craint pas d'écrire : « Pour avoir la
tranquillité, il faut que nous fassions la solitude. Balayons les
Canadiens de la face de la terre ! » [18]. Ce qui était une solution un
peu violente. Il est vrai que, de l'autre côté, on n'y allait pas non
plus avec le dos de la cuiller. Un an plus tôt, Papineau ne s'était-il
pas écrié à Saint-Laurent dans une de ses envolées ordinaires :
« Quant au parlement britannique, il veut vous voler votre argent
pour payer vos serviteurs que vos représentants ont refusé de payer
parce qu'ils ont été paresseux, infidèles, incapables. Ce parlement
tout-puissant, les Américains l'ont glorieusement battu, il y a quelques années ; c'est un spectacle consolateur pour les peuples que
de se porter à l'époque de 1774, d'applaudir au succès complet
qui fut opposé à la même tentative qui est commencée contre
vous !... Il faut que le pêcheur soit puni par où il a péché. Le gouvernement des nobles de l'Angleterre vous hait pour toujours ; il
faut le payer de retour. » [19] Ce qui ne facilitait pas les relations
avec les gens au pouvoir.

Le ton était violent, dangereux. Il ne pouvait pas ne pas
entraîner dans le sillage de l'orateur ceux qui avaient à se plaindre
d'un régime pratiquant trop souvent l'exclusive. C'est par ces
outrances de langage que Papineau et le groupe de Montréal rendaient de plus en plus difficile le travail de ceux qui, ayant suivi
le lent mouvement d'affranchissement politique en Angleterre,
voulaient en faire profiter les leurs. C'est peut-être dans ce seul
domaine que les francophones d'Amérique montrent du dynamisme à l'époque, mais avec quelle violence de latins exaspérés la
plupart s'expriment-ils ! En face il y a le haut clergé qui cherche
à calmer ses ouailles. S'il n'y parvient pas, il prononce l'anathème.

son journal ont eu une vie mouvementée. Voir à ce sujet Beaulieu et
Hamelin. Ibid. P. 116.
   17.   The Montreal Herald date de 1811, moment où il ouvre ses portes
avec 175 abonnés. En 1833, il appartient à Robert Weir qui en confie la
direction à Adam Thom « pour mener la croisade contre le parti patriote. »
P. 100. Beaulieu et Hamelin : « Les journaux du Québec de 1764 à
1964 ». Aux Presses de l'Université Laval. (1965).
   18.   Cours d'histoire du Canada. Thomas Chapais. Vol. IV. P. 142.
   19.   Cité par Thomas Chapais dans Cours d'histoire du Canada.
P. 142, 4ᵉ volume.

Ce qui ne fait pas reculer les plus bouillants. Il y a aussi les *Bretons,* comme on dit à cette époque où l'anglicisme a déjà fait des ravages. Il y en a de riches : marchands pour la plupart. C'est le petit nombre, mais il a les leviers de commande bien en mains avec la collaboration des milieux officiels. Les autres — les gueux, les pouilleux venus d'Irlande, d'Écosse, du pays de Galles ou d'ailleurs — s'allieraient peut-être aux Canadiens avec qui ils ont des intérêts communs. Pourquoi des paysans ne donneraient-ils pas la main à d'autres paysans pour bousculer un régime ? Mais il y a la langue et la religion — remparts presque inexpugnables à une époque où les vieilles haines des Français et des Anglais subsistent dans un pays à cloisons étanches, où l'habitude et les nécessités politiques n'ont pas encore créé une atmosphère officiellement conciliante. Ce n'est qu'en 1837 qu'une rébellion éclatera des deux côtés de l'Outaouais, mais sans concertation et sans préparation suffisantes.

Au milieu de ces clameurs et de cette explosion de haine, que fait Parent ? On peut le montrer à l'aide de quelques textes, qui indiquent les qualités dont il a déjà été question ; qualités qui, vers 1837, le font considérer comme un traître par les plus violents de ses amis et comme un criminel coupable de haute trahison par les énergumènes du parti anglais, comme on l'a vu. C'est un autre exemple de l'arbre et de l'écorce entre lesquels il est toujours imprudent de se mettre.

On voudra bien excuser la longueur des citations. Elle est nécessaire pour montrer la pensée de leur auteur.

Voici un premier texte où apparaît le désir qu'a Parent de suivre les voies constitutionnelles. Il est tiré du *Canadien* du 16 mai 1836 :

> Qu'on s'élève avec plus de force que jamais contre l'oligarchie ; qu'on fasse tout pour achever sa ruine, qui sera le salut du pays ; qu'on fasse même la guerre au ministère, qu'on lui montre son ignorance sur nos affaires... ; qu'on démasque sa duplicité... ; surtout qu'on expose au grand jour les ressorts cachés qu'on fait jouer à Downing Street contre nous ; mais pour l'amour de Dieu, qu'on respecte l'honnête homme[20] qui d'une main vient nous offrir la branche d'olivier et de l'autre nous présente la balance de la justice ; et qu'on ne perde pas par notre impatience un avantage que nous n'aurons peut-être plus d'arriver au terme de

---

20. Il s'agit ici de lord Gosford, détaché au Canada comme gouverneur, avec mission d'enquêter sur la situation avec deux commissaires spéciaux, sir Charles Grey et sir George Phipps.

nos vœux par des voies constitutionnelles et pacifiques. Ces voies
sont lentes, il est vrai, mais elles sont sûres et peu coûteuses ;
souvent même elles sont les plus expéditives.

Par la suite, il revient souvent sur l'idée de conciliation. Ainsi,
le 7 juillet 1837, il écrit :

> Attendons ; le mal qui nous tourmente se manifeste aussi dans les
> colonies voisines ; bientôt il aura atteint un degré de gravité qui
> les fera se réunir à nous ; alors nous insisterons sur les réformes
> demandées et nous les obtiendrons sans une goutte de sang.

Cette idée du sang répandu le hante. Le 13 septembre, il
s'écrie :

> Nos prévisions ne se sont que trop bien réalisées jusqu'à présent
> dans l'enchaînement des nouvelles difficultés survenues depuis.
> Le refus de la Chambre d'assemblée de voter les subsides deman-
> dés, a été suivi du refus par le Conseil législatif de passer nombre
> de lois populaires. Le refus de ces lois a entraîné le refus de la
> part de la Chambre de procéder aux affaires, et ce dernier
> refus a provoqué le vote de crédit à même le trésor impérial. Et
> enfin le rejet de la Chambre, à sa dernière session, de l'adresse
> proposée par M. Taschereau, dans le but d'ôter au parlement
> impérial le prétexte ou la raison de s'emparer de nos deniers, va
> probablement amener la prise de ces deniers sous l'autorité d'un
> acte du parlement impérial. Pendant ce temps-là voici que les
> agitateurs soulèvent et organisent jusqu'aux jeunes gens et aux
> femmes, sans doute pour rendre avec usure le change aux autorités
> métropolitaines. C'est ainsi que d'insistance en rigueur et de ri-
> gueur en insistance, on marche, marche, marche bien longtemps
> encore de cette manière sans nous trouver arrêtés quelque part —
> mais, arrêtés entre la mitraille d'un côté et le déshonneur de
> l'autre. Bien des gens ouvriront les yeux alors et il ne sera plus
> temps — et l'on maudira bien vainement les hommes que l'on
> déifie aujourd'hui. Il vaudrait bien mieux les arrêter maintenant,
> et c'est au bon sens du peuple à faire cela.

Devant ces propos, on peut comprendre la violence de la réaction parmi les amis de Parent. Ils ne le ménagent guère, comme
on l'a vu.

Le 25 septembre, Étienne Parent revient à la charge en fus-
tigeant les chefs qui poussent à la révolte :

> Nous aurions peine à croire aucun de nos chefs politiques respec-
> tables capables d'exciter le peuple à ces excès, mais nous pourrions
> les accuser de ne pas faire les efforts qu'on a droit d'attendre

d'eux pour les réprimer [21]. S'ils nous disent qu'ils ne peuvent plus contrôler la violence de leurs partisans, alors qu'ils s'accusent d'une bien coupable imprévoyance. Ils auraient dû pressentir que, la digue une fois rompue, le torrent porterait partout la ruine et la désolation. Il n'y a plus maintenant de milieu : ou les chefs de l'agitation dont on commence à goûter les fruits empoisonnés savaient qu'ils déchaînaient au milieu de la société les passions les plus funestes, ou ils ne l'avaient pas prévu ; dans le premier cas ils se sont rendus coupables d'une grande scélératesse, dans le second ils ont montré une imprévoyance qui doit les faire déclarer indignes de guider les destinées d'un peuple.

Parent est dur pour ses amis, mais il a raison. Ils ont fait preuve d'une inqualifiable imprévoyance. On ne lance pas des gens dans les aventures sans les y préparer à tous les points de vue. Sans quoi, on les expose aux répressions les plus pénibles.

C'est vers ce moment-là que l'archevêque de Québec, Mgr Signay, appuie Étienne Parent. Son mandement paraît après celui de Mgr Lartigue qui, à Montréal, exprime son inquiétude et sa réprobation.

Le 9 octobre, parlant des initiatives prises par les agitateurs, Parent affirme :

> Or c'est là tout un gouvernement. Reste à savoir maintenant si le gouvernement actuel fera acte de démission paisible entre les mains du nouveau. Si tout cela n'est pas une farce ridicule ce sera bien une terrible tragédie. Nous mettrons au plus tôt sous les yeux de nos lecteurs les pièces du drame, farce ou tragédie, qui va commencer ; et en attendant nous dirons que s'il y a dans la conduite des agitateurs de Montréal sagesse et patriotisme, s'il y a dans cette conduite autre chose que de la démence et un fatal aveuglement, nous renonçons à tout jamais à calculer le cours des événements politiques en ce pays.

C'est aussi vers cette époque que Parent devient *greffier en loi*, c'est-à-dire greffier de la Chambre. Au premier abord, il semble lié au gouvernement par une prébende, mais des lettres échangées entre lord Gosford — gouverneur du Bas-Canada — et le gouvernement anglais précisent les faits. La décision a été prise par la Chambre et non par le gouvernement avec l'assentiment de la Reine. Londres accepte la nomination officieusement confirmée

---

21. Cité par Thomas Chapais, dans *Cours d'Histoire du Canada*. P. 179, Vol. 4. Bon nombre des citations qui précèdent ou qui suivent sont de la même source.

par lord Gosford, même si on ne reconnaît pas officiellement à la Chambre le droit de l'avoir faite ; mais on fait attendre le nouveau greffier. Un an après, Parent en est encore à demander qu'on lui paie ses émoluments.

Dans l'intervalle, il continue la bataille. Ainsi, le 22 novembre 1837, il écrit courageusement :

> Si l'on peut sortir de la présente tourmente sans être écrasé, puisse-t-elle être pour ceux qui n'ont pu la prendre dans l'histoire où elle est écrite à chaque page une leçon éternelle de folie qu'il y a d'agiter le peuple, de mettre en question les principes fondamentaux de l'ordre social établi, à moins que l'oppression ne se fasse sentir directement aux gouvernés et qu'il ne reste d'autres alternatives qu'un dur et déshonorant esclavage et la résistance à main armée. L'agitation qui a été excitée en ce pays a eu pour conséquence de mettre une partie de la population en opposition ouverte au gouvernement. Or qui nous dira maintenant que le gouvernement actuel, avec tous ses défauts, n'est pas de beaucoup préférable à l'état de choses qui existe aujourd'hui dans le district de Montréal. Le plus mauvais gouvernement ne vaudrait-il pas mieux que l'anarchie qui étreint aujourd'hui la partie supérieure de la province. Encore si à l'anarchie devait succéder un état de liberté ; mais non, elle sera suivie ici comme ailleurs du despotisme militaire. Ce n'est pas tout. Après que l'épée du soldat aura tranché les mille têtes de l'anarchie, viendra ensuite la loi qui armera le pouvoir de moyens répressifs qui devront nécessairement retarder les progrès de la cause libérale... Ainsi nous verrons peut-être dans peu le gouvernement revêtu de pouvoirs extraordinaires dont bien certainement ses créatures abuseront.

En voilà assez, je pense, pour montrer l'attitude de calme, de modération et, en même temps, d'opposition au milieu officiel dans la voie de la Constitution, que garde Parent au milieu des troubles qui s'annoncent. Il est impuissant à enrayer le mouvement ; mais, avec toute la force de conviction dont il dispose, il en montre le danger. Dans la région de Québec, son influence est grande. Elle est pour beaucoup dans la réaction ou l'inaction des gens. Parent ne veut pas de la haine aveugle, des attaques virulentes qui soulèvent les groupes en présence. Avec sa logique d'homme pondéré, il voudrait qu'on s'efforçât de convaincre l'adversaire, en profitant du vent de liberté qui souffle sur l'Angleterre et qui va bientôt bousculer tous les obstacles. Il abhorre les folles déclarations de chefs sans troupes organisées, sans armes, sans munitions, sans argent. Il veut empêcher les représailles qui se préparent et les haines qu'elles engendreront. Aussi Parent salue-t-il avec joie, après le premier soulèvement la nouvelle de l'amnistie quasi générale, accordée par une ordonnance du Conseil Spécial. Le 2 juillet 1838, il écrit :

L'ordonnance et la proclamation qui ont signalé le jour du couronnement de notre jeune reine devront satisfaire les amis des idées libérales et les hommes raisonnables de tous les partis. Elles comportent une amnistie, aussi étendue, aussi généreuse qu'on pouvait l'attendre du représentant d'une grande nation dans les circonstances actuelles... Le chef de l'administration nous offre dans le passé, dans le présent et dans l'avenir les plus fortes garanties que le Canada puisse désirer et il faudrait être bien déraisonnable pour n'avoir pas foi en lui... [22].

En agissant ainsi, lord Durham avait suivi les instructions données par lord Glenelg qui lui avait écrit : « Sauf dans les cas de meurtre, on devra éviter la peine capitale. »

La mesure était adroite ; mais cela n'empêcha pas la Chambre des Lords et la Chambre des Communes de désavouer l'esprit des ordonnances du Conseil Spécial, inspiré par lord Durham.

De dépit, Durham quitte le Canada le 3 novembre 1838, en laissant les rênes du pouvoir à sir John Colborne, qui allait mâter durement la deuxième insurrection. Devant la répression qui suit le combat dans les comtés au sud de Montréal, Étienne Parent réagit violemment.

Nous avons l'intime persuasion, écrit-il le 12 novembre dans le « Canadien », que si le gouvernement, prenant en considération les torts réciproques des parties qui en vinrent aux mains l'année dernière, dans les deux Canadas, eût accordé une amnistie plénière à tous les prisonniers, et n'eût exercé ou laissé exercer aucune rigueur contre les propriétés, nous n'aurions pas vu les troubles se renouveler cette année au moyen de la sympathie américaine, et nous aimons encore à croire que la douceur et la générosité succédant au triomphe assuré du gouvernement, seront le meilleur moyen d'empêcher le retour des mêmes maux à l'avenir. Les journaux les plus dévoués au Gouvernement annoncent eux-mêmes qu'il s'est formé aux États-Unis une vaste conspiration ayant des ramifications étendues dans plusieurs États, contre la souveraineté britannique sur ces Provinces. Or cette association agira beaucoup plus puissamment sur une population aigrie, exaspérée par des rigueurs, que sur une population traitée avec humanité et générosité par un gouvernement puissant et

---

22. Je continue de suivre Thomas Chapais dans son exposé des faits qu'il a présenté dans son « Cours d'histoire du Canada » et je m'incline avec respect devant ce qu'il a été avec ses qualités et ses défauts.

offensé. Il est étonnant qu'une vérité si évidente ne frappe pas nos prédicateurs de feu et sang. Si ce pays était leur patrie, s'il contenait les cendres de leurs pères, et s'ils n'étaient réconciliés à l'idée de laisser les leurs sous un autre ciel, ils ne tiendraient pas un pareil langage [23].

Il revient le mois suivant sur cette sympathie qu'à tort ou à raison il voit se dessiner aux États-Unis. Il l'explique ainsi :

> Ce n'est plus le sentiment de la liberté qui s'échauffe à l'idée d'un peuple opprimé ou mal gouverné, c'est le sentiment de l'intérêt, qui cherche à mettre à profit les dissensions d'un peuple voisin dans les vues politiques sectionnaires. L'Américain calculateur du Nord voit dans la séparation du Canada de l'Angleterre un moyen de s'assurer la prépondérance contre l'influence du Sud, et peut-être, prévoyant le cas possible d'une rupture prochaine, entre les États du Sud et ceux du Nord, veut-il s'assurer une compensation par l'acquisition de ces vastes Provinces. Ainsi, la question du Canada serait moins une question canadienne et anglaise, qu'une question américaine et anglaise. Si elle n'a pas encore pris cette posture, elle l'aura bientôt. Il ne faut plus s'abuser, et il faut reconnaître qu'il y a sur pied chez nos voisins une vaste conspiration, qui n'en est encore qu'à son coup d'essai, pour détruire la souveraineté britannique sur ce continent. Sir George Arthur l'a dit officiellement le premier, le Président des États-Unis a été obligé de l'avouer lui-même à la fin, et les journaux l'avaient déjà dit longtemps avant eux. Et cette conspiration est déjà assez formidable pour forcer les autorités américaines à des ménagements, à des démarches, qui les font soupçonner de complicité, de connivence.

Étienne Parent grossissait-il, sciemment ou non, le mouvement qui se préparait aux États-Unis ? L'avenir en montra l'inanité ; mais, pour l'instant, il en fait les prémisses d'un long article paru le 14 décembre, dans lequel il revient sur son idée de pacification, d'amnistie, de justice :

> Nous sommes certains, affirme-t-il, que si le gouvernement se présentait, les mains non teintes de sang, devant les représentants du peuple, et leur demandait des mesures d'ordre et de protection, il en obtiendrait facilement.

Il ajoute immédiatement :

> Les fautes dans lesquelles nos différentes administrations sont tombées depuis le commencement des troubles sont si désespérantes que, nous l'avouons, nous avons commencé à désespérer

---

23.   On voit par là comme la pensée de Parent était à la fois humaine et ferme à une époque où tout était mal interprété par les gens en place.

qu'aucune administration pût jamais établir dans le pays un ordre de choses supportable. Il semblerait que les autorités sont prises de vertige à leur tour.

Écrire cela était assez courageux au moment où le « vieux brûlot » [24] devenait gouverneur du Canada. Mais Parent aggrava son cas avec cette page où on le sent exaspéré par les abus et les maladresses du pouvoir :

> Certes oui ; nos écrits avaient un motif différent et étaient destinés à produire un autre effet que ceux du *Herald*, et consorts, qui, nous le voyons, ont prévalu auprès de l'Exécutif. Notre motif, notre désir était qu'on ne rougît pas l'échafaud du sang d'aucun prisonnier politique ; le motif, le désir de nos adversaires était que le bucher politique fût dressé et chargé de victimes. Notre motif, notre désir était que la paix, la sécurité publique et le contentement général rentrassent dans notre malheureux pays sur les pas de la clémence et d'une sage politique ; le motif, le désir de nos adversaires était que ces bienfaits du ciel fussent pour longtemps encore bannis du pays, afin de leur donner le temps et l'occasion de « balayer tous les Canadiens de la surface du globe »... Dans le siècle où nous sommes, siècle de publicité et d'opinion, lorsqu'on veut écraser un peuple on ne procède pas aussi sommairement qu'on le faisait dans le temps de jadis. Il faut aujourd'hui passer par certains préliminaires, il faut se créer une raison, un prétexte, et le procédé le plus ordinaire, comme le plus facile, c'est d'exaspérer une population, de la pousser à quelques excès. On est prêt, et les rigueurs ne se font pas attendre ; ces rigueurs provoquent de nouveaux excès, qui sont immédiatement suivis de nouvelles et plus terribles rigueurs. Et l'on fait marcher ainsi les gouvernements de rigueurs en rigueurs, et les peuples d'excès en excès, jusqu'à ce qu'une réconciliation soit devenue impossible. C'est alors que les vrais conspirateurs, les vrais auteurs de tous les troubles atteignent leur but, et qu'on « balaie un peuple de la surface du globe ». C'est ainsi que les Russes ont fait tout récemment en Pologne, et nous voudrions éviter à l'Angleterre l'honneur peu enviable de voir son nom associé à celui de l'Autocrate du Nord. Voilà tout notre crime. Il est grand, nous l'avouons, aux yeux de ceux qui complotent l'anéantissement du peuple cana-

---

24. Sir John Colborne est généralissime des troupes anglaises au Canada en 1835. C'est donc lui qui est chargé de mater les rebelles en 1837 et 1838. Il le fait avec une implacabilité qui lui vaut ce surnom de *vieux brûlot*. Avant l'arrivée et après le départ de lord Durham, il est également nommé administrateur du Haut et du Bas-Canada. Il vient rapidement à bout de l'insurrection, mais c'est sans faiblesse qu'il traite les insurgés. Chez les francophones, il a eu longtemps la réputation d'un être absolument sans pitié.

dien ; c'est vouloir leur ravir une proie qu'ils convoitent depuis un demi-siècle. Aussi voyons-nous la *Quebec Gazette* s'unir à la *Gazette de Montréal* pour désigner notre Journal à l'animadversion du pouvoir comme « excitant à la rebellion » comme « contenançant et encourageant la résistance à la loi », parce que nous nous efforçons de ramener le pouvoir dans la voie de la douceur et de la légalité, hors de laquelle nous sommes d'avis, pour des raisons auxquelles on n'est pas capable de répondre, que l'Exécutif a été entraîné. Ces Journaux, non contents qu'on brûle, pille, emprisonne, et pende les Canadiens, voudraient encore étouffer leurs plaintes. Les plaintes des opprimés réveillent les remords au cœur des oppresseurs, et leur font monter la rougeur de la honte au front.

Le 26 décembre 1838, on trouve la note suivante dans *Le Canadien* :

Aujourd'hui à midi, M. Parent, éditeur, et M. Fréchette, imprimeur de ce journal, ont été arrêtés et mis en prison. Il n'est pas besoin de dire que ceci va entraîner des dérangements, de l'interruption pour le moins dans la publication de ce journal. Nous ne pouvons en dire davantage.

Parent est en prison depuis près d'un mois quand le chef de police, Thomas Ainslie Young, communique à l'*Assistant civil secretary* du Gouverneur à Montréal, une lettre venue de Buffalo et reçue au bureau des Postes à Québec. Cette lettre aurait été écrite à Étienne Parent, par un nommé Patrick Grace, le 24 décembre 1838 [25]. Grace y donne beaucoup de détails au sujet d'une conjuration nouvelle et des événements qui lui sont favorables. Si le chef de police en saisit les autorités le 19 janvier 1839, Étienne Parent est écroué à la prison de Québec depuis le 25 décembre précédent. Lorsqu'on les met en prison, lui et son ami J.-B. Fréchette, ce ne peut donc être qu'à titre de propriétaires du *Canadien* [26], et non, semble-t-il, parce qu'ils sont incriminés dans une nouvelle conspiration comme on l'a dit. Même si le chef de police communique au Gouverneur la lettre de Patrick Grace, il ne semble pas qu'on l'ait utilisée contre Étienne Parent. Et, cependant, d'après le chef de police, qui ne manque pas de le souligner, Grace est l'un de ceux qui ont aidé Theller et Dodge à s'échapper de la citadelle de Québec en octobre 1838. Pour comprendre l'importance de l'allusion, il faut se demander qui étaient ces deux

25. Pièce nº 3250. Fonds des troubles de 1837-38, aux Archives de Québec.
26. Car ils le sont tous deux, comme l'indique une déclaration sous serment, faite devant M. A. Anderson, I. P., le 2 juin 1838. *Ibid.* nº 3272.

rebelles. Il y a d'abord William W. Dodge, qui se déclare colonel, et Edward Alexander Theller qui, lui, se décerne le titre de général. Tous deux sont des Américains, qui ont pris part à la rébellion dans le Haut-Canada, ont été faits prisonniers et ont été condamnés à être pendus. En attendant qu'ils soient exécutés, on les transporte de la prison de Toronto à celle de Kingston, puis à la citadelle de Québec où on les met sous bonne garde. Malgré cela, des amis leur procurent une scie et divers outils et ils décident de s'évader avec trois autres Américains détenus dans la forteresse. Ils y réussissent dans la nuit du 15 au 16 octobre 1838. Deux des fugitifs sont repris par la suite, mais le *colonel* Dodge et le *général* Theller, aidés par des amis, parviennent à éviter toutes les recherches et à revenir aux États-Unis. Dans un livre consacré à la rébellion, en 1841, Theller raconta leur évasion imaginée et pilotée par Charles Drolet et deux Irlandais de Québec. Une fois sortis de la ville, Drolet les achemina vers la frontière, avec l'aide de Jean-Baptiste Carrier. Pour s'y rendre, les fugitifs firent usage de chevaux qu'on retrouva plus tard et qu'on ramena à Québec. Napoléon Aubin [27] raconte, dans *Le Fantasque,* du 17 novembre 1838, la scène qui suivit : « La police, qui est une fine mouche, allez, eut vent de l'escapade presqu'aussitôt qu'elle avait eu lieu et se mit immédiatement et aussi promptement que possible à la poursuite des quatre fuyards. Comme on pouvait s'y attendre, elle ne tarda pas à revenir à son poste, ramenant avec elle les quatre... devinez... les quatre... voyons, vous ne devinez pas ? Les quatre... je vous le donne en trois... une, deux, trois... les quatre... *do you give it up ?...* les quatre chevaux qui avaient eu la déloyauté de porter les quatre rebelles hors des lignes. On espérait, par le moyen de ces animaux, découvrir le fil de cette conspiration ; on retint donc au bureau de la police les quatre nobles quadrupèdes auxquels on fit subir plusieurs interrogatoires consécutifs ; ces animaux avaient sans doute été assermentés et appartenaient peut-être à quelqu'une des sociétés secrètes que notre ville possède en son sein, car il n'eut pas moyen d'en rien tirer. On alla jusqu'à les menacer de mettre leur esprit à la torture en les obligeant d'expliquer un des jugements que rendent MM. Symes, Chouinard, Cazeau et compagnie à la Cour des Commissaires, mais cela même fut inutile et l'on se

---

27. Suisse venu s'installer à Québec, Napoléon Aubin a fait bien des métiers, dont celui de journaliste. J.-P. Tremblay en a fait l'objet d'un livre, paru aux Presses de l'Université Laval à Québec en 1969. Même si le livre est fastidieux, il indique la fantaisie et le charme qu'avaient certains personnages de l'époque. *Le Fantasque* était un hebdomadaire qui parut à Québec du 1er août 1837 au 24 février 1849.

vit réduit à les remettre entre les bras de leur maître, qui les embrassa tendrement et leur donna un double picotin d'avoine pour
les remercier de leur discrétion. La vertu obtient presque toujours
ici-bas sa récompense, aussi est-ce d'après ce principe que chaque
homme de police reçoit un écu par jour. »

Ce texte indique que, malgré la sévérité des temps, on pouvait se moquer, ce qui n'empêcha Napoléon Aubin d'être incarcéré à son tour, par la suite.

Devant l'émoi causé dans les milieux militaires de Québec,
on comprend quelle importance pouvait avoir contre Parent l'allusion à l'évasion des deux Américains [28]. Le chef de police précise
sa pensée ainsi, ce qui explique sans doute qu'on ne semble pas
avoir utilisé la lettre contre le prisonnier : « *My own impression is
that there may be some truth in this letter, but that it has been
written with a view of injuring a number of the persons mentioned
in it* ». En lisant la lettre, on comprend le commentaire du chef
de police. Y avait-il là un véritable état de fait ou avait-on essayé,
en écrivant le texte, d'incriminer un homme en vue qui s'était fait
des ennemis en prenant fait et cause contre des événements qui
lui paraissaient inacceptables ? Dans des moments pareils, tout est
possible pour assouvir une vengeance. Comment imaginer qu'après
avoir été si opposé aux idées de ses amis et l'avoir dit avec autant
de vigueur dans son journal et avec autant de risque, Parent eût
pu accepter de pactiser avec ceux qui se proposaient de reprendre
la suite d'événements qu'il avait condamnés et dont il avait prévu
les pénibles résultats depuis des années ? Il faut lire à ce sujet
un bien curieux échange de propos entre Louis-Joseph Papineau
et Étienne Parent, que rapporte Benjamin Sulte dans les *Mélanges
Historiques* [29]. En voici un extrait :

« Il en coûtait aux deux factions du parti canadien de se
séparer. Néanmoins l'accord allait diminuant entre eux. Vint un
jour où il fallut ou se raccommoder ou se séparer ouvertement.
Papineau rencontra M. Parent et voici en résumé la conversation
qu'ils eurent ensemble :

« Parent. — Ne sentez-vous pas qu'en poussant plus loin l'excitation nous marchons à la guerre et que nous n'avons aucun moyen
de résister par les armes ?

---

28. M. Pierre-Georges Roy, dans son étude sur « l'évasion de Dodge
et Theller » parue dans le numéro cinq des *Cahiers des Dix*, en 1940.
P. 121 à 144.
29. P. 40 et 41. Vol. 14.

« Papineau. — C'est possible, mais en ne brusquant pas l'affaire nous n'en finirons jamais : l'Angleterre veut nous écraser.

« Parent. — Dites plutôt certains Anglais. J'ai la certitude que nous aurons justice par les voies constitutionnelles ; n'allons pas nous mettre dans le tort en prenant des moyens violents.

« Papineau. — Nous serons au contraire dans notre droit...

« Parent. — D'accord, mais où sont vos armes, vos appuis ?

« Papineau. — Peut-être nos voisins les Yankees ?

« Parent. — C'est précisément ce que veulent nos voisins : nous annexer. Je n'en suis pas.

« Papineau. — Allons donc ! nous formons partie d'un peuple industrieux, d'une grande république !...

« Parent. — Ah ! vous en êtes à ce point ! »

« Papineau. — Pourquoi pas ?

« Parent. — Parce que l'annexion, c'est la mort de la nationalité canadienne.

« Papineau. — Sera-t-il possible de ne pas nous voir noyer un jour par les races étrangères ?

« Parent. — Si cela arrive, tant pis, mais quant à moi je ne désespérerai jamais et je serai, le cas échéant, le dernier Canadien.

« L'entrevue se termina sur ce mot. »

Dans cette affaire de lettre, on peut imaginer un coup monté, comme le croit le chef de police. Il l'écrit au Gouverneur, en lui faisant parvenir le texte qui semble incriminer Étienne Parent et quelques autres personnes de Québec. Or, la lettre est venue par la poste à une époque où n'importe quel conspirateur aurait dû savoir que le courrier ne pouvait pas ne pas être ouvert par les autorités. Il ne faut pas oublier que lord Durham était alors retourné en Angleterre et que le général Colborne lui avait succédé en appliquant des méthodes très brutales. Ainsi, le gouvernement n'avait pas hésité à suspendre l'*habeas corpus* et il avait eu recours à l'emprisonnement préventif. Parent avait eu des articles très durs dans le *Canadien,* comme on l'a vu. On ne pouvait pas ne pas craindre ses vues dont le ton montait au cours de la répression. Au moment où il entre en prison, il ne semble pas qu'on ait connu la lettre de Patrick Grace. Ce n'est sûrement pas parce qu'on l'a accusé dans une autre lettre, anonyme cette fois, d'avoir souscrit 25 livres au mouvement révolutionnaire, qu'on a pu justifier son emprisonnement. C'est, je pense, uniquement à cause de ses articles dont le ton inquiète, dans un milieu encore plus sensibilisé à la peur que celui que l'on a connu plus d'un siècle après, en octobre 1970.

* * *

Parent reste quelques mois en prison sous l'inculpation de haute trahison, comme on l'a vu. Il en sort le 12 avril 1839, grâce à l'*habeas corpus* qui vient d'être rétabli. Il a terriblement souffert du froid qui règne dans les prisons de Sa Majesté. Il est à demi sourd. Il peut quand même reprendre sa place au *Canadien* et il recommence ses polémiques. Avant de parler d'une autre époque de sa vie, moins âpre, mais non moins intéressante, il faut citer ici quelques extraits d'un article où il montre sa première réaction devant le rapport Durham. On le voit très différent de ce qu'il a été jusque-là, très différent aussi de ce qu'il sera par la suite. On le sent découragé, prêt à tout lâcher devant les forces presque insurmontables qui s'acharnent contre ses compatriotes. On a l'impression que le projet d'union des deux Canadas le laisse absolument désemparé [30]. Lui qui a ferraillé assez durement pendant de nombreuses années, on le sent très inquiet. Il se demande si ce n'est pas la fin d'une longue lutte menée depuis 1759, qui s'achèvera dans un noyautage impossible à briser. Voici des extraits de certains de ses articles qui indiquent son désarroi :

> Nous avons toujours considéré que notre « nationalité » ne pouvait se maintenir qu'avec la tolérance sincère, sinon l'assistance active de la Grande-Bretagne ; mais voici qu'on nous annonce que bien loin de nous aider à conserver notre nationalité, on va travailler ouvertement à l'extirper de ce pays. Situés comme le sont les Canadiens Français, il ne leur reste d'autre alternative que celle de se résigner avec la meilleure grâce possible. Résister, ce serait semer des germes funestes de discorde et de division entre eux et les populations Anglo-Saxonnes ou Celtiques auxquelles on les liera dès le moment où on aura brisé l'œuvre de Pitt.

Et un peu plus loin :

> Pitt, note Parent, avait voulu isoler les Canadiens français des autres populations du continent et, ainsi les « lier à la métropole

---

30. Il gardera très longtemps cette impression de dureté, d'injustice qu'il a eue à ce moment-là. Ainsi, dans sa correspondance avec Rameau de Saint-Père, dont il est question plus loin, il se déclare prêt à tout pour sortir de ce régime qu'il abhorre. C'est un effet lointain du traumatisme qu'il a subi en 1840 et dont il ne parvient pas à se guérir, même si pendant un quart de siècle il a été un fidèle serviteur du régime, mais instinctivement récalcitrant.

par les liens de l'intérêt, de l'honneur et de la reconnaissance ».
Tout au contraire, le projet Durham les poussera à se rapprocher
de leurs voisins [31].

« Puisqu'on nous immole aux exigences d'une minorité favorisée
malgré les actes et les garanties qui équivalaient à un contrat
social juré », essayons, conclut Parent, de montrer toute la bonne
disposition nécessaire pour rendre l'alliance aussi profitable, aussi
heureuse que possible, nous attendant à réciprocité de la partie
conjointe.

Et il ajoute :

N'allons pas croire, toutefois que si nous nous résignons, nous
acceptons le projet comme une mesure de justice et de saine
politique.

Nous comptons « sur l'égalité dans la représentation ; sur la révision, non sur la destruction de nos lois ; sur l'usage libre de notre
langue à la tribune et au barreau, et dans les actes législatifs et
judiciaires, jusqu'à ce que la langue anglaise soit devenue familière parmi le peuple ; enfin sur la conservation de nos institutions
religieuses. Ainsi ce que nous entendons abandonner, c'est l'espoir
de voir une nationalité purement française et nullement « nos
institutions, notre langue et nos lois » en tant qu'elles pourront
se coordonner avec le nouvel état d'existence politique qu'on se
propose de nous imposer.

Il écrit enfin ceci qui semble indiquer qu'il a abandonné tout
espoir :

L'assimilation, sous le nouvel état de choses, se fera graduellement et sans secousse, et sera d'autant plus prompte qu'on la
laissera à son cours naturel et que les Canadiens français y seront
conduits par leur propre intérêt, sans que leur amour-propre en
soit trop blessé.

Il est curieux de voir ce combatif, assommé tout à coup au
point d'admettre l'assimilation sans révolte, simplement comme
une chose inéluctable. Il faut qu'il soit bien découragé subitement
pour s'exprimer ainsi, car il croyait profondément à la survie du
Canada français. C'est Benjamin Sulte qui rappelle son exhorta-
tion à ses compatriotes. Elle a sa place ici :

Vous manquez donc de courage, s'écriait-il, vous ne savez donc
pas que pendant un siècle il nous a fallu, en maintes circonstances,

---

31. C'est ce qu'au début du siècle, Sir Robert Shore Milnes, lieutenant-gouverneur du Bas-Canada, avait cherché à empêcher. Dans une
dépêche au duc de Portland, il montre le danger de laisser l'élite s'orienter
vers les états du Sud en y cherchant sa formation et ses directives politiques.

avoir raison deux fois et le prouver quatre fois. Eh bien ! ce n'est pas un motif pour battre en retraite. La lutte nous va. À quoi sert de craindre !

* * *

Le rapport Durham fut suivi de l'Acte d'Union. Comme tous ses compatriotes, Parent le subit tout en en comprenant l'injustice et, à certains égards, l'odieux. Puis, comme beaucoup d'entre eux, il s'efforce d'en tirer les meilleurs résultats possibles. Ce qui est bien dans sa nature.

Malgré sa demi-surdité, il se laisse entraîner à faire de la politique. Il se présente dans le comté du Saguenay, aux premières élections qui suivent l'Acte d'Union. Découragé jusque-là, il se ressaisit et il tente de collaborer directement à l'œuvre nouvelle. Son petit-fils, Léon Gérin, raconte une anecdote amusante à propos de sa campagne électorale. Les deux candidats, écrit-il, font la lutte ensemble dans cet immense pays où les communications sont difficiles. Ils décident de mettre leurs dépenses en commun, ce qui est une formule nouvelle et assez étonnante pour nous qui sommes habitués à d'autres mœurs. Parent plaît plus que son concurrent parce qu'il apporte des idées qu'il développe avec bonhomie, de village en village. L'autre n'est pas de taille ; d'autant plus que Parent — assez malin — a imaginé de distribuer aux enfants les bonbons dont il s'est muni avant son départ. Il est élu député à la première législature de 1841. Il siège en Chambre à Kingston durant deux sessions et il prend part aux premiers débats. C'est lui par exemple, note Léon Gérin, qui fait modifier « la proposition de loi du solliciteur général Day relative aux écoles élémentaires. C'est encore lui qui, en 1841 (fait) décréter la traduction des lois en langue française ». On voit par là comme ses préoccupations restent constantes.

La demi-surdité dont souffre Étienne Parent, le force à démissionner. Il devient fonctionnaire en 1843. Il le sera jusqu'à sa mort en 1874. Pendant toute cette période de sa vie, la capitale du Canada se déplace de Montréal à Québec et de Kingston à Toronto [32]. Elle se fixera quand la reine Victoria décidera de la

_____

32. Le Gouvernement de l'Union siège à Kingston jusqu'en 1843. Puis, il est transféré à Montréal sur les instances de L.-H. LaFontaine. Le 25 avril 1849, sur la proposition de George Sherwood adoptée par 33 voix contre 25, il est décidé que la législature siégera alternativement à Québec et à Toronto « malgré les inconvénients de tous genres et les énormes dépenses qu'entraînent le système alternatif et le déménagement

loger à Bytown. En choisissant l'endroit, la Reine veut que le gouvernement soit à l'abri des difficultés qu'on a connues quand le parlement a siégé à Montréal, en particulier, où la foule en colère a brûlé et pillé. La seule manière d'éviter cela, c'est que le parlement soit ailleurs, loin des bagarres possibles. Dans son choix, la Reine est inspirée par ses conseillers et, en particulier, par sir Edmund Head, qui voit dans Ottawa « un moindre mal ». Head est un ancien gouverneur du Haut-Canada. Subtilement, il conseille un compromis « entre deux villes, deux groupes ethniques et de multiples intérêts » [33]. Sans appel, la Reine décide donc que le gouvernement s'établira à Bytown, petit bourg que fréquentent militaires, marchands de bois et *draveurs,* mais qui est dans un très beau site, d'où on aperçoit l'Outaouais et la Gatineau. Depuis 1832, le bourg est traversé par le canal Rideau, construit pour des fins militaires et qui aura une utilité uniquement touristique quand il ne sera plus question de protéger la colonie contre une attaque des voisins du Sud.

Étienne Parent a suivi le parlement dans ses pérégrinations depuis 1843. C'est ainsi qu'en 23 ans, il s'est déplacé sept fois, avec ses meubles et sa famille qui vient le rejoindre quand le séjour se prolonge. Benjamin Sulte l'a fréquentée assidûment. Partout où elle a séjourné, Parent tenait « maison ouverte pour tous les Canadiens attachés à la politique et aux lettres », note-t-il. Sulte [34] en a été, comme Antoine Gérin-Lajoie [35]. C'est dans cette

annuel. » En 1857, la Reine décide que la capitale sera à Bytown qui, par la suite, deviendra Ottawa. C'est un compromis géographique, indéfendable à l'époque, mais qui s'est révélé acceptable par la suite. En 1866, les premiers services emménagent dans les immeubles nouveaux après des difficultés de toutes sortes au cours de la construction. Opposé au système alternatif en 1849, George-Étienne Cartier se rallie à la décision de la Reine en mars 1857. « Discours de sir G.-E. Cartier ». P. 13. Note d'Alfred-D. De Celles.

33. « Témoin d'un Siècle : un essai photographique. » Office National du Film, Ottawa.

34. Benjamin Sulte, né à Trois-Rivières (1841-1923). Journaliste de 1860 à 1867, puis fonctionnaire à Ottawa, traducteur, puis employé du gouvernement au département de la Milice et de la Défense, poste auquel le préparaient ses études faites à la Royal Military School of Quebec et son séjour dans l'armée au moment des combats contre les *Fenians.* Épouse en 1871, Augustine, la fille d'Étienne Parent.

Benjamin Sulte est surtout connu pour ses travaux d'histoire qui s'étendent sur plus d'un demi-siècle. Réunis par Gérard Malchelosse, ils ont fait l'objet d'une Collection intitulée « Mélanges Historiques », en 21 volumes. Dans un article paru dans les *Cahiers des Dix,* (1956, p. 159), l'abbé Albert Tessier le présente comme un homme gai, jovial, bourreau

famille, où on l'accueille si gentiment, que Gérin-Lajoie fait la
connaissance de Joséphine, la fille des Parent, qui est née à
Québec en pleine bagarre politique. Sulte mentionne avec plaisir
l'atmosphère qu'Étienne Parent et sa femme créaient partout où
ils vivaient. « Deux ou trois générations ont passé chez-lui, écrit-il.
Ce qu'on y a remué d'idées peut à peine se concevoir ! » De son
côté, Antoine Gérin-Lajoie — l'autre gendre — rappelle le temps
où il fréquentait la première fille de son vieil ami. Dans ses
Mémoires, il raconte comment il a eu le coup de foudre un jour
qu'Étienne Parent a fait venir sa famille à Toronto.

> M. Étienne Parent, assistant-secrétaire de la province, avait passé
> l'hiver de 1856 dans la même pension que moi ; mais il n'avait
> pas encore sa famille avec lui. Il partit vers la fin de mai pour
> aller la chercher à Québec, et comme la maison qu'il avait louée
> à Toronto n'était pas tout à fait prête, il fut obligé de venir pour
> quelques jours se loger à la pension Lewis, avec toute sa famille.
> Cette famille se composait de la mère, de trois jeunes filles dont
> l'aînée n'avait pas encore dix-huit ans. Ces jeunes demoiselles
> sortaient toutes du couvent, et elles avaient l'air modeste et timide
> qu'ont la plupart des jeunes filles qui entrent dans le monde...
> L'aînée, dont j'avais déjà entendu parler, comme d'une jeune fille
> d'esprit et de talent, attira particulièrement mon attention, et, dès
> le lendemain de leur arrivée, leur père m'ayant demandé de leur

de travail, autodidacte, grand épistolier, qui entretint une longue correspondance avec deux Ursulines de Trois-Rivières de 1870 à 1923. Il est très
ami avec les intellectuels de l'époque, de Chauveau et Verreau à Doutre et
Gérin-Lajoie.

35. Antoine Gérin-Lajoie, né à Yamachiche en 1824. Avocat (1848),
il a fait ses études au Collège de Nicolet. De 1845 à 1852, il dirige *La
Minerve,* puis devient traducteur à l'Assemblée législative et, plus tard,
bibliothécaire-adjoint du Parlement, il y sera jusqu'en 1881. Il y mourut à
Ottawa en 1882.

Un des fondateurs de l'Institut Canadien, dont il fut deux fois le
président. Écrivain régionaliste d'un certain renom et auteur de *Dix ans
au Canada, de 1840 à 1850* : l'histoire de l'évolution du Canada vers la
responsabilité ministérielle.

Il épousa Joséphine, fille d'Étienne Parent, formant avec ce dernier
et avec Benjamin Sulte (le second gendre de Parent), une des premières
familles d'intellectuels au Canada français. C'est le milieu, créé par sa
femme et sa famille à Ottawa, qu'Étienne Parent ne voulut pas quitter
quand, au moment de la Confédération, le nouveau premier ministre de
Québec, P.-J.-O. Chauveau, essaya de l'y attirer en lui offrant le poste
de sous-secrétaire de la province. Ayant une situation semblable dans le
nouvel État, Étienne Parent décida de rester à Ottawa, où étaient ses
enfants, ses habitudes, sa vie d'homme rangé que l'aventure n'intéresse
plus.

faire visiter la bibliothèque, j'acceptai cette proposition avec le plus vif plaisir. Je m'aperçus en examinant les livres avec mademoiselle Parent, qu'elle partageait absolument mes goûts pour la lecture, et surtout pour la poésie ; je fus surpris en même temps des connaissances qu'elle déploya : je n'avais aucune idée qu'on donnât dans nos institutions de femmes une instruction aussi variée. Si je fus enchanté de ses connaissances et de son goût, elle ne parut pas moins l'être des trésors que renfermait la bibliothèque. Elle ne cessait de répéter que j'étais dans un paradis terrestre, et prétendait que je devais être l'homme le plus heureux du monde... Peut-être lisait-elle déjà dans mes yeux une affection que je cherchais à refouler au fond de mon cœur. Et il ajoute « Nous ne fûmes pas longtemps cependant sans avoir l'occasion d'entrer dans certaines explications [36].

C'est charmant et simple. Comme on est loin du romantisme qui sévit alors au Canada français et qui fait d'autant plus de ravages qu'il est bien mal assimilé !

Étienne Parent et sa femme créent autour d'eux une atmosphère qu'apprécient ceux qui fréquentent leur maison. Il en avait d'ailleurs été ainsi longtemps avant la vie nomade que leur impose un fonctionnarisme ambulant. N'est-ce pas J.-G. Barthe qui écrit lui aussi dans ses *Mémoires,* parus en 1885 : « (Sa maison à Québec) était alors le rendez-vous des plus éminents d'entre les jeunes patriotes du temps, des Elzéar et Isidore Bédard, des Huot, des Baron, des Morin, des Lagueux, des Dubord, etc., qui finirent par neutraliser dans le milieu du Québec l'influence bouillonnante du groupe de Montréal ». Ce qui est inexact dans le cas de Morin, cependant.

Sa vie nouvelle oriente Parent vers une étude d'ensemble du milieu canadien. De prendre contact avec l'autre groupe ethnique lui vaut également une conception différente des choses et des gens. Il voit les Anglo-saxons au travail ; il lit leurs économistes ; il se pénètre de leur conception simple, mais forte de la vie. Ils sont convaincus, dit-il, que la puissance est à ceux qui détiennent le commerce et l'industrie, ce qu'un vieux dicton exprime ainsi : « *Those who have the key of wealth are lords of all* ». Parent essaie de montrer à ses compatriotes que leur salut est dans l'industrie et dans l'agriculture, mais surtout dans les carrières économiques. Dieu sait qu'ils les avaient dangereusement négligées jusque-

36. Pages 117 et s. *Journal intime d'Antoine Gérin-Lajoie.* Celui-ci épouse Joséphine Parent à Toronto, le 26 octobre 1858. La cérémonie a lieu à la cathédrale de St. Michaëls. B. des R. H. (P. 352-V XXX).

là. Il est intéressant à ce propos de voir ce que sont devenus les condisciples de Parent au collège de Nicolet : sept sont cultivateurs, un est juge, un autre archevêque, deux sont prêtres, deux autres notaires, enfin un est avocat [37]. L'orientation est très nette : l'agriculture, le clergé, le droit. C'est contre cela que Parent s'élève quand il écrit :

> Hâtez-vous de vous mettre au niveau des nouveaux venus, sinon attendez-vous à devenir les serviteurs de leurs serviteurs, comme plusieurs d'entre vous l'êtes déjà devenus dans les environs des grandes villes.

La phrase est fautive, mais l'idée est juste.

À côté des livres d'Adam Smith, de Ricardo, de Malthus, de McCulloch, Parent a lu les œuvres de Jean-Baptiste Say et de socialistes comme Proudhon ; c'est ainsi qu'on retrouve dans ses conférences les influences les plus diverses.

Parent réfléchit beaucoup après avoir quitté le journalisme et la politique. Il voit très clairement l'orientation à donner à ses gens pour leur permettre de jouer un rôle dans leur pays plus souvent qu'au moment des élections. Et comme à l'Institut Canadien, on lui demande des conférences, il écrit les *lectures,* suivant l'expression de l'époque, dont il va être question maintenant.

On a parlé de l'art de Parent, conférencier ; mais voilà un jugement impropre. Parent n'a jamais eu l'art du conférencier. Ses *lectures* sont longues, lourdes, parfois fatigantes comme un pensum. Pour les analyser, il faut fréquemment en réunir les éléments principaux comme on ferait d'un rébus. Mais dès qu'on débarrasse la phrase de sa gangue d'incidentes, dès qu'on écarte les considérations sans intérêt, l'idée dégagée jaillit très sûre, bien charpentée et hélas ! encore d'actualité. Malgré ses défauts, le style de Parent est très au-dessus de ce qu'on entendait trop souvent à l'Institut Canadien à cette époque. Pour s'en convaincre, il suffit de feuilleter le *Répertoire National* de J. Huston où se trouvent les élucubrations les plus étonnantes qui se puissent imaginer ; au point qu'on se demande qui blâmer davantage : l'éditeur qui les a publiées ou l'auteur qui les a écrites.

Voici, par exemple, la prose rimée d'un brave garçon du nom de Joseph Lenoir, avocat, dont Huston dit qu'il était « un de nos poètes les plus élégants » et que Monseigneur Roy mentionne dans

---

37. Léon Gérin, dans *La Vie Nicolétaine* de septembre 1936. Vol. IV. P. 58.

Nos Origines Littéraires. Ce rimailleur qui n'hésitait devant rien, semble-t-il, avait lu en 1848 à l'Institut Canadien un poème intitulé *Graziella* qui commençait ainsi :

> Elle était belle, elle était douce,
> Elle s'asseyait sur la mousse.

Lamartine, hélas ! n'en avait inspiré que le titre.

Un autre brave garçon à la figure d'angelot, hanté par le démon de la rime, enfanta vers la même époque un poème dont j'extrais ce quatrain, digne de *Catéchèse,* cette œuvre d'un candide théologien du vingtième siècle débutant ; il est suave :

> « Je réjouis la vierge
> Confiante, sans détour,
> Et fais luire le cierge
> Qui allume son amour. »

Et c'est intitulé *Bienfaits.*

Enfin, ces extraits d'une conférence donnée à l'Institut Canadien par le docteur Painchaud [38], dont le *Journal de l'Instruction Publique* écrivait en 1871 : « Tout Québec se rappelle encore les intéressantes et spirituelles conférences que le docteur donnait souvent à l'Institut ».

Dans celle-ci, consacrée à l'univers, le *lectureur* après avoir parlé de beaucoup de choses, présentait ainsi l'éléphant et le lion à son auditoire. Voici d'abord l'éléphant :

« Ce qui le rend beaucoup plus intéressant encore, ce sont les nobles sentiments qui forment son caractère : conservant la mémoire des bienfaits reçus, jamais il ne méconnaît son bienfaiteur ; il lui marque sa reconnaissance par les signes les plus expressifs, et lui demeure toujours attaché.

On en a vu se sécher de douleur en perdant leur cornac ou l'homme qui a soin d'eux ».

Et maintenant le lion :

« À leur tête paraît le roi des forêts et des déserts, le lion, à la figure imposante, au regard assuré, à la démarche fière, à la voix terrible. Puissant et courageux, il fait sa proie de tous les

---

38.   Grand ami de Philippe Aubert de Gaspé qui en parle ainsi dans ses *Mémoires* : « gai, spirituel, mordant, aimable, tournant tout en ridicule, même les choses les plus sérieuses. On lui reprochait, par ci par là, d'être un peu excentrique... ». À moins que le bon docteur ait fait de l'humour, on ne peut guère juger son esprit par ces piteux extraits.

autres, et n'est la proie d'aucun. Cependant, il ne tue que pour assouvir sa faim ; est-elle apaisée, il est inoffensif. Du reste, aussi généreux que fort, même dans l'état sauvage, il est reconnaissant du bien qu'on lui fait » [39].

Il est probable que le bon docteur, tel Marius, n'avait fréquenté l'éléphant et le lion que dans les livres.

Si je cite ici ces essais naïfs, frisant la niaiserie — ce qui est souvent le ton des œuvres d'imagination de cette époque — c'est pour leur opposer la gravité et l'intérêt que présentent les travaux d'Étienne Parent malgré leurs défauts. On ne trouvera ici que les conférences où il a esquissé les conditions de l'essor matériel des Canadiens français [40]. Après avoir lu l'analyse qu'il en fait, on conviendra que le francophone du Canada aurait été beaucoup plus influent dans son pays, sa province et sa ville, en dehors des périodes électorales, s'il avait mis en pratique quelques-uns des conseils que Parent lui prodiguait.

En établissant d'abord son diagnostic, Parent constate chez ses compatriotes une certaine répugnance à l'effort, qui lui semble dangereuse. D'abord, dans la classe élevée.

... Après la cession du pays, note-t-il, le peuple dut naturellement jeter les yeux sur les rejetons de ses anciennes familles pour trouver en eux des chefs, des guides dans la nouvelle voie qui se présentait, voie de progrès social, politique et industriel. Il n'avait plus besoin de capitaines pour courir les aventures ; le temps de la gloire militaire était passé ; mais il lui fallait des négociants, des chefs d'industrie, des agronomes, des hommes d'État. Com-

39. « *Le Répertoire National* » de J. Huston. Vol. IV. P. 217 et 224. Chez J. M. Valois & Cie (1893).

40. Étienne Parent prononce de nombreuses conférences à Montréal et à Québec, qui indiquent ses principales préoccupations. Voici, par exemple, celles qu'il a faites de 1846 à 1852. À l'Institut Canadien : « L'industrie considérée comme moyen de conserver notre nationalité » (22 janvier 1846) ; « Importance de l'étude de l'économie politique » (19 novembre 1846) ; « Du travail chez l'homme » (23 septembre 1847) ; « Considérations sur notre système d'éducation populaire, sur l'éducation en général et les moyens législatifs d'y pourvoir » (19 février 1848) ; « Du prêtre et du spiritualisme dans leurs rapports avec la société » (17 décembre 1848). Puis à Québec — à la Société pour la fermeture de bonne heure des magasins — le 15 janvier 1852 : « De l'importance et des devoirs du Commerce ». Le 22 janvier et le 7 février 1852, à l'Institut Canadien de Québec : « De l'intelligence dans ses rapports avec la société ». Enfin, le 15 avril de la même année, à la Chambre de Lecture de Saint-Roch à Québec : « Considérations sur le sort des Classes Ouvrières ». Paul-Eugène Gosselin, dans *Étienne Parent*. Chez Fides. P. 14.

bien ont rempli cette mission nationale ? Les uns ont fui devant le nouveau drapeau arboré sur nos citadelles ; les autres se sont réfugiés dans l'oisiveté de leurs manoirs seigneuriaux ; d'autres ont courtisé le nouveau pouvoir qui les a négligés, et, presque tous sont disparus par la même cause, l'oisiveté. Et le peuple, héréditairement habitué à être gouverné, guidé, mené en tout, ils l'ont laissé à lui seul... [41].

Cette répugnance, il la trouve également dans les autres couches de la population. Tout comme George-Étienne Cartier la signale à la même époque dans un de ses discours, Parent écrit :

Nous travaillons beaucoup moins qu'on le fait ailleurs et autour de nous, dans les pays où l'on vise un grand avenir, ou bien où l'on veut maintenir un glorieux passé. On se contente de peu et on n'a guère d'ambition ; sans cela on ne verrait pas si souvent nos jeunes Canadiens aisés se borner à vivre de leurs revenus, si très souvent ils ne mangent pas le fonds, au lieu de s'engager dans de grandes et utiles entreprises, profitables à eux et à leur pays.

Le premier diagnostic est dur. Il établit une carence d'ambition, mais aussi l'absence de curiosité, qui empêche qu'on s'élève au-dessus de son travail par « un bon emploi de ses loisirs ».

Goût de la routine également chez l'homme de profession et dans toutes les classes de la société. Voyons cette page où la pensée du sociologue est vigoureuse :

J'ai dit aussi qu'il y en avait parmi nous, et c'était le plus grand nombre, qui ne travaillaient pas comme il le fallait, et là je voulais faire allusion à cet esprit stationnaire et routinier qui embarrasse encore la marche de notre industrie, et l'empêche de progresser à l'égal de celle de nos voisins et des nouveaux arrivés au milieu de nous. L'industriel anglo-saxon, qu'il soit artisan ou cultivateur, entend, au moyen de son art ou de son métier, s'avancer, s'élever dans l'échelle sociale, et à cette fin il est sans cesse à la recherche des moyens ou procédés d'abréger, de perfectionner son travail, et le plus souvent il y réussit. Il sait que tout est perfectible, que tout s'est perfectionné avec le temps ; il lit tous les jours dans son journal, que tel et tel qui ne valaient peut-être pas mieux que lui ont introduit tel perfectionnement, fait telle découverte... pourquoi n'en ferait-il pas autant ? Chez nous, au contraire, nos industriels semblent croire que leurs pères leur ont transmis leur art dans toute la perfection dont il est susceptible.

41. Il est curieux de rapprocher ici l'opinion de sir Robert Shore Milnes et celle d'Étienne Parent à un demi-siècle d'intervalle. Voir page 148.

Ils vous regardent avec surprise, avec pitié même, si vous leur parlez d'amélioration ; et ils croient avoir répondu à tout, lorsqu'ils ont dit : nos pères ont bien vécu, faisant de cette manière ; nous vivrons bien comme eux. Eh bien ! non, vous ne vivrez pas comme vos pères, en faisant comme eux. Vos pères vous ont légué votre art dans l'état où il était en Europe, il y a deux siècles ; mais, pendant que l'art était stationnaire ici, il marchait là-bas. On y a introduit mille perfectionnements que vous ignorez, vous, mais que n'ignorent pas ceux qui sont venus et viennent en foule se fixer parmi vous et autour de vous ; que n'ignorent pas non plus vos voisins que vous rencontrez sur les marchés où se règlent les prix de vos produits. Non, ne vous flattez pas de vivre comme vos pères, lorsqu'ils étaient seuls ici. Hâtez-vous de vous mettre au niveau des nouveaux venus, sinon, attendez-vous à devenir les serviteurs de leurs serviteurs, comme plusieurs d'entre vous l'êtes déjà devenus dans les environs des grandes villes.

Après avoir établi ce jugement dur, mais réaliste et qui, sous certains aspects, est encore d'actualité, Parent s'écrie :

Sous l'ancien régime on avait une maxime qui, dans les temps et dans les lieux où elle fut suivie, contribua à mitiger ce qu'il y avait de vicieux dans le système social. Noblesse oblige, disait-on. Aujourd'hui que les nobles ne sont plus, et que la principale distinction sociale est la richesse, le riche, qui a hérité de la position du noble dans la société, doit en accepter les obligations et prendre pour règle que *richesse oblige*. Êtes-vous riche, faites valoir vos richesses, augmentez encore votre fortune : l'accumulation des capitaux est la mère des grandes entreprises : travaillez. Ne vous sentez-vous pas l'aptitude aux affaires, livrez-vous à quelque étude utile ; enrichissez votre esprit : travaillez. N'êtes-vous pas propre aux travaux de l'intelligence, occupez-vous d'œuvres de bienveillance : tout le monde est capable de faire du bien à ses semblables. Et cela aussi c'est travailler, et de la façon qui n'est pas la moins méritoire. Vous prétendez au titre d'homme d'honneur : mais est-ce honorable à vous, riche oisif, de ne pas remplir votre tâche dans la société où vous vivez ? Ces richesses que vous prodiguez en objets de luxe et d'amusement frivole, elles ne sont pas votre œuvre, elles eussent existé sans vous. Et quand elles seraient votre œuvre, ne devez-vous rien à la société qui vous les conserve, à Dieu qui vous les a données de préférence à d'autres ? Rendez donc à la société ce que vous lui devez, à Dieu ce qu'il attend de vous, dans la grande œuvre du progrès et du bonheur de l'humanité [42].

---

42. Dans « Du travail chez l'homme », p. 59 et 60. Le *Répertoire National*. J.-M. Valois & Cie, 1893.

Et il ajoute :

... par l'oisiveté je n'entends pas seulement l'entière cessation de tout travail, mais aussi cette paresse de l'esprit qui vous empêche de développer dans le travail toutes les ressources de votre intelligence, à votre avantage, comme à celui de votre pays et de l'humanité entière. Car ce sont les grands travailleurs qui font les grands peuples, et ce sont les grands peuples qui poussent l'humanité en avant.

Enfin, il conclut :

Favorisons donc par nos lois l'accumulation des richesses dans notre pays, mais en même temps mettons-y le travail en honneur, flétrissons l'oisiveté, et pour nous aider à parvenir à notre but, gardons-nous des lois qui peuvent favoriser la concentration des richesses dans certaines classes et les y perpétuer par voie d'hérédité.

Voilà une idée qui, semble-t-il, est nouvelle au Canada français. Elle vient sans doute de Proudhon et des autres socialistes dont Étienne Parent a lu les œuvres. Rien dans ce sens ne se fera au Canada avant la guerre de 1914. C'est alors qu'on songera à établir un certain équilibre, en faisant profiter les moins favorisés des bénéfices réalisés par les autres. C'est en taxant le revenu individuel et celui de l'entreprise qu'on cherchera à mettre à la disposition de l'État les moyens voulus pour son effort de guerre, puis pour exécuter une politique sociale avec les ressources nouvelles dont on dispose. La pression s'accentuera avec les années. À l'époque, Parent émet un vœu pieux. Pendant longtemps, rien n'empêchera l'individu de s'enrichir sans frein, mais bien peu le comprennent parmi les francophones.

* * *

L'idée de l'effort soutenu, intelligent, bien orienté et généralisé dans toutes les couches de la population, Parent la développe longuement dans la conférence qu'il prononce à l'Institut Canadien en 1847. Depuis qu'il a quitté le journalisme et la politique, il a beaucoup réfléchi. Si le travail lui paraît être la première condition de l'essor de ses compatriotes, il voit la seconde dans l'industrie. Or, à cette époque, les Canadiens français ne jouent aucun rôle dans l'industrie manufacturière, d'ailleurs assez peu développée au Canada, un bien faible rôle dans le commerce d'exportation et à peu près aucun dans l'importation [43]. À quelques ex-

---

43. Il y a de bien intéressantes exceptions, cependant. Ainsi, Joseph Masson qui, de petit commis, est devenu riche à cette époque. Il y a aussi

ceptions près, ils se contentent d'être de petits commerçants dans les villes, de petits marchands et de petits propriétaires dans les campagnes et, pour le plus grand nombre, des paysans qui limitent leur activité à la seigneurie qui les soutient et les étouffe à la fois. À quelques exceptions près, ils assisteront bientôt, mais de loin, à l'extraordinaire essor des transports et de l'économie du centre et de l'ouest du pays. D'autres s'enrichiront, comme le rappelaient il n'y a pas encore longtemps les somptueuses demeures de la rue Sherbrooke, de la rue Dorchester et de l'avenue des Pins à Montréal, avant qu'elles ne fussent démolies. À part quelques-uns, les francophones se contentent d'une médiocrité et d'une misère que soulignera cruellement l'enquête royale faite vers 1888 sur les conditions du travail à Montréal. À l'époque où Parent prêche dans le désert, la situation des siens est presque aussi mauvaise qu'elle le sera à la fin du siècle. Le Bas-Canada commence de se dépeupler, au profit de ses puissants voisins. Il est étranglé par un régime des terres (qu'on modifiera, mais bien tard) et par une économie maintenue en veilleuse par ces défauts que Parent souligne dans un cruel diagnostic. Il ne s'est pas contenté de jeter le cri d'alarme. Il indique la voie à suivre dans une conférence qu'il intitule « L'industrie considérée comme moyen de conserver la nationalité canadienne-française » [44]. C'est à l'Institut Canadien que Parent prononce cette longue conférence en 1846, comme on l'a vu. À cette époque, l'Institut est le centre intellectuel le plus actif dans la région de Montréal. On y brasse des idées librement, tant qu'un certain esprit anti-clérical n'oppose pas ses dirigeants à Mgr Ignace Bourget, qu'effraient les opinions libérales de Louis-Antoine Dessaulles, de Joseph Doutre et de quelques autres qui s'attaquent au clergé, à ses initiatives et à certaines de ses prérogatives. L'Institut disparaît après l'anathème prononcé par Rome

---

Austin Cuvillier. Il y a enfin C.-W. Carrier de Lévis et tous ces hommes auxquels Pierre-Georges Roy fait allusion dans ses *Fils de Québec.* Comme nous, il note que le recrutement se fait surtout dans les milieux les plus humbles. Venus à la ville jeunes et sans instruction, certains ont réussi après avoir fait un effort énorme. Ils ont presque tous mis sur pied des affaires intéressantes, mais qui ont disparu avec eux, par un processus généralisé que déplore Étienne Parent et qui désolera tous les sociologues et les économistes qui étudieront la condition sociale des Canadiens français, par la suite.

44.   Parent y voit le salut de ses gens, alors que tant d'autres, clergé en tête, affirment que la vocation du Canada français est strictement agricole. Après les crises qui se multiplieront, le réveil sera brutal un siècle plus tard.

en 1869. Ce fut un malheur, car ainsi se dispersa un milieu intellectuel vivant et intéressant malgré ses outrances.

Voici comment s'exprime Étienne Parent, ce jour-là :

L'on ne s'imagine pas, sans doute, que nous maintiendrons notre nationalité (toujours cette préoccupation) sans quelques efforts, sans dévouement, surtout situés comme nous le sommes, environnés, étreints de toutes parts, imprégnés même sur plusieurs points importants du dissolvant d'une nationalité étrangère.

Il nous faut agir dans le double domaine religieux et politique et surtout dans le domaine social car si nous voulons conserver notre nationalité, il faudra nous assurer une puissance sociale égale, pour le moins, à celle qui lui sera opposée. En vain nous retrancherions-nous derrière des traités ; en vain nous ferions-nous un rempart de tous les principes de la morale publique, du droit naturel et du droit des gens ; il est un droit qui dans le monde, et surtout entre peuples, l'a presque toujours emporté sur tous les autres droits, et ce droit est celui du plus fort, ou, ce qui presque toujours revient au même, le droit du plus habile.

La pensée paraît juste dans son réalisme. Parent la complète en indiquant que c'est sur l'industrie et la richesse que ses compatriotes devront appuyer leurs droits s'ils veulent les conserver.

Je viens vous supplier d'honorer l'industrie ; de l'honorer non plus de bouche, mais par des actes, mais par une conduite tout opposée à celle que nous avons suivie jusqu'à présent, et qui explique l'état arriéré où notre race se trouve dans son propre pays.

Non, messieurs, l'industrie n'est pas suffisamment honorée parmi nous ; elle ne jouit pas de ce degré de considération qu'elle devrait avoir dans l'intérêt de notre nationalité. Oui, nous avons encore des restes de ce préjugé, qui régnait autrefois chez la nation dont nous descendons contre le travail des mains, voir même contre toute espèce de travail ou d'industrie, où un noble cachait son écusson, lorsqu'il se trouvait obligé de s'occuper de quelque négoce, où la robe même avait peine à trouver grâce. Maintenant et chez nous, on ne peut plus, Dieu merci, viser à la noblesse ; mais l'on veut être homme de profession ; c'est encore l'amour des parchemins. Disons-le, on méprise l'industrie. S'il en était autrement, verrions-nous tous les jours nos industriels aisés s'épuiser pour faire de leurs enfants des hommes de profession médiocres, au lieu de les mettre dans leurs ateliers ou dans leurs comptoirs, et d'en faire d'excellents artisans ou industriels ? Verrions-nous ceux d'une classe plus élevée préférer voir leurs enfants végéter dans des professions auxquelles leurs talents particuliers ne les appellent pas, ou, ce qui est pis encore, leur préparer une vie oisive, inutile à eux et à leur pays, au lieu de les mettre dans la voie de quelque honnête et utile industrie ? Et qu'arrive-t-il de ce fol engouement pour les professions libérales ? C'est que ces professions sont encombrées de sujets, et que la division infinie de la clientèle fait perdre aux professions savantes la considération dont elles devaient jouir. Ainsi l'on manque le but qu'on avait en s'y portant en foule. Ce dernier résultat n'est guère à regretter cependant, s'il peut amener le remède au mal dont je me plains. Mais qu'arrive-t-il encore de ce funeste préjugé qui fait qu'on a honte d'une honnête industrie ? Il arrive, messieurs, et c'est ici que le mal prend des proportions d'un mal national, il arrive, en général, que les sujets que nous jetons, pour ainsi dire, à l'industrie, cette force des nations modernes, sont toujours, à de rares exceptions près, bien inférieurs à ceux qui sortent du sein de la population nouvelle [45].

Comme il pense juste lui, qui, de son bureau de fonctionnaire, voit ce qui se passe et réfléchit aux remèdes possibles, mais sans se faire trop d'illusions ! Il ajoute :

Le préjugé qui ravalait le travail des mains et l'industrie en général, quoique bien absurde aux yeux de la raison, se conçoit dans les sociétés européennes, où pourtant il s'affaiblit de jour en jour ; il se conçoit, dis-je, dans les sociétés fondées dans l'origine sous les auspices ou par l'épée de la féodalité. Mais en Amérique, il est plus qu'absurde, il est contre nature ; et dans le Bas-Canada, il est suicide. Il est contre nature, parce qu'il nous fait renier nos pères, qui étaient tous des industriels ; il est suicide, parce qu'il tend à nous affaiblir comme peuple, et à préparer notre race à l'asservissement sous une autre race.

Et le conférencier continue :

Quelle puissance sociale conserverons-nous, acquerrons-nous, si nous continuons à user notre énergie dans des luttes ingrates, tandis que nous laissons à une autre origine la riche carrière de l'industrie ? Nous avons bien nos hommes de peine, nos artisans mercenaires ; mais où sont nos chefs d'industrie, nos ateliers, nos fabriques ? Avons-nous dans le haut négoce la proportion que nous devrions avoir ? Et nos grandes exploitations agricoles, où sont-elles ? Dans toutes ces branches nous sommes exploités ; partout nous laissons passer en d'autres mains les richesses de notre propre pays, et partant le principal élément de puissance sociale. Et la cause de cela, c'est que les hommes que nous mettons en concurrence avec ceux de l'autre origine, leur sont inférieurs et sous le rapport de l'instruction et sous celui des capitaux em-

---

45. Certains réussissent, cependant. Ils suppléent à leur manque de formation, par beaucoup d'énergie, d'initiative et de flair.

ployés. Et cela, parce que ceux des nôtres qui auraient pu soutenir cette concurrence avec avantage, ont dédaigné de se livrer à telle ou telle industrie, préférant végéter avec un maigre parchemin dans leur poche, ou dissiper dans l'oisiveté un patrimoine qu'ils auraient pu faire fructifier à leur profit et à celui de leur pays.

À propos de l'agriculture, une des formes de l'initiative les plus répandues dans le Bas-Canada, Parent note avec tristesse :

> Oui, messieurs, l'agriculture qui, dans nos anciens établissements, se traîne ignoblement dans l'ornière d'une routine surannée, et qui, pour cela même et par d'autres causes, ne fait que de lents et timides progrès vers la conquête du sol vierge qui nous environne de toutes parts. Hélas ! je vous le demande, qu'a-t-on fait pour l'avancement de notre agriculture ? On a voté beaucoup d'argent, il est vrai, pour aider les sociétés d'agriculture à donner des prix... Des prix à qui ? À des gens qui ne connaissent que les procédés d'une vieille routine. Autant vaudrait offrir des prix à des écoliers pour des thèses de philosophie. Faites donc d'abord des agriculteurs, et ensuite vous entretiendrez l'émulation en donnant des prix aux plus méritants.

Et sur la colonisation, il s'exprime ainsi :

> Qu'a-t-on fait aussi pour étendre à notre avantage le défrichement des terres incultes dont notre pays abonde ? Où sont nos sociétés pour faciliter l'accès à ces terres à la surabondance de notre population agricole, dans les anciens établissements, et lui fournir les moyens de s'y fixer et de s'y étendre, comme on le fait pour les colons de l'autre origine ? On a laissé faire, on a laissé aller les choses à cet égard comme à beaucoup d'autres. Eh ! messieurs, sommes-nous bien dans un siècle et dans des circonstances où l'on puisse impunément laisser faire, laisser aller les choses ? Nous sommes dans un monde où tout se meut, s'agite, tourbillonne. Nous serons usés, broyés, si nous ne remuons aussi.

Voilà un tableau bien sombre, pensera-t-on peut-être ! Pour se convaincre qu'il ne l'était pas, il faut lire des textes comme *A Political and Historical Account of Lower Canada,* comme les travaux de Joseph Bouchette, le rapport de lord Durham si précis sous certains aspects ou encore les rapports officiels sur l'agriculture publiés un peu plus tard. Il faut lire aussi les conseils que Mgr Ignace Bourget prodigue à ses ouailles, à peu près vers le même moment. Lui sait ce qui se passe. Il est d'une petite paroisse près de Lévis. Son père est cultivateur. Si Ignace Bourget est devenu pasteur des âmes, il sait bien quels sont les problèmes de ses gens parce qu'il les a vécus. Aussi leur prodigue-t-il les avis que personne n'écoute. Comme Parent, il parle dans le désert malgré le prestige que lui confère l'épiscopat.

* * *

Étienne Parent a été en milieu anglophone depuis 1841. Ainsi qu'on l'a vu, il a lu les grands économistes de l'époque. C'est ce qui le pousse à prononcer une autre conférence qu'il intitule *De l'Importance de l'étude de l'Économie Politique*. C'est l'occasion pour lui de revenir sur la nécessité de l'effort intellectuel orienté vers la production et la consommation des richesses, vers l'étude de l'économie du pays. Voici comment il s'exprime, avec une remarquable compréhension du problème :

> Le temps n'est plus où, pour soutenir la lutte avec honneur ou avantage, il suffisait à nos hommes publics d'avoir du courage, du dévouement, de l'éloquence, et une grande connaissance du droit naturel, politique et constitutionnel. Le temps n'est plus en outre où, par notre masse seule, nous pouvions tenir en échec les éléments sociaux et politiques qui nous étaient opposé, dans une lutte qui avait pour objet les principes mêmes du gouvernement. Notre machine gouvernementale est maintenant régulièrement organisée, c'est-à-dire que les principes qui doivent en régler le bon fonctionnement sont arrêtés et reconnus, ce qui ne veut pas dire cependant que tout est pour le mieux dans l'arrangement politique actuel. Mais quant au gouvernement lui-même, il ne peut plus guère s'élever de questions théoriques, ou touchant son organisation ; il doit, avec son organisation actuelle, fonctionner en harmonie avec la volonté populaire, exprimée par la voie des mandataires du peuple. Tout le monde est d'accord là-dessus. Mais la lutte n'est pas finie, et ne finira même jamais sous notre système de gouvernement ; elle a seulement changé de terrain. Des hautes théories gouvernementales, elle est descendue aux questions d'intérêt matériel, qui, pour la masse des peuples, sont souvent d'une importance plus grande que les premières. Nous nous sommes battus pendant un demi-siècle sur la forme que devait avoir l'habitation commune ; et maintenant que ce point est réglé, chacun va travailler de son côté à y occuper la meilleure place qu'il pourra. Les mille et un intérêts divers qui remplissent la société vont se mettre à l'œuvre pour rendre chacun sa position de plus en plus meilleure, ou de moins en moins mauvaise.

> Et dans cette nouvelle lutte, il faudra non moins de talents et de lumières que dans l'autre ; seulement il en faudra d'un ordre un peu différent, sous certains rapports, de ceux que réclamait la lutte qui a précédé, et qu'il faut s'empresser d'acquérir, car sur la nouvelle arène comme sur l'ancienne, encore plus peut-être,

la victoire devra rester aux plus habiles ; encore autant et plus que
naguère, il faudra que nous ayons deux fois raison, et que nous
soyons deux fois capables de le démontrer. Ainsi l'a voulu la Providence, qui nous a jetés dans ce coin du globe, pour y vivre au
milieu de populations étrangères, dont nous ne pouvons attendre
beaucoup de sympathie.

Or, ces populations descendent d'une race d'hommes qui
semble avoir entrepris la conquête ou la rénovation du monde
par l'intérêt matériel. Son Dieu, c'est Plutus ; ses enfants ne
naissent, ne vivent que pour le gain ; pour eux il n'y a d'autres
rêves que des rêves de fortune, de fortune rapide et colossale ;
pour eux point d'*aurea mediocritas*. Et ils mettent au service
de cette passion, l'ardeur, l'activité, la constance, l'opiniâtreté
que les hommes vouent ordinairement à la poursuite des objets,
des passions les plus vives et les plus insatiables.

Voilà des idées qui doivent plaire à Joseph Masson qui les a
appliquées dans ses affaires. Il n'a pas été nécessaire de le convaincre qu'il fallait s'enrichir. À peu près inculte quand il est venu
à Montréal, il s'est formé à l'école des Écossais, durs à la tâche
et au gain. Il ne l'a pas regretté. Il n'a pas réussi sa vie familiale
au même degré, cependant, puisque, riches, ses fils se contenteront
de jouir des biens qu'il leur a laissés : sauf Rodrigue, qui aura une
carrière politique assez remarquable. En somme, on retrouve chez
Joseph Masson ces qualités que Parent prône et, dans sa famille,
les défauts qu'il a soulignés avec tant de désolation dans ses écrits.

Étienne Parent continue, au sujet de la science politique :

Ce n'est pas une satire que je fais ici ; au contraire je ne fais que
signaler un fait qui me semble providentiel, et je suis porté à croire
que cette avidité à acquérir chez la race anglo-saxonne, avidité,
remarquons-le en passant, qui n'a fait que s'accroître chez la
branche américaine de cette race, est destinée à former un
chaînon dans l'histoire de l'humanité, un âge d'industrie, d'amélioration matérielle, l'âge du positivisme, l'âge de la glorification
du travail. Sans le travail opiniâtre et incessant des nations indus-
trieuses, le monde aurait beaucoup moins de jouissances maté-
rielles et intellectuelles qu'il n'en a. Ainsi, loin de leur porter
envie, on leur doit de la reconnaissance. Veut-on ne pas se
laisser déborder, absorber, écraser par elles, qu'on fasse comme
elles ; qu'on travaille avec ardeur, avec intelligence, avec constance comme elles. Les nations lâches et abruties étaient autrefois
la proie des nations guerrières ; maintenant les peuples indolents
et ignorants seront exploités par les peuples industrieux et intelligents. C'est la loi de l'humanité ; tempérée, si vous voulez, chez
celle-ci, par la religion, qui sait opposer le précepte sublime de

la charité universelle à l'égoïsme des penchants humains, et la considération des biens éternels à l'entraînement des intérêts temporels.

*   *   *

Que doit-on faire, se demande Étienne Parent ? C'est très simple il ne faut pas laisser aux autres le soin de défendre nos intérêts. Et, pour cela, il faut se mettre à l'étude de l'économie politique comme autrefois on s'est pénétré de la politique anglaise et de ses règles.

Il faut quelque optimisme pour s'exprimer ainsi dans une société peu instruite, qui s'éveille au romantisme et qui n'a aucun goût pour les lectures austères. Parent le sent bien. Aussi, dans toutes ses conférences, s'adresse-t-il à la jeunesse qui l'entoure. Il la voit curieuse, mais peu développée intellectuellement. C'est la jeune génération d'un pays qui a ses écoles primaires et même secondaires dans les villes, mais à qui l'Université n'a pas encore donné la formation supérieure. En dehors des centres, il sait quel problème présente l'instruction publique [46]. Il l'expose longuement dans une conférence qu'il prononce à l'Institut Canadien en 1848. À ce moment-là, la question soulève la population entière, mais pas dans le meilleur sens. Pour faire pénétrer l'instruction dans les comtés les plus éloignés, on cherche à faire payer les frais par le peuple. Et alors c'est un tollé contre la taxe et les *taxeux*. Ces gens, dont les pères avaient respecté l'instruction, menacent de se rebeller contre ceux qui veulent rénover un régime scolaire presque inexistant. Les prêtres eux-mêmes ne peuvent rien, comme le note Parent :

> Là, le ministre de l'Évangile, pour ne pas compromettre son saint ministère juge prudent de s'abstenir. Plus loin, les hommes les plus influents, les plus justement réputés sont l'objet de la défiance

---

46. Dans ses *Mémoires*, parus en 1970, le Chanoine Lionel Groulx note que son père, son parrain et sa marraine étaient illettrés. L'on était en 1878 et tous habitaient, à quelque vingt-cinq milles de Montréal, près du petit village de Vaudreuil. Pour apprendre à lire et à écrire, sa mère avait dû marcher régulièrement treize milles par jour, de la ferme au couvent : aller et retour. C'est vers le même moment que Mgr Ignace Bourget exposait la pénible situation de l'instruction publique. Et c'est pour cela qu'à partir de 1842 il était allé chercher à l'étranger les religieux qui, pendant un siècle suppléeront à la pénurie d'instituteurs laïques. À la même époque ou un peu plus tard, d'autres gens, des intellectuels comme Jean-Baptiste Meilleur, l'abbé Hospice-Anthelme Verreau, Augustin-Norbert Morin et Pierre-J.-O. Chauveau réclament l'instruction à grands cris, mais sans succès.

publique. Ailleurs, nos bons habitants toujours si paisibles, si soumis aux lois, opposent la force ouverte aux agents de la justice. Sur d'autres points, nous avons à déplorer des attaques nocturnes contre la propriété, contre des maisons d'école même.

Et pourquoi ce ·soulèvement ? Parce qu'on veut « apprendre à lire et à écrire » à des gens à peu près illettrés, mais en leur faisant payer les frais.

Parent sent qu'il y a là une des questions les plus urgentes dans le Bas-Canada. Il s'y attaque avec son ordinaire lucidité d'esprit.

Pourquoi résiste-t-on à une mesure aussi bonne en soi, se demande-t-il ? D'abord, parce que le fardeau de la taxe est presque partout hors de proportion des ressources individuelles. Il n'est pas inexact de dire que la « contribution la plus modique, jointe à la perte du travail des enfants au-dessus de douze ans, est une charge onéreuse pour un cultivateur du Bas-Canada ». Ce que l'on impose dans la plupart des cas, c'est donc le nécessaire.

On a confié l'administration des écoles à des commissaires électifs, ajoute-t-il, qui, presque toujours, n'ont pas d'instruction eux-mêmes. De plus « dans tous les lieux où la loi a opéré », chaque canton a voulu avoir son école et les écoles se sont multipliées, je ne dirai pas au-delà des besoins de la population peut-être, mais assurément fort au-delà des moyens disponibles pour le soutien de bonnes écoles. Comme conséquence, on n'a comme instituteurs, dans la plupart des cas, que de pauvres hères sachant à peine lire et écrire. Mais qu'attendre, s'écrie Parent, de « commissaires illettrés eux-mêmes, ou sous l'influence d'une population plus ignorante encore... » Dans ce pays, où l'instruction est encore si rare, un homme passablement instruit et laborieux trouve autre chose à faire qu'à prendre une école avec une rémunération de vingt à trente louis. Un domestique de maison bourgeoise gagne plus que cela.

En somme, conclut Parent, nous avons fait connaître l'instruction (à nos gens) sous une forme qui a dû les en dégoûter.

À l'appui de cette opinion, il y a aux Archives Publiques du Canada (Robertson, C.M.G. 24 D. 47) une bien curieuse lettre adressée par un instituteur de Saint-Paul de Lavaltrie à MM. Soupras et Marchand de Saint-Mathias, le 25 mars 1835. Il leur offre ses services comme commis. « Voilà que les Écoles sont touchées, écrit-il, et ma foi il faut que je prenne un autre parti que celui d'Instituteur. »

Devant la gravité et l'ampleur du problème, Étienne Parent suggère un certain nombre de réformes ;

1 — Une administration centrale jusqu'à ce qu'on ait pu « former dans chaque localité un nombre suffisant d'hommes solidement instruits pour étouffer toute opposition sérieuse à l'éducation et pour gérer les affaires d'école d'une manière satisfaisante. » Et alors décentralisation et contrôle central seulement. Formation d'un Bureau composé de fonctionnaires et d'un représentant de chacune « des principales communions chrétiennes, résidant au siège du gouvernement » et présidé par le surintendant de l'éducation.

2 — L'imposition d'une taxe progressive et non proportionnelle ; ce qui était en somme aller chercher l'argent où il était. Ou mieux encore imposition d'une taxe sur les successions dont le produit serait affecté à l'instruction publique.

3 — Des traitements aux enseignants fixés par la loi et variables suivant les endroits, « afin que l'instituteur, en quelque lieu qu'il exerce sa profession, soit sur le pied d'égalité, pour le moins, avec la généralité des pères de famille dont il est chargé d'instruire les enfants. » Faudra-t-il alors fermer la plupart des écoles ? « Oui, si c'est nécessaire pour en avoir quelques bonnes. » [47] Avec une seule bonne école, s'écrie Parent, vous pouvez, dans l'espace de quinze ans, jeter dans une paroisse des centaines de jeunes gens solidement instruits, qui feront sauter à tous les yeux les avantages de l'éducation, en état d'exploiter les ressources de l'endroit, de conduire ses affaires locales, d'y guider l'opinion, et d'en rénover le caractère social, ce que vous ne ferez jamais avec les misérables écoles du jour.

4 — Enfin, exonérer de l'impôt les localités qui sont incapables de le verser. Rénovez l'instruction, affirme Parent, et vous aurez outillé notre peuple pour la lutte qu'il engage. Faites cela et du pauvre vous faites l'ami du riche, vous refondez votre peuple en une masse homogène et compacte ; vous donnez ou préparez la solution du plus grand problème social qui ait occupé les publicistes et les hommes d'État de tous les temps. Faites cela, et alors vous pourrez, la main sur la conscience, parler d'égalité et de fraternité humaine, vous dire chrétiens et libéraux. Sinon, renoncez à ces deux titres...

---

47. C'est la conclusion à laquelle on est arrivé longtemps plus tard quand on a remplacé l'*école de rang* par une école régionale, mieux organisée avec de meilleurs professeurs, tout en y transportant les élèves venus d'assez loin : chose que l'on n'aurait évidemment pas pu faire à l'époque. Malgré cela, il vaut la peine de retenir combien Étienne Parent voyait juste un siècle avant que la réforme ne fût appliquée.

Ainsi parla Étienne Parent il y a plus d'un siècle. Si on l'eut écouté, on aurait réalisé de grandes choses. Et il n'aurait pas été nécessaire de tout chambarder, un siècle plus tard.

* * *

Parent est aux premières loges pour assister aux événements politiques qui se préparent à la fin de sa carrière. En 1864, les représentants des colonies anglaises de l'Atlantique se sont réunis à Charlottetown d'abord, puis, avec les autres, à Québec. Les délégués du Canada-Uni n'étaient pas invités à la Conférence. Malgré cela, ils y sont venus dans un bateau qui les a déposés dans le petit port côtier où se trouve la capitale de la moins importante des colonies de l'Atlantique-Nord. On les accueille quand même. Pour bien souligner qu'ils n'ont pas de statut officiel, on les fait monter dans une loggia qui surplombe encore la Chambre d'Assemblée. Puis, comme ils sont les plus nombreux et les plus importants et comme ils s'intéressent au projet de fusion, on les invite à participer au débat sur le parquet de la Chambre. Ils sont là avec les autres délégués, chauves, ventripotents ou émaciés, au faciès garni de pattes de lapin envahissantes, dont un peintre nous a gardé le souvenir sinon fidèle, du moins officiel.

Sous l'influence des intrus de l'Ouest, on décide de se réunir à Québec, cette fois, à l'automne de 1864. C'est la Conférence de Québec. Elle n'est pas brillante comme l'a été le Congrès de Vienne (devenu inutile après le débarquement de l'Empereur à Fréjus) ; mais le rendez-vous de Québec donne lieu également à une vie mondaine, et aux résolutions qui seront le point de départ de la fusion des colonies britanniques de l'Amérique du Nord.

Étienne Parent est un grand commis de l'État. Il ne peut discuter ouvertement les projets du gouvernement : on n'est plus à l'époque des bureaucrates qui, comme Joseph Bouchette, ne craignaient pas de demander l'Union ouvertement. S'il veut rester en place, le fonctionnaire doit être discret, surtout à un moment où la liberté de parole est chose bien relative. Étienne Parent se garde donc d'écrire ou de parler publiquement des affaires de l'État. On peut savoir ce qu'il pense du projet nouveau, cependant, grâce à une correspondance qu'il entretient avec Edme Rameau de Saint-Père, écrivain français qui s'intéresse à ces francophones d'Amérique qu'on a oubliés depuis que Choiseul, duc de Praslin, a paraphé le Traité de Paris. C'est à Alger qu'Edme

Rameau [48] apprend l'existence des francophones d'Amérique. Dans *Témoignages d'Hier* [49], Jean Bruchési raconte comment la chose s'est passée. Saisi par l'intérêt du sujet, Rameau écrit un livre qu'il intitule *La France aux Colonies,* fruit de ses lectures et de ses réflexions, car l'auteur n'est pas encore venu en Amérique. Les intellectuels du Bas-Canada accueillent l'œuvre avec joie quand on la reçoit à Québec. Enfin, l'on s'intéresse à eux de l'autre côté de l'océan !

Rameau de Saint-Père vient dans la Colonie en 1860 [50]. Ce sera le point de départ de nombreuses amitiés, dont celle qui le lie à Parent. Attiré par le charme d'une jeune Canadienne de Saint-Hyacinthe, il songe à l'épouser et à se fixer au pays. Il y renonce cependant, revient en France, s'y marie, mais reste attaché à ce pays du Canada, où il a des amis et des correspondants à qui il pose des questions précises et nombreuses.

Étienne Parent est parmi les plus fidèles. Ainsi, pendant treize ans, il écrit régulièrement à l'auteur de *La France aux Colonies* [51]. On voit les liens qui s'établissent entre les deux hommes par les détails intimes qu'ils échangent : naissances, décès, inquiétudes familiales ou soucis patriotiques, même si Parent appelle encore son correspondant « Cher monsieur » et « Mon cher monsieur et

---

48. Étienne Parent le taquine un jour en lui rappelant qu'il est devenu « de Saint-Père » bien récemment.

49. Chez Fides, Montréal. Page 143. Voici comment Jean Bruchési explique de quelle manière Rameau de Saint-Père commence de s'intéresser au Canada : « D'une activité débordante, Rameau ne trouve bientôt plus de quoi la satisfaire à Paris seulement et part pour l'Algérie, désireux d'y consacrer au moins une partie de son temps et de ses forces à l'extension de la France. Il achète des jardins à Blidah, des maisons à Alger. Un jour, vers 1850, auprès du futur Cardinal Lavigerie, il rencontre des missionnaires qui lui parlent du Canada, de ces Français d'Amérique qui ont gardé, paraît-il, avec la langue et les traditions ancestrales, le culte de l'ancienne mère-patrie. Le plus grand nombre habite les deux rives du Saint-Laurent, mais il y en a en Acadie, en Louisiane, en Nouvelle-Angleterre, au Détroit. Rameau décide sur-le-champ de s'intéresser à ces frères éloignés qui ne sont peut-être plus que des cousins dont l'histoire, si elle est connue des Français de France, vaudra pour ceux-ci la plus belle leçon d'espérance et de fierté ».

50. À plusieurs reprises par la suite, Rameau de Saint-Père écrira des articles sur le Canada dans des revues comme *L'Économiste, Le Correspondant.* Étienne Parent s'y réfère dans ses lettres à l'auteur.

51. M. Jean Bruchési avait dans ses cartons quelque quarante-cinq lettres échangées entre Parent et Rameau. Il les a cédées à l'Université de Montréal, où elles se trouvent aux Archives, sous le titre du fonds Jean Bruchési.

ami », ou encore « Cher monsieur et ami ». À cette époque, on est loin du tutoiement qu'utilisent si facilement les jeunes de nos jours. On garde ses distances et l'on a raison : le tutoiement étant une forme d'intimité qu'autorise à peu près seule une amitié d'enfance.

Rameau de Saint-Père reçoit très gentiment le fils aîné de son ami canadien. Il l'invite dans sa province natale, lui présente des gens, bref le traite un peu comme son fils. Ce sera le point de départ d'une correspondance qui se prolongera au-delà de la mort d'Étienne Parent. Celui-ci rend visite à son ami Rameau également.

Ce qui est intéressant pour nous, c'est de voir, comme après les civilités ordinaires, Parent va tout de suite au fond des questions qu'on lui pose de Paris. Il parle en toute liberté des *Fenian Raids,* de la crainte des États-Unis après la guerre civile qui oppose le Nord et le Sud. « Nos pauvres sudistes », écrit-il à un moment donné ; ce qui montre où sont ses amitiés. « Après cela sera-ce notre tour ou celui du Mexique ? » Et il ajoute : « Si l'Angleterre fait ce qu'elle doit, nous nous battrons ; autrement nous négocierons au mieux. » Cela indique une inquiétude qui semble régner dans les milieux officiels de l'époque. George-Étienne Cartier, par exemple, en fera le leitmotiv de sa campagne. Un peu effrayé lui-même, le haut clergé l'appuiera, même si Mgr Ignace Bourget se fait un peu tirer l'oreille pour accepter officiellement le projet de confédération et pour recommander à ses ouailles de l'appuyer.

* * *

Dans ses lettres à Edme Rameau, Parent parle du choix que la Reine vient de faire de Bytown, petit trou dans la sauvagerie environnante qu'on va bientôt transformer en capitale. S'il n'est pas enthousiaste, il n'est pas le seul, dans les milieux officiels, à ne pas approuver la souveraine. Ainsi, en 1866, le vicomte Monck, gouverneur général du Canada, proteste contre le choix du lieu. De son côté, le marquis de Lorne qui, plus tard, y habitera lui-même, affirme que la capitale ne restera pas à cet endroit. Le lieu est enchanteur, mais la capitale est si loin de tout à une époque où les communications ne sont pas faciles [52].

---

52. Ottawa est, à ce moment-là, très isolée. Aucune voie ferrée ne relie encore la capitale au reste du pays. Comme l'écrit Léon Gérin dans « Le pays et la famille de Gérin-Lajoie », — aucune voie ferrée ne reliait la capitale adolescente, informe, du Dominion au cœur de la province fran-

Il faut chercher dans cet échange de correspondance surtout ce qu'Étienne Parent pense de l'union (régime qu'il vit et qu'il craint) et du projet de confédération.

Parent a été traumatisé par le Rapport Durham et par l'Acte d'Union qui l'a suivi. Découragé un moment, comme on l'a vu, ne pensait-il pas que tout était fini pour ses gens. Il n'y avait plus pour eux qu'à s'adapter et à se fondre dans la masse anglo-saxonne. De cette époque, il a gardé une grande méfiance du régime. Et cela s'explique. Si les hommes politiques ont essayé d'en tirer le meilleur parti possible, ils n'ont pu empêcher certaines mesures injustes comme la répartition des dettes, le Haut-Canada faisant partager au prorata par l'autre province les engagements qui ont été contractés pour des travaux de superstructure faits à l'avantage de l'un, mais guère de l'autre. Et puis, il y a la crainte que le Haut-Canada ne muselle le Bas-Canada. Dans une de ses lettres à Rameau de Saint-Père, le 6 janvier 1864, Étienne Parent explique pourquoi il est favorable au régime nouveau :

> Croyez-en les vieux défenseurs de notre nationalité, écrit-il, la pire position pour nous, c'est l'union législative avec le Haut-Canada, qui lui donne le droit de s'immiscer dans nos affaires locales et à nous le même droit à son égard. Ces deux droits ne marcheront jamais d'accord et il faudra que l'un dévore l'autre, et on prévoit lequel sera dévoré. À tout prix, brisons cette funeste union, et chacun redeviendra maître chez soi, ne s'occupera plus des affaires de son voisin. Les dangers de la confédération sont incertains et éloignés, ceux de l'union sont certains et imminents.

Dans cette même lettre, il évoque pour son interlocuteur la menace que les États-Unis font peser sur le Canada. En se livrant ouvertement à son correspondant, Parent me paraît exprimer le sentiment des milieux officiels. Il est bien placé pour le connaître à cause du poste élevé qu'il occupe au gouvernement. Voici comment il expose ses craintes :

> Nos voisins deviennent menaçants et l'Angleterre nous dit clairement qu'elle n'a pas de troupes suffisantes à nous envoyer et qu'elle ne pourrait guère faire qu'une diversion avec sa flotte sur les

---

çaise que baigne le grand fleuve Saint-Laurent. Pour s'y rendre à partir d'Ottawa, on avait le choix entre deux routes combinant le trajet par eau avec celui du rail.

« L'itinéraire préféré (sauf l'hiver) consistait à descendre en bateau le cours de l'Ottawa, grand tributaire du Saint-Laurent. » Or, il fallait compter encore tout un jour pour cela. (B. des R. H. — Octobre 1924. Vol. XXX. N° 10. P. 291).

côtes américaines. En ce cas, l'Angleterre pourrait bien brûler quelques villes maritimes, mais le Canada serait subjugué, et perdu à tout jamais l'espoir de voir un peuple français se perpétuer sur le continent américain. Vingt-cinq mille hommes de troupes françaises, envoyés de ce côté au secours de l'Angleterre, empêcheraient ce malheur irrémédiable.

C'est l'époque où, en France, on prépare l'expédition du Mexique, qui devait se terminer lamentablement.

Cette crainte des États-Unis, c'est aussi, sans doute, ce qui pousse Londres à réunir les colonies d'Amérique en un seul pays, face à ses puissants voisins.

En 1856, Parent avait opté pour la constitution d'un État dans la Fédération américaine plutôt que d'accepter au Canada la représentation au prorata de la population, qu'on cherchait à imposer aux deux Canadas depuis que la province d'en haut avait pris son essor. Il a évolué parce que le projet de confédération, selon lui, permet de créer une entité francophone ayant les pouvoirs voulus pour résister à la pression environnante. Il craint, cependant, certaines attributions qu'on se prépare à donner au pouvoir central. Il exprime alors un vœu pieux sans trop croire à sa réalisation.

Hélas ! oui, note-t-il, si nous pouvions, avec la garantie des puissances, obtenir la position de la Suisse et de la Belgique, ce serait un grand bonheur, en autant que notre position vis-à-vis des États-Unis y est concerné ; mais cela ne réglerait pas nos rapports avec le Haut-Canada ; cette question est la principale, c'est le nœud gordien de la situation. Or à cela, nous ne voyons que deux issues, ou la confédération ou la représentation par la population avec le régime actuel, et de ces deux issues la dernière nous paraît la plus dangereuse. Je disais en 1856 que je préférais l'annexion aux États-Unis, à la condition de former un État séparé, à la concession de la représentation par la population et je suis encore de cet avis, malgré l'immense dette des États-Unis, dont il nous faudrait payer notre quote-part : ce serait le prix de notre autonomie locale, qui n'aurait alors à redouter que l'accroissement de l'influence et de l'élément anglo-saxon, qui serait la conséquence de l'annexion. Et avec notre immense supériorité actuelle, nous pourrions tenir longtemps tête à l'envahissement de ce côté, de sorte que la providence à laquelle vous nous conseillez de nous confier, n'aurait de sitôt à intervenir en notre faveur.

Mais comme cela paraît contredire la crainte que Parent exprime à l'endroit des États-Unis ! Dans un cas, il cherche une solution au problème de l'élément francophone. Dans l'autre, il s'effraye d'une guerre possible entre le nouveau pays en voie de formation et son puissant voisin.

Enfin, dans cette même lettre du 6 janvier 1864, Parent explique aussi le désir qu'il partage de créer un gouvernement fort, capable de maintenir l'ordre en cas de crise :

> Savez-vous que tandis que vous attribuez aux trop grands pouvoirs du gouvernement de Washington, la guerre qui désole maintenant le Sud et ruine le Nord, ici on attribue cette guerre aux pouvoirs trop restreints de ce gouvernement. C'est pourquoi l'on s'est entendu pour former un gouvernement fort et puissant, capable de comprimer moralement avant leur naissance, ou de supprimer tout d'un coup par la force, toutes dispositions à troubler l'ordre établi.

Dans d'autres lettres, Parent parle de l'émigration aux États-Unis dont on aperçoit le danger et qu'on espère endiguer par la colonisation dans la vallée du Lac Saint-Jean et les Cantons de l'Est. Il mentionne aussi le chemin de fer dont on projette la construction entre Québec et Montréal. Ce sera la première étape de cette voie ferrée que Louis-Adélard Senécal terminera, dirigera et dont il contribuera à vendre, plus tard, une partie au Pacifique Canadien au profit du gouvernement de Québec et une autre à l'avantage d'un groupe dont il fait partie.

Ailleurs, dans une lettre du 3 juin 1864, Parent parle de l'avenir du Canada comme pays minier. Il note avec désolation :

> Seuls nos voisins du Sud ont le « personnel scientifique et financier nécessaire... » À nous, il ne restera que les miettes, ajoute-t-il, tant qu'on n'initiera pas nos jeunes gens instruits à l'industrie minière.

Il souhaite que la France s'intéresse à l'exploitation du sous-sol canadien. C'est un autre vœu qui n'aura pas de suite, tant on reste convaincu en France que le Canada est la chasse gardée de l'Angleterre. Quinze ans plus tard, avec le Crédit Foncier Franco-Canadien on assistera à un début de collaboration franco-canadienne qui, pendant longtemps, n'aura pas d'autre suite.

Cette correspondance, à laquelle on ne peut donner plus d'importance ici, montre Étienne Parent sous son vrai jour : réfléchi, s'intéressant de très près aux problèmes de son groupe, de son pays, à l'évolution politique, à la colonisation, à l'émigration qui vide le pays de son essence, même si la société patriarcale, comme il le dit, se ressaisit, comble les vides et dure. Malgré l'intérêt qu'il porte aux intérêts supérieurs de son pays, il reste très humain. On voit dans ses lettres comme il s'intéresse aux affaires familiales de son correspondant. Il prend la peine de se désoler que Rameau ait perdu son premier enfant, comme son fils Henri. Il se réjouit qu'un autre soit en marche. On le sent très près de ce Français dont il a appris à connaître la gentillesse et l'intérêt qu'il porte à son pays. C'est ce sens de l'humain qui rend Parent si sympathique et qui lui permet de grouper autour de lui tant de jeunes et de moins jeunes dans une société qui leur est étrangère, dans les villes où le gouvernement s'installe à la recherche d'un gîte permanent. Comme on l'a vu, il ne le trouvera qu'en 1866 quand les nouveaux immeubles d'Ottawa accueilleront les services de l'État, après des difficultés de toutes espèces.

*   *   *

Dans ses *Souvenirs d'un demi-siècle*, J.-G. Barthe prête du génie à Étienne Parent. Barthe était de Sorel, me disait un spirituel prélat à qui je signalais la chose.

Quoi qu'il en soit, il faut admettre que Parent exerça une influence certaine, mais éphémère malheureusement, à une des époques les plus difficiles de notre histoire. Un moment, il fit école. Autour de lui se groupa une jeunesse intelligente et cultivée, qui comptait entre autres, ses gendres Benjamin Sulte et Antoine Gérin-Lajoie. Parent éveille en eux le goût de l'effort intellectuel, de la production littéraire ; mais après sa mort, personne ne continue son œuvre de sociologue. Pour voir des intellectuels se préoccuper du problème économique et social au Canada français, il faut attendre la fin du siècle avec Edmond de Nevers, Errol Bouchette, Léon Gérin — petit-fils de Parent — et, au siècle suivant, le moment où Édouard Montpetit donnera sa mesure [53]. Précurseurs, ils montrent la voie nouvelle car tous quatre font valoir qu'il faut tendre à la richesse non « comme une fin, mais

---

53. Dans *Rétrospective d'économie sociale au Canada français*, Gustave Lanctot rappelle le nom de ceux qui ont parlé d'économie sociale après Parent. On les compte sur les doigts de la main. Avant Léon Gérin, Edmond de Nevers et Errol Bouchette, il y a quelques écrivains qui se risquent à traiter d'économie, mais leurs travaux sont élémentaires. Ce n'est qu'avec Édouard Montpetit que la science économique prend vraiment forme. De son côté, l'abbé Lionel Groulx voit très juste dans ce domaine. À l'*Action française*, il fait paraître de nombreux articles qui montrent ses préoccupations constantes. Il n'est pas économiste, mais il sent combien il est important pour ses compatriotes de s'orienter vers les affaires.

comme un moyen », suivant la formule qu'Édouard Montpetit trouvera pour calmer les appréhensions d'un clergé encore bien puissant. Après Parent, on se heurte longtemps à un vieil instinct héréditaire plus fort que le raisonnement le plus serré. Et pendant ce temps, les Anglais, les Écossais et les Juifs immigrés dans notre pays, s'installent aux postes de commande de l'économie, sans qu'il soit nécessaire de les convaincre que s'enrichir est une nécessité individuelle et nationale.

Augustin-Norbert Morin

L'homme politique et le juriste:

Augustin-Norbert Morin
Rebelle, puis serviteur de Victoria Regina
(1803-1865)

Augustin-Norbert Morin contribue à rédiger les *Quatre-Vingt-Douze Résolutions* [1] qui mirent le feu aux poudres dans la Colonie. Vingt-cinq ans après, il est un des juristes qui préparent le Code Civil du Bas-Canada : œuvre d'ordre, de paix, de consolidation de la société. Entre les deux époques, Morin a une vie à la fois agitée et calme, celle d'un homme qui a vécu des années difficiles et qui, après avoir voulu démolir un régime, a contribué à en faciliter l'évolution. Au dire de ses contemporains, il était doux, amène, gentil ; or, en novembre 1837, on l'accuse de haute trahison. En 1839, le chef de police donne l'ordre de l'écrouer à la prison de Québec [2]. S'il ne l'a pas été après la première insurrec-

---

1. Voir le texte présenté à la Chambre d'Assemblée, vendredi, le 21 février 1834. Collection Gagnon, à la Bibliothèque Municipale de Montréal.

2. Au printemps de 1838, une fois les esprits calmés, il revient à Montréal ; par la suite, il se constitue prisonnier et demande qu'on le juge, écrit A. Béchard dans *L'Honorable A.-N. Morin*, page 232. Paru à *La Vérité*, Québec 1885.

Dans l'intervalle, les procédures et les mandats d'arrestation s'accumulent. Voici à titre d'exemple les traces qu'on en garde aux archives provinciales de Québec :

No 2931. — Petition of A.-N. Morin for a writ of Habeas Corpus (17 novembre 1837). Mandat d'arrestation contre Auguste-Norbert Morin, signé R. Symes J.P. (15 novembre 1837).

No 2932. — Autre mandat d'arrestation contre le même et signé par le même (18 novembre 1837).

No 2932 a. — Cautionnement de M. Augustin-Norbert Morin (18 novembre 1837).

No 2935. — Brouillon de lettre du secrétaire civil à C.R. Ogden, procureur général, 26 octobre 1839. Le mandat d'arrestation émané contre M. A.-N.

tion, c'est qu'on ne l'a pas pris les armes à la main et que, prudent, il a fui chez des amis [3] pendant qu'on le recherchait comme un dangereux ennemi de la Reine, récemment montée sur le trône d'Angleterre : reine charmante et gracile à l'époque, comme le rappelle à Montréal un monument qui est l'œuvre de sa quatrième fille, la princesse Louise. Il la représente au moment où, jeune encore, elle exerce une influence déjà grande. La rébellion dans les deux Canadas assombrit les premières années de son règne, note Joseph Schull dans le livre qu'il vient de consacrer à l'insurrection [4]. Allait-elle entraîner la perte d'une autre partie des colonies nord-américaines ? C'est cela sans doute qui inquiétait davan-

Morin sera mis à exécution si ce dernier ne quitte immédiatement le Bas-Canada.

No 2937. — C. R. Ogden à A.-N. Morin, Québec, 27 octobre 1839. Il a reçu l'ordre d'exécuter le mandat d'arrestation émané contre lui s'il ne quitte pas le Bas-Canada.

No 2938. — A.-N. Morin à C.R. Ogden, Québec, 28 octobre 1839. Il se constituera prisonnier dans le cours de la journée. (copie).

No 2939. — T.A. Young à C.R. Ogden, 28 octobre 1839. M. A.-N. Morin s'est rendu à la prison à 3¼ h. p.m.

No 2940. — C.R. Ogden à W.C. Murdock, secrétaire civil, Québec, 28 octobre 1839. Il a reçu ses deux dernières lettres. M. Morin s'est constitué prisonnier.

No 2941. — Brouillon de lettre. Le secrétaire civil à C.R. Ogden, 4 novembre 1839. Le gouverneur général a reçu une lettre de P.E. Leclerc, surintendant de la police de Montréal, où celui-ci lui dit qu'il n'a pas été fait de dépositions contre M. Morin et lui explique les circonstances qui ont provoqué l'émission d'un mandat d'arrestation contre M. Morin.

No 2945. — T.A. Young à W.C. Murdock, Québec, 7 novembre 1839. Il a remis en liberté M. A.-N. Morin.

3. Il y a à ce propos une lettre du docteur Hubert Larue à l'Abbé Hamel en août 1865, après la mort d'Augustin-Norbert Morin. Le signataire note : « Je pourrais vous envoyer des détails très intéressants sur les six mois d'hiver qu'il a passés en 1837, caché dans la cabane à sucre de mon oncle à Rivière du Sud. » Dans un mémoire qu'il rédige en 1857, pour mettre sa femme au courant de sa situation financière, Morin confirme qu'à la fin de 1837 ou au début de 1838, il s'est réfugié chez des amis, en attendant de se constituer prisonnier en 1839. Il écrit au sujet d'une dette : « Ce n'est pas parce que je n'ai pas payé ce billet, savoir à Jean-Baptiste Morin, qui prétendait avoir payé les fonds ; ils se sont querellés, moi j'ai à payer deux fois, car je ne voudrais pas poursuivre mon parent qui m'a recueilli pendant les troubles... » Archives du Séminaire de Saint-Hyacinthe.

4. *Rebellion, The Rising French Canada.* Chez MacMillan of Canada. Toronto.

tage la souveraine à une époque où la métropole tenait encore à ses territoires d'outre-mer.

Si Morin n'est pas allé en prison en 1837, c'est simplement parce qu'on n'a pu s'emparer de lui. Quelques années plus tard, il devient ministre de Sa Gracieuse Majesté. Que de contrastes, de contradictions et d'oppositions il y a dans l'existence de ces hommes du dix-neuvième siècle ! L'injustice les révolte mais, par la suite, ils acceptent de servir le régime nouveau dès qu'ils se convainquent qu'ils doivent l'adapter aux besoins du pays.

Leur collaboration est une étape nouvelle dans la politique canadienne ; c'est celle où l'on obtient la responsabilité ministérielle. À partir de ce moment, les contestataires cessent leur opposition violente et collaborent avec le pouvoir. Avec ses défauts, le régime les retient parce qu'ils lui reconnaissent des qualités, tout en étant incapables de le modifier et, aussi, parce qu'ils ne sont pas assez malheureux pour essayer de l'ébranler à nouveau ou pour le jeter à bas. C'est ainsi que certains se sont adaptés même s'ils ont rongé leur frein. Et puis, les partis les ont embrigadés avec leur discipline, leurs cadres solides et durables, leurs bonnes places ou leurs prébendes. Ils ont permis à d'autres de satisfaire un grand besoin d'agir ; ce qui était le cas d'Augustin-Norbert Morin.

* * *

Morin est né à Saint-Michel de Bellechasse le 12 octobre 1803 d'une famille de cultivateurs honnêtes et pieux, écrit un de ses biographes. Un autre rappelle que, vers l'âge de quarante ans, en se rendant au tribunal de Kamouraska où il doit siéger, il passe devant l'église de Bellechasse à la sortie de la messe, le premier de l'An. Il met un genou à terre devant son père qui sort du temple à ce moment précis. Il se découvre et demande sa bénédiction. Voilà un geste théâtral, qui a son importance devant les électeurs, à une époque où l'Église est toute-puissante, pense-t-on ? Peut-être, mais n'indique-t-il pas davantage la spontanéité d'un homme qui pousse très loin le respect de la tradition ? Autre témoignage venu de ses contemporains : dans l'inscription qui rappelle son souvenir à l'église de Sainte-Adèle et à celle de Notre-Dame-du-Rosaire à Saint-Hyacinthe où il est inhumé, on évoque sa foi et sa piété.

Jeune homme, il a songé à entrer dans les ordres, puis il a décidé de rester dans le monde où il fera valoir ses qualités de cœur et d'esprit. Plus tard, L.-O. David rappellera sa bonté et sa charité qui étaient proverbiales. « Jeune, écrit-il, il donnait tout aux pauvres, tout jusqu'à son dernier sou ; de sorte que sa pension payée, il ne lui restait rien pour s'habiller. »

Autre indice de sa gentillesse : un vieil ami de trente ans lui demande de le faire entrer au gouvernement. Au lieu d'une lettre vague, il prend la peine de le recommander ainsi : « Il a autrefois été marchand, mais ayant éprouvé des revers de fortune, il serait disposé à s'occuper de conduire des hommes sur des travaux publics. Par la respectabilité, l'intelligence, l'habitude des affaires et par son caractère conciliant, je le crois éminemment qualifié pour une pareille tâche, sauf qu'il n'a pas beaucoup l'usage de l'écriture et n'entend que peu l'anglais ». À travers ce texte, on aperçoit l'homme resté très humain malgré ses cinquante ans bien comptés et une assez longue carrière politique. La lettre souligne aussi le drame du francophone illettré et qui ne parle pas l'anglais dans une société où on en exige déjà la connaissance.

Étalage de sentiments ou mise en scène que tout cela ? C'est plutôt, semble-t-il, l'expression d'une bonté foncière. Ainsi, plus tard, après sa défaite dans le comté de Terrebonne, Morin recommande à ses organisateurs politiques de ne pas user de représailles envers ceux qui ont voté contre lui. Or, réélu dans le comté de Chicoutimi-Tadoussac, il est à nouveau ministre et puissant. On se trouve devant un homme dont l'idéal et le comportement sont intéressants à étudier. Il est généreux, capable d'enthousiasme, très pieux, convaincu qu'il faut lutter contre les abus, prêt à s'exposer aux sévices pour une cause, imprudent parfois et partiellement responsable des troubles de 1837, comme Papineau qu'il a suivi dans la préparation de l'insurrection, même s'il n'a pas pris les armes lui-même.

Cependant, il est assez près de la réalité pour faire volteface et pour prendre une attitude différente à l'égard d'un fait nouveau comme l'union des deux Canadas [5].

Pour comprendre l'homme, il faut remonter le cours de son existence, à partir du Collège de Nicolet où il commence ses études, en même temps qu'Étienne Parent auquel le lie un goût commun pour la littérature. De là naît une amitié d'adolescents qui dure longtemps à travers les années passées au Séminaire

_____
5. Suite inévitable du rapport Durham.

de Québec et les premières expériences du journalisme. Parent reste à Québec où il dirige *Le Canadien,* tandis que Morin devient pour peu de temps le propriétaire puis le rédacteur de *La Minerve,* à Montréal, tout en faisant son droit. À bout de souffle (il a vingt-trois ans et peu d'argent), il vend le journal à Ludger Duvernay, en 1827. Il apporte au nouveau propriétaire trois cents abonnés et, pour six mois, l'assurance de sa collaboration [6]. La vente lui rapporte « le prix et somme de sept livres et dix chelins » et le poste de rédacteur qui lui assure des émoluments de « quinze livres courant pendant et pour six mois », comme le mentionne l'acte passé devant le notaire Mondelet [7]. On lui garantit aussi un supplément variable suivant l'augmentation du nombre des lecteurs ; ce qui était optimiste ou se moquer, à une époque où les abonnés étaient rares. Il est vrai que, fort heureusement, les besoins du journaliste étaient frugaux.

C'est ainsi que commence la carrière des deux amis : l'un (Étienne Parent) à la barre du *Canadien* et l'autre (Morin) à celle de *La Minerve,* deux esquifs légers et peu sûrs, que les aléas de la politique allaient secouer bien rudement. Les deux journaux disparurent, puis réapparurent, pour disparaître à nouveau et pour revenir. Tous deux furent au point de départ de deux vies différentes, mais également utiles. L'une débouche sur le fonctionnarisme et la sociologie et l'autre sur la politique, la magistrature et l'enseignement du droit. Car Augustin-Norbert Morin fut aussi professeur, puis doyen de la faculté de droit de l'Université Laval, après avoir été recherché vingt ans plus tôt par les argousins de sir John Colborne qui l'avaient rangé, non sans raison, parmi les ennemis du régime et les contempteurs de sa Gracieuse Majesté, reine d'Angleterre et de sa colonie du Bas-Canada. Ainsi la vie se charge parfois de bien des contradictions, quand elle laisse aux gens le temps de donner leur mesure.

C'est ce même homme qui, après avoir poussé à la révolte contre le régime, contribue à l'asseoir, à l'organiser, à en assurer la pérennité. Autre contradiction, à un moment donné, il formera un gouvernement avec Allan MacNab, qui avait combattu les insurgés à Niagara, en 1838.

---

6. Il en sera le rédacteur pendant dix ans, note *La Minerve,* dans l'article qu'on lui consacre après sa mort.

7. Acte passé devant le notaire J.M. Mondelet le 10 janvier 1827. Extrait du *Bulletin des Recherches Historiques.* Volume XXVI, pages 22 et 23.

Par ses contrastes et son éclat, sa carrière mérite qu'on l'étudie. Ce sera l'objet de cette étude, faite par votre « humble serviteur », comme l'écrit Augustin-Norbert Morin dans la généalogie de sa famille qu'il trace patiemment en 1829, à une époque où il a vingt-six ans et des loisirs [8]. Augustin, note-t-il en parlant de lui, « communément appelé Augustin-Norbert ». Si on lui donne ce double prénom, c'est sans doute pour le distinguer de son père, né en 1780 et de son grand-père qui vint au monde également à Saint-Michel de Bellechasse en 1753, tous deux prénommés Augustin. Assez curieusement, si le grand-père était enfant unique, Augustin-Norbert a six frères et quatre sœurs, alors que lui n'aura pas d'enfants de son mariage avec Adèle Raymond en 1843 [9].

* * *

8.   Les Archives du Canada. *Papiers Morin* (M.G. 24 B. 122). Le document est intitulé « Généalogie des Morin du Canada », par A.-N. Morin, 1829. Le texte est de sa main. C'est un long travail où patiemment il retrace l'origine de sa famille. En 1862, dans une lettre à Edme Rameau de Saint-Père, il le reprendra.

9.   Née le 21 septembre 1818, Albine-Adèle Raymond est décédée à Saint-Hyacinthe le 29 janvier 1889. On a écrit d'elle : « Pendant soixante-dix ans, elle marcha dans la droiture et la simplicité de sa foi ; ne sachant que prier, faire des œuvres de charité, en montrant jusque dans la mort, la sérénité d'une âme unie à Dieu. » Après le décès de son mari, en 1865, elle vint habiter à Saint-Hyacinthe, où étaient déjà son frère Joseph-Sabin, supérieur du Séminaire, et son second frère, Rémy Raymond, député du comté. Avec son mari, elle avait fait le projet de demeurer à Saint-Hyacinthe, comme le note le *Courrier de Saint-Hyacinthe* dans son numéro du 29 juillet, après le décès du juge Morin. On y lit ceci, en effet : « Les principaux citoyens de cette localité s'étaient rendus à la gare du chemin de fer pour former un cortège funèbre qui transporta le corps à la résidence qu'on était à préparer à l'Honorable Juge en la paroisse de Saint-Hyacinthe ».

Le contrat de mariage, passé devant Mᵉ A.S. Sirois, le 26 février 1843, fut enregistré le 6 mars par le *registraire* du district de Terrebonne, Alexandre Gorrie. Le contrat reconnaît certains droits et prérogatives qu'il est intéressant de noter ici. « Les futurs époux (comme on avait coutume de dire à l'époque) sont mariés en communauté de biens, suivant la Coutume de Paris. Le marié est domicilié à Kingston où le retiennent ses fonctions de ministre, tandis que la jeune femme habite chez Dame veuve Joseph Dorion à Québec. » C'est là que le contrat de mariage est signé en la présence de témoins, dont Charles F. Langevin qui est l'ami du *futur époux,* ainsi que le qualifie le contrat de mariage. Dans celui-ci, Augustin-Norbert Morin se présente comme avocat, même s'il l'a été bien peu de temps, député, membre du conseil exécutif de Sa Majesté et du Parlement provincial et Commissaire des terres de la Couronne pour la province du Canada. Adèle est orpheline, « fille majeure

Mais c'est anticiper. Peut-être serait-il logique de présenter un certain nombre de faits et de dates qui serviront de jalons à l'étude plus méthodique d'un homme dont l'Acte d'Union change la vie, la carrière et l'orientation politique complètement.

Morin a étudié le droit à Montréal avec Denis-Benjamin Viger. À son arrivée, celui-ci l'a accueilli et logé chez Augustin Perrault, industriel de ses amis, qui lui fait faire diverses besognes en échange du gîte qu'il lui accorde. De son côté, Benjamin Viger accepte de préparer le jeune Morin au *brevet* qui lui donnera son titre d'avocat.

Travailler avec Viger n'était pas la plus mauvaise école qu'il ait pu choisir. Celui-ci est déjà un assez grand bonhomme qui connaît bien le milieu. Plus tard, il sera le représentant du Bas-Canada en Angleterre et, périodiquement, la Chambre d'Assemblée le chargera de défendre ses intérêts contre ou avec Edward Ellice [10], selon le cas. Seigneur de Beauharnois, celui-ci vivait à Londres et il avait l'oreille des marchands de Montréal, dont il se faisait le porte-parole dans la coulisse politique. De son côté, Denis-Benjamin Viger était le lien officieux entre certains parlementaires britanniques, comme Hume, Roebuck, MacGregor et les libéraux canadiens. Voici comment François-Xavier Garneau décrit Viger d'abord, puis Hume et Roebuck (orateurs de grand mérite), dans son *Voyage en Angleterre et en France*

---

demeurant en ladite cité de Québec, issue du mariage de feu Joseph Raymond, écuier et de dame Marie-Louise Cartier. »

Et le contrat ajoute : « Le futur époux a donné et donne (suivant l'expression de l'époque) « mille livres cours actuel de la province avec garantie de l'hypothèque portant a) sur une partie de son domaine des Laurentides : la maison, le moulin à scie et les autres bâtiments déjà construits, qui sont situés dans la seigneurie de Mille-Isles ; b) sur six autres lots tenus en franc et commun soccage dans le *Township* d'Abercrombie ». L'hypothèque porte aussi sur les biens qu'il pourra acquérir par la suite. Ce qui indique au fond quelle faible valeur ont ces terres immenses qu'on accorde à cette époque.

10. Edward Ellice (1781-1863). Marchand très mêlé à la traite des fourrures, il est un des dirigeants de la X.Y. Company qui se fondra bientôt dans la Compagnie du Nord-Ouest. Puis, il agira, en 1821, entre celle-ci et la Compagnie de la Baie d'Hudson au moment où l'on forme le trust des fourrures. Passant en Angleterre, il devint député, puis secrétaire au Trésor (1830-1832), puis secrétaire à la Guerre (1832-1834). Ayant vécu au Canada, il n'était que normal qu'il intervienne dans les affaires de la Colonie qu'il connaissait bien. Il était normal aussi que les Canadiens se méfient un peu de ses parti-pris.

dans les années 1831, 1832 et 1833 [11], c'est-à-dire peu de temps avant les *Quatre-Vingt-Douze Résolutions* qui sont portées à Londres par Augustin-Norbert Morin.

De Viger, Garneau écrit :

J'entrai chez M. Viger (qui logeait près de l'Église Saint-Paul à Londres). Je ne le connaissais pas encore, mais il me reçut avec cette affable politesse qui distingue les hommes de l'ancienne société française et qui s'efface tous les jours de nos mœurs sous le frottement du républicanisme et de l'anglification. Nous parlâmes du Canada, de l'Angleterre et de mon voyage ; et je me retirai fort satisfait de ma réception sans que ni lui ni moi, sans doute, nous eussions le pressentiment que je lui servirais bientôt de secrétaire et que je travaillerais près de deux ans tête à tête avec lui.

Puis, de Hume :

Il ne faut pas que j'oublie de parler ici d'un homme à qui le Canada doit de la reconnaissance. M. Hume vient de descendre dans la tombe entouré de la considération générale. J'ai entendu plusieurs fois cet homme d'état dans la chambre des communes et dans les assemblées publiques de la ville. Il s'est montré en tout temps l'ami et le défenseur désintéressé du Canada, et surtout de ses habitants français. M. Viger le vit plusieurs fois et toujours il eut lieu d'être satisfait de ses bonnes intentions pour nous.

Et, enfin, de Roebuck :

M. Roebuck était un petit homme fort actif, plein de talents, qui faisait son chemin en dépit presque de la fortune. Il avait reçu une partie de son éducation en Canada, où sa mère devenue veuve et qui s'était remariée avec un fonctionnaire public, avait passé avec son mari. M. Roebuck qui avait pris la profession d'avocat, s'établit à Londres. Il se mit à écrire dans les journaux et dans les revues. Son talent d'écrivain attira l'attention des libéraux sur lui. Il était aussi bon orateur qu'écrivain. Il fit sensation dans les assemblées publiques et fut reconnu pour un homme infatigable qui serait d'un grand service à son parti. On le fit élire à Bath qu'il représente encore, je crois, dans le parlement. Il va sans dire qu'il était l'ami des libéraux du Canada et de la première assemblée. Il fut prié de plaider leur cause en parlement chaque fois que l'occasion s'en présenterait ; et il s'acquittait de sa mission avec autant de zèle que d'habileté.

* * *

11. Dans la *Littérature Canadienne*. Édition de 1863. Volume 1, page 235.

Morin vit donc à Montréal avant d'entrer dans la politique. Tout en faisant son droit, il est rédacteur de *La Minerve* après en avoir été le propriétaire, non pas l'espace d'un matin mais tout juste assez longtemps pour s'endetter, comme on l'a vu. À l'époque, si les annonceurs commencent à comprendre l'avantage de la publicité, ils ne payent pas bien cher pour leurs annonces. Il faut dire aussi que beaucoup de gens sont analphabètes et que les lecteurs possibles sont peu nombreux. Ainsi, au moment où Morin l'achète, si *La Minerve* a quelque trois cents abonnés, de l'autre côté de la barrière, le *Herald* en avait eu cent soixante-dix à ses débuts dix ans plus tôt.

Un an après avoir vendu sa feuille éphémère, Morin est avocat. Deux ans plus tard, il est député de Bellechasse. Ses électeurs sont de petites gens, terriens méfiants, assez fidèles à leur député (s'il s'occupe d'eux), aimant les parlottes et, au besoin, les empoignades à l'occasion des assemblées contradictoires, mais respectant les gens de la *grande profession* [12], comme on disait encore dans les campagnes il n'y a pas bien longtemps. Ils n'ont pas tellement changé [13], sauf que la télévision est venue au secours des candidats bousculés. *Enfant du comté*, Norbert Morin plaît à ses électeurs par ses idées, par la façon dont il les exprime, par ses manières affables et par sa simplicité. À partir de 1830, il cache beaucoup plus de feu sous la cendre qu'on ne le croit cependant. N'est-il pas un de ceux qui appuient la jeunesse turbulente et revendicatrice, cause de beaucoup de soucis au gouvernement et à ceux qui vivent avec lui, marchands, bureaucrates, juges et tous ceux à qui reviennent les leviers de commande et les prébendes ? Si Morin n'est pas parmi les plus bruyants, il est celui à qui Papineau s'adresse pour faire donner une forme à ses idées, C'est ainsi qu'il est bientôt secrétaire de la majorité de la Chambre d'Assemblée et de Louis-Joseph Papineau qui la préside et la domine. Longtemps, celui-ci a admiré les institutions britanniques, mais il est devenu le plus violent de

---

12. C'est ainsi qu'à la campagne on appelait les avocats, il n'y a pas encore bien longtemps.

13. Plus d'un siècle plus tard, le père Lacroix les décrit ainsi, à son entrée à la Société Royale du Canada : « Bien entendu, ils ont des défauts, défauts aussi royaux que leurs qualités : entêtés, routiniers, défiants, rigoristes, ils ont le blasphème et la superstition faciles ; ils n'aiment pas les guerres mais ils adorent la guérilla des procès ; ils redoutent les beaux parleurs de la ville, mais ils sont prêts à les imiter dans leurs mœurs. »

leurs contempteurs [14]. En partageant ouvertement ses vues, Morin se range parmi les adversaires du régime ce qui, dans l'immédiat, lui coûte un poste bien rémunéré, que le gouverneur se préparait à lui offrir [15].

À cause de son caractère et de ses goûts, Augustin-Norbert Morin s'est sans doute trouvé plus d'une fois en opposition avec Papineau, qui n'hésite devant aucune exagération, aucun excès pour faire valoir sa cause. Toutefois, pendant longtemps, tous deux collaborent très étroitement. Morin était le disciple le plus dévoué de Papineau, affirme F.-X. Garneau qui les a bien connus tous les deux. C'est à lui que Papineau confie la rédaction des *Quatre-Vingt-Douze Résolutions* dans leur forme parlementaire, écrit Thomas Chapais de son côté. À vrai dire, le texte est confus et bien long, mais il est caractéristique de ce que veulent les futurs insurgés. Malgré la lourdeur du style, le document mérite qu'on s'y arrête parce qu'il est une page d'histoire à laquelle Morin a donné la forme que la Chambre d'Assemblée a acceptée en février 1834. On y trouve non seulement les griefs du parti populaire qu'inspire Papineau, mais ceux de la majorité des députés qui l'ont voté, en Chambre. Si les *Résolutions* sont un tableau de la misère politique dans la colonie, elles sont aussi la longue plainte de gens qui gardent encore le respect de la Couronne. Proposées en Chambre par Elzéar Bédard et appuyées par Augustin-Norbert Morin, elles sont votées par cinquante-six voix contre vingt-quatre. Parmi ces dernières, il y a celle d'Austin Cuvillier, qui a été au conseil de la Banque de Montréal et qui, vers 1817, avait été chargé de présenter à la Chambre d'Assemblée le projet de loi constituant la Banque. Chose curieuse, Cuvillier avait accepté une semblable requête de la Chambre en 1827. Il s'était même rendu en Angleterre pour l'appuyer. Peut-être, cette fois, s'est-il rendu compte qu'il

---

14. Note de Fernand Ouellet, dans le *Recueil des Discours de Louis-Joseph Papineau* qu'il a précédé d'une courte introduction dans chaque cas. *Cahiers de l'Institut d'Histoire de l'Université Laval*, I.

15. Et c'est ainsi qu'ayant suivi Papineau, il est l'objet de poursuites après le soulèvement et jusqu'en 1839, moment où il fit de la prison, comme on l'a vu précédemment. Les *Quatre-Vingt-Douze Résolutions* lui coûtèrent le poste bien rémunéré de commissaire des terres que le gouverneur général songeait à lui faire accorder. Après son rôle dans la rédaction des Résolutions, leur acceptation par la Chambre et les interventions de Morin en 1837, il n'en fut plus question. C'est Thomas Chapais qui mentionne le fait dans son *Histoire du Canada.*

y avait, en germe dans les résolutions de 1834, un risque trop grand à cause de l'état des esprits [16].

Il n'est pas question de reproduire ici toutes les résolutions. En voici simplement quelques-unes qui présentent l'essentiel de la pensée de Louis-Joseph Papineau, d'Augustin-Norbert Morin et de ceux qui, à la Chambre, les ont votées. Et d'abord, la condamnation du Conseil Législatif dont les membres sont nommés et non élus et qui agit toujours « dans l'intérêt du monopole et du despotisme exécutifs, judiciaires et administratifs, et jamais en vue de l'intérêt général » (R. 10). Le Conseil Législatif est ainsi devenu un « écran impuissant entre le Gouvernement et le Peuple » (R. 21). Il est formé en partie de « citoyens nés sujets des États-Unis et d'autres pays étrangers qui, au tems de leur nomination, n'avaient pas été naturalisés par acte du Parlement Britannique » (R. 25).

Dans la Résolution 52, on rappelle les droits linguistiques de la population et l'état d'infériorité où les francophones sont placés. En voici le texte :

52. Résolu, Que puisqu'un fait, qui n'a pas dépendu du choix de la majorité du Peuple de cette Province, son Origine Française et son usage de la Langue Française, est devenu pour les Autorités Coloniales un prétexte d'injure, d'exclusion, d'infériorité politique et de séparation de droits et d'intérêts, cette Chambre en appelle à la justice du Gouvernement de Sa Majesté et de son Parlement, et à l'honneur du Peuple Anglais ; que la majorité des habitants du Pays n'est nullement disposée à répudier aucun des avantages qu'elle tire de son origine et de sa descendance de la Nation Française, qui sous le rapport des progrès qu'elle a fait faire à la civilisation, aux sciences, aux lettres et aux arts, n'a jamais été en arrière de la Nation Britannique, et qui, aujourd'hui, dans la cause de la liberté et de la science du Gouvernement, est sa digne émule ; de qui ce Pays tient la plus grande partie de ses lois civiles et ecclésiastiques, la plupart de ses établissements d'enseignement et de charité, et la religion, la langue, les habitudes, les mœurs et les usages de la grande majorité de ses habitants.

À l'article 65, la Chambre proteste également contre l'usage que l'Exécutif fait de certains revenus publics :

---

16. Augustin Cuvillier : marchand, député que Louis-Joseph Papineau fit battre en novembre 1834 parce qu'il avait voté contre les *Quatre-Vingt-Douze Résolutions*. Il revint à l'assemblée après 1841, en fut le président et mourut du typhus en 1847. Comme Joseph Masson, il avait été au conseil de la Banque de Montréal. Pierre-Georges Roy, dans *Fils de Québec*, troisième série, page 5.

Résolu, Que les dites prétentions de l'Exécutif ont été vagues et variables ; que les documents au sujet des dites prétentions et les comptes et estimations de dépenses soumis à cette Chambre, ont de même été variables, irréguliers et insuffisants pour permettre à cette Chambre de procéder avec connaissance de cause sur ce qui en faisait l'objet ; que des branches considérables du revenu public de la Province perçu soit d'après les lois ou d'après les règles arbitraires de l'Exécutif, ont été omises dans les dits comptes ; que des items nombreux ont été payés à même le revenu public, sans l'autorisation et en dehors du contrôle de cette Chambre, pour rétribuer des sinécures, des situations non reconnues par cette Chambre, et même pour des objets auxquels, après mûre délibération, elle avait jugé à propos de n'appliquer aucune partie du revenu public ; et que les comptes des dites dépenses n'ont pas non plus été communiqués à cette Chambre.

Dans l'article 34, la majorité exprime son exaspération devant l'arbitraire des pouvoirs accordés aux amis du pouvoir.

34.   Résolu, Que l'Adresse votée à l'unanimité le 1er avril 1833, par le Conseil Législatif recomposé par le Gouverneur-en-Chef actuel, l'a été par les Honorables le Juge en Chef de la Province, Jonathan Sewell, à qui le très Honorable Lord Goderich recommandoit, dans sa Dépêche communiquée à cette chambre le 25 novembre 1831, de se garder avec soin de tous les procédés qui pourraient l'engager dans aucune contention qui sentirait l'esprit de parti ; John Hale, Receveur-Général actuel qui, en violation des lois et du dépôt qui lui est confié, et sur des ordonnances illégales du Gouverneur, a payé de fortes sommes, en se dispensant de l'obéissance toujours due à la loi ; Sir John Caldwell, Baronet, ci-devant Receveur-Général, spéculateur condamné à payer près de £ 100,000 en remboursement de même somme prélevée sur le Peuple de cette Province, et accordée par les lois à sa Majesté, ses héritiers et successeurs, pour les usages publics.

Enfin, dans l'Article 84, on met en vrac tout ce dont on veut se plaindre : cumul des fonctions, abus des frais de justice, de nominations aux postes les plus influents, manipulation des juges, des jugements, intervention de l'armée au cours des élections, accaparement des terres par les amis du régime, dépenses de l'État augmentées hors du contrôle de la Chambre, négligence du Bureau colonial de faire sanctionner les lois votées par les chambres, absence de recours contre le gouvernement, négligence des gouverneurs à communiquer, à Londres, les adresses, les demandes, les doléances de la colonie, « détention injuste du Collège de Québec, formant partie des biens du ci-devant ordre des Jésuites, ravi à l'éducation pour y loger des soldats », refus du gouvernement de rembourser à la province certaines défalcations, etc.

Si ces doléances étaient exprimées par un petit groupe, on pourrait les croire exagérées ou négligeables. Ce qui force à les prendre au sérieux, c'est que la Chambre en fait sa chose, à une très forte majorité. Denis-Benjamin Viger et Augustin-Norbert Morin sont chargés de les présenter au gouvernement anglais, ainsi qu'on l'a vu. Comme leur intervention ne donne aucun résultat, la porte est ouverte aux troubles. Louis-Joseph Papineau, Augustin-Norbert Morin et d'autres, encore plus violents, partiront de là pour exalter la population, jusqu'au moment où, effrayés, ils tenteront sinon d'empêcher le soulèvement, du moins de le retarder.

Voici une autre indication des liens qui unissent Papineau et Morin. En 1836, Louis-Joseph Papineau demande à son coéquipier de s'opposer dans la région de Québec à l'influence grandissante d'Étienne Parent, appuyé par Monseigneur Signay [17], et par son collègue, Monseigneur Jean-Jacques Lartigue. Grand seigneur (dont Antoine Plamondon a fait un somptueux portrait), le prélat s'effraie des idées libérales du groupe de Montréal. Devant ces influences réunies, le résultat de l'intervention de Morin à Québec est assez piteux. Il se heurte, en particulier, à la solide argumentation d'Étienne Parent qui le neutralise à peu près complètement. C'est le premier choc sérieux entre les deux amis, dont la personnalité est également forte. Si Morin subit un échec face à Étienne Parent, tous deux feront l'objet d'un mandat d'arrêt pour haute trahison [18]. Parent ira en prison en 1838. L'année suivante, Morin y fera un court séjour, comme on l'a vu [19]. Plus tard, Parent sera le subalterne d'Augustin-

17. Évêque de Québec depuis 1835, note Pierre-Georges Roy, Monseigneur Signay est un des prélats qui, dans son diocèse, assista au plus grand nombre de calamités : épidémies de choléra en 1832, 1834 et 1849, menaces de soulèvements en 1837 et 1838, incendie spectaculaire en 1845 qui détruit des quartiers entiers à Québec, épidémie de typhus en 1847 au cours de laquelle mourront Augustin Cuvillier et Joseph Masson.

18. Les Archives publiques du Canada ont l'original du mandat d'arrêt d'Augustin-Norbert Morin, daté du 4 novembre 1839.

19. Aussi en 1838, perquisitionne-t-on dans le bureau de Morin à Québec. Voici comment A. Béchard décrit la scène dans son livre sur A.-N. Morin : « Ce bureau de Monsieur Morin eut la visite des sbires du pro-consul anglais de 1838. Dodge et Theller venaient de s'évader de la prison de la Citadelle. Les autorités militaires croyant, avec assez

Norbert Morin devenu ministre. Plus tard encore, c'est Étienne Parent qui lui communiquera sa nomination de juge de la cour supérieure.

Nonobstant ses attitudes antérieures, quand le Rapport Durham donne lieu à l'union des deux Canadas, après l'entrée en vigueur de la loi sanctionnée par la Reine Victoria, Augustin-Norbert Morin se rallie au régime. Il ne faut pas l'en blâmer, pas plus qu'on ne songe à jeter la pierre à L.-H. LaFontaine, à Denis-Benjamin Viger [20], à Étienne Parent ou à d'autres qui ont été emprisonnés pour leurs idées, mais qui n'hésitent pas à collaborer à une solution différente du problème politique, même si, au début, ils l'ont crainte pour la survie de leur groupe. Ils n'agissent pas par simple opportunisme du moment, mais parce que la situation est tout autre et qu'on évolue vers la responsabilité ministérielle qu'ils ont réclamée avec tant d'ardeur.

Aux élections de 1841, Morin est élu dans le comté de Nicolet, par un jeu électoral qui sera assez fréquent dans sa carrière politique [21]. En effet, s'il a été député de Bellechasse de 1830 à 1838, il représente le comté de Nicolet de 1841 à 1844 et celui du Saguenay pour succéder à Étienne Parent, de 1844 à 1847. Il sera député de Bellechasse à nouveau de 1848 à 1851, puis de Terrebonne de 1851 à 1854. Pour terminer sa carrière de député, il représentera le comté de Chicoutimi-Tadoussac en 1854 jusqu'au début de 1855, quand un « enfant du comté » de Terrebonne lui eût fait mordre la poussière là où il avait tant fait pour le colon et la colonisation mais, malheureusement pour lui, dans une partie assez restreinte de sa circonscription. Il fut aussi président ou *orateur* de la Chambre du 25 février 1848 au 27 octobre 1851 [22], commissaire des terres de la Couronne dans

---

de raison, que Monsieur Morin devait avoir des sympathies pour les fugitifs américains, firent une descente chez lui, brisèrent le plancher du bas, fouillèrent de la cave au grenier, mais sans résultat. » *Ibid.* P. 87.

20. À son retour d'Angleterre, Denis-Benjamin Viger fait aussi de la prison. Pendant longtemps il se contente de protester. Il ne veut pas fournir la caution qu'on lui demande.

21. Au sujet de la carrière politique d'Augustin-Norbert Morin, voir *Political Appointments and Elections in the Province of Canada from 1841-1865*, paru chez G.T. Desbarats, en 1866.

22. En 1849, au moment où l'Assemblée Législative siège à Montréal, il habite chez Madame Genant où il est en pension. « Mr. Morin boards at Mrs. Genant's, 1 Craig Street », note le *Montreal Directory* de Lovell's. L'année précédente, sa pension était au coin des rues Ste-Hélène et des

le premier ministère Baldwin-LaFontaine en 1842-43, secrétaire de la province et président du conseil dans le cabinet Hincks-Morin, du 28 octobre 1851 à 1854, avec le même poste dans le cabinet MacNab-Morin du 11 septembre 1854 au 26 janvier 1855.

Ce sera alors la fin d'une carrière politique qui s'étend de façon presque continue durant un quart de siècle, avec une courte suspension de 1837 à 1841. Durant ces années difficiles, il pratique le droit, en attendant le retour à la normale.

Pendant ses divers stages à la Chambre et dans les ministères, dont il fait partie, Augustin-Norbert Morin ne chôme pas. Il se préoccupe très activement de la chose publique et ses interventions ne se comptent pas. Elles vont de l'instruction à l'usage de la langue française, des questions de droit aux questions qui le concernent directement comme membre des divers cabinets dont il fait partie. C'est ainsi qu'à titre de Commissaire des Terres dans l'administration Baldwin-LaFontaine, il s'intéresse à la colonisation [23]. En esprit pratique, il veut donner l'exemple

---

Récollets. Quelle charmante simplicité ont à la fois le président de la Chambre et l'*Almanach* qui indiquent ainsi l'adresse du personnage.

En 1849, il est également président du St. Lawrence and Atlantic Railroad, dont le bureau (d'après *Lovell's Montreal Directory*) est à 18 Little St. James Street. (P. 334). On trouve une trace discrète de sa présidence des chemins de fer, dans les notes destinées à sa femme que Morin rédige en 1857 et que conservent les archives du Séminaire de St-Hyacinthe. En parlant de l'emprunt qu'il a fait pour payer partiellement la maison de la rue d'Auteuil à Québec, il écrit : « ... j'y ai mis 547 livres provenant de mon ci-devant capital dans le chemin de fer... ». Page 3 des notes intitulées « À ma chère Adèle », le 21 janvier 1857, Archives du Séminaire de St-Hyacinthe.

Dans son *Histoire du Séminaire de Saint-Hyacinthe*, Mgr Choquette mentionne le titre d'Augustin-Norbert Morin venu visiter le Séminaire avec quelques amis.

23. Dans ses papiers, au Séminaire de Saint-Hyacinthe, on constate l'intérêt qu'il portait à l'agriculture et « aux terres du Nord » en particulier. Il y a des notes qui paraissent dater de l'époque où, jeune député, il songe au défrichement de cette région immense, le Nord, que l'on a négligée jusque-là. Il prépare un programme de coupe de bois, d'errochage, d'assolement, qui souligne comme il est méthodique et comme il comprend bien qu'il ne faut pas vider le sol de son humus dès qu'on l'a préparé à la culture.

Quelle patience il manifeste ! Son programme s'étale sur treize ans. Et quel curieux souci du détail il montre ! Il est député à ce moment-là. Déjà, il s'intéresse à la colonisation. Il sera bientôt commissaire des terres dans le ministère Baldwin-LaFontaine, ce qui lui permettra de mieux comprendre les problèmes de son ministère. Dans ses papiers, on trouve un dossier rempli de notes sur le défrichement, l'assolement, la

avec son propre établissement. Le problème démographique du Bas-Canada est grave à ce moment-là. Les familles sont nombreuses et on place difficilement les garçons en âge de s'établir. Pendant longtemps, le régime seigneurial a rendu de grands services. On y étouffe maintenant, car les meilleures terres sont presque toutes concédées dans la plaine traversée par le Saint-Laurent. Il y a bien la vallée du Saguenay, mais elle est loin à une époque où les communications sont bien lentes. Il y a aussi les cantons de l'Est que l'on a accordés en partie à une grande compagnie pour placer d'abord les loyalistes venus de l'autre côté de la frontière. Il y a aussi la région des Laurentides au nord de Montréal, mais elle est à peu près inhabitée au-delà de la seigneurie des Mille-Îles. C'est cette région que choisit Morin. Il s'y fait accorder de grandes terres par l'État au cours des sept années qui suivirent, malgré la protestation qu'il a contribué à soulever dans l'article 84 des *Quatre-Vingt-Douze Résolutions*. La concession rendrait rêveur, étant donné la situation politique du bénéficiaire, si celui-ci ne se mettait rapidement à la tâche et s'il ne rendait service. Il ouvre la région à des jeunes gens qui, après l'insurrection, cherchent du travail. Pour qu'on voie l'importance de son domaine, voici l'énumération des terres qui lui sont accordées par le gouvernement :

4 novembre 1842	600 acres
25 septembre 1844	775 acres
12 septembre 1845	404 acres
31 janvier 1846	505 acres
4 avril 1846	730 acres
1er décembre 1846	404 acres
1er septembre 1854	100 acres
30 juillet 1864	100 acres
1er août 1864	100 acres
10 avril 1865	124 acres
	3,842 acres

Pendant presque toute cette période, Morin est soit député, soit ministre. Ce serait assez gênant, même dans le contexte de l'époque, si la terre n'avait une valeur bien faible et si elle n'était donnée à qui la demandait ; l'État n'ayant à ce moment-là aucune

---

rotation des cultures, l'horticulture, etc. Comme il est à deux reprises commissaire des terres de la Couronne, dans sa correspondance, on trouve aussi de nombreux témoignages de l'intérêt pratique qu'il accorde à l'agriculture et à la colonisation.

politique cohérente à cause de son manque de ressources, de connaissances et de personnel technique. Le concessionnaire-député-ministre se met immédiatement à la tâche. Il attribue une partie substantielle de ses terres à des colons, tout en procédant à la construction de son propre établissement dans ce domaine qui est maintenant, en partie tout au moins, dans la paroisse de Mont-Rolland.

Quand on se rend sur place, on voit que Morin a su tout de suite où il devait élever ses bâtiments pour accomplir l'œuvre qu'il se propose. En venant par la rivière du Nord, il a été arrêté par la chute qui, à Mont-Rolland, arrête la circulation par eau. Il construira sa maison sur la butte qui surplombe la rivière [24] ; puis, tout à côté, ses moulins qui ont besoin de la force hydraulique pour fonctionner. Il aura d'abord une scierie parce qu'il faut scier les arbres après les avoir abattus pour *faire* de la terre. Plus tard, quand on aura défriché et que les céréales viendront, il aura un moulin à farine, qu'à l'époque on connaît encore sous le nom de moulin banal. Mû aussi par la force de l'eau, le moulin à carde permettra de faire les étoffes du pays, rugueuses et durables, qu'en 1837 on avait voulu substituer à celles de Birmingham et de Londres. Elles se feront longtemps à l'échelle artisanale.

Les Laurentides ne sont pas le meilleur endroit pour faire un tel effort, comme Morin s'en rendit compte, malgré l'enthousiasme du curé Labelle, venu par la suite. Si la terre est bonne dans les creux de terrain ou dans les vallées, elle est mauvaise sur les pentes, les buttes, les crêtes rapidement dégarnies, où la terre arable est mince, sablonneuse ou rocailleuse là où les glaciers ont raboté la surface il y a plusieurs millénaires. Convaincu de la valeur de son œuvre, Morin fait ouvrir des routes, des pistes

---

24. Une grande maison en bois, à deux étages, toute simple, bâtie sur une butte dans l'actuelle paroisse de Mont-Rolland. Morin y habite quand il vient dans la région, même après 1861 quand il aura vendu son domaine à son ami le docteur Benjamin Lachaine. C'est là qu'il vient mourir un jour de juillet 1865, épuisé par l'effort que lui a demandé sa collaboration à la préparation du futur Code Civil. Certains disent que l'actuelle pension Larivée n'est pas la maison originale de Monsieur Morin ; d'autres ont affirmé à Monsieur Zoël Lamoureux, son ancien propriétaire, qu'ils se rappelaient y avoir assisté à la messe dans leur jeunesse. Ce qui peut contribuer à la confusion, c'est qu'Augustin-Norbert Morin avait fait construire une maison pour son fermier et une autre pour son meunier.

plutôt [25] ; il accueille les colons jeunes et durs à la tâche qui
viennent des paroisses environnantes. Il y en a de Sainte-Rose, de
Sainte-Scholastique, de Saint-Janvier, de Saint-Benoît, de Sainte-
Geneviève et de Saint-Jérôme [26] : génération qui trouve enfin les
débouchés que les vieilles paroisses lui refusent. C'est par là et
par son effort personnel que Morin justifie les octrois de terres
qu'on lui a accordés. En dehors du territoire seigneurial, il fait ce
dont Colbert et Talon avaient chargé le seigneur un siècle et
demi plus tôt. On a gardé de lui des notes sur le défrichement
des terres à bois qui indiquent qu'il ne se contentait pas de faire
venir des colons, mais qu'il les dirigeait et les aidait de ses conseils
pratiques. Voici, par exemple, ce qu'il leur recommande sur le
parti à tirer des terres du nord en particulier :

> Dans le défrichement de terres de bois franc ou mêlé, ne labourer
> qu'après l'arrachage des souches et ne mettre du blé avec des foins
> de trèfles que sur labour.
>
> Première année : patates à la mule ; soigner les cotons pour les
> engrais qu'ils contiennent ; deuxième année : patates ou blé
> d'inde ou citrouille ou autres cultures à la mule. Troisième année :
> orge ou avoine ou seigle. Quatrième année : jachère, arrachage
> des souches, labour, fossés, nivellement. Cinquième année : pata-
> tes ou autres cultures soignées et sarclées. Sixième année : céréales
> avec trèfle. Septième année : trèfle.
>
> Ensuite, suivant les besoins.

Ces idées n'étaient pas nouvelles, mais elles indiquent que
Morin s'y était arrêté au point de vouloir une rotation des cultures méthodique et destinée à préparer la terre à une production
régulière. Dans d'autres notes, écrites en 1857, il demande à sa
femme de détruire ses papiers : « mes notes d'agriculture sont

---

25. Dans le *Livre des procès-verbaux de la municipalité de Sainte-
Adèle,* on trouve la trace d'interventions personnelles d'Augustin-Norbert
Morin. Ainsi, en avril 1851, le député-grand-voyer de la municipalité du
comté de Terrebonne fait la relation des routes et des ponts qui doivent
être construits dans le huitième, le neuvième et le onzième rangs pour
rendre accessibles les terres concédées. Or, le premier qui signe la requête,
c'est Augustin-Norbert Morin qui n'a guère d'autre intérêt que celui de
député de ces gens terriblement isolés dans un pays où les communications
sont encore difficiles. Pour qu'on voie l'importance de l'établissement de
Morin, c'est à la porte de la chapelle et à celle du moulin à farine de
celui-ci que, les 13 et 20 avril 1851, l'avis des travaux du voyer est lu
et affiché, suivant l'habitude de l'époque.

26. L'Abbé Langevin-Lacroix, dans son livre sur « *La Paroisse de
Sainte-Adèle* » édité en 1927 au *Devoir.*

trop informes et trop peu en rapport avec des places et des lieux particuliers pour pouvoir être utilisées ». Heureusement, on les a gardées, ce qui permet de voir que l'homme politique trouvait le temps, au prix d'un travail harassant, de songer aux problèmes de ces gens qu'il avait attirés. Il a voulu ainsi les aider à les résoudre.

Le rendement de ses terres, rapidement arides si on n'y veillait pas, était bien maigre. Ainsi, dans ses notes, rédigées en 1857 à l'intention de sa femme qu'il veut renseigner au cas où il mourrait prématurément, on trouve ces mots : « par suite des circonstances de lieux et de population, les ressources de l'établissement ont dû nécessairement être converties en travail et améliorations ; de là l'impossibilité pour Monsieur Villemure de se payer. » Or, « c'est à ses soins que je devrai la mise en valeur de mes propriétés de manière à pouvoir les vendre ». Ce qui sera fait en 1861 quand il les cède à son ami le docteur Benjamin Lachaîne. Plus tard, elles seront à nouveau vendues à diverses personnes, colons ou spéculateurs. Et c'est ainsi que, pour installer son usine de papier près de la chute où Augustin-Norbert Morin avait eu son établissement, Jean-Baptiste Rolland devra traiter avec un Américain [27].

* * *

La première messe se dit dans la maison d'Augustin-Norbert Morin à Sainte-Adèle, quand Mgr Ignace Bourget érige en mission le canton d'Abercrombie, le 22 septembre 1846. C'est là aussi qu'en attendant l'église on installe le chemin de croix dans une des pièces. Les fidèles s'y réunissent chaque fois qu'un prêtre vient de Saint-Jérôme, généralement tous les quinze jours.

---

27. Abbé E. Langevin-Lacroix. *Ibid.* P. 132. Dans les notes manuscrites laissées par son père, Mlle Carmen Lanthier signale que Charles R. Burleigh, marchand de bois de Whitehall (N.Y.) achète de Salomon Machabée et d'Onésime Lamoureux divers lots qui, à leur tour, sont vendus l'année suivante par M. Burleigh à North River Lumber & Pulp Co. Limited. Celle-ci, le 6 mai 1902, vend à son tour les lots achetés de M. Burleigh, à Stanislas-Jean-Baptiste Rolland. Puis, celui-ci les cède à la Cie des Moulins du Nord « pour un certain prix payé ». Ainsi, du 11 février 1884 au 6 mai 1903, une partie des terrains achetés par le docteur Lachaine est vendue neuf fois par ses héritiers et divers acheteurs avant d'échoir à North River Lumber & Pulp et à la Cie du Moulin du Nord et, enfin, à la Cie de Papier Rolland qui les utilisera pour son usine après 1903. (Certificat de Recherches. Bureau d'enregistrement du Comté de Terrebonne).

Puis, en 1852, la mission devient paroisse, avec un curé attitré [28] :
début d'une organisation religieuse qui s'étendra bientôt à toute
la région. Celle-ci restera essentiellement rurale et repliée sur
elle-même tant que les communications ne seront pas plus faciles.
Plus tard, sous l'impulsion du curé Labelle et de son ami Louis-
Adélard Senécal, le chemin de fer du Nord étendra son réseau
jusqu'à Saint-Jérôme. Plus tard, encore, en 1892, le Pacifique
Canadien prolongera la ligne jusqu'à Mont-Rolland, puis jusqu'à Sainte-Agathe, lorsqu'on aura convaincu les administrateurs
du chemin de fer de donner à la voie l'aliment nécessaire en
ouvrant le pays.

Auparavant, on venait dans la région par la route (mais
quelle route !) et, au début, par la rivière du Nord. C'est ainsi
qu'Augustin-Norbert Morin, député ou ministre selon les ans,
rendait visite à ses électeurs du comté de Terrebonne, après
être venu en canot dans son domaine tout en pagayant et en
chantant des chansons qu'il avait composées lui-même, écrit un
de ses biographes [29].

Bien isolée, la région se développe lentement, malgré tous les
efforts de son député de 1851 à 1854. Mal lui en prit de quitter
le comté de sa jeunesse, sans doute pour se rapprocher de ses
terres et de ses entreprises [30], car un *enfant du comté* (selon
l'expression consacrée) le battit aux élections suivantes, ce qui
le força de se transporter dans le comté de Chicoutimi-Tadoussac.

Que d'avatars politiques il y a eu dans la vie de cet homme
de bonne volonté, qui a rendu tant de services à l'État et à ses
électeurs ! En 1854, peut-être était-il dépassé par la lutte électo-

---

28. L'Abbé Ephrem Thérien, nommé à la suggestion de Monsieur
l'Abbé Thibault, curé de Saint-Jérôme, qui préside de loin à l'essor religieux du groupe. *Ibid*. P. 46.

29. Il y en a une dont *Le Répertoire National* nous a gardé le souvenir. Elle date de 1825, porte le titre de « Chanson Patriotique » et se
chante sur l'air de « Brûlant d'amour et Partant pour la Guerre ». Elle
correspond à l'état d'esprit d'une époque. C'est à peu près tout ce qu'on
peut en dire.

30. S'il a son domaine de Sainte-Adèle, il est président du St.
Lawrence and Atlantic Railroad qui doit raccorder Montréal et Portland.
Ainsi, en 1849, un ingénieur du nom de A.C. Morton l'invite à user de
son influence pour réaliser le projet de voie ferrée, entre les deux ports.
Celle-ci sera terminée en 1851. Dans l'intervalle, il adresse au président
son rapport qu'il intitule « Report on the St. Lawrence and Atlantic Rail-
road, its influence on the trade of the St. Lawrence ». (Printed at the
Canada Gazette Office, 1849).

rale où certains s'usent très vite ; peut-être aussi l'état de sa santé et ses préoccupations intellectuelles le rendaient-ils impropre à ces batailles où l'invective avait une grande place. Et cependant, il avait été plusieurs fois ministre et il jouissait d'une réputation de grand honnête homme. Il était aussi un juriste dont on va reconnaître la valeur en lui confiant des postes nouveaux qu'il remplira avec efficacité et avec un remarquable sens de ses responsabilités.

Dans la paroisse de Sainte-Adèle en particulier, que d'initiatives il a eues ! Malgré cela, la vie y était encore dure même si, avec l'ouverture dans la forêt, l'errochage des terres, la construction de routes et de ponts, une vie économique embryonnaire s'était organisée. Sarrasin, avoine, orge, foin et pommes de terre venaient assez bien, comme le lin qui donnait lieu à une culture familiale, bien peu rémunératrice, il est vrai. Il y avait la production du sucre d'érable le printemps et l'automne, la coupe du bois de chauffage, à une époque qui ne connaissait aucun autre combustible. On y faisait aussi du bardeau de bois, de la *catalogne* ou des étoffes rugueuses pour la consommation locale.

Outre l'établissement du député, on vit bientôt, dans les environs, une forge, une tannerie, une scierie et une petite industrie de l'époque, celle de la *perlasse* [31] que, longtemps plus tard, l'auteur de l'*Histoire de la Paroisse de Sainte-Adèle* décrivait ainsi à l'aide des renseignements donnés par les vieilles gens de l'endroit [32] :

La *perlasse*, on le sait, est un produit de la cendre de bois. On la met d'abord dans de grandes cuves et on l'arrose abondamment. La partie soluble descend avec l'eau dans des auges qui la conduisent aux chaudières disposées pour la recevoir. C'est la lessive que l'on fera bouillir dans des chaudrons jusqu'à ce que l'eau soit complètement évaporée. Il faut pour cela huit à quinze jours d'un feu régulier. Le sel qui reste, c'est la perlasse. On le met en tonneaux pour l'expédier à Montréal, à petite vitesse, c'est le cas de le dire. Le voyage aller et retour prenait trois ou quatre jours. Trois tonneaux faisaient un bon voyage qui rapportait de quarante à cinquante piastres. Une famille pouvait faire trois ou quatre de ces voyages par année.

---

31. Mot qui semble venir de *pearl ash*, d'après le chimiste René Samson.

32. *Op. cit.* L'Abbé Langevin-Lacroix.

Il y avait des *perlasseries* à différents endroits un peu comme nous voyons aujourd'hui les fromageries ou les beurreries dans les rangs de nos paroisses. Celle de la montagne du Sauvage avait trois cuves. M. Auguste Labrie en avait établi une au village, à peu près à l'endroit où se trouve la vieille école.

*   *   *

Augustin-Norbert Morin a laissé dans la paroisse un souvenir ineffaçable. Ainsi, on a accordé le prénom de sa femme à la paroisse elle-même et à l'église [33]. Et dans son ancien domaine ou dans les environs, on trouve Val-Morin, Morin-Heights, Canton Morin, appellations géographiques qui rappellent celui qui, avec le curé Labelle, voulut ouvrir le pays à la colonisation.

Il y a aussi une école Augustin-Norbert Morin, une rue Morin et un Chemin Morin à Sainte-Adèle, ainsi qu'une rue Morin et une salle Norbert Morin à Mont-Rolland. Et il semble bien que le lac Raymond, à Val-Morin, ait été ainsi nommé pour rappeler le souvenir de sa femme, Adèle Raymond.

*   *   *

---

33. Un demi-siècle plus tard, Monseigneur Paul Bruchési change l'appellation de la paroisse et de l'église. Ce ne sera plus désormais la « Paroisse appelée vulgairement Ste-Adèle », mais celle de l'Immaculée-Conception. Qu'est-il arrivé ? Oh ! Une chose très simple. Si l'*Encyclopédie Larousse* mentionne deux Adèle, dont une Abbesse, fille de Dagobert II, et l'autre, mère de Philippe-Auguste, le calendrier liturgique ne les reconnaît pas. Aussi, du haut de son trône épiscopal, le prélat décrète-t-il à la plus grande confusion de ces braves gens qui ont prié ou honoré la sainte pendant un demi-siècle : « La désignation du titulaire de l'église ayant été invalide quand la paroisse appelée vulgairement Ste-Adèle fut érigée canoniquement, nous décrétons que l'Immaculée-Conception sera désormais le titre liturgique de la susdite église ». Dans l'esprit de tous, la paroisse a gardé son vocable par la suite ; chacun étant dans son rôle, l'évêque corrigeant une erreur du bon Ignace Bourget (qu'il aurait jeté dans la confusion sans doute) et les fidèles gardant intact le souvenir non d'une abbesse, même si elle fut la fille du Roi Dagobert, mais d'une brave petite sainte qui les accueillait chaque dimanche du haut de son socle dans son église de bois, dont on avait décoré les lambris de blanc et d'or à la manière d'autrefois.

Mgr Frenette changera tout cela par la suite. Il autorisera ses ouailles à reconnaître Sainte-Adèle. Ainsi la paroisse retrouvera son appellation originelle.

1855 marque un tournant dans la vie d'Augustin-Norbert
Morin. Il n'est pas bien [34]. La politique n'a plus pour lui l'intérêt d'autrefois. Sa mésaventure dans le comté de Terrebonne,
en particulier, lui a montré comme sa situation politique était
aléatoire. Des amis puissants le font nommer juge à la Cour
supérieure [35]. On lui avait offert d'être juge de la Cour du banc
de la reine à Québec [36]. Il a préféré un tribunal de première

---

34. À plusieurs reprises, il a fait allusion à une infirmité dont il souffre.
Ainsi, dans une conférence qu'il fait à l'Institut Canadien en 1845, il dit
à son auditoire : « ... l'on sait d'ailleurs qu'une infirmité physique m'empêche de mettre par écrit des notes suffisantes pour suppléer à ma mémoire ». Plus tard, dans une lettre adressée à l'Honorable René E. Caron,
le 15 août 1846 à propos de la situation politique, il écrit : « L'infirmité
que vous connaissez m'empêche d'écrire de longues lettres autrement
qu'avec beaucoup de fatigue... » Archives de Québec, polygraphie 38
numéro 11. Il souffrait d'arthrite aiguë, semble-t-il.

Par ailleurs, dans ses « observations préliminaires », qui font suite à
l'Acte Seigneurial de 1854, sir Louis-Hippolyte La Fontaine note à propos
de son collègue Morin : « Une maladie cruelle est venue soudainement
nous inspirer des craintes sérieuses sur la (vie) de notre collègue... ». En
1859, quand il est nommé à la Commission pour la révision des lois
civiles, Morin ne peut siéger au début parce qu'il est trop malade. Dès
qu'il se sent mieux, il se met au travail.

L'auteur de la notice nécrologique, parue dans La Minerve après la
mort d'Augustin-Norbert Morin, remonte bien loin en arrière pour
expliquer la faiblesse de sa santé. « Jumeau, écrit-il, sa mère le mit au
monde au bout de sept mois de grossesse ». Quelle que soit la raison,
il faut admirer l'admirable volonté qui lui fit tenir le coup jusqu'à
soixante-deux ans, avec une étonnante activité intellectuelle qui va de
l'étude de l'hébreu à celle de l'agriculture, de l'instruction publique, aux
questions juridiques les plus difficiles et à l'enseignement du droit.

35. C'est Étienne Parent qui, en son titre officiel, le lui annonce le 30
janvier 1856. M.G.24. B.122. Papiers Morin, aux Archives publiques du
Canada.

36. Le 25 janvier 1855, Pierre J.-O. Chauveau, à titre de secrétaire-
provincial, lui écrit ceci : « J'ai ordre de Son Excellence le Gouverneur
Général de vous offrir la charge de Juge de la Cour du Banc de la
Reine, rendue vacante par le décès de l'Honorable Philippe Panet ».
Morin refuse et cinq jours plus tard, le 30 janvier 1855, Étienne Parent
lui annonce qu'il vient d'être nommé un des juges puisnés de la Cour
Supérieure du Bas-Canada, à la place de l'Honorable René E. Caron,
nommé juge de la Cour du Banc de la Reine. Ainsi, encore une fois,
il sera plus près de son domaine de Sainte-Adèle. En son absence, c'est
le notaire J.B. Lefebvre de Villemure qui voyait à ses propriétés. Celui-ci
y habita jusqu'en 1857. Il fut le premier secrétaire de la municipalité,
note l'Abbé Langevin-Lacroix. Ibid. P. 96.

Augustin-Norbert Morin est reconnaissant au notaire Lefebvre de
Villemure de sa collaboration, même si le domaine ne rapporte rien, tout

instance, sans doute parce qu'il pourrait se rendre plus facilement dans son domaine. Il y remplace le juge René-Édouard
Caron qui occupe, à Québec, le poste qu'on lui avait d'abord
offert.

L'année précédente, il était devenu professeur de droit
romain à la nouvelle Université Laval, fondée en 1852 [37]. Il sera
bientôt doyen de la faculté de droit. Cela lui vaudra maints
travaux d'envergure ; ce qui le gênera un peu dans l'exercice de
son enseignement, comme le recteur s'en plaint. Ainsi, en 1855,
il fait partie de la Cour spéciale chargée de préparer la liquidation
du régime seigneurial. En 1859, on lui confie avec deux autres
juristes, le soin de codifier les lois du Bas-Canada. Avant d'aborder cette dernière partie de sa vie, il serait intéressant d'étudier
l'intellectuel, après avoir présenté l'homme d'action.

Mais avant d'aller plus loin, ne convient-il pas de se demander dans quelle mesure Augustin-Norbert Morin a été un véritable homme d'action. Il a agi, semble-t-il, moins avec le dynamisme d'un chef qu'avec la profondeur de pensée d'un homme
d'étude, plus à l'aise dans le domaine des idées que dans le
maniement des hommes.

Avant d'entrer dans la politique, il a été un journaliste courageux et prolifique, mais il n'a pu tenir son journal, seul, bien
longtemps. Il dirigea *La Minerve* pendant dix ans, en laissant à

---

passant à l'entretien. Dans ses notes à sa femme, en 1855, il recommande
que « si Monsieur Villemure désire garder son emplacement au village, il
faudra le lui laisser gratuitement ». Page 6. Extrait des « Volontés de
l'Honorable A.-N. Morin en faveur de son épouse Adèle Raymond, le 21
janvier 1857 », a-t-on noté dans les Archives du Séminaire de Saint-
Hyacinthe, sur un texte qui ne porte comme titre que ceci : « À ma
chère Adèle ».

37. Le 5 juin 1852, l'Honorable A.-N. Morin écrit à l'Archevêque
de Québec, Monseigneur Turgeon, au sujet de la charte royale que vont
demander les directeurs du Séminaire de Québec, conférant à leur institution les avantages et les privilèges universitaires. Il lui communique un
extrait du rapport du Conseil Exécutif dans lequel on lit ceci : « ... having
taken into consideration the assurance given by the Archbishop that the
Seminary is prepared immediately to place that institution upon the
footing of a university, and having ascertained that it already possesses
extensive libraries and valuable collections of philosophical and other
apparatus for assisting in imparting a knowledge of the sciences the
Committee would respectfully recommend to the Imperial Authorities
that a grant such as sought for be conferred on that institution. » C'en
était fait ; de là devait naître l'Université Laval. Archives de l'Université
Laval. No. 18. Université 100 — AP.

d'autres le soin de résoudre les problèmes matériels. Il a été un précieux collaborateur de Louis-Joseph Papineau et de ses amis, pendant toute la période pré-révolutionnaire pour donner à leurs idées et aux siennes la forme voulue. Il a bien travaillé avec Louis-Hippolyte LaFontaine, dans le ministère que celui-ci a dirigé conjointement avec Robert Baldwin. À la disparition du premier, on a cru que Morin le remplacerait avec avantage à la tête du groupe des Canadiens français qui firent partie d'abord de l'administration Hincks-Morin, puis du cabinet MacNab-Morin. Tout en ayant une grande autorité morale, peut-être Augustin-Norbert Morin n'avait-il ni le dynamisme ni la vigueur voulus pour jouer le rôle qui lui était dévolu. Et c'est pourquoi, sans doute, son association avec Hincks et avec MacNab dura-t-elle aussi peu longtemps. Peut-être aussi l'instabilité politique était-elle trop grande à ce moment-là, comme elle le resta par la suite jusqu'à la Confédération. Le pays passe alors par une période de transition politique qui aurait exigé d'autres qualités que celles qui distinguaient Augustin-Norbert Morin. Encore une fois, celui-ci était plus un intellectuel qu'un chef de parti. Aussi, est-ce dans la vie privée qu'il a donné sa pleine mesure. Voyons maintenant quelques-unes des idées qu'il a développées antérieurement à 1855 et, par la suite, quelle fut son œuvre de juriste.

L'homme de pensée

Dans la vie de tout homme d'étude, il est possible de dégager quelques idées maîtresses. Pour Augustin-Norbert Morin, ce n'est pas chose facile car s'il a écrit beaucoup, il n'a laissé aucun livre, aucun texte qui indique de façon précise le cheminement de sa pensée. Malgré cela, on peut en suivre l'évolution par les faits et par les écrits qu'il a laissés dans *La Minerve*, dans des revues ou dans des documents privés ou officiels.

Ce qui frappe d'abord, c'est qu'il a eu un grand désir de justice, de liberté et de connaissance. Même si, pendant longtemps, il a été intimement lié à la politique, c'est l'esprit plus que le goût de l'action qui l'a guidé. À l'époque, on était prêtre, député, fonctionnaire quand on voulait écrire. Lui a joué un rôle dans la politique, mais c'est comme juriste qu'il a donné sa mesure. Au cours de toute sa carrière, il a également exposé des idées intéressantes sur l'instruction publique, les modalités de gouvernement, la langue et la formation de la majorité, la notion de justice. À titre d'exemple, voici quelques-unes de ses idées directrices.

1 — Et d'abord, le français au prétoire et la notion de justice et de logique

Jeune, c'est l'idée d'équité qui l'inspire davantage. Pendant toute cette période où il lutte contre le pouvoir établi, on constate, en effet, combien il s'élève contre ce qu'il considère l'abus du pouvoir et les excès des gens en place.

Ainsi, avec quelle vigueur réagit-il contre le juge Edward Bowen de la Cour du Banc du Roi à Québec, quand celui-ci déboute les plaideurs qui ont osé présenter leurs plaidoyers en français dans un pays britannique. Il a vingt-trois ans quand le juge renvoie deux plaignants sans même les entendre, parce que les pièces de procédure n'ont pas été présentées en anglais. La décision est catégorique : « le *writ* étant en français, au lieu d'être en anglais, la Cour déboute le demandeur de son action. » L'attitude du tribunal était grave puisqu'elle substituait une procédure à un usage établi depuis la conquête. Avec une exubérance et une confiance en soi qui en disent long, Augustin-Norbert Morin réagit. Il envoie une lettre au magistrat en protestant [38] avec respect, mais fermeté, contre sa décision. Il commence par citer un texte de Cicéron sur la justice ; ce qui est bien dans l'esprit de la formation qu'il a reçue au séminaire [39]. Puis il invoque des arguments tirés de l'Acte de Québec de 1774 et de la Constitution de 1791. Il ajoute : « en toute justice ou logique, comment peut-on demander à des gens qui, pour le plus grand nombre, ne parlent pas l'anglais, d'interpréter les lois françaises dans cette langue ? »

À travers l'écrit de l'étudiant en droit, on aperçoit le drame du Canada français. Tous les arguments qu'il emploie n'ont pas la même valeur ; son texte est inutilement long, mais il indique la maturité d'esprit du jeune homme qui, ses études à peine terminées, saisit la portée profonde du problème linguistique, base même des relations des deux groupes.

---

38. Extrait de la « Lettre à l'Honorable Edward Bowen, Ecuyer, un des juges de la Cour du Banc de Sa Majesté pour le District de Québec » par un étudiant en droit. Montréal : Imprimé par James Lane 1825. À la Bibliothèque du Barreau de Montréal (pièce numéro 6120).

39. « Nous expliquerons la nature du droit et nous en chercherons les sources dans la nature de l'homme : nous examinerons d'après quelles lois se doivent gouverner les états ; nous parlerons ensuite des droits que les peuples acquièrent par des actes ou en vertu des lois écrites, et des devoirs que ces droits leur imposent, et nous rangerons sous ce dernier chef les droits civils de notre pays. » Cicéron. *Traité des Lois*, LIV,

Une phrase paraît assez caractéristique du milieu : « En effet, écrit Morin, les émigrés du Royaume-Uni en quittant leur sol natal pour venir dans cette province ont renoncé à l'influence qu'ils étaient censés avoir dans le gouvernement général de l'Empire, qui seul a le pouvoir de nous imposer des lois ; ils se sont volontairement soumis à celles qui étaient en force dans le pays avant leur arrivée ; ils ne représentent pas ici la Mère-Patrie, elle ne leur a délégué aucun pouvoir, aucune prérogative sur les autres sujets anglois de la colonie » [40]. On voit ce que de pareils propos pouvaient être pour les nouveaux venus et quelle devait être leur exaspération. Par ailleurs, il y avait là les premiers aspects d'un nationalisme qui ira en s'intensifiant. D'une présomption folle, mais avec une logique certaine, Morin s'exprime non en vaincu, mais en premier occupant du territoire. Il ne veut pas reconnaître que l'*Anglois* veuille imposer sa langue, ses habitudes et ses lois. Il considère comme acquis que l'Angleterre a reconnu les droits de l'Indigène et que les nouveaux venus doivent les accepter sans discussion. À Morin, il semble très simple, très logique de dire aux nouveaux arrivants : « si vous venez vivre dans ce pays, vous devez en observer les us et coutumes ». C'est le même esprit qui continue de régner, avec des variantes et une certaine évolution par la suite, aussi bien parmi les francophones que parmi les anglophones. Dans l'intervalle, les deux se heurtent sans qu'il soit possible de les rapprocher.

Ce texte, Augustin-Norbert Morin l'écrit et le fait paraître en 1825. Il établit ainsi sa réputation, en dépit de sa jeunesse. Son attitude est un excellent exemple de l'indépendance d'esprit qu'il montrera toute sa vie, de son audace tranquille et de son aptitude à développer sa pensée sans crainte, quelle que puisse être la conséquence. C'est d'ailleurs une des caractéristiques des intellectuels du XIXe siècle au Canada français. Ils posent les prémisses dont la langue, la religion et les lois sont les principaux éléments et ils s'y tiennent sans défaillance. Ils ne sont pas sans défaut et beaucoup d'entre eux ont une bien courte vue. Trop souvent, ils passent à côté du problème économique sans le voir, obnubilés par les trois thèmes qu'ils ont choisis. Ils se battent désespérément pour les conserver intacts. L'argent les laisse indifférents. Fort heureusement, à côté des intellectuels, il y a ceux qui, malgré une origine obscure et presque sans instruction, cherchent instinctivement, à travers leurs propres

40. *Ibid.* Pp. 13 et 14.

intérêts, ceux du groupe. Eux ne réfléchissent pas, ils agissent, mais leurs affaires n'ont pas l'ampleur qu'il faudrait parce qu'il leur manque l'instruction élémentaire et les relations qu'ont beaucoup de leurs concurrents [41]. Les autres, comme Morin, emploient toutes leurs qualités et leur énergie au maintien du groupe, tout en ne comprenant pas ce qu'Étienne Parent leur répète sur tous les tons : « Si vous voulez jouer un rôle important dans votre pays, il faut que vous appuyiez vos droits sur autre chose que des textes ». Parent et Morin ont leur utilité dans une société qui sommeille, mais comme est décevante l'attitude de ceux qui ne comprennent pas que l'instruction ne doit pas mener seulement au prétoire, à la cure, à l'étude du notaire ou à la médecine.

2 — L'instruction publique

Plus tard, Morin se penche sur le problème de l'instruction publique. Il intervient dans le débat avec plusieurs autres pour demander qu'on instruise la masse amorphe et analphabète de ses compatriotes qui vivent loin des villes et bien petitement. C'est dans une conférence prononcée à l'Institut Canadien en 1845 qu'il développe ses idées [42]. Voici ses thèmes principaux :

i. Il faut établir une différence entre l'instruction et l'éducation, qui sont deux choses : l'une étant la somme des connaissances que l'on a et l'autre faisant intervenir des éléments complémentaires qui font la personnalité : caractère, formation intellectuelle, comportement devant la vie. Un homme instruit peut être un parfait goujat, un être inutile à la société. L'éducation est plus une question d'attitude devant la vie que de bonnes manières ou de connaissances personnelles. Augustin-Norbert Morin ne va peut-être pas jusque-là, mais il évoque la différence des deux termes.

ii. L'instruction dans le Bas-Canada revêt un aspect particulier. À cause de la coexistence des deux langues, il devrait

---

41. Les travaux de Pierre-Georges Roy sont à ce sujet concluants. On trouve de nombreuses biographies d'hommes d'affaires dans *Fils de Québec* et dans *Petites Choses de notre Histoire.* Elles soulignent le milieu d'origine, les réalisations de petites gens qui sont parvenus à bâtir des affaires. Celles-ci se sont écroulées de leur vivant ou après leur mort. Si certains ont fait des choses intéressantes, la plupart ne savaient pas comment assurer la continuité de leurs entreprises.

42. On la trouve dans le *Répertoire National* de J. Huston, chez J.M. Valois & Cie, rue Notre-Dame à Montréal. 1893. Volume 3, P. 218.

y avoir l'école mixte. « Dans un pays comme celui-ci, où deux langues sont d'une égale nécessité, les enfants pourraient avec avantage fréquenter une école mixte surtout pour habituer leurs organes aux sons particuliers de la langue qui leur est la moins familière ». Morin parle lui-même l'anglais avec une certaine difficulté et avec un accent qui tient du croassement. On raconte qu'en 1849, au moment où le feu est mis au parlement par les émeutiers à Montréal, comme président de la Chambre il rappelle ses collègues au calme en leur disant à peu près ceci : « Ordaire, ordaire, gentlemen ». Il se rassoit en ajoutant : « La séance continue puisqu'il n'y a pas encore eu de motion d'ajournement » [43].

iii. Si la connaissance des deux langues est nécessaire dans un pays bilingue, c'est la langue maternelle qui doit être à la base de tout système scolaire, l'autre étant complémentaire.

iv. L'enseignement religieux est essentiel, mais il faut le donner avec la tolérance voulue. « Que chaque clergé, affirme-t-il, se réserve des heures ou même des heures fixes pour donner ou faire donner l'instruction religieuse qu'il chérit. Mais toute tentative de faire prospérer une croyance au moyen du prosélytisme dans les écoles ou même de ce qui en serait soupçonné, subirait une déconvenue ». Et il continue ainsi :

> L'aspect de cette lutte serait trop douloureux pour les hommes vraiment religieux. Certes, on ne peut accuser ici de cet esprit ni le clergé, ni la population de toute origine. Mais j'ai trouvé dans le cours de ma vie publique, parmi les catholiques et parmi les protestants, et comme de rares exceptions, des individus qui voulaient de cette manière imposer leur foi aux autres. On en a vu des exemples dans des pétitions concertées et présentées à la législature. À tous je ferai remarquer que ceux qui sont en majorité dans un endroit, sont en minorité quelque part ; que, quant à l'oppression par le bras de la loi, elle est inutile et dangereuse à mes compatriotes de mon origine en particulier ; je dirai qu'eux surtout ont intérêt à invoquer la liberté et la tolérance comme règle générale, parce que si l'exception prévalait, il est peu à croire qu'elle fût en leur faveur. Le clergé de chaque croyance

43. La séance se tenait au siège de l'Assemblée Législative, rue des Commissaires, dans l'ancien Marché Sainte-Anne (*Lovell's Montreal Directory-1849*). Dans *Montréal, Recueil Iconographique* (Vol. 1), il y a deux gravures qui représentent l'incendie du Parlement. L'une est de E. Hides et l'autre de Somerville. Assez curieusement, la première indique que l'incendie a eu lieu le 25 avril et l'autre le 19 mai 1849. Pages 96 et 97. Voir aussi *Québec Histoire*, 1971.

jouit parmi ses ouailles d'un respect bien mérité ; sa conduite et ses sacrifices lui assureront dans tous les temps la plus large part d'autorité et d'influence sur l'instruction.

v. L'instruction doit être accessible à tous, pauvres ou riches. « Laissez, écrit-il, le riche instruire ses enfants à ses propres frais, s'il désire les initier aux études supérieures ; s'ils réussissent, la société en profitera comme eux ; s'ils ne réussissent pas, ils en remporteront toujours bien pour leur argent. Mais donnez à tous la chance de parcourir la même carrière ; n'eussiez-vous dans chaque école primaire à faire choix, chaque année, que d'un seul enfant pauvre méritant d'être envoyé à l'école de paroisse ou à celle de comté, où l'État et la bienveillance privée le conduiraient, cette école aurait fait son devoir et payé son prix de revient. Renvoyez à la charrue, non, je me trompe, au joug du portefaix ceux qui n'auront pu rien apprendre ; ils auront toujours remporté quelques idées d'ordre et de déférence ; quant à ceux dont les progrès n'auront été que médiocres, cette médiocre instruction même leur sera de la plus grande utilité dans le cours de la vie. J'aurais les mêmes choses à répéter au sujet du passage des écoles de paroisse à celles de comté, de celles-ci aux collèges, des collèges à l'université, qui puisse-t-elle nous advenir ! »

Augustin-Norbert Morin souhaite ici la création d'une université. Il n'y en a pas encore au Canada français, même s'il en a été question à plusieurs reprises depuis 1789. C'est en 1852 seulement que le projet prend forme. Dans les archives du Séminaire de Québec, il y a un bien intéressant projet que Mgr Turgeon, évêque de Québec, adresse le 10 mai 1852 à l'honorable Monsieur Morin, secrétaire provincial dans le ministère Hincks-Morin [44]. Lord Elgin a manifesté le désir d'avoir des renseignements au sujet de la charte royale que le Séminaire veut demander. C'est dans cette lettre que Mgr Turgeon indique au Secrétaire provincial ce que sera la nouvelle université, dirigée par un Conseil composé des directeurs du Séminaire et de deux ou trois professeurs de chacune des facultés : théologie et arts. L'Université verra officiellement le jour cette année-là. Augustin-Norbert Morin y enseignera le droit romain. Plus tard, il sera le doyen de la faculté de droit. D'office, l'Université lui accorde

---

44. Dans les archives de l'Université Laval (numéro 100), il y a une copie de la lettre que Monseigneur Turgeon adresse à l'Honorable Monsieur Morin, en réponse à la question posée par Lord Elgin au secrétaire provincial.

un doctorat, sans doute pour lui donner plus de prestige, note avec un malin plaisir l'excellent archiviste qu'est l'abbé Honorius Provost. Son mérite sera aussi reconnu à l'étranger par la Saint John University de New-York, qui lui décerne un doctorat en droit *honoris causa*. De leur côté, les Jésuites qui cherchent déjà à avoir une université à Montréal, avec le concours de Mgr Bourget, l'invitent à siéger au Conseil des patrons de l'École de droit, liée au Collège Sainte-Marie [45]. Assez curieusement, dès 1843, un texte, préparé pour MM. Hincks et Morin, avait suggéré de la part des évêques du Bas-Canada, un projet, sinon d'université, du moins de collèges où enseigneraient laïcs spécialisés et bien rémunérés et clercs recevant en retour de leurs bons offices, « du vêtement et de la nourriture ». L'écrit est assez intéressant pour qu'on en cite un extrait ici :

> Au lieu d'établir une université proprement dite, y lit-on, ne pourrait-on pas se contenter de donner aux collèges déjà existants le droit de conférer les degrés et leur allouer une certaine somme annuelle pour leur soutien ; sauf à établir à Montréal un collège sous la direction de l'évêque catholique, dans lequel il pourrait y avoir quelques cours publics les plus nécessaires aux besoins du pays, v.g.n. la médecine, la loi, l'architecture, la géométrie. Dans ce collège, les cours de lois et de médecine seraient donnés par des laïques, les autres sciences seraient enseignées par des ecclésiastiques sans aucun frais pour la province ; ...

Le texte n'est pas signé, mais il est probablement inspiré par Mgr Bourget et ses amis les Jésuites, récemment revenus à Montréal. Il est daté de Kingston, le 7 novembre 1843 [46].

vi. Pour l'instant, le conférencier s'en tient à l'enseignement primaire. Il se préoccupe des méthodes et de leur lenteur.

> Les sons de la voix étant peu nombreux, affirme-t-il, comment se fait-il que l'on mette tant de temps à apprendre à lire, même des années entières ? C'est que nos mots écrits ne sont pas aussi simples que la parole ; c'est que les mêmes combinaisons de lettres correspondent à des sons différents, et que l'élève, dérouté à chaque instant, est obligé d'apprendre et de désapprendre sans

45. Par ailleurs, le 26 février 1855, le Père F. Martin, S.J., charge le Père Schneider de remettre en mains propres, au secrétaire provincial Morin, le diplôme qu'il a bien voulu agréer et qui sera « un témoignage de sa (haute considération) et de sa (reconnaissance envers lui)... ». Lettre dont l'original est dans les Papiers Morin, aux Archives publiques du Canada (M.G. 24, P. 122).
46. On en trouve une copie aux Archives de l'Université Laval. Numéro 100-F.

cesse, sans règles auxquelles il puisse rapporter ces variantes. Cet inconvénient grave a engagé à proposer pour la lecture une méthode synthétique, la même qu'on emploie pour l'instruction des sourds-muets, la même aussi que dans l'étude des langues on a appelée système hamiltonien. L'on donnerait ainsi d'abord le mot écrit, puis le mot parlé, et suivant le cas, l'image peinte, commençant par les mots les plus courts et les mieux épelés ; bientôt l'enfant, faisant de lui-même l'analyse, trouverait, d'après la langue parlée, la signification d'autres mots rapprochés. Je ne sache pas qu'une pareille méthode ait été suffisamment éprouvée ; elle mériterait de l'être. En attendant, il faut continuer à fausser la mémoire et le jugement des enfants en les faisant épeler pendant des années entières. L'autre remède, celui de changer la langue en écrivant comme on parle, contredirait tant de données, que l'essai qu'on en a fait en France a de suite couvert son auteur d'un ridicule que l'idée du moins ne méritait pas.

Il demande aussi qu'on mette à la disposition des élèves les moyens didactiques voulus :

> Je voudrais que l'État, le fonds des écoles et le zèle des particuliers, rendissent assurés les moyens nécessaires pour que pas un seul des enfants dans ces conditions ne restât dans l'ombre à cause de sa pauvreté. Je voudrais aussi que dans toutes les écoles, on parlât aux yeux comme aux oreilles, au moyen de gravures, modèles, cartes, échelles chronologiques, instruments, appareils et collections de divers genres, le tout fourni par la direction des écoles, suivant la nature de chaque école particulière...

Et enfin, Morin exprime le vœu sur lequel Étienne Parent reviendra à l'Institut Canadien l'année suivante :

> Il faut, dit-il ici, que l'on ait les plus grands égards pour leurs professeurs qui forment ceux qui, par la suite, feront la nation.

C'est une conception entièrement différente de celle que l'on a dans le milieu. En effet, on y traite bien mal les quelques laïques qui, envers et contre tout, s'acharnent à former la jeunesse. Seuls les religieux jouissent d'un prestige qui s'adresse plus à leur état de prêtre qu'à leur fonction d'enseignant.

L'initiative d'Augustin-Norbert Morin s'ajoute à celle d'éducateurs comme Jean-Baptiste Meilleur [47], Pierre-J.-O. Chauveau [48]

---

47. Premier surintendant de l'éducation du Bas-Canada, de 1843 à 1855.
48. Surintendant de l'instruction publique de 1855 à 1867.

et, au début du siècle, Joseph-François Perrault [49]. Ils ont donné
le plus clair de leur temps au service de l'intérêt public, comme
instituteurs, directeurs d'écoles ou surintendants de l'enseignement public. Morin va plus loin et il est bien placé pour se faire
entendre à cause de sa situation officielle. Pour financer l'instruction publique, il reprend la question si débattue des biens des
Jésuites. Il insiste pour qu'on les emploie à développer l'enseignement dans le Bas-Canada. Ainsi, en 1845, il fait paraître à
Québec à l'imprimerie d'Augustin Côté, une étude assez élaborée qu'il est intéressant d'examiner ici. Il l'intitule *Notes sur les
Biens que les Jésuites Possédaient au Canada et sur l'Affectation
que ces Biens Doivent Recevoir Aujourd'hui* [50]. Le titre est long,
mais il précise bien l'intention de l'auteur qui, en 1845, est
député en attendant d'être président de la Chambre d'assemblée.

Il y a longtemps que le gouvernement songe à affecter ces biens
à l'instruction publique, mais rien n'a encore été fait. Après la
conquête, le roi les avait promis au général Amherst ; on avait
même chargé un haut fonctionnaire de préparer le texte de loi.
Le gouvernement profitait du fait que la Société de Jésus avait
été abolie par le Pape pour déclarer que leurs biens devaient être
attribués à quelqu'un d'autre : le général Amherst paraissait
tout indiqué (dans son esprit tout au moins) à cause des services
qu'il avait rendus à la Couronne au moment de l'occupation.
Mais le tollé fut tel dans la Colonie que, malgré la promesse du
roi, Amherst ne reçut jamais les propriétés qu'il convoitait sans
aucune pudeur. Déjà, les nouveaux sujets faisaient entendre un
concert de protestations, auxquelles se mêlait un clergé moralement puissant, qui ne voulait ni d'Amherst, ni d'aucun autre, et
surtout pas d'un protestant, comme propriétaire des biens-fonds

---

49. Zélateur de l'instruction primaire, il ouvrit des écoles, publia
des livres, écrit de lui Jean-Jacques Lefebvre. Il y a aussi sur Joseph-
François Perrault un ouvrage de Jean-Jacques Jolois, paru aux Presses
de l'Université de Montréal en 1969 et qui s'intitule *J.F. Perrault et les
Origines de l'Enseignement Laïque au Bas-Canada.* C'est en le lisant
qu'on comprend mieux le titre de zélateur de l'enseignement primaire que
lui donne Jean-Jacques Lefebvre. Il faut lire aussi les ouvrages si docu-
mentés de Louis-Philippe Audet sur le système scolaire de la Province
de Québec, pour comprendre ce que fut cette longue nuit, d'où les écoles
et les professeurs sont sortis longtemps plus tard, violemment, avec la
brutalité d'un séisme incontrôlable.

50. Parue à l'imprimerie d'Augustin Côté et Cie, près de l'Archevêché, 1845. Dans les archives de l'Université Laval, on note qu'une traduction en anglais a paru chez Desbarrats et Derbishire (100-H).

destinées aux missions et à l'instruction. Les Jésuites avaient
eu, en particulier, le collège logé dans un grand et bel immeuble
qu'on utilisait comme caserne depuis la conquête. Ne voulant pas
trancher la question, le gouvernement se contentait depuis un
demi-siècle de temporiser et de faire administrer les propriétés
tantôt par celui-ci, tantôt par celui-là. C'est ainsi qu'on en avait
confié la charge à l'arpenteur général, Joseph Bouchette, fort
bien vu dans les milieux officiels. En 1834, c'est John Stewart,
membre du Conseil Exécutif, qui avait été le commissaire des
biens des Jésuites. Aussi s'en plaignait-on amèrement dans les
Quatre-Vingt-Douze Résolutions [51].

En 1845, la question n'est pas encore réglée. Augustin-
Norbert Morin s'y intéresse. Il veut que les biens soient enfin rendus à leur fin première. Il se met au travail et il présente une
étude assez fouillée de tout le problème, en prenant comme point
de départ les « procédés de la Chambre d'Assemblée dans la
première session du huitième parlement provincial du Bas-Canada,
sur l'état et les progrès de l'éducation, etc. » [52]. Ce qui l'intéresse, ce n'est pas de faire rendre leurs biens aux Pères Jésuites,
revenus à Montréal depuis 1842 sur l'invitation de Mgr Ignace
Bourget, mais qu'on les emploie à l'instruction par le truchement de l'État. Il écrit d'abord ceci qui ouvre sa plaidoirie :

a) Les Jésuites se sont établis au Canada dans le XVIIe siècle.
Ils tenaient les collèges de ce pays et y fesaient des missions. Ils y
avaient des propriétés considérables qui provenaient de trois sources différentes :

i.   les unes leur avaient été données par le Roi de France ;
ii. les autres leur avaient été données par des particuliers ;
iii. enfin, les dernières avaient été achetées par eux.

Parmi les premières, il y avait la seigneurie de Notre-Dame-
des-Anges « au Charles-Bourg » [53]. Les secondes comprenaient,

51. À l'article 34. Collection Gagnon, Montréal. Bibliothèque Municipale.

52. Il s'agit sans doute des *Proceedings,* que l'on a traduit littérale-
ment. Quand on étudie les textes de l'époque, on se rend compte combien
l'anglicisme avait pénétré dans la langue écrite. Un conférencier de
l'Institut Canadien donnait une *lecture* et il était le *lectureur.* Morin
n'échappe pas à cette influence. Ainsi dans son texte sur les biens des
Jésuites, on trouve de nombreux anglicismes de forme ou de vocabulaire,
comme il en avait laissé passer dans les *Quatre-Vingt-Douze Résolutions*
de 1834.

53. C'est ainsi que Morin écrit le nom de l'endroit que l'on connaît
maintenant sous l'orthographe de Charlebourg.

entre autres, celle de Batiscan et les dernières la seigneurie de Bélair ou La Montagne à Bonhomme... « À l'époque de la conquête du Canada par les Anglais, écrit Morin, les Jésuites étaient en possession paisible des biens dont il s'agit. Tous leurs titres étaient en règle. »

b) Il ajoute :

En 1789, le gouvernement anglais avait songé à créer une université mixte [54], avec les biens des Jésuites, c'est-à-dire une université à la fois catholique et protestante. Mais Monseigneur Hubert, évêque de Québec, avait exprimé l'opinion que « Le temps (n'était) pas encore venu de fonder une université à Québec ». Il craignait que l'instruction secondaire ne fut pas rendue au point où le milieu permettrait l'existence d'un établissement de plus haut savoir. Il suggérait que, « pour mettre la province en état de jouir par la suite des temps d'un aussi précieux avantage, il fallait encourager les études dans le collège de Montréal et dans le séminaire de Québec... » L'évêque proposait plutôt de fonder un troisième collège (celui que les Jésuites avaient à Québec au XVIIIe siècle) à l'aide des biens des Pères « tout en le mettant sous l'autorité de l'évêque de Québec ».

L'histoire des biens des Jésuites par la suite, précise Morin, est celle d'une longue lutte entre l'État et les autorités religieuses, désireuses d'attirer à elles ces propriétés vastes et de peu de valeur encore, mais qui devaient en acquérir. Chose assez lamentable et que tout le monde déplore, le collège qui aurait

---

54. Morin, qui est très réaliste, ne se laisse pas effrayer par cette coexistence chez les jeunes, qui effraie le clergé en particulier. C'est un état d'esprit bien différent ; celui que peut avoir l'homme en contact avec les réalités et qui cherche à y faire face en préparant ses compatriotes le mieux possible. Il n'est pas pour lui question de les protestantiser, mais simplement de leur donner un instrument de travail, comme l'avait compris après la conquête le clergé lui-même, qui fit machine arrière simplement quand il craignit l'influence du protestantisme sur ses ouailles. « D'après un très grand nombre d'auteurs, l'objet ultime de l'Institution Royale c'est une savante machine à angliciser », écrit Séraphin Marion dans les *Cahiers des Dix* de 1970. Il cite par exemple J.D. Bredner qui n'hésite pas à écrire : « An elaborate engine of anglicizing education » ; W.L. Morton qui affirme : « A full blown scheme of anglicization », et le professeur A.L. Burt : « A scheme rather than a system, it was designed to force the English language down their throat ». Il est vrai que depuis l'Institution Royale, qui a été un fiasco. il s'est passé bien des choses. Peut-être dans son texte, Morin indique-t-il une évolution de l'opinion laïque. De son côté, longtemps plus tard, L.-P. Audet exprime l'avis, dans ses travaux, qu'on aurait pu tirer des avantages réels de l'organisme nouveau, si on l'eut voulu vraiment.

pu rendre de si grands services restait inemployé pendant ce temps.

Morin veut que les biens soient, enfin, utilisés à une de leurs fins premières.

c) En 1832, continue-t-il, la Couronne avait songé à mettre les biens des Jésuites « à la disposition de la législature canadienne, pour être employés à l'éducation ». Doivent-ils être destinés uniquement à des collèges ou à des écoles catholiques ? Oui, affirme Morin qui, il faut s'en souvenir, est ministre en 1845. Pour s'en convaincre, précise-t-il, il faut examiner quelle était la nature de ces biens au moment de la conquête. Et rechercher ensuite quels ont été les effets de celle-ci. Ces biens « étaient incontestablement les biens de l'Église catholique ». Au moment de la conquête, c'était « un principe généralement reçu que les biens de l'Église Catholique ne pouvaient être détournés de leur destination » [55].

Et l'auteur emploie un dernier argument psychologiquement très fort dans une société coloniale à peine sortie d'une crise politique qui a failli la briser :

> Aux yeux des Catholiques [56], les biens en question ont un caractère sacré, ils ne pourraient être disponibles que par une décision du Saint-Siège analogue à celle que renferme le Concordat de l'An IX [57].

3 — Le régime constitutionnel

Dans les papiers d'Augustin-Norbert Morin, il y a une étude intéressante sur le régime constitutionnel. Elle a sa place ici quand on songe au cheminement de la pensée de son auteur depuis qu'il a cessé d'être un ennemi de la Couronne. Il a beaucoup réfléchi et il aperçoit dans le système, imaginé par les Anglais avec la *Magna Carta*, un régime qui, momentanément

---

55. *Ibid.* Page 15.
56. *Ibid.* Page 41.
57. Dans les Archives du Séminaire de Québec, il y a une lettre bien intéressante sur le sujet des biens des Jésuites, qu'adresse Mgr Ignace Bourget à Denis-Benjamin Viger. Il écrit ceci en particulier : « Le gouvernement n'aurait aucun frais à supporter pour la fondation d'une université catholique, car il lui suffirait pour cela de laisser les biens du ci-devant Ordre des Jésuites à la disposition des évêques... » Lettre du 30 mars 1846, dont l'évêque de Montréal envoie copie à son collègue de Québec. Archives de l'Université Laval. 100-1.

tout au moins, a le mérite d'apporter un équilibre politique : le
souverain régnant, mais ne gouvernant pas.

Le Gouvernement d'Angleterre, qui est celui de ce pays, écrit-il,
est le plus ancien comme le plus fixe de tous. La Constitution n'y
est pas seulement une lettre écrite, elle est encore plus traditionnelle et populaire. Les hommes d'État se sont occupés successivement à nationaliser des sophismes utiles, pour pallier les contradictions que présentent en fait de principes et de théories les attributions des différents pouvoirs : le Roi est inviolable, mais il est
assujetti dans la personne de ses ministres à la plus stricte responsabilité : au Roi seul appartient la nomination à toutes les charges
de l'État ; mais la presse et l'opinion peuvent réprouver ses choix :
rien ne se fait sans le consentement du peuple ; ...

Morin ajoute aussitôt :

L'aristocratie seule a su jusqu'ici se constituer son interprète.
C'est ainsi que tout le monde se croyant souverain, personne ne
pense à se faire l'apôtre d'une souveraineté exclusive ; il n'est
jamais question dans les affaires d'état de remonter à l'origine
des sociétés sur laquelle les systèmes variés des écrivains sont
regardés comme plus ingénieux qu'utiles. Une longue pratique
supplée aux cas imprévus, l'usage et l'analogie expliquent les
questions nouvelles.

Morin juge le régime politique de l'époque. Il ne peut prévoir
que, par une lente évolution, au début du siècle suivant, ce sont
les classes moyennes, puis les hommes du peuple et les intellectuels formés par les grandes écoles, comme la London School
of Economics, qui, au pouvoir, remplaceront les aristocrates du
début du dix-neuvième siècle, avec le Gallois Lloyd George et
l'Écossais MacDonald, par exemple. D'esprit démocratique pourtant, les hommes nouveaux ne toucheront pas à la Chambre des
Lords. Aussi continuera-t-elle de servir de frein à la Chambre
des Communes. Périodiquement, on menacera ses membres soit
de supprimer leur fonction, soit de les noyer dans un flot de
nominations nouvelles. La Chambre restera parce que les lords
plieront, comme le roseau de La Fontaine, tout en gardant leurs
prérogatives. Augustin-Norbert Morin n'aime pas la manière dont
on les choisit, pas plus qu'ils soient nommés à vie et que leur titre
soit héréditaire, mais il reconnaît leur utilité. Depuis longtemps,
au Bas-Canada, il s'est opposé à l'influence du Conseil Législatif,
où régnait le bon plaisir du Prince. Il a suggéré à plusieurs reprises que ses membres soient élus ; mais sans succès, comme il
arrive souvent à celui dont les idées vont à contre-courant de la
majorité ou d'une minorité agissante.

Pour qu'on juge de la qualité de son esprit, voici d'autres extraits de son travail, qui en sont l'introduction en quelque sorte :

Sans discuter l'origine abstraite du pouvoir et de la société, prenant cette dernière comme elle est, on doit admettre que l'extension des connaissances humaines, les progrès de la raison et les perfectionnements de l'industrie, ont donné aux peuples de cette époque une telle force et une telle influence, qu'un gouvernement ne peut se soutenir qu'avec le concours de la volonté générale, volonté éclairée, bien différente de cet esprit de fatalité et d'illusion qui faisait des nations antiques une masse inerte ballottée sans cesse par la ruse, l'audace ou le génie.

Pour connaître cette volonté générale, il faut la consulter ; les organes plus ou moins perfectionnés par lesquels elle se prononce, sont les rouages essentiels des gouvernements où elle s'est fait jour. Supposant une société homogène où règnerait l'égalité sous tous les rapports essentiels, toutes les voix à l'unisson proclameraient la volonté publique. Mais lorsqu'un peuple se compose d'éléments opposés, représentants de sa vieille histoire et de sa civilisation moderne, l'ordre ne peut exister qu'au moyen de compromis. De là, la nécessité des gouvernements mixtes, dont on retrouve des modèles dans l'antiquité comme dans le moyen âge, sauf la diversité de leurs parties constituantes. De nos jours, la condition analogue de la plupart des peuples de la Chrétienté a donné une fixité plus grande à une espèce particulière de gouvernements mixtes, appelés gouvernements constitutionnels, composés à la fois du pouvoir monarchique, d'un corps privilégié et d'une députation populaire. C'est beaucoup plus que l'on ne pense un résultat de l'histoire de l'Europe, une peinture des quinze derniers siècles.

Peut-être que la postérité n'y verra que l'image vacillante d'un état de transition ; nous en avons nous-mêmes assez vu pour prédire qu'à mesure que l'industrie et la féodalité, ces deux implacables rivales, feront des conquêtes l'une sur l'autre, le parti vainqueur augmentera d'importance dans les gouvernements.

Immense abri destiné à garantir les nations des révolutions trop brusques, l'édifice constitutionnel est un pacte pratique dont les bases primitives échappent souvent à l'analyse, semblable aux eaux de ce fleuve qui porte avec lui la fécondité et la vie, mais dont la source se perd dans des régions inexplorées.

Il n'a pas été possible de vérifier si ce texte de Morin a paru quelque part. Tel quel, dans sa forme première (car il se termine sur de simples notes), il nous a paru avoir sa place dans une étude où l'on présente l'homme et le cheminement de sa pensée. Ce n'est pas le juriste qui parle ici, c'est l'intellectuel qui recherche dans les régimes politiques celui qui semble présenter la plus grande stabilité. Or il le trouve dans la constitution britannique dont il a tellement critiqué les partisans et les bénéficiaires dans sa jeunesse. Mais ce qu'il a combattu, ce n'est pas le régime en soi, autant que les abus commis par ceux qui l'administraient dans la Colonie et la manière dont on l'appliquait.

* * *

Morin est nommé professeur à la faculté de droit de l'Université Laval. Dans la préparation de ses cours, on trouve un grand souci du détail, de la documentation, de la précision des faits ; ce qui est bien dans l'esprit de l'homme minutieux qu'il a été au cours de sa vie d'homme d'étude jeté dans l'action. Aux archives de l'Université Laval, ses textes indiquent qu'avec quelques autres comme Jacques Crémazie, Jean-Thomas Taschereau, le juge William Badgley, l'avocat Ulric Tessier et Auguste-Eugène Aubry, il a créé l'enseignement du droit à l'Université [58]. On y trouve des notes prises au hasard par Morin pour fixer un point, un raisonnement, un aspect particulier du sujet. Il y a aussi de longues listes d'ouvrages à consulter. C'est en partie avec le catalogue de son ami, le libraire Bossange, qu'il les a dressées. Avec ce dernier, nous voilà en pays de connaissance. Un de ses fils a épousé une fille de Joseph Masson. Et n'est-ce pas lui qui alimente en livre toute cette génération du Canada français pour qui la lecture commence d'être essentielle, que ce soient Crémazie et les commensaux de son arrière-boutique à Québec, Louis Fréchette, Pamphile Lemay, Philippe Aubert de Gaspé, Étienne Parent, les Taché, John Lemoine ou les rimailleurs et les *lectureurs* de l'Institut Canadien qui, sans le vouloir ou sciemment, courent après l'Index dans le sillage de Louis-Antoine Dessaulles et de son oncle, Louis-Joseph Papineau. Celui-ci délaisse parfois sa seigneurie de la Petite-Nation pour venir haranguer ses amis et montrer sa hargne contre son adversaire de toujours, Mgr Ignace Bourget. Mais n'est-ce pas à la librairie Bossange à Paris également que Louis-Joseph Papineau s'est adressé pour constituer la bibliothèque que Joseph Masson lui a demandée ? Dans son ouvrage sur son ancêtre, publié en 1972, Henri Masson mentionne une note de $2,500 que le libraire envoie à son client pour une seule commande : ce qui est beaucoup pour l'époque.

---

58. Fonds Morin, aux Archives du Séminaire de Saint-Hyacinthe.

* * *

Pour ses cours, la documentation de Morin va des Pandectes en vingt-quatre volumes à la Coutume de Paris (deux volumes) d'après Ferrière, des Institutes en sept volumes, à l'œuvre de Blackstone et de MacKeldy en français.

Il y a dans ses papiers, des notes de tous genres écrites de sa main et qui ont pour objet de fixer sa pensée sur certains points particuliers. Et encore d'autres notes où Morin esquisse un programme ainsi :

> Cours spécial de droit à commencer par le droit naturel, continuant par le droit des gens, le droit public international, le droit privé international, l'interprétation des lois, des statuts, la rétroactivité des lois, les questions transitoires.

On sent qu'il cherche un peu à tâtons, dans un dédale d'où l'on ne sortira plus tard que grâce à l'intervention de quelques spécialistes. Depuis longtemps, en effet, on se trouve devant un indescriptible chaos dans le Bas-Canada. Puis, les idées de Morin se fixent, et il indique le programme d'un cours. Voici une « division générale qui paraîtrait bonne », écrit-il :

> I. Droit en général ; droit public en général ; droit privé romain.
>
> II. Droit français ; droit coutumier ; droit canon ; droit étranger ; droit nouveau français.
>
> III. Droit privé canadien ; notariat ; procédure : ramenant dans cette partie les obligations entre particuliers qui (relèvent) de la loi, comme dîmes, honoraires et statuts.
>
> IV. Droit public canadien français et anglais, droit constitutionnel ; droit criminel, droit commercial et droit privé anglais ; droit américain.

Ailleurs dans les notes du professeur Morin, on trouve le plan « d'un grand ouvrage de droit dans lequel on ferait entrer tout ce qui pourrait être utile au Bas-Canada (toujours cette préoccupation du groupe), avec des discussions théoriques pouvant aider la législation ». Ce grand ouvrage, il dut le mettre de côté, à son grand regret. En attendant, il en donne non pas les chapitres, mais les tomes. Il en prévoit quarante. Presque tout y est : les sujets, le nombre de volumes, la méthode de travail. Le projet est du 2 septembre 1855 [59]. Morin est nommé juge en novembre, puis on l'aiguille vers la Cour spéciale qui va contribuer à liquider le

---

59. Polygraphie 46, numéro 4B. Université Laval.

régime seigneurial. En 1859, il est l'un des trois commissaires chargés de préparer le Code Civil. Il meurt quelques années après. C'en est fait de son projet. Il faut en faire état cependant car, avec lui, commence la filiation qui prépare la voie aux juristes de la fin du siècle : Thomas-Jean-Jacques Loranger et P.-B. Mignault en particulier, à qui la vie a donné le temps et le loisir de laisser l'œuvre écrite, ordonnée, méthodique que Morin avait souhaitée.

* * *

Augustin-Norbert Morin écrivit aussi des vers car il était bien de son époque. À certains moments, il se défend mal contre l'appel des muses. Il suit certains de ses contemporains : Garneau (historien), Étienne Parent (sociologue) et Antoine Gérin Lajoie (romancier), par exemple, qui ont écrit des poèmes ou des chansons à un moment de leur vie où ils se croyaient touchés par la grâce. Ils s'emparent alors de la lyre et chantent, en une langue et avec une inspiration un peu sclérosées, le pays, la patrie, le Canadien errant ou leur dame.

Morin s'en tient à quelques poèmes et à quelques chansons. En voici deux exemples. Dans l'un, en 1841, il rappelle Québec — sa ville d'adoption :

> Quels sont ces attrayants rivages
> Que baigne un lac majestueux ?
> Quels monts riants quoique sauvages
> S'étendent au nord sous mes yeux ?
> Puis cette cime crénelée,
> Et ces vaisseaux aux mâts luisants ?
> Cette ville en cercle étalée,
> Et ces clochers qui font appel aux ans ?
>
> Ces traits hardis de la nature,
> Ces œuvres de l'homme et de l'art,
> Ces tons que cherche la peinture,
> Que les vers n'offrent nulle part,
> Cette chatoyante féerie
> Du mirage à double horizon ;
> Ces lieux enfin c'est ma patrie :
> Combien ses fils l'aiment avec raison !

Dans l'autre (un poème écrit également en 1841), il fait un éloge de son pays qui se termine ainsi :

> La neige vient, l'hiver demeure
> Adieu zéphirs, moissons, verdure, mâts.

Et cela rime avec frimas. À seize ans d'intervalle, l'inspiration et la forme ne s'étaient guère affinées. Heureusement, le poète s'efface devant l'homme politique et, par la suite, le juriste. De son côté, Jules Fournier cite dans son recueil sur la poésie au Canada français un poème de Morin écrit en 1825, dont voici la deuxième strophe :

> Combien de fois à l'aspect de nos belles
> L'Européen demeure extasié !
> Si par malheur il les trouve cruelles
> Leur souvenir est bien tard oublié.
> Dans ma douce patrie
> Je veux finir ma vie ;
> Si je quittais ces lieux chers à mon cœur,
> Je m'écrierais : j'ai perdu le bonheur !

Doit-on porter un jugement ? Pourquoi pas, puisque le *Répertoire National* et Jules Fournier ont cru qu'il était à propos de citer ces essais peu heureux, d'un esprit lucide, mais guère imaginatif. Pour ne pas être trop méchant, peut-on dire qu'Augustin-Norbert Morin fut un poète mineur ? Même pas, il fut un simple rimailleur qui, fort heureusement, sut s'arrêter sur la pente glissante de la prose rimée.

Le juriste

Augustin-Norbert Morin fut nommé juge de la Cour Supérieure en 1855. Un des premiers gestes du gouvernement a été de l'adjoindre à la Cour Spéciale chargée de liquider le régime seigneurial établi en Nouvelle-France au XVIIe siècle. Pendant longtemps, celui-ci a été utile. Il a permis d'activer le peuplement de la Colonie et de lui donner des structures économiques et sociales. C'est ainsi qu'on a ouvert à la colonisation et au peuplement tout le pays en bordure du fleuve Saint-Laurent, de Beauharnois à la Gaspésie. Plus tard, le régime s'est fixé et, petit à petit, son utilité a cessé. Il est même devenu gênant pour l'expansion de la colonie. Avec le Régime anglais, on en a constaté les défauts quand on l'a comparé à la tenure libre. Le moment était venu de le faire disparaître, malgré l'influence des seigneurs. Pour eux, la suppression de leurs privilèges était grave, car un certain nombre tirait le plus clair de leurs revenus du cens et des droits divers que le régime leur accordait ; c'était le cas par exemple, de Philippe Aubert de Gaspé dans ses seigneuries de Saint-Jean-Port-Joly, d'Aubert et d'autres lieux [60]. Il y avait les autres qui n'en

---

60. Voir, à ce sujet, ses *Mémoires*.

vivaient pas, mais qui appréciaient fort ce qu'ils obtenaient tous les ans de leurs censitaires. S'il y avait des seigneurs francophones, il y avait aussi un assez grand nombre d'anglophones qui s'étaient portés acquéreurs de seigneuries datant du Régime français. Plus que les autres, ils ne voulaient lâcher la proie pour l'ombre. Il y avait aussi le clergé à qui appartenaient de nombreux domaines seigneuriaux [61]. On le convainquit de ne pas s'opposer au principe de la liquidation en lui laissant entendre que la loi nouvelle ne le viserait pas. D'eux-mêmes, les clercs acceptèrent plus tard de s'assujettir à la loi de 1854, qui fit suite aux deux délibérations adoptées par l'Assemblée Législative sur la proposition de sir Louis-Hippolyte La Fontaine, le 26 juin 1850. Déjà juge en chef de la Cour d'Appel, sir Louis-Hippolyte était nommé président de la Cour Spéciale. Voici comment il s'exprime sur le fond même de la question qui fera l'objet des travaux de la Cour Spéciale :

Ces propositions, adoptées à la majorité de cinquante-trois contre une, consacraient les principes de justice et d'équité, puisés dans le respect dû au droit sacré de la propriété, sur lesquels devait s'accomplir, pour être légitime, la grande révolution que l'Acte Seigneurial de 1854 est appelé à opérer dans les institutions du Bas-Canada [62].

Puis, le texte des résolutions [63] qui établissent le programme des années à venir :

1°. Résolu, — Que la tenure seigneuriale, dans le Bas-Canada, est un sujet d'ordre public, dont il est du devoir de la Législature provinciale de s'occuper, plus particulièrement depuis que cette question a attiré l'attention publique à un haut degré ; qu'il importe en conséquence d'effectuer, à une époque aussi rapprochée que possible, la conversion de cette tenure, en une tenure libre, en protégeant et réglant équitablement tous les intérêts concernés.

2°. Résolu, — Que ladite commutation de tenure ne peut avoir lieu qu'au moyen d'une indemnité suffisante en faveur de tous ceux dont les justes droits seront lésés, en l'effectuant.

---

61. Que leur avaient donnés le Roi ou la Compagnie des Indes Occidentales pour leurs œuvres.

62. Observations de sir L.-H. LaFontaine, B.T., Juge en chef.

63. Extrait des Observations (préliminaires) de sir Louis-Hippolyte LaFontaine, B.T., dans « L'Acte Seigneurial de 1854 ou Acte pour l'Abolition des Droits et Devoirs Féodaux dans le Bas-Canada » ; loi qui fut sanctionnée le 18 décembre 1854.

C'est à sir Louis-Hippolyte qu'était confié le soin d'étudier l'opportunité de supprimer le régime et d'indiquer les solutions. Il devait rechercher avec ses collaborateurs — juges de la Cour du Banc de la Reine et de la Cour Supérieure — des solutions au double problème d'indemniser les seigneurs pour éviter la spoliation et de permettre aux censitaires de se libérer de leurs engagements sans que le fardeau soit trop lourd.

Dans ses observations préliminaires en 1856, le président de la Cour Spéciale juge ainsi le régime et la loi qui en prévoit la disparition :

> Si je suis de ceux qui, appréciant impartialement l'histoire de l'établissement du pays, croient que la tenure seigneuriale, jusqu'à une époque comparativement peu reculée, a eu le succès que l'on en attendait et que l'on devait en attendre, je suis également un de ceux qui, jugeant de sang froid les changements qui se sont opérés depuis, dans la condition, les besoins et les idées de la société canadienne, sont convaincus que les lois régissant cette tenure et les rapports qu'elles établissent entre les seigneurs et les censitaires, ont cessé d'être dans les mœurs de cette même société. Or, une loi qui n'est pas dans les mœurs d'un peuple, ne saurait subsister longtemps sous la nouvelle forme de notre gouvernement, surtout lorsque cette loi, quelque juste et bienfaisante qu'elle ait pu être dans son principe, vient plus tard, quoiqu'à tort, à n'être regardée par ce même peuple que comme créant, non une dette légitime, mais bien un impôt auquel il se persuade facilement qu'il n'a pas librement consenti.

Au moment où le juge Morin prend place à la Cour Spéciale, celle-ci réunit trois juges puisnés de la Cour du Banc de la Reine et huit juges puisnés de la Cour Supérieure [64]. La première réunion a lieu le 4 septembre 1855. On charge les juges de trouver une solution aux problèmes soulevés par l' « Acte Seigneurial » de 1854. Quand on étudie la marche suivie par ses travaux, on constate que la Cour procède par questions et réponses [65]. Ainsi, petit à petit, le travail prend corps et la décision se dessine.

---

64. En voici la composition, tout au moins ceux qui assistent à la réunion du 4 septembre 1855 (Observations... Page 45 a) : « L'Honorable sir Louis-Hippolyte LaFontaine, l'Honorable Edward Bowen, juge en chef de la Cour Supérieure (que le juge Morin retrouve comme collègue après l'avoir mis en cause bien des années auparavant au sujet de ses attitudes anti-françaises), les juges puisnés de la Cour du Banc de la Reine : Aylwin, Duval, Caron et les juges puisnés de la Cour Supérieure : Day, Smith, Vanfelson, Mondelet, Meredith, Short, Morin, Badgley.

65. Page 50 a. *Ibid.*

Dans ses observations préliminaires de 1856, le juge en chef LaFontaine note à propos d'Augustin-Norbert Morin :

Une maladie cruelle est venue soudainement nous inspirer des craintes sérieuses sur la vie de celui d'entre nous à qui nous devons en grande partie la rédaction du jugement que nous avons à rendre.

Une fois de plus, on peut constater l'extraordinaire puissance de travail de celui dont le juge en chef LaFontaine fait l'éloge tout en déplorant sa mauvaise santé. Si celle-ci avait forcé l'homme politique à s'orienter différemment à un moment donné, elle ne lui avait pas enlevé cette ténacité et ce goût du travail intellectuel qui lui permettait d'agir malgré la maladie. Elle le guette sourdement à travers les ans puisque, au début des travaux de la Commission pour la révision des lois civiles, Morin ne pourra se mettre au travail qu'une fois son état un peu amélioré. Elle est admirable cette énergie de l'homme qui pense, écrit et agit, même si ses forces l'abandonnent petit à petit. C'est en partie à cause de cela que ses contemporains ont eu pour lui une si grande estime et qu'à sa mort, il y a eu autour de lui tant de gens qui ont joué un rôle important dans les sphères où il avait œuvré.

La révision des lois et le Code civil

Dans ses *Mémoires*, écrits en 1866, Philippe Aubert de Gaspé rappelle une conversation qu'un jeune clerc de ses amis, en stage auprès de Me Joseph Borgia, remarquable avocat de l'époque [66], venait d'avoir avec ce dernier. Il sortait de l'entrevue un peu bouleversé, le patron lui ayant dit à peu près ceci :

Mon cher enfant, c'est justement parce que j'ai beaucoup étudié, que j'ai pâli pendant vingt ans sur les livres, que je suis aujourd'hui d'opinion que c'est du temps donné en pure perte. Il y a tant d'anomalies, de contradictions dans les lois qui nous régissent, qu'il est difficile de trouver sa route dans ce dédale inextricable des codes romains et français, des coutumes, statuts anglais, statuts provinciaux, que sais-je ? Vous avez un jugement sain, ajoutait-il, et vous ne courez aucun risque de vous tromper plus souvent que moi. Il y a aussi un moyen bien simple de vous tirer d'affaire, ayez toujours un cornet et des dés sur votre bureau et lorsque vous serez embarrassé, ayez recours au sort.

L'anecdote est authentique sans doute. Même si elle prend la forme d'une boutade, le témoignage est valable. Pour se convain-

---

66. Philippe Aubert de Gaspé en parle avec un plaisir évident, car il était à la fois un brillant avocat et un homme de beaucoup d'humour.

cre de la difficulté d'interpréter les lois de l'époque, on ne peut mieux faire que de se reporter au discours que prononce George-Étienne Cartier le 27 avril 1857 [67], à la Chambre, quand il recommande la codification des lois civiles et de la procédure.

> Dans le Bas-Canada, dit le ministre avec un grand réalisme, certaines lois sont empruntées à la Coutume de Paris, d'autres au Droit Romain ; nous avons aussi les Édits et Ordonnances des Rois de France, mais malheureusement nous ne possédons pas les plus belles Ordonnances de Louis XIV, sauf celles de 1667, ni les Ordonnances de Louis XV, rédigées par d'Aguesseau. Toutes ces ordonnances étaient suivies en France avant le Code Napoléon. On parle beaucoup de l'œuvre de la codification des lois en France et, certes, on rend justice à Napoléon en lui attribuant le mérite et en disant que le Code Civil est son Code. Cette codification était déjà commencée, sous Louis XIV et Louis XV, par les ordonnances mêmes dont je viens de parler. Chacun sait aussi que le Code Napoléon a servi de base à la législation de beaucoup d'autres pays [68].

Et il ajoute :

> Je ne me dissimule pas la gravité de la décision qui vous est demandée de confier à des codificateurs le dépôt sacré de nos lois...

On le sent un peu inquiet, mais il sait qu'il a raison. Il prend la responsabilité de l'initiative, malgré l'opposition des juges et des avocats ; certains mettant en doute la possibilité de venir à bout d'une tâche très ardue, presque impossible puisqu'on pouvait à peine dresser la liste exacte des lois en vigueur. Un autre ajoute,

---

67. Voir, à ce sujet, le discours qu'il prononce à l'Assemblée Législative le 27 avril 1857, que l'on trouve en page 129 et suivantes des « Discours de sir G.E. Cartier — accompagnés de notices par Joseph Tassé ». Chez Eusèbe Senécal, à Montréal, 1893.

68. Pour bien comprendre la situation à l'époque, il est intéressant de se reporter à trois discours de George-Étienne Cartier, dont l'un a été indiqué précédemment. Les deux autres sont sur l'organisation judiciaire du Bas-Canada. L'un est prononcé le 17 avril 1857 et l'autre, sur le même sujet, le 20 avril. Le troisième (dont il a déjà été question), porte sur la codification des lois elles-mêmes, le 27 avril 1857. Dans un excellent article sur la *codification devant l'opinion publique de l'époque*, Me André Maurel résume très bien la situation, les résultats et les conséquences de l'adoption du Code Civil. Il y a aussi les propos de Me T.G.J. Loranger dans « Commentaires sur le Code Civil du Canada » — Tome I, parus chez A. E. Brasseur en 1873 et, dans l'introduction du *Traité de Droit Civil* de P.B. Mignault (Volume I) paru en 1895 chez Whiteford & Théoret. Le juge Mignault y retrace longuement les origines et la *confection* du code civil canadien.

ce qui rejoint la boutade de Joseph Borgia : « Quel est l'avocat, quel est le juge même qui puisse dire : Voilà la loi » [69].

Dès le début des travaux de la Commission, le juge R.-E. Caron remplit les fonctions de président en fait, sinon en titre. Dans ses notes générales, il énumère quatorze sources du droit civil au Canada [70]. Elles vont de la Coutume de Paris à la jurisprudence, en passant par les édits et ordonnances des rois de France, les ordonnances et règlements généraux du Conseil Supérieur, les lois et ordonnances passées par le Conseil Législatif, les statuts du parlement anglais, etc. Il y avait là une telle accumulation de textes sans lien, sans idée directrice, qu'il fallait faire quelque chose pour sortir du chaos. Ce fut l'origine de la Commission de révision des lois civiles, voulue par George-Étienne Cartier et créée par la loi du 10 juin 1857, aussitôt sanctionnée par le Gouverneur Général à Toronto. Elle a pour objet de réduire en un code « les textes législatifs des matières civiles, même s'ils se (rattachent) aux affaires du commerce ou à des affaires de toute autre nature, excepté les dispositions sur la tenure seigneuriale ou féodale qui viennent d'être abolies ».

Les codificateurs entrent en fonction le 4 février 1859. Ce sont les juges René-Édouard Caron [71], de la Cour du Banc de la Reine à Québec, Charles-Dewey Day, de la Cour Supérieure à Québec et Augustin-Norbert Morin, de la Cour Supérieure à Montréal. Le personnel de la Commission comprend deux

---

69. André Morel dans *La Codification devant l'opinion publique.* Page 31, Vol. I, dans le *Livre du Centenaire du Code* — Aux Presses Universitaires de l'Université de Montréal.

70. Dès son entrée en fonction, le juge R.E. Caron exerce, en quelque sorte, la présidence de la Commission. Sa première initiative sera de dresser la liste des sources de droit civil. Il en énumère quatorze qui vont de la Coutume de Paris et des Édits et Ordonnances des Rois de France ou du Conseil Supérieur, aux Statuts du Parlement anglais passés depuis la conquête. On en trouve l'énumération complète également avec des commentaires intéressants dans l'article de Me John E.C. Brierley, intitulé : *Quebec's Civil Law Codification, Viewed and Reviewed*, paru dans le *McGill Law Journal* de décembre 1968.

71. René-Édouard Caron (1800-1876). Avocat très mêlé à la politique. Il fut maire de Québec à deux reprises, député, président de la Chambre et président du Conseil législatif (1843-1847 et 1848-1853), ministre dans les cabinets Baldwin-LaFontaine et Hincks-Morin, juge à la cour supérieure, puis à la cour d'appel et président de la Commission pour la révision des lois du Bas-Canada. Voir *The MacMillan Dictionary of Canadian Biography* (1963). En 1856, Théophile Hamel en a fait un assez bon portrait, qui se trouve au Sénat.

secrétaires, Joseph-Ubald Beaudry, avocat qui remplacera Augustin-Norbert Morin à sa mort et Thomas Kennedy Ramsay, auquel succédera plus tard Thomas McCord.

La Commission doit soumettre ses travaux au fur et à mesure qu'ils seront prêts. C'est ainsi que, de 1861 à 1864, elle dépose huit rapports [72]. Le premier sera remis au Gouverneur Général le 12 octobre 1861. Il est en anglais et porte sur les obligations. Le second, en français, le sera en mai 1862, puis viendront successivement le troisième, en anglais le 25 février 1863, le quatrième en français le 19 janvier 1864, le cinquième en anglais le 8 juillet 1864 et le sixième également en anglais le 25 novembre 1864. Le septième et le huitième seront présentés à la fin de la même année. Le 31 janvier 1865, George-Étienne Cartier fait déposer le projet de loi en Chambre. Il sera adopté au parlement le 1er septembre et deviendra loi le 22 juin. Le 1er août 1866, le Code Civil entrera en vigueur. Chose assez étonnante, il avait fallu seulement six ans pour mener à bien une entreprise aussi longue qu'ardue, grâce à la ténacité de George-Étienne Cartier, à la compétence et à l'ardeur au travail des hommes à qui il avait confié la tâche.

Quelle est la part du juge Augustin-Norbert Morin dans les études qui ont servi de base au Code Civil ? L.-O. David la résume en écrivant : « Ses magnifiques rapports sur les testaments, les donations et la prescription apprendront à la postérité toute l'étendue et la profondeur de cette intelligence » [73]. La postérité, hélas ! n'a pas retenu grand-chose d'un pareil effort et de sa qualité malgré l'invitation que lui faisait le bon sénateur. Il est difficile de préciser le rôle joué par Augustin-Norbert Morin dans les travaux de la Commission. On sait seulement qu'il a contribué à mettre de l'ordre dans un chaos dont les gens de la basoche se plaignaient sans pouvoir y rien changer. On sait aussi qu'on lui doit un, sinon deux des rapports [74] qui ont mené au code lui-même, ce qui est déjà beaucoup. Retenons simplement ici que, malgré la maladie qui le guette, il contribue

72. Louis-Joseph de la Durantaye dans la préface du *Petit Code Civil annoté*. Chez J.D. de Lamirande, Montréal 1937.

73. L'Honorable A.-N. Morin par L.O. David. P. 5. Typographie George-E. Desbarats, Montréal 1872.

74. Comme on le verra plus loin, les archives du Séminaire de Saint-Hyacinthe gardent précieusement les cahiers d'écolier où il a consigné ses observations.

au grand œuvre de Cartier, en apportant à la Commission sa logique d'homme de loi, son sens de l'humain et des réalités.

Le milieu clérical réagit assez mal à certaines dispositions du futur code. Comme toujours, Mgr Ignace Bourget se fait l'interprète des critiques au point de vue religieux. On a gardé de lui une lettre adressée au Cardinal Barnabo, dans laquelle il demande l'intervention de Rome pour faire corriger, avant que le texte ne devienne loi, les dispositions qu'il juge contraires à la doctrine de l'Église. Il écrit, par exemple, avec son intransigeance ordinaire :

> Cette codification, calquée sur le Code Napoléon ne reconnaît l'assistance d'aucune religion en Bas-Canada, quoique la Religion Catholique y ait été reconnue même par le Gouvernement Britannique. Elle ne prononce pas une seule fois le nom de Dieu : ce qui en ferait un code athée, s'il était adopté tel quel par la Législature...

Et il ajoute :

> La codification statue que le mariage doit être fait publique, mais elle ne dit pas en face d'Église [75]. D'où l'on conclut que le mariage est légalement valide, dès qu'il a de la publicité, quoiqu'il n'ait pas été fait *coram parocho*, et, par une conséquence nécessaire, la codification n'admet pas la clandestinité, comme empêchement dirimant. Cependant, dans notre ancien code, les lois ecclésiastiques à peu de choses près se trouvaient en harmonie avec les lois civiles.

Heureusement, à Québec, l'administrateur de l'archidiocèse, Mgr Baillargeon, réagit tout autrement. Le 3 juin 1865, il écrit :

> Ce code certes n'est pas sans imperfections. On y retrouve en effet quelques lois qui ne concordent pas avec le droit ecclésiastique, surtout en ce qui concerne le mariage. Mais des lois discordantes existaient déjà chez nous, comme partie intégrante de l'ancien droit français, droit qui existait alors et qui est encore en vigueur dans la province. De plus, comme je l'ai dit plus haut, ces hommes de chez nous qui s'étaient vu confier le soin de rédiger ce code, avaient reçu l'ordre de grouper nos lois et de les disposer dans un tout logique, mais non pas de les changer ou de les

---

75. *Revue d'Histoire de l'Amérique Française.* Tome VI 1952. Pp. 119 et 122. Il est intéressant de se reporter à l'article 128 du Code civil qui se lisait ainsi avant d'être modifié : « Le mariage doit être célébré publiquement devant un fonctionnaire compétent reconnu par la loi. » Or, en pages 178 et 238 du Deuxième Rapport, le commissaire M. Day, note Joseph de la Durantaye (*Ibid.* p. 44), s'était objecté au mot *publiquement*.

amender. Enfin, il est fortement à désirer que l'on obtienne un changement dans ce domaine, mais c'est là une chose très difficile pour ne pas dire qu'il aurait été impossible de l'obtenir de notre parlement dont la majorité est non-catholique.

Rome acquiesçant, les choses en restent là ; Mgr Bourget s'incline et se tait.

Augustin-Norbert Morin est peiné de la réaction de certains membres du clergé. Il est blessé également par les critiques de laïques, comme Maximilien Bibaud et Édouard Lefebvre de Bellefeuille, qui tancent vertement les auteurs du projet de code [76]. Foncièrement catholique, Morin ne comprend pas les attaques dirigées au nom de la religion. Avec d'autres, il s'est employé à rédiger un texte en toute sincérité et avec toute la force de son intelligence et son dévouement à la chose publique.

On a gardé une lettre qu'il adresse à l'abbé François Pilote de Sainte-Anne à ce sujet [77]. Il est intéressant d'en citer des extraits ici car, pour lui, l'affaire a une grande importance pusqu'elle met en doute son dévouement à la religion. Très impatient, il commence par dire à l'abbé :

> Je vous renvoie votre écrit sans l'avoir lu.

Ce qui est un peu inattendu car, dans sa lettre de huit pages, il s'attaque assez violemment à ceux qui critiquent le code sous l'angle religieux. Il précise :

> Il est mieux qu'il en soit ainsi ; pour moi surtout, moins j'augmenterai en moi l'irritation, plus tôt le pardon et la charité chrétienne reprendront leur entière emprise.

Il est malade et, pour lui, il est difficile d'accepter les critiques avec sérénité. Un argument est primordial dans son esprit : le Code n'innove pas, il reprend des règles existantes. En somme, les codificateurs ont suivi les instructions reçues. Aussi, affirme-t-il :

> L'échafaudage des écrivains dont il s'agit est dû en majeure partie à une erreur capitale où ils sont demeurés. Elle est telle qu'à part la prétention et l'injure, et si tant est qu'il soit permis de traiter un sujet sans le connaître, elle peut presque justifier en

---

76. Dans son travail sur la *Codification devant l'opinion publique*, Me André Morel étudie leurs critiques avec beaucoup de détails. *Ibid.* P. 37.

77. Me Morel a communiqué à l'auteur la lettre du juge Morin à l'Abbé Pilote, dont l'original est aux Archives de l'Évêché de Sainte-Anne, au Collège de Sainte-Anne.

eux la bonne foi. C'est pour cela que pouvant me tromper moi-même et m'étant peut-être trompé, je serai indulgent pour eux.

Cette erreur sur laquelle ils marchent est qu'ils supposent que le Code procède par voie de rappel des lois et que tout ce qui ne s'y trouve pas est aboli, pendant que ce code au contraire procède par voie de conservation et que tout ce qui n'est pas aboli expressément ou implicitement ou par une déposition précisée sur chaque point particulier demeurera loi comme auparavant.

Le législateur a imposé cette marche aux codificateurs ; ils l'ont rigoureusement suivie. Ils ont proposé comme amendement tout ce qui changeait la loi en matières tant soit peu importantes. Vous ne trouverez aucun tel amendement sur les matières qui peuvent avoir trait aux choses religieuses, ni même aucune disposition qui puisse en avoir l'effet. S'il s'en trouvait que je n'aperçusse pas, qu'on les corrige et personne ne s'en réjouira plus que moi. Si cependant, on voulait tenter d'aller jusqu'où veulent se rendre les écrivains en question, l'expérience ne fut, je ne dis pas seulement infructueuse mais dangereuse au dernier point, surtout dans le temps actuel, pour les grands intérêts que l'on prétendrait sauvegarder.

Les critiques et l'Église se taisant, George-Étienne Cartier présente la loi au parlement. Elle reçoit la sanction royale et, le 1er août, comme on l'a vu, le Code Civil de la province de Québec est officiellement reconnu. C'est un hommage rendu à celui qui l'a voulu et l'a imposé à l'Assemblée Législative, mais aussi à ceux qui l'ont rédigé. Augustin-Norbert Morin en avait été même s'il avait disparu avant que le code n'eût force de loi.

* * *

Augustin-Norbert Morin meurt à Sainte-Adèle au cours d'une crise d'apoplexie, le 27 juillet 1865. Il était venu passer la saison chaude chez son ami le docteur Benjamin Lachaine, à qui il avait vendu son domaine en 1861 [78]. Il y revenait périodiquement, car il aimait ces gens rudes, frustes, mais dévoués, avec lesquels il avait travaillé si longtemps. Il se plaisait aussi dans

---

78. Le docteur Benjamin Lachaine pratique vingt-six ans à Sainte-Thérèse. Puis, il vient s'installer à Sainte-Adèle. Il achète le domaine d'Augustin-Norbert Morin en 1861. Il fut maire de 1865 à 1872 et s'occupa activement de ses fermes « avec un soin qui en a fait de véritables écoles », note V. De Montigny dans *Le Nord,* pages 41 et 44. Le docteur Lachaine mourut à Sainte-Adèle en 1873. Voir aussi l'Abbé Langevin-Lacroix. *Ibid.* Page 97.

ce pays où le climat convenait à son état de santé, même si les
pentes étaient un peu rudes pour un vieil homme malade.
Comme il avait à peu près terminé son travail à la Commission
de révision des lois civiles, juillet, mois des grandes chaleurs, lui
avait paru un temps propice pour se reposer à la suite de
l'effort qu'avait exigé sa participation aux discussions de juristes
consciencieux. Il y a aux archives du Séminaire de Saint-Hyacinthe des textes écrits de sa main [79], qui permettent de suivre le
cheminement de sa pensée à travers la documentation accumulée.
Écrits dans des cahiers d'écoliers, ils ont trait aux donations et
testaments, à la vente, aux biens, à la propriété, à la prescription : toutes choses auxquelles il a donné une attention particulière. En face des articles étudiés, on voit le mot « accepté »
et souvent *accepted* ; ce qui, avec les autres données que l'on
possède, indique à quel point les codificateurs se sont servis
de l'anglais pour mettre au point des dispositions juridiques dont
la source était presque toujours française [80].

Tout cela a fatigué beaucoup cet homme malade, mais qui ne
pouvait reculer devant la charge qu'il avait acceptée. Sa situation financière ne lui causait plus les mêmes soucis qu'au moment
de sa participation aux travaux de l'Acte Seigneurial de 1854, il
est vrai. On a de sa main un bien curieux écrit rédigé à l'intention de sa femme, en 1857. Ce texte complète son testament
fait devant Me A.B. Sirois en 1855. Il y résume sa situation
pécuniaire. Elle n'est pas brillante. Il vient d'acheter une maison

79. Monseigneur Beauregard et le Supérieur du Séminaire de Saint-
Hyacinthe ont bien voulu faciliter à l'auteur l'accès de leurs archives avec
la plus grande amabilité. Ce qui m'a permis de prendre connaissance des
textes manuscrits d'Augustin-Norbert Morin.
80. On souligne avec raison les sources françaises du Code civil de la
Province de Québec. Il ne faudrait pas oublier, cependant, que certains
chapitres sont d'inspiration américaine, anglaise ou écossaise. Dans son
Petit Code Civil Annoté, Louis-Joseph de la Durantaye cite les sources
admises par les rapporteurs pour les articles ayant trait aux assurances
dans leur septième rapport. Ainsi, en page 783, ceux-ci précisent : « En
assurance sur la vie, les commissaires ont dû s'inspirer du projet de code
de l'État de New-York ». En page 257, la référence est aussi très nette.
Notre jurisprudence est donc inspirée en partie du droit anglais. Le Projet
fait de même, mais on a aussi puisé aux sources de Boudousquié, de
Quenault et d'Alauzet pour le droit moderne français. En page 241, il y a
d'autres références au *droit maritime français*. Voir à ce sujet le *Petit
Code Civil Annoté* de Louis-Joseph de la Durantaye. Celui-ci ne tire
aucune conclusion. Il se contente de mentionner les sources. Les commentaires sont de l'auteur.

à Québec, rue d'Auteuil. Pour la payer, ainsi que les réparations, il a emprunté d'une société immobilière, ce qui lui vaudra quelques avantages s'il vit assez longtemps [81]. Sinon, il se demande si sa femme ne devra pas renoncer à la succession. Son domaine de Sainte-Adèle n'a pas encore été vendu. Aussi se préoccupe-t-il beaucoup des dettes qui semblent, à vrai dire, bien légères à nous qui vivons en période d'inflation et d'optimisme et qui savons que la monnaie — telle une peau de chagrin — se déprécie d'année en année. Il est navrant de constater comme ces gens du XIXe siècle se sentent lourdement chargés par des sommes qui, à distance, nous paraissent si faibles. Morin doit quelque $10,000 à divers créanciers, mais, en regard, il a des immeubles et en particulier son domaine de Sainte-Adèle. Il se fait du souci comme beaucoup d'autres de son milieu. Ainsi, Philippe Aubert de Gaspé doit aller en prison, alors qu'il ne doit à l'État que la bagatelle de 1,119 livres, prises, il est vrai, avec beaucoup d'étourderie dans les coffres du gouvernement. Mgr Bourget écrit dans son testament : « Je ne laisse rien à personne parce que je n'ai rien ». Il laisse cependant à ses ouailles du diocèse de Montréal une dette assez lourde, que son deuxième successeur, Mgr Paul Bruchési, s'emploiera à régler avec l'aide de ses fidèles, dès qu'il accédera aux fonctions d'archevêque de Montréal.

Faucher de Saint-Maurice donne l'original de ses écrits et son buste par Philippe Hébert à l'Université Laval ; c'est à peu près tout ce qu'il a. De son côté, Jacques Viger meurt insolvable malgré l'extraordinaire collection de vieux documents qu'il a accumulés et dont les *Saberdache* sont un exemple prestigieux. Pour payer ses dettes après sa mort, Pierre-J.-O. Chauveau compte sur ses livres, qui seront achetés par la bibliothèque de l'Assemblée Législative. Et Gabriel Marchand, mort pendant son mandat de premier ministre, ne laissait rien. Ses amis intimes durent se cotiser pour payer ses frais funéraires.

Si tous ces gens sont très sympathiques, c'est peut-être que leurs idées comptaient plus pour eux que le vulgaire métal dont, plus tard, au début du siècle suivant, Mgr Paquet fera fi avec un superbe dédain. Ne disait-il pas à ses compatriotes : « N'allons pas descendre du piédestal où Dieu nous a placés pour marcher au pas vulgaire des générations assoiffées d'or et de jouissance » ?

---

81. Il s'agit d'une sorte de tontine, dont le fonds est réparti entre les survivants.

Mais comme ces braves gens nous paraissent préoccupés pour bien peu de choses ! Il est vrai que l'argent était rare et que les dettes pesaient lourdement sur leurs épaules.

* * *

Augustin-Norbert Morin meurt à Sainte-Adèle. On transporte ses restes à Saint-Hyacinthe où ils furent exposés dans la maison qu'il avait lui-même choisie. Il projetait, en effet, de venir habiter dans la ville où étaient les frères de sa femme, le vicaire général Raymond, supérieur du Séminaire et Rémy Raymond, député du comté.

Son corps repose, avec celui de sa femme, dans la crypte de l'église Notre-Dame-du-Rosaire, à Saint-Hyacinthe. À un des murs latéraux est fixée la même plaque commémorative que dans l'église de Sainte-Adèle. « Par ses talents, y lit-on, et son érudition, son patronage désintéressé, les nobles qualités de son cœur, ses services éminents comme homme d'État et codificateur des lois, il fut un grand citoyen, l'honneur de son pays, par sa foi et sa piété, un chrétien édifiant, le modèle de la société. » Avec l'emphase de l'époque, c'était exprimer ce que pensaient sans doute ceux qui accompagnaient sa dépouille un jour de juillet 1865, dans la petite ville de Saint-Hyacinthe, où se rencontraient déjà ferveur religieuse et verbeuse incrédulité.

À ses obsèques, il y eut une assistance nombreuse. D'abord ses beaux-frères, le grand vicaire Raymond et le député Rémy Raymond. Dans le registre que gardent précieusement les fils de Saint-Dominique comme un témoignage d'une époque lointaine, avaient tenu à signer l'acte de sépulture bien des gens dont l'histoire canadienne a retenu les noms. Parmi les plus connus, il y a Thomas D'Arcy McGee, qu'un fanatique abattra quelques années plus tard, George-Étienne Cartier, dont la Reine Victoria fera un *baronet* après 1867, en le créant *Knight Commander of Saint Michael and Saint George*. Il y a encore son vieil ami Étienne Parent et Pierre-J.-O. Chauveau, qui sera premier ministre de la province de Québec dans le Canada nouveau, Joseph Cauchon, d'un talent certain, mais journaliste intransigeant, à la dent dure, dont Antoine Plamondon fera un très beau portrait en 1868 ; enfin, Charles Mondelet, compagnon ou adversaire dans de vieilles luttes qui opposèrent des gens de même sang, mais d'allégeance différente. Tous tiennent à rendre un hommage public à un grand bonhomme de la politique et du droit au Canada, qui fut un homme d'action, mais aussi de pensée.

Ainsi se termina la carrière d'Augustin-Norbert Morin, très mêlé aux événements du deuxième tiers du XIXe siècle. Ses idées, ses écrits et ses interventions courageuses marquèrent l'évolution de son temps.

Il était d'un siècle où déjà l'idée politique prenait chaque jour plus de place dans la vie du pays. Avec ses contemporains commença une évolution dont on franchit la dernière étape un siècle plus tard, après deux guerres terribles et lourdes de conséquences dans l'évolution sociale des peuples.

Augustin-Norbert Morin

Le Marquis de Lorne

L'aristocrate:

Le Marquis de Lorne
Gouverneur général du Canada
(1845-1914)

Il y a près d'un siècle, le marquis de Lorne [1] accueillait au Sénat les membres de la Société Royale du Canada qu'il venait de fonder.

Le Canada avait des artistes. C'est pour eux que Lorne appuyé, sinon inspiré par sa femme la Princesse Louise, souhaita que l'on crée, en 1880, l'Académie Canadienne des Beaux-Arts qui, par la volonté de la Reine Victoria, devint l'Académie Royale Canadienne des Beaux-Arts [2]. Il y avait également des écrivains, des sociologues, de grands commis de l'État qui, à cause de leur isolement, travaillaient dans l'ombre, sans se rencontrer. Ils avaient aussi quelque difficulté à publier leurs œuvres à une époque où l'existence des droits successoraux n'avaient pas eu comme conséquence inattendue la création d'un Conseil des Arts, mécène des temps modernes.

Le marquis de Lorne désira que les intellectuels eussent l'occasion de se rencontrer, d'échanger des idées, d'obtenir que certaines de leurs œuvres parussent. Il a souhaité que le savant, l'historien, le romancier pussent, au moins une fois par an, fraterniser dans des réunions organisées pour eux et par eux. Ce fut l'origine de la Société Royale du Canada, inspirée de celle de Londres, à laquelle la Princesse Louise ne fut certainement pas étrangère, elle qui aimait les beaux-arts, mais aussi les lettres. Jeune fille, elle

---

1. John, Douglas Sutherland Campbell, Marquis of Lorne (1845-1914).
2. La Peinture au Canada, par J. Russell Harper, p. 174.

avait vécu dans un milieu — celui de sa mère, la Reine Victoria — qui avait des arts et des lettres une notion bourgeoise, conformiste même si, à l'extérieur du cadre officiel, l'Angleterre de cette époque se transformait sous la poussée de ses écrivains et de ses poètes qui, ô horreur, subissaient l'influence des écrivains du Continent. Après la révolution industrielle, c'était la révolution intellectuelle.

Le marquis de Lorne était d'une grande famille écossaise, habitant à Londres et vivant très près de la famille royale d'Angleterre, depuis que la Reine Anne avait fait de son chef, le duc d'Argyll. Celui-ci était aussi le chef du Clan Campbell d'Écosse, où se trouvait le château d'Inveraray, siège de la famille. Lorne succédera à son père en 1900. Dans la filiation familiale, il y avait également une arrière-grand-mère irlandaise, ce qui explique peut-être chez Lorne une certaine fantaisie, un goût de la poésie et de la musique. Toutes choses qui le rapprochaient du monstre sacré qu'était Disraeli [3]. Celui-ci venait de très loin, non du ghetto israélite mais d'un milieu bourgeois qui, dans une Angleterre aristocratique, n'aurait jamais pu espérer voir un des siens diriger le monde britannique.

Cette aïeule fournira à Lorne, un jour, l'occasion de se rapprocher des Irlandais du Canada au cours d'une réception qui lui fut offerte. J'en ai profité, écrit-il à son père, pour évoquer le souvenir de l'arrière-grand'mère Roscommon, afin de les persuader que j'avais « an Irish soul and my Fenian title ». Ce qui était de bonne guerre. À Québec, il rappellera le souvenir de la Pucelle d'Orléans. Il mentionnera aussi aux autorités religieuses, lors d'une visite au Séminaire, les bonnes relations séculaires des Écossais et des Français : chose assez amusante, sinon paradoxale, de la part d'un gouverneur général du Canada, nommé par la Reine du pays que Français et Écossais avaient combattu, avant l'époque où les Scotsmen devinrent à contrecœur sujets de la Couronne et, plus tard, les maîtres de la finance à Londres. En procédant ainsi, Lorne montrait qu'il connaissait l'histoire de ses gens. Mais peut-être ne saisissait-il pas un autre aspect de la collaboration des

---

3. Politique prestigieux, celui-ci était doué d'une imagination remarquable qui le servit dans sa carrière. Quand les aléas de la lutte le ramenaient dans l'opposition, il écrivait des romans où se retrouvent certaines idées générales qu'il cherche à appliquer une fois de retour au pouvoir. Ainsi, dans *Sybil*, il étudie la misère des pauvres gens en Angleterre et le moyen de la faire disparaître. Dieu sait qu'à l'époque elle était encore terrible !

Écossais et des Canadiens français au Canada, qui n'emprunte rien aux souvenirs d'un passé historique lointain. Elle s'explique plutôt par une conception un peu semblable de la vie, par de nombreux mariages à l'époque entre Écossais et Canadiens français et, aussi, par un certain sentiment commun envers l'Anglais. On ne peut l'en blâmer, parce que, pour comprendre, il lui aurait fallu vivre depuis plus longtemps dans ce pays, bien curieux, bien contradictoire parfois ; pays neuf, dit-on. C'est vrai. Mais aussi pays où existent des cloisons étanches et rigides, dont il faut tenir compte si l'on veut régner sur lui.

Ce mot fournit l'occasion de parler rapidement du *Dominion* nouveau [4], où, pendant cinq ans, vont vivre le marquis de Lorne et la Princesse Louise, venus d'Angleterre par la grâce de Victoria Regina, à la suggestion de Disraeli, longtemps honni par la gentry anglaise, mais qui, à force d'intelligence, de souplesse et de ténacité, était devenu le premier ministre d'Angleterre et l'ami de la Reine. Après lui avoir procuré par un coup d'audace les actions du Canal de Suez que détenait le Khédive, il l'avait fait nommer impératrice des Indes par les Chambres, malgré une opposition assez vive. On connaît ce mot d'un pamphlétaire, que rapporte André Maurois dans son « Disraeli » : « Comment Little Ben, le maître d'hôtel, changea l'enseigne de l'Auberge de la Reine en « Empress Hotel Limited » et ce qui en résulta. »

Disraeli a le culte de l'Empire, à une époque où il est de bon ton de le décrier. En envoyant Lorne au Canada, il songe surtout à la Princesse Louise, quatrième fille de Victoria, qu'il appelle « Her Canadian Majesty » [5]. Il espère qu'elle créera une cour qui, tout en étant un pâle reflet de celle de Windsor [6], contribuera à resserrer les liens entre la métropole et l'ancienne colonie. Il sait que, dans le Dominion nouveau, si la Confédération est un fait constitutionnel, elle est un lien bien fragile entre des éléments assez agités. Il n'ignore pas que la Colombie Britannique ne tient

---

4. The name « Dominion » was first used in the New World to designate a Queen Elizabeth's colony, called after her, Virginia ; and the Americans now distinguish between Canada and Virginia by calling the British possessions « The New Dominion », écrit le Marquis de Lorne, dans « Canadian Pictures », p. 3.

5. Ainsi, un jour, dans une lettre signée Beaconsfield, il écrit ceci au gouverneur général : « I beg you to offer my homage to Her Canadian Majesty »...

6. La vie y est si simple, cependant, que la femme de Louis Fréchette peut écrire dans « Harper's New Monthly Magazine » : (life approaches) almost a republican simplicity. R. H. Hubbard dans « Rideau Hall ». P. 54.

au Canada que par un fil, par deux rails encore inexistants devrait-on dire, et que si l'on a réuni certaines colonies de la Couronne en 1867, pour les mettre à l'abri d'un voisin puissant, il
reste beaucoup à faire pour convaincre les gens de travailler en
bonne harmonie. Disraeli voit plus loin que le moment immédiat.
Il voudrait que le sens de la monarchie apportât au Canada
nouveau une attache nouvelle. L'Angleterre s'est détachée de ses
colonies et du Canada, en supprimant les droits qui permettaient
aux produits coloniaux d'entrer librement en Angleterre. Déjà, le
Canada a tenté de se rapprocher des États-Unis, mais il a renoncé
à une entente qui aurait pu se transformer en une union politique.
L'Angleterre a perdu ses colonies du sud. Elle ne voudrait pas
renoncer à celles du nord, au profit de ce pays qui lui a infligé
l'un des pires affronts de son histoire.

Disraeli suggère donc que l'on nomme le marquis de Lorne
gouverneur général du Canada. Et la Reine accepte, j'allais dire
s'incline, tant est forte l'emprise de cet homme au teint olivâtre,
à l'esprit subtil et à l'intelligence très vive qui, malgré le souvenir
du prince Consort, était parvenu à convaincre de son attachement
à la Couronne et à la personne même de la Reine. Disraeli savait
plaire aux femmes ; ce qui est un art subtil et bien précieux pour
une carrière de don Juan ou d'homme politique, surtout quand le
monarque est une femme. Il le démontra une fois de plus.

Lorne était un candidat excellent, à une époque où l'on accep-
tait que le gouverneur du Canada jouât un rôle politique. Il avait
beaucoup voyagé. On a de lui des livres où il a noté ses impressions aux Antilles, aux États-Unis (où l'on appréciait les opinions
libérales de sa famille, à Boston en particulier) et au Canada. Il
avait parcouru l'Amérique et non l'Europe, comme on le faisait
au siècle précédent en la compagnie d'un mentor chargé d'ouvrir
les portes, de développer l'esprit du jeune voyageur et, à certains
moments, de faciliter dans le domaine du tendre, des aventures qui
n'engageassent pas l'avenir. De ces périples, il avait rapporté des
notes qu'il avait ensuite publiées. On a de lui, par exemple,
« *A Trip to the Tropics and Home through America* », qui relate
le voyage qu'il a fait en 1866, à l'âge de vingt et un ans [7].

Il avait aussi une certaine expérience des choses parlementaires puisqu'il avait agi comme secrétaire de son père le duc

---

7. En passant par Ottawa, en 1866, il note qu'Ottawa pourrait bien
cesser d'être la capitale du Canada nouveau, une fois la confédération
faite. Fait amusant, il y reviendra douze ans après comme gouverneur
général.

d'Argyll, à une époque où celui-ci était secrétaire d'État pour les affaires Indiennes. Pendant dix ans également — de 1868 à 1878 — il avait été député d'Argyllshire à la Chambre des Communes.

Lorne est un assez bel homme, si l'on en juge par une peinture qui le représente avec sa femme au Château d'Inveraray, siège de la famille en Écosse. Il est grand, fort ; il est vêtu du *kilt* et coiffé du béret qui porte des noms différents suivant sa forme et le clan [8]. La princesse est menue, souple, assez élégante [9]. On a aussi du gouverneur général une toile du peintre Millais [10], que M. R.H. Hubbard a reproduite dans son livre sur Rideau Hall, et une assez belle photographie de Notman et Sandham, où le marquis de Lorne est en uniforme d'apparat, garni de broderies d'or et rehaussé de crachats des ordres auxquels il appartient.

Lorne a été à Eton et à Cambridge, mais il ne s'est pas plu à Cambridge. Peut-être n'a-t-il pas aimé le conformisme, la tradition, l'esprit que ne peuvent faire oublier le charme du décor et l'atmosphère qui y règne. Il y a là tout ce qui contribue à faire un gentleman anglais ; mais tout gentleman, même anglais, n'en est pas nécessairement féru. Peut-être aussi se sent-il dépaysé devant l'orientation de l'enseignement — lui, à qui une formation littéraire eût peut-être mieux convenu.

---

8. Ainsi, il prend le nom de Glengarry, de Balmoral ou de Tam-o'shanter, selon le cas.

9. Il est assez difficile de savoir ce qu'était la princesse, au moment où elle habite au Canada. C'est la peinture où on la représente au château d'Inveraray, avec son mari, qui est la plus agréable. Peut-être la photographie de Notman et Sandham est-elle la plus fidèle ! Il est vrai que la photo est parfois cruelle. La Princesse est debout, coiffée d'un bonnet de fourrure que sa jeunesse seule empêche qu'il ne paraisse disgracieux. En le voyant, on pense à cette romancière américaine qui écrivait au début du XXe siècle en parlant d'un chapeau bien laid : « You have to be the Queen of England to get away with a hat like that. » Elle porte un costume lourdement chargé d'ornements de fourrure. On reste rêveur en pensant à l'élégance des femmes qui entouraient l'impératrice Eugénie à la cour impériale, quelques années plus tôt, et que rappelle la peinture de Winterhalter.
Et puis, il y a la gravure sur bois parue dans « New Monthly Magazine », qui date de 1881. La Princesse semble une petite fille bien sage, sortie d'un conte de la comtesse de Ségur. Il y a aussi cette photo en couleur que nous reproduisons en page 538. La princesse y apparaît coiffée d'un bonnet de fourrure, surmonté d'un fichu de laine. À ce moment-là elle a environ trente-cinq ans.

10. Sir John Everett Millais. La peinture date de 1884. Le marquis de Lorne a alors trente-neuf ans. Millais le représente vêtu d'un somptueux manteau de fourrure rapporté sans doute du Canada.

Il a gardé du milieu et de sa famille des manières de grand seigneur, qui le font aimer de la Princesse Louise : la première de la famille royale d'Angleterre, semble-t-il, à épouser un *commoner* [11] — ce qui ne veut pas dire un roturier ; exemple qui a été suivi à plusieurs reprises depuis, comme l'on sait. Il a aussi le sens des réalités. Ainsi, un jour, à propos de son frère Collin qui veut épouser une fille bien en chair, mais sans le sou, il écrit à peu près ceci : « Collin est un âne bâté. S'il veut faire de la politique, il devrait savoir que pour y réussir, il faut de l'argent et des influences » ; ce en quoi il rejoignait Israël Tarte qui, vers la même époque, affirmait qu'on ne fait « pas les élections avec des prières. »

Si le marquis de Lorne plut à la Princesse Louise [12], il conquit également le Canada où l'accueillit en 1878, à Halifax, sir John A. Macdonald, remis en selle par la faveur populaire. Il y était venu par le train qui reliait déjà les anciennes colonies de l'est maritime et Ottawa, devenue capitale du Canada par la volonté de la Reine Victoria [13]. On ne sait pas très bien dans quel état était Macdonald, mais il eut pour accueillir le nouveau gouverneur et sa femme des mots charmants. Il leur dit, par exemple, un peu plus tard à Ottawa : « la nature verse des larmes de joie pour vous recevoir ». Il pleuvait. À distance, cela paraît un peu facile, mais la chaleur de l'accueil sembla bien plaisante au marquis de Lorne qui, dans une lettre à son père, écrit : « *Sir John A. Macdonald is certainly very agreeable in conversation. He can make pretty speeches as well as any one...* »

Autre magicien, Macdonald avait beaucoup de charme. Il avait surtout l'art de mener les gens. Il avait le goût des mots, des anecdotes allant des plus convenables aux plus scabreuses. Dans « John A. Macdonald, the Old Chieftain », Donald Creighton

---

11. « The Shorter Oxford Dictionary » donne la définition suivante du « Commoner » : « One of the Common people (now used of all below the rank of a peer). A member of the House of Commons. » Quant au mot « peer » : « Peers of Great Britain... All of whom may sit in the House of Lords. » Le marquis de Lorne siégera à la chambre des Lords à partir de 1900, à la mort de son père. Mais, en attendant il n'en est pas, malgré son titre. C'est très différent d'être du commun, ce qui, en français, veut dire être du peuple.

12. Le Prince de Galles aurait souhaité que sa sœur épousât un prince allemand. La Reine s'y opposa en lui écrivant qu'il était grand temps pour la famille d'Angleterre de se renouveler.

13. En 1857.

note : « Il n'était ni un financier, ni un spécialiste des questions commerciales ou de transport. Et, cependant, il comprenait tous les besoins du pays. Il sentait qu'il fallait une politique commerciale et une politique de transport dans une immense contrée où les communications étaient le problème essentiel ».

Dès son arrivée, Lorne se heurta à son premier ministre. Poussé par son cabinet et bien embarrassé d'ailleurs, sir John A. Macdonald voulait lui faire renvoyer le lieutenant-gouverneur Letellier de Saint-Just, coupable d'avoir limogé le premier ministre de Boucherville à Québec et de l'avoir remplacé par le libéral Joly de Lotbinière [14]. C'était une assez longue histoire, où l'esprit de parti avait joué à fond ; mais Lorne ne voulait pas accepter le renvoi qui lui semblait porter atteinte aux prérogatives de la Couronne. Finalement tous deux chargèrent Londres du soin de trancher la question. Ils invoquaient que la Constitution n'ayant rien prévu pour un cas de ce genre, il appartenait aux autorités de la métropole d'en décider. Ce qui était l'application pratique d'une vieille règle des services de l'État, encore assez répandue, qui consiste à faire exécuter par d'autres ce qu'on ne veut pas faire soi-même.

Par la suite, Lorne et Macdonald ne tardèrent pas à s'entendre cependant, tant ils avaient d'idées en commun et, en particulier, l'Empire, auquel tous deux tenaient comme à la prunelle de leurs yeux. Revenu à Londres où il habitait le palais de Kensington — logement traditionnel des personnages secondaires de la famille royale — Lorne n'a-t-il pas écrit un livre qu'il a intitulé « Imperial Federation ». Avec conviction, il y expose la politique nouvelle qui cherche à resserrer les liens entre l'Angleterre, grand fournisseur du monde, et ses territoires d'outremer, grands producteurs de céréales et de matières premières et déjà consommateurs importants de produits fabriqués. À l'époque, l'Angleterre s'enrichissait encore dans son négoce avec l'étranger. Aussi regardait-elle d'un peu haut cet empire qu'elle verra se décomposer au XXe siècle, la tristesse dans l'âme. Le marquis de Lorne et John A. Macdonald préparent dans l'ombre un rapprochement qu'inaugurera la *National Policy* de 1879 et que resserreront les successeurs de Macdonald quand la Grande-Bretagne passera d'une superbe indifférence à un intérêt passionné.

---

14. On trouve la relation détaillée du « Coup d'État » dans le Tome II de « L'Histoire de la province de Québec » de Robert Rumilly, p. 129.

On peut voir par la correspondance officielle du marquis de Lorne [15] combien celui-ci et son premier ministre étaient attachés à la cause de l'Empire, à une époque où Gladstone et son parti l'étaient bien peu. Ainsi, en 1879, Lorne écrit à Disraeli pour lui annoncer le voyage de Macdonald à Londres. Il le présente comme *« The last Canadian Statesman who entirely looks to England and who may be devoted to imperial interests — notwithstanding the present tariff which is not in accordance with recent British doctrine »* [16]. Ce qui en dit long sur l'opinion des Canadiens, à l'époque.

Macdonald va expliquer à ses amis d'outre-mer pourquoi il vient de faire accepter une politique de protection douanière par la Chambre. D'abord, parce qu'il a besoin de fonds pour administrer le pays, puis pour le protéger contre la concurrence de son voisin [17], avec l'intention, plus tard, de négocier avec la Grande-Bretagne ce qui deviendra la préférence impériale.

15.   Elle a été abondante puisqu'on l'a réunie dans quatre grands cartables, note le professeur W. Stewart MacNutt dans « Days of Lorne », P. 259.

16.   Creighton. Ibid. Page 267.

17.   Voici comment, plus tard, Lorne expliquera la situation de l'industrie naissante au Canada dans « Imperial Federation » : « Moreover, they declared that, so perfect were the associations or « Rings » composed of American manufacturers, it was within the power of the Association to « slaughter » any similar establishment on the north of the International boundary line. This phrase must be explained, for it is or may be, incomprehensible to an English ear. It meant that as soon as any factory was built and had begun to supply the Canadian market with its goods, Canada's acute neighbours to the south combined to offer any similar goods made by themselves at a less price than that hitherto asked by any firm. The lowering of the price rendered the Canadian manufacturer's calculations of profit futile, and he had to close his business, being unable to supply the public so cheaply. As soon as the result desired by the American « Ring » in the closing of their northern rival's establishment had been effected, the Association raised the price of their articles to the former level.

« Even Great Britain, it was pointed out, did not commence Free Trade until her manufacturers were established. It is true, it was argued, that the United States form a large portion of the world ; but Canada also is so large, and the natural increase among the people is so great, that she may fairly hope to make proportionately good progress. A larger revenue can easily be procured without inflicting hardship, and without appreciably raising taxation. She will be enabled to push such great works as the railway to the Pacific ; and will possess the means for deepening the great water-ways like the St. Lawrence. »

Si le procédé est différent, le résultat est un peu le même que celui que l'on constate de nos jours. C'est par sa « National Policy » que Macdonald veut redresser les choses. Et il y parviendra, comme on le sait.

* * *

Une fois rendu à Ottawa, le nouveau gouverneur général essaie de créer à Ottawa une atmosphère de cour, comme on le lui avait conseillé à Londres. Il s'entoure d'amis, venus d'Angleterre ou choisis dans son entourage. Parmi les Canadiens français, il estime particulièrement Rodrick Masson, qui est ministre de la Milice et Georges Baby, qui est au ministère du Revenu. Il reçoit fréquemment, donne des bals brillants, mais comme ils entraînent certains mécontentements, il y a des protestations. Le professeur MacNutt cite en particulier « *Truth* » de Londres, où l'on s'en fait l'écho. On y lit, par exemple : « *The extremely stout old ladies, in the name of decency protested. The lean kine were furious. Those subject to bad colds and bronchitis said they acquired their ailments from having a Royal Governess-general who had no sympathy with human weakness.* » Il est vrai que la Princesse s'était un peu exposée aux critiques en disant selon MacNutt, qu'elle trouvait les Canadiens français « *more educated and cosmopolitan* »... et qu'il était plus agréable de les fréquenter dans le monde [18]. Ce qui n'était pas pour arranger les choses.

Dans une lettre adressée à son père, Lorne commente ainsi les protestations : « Pour moi, je ne verrais aucun inconvénient à ce qu'ils viennent tous vêtus d'une couverture de laine, s'ils le désiraient ».

Lorne crée une impression excellente partout où il va, que ce soit à Montréal, à Québec, à Toronto, à Winnipeg ou à Victoria, par sa gentillesse, par la souplesse de ses propos, dont on peut juger en lisant le livre où il a réuni ses discours [19]. Il y en a un exemplaire, à la bibliothèque de l'assemblée législative de Québec, qui a appartenu à Pierre-J.-O. Chauveau. Celui-ci l'a signé et distraitement l'a daté de 1883, c'est-à-dire un an avant qu'il ne sorte des presses. Le livre est dédié aux membres de la Société Royale du Canada. Il a de ce fait un intérêt particulier [20]. Lorne écrit des vers sur le pays, sur les gens, les choses et les bêtes qu'on y trouve. Il fait des dessins, des croquis ; il prend des photographies. C'est d'eux que s'inspireront les graveurs qui illustreront certains de ces livres, tel Edward Whymper pour « *Canadian Pictures* ». Il écrit

18. MacNutt. Ibid. P. 206. Ce qui était aussi l'opinion de lady Aylmer.
19. « Memories of Canada and Scotland », qui parut chez Dawson Bros. à Montréal en 1884.
20. On y trouve la mention suivante : « Dedicated with respect and affection to the members of the Royal Society of Canada ».

également un hymne qu'il souhaiterait national [21], mis en musique par sir Arthur Sullivan en 1880. Le chant reste dans ses cartons, cependant, même s'il a été exécuté une fois par la *Foot Guards Band* au Canada [22]. Il fait aussi jouer des pièces dans la salle de bal de Rideau Hall.

C'est vers cette époque que, dans ses mémoires, Sarah Bernhardt raconte ce qui lui est arrivé à Montréal où elle jouait au milieu de l'enthousiasme général. Pendant une des représentations, en la présence du gouverneur général, l'auditoire entonna la Marseillaise, applaudit à tout rompre, jusqu'au moment où, sur un geste du gouverneur, l'orchestre entonna le « God Save the Queen ». Je ne vis « jamais geste plus orgueilleux et plus digne que celui du marquis de Lorne, note la grande artiste, quand il fit signe au chef d'orchestre. Il voulait bien permettre à ces fils de Français soumis, un regret, voire même une falote espérance. Et le premier debout, il écoutait cette grande plainte avec respect, mais il étouffait le dernier écho sous le chant national de l'Angleterre » [23].

Le marquis de Lorne voyage beaucoup. Ainsi il décide un jour de voir l'Ouest dont on méconnait l'importance en Angleterre. Il veut aussi se rapprocher de la Colombie Britannique, tant l'inquiète le désir de séparatisme exacerbé par le temps mis à la construction du chemin de fer du Pacifique Canadien. Il sait qu'une résolution du parlement de la province autorise celle-ci à se retirer de la Confédération si le chemin de fer n'est pas terminé en 1879. Or, celui-ci ne va guère plus loin que Winnipeg [24]. Lorne se rend jusqu'aux Montagnes Rocheuses avec les moyens de transport de l'époque : le chemin de fer, puis plus loin la voiture, le canoé, le cheval par des pistes impossibles qu'il parcourt avec sa suite. Il a invité à ses frais un certain nombre de personnes ; un journaliste de Londres l'accompagne. Par la suite, celui-ci sera le meilleur

21. « God Bless our Wide Dominion ». History of Music in Canada, by Helmut Kallmann.

22. Calixa Lavallée fit exécuter « O Canada » par un chœur, vers la même époque, à une fête à laquelle le Gouverneur Général était convié. À l'occasion de la Saint-Jean-Baptiste, il dirigea également un festival en la présence du Gouverneur Général et de la Princesse Louise à Québec. Il avait composé pour la circonstance une cantate où se retrouvent des thèmes de « God save the Queen », Vive la Canadienne » et « Coming thro the Rye », ce qui à distance rend un peu perplexe. Helmut Kallmann. Dans « A History of Music in Canada », P. 329.

23. Cité par Jean Béraud, dans « 350 ans de théâtre ». P. 72.

24. MacNutt. *Ibid.* P. 103.

propagandiste de ce Canada de l'Ouest dont on ne comprenait pas l'avenir. Si le voyage a été fatigant, il a permis au Gouverneur de prendre contact avec la population et de comprendre ses problèmes, dont l'isolement étant sans doute le plus grave.

L'année suivante, en 1882, Lorne décide d'aller jusqu'à Victoria pour se rendre compte lui-même de l'atmosphère qui y règne. Il voyage cette fois avec la Princesse Louise, en empruntant la voie du sud, par les États-Unis. La Princesse nous a laissé de jolies aquarelles des États qu'elle a traversés [25]. Il est très curieux d'examiner les cartables dont la Galerie Nationale a hérité après sa mort. On y voit quelle influence la chaleur et la lumière avaient sur la Princesse, dont la santé n'était pas très bonne, surtout depuis l'accident assez grave qu'elle avait subi au Canada. Elle souffrait de névralgies, de migraines, maux bénins mais irritants, même s'ils sont souvent l'indice d'une longue vie. Autant ses aquarelles du Canada — pays froid — sont un peu ternes, sans éclat, sans grand intérêt [26], autant les autres sont charmantes, colorées et d'un métier dépouillé.

Toute proportion gardée, on retrouve chez elle la même évolution que souligne l'admirable collection des Van Gogh au Rycks Museum d'Amsterdam. La peinture de l'artiste subit l'influence du milieu, au fur et à mesure qu'il s'éloigne de son pays et des occupations ternes de sa jeunesse pour arriver à Paris. Là s'exerce sur lui l'ascendant des impressionnistes, magiciens de la lumière. Plus tard, à Arles, sa peinture atteint l'apogée du métier et de la couleur.

Avant de venir au Canada, la Princesse avait subi l'influence assez neutre de la peinture officielle en Angleterre. Or, au soleil, son métier change du tout au tout. Dans d'autres aquarelles faites aux Bermudes [27] et, plus tard, en Italie ou en Europe centrale, on

---

25. On suit ainsi l'itinéraire : De Washington en Californie, en passant par New Mexico, jusqu'à Victoria, avant de revenir par Los Angeles, en janvier 1883.

26. Sauf, peut-être, celle qu'elle a appelée « Cascapédia, wooden house ». Elle l'a faite au cours d'une excursion de chasse et de pêche, comme les aimait son mari. Là, également, la lumière exerce sur elle son enchantement ordinaire. Deux autres aquarelles représentent Québec, vue de la Citadelle. En septembre 1883, avant de revenir en Angleterre, ils y ont reçu le Secrétaire aux colonies, lord Carnavon, qui avait contribué fortement à faire accepter la Confédération canadienne en 1867 par la Chambre des Lords. J.-C. Bonenfant.

27. Par exemple, « Inglewood House » et « Garden of the Government House », à Hamilton.

retrouve les mêmes transports de joie devant la lumière vive, la couleur, la splendeur du décor.

Au Canada, même si elle apporte un peu d'animation dans la maison de Rideau Hall, on sent qu'elle y vit en attendant autre chose. Durant l'hiver de 1881, elle ne tient plus en place et, malgré les protestations de sa mère, elle laisse dans les glaces et la neige son mari qui, lui, essaie de tirer le maximum de son séjour. Il patine [28], même s'il le fait mal, il glisse en toboggan, entraîne des élans à tirer un traîneau. Il dessine, donne des fêtes de grand air, avec lanternes chinoises et feux de joie. Il assiste à des réceptions officielles, prononce de nombreux discours [29]. Il écrit et entretient une correspondance régulière avec son père en particulier. Il y fait l'éloge de Rideau Hall, grande maison confortable où l'on trouve joie inattendue — des murs enduits de plâtre, à l'encontre de Kensington Palace, la vieille demeure inconfortable. C'est celle-ci qu'un peu moins d'un siècle plus tard, la Princesse Margaret fera aménager avant d'y habiter avec son mari, autre *commoner* qu'elle imposera à sa famille.

Il est vrai qu'à Rideau Hall, la Princesse Louise a transformé bien agréablement les pièces qu'elle occupe. Dans le petit salon, on voit une porte sur laquelle elle a peint des feuilles de couleurs vives. On y trouve aussi une très belle tapisserie qui corrige le mauvais goût des autres meubles que sa mère et le Prince Albert avaient imposé par leur exemple à la société bourgeoise du siècle. À côté de cela, il est vrai, il y avait heureusement en Angleterre des intérieurs du XVIIIe siècle, conçus à une époque où le meuble anglais était gracieux, joli et où les artistes avaient un métier et un goût exquis. À cela s'étaient ajoutées des choses ravissantes que, dans un moment de folie révolutionnaire, les Français avaient

---

28.   Mal, cependant. Ainsi, il écrit à son père : « D'ici que je quitte le Canada, j'espère bien savoir patiner et être *a good Frenchman.* » Il profite de toutes les occasions pour parler français à Montréal et à Québec, ainsi qu'à Victoria où sont déjà installées les Sœurs de Sainte-Anne.

29.   La première année de son arrivée à Ottawa, par exemple, il prononce de si nombreux discours et allocutions qu'il en est fatigué. Il écrit à son père le 4 décembre 1878 : « *I am as hoarse as an old crow for 25 out of 40 speeches and speechlets had to be delivered in the open air to large crowds* ». À son arrivée, au cours du trajet entre Halifax et Ottawa, il avait été accueilli par les foules qui se pressaient aux gares. À propos de la gentillesse des Canadiens français, il écrit à son père : « Ils ont quelque mérite à m'avoir reçu comme ils l'ont fait, quand on songe au texte du serment (*tremendous protestant oath*) que doit prêter le Gouverneur général. »

sacrifiées. C'était l'époque où un ambassadeur de Russie pouvait ramasser dans la rue de Rivoli des archives lancées des fenêtres du Louvre ou des Tuileries — ce qui fait que certains documents sur la Nouvelle-France sont maintenant en Russie.

La Princesse est un peintre assez doué, à qui il n'a peut-être manqué que la bataille du métier. Pour en juger, il faut aller voir deux de ses toiles qui se trouvent à la Galerie Nationale à Ottawa. L'une représente son amie, Lady Clara Montalba [30] et, l'autre, le Major de Winton, son secrétaire. Celui-ci a une moustache de militaire avantageux, un magnifique bonnet de loutre et un manteau à col d'astrakan, qui lui donnent grande allure. Dans « Portrait of a Lady », le métier est assez sûr, si la couleur est un peu terne. Mais n'est-ce pas dû à ces influences de milieu et de climat dont il était question tout à l'heure ? La Princesse était aussi un sculpteur intéressant, comme l'indique le monument qui se trouve à l'extérieur du Royal Victoria College à Montréal. Elle y a représenté sa mère dans tout l'éclat de sa jeunesse. Le monument date de 1895, moment où la reine a bien changé. On peut le constater par une gravure qui se trouve dans un corridor du Collège. La Reine y est représentée recevant Disraeli, à son retour de la Conférence de Berlin, où viennent de triompher la prudence et l'astuce de la politique disraélienne. La Reine n'a que 59 ans, mais elle est alourdie par ses nombreuses maternités et peut-être quelques abus. Si elle s'est consolée de la mort du Prince consort qui a été un terrible coup pour elle en 1871, elle a beaucoup vieilli. Le sculpteur a voulu garder le souvenir de la souveraine, jeune et triomphante à l'époque la plus heureuse de sa vie.

La Princesse Louise a sûrement agi sur l'esprit de son mari ; ce qui est normal dans un ménage — princier ou roturier — où l'on s'entend. On lui doit certaines choses, en outre de ces deux sociétés savantes dont il semble qu'elle ait été l'instigatrice [31]. N'est-elle pas intervenue, par exemple, à la demande de l'Ambassadeur d'Angleterre en France pour qu'on ouvre une agence du Canada à Paris, alors que certains députés, comme Wilfrid Laurier, s'y opposaient parce qu'ils y voyaient une dépense inutile [32].

---

30. Clara Montalba est l'auteur d'un buste du Marquis de Lorne que l'on a à Ottawa.

31. C'est ainsi que dans « Canadian Men and Women of the Time (1912), H. T. Morgan écrit : « in conjunction with the Marquis de Lorne, founded the Royal Canadian Society of Art ». P. 1197.

32. L'abbé Armand Yon, dans la « Revue d'histoire de l'Amérique française ». Vol. XX, n° 4, p. 601,

* * *

En terminant ces pages où l'on a voulu rappeler ce que fut au Canada la vie du fondateur de la Société Royale du Canada, il est intéressant d'évoquer quelques aspects de sa politique et quelques-unes des idées qui lui étaient chères à une époque où le gouverneur général pouvait les faire valoir.

Comme on l'a noté précédemment, le marquis de Lorne est un tenant de l'impérialisme britannique. Il a foi dans la conception la plus étroite de l'Empire, que l'on appliquera plus tard après la disparition de Gladstone du champ de la politique et les campagnes de Chamberlain. En attendant, après son départ du Canada, il s'efforce de faire valoir le point de vue des « Colonials », ces sujets qui ne veulent plus être dirigés de Londres. Il cherche à resserrer les liens entre la métropole et le Canada. Il sait que celui-ci a des velléités d'indépendance d'autant plus marquées, qu'en rompant les liens économiques, l'Angleterre l'a forcé de chercher des marchés ailleurs. Il connaît aussi la force d'attraction des États-Unis voisins.

Mais si Lorne souhaite rendre le plus cordiales possible les relations entre la métropole et le Canada, il s'efforce aussi, pendant toute la durée de son séjour, de resserrer les attaches entre les provinces. Et c'est pourquoi il donne son appui à la Colombie Britannique, qui réclame à grands cris le chemin de fer promis au moment où elle a accepté d'entrer dans la Confédération [33]. Il est favorable aussi à la construction de la voie ferrée qui doit relier les mines de charbon de Nanaïmo à la côte. Au cours de son voyage à travers l'Ouest du Canada, il a constaté le potentiel de la plaine immense. Il pousse à la réalisation d'une politique d'immigration, qui devait prendre tant d'importance par la suite. Il appuie la création de provinces nouvelles. Si l'une d'elles s'appelle Alberta — du nom de l'ancien prince consort (prénom que porte également la Princesse Louise), c'est simplement qu'on hésite à la nommer de façon plus précise en souvenir de celle-ci, à cause de la possibilité de confusion avec la Louisiane [34].

---

33. De son côté, MacDonald en comprend la nécessité urgente, mais il n'a pas d'argent pour assurer la réalisation de ce projet qui demande un énorme effort financier. Il s'écrie un jour : « Until this great work is complete, our Dominion is little more than a geographical expression. » Cité par Donald Creighton, *Ibid.*

34. On a également nommé Louiseville en souvenir d'elle. Auparavant, c'était Rivière-du-Loup-en-haut. Puis, il y a dans le port à Québec,

Le gouverneur général s'intéresse aussi à la politique économique du pays. Il sait que Gladstone et bien d'autres s'offusquent que le Canada veuille élever des barrières douanières devant les produits de l'Angleterre [35]. Il explique la situation aux autorités et défend les attitudes de John A. Macdonald. Il est aussi pour que l'Angleterre accepte de tenir compte du point de vue du Dominion dans les négociations de la Grande-Bretagne avec les pays étrangers. Il demande qu'on lui permette d'avoir dans la métropole un représentant ayant un caractère officieux d'abord, puis officiel. Il insiste pour que celui-ci — qui est au début sir Alexander Galt — soit tenu au courant, puis consulté, puis soit partie aux négociations lorsque l'Angleterre discute avec l'étranger des questions qui intéressent le Canada directement. Une lettre adressée au gouverneur général indique assez curieusement la réaction de Londres devant ces exigences, qui semblent bien étonnantes dans le milieu colonialiste de l'époque.

C'était en somme demander un statut diplomatique, qui sera accordé graduellement. Seule la participation du Canada à deux guerres en terminera l'évolution. Après celle de 1914, en effet, si le Canada signe le traité de Versailles, ses représentants n'ont qu'un droit de présence aux négociations. Ainsi, à la conférence de Gênes, en 1922, ses délégués assistent aux réunions plénières, mais ils ne sont censés prendre part qu'aux délibérations de la délégation de l'Empire. S'ils étaient officiellement à la conférence, ils faisaient partie du groupe britannique.

Lorne voudrait aussi qu'au Colonial Institute, il y ait un conseil, où siégeraient les représentants des colonies et des dominions dont le Canada. Ainsi ceux-ci feraient partie d'un mouvement impérial régulier. Il songe aussi à un sénat impérial, à un parlement traitant les affaires de l'Empire. Y siégeraient les représentants des colonies et ceux de la Grande-Bretagne, mais en prenant la précaution que l'un ou l'autre des deux groupes ne puisse être constamment mis en état d'infériorité.

Il faut évoluer, note-t-il, dans « Imperial Federation ». Il ne faut plus considérer les colonies comme des « vaches à lait » ou

---

le bassin Louise et, dans les Montagnes Rocheuses, le lac Louise. Tout cela rappelle la présence au Canada d'une femme charmante, souriante, aimable, qui y a vécu intensément sa vie de princesse royale et d'artiste.

35. « Everyone here, I think, feels that it is a hard case on this Mother Country, poor old lady, to have her products taxed by her offsprings. It is a retribution such as history often brings about, upon us for having taxed their infant labours », écrit Gladstone au Gouverneur général.

décider pour elles ce qui leur convient le mieux, comme on le faisait à l'époque de George III, avec le résultat que l'on sait. Il faut aussi comprendre que les esprits ont changé outre-mer. Ce ne sont pas les Colonies qui ont brisé les liens commerciaux quand Sir Robert Peel a fait rappeler les « Corn Laws ». Ce ne sont pas elles qui ont adopté le libre-échange, mais nous, affirme-t-il. Cela lui permet de prendre à nouveau la défense de la « National Policy » de Sir John A. Macdonald, comme il l'avait fait dans une lettre adressée à Lord Beaconsfield en 1879.

On ne saurait prétendre que toutes ces idées étaient entièrement originales à l'époque où le marquis de Lorne écrit ; mais elles sont intéressantes à rappeler. Très honnêtement, celui-ci cite ses sources et il mentionne de copieux extraits des discours ou des ouvrages qu'il a consultés. Au point qu'on en est un peu gêné, tant le livre devient un peu impersonnel. Mais il a le courage de ses opinions à une époque où l'influence de l'École libérale reste très puissante et où il est bien vu de décrier les colonies : source de lourdes dépenses, d'ennuis répétés et qui imposent à l'Angleterre une politique extra-européenne dont elle ne reconnaît plus l'intérêt. Lorne se heurte ainsi à l'opinion qui prévaudra encore assez longtemps en Angleterre, dans les milieux politiques. C'est en partie, sans doute, ce qui explique qu'il y ait joué un rôle bien effacé après son séjour au Canada.

*   *   *

Le marquis et la marquise de Lorne reviennent en Angleterre en octobre 1883, au moment où, au Canada, la forêt flamboie de tous ses feux [36]. Ils habitent à nouveau le palais de Kensington.

---

36. Ils s'embarquent à Québec, mais auparavant le Marquis de Lorne est reçu par la ville. Au cours de la réception, il prononce un discours dont il faut retenir la conclusion, qui est intéressante à cause d'événements récents : « *The words of affectionate regret come easily, and I have but little advice to give you. If there be any, it would be that no part of the Dominion should exclude itself from the influence of the rest. They who know only themselves and avoid contact with others go backwards ; they who welcome new impressions and compare the ideas of other men with their own, make progress. Open your arms to the immigrants who come, while you endeavour to repatriate your own people ; there is room enough here for all ; continue to make the country to the north of you a second line of wealth-giving lands for the first line formed by the valley of the St. Lawrence. Remember to direct some of your young men to the West. I feel that you throughout Canada are on the right track. You have only to keep it. With the motto —* « Rights and our Union »

Lorne y travaille aux livres qu'il veut faire paraître. De 1895 à 1900, il siège à la Chambre des Communes, où il représente la circonscription de South Manchester. Il est entré dans le parti d'Union, où Chamberlain jouera un rôle de premier plan, plus tard, quand il convaincra le pays d'accepter une politique impériale et protectionniste. De 1900 jusqu'à sa mort en 1914, Lorne siège à la Chambre des Lords, comme neuvième duc d'Argyll.

Vers 1883, à son retour du Canada, la Reine avait songé à l'élever au rang de duc, sans attendre qu'il prenne la place de son père. Il faut citer ici un extrait d'une lettre que ce dernier écrivit à la Souveraine. Caractéristique d'un état d'esprit, elle souligne avec quelle dignité s'exprime ce chef d'une grande famille britannique. Madame, écrit Lord Argyll, je ne crois pas que mon fils ait rendu à la Couronne d'Angleterre des services assez importants pour qu'on lui accorde le titre de duc, comme on l'a fait pour Wellington et comme la Reine Anne l'avait fait, antérieurement, pour mon ancêtre le duc Jean. Je ne crois pas, non plus que l'héritier d'un Argyll puisse souhaiter un nom plus glorieux que le nôtre. Par ailleurs, c'est à la Chambre des Communes que mon fils peut être le plus utile à l'Angleterre. À mon avis, c'est là qu'il pourrait lutter le mieux contre le radicalisme envahissant.

Ce goût du panache qu'avait le père du marquis de Lorne est assez remarquable. On aime aussi cette franchise avec laquelle il pouvait parler à la Reine d'Angleterre. C'était à une époque où le rôle des grandes familles diminuait, au fur et à mesure que la bourgeoisie et le peuple remplissaient la fonction politique qui avait été jusque-là celle de l'aristocratie et d'un petit nombre de privilégiés.

La mémoire du marquis de Lorne mérite le respect tant pour ce que celui-ci a été que pour ce qu'il a fait au Canada. Que lui aurait-il fallu pour être vraiment un homme d'État ? Peut-être la bataille de la vie ! Peut-être aussi un esprit plus en profondeur, un caractère plus accusé, un certain goût de la lutte, dans un milieu où s'effritaient les privilèges de sa caste. Mais si l'on a toutes ces qualités peut-on les faire valoir quand on a épousé la fille d'une grande souveraine, sans être prince soi-même ? Ne court-on pas le risque d'être relégué, un jour aux postes secondaires ? N'est-

---

you will, with the blessing of God, become a people whose sons will be ever proud of the country of their birth.
    May your triumphs continue to be the triumphs of Peace, your rewards the rewards of Industry, Loyalty and Faith ! »

ce pas ce qui est arrivé au marquis de Lorne après son départ du
Canada ? Pour faire face à une situation aussi délicate, il lui eut
fallu des qualités extraordinaires. Dans une situation comme celle-
là, il ne faut pas se contenter d'être un homme du monde, un
gentleman intelligent et cultivé : ce qu'était surtout le marquis de
Lorne. Ses lettres si vivantes nous font regretter que d'autres postes
ne l'aient forcé à quitter l'Angleterre et ne nous aient valu un
nouvel échange de correspondance, auquel il excellait. Il aurait
bien souhaité aller aux Indes et, à défaut, en Irlande. Le sort et la
politique en décidèrent autrement.

La princesse Louise

En guise de conclusion

Ces hommes, dont on a décrit la vie, ont plusieurs aspects communs : leur origine humble, l'effort créateur qu'ils ont fait, leur ardeur au travail et leur désintéressement qui les rendent bien sympathiques. On objectera avec raison Masson et Senécal : deux exceptions à la règle ; mais eux étaient dans leur fonction puisqu'ils cherchaient à leur effort un rendement immédiat. Bien différents, ils ont voulu s'enrichir. L'un y a réussi parce qu'il était prudent et qu'il voyait dans l'importation une source importante de bénéfices et, dans la propriété foncière, une valeur stable, sûre, celle dont l'avenir devait confirmer l'à-propos. Senécal, lui, a le goût du risque, couru instinctivement ou sciemment, par besoin d'agir. Les autres font fi de l'argent. Chauveau aime ses livres. C'est tout ce qu'il laisse en mourant. Fort heureusement, on les retrouve à la bibliothèque du Parlement à Québec, où on les accueille après le décès de leur propriétaire. Ce sont eux qui lui permettent de mourir en paix, car c'est avec le prix de la vente que l'on remboursera les créanciers. Avec Faucher de Saint-Maurice, on est devant la joie de vivre, d'écrire, de voyager. Il part dès qu'il a quelques sous en poche ou qu'on lui offre l'occasion de quitter sa bonne ville de Québec. Il y revient avec joie, cependant. En mourant, il ne laisse rien que des livres — les siens — écrits dans le plaisir du départ ou du retour, après un séjour au Mexique où il est allé batailler pour défendre la cause perdue de Maximilien d'Autriche et de Charlotte de Belgique, comme ceux qu'il rapporte d'Europe, d'Afrique ou du Bas du Fleuve. Il laisse aussi un buste en bronze que fait Philippe Hébert, charmé par l'homme et son enthousiasme. On le retrouve un jour logé dans une armoire au Séminaire de Québec, oublié comme bien d'autres choses.

Parmi ces hommes, il y a aussi ceux qui ont fait de la prison pour avoir défendu leurs idées ; ceux qui se sont exposés aux sévices, à une époque où on moleste facilement les protestataires et autres contestataires. Étienne Parent a été la victime la plus spectaculaire du régime ; il est sorti de geôle presque sourd à une époque où il ne fallait pas l'être si l'on voulait jouer un rôle dans la politique. Écrivain et sociologue, il a eu des idées. Il les a défendues du haut de la tribune chancelante du *Canadien,* puis derrière le tapis vert du conférencier de l'Institut Canadien.

Augustin-Norbert Morin a fait un court séjour en prison en 1839. Plus tard, il est devenu ministre de sa Majesté britannique sous LaFontaine, puis avec Hincks et MacNab. En vingt ans, il a parcouru le cycle complet du révolutionnaire à l'homme d'ordre qui, après avoir donné une forme parlementaire aux *Quatre-vingt-douze résolutions,* a contribué à la rédaction du code civil.

Parmi les autres, il y a deux hommes bien différents. D'abord, dans l'ordre des années, Joseph Bouchette, arpenteur, géographe, auteur de deux ouvrages magnifiques. Parus à Londres, il les a écrits entre deux expéditions au Canada, à dos de cheval, en bateau à aubes, en canoë, en diligence ou, au retour, après avoir parcouru ce pays immense qu'il était chargé d'inventorier et de cartographier. Lui aussi a vécu pour ses livres, pour ses cartes : type du bureaucrate qui s'est rallié au régime. Il lui a été fidèle jusqu'à la fin de sa vie, mais son fils — rebelle — a quitté un jour la prison de Montréal, avec ses compagnons pour Hamilton aux Bermudes. On les a reçus froidement d'abord ; on les a logés dans une maison sur la colline, qu'on connaît encore sous le nom de *Rebels' Cottage.* Puis, ils se sont mêlés aux insulaires et, le dimanche, on les a accueillis avec les fidèles à l'église. Ils venaient y chanter les louanges du Seigneur au milieu de ces gens qui les avaient reconnus comme des êtres humains de bonne compagnie ; ce qu'ils étaient, même s'ils avaient voulu renverser le régime.

Le deuxième, Ignace Bourget, est à la fois autre et semblable. Bouchette est à la recherche des faits, lui est à la quête des âmes. Esprit un peu fruste, Bourget est tenace et se révèle un animateur extraordinaire. Né de petites gens, évêque au grand cœur et aux vues larges, mais trop souvent à l'esprit bien étroit. Ultramontain, plus encore que Pie IX à qui il est indéfectiblement dévoué, dur pour les adversaires de l'Église, n'hésitant pas à démembrer l'Institut canadien, un des rares centres où brillait l'intelligence en ce XIXe siècle finissant. Il menace ses membres de l'anathème, parce qu'on y fait montre d'un mauvais esprit, sous l'influence de son vieil ennemi, Louis-Joseph Papineau et de son neveu Louis-Antoine Dessaulles à la dent dure, à l'invective prompte et à l'esprit voltairien.

Au début du siècle, Craig avait eu l'emprisonnement facile pour les culs-terreux du Bas-Canada. Lui, Ignace Bourget, au nom de Rome, excommunie ces libéraux qui, il est vrai, ne ménageaient pas l'invective contre le clergé que l'évêque dirigeait. L'histoire a été clémente pour le prélat, en souvenir de son œuvre extraordinaire et de son rôle de créateur : petit paysan de Lévis, dont les parents sont illettrés, mais qui a fait beaucoup pour répandre l'instruction et la tenir bien en main, dans la région de Montréal. Cette région, ô horreur ! il l'a aimée au point de s'opposer au Séminaire de Québec qui l'avait formé.

Restent deux seigneurs parmi les personnages présentés pour illustrer ce XIXe siècle que Léon Daudet a fustigé, mais qui a été bien intéressant au Canada français. L'un est d'une vieille famille, anoblie par Louis XIV qui, bien conseillé par Colbert, savait reconnaître le mérite de ses sujets. Or, Aubert de la Chesnaye, marchand intrépide, avait fait montre d'un remarquable esprit d'initiative dans la colonie. Fantasque, gentil, irréfléchi, son arrière-petit-fils, Philippe Aubert de Gaspé, n'avait pas son talent d'animateur. Panier percé, il dilapide sa fortune et passe quatre ans en prison pour une dette encourue envers l'État qui l'a nommé shérif bien imprudemment. Il en sort avec l'aide de ses amis et il écrit deux livres assez extraordinaires pour l'époque, au moment où la littérature est compassée et stérile, alors que lui a une assez remarquable fraîcheur d'esprit et un style bien agréable.

L'autre seigneur, Joseph Papineau, est bien différent. Fils de tonnelier, il est très mêlé à la politique. Il est aussi notaire à une époque où l'on n'hésite pas devant la boursouflure de l'éloge. C'est ainsi qu'un jour, on le compare à Caton, à Aristide et à Démosthène. Ce qui caractérise son existence, c'est qu'il est un bourreau de travail, un homme d'action plus que de pensée. C'est aussi ce qui frappe chez presque tous ces gens qui ont contribué à créer le milieu canadien-français au XIXe siècle.

Bourgeois, Joseph Papineau s'est bagarré en Chambre pour obtenir la reconnaissance de certains droits politiques qu'il jugeait essentiels. Comme tous les autres, il ne s'est pas enrichi, même s'il devient un jour seigneur de la Petite Nation, riche en arbres, mais peuplée seulement de quelques gueux. C'est son fils, Louis-Joseph qui, après une vie tumultueuse, en tirera quelques avantages matériels. S'enrichir n'intéresse guère Joseph Papineau, pas plus que presque tous ces hommes qu'on présente ici. Pour eux, l'idée et l'idéal politiques comptent plus que la fortune. C'est ce qui saute aux yeux quand on se penche sur leur vie et qu'on essaie de comprendre leurs préoccupations. Autre chose à signaler, en terminant, la plupart n'ont pas eu d'enfants ou s'ils en ont eu, aucun, sauf Rodrigue Masson et Louis-Joseph Papineau, n'a dépassé son père dans l'échelle sociale. Est-ce une conclusion ? Non, une simple constatation. Elle a son importance dans un milieu en gestation où, pour être valable, l'influence du père doit s'étendre au fils si l'on veut qu'elle soit agissante à travers les générations.

Reste le marquis de Lorne. S'il apparaît dans la galerie de ces personnages du Canada français, au XIXe siècle, c'est qu'il a rempli la fonction de représentant de la Reine. C'est aussi qu'on lui doit la création de deux grandes sociétés qui jouèrent un rôle très important parmi les artistes et les écrivains. Il aurait pu venir au Canada et s'y laisser vivre dans le milieu officiel qui l'accueillait. Il a voulu créer deux organismes intéressants pour la vie de l'esprit. On lui doit également un appui inconditionnellement accordé à la politique nationale de John A. MacDonald, qui devait être au point de départ d'une industrie prospère mise en mesure de lutter contre les voisins du Sud. Malgré les protestations et la hargne de certains hommes politiques de la mère patrie, Lorne n'a pas craint d'appuyer les *Colonials* d'Amérique, comme en témoigne son livre qu'il a intitulé *Imperial Preference*. S'il n'a pas joué un rôle de premier plan une fois de retour en Angleterre, il a laissé une œuvre écrite intéressante. Comme les autres personnages de ce livre, il a contribué à faire évoluer le milieu en exerçant une influence sur la politique britannique au Canada. C'est à ce titre qu'on a songé à le présenter avec les autres dans la grande comédie sociale du XIXe siècle au Canada.

Commencé à Outremont,
continué à Sainte-Adèle
et terminé à Nice, en février 1974.

Commentaires des illustrations

Madame Joseph Masson (page de couverture)

Théophile Hamel a fait un assez beau portrait de la seigneuresse de Terrebonne en 1855, c'est-à-dire huit ans après la mort de son mari. Il la représente vêtue de ses plus beaux atours, mais l'air sévère, comme on croyait devoir l'être à une époque où, dans la Bourgeoisie, sourire semblait presque une faute. Or, Sophie Raymond Masson est bourgeoise jusqu'au bout des ongles.

Comme sont gracieuses ces broderies de la coiffe et des poignets ! Nous sommes en 1855. Sophie Masson est veuve. Elle le restera et continuera de vivre dans une atmosphère rigide que révèle le portrait du peintre Hamel et que se rappellent les générations qui lui ont succédé.

Source : Photo d'Armour Landry.

La rue Notre-Dame à Montréal au début du XIXe siècle (page 10)

James Duncan nous a laissé cette très jolie vue de Montréal, à un moment où la ville était gracieuse. Déjà, l'église Notre-Dame existait, comme la colonne Nelson ; on s'éclairait au gaz et les gens avaient encore le temps de vivre : heureuse époque qui était celle des femmes aux cheveux longs, à la croupe rebondie, aux longues écharpes, comme celle aussi des chevaux, des équipages, des randonnées à la campagne derrière Montréal. La ville est encore ramassée autour du port, même si elle commence à s'étendre derrière et à gagner le premier plateau, du côté de la rue Sainte-Radegonde. Sherbrooke est encore la campagne, même si les tours des Messieurs y montent la garde, comme au temps des Iroquois.

Source : Collection Melzack. Photo Recasens.

Joseph Bouchette (page 140)

Lorsqu'il était en Angleterre, le peintre Engleheart fit le portrait de Joseph Bouchette. Il en fit une gravure par la suite pour l'ouvrage que Bouchette publia à Londres.
Source : Photo J. Recasens pour la Collection Melzack, à l'Université de Montréal.

Monseigneur Ignace Bourget (page 180)

Petit paysan de Lévis, Ignace Bourget est devenu évêque de Montréal, après la mort de Monseigneur Lartigue. On le représente ici au cours d'un voyage qu'il fit à Rome en 1854, à l'occasion de la proclamation du dogme de l'Immaculée-Conception.
Source : Photo du Musée McCord, à Montréal.

Par ailleurs, Monseigneur Georges Gauthier a tenu à ce que les maîtres religieux du diocèse de Montréal soient groupés autour de celui qui en a été sinon le créateur, du moins le grand animateur. Et c'est ainsi qu'au centre d'une chapelle votive, élevée dans la cathédrale, il a placé Monseigneur Bourget, gisant qu'entourent ses successeurs (page 231).
Source : Photo d'Armour Landry.

Pierre-J.-O. Chauveau (page 232)

D'après une photographie de W. Notman, faite vers la fin de la vie de Pierre-J.-O. Chauveau, peut-être au moment où il était président du Sénat. On sent l'homme solide, sérieux qu'il a été toute sa vie, avec un brin de fantaisie et beaucoup d'optimisme, qui le fera quitter une situation acquise pour se lancer à nouveau dans l'aventure politique face à un Tremblay du comté de Charlevoix qui, au cours de sa campagne, récite des vers de Victor Hugo, tout en critiquant la politique forestière du gouvernement. Il fait mordre la poussière à celui qui a été éducateur, premier ministre du Québec et président du Sénat, colosse politique aux pieds d'argile.

Faucher de Saint-Maurice (page 252)

Le menton garni de l'impériale, l'allure un peu fanfaronne, c'est ainsi que se présente celui dont toute la vie fut un geste de bravoure et parfois de bravade. Tous ses amis l'aimaient, a écrit L.-O. David, même s'il était parfois fantasque. C'est un témoignage qu'il faut conserver.

Source : Archives nationales du Québec.

Joseph Masson (page 282)

Armour Landry est parti d'une gravure un peu abîmée pour présenter cette excellente photographie d'un homme qui a compris l'économie de son époque dans le Bas-Canada. Il en a tiré beaucoup de richesses et il en a assuré la pérennité ; deux choses que le Canada français avait oubliées depuis le départ des *millionnaires* du Régime français. Peu instruit, mais intelligent et travailleur, il s'est bien adapté au milieu économique, au point d'être accueilli par ses collègues anglophones au conseil de la Banque de Montréal : arbitres du succès matériel à l'époque. Ils en firent leur vice-président jusqu'à sa mort survenue en 1847.

Théophile Hamel a fait de Madame Joseph Masson une bien belle peinture, où l'artiste fait valoir l'éclat et la finesse des broderies qui ornent une robe sévère. En examinant la toile de près, on constate que la seigneuresse avait grande allure. Sa famille a gardé d'elle le souvenir d'une rigueur que l'histoire nous a conservée avec cette maxime de l'époque victorienne : « Children should be seen, but not heard. » Que les enfants se contentent d'être vus, dirait-on encore si les temps n'avaient bien changé.

Louis-Adélard Senécal (page 318)

Barbu, mais bien différemment de Faucher de Saint-Maurice, Louis-Adélard Senécal a vécu à peu près vers la même époque. Si lui aussi avait de l'imagination et de l'audace, il employait ces qualités d'une tout autre manière. Le premier se colletait avec les idées et l'autre avec les faits. Tous deux sont morts à peu près sans le sou. C'est tout ce qu'ils avaient en commun, sauf un besoin viscéral d'agir, de partir. Tous deux ont été utiles, l'un dans le domaine de l'écriture et l'autre dans celui de la création économique. Parce qu'il ignorait superbement la rentabilité de l'entreprise, le second, hélas ! n'a rien laissé de continu, après avoir beaucoup imaginé et créé ; l'autre a accumulé des livres assez vivants, mais qui ont vieilli et que personne ne songe plus à lire. Tous deux ont marqué leur époque, cependant.

Source : Photo d'Armour Landry.

Philippe Aubert de Gaspé (page 356)

« Gaspé is a very foolish boy », a écrit un jeune officier anglais qui a connu Philippe Aubert de Gaspé dans sa jeunesse. Il était mieux que cela : charmant, intelligent, bon écrivain, mais assez irréfléchi ; ce qui lui valut de passer quelques années dans les geôles de sa Majesté, de 1838 à 1841, à une époque où existait encore l'emprisonnement pour dette. À un autre moment, il s'en serait peut-être tiré autrement. Mais le temps de la rébellion n'était guère propice à la mansuétude, sous Colborne.

Pour rappeler le souvenir de Gaspé, on avait le choix entre ce fusain de P. Narcisse Hamel, qui date de sa jeunesse et une photographie des Archives nationales, prise vers la fin de sa vie. Il est en habit et il porte ses gants et son haut-de-forme à la main. On a préféré montrer ici l'homme jeune, en possession de tous ses moyens, physiquement bien sympathique, optimiste et ne se doutant pas qu'il passerait près de quatre ans de sa vie derrière les barreaux pour une dette, envers l'État, qu'il ne peut rembourser.

Source : Musée du Québec.

Joseph Papineau (page 382)

Il existe, semble-t-il, deux versions de la peinture de Louis Dulongpré. La première se trouvait chez Louis-Joseph Papineau au Manoir de Monte-Bello et la seconde à Saint-Hyacinthe, chez les Dessaulles. La première a été faite dans des circonstances assez amusantes. D'après les souvenirs d'Amédée, petit-fils de Joseph Papineau, celui-ci se serait toujours refusé à ce que l'on fasse son portrait. Or, à la suite d'une partie d'échec ou de trictrac avec son ami, le peintre revenait chez lui en hâte et peignait de mémoire l'homme qu'il avait eu devant lui. Une fois la toile terminée, on l'apporta au modèle qui, au fond, en fut tout heureux. C'est par la suite que Dulongpré en fit une copie. Il existe deux photos de Notman qui représentent l'une et l'autre des versions. Entre les deux, il y a de légères différences dans la facture.

Récemment, la Galerie des Arts à Ottawa s'est portée acquéreur de la version dite de Saint-Hyacinthe, qui se trouvait au début entre les mains de la famille Dessaulles.

Source : W. Notman.

La chapelle des Papineau (page 413)

À Monte-Bello, derrière le Manoir, il y a une bien jolie chapelle en pierre. C'est Louis-Joseph Papineau qui la fit construire. Il y fit transporter les restes de son père quelques années après la mort de celui-ci. Voici ce qu'il écrivit au notaire Girouard à ce sujet : « Mon cher père a vaincu tant d'obstacles, surmonté tant de fatigues, fait tant de dépenses pour commencer l'établissement de sa seigneurie, qu'il est bon que nous y reposions les uns après les autres, au pied d'un homme qui a tant fait pour son pays et pour sa famille. »

Source : Archives de l'Auteur.

Étienne Parent (page 414)

On le voit ici comme il était dans la dernière partie de sa vie : solide, vieilli, mais en bonne santé ; l'image même de sa pensée qui s'est voulue raisonnable, pleine et mettant toute exagération de côté. En étudiant sa physionomie de près, on retrouve l'homme du centre qu'il a voulu être, celui qui fuit la facilité, qui veut expliquer et, pour cela d'abord, comprendre.

Source : Les Archives publiques du Canada.

Augustin-Norbert Morin (pages 464 et 519)

Dans la prison de Montréal, en 1837, se trouve un insurgé qui est également un artiste. Pour occuper ses loisirs, il fait le portrait de quelques-uns de ceux qui l'entourent. Plus tard, il en ajoutera d'autres, dont celui d'Augustin-Norbert Morin qu'une photographie des Archives publiques du Canada représente ici.

Les dessins à la mine de plomb de Jean-Joseph Girouard ont paru aux Éditions du Bibliophile du Canadiana, sous le titre des *Patriotes de 1837-38*.

Aux Archives publiques du Canada, on a également le portrait d'un Morin aux cheveux blancs et à la forte carrure. C'est le même homme qui a vieilli mais qui, avec les années, a pris un air de dignité qui correspond à la qualité de son esprit et de sa vie.

Photo Livernois, Archives nationales du Québec.

Le Marquis de Lorne (page 520)

Le peintre Millais a fait de lui un bien beau portrait, qui se trouve à la Galerie nationale à Ottawa. L'artiste représente l'aristocrate anglais vêtu d'une magnifique pelisse au col de fourrure, sans doute achetée au Canada à l'époque où le Gouverneur général se promenait en voiture à Ottawa ou dans les environs. William Notman a aussi fait une fort belle photographie de l'époux de la quatrième fille de la Reine Victoria.

La princesse Louise (page 538)

Quant à la princesse Louise elle-même, on garde d'elle une lithographie en couleur qui date de l'époque où son mari et elle étaient à Rideau Hall. On la représente la tête entourée d'une écharpe de laine blanche, du plus heureux effet. Elle était jolie, gracieuse, intelligente, bon peintre et sculpteur adroit.

Lithographie de Ralph Smith et Cie d'après une photographie de W.J. Topley, Ottawa.

Table des matières

Achevé d'imprimer à Montréal par Les Presses Elite,
pour le compte des Éditions Fides,
le sixième jour du mois d'août de l'an
mil neuf cent soixante-seize.

Dépôt légal — 1er trimestre 1975
Bibliothèque nationale du Québec